USA • Kanada
Die Großen Seen

Katrin Schmidt

Inhalt

Nordamerikas fünfte Küste

Reisen rund um die Großen Seen

Lake Michigan
›Das große Wasser‹

Lake Superior
Kühle Schönheit im Nordwesten

Lake Huron
Der See der Huronen

Lake Erie
Idylle und Großstadttrubel

Lake Ontario
Der kleinste im Bunde

Serviceteil

Verzeichnis der Karten und Pläne

Nord-
amerikas
fünfte Küste

Die Großen Seen
Die ›Süßwassermeere‹ Nordamerikas

Als ›fünfte Küste Nordamerikas‹ werden die Großen Seen im Grenzgebiet zwischen den USA und Kanada oft bezeichnet. Nicht zu Unrecht, wenn man bedenkt, dass der Ufersaum über 12000 km lang ist. Schon die französischen ›Entdecker‹, die als erste Weiße im 17. Jh. in die Region vordrangen, waren überwältigt von den Dimensionen – in ihren Aufzeichnungen beschrieben sie die fünf Seen als ›Süßwassermeere‹. Doch auch trockene Statistik ist eindrucksvoll: Mit einer Fläche von 245000 km^2 sind die Seen, die ein Sechstel des Süßwasserreservoirs der Erde binden, so groß wie die alten deutschen Bundesländer.

Über den St.-Lorenz-Strom, der die Seen mit dem Atlantischen Ozean verbindet, stießen die ersten Europäer zu den Großen Seen vor, deren Ufersäume sich bald darauf zu einem Zentrum der weißen Kolonisation entwickelten. Über die Flüsse im Hinterland drangen sie immer weiter nach Westen vor. Zunächst

entwickelte sich mit Biberpelzen ein lukrativer Handel. Per Kanu wurde die kostbare Ware zu verschiedenen Umschlagplätzen an den Ufern gebracht.

Schon die indianischen Ureinwohner rund um die Großen Seen nutzten die Gewässer als Transportwege. Die Birkenrindenkanus wurden im 18. Jh. durch Segel- und schließlich durch Dampfschiffe ersetzt, die erst Weizen und dann Bodenschätze aus dem Mittleren Westen transportierten. An der Bedeutung der Großen Seen als Wasserstraße hat sich nichts geändert – nur sind die Schiffe um einiges größer geworden.

Super lakers nennt man die Giganten, die in ihren mächtigen Bäuchen Getreide, Kohle und Eisenerz von See zu See transportieren. Doch ob Kanu oder Riesenfrachter, die Besatzungen haben eines gemeinsam: den Respekt vor den Binnenmeeren. Unzählige Schiffswracks auf dem Grund der Seen belegen, dass die Passage tückisch sein konnte.

Im Hinterland der Großen Seen – Farm bei Horton Bay, Michigan

Seit langem zog es Menschen an die Ufer der Großen Seen. Den ›Entdeckern‹, Missionaren und Pelzhändlern folgten die ersten europäischen Siedler. Bald wurden Städte gegründet, die wiederum Anziehungskraft auf Einwanderer aus Europa ausübten. Aus allen Himmelsrichtungen strömten Abertausende herbei und ließen sich an den Ufern der Großen Seen nieder. Darunter befanden sich auch viele Deutsche, deren Nachfahren noch heute die Kultur des Gebiets prägen.

Inzwischen gehört die Seenplatte mit 40 Mio. Menschen zu den am dichtesten besiedelten Regionen Nordamerikas. Sechs Großstädte – Chicago, Milwaukee, Detroit, Cleveland, Buffalo und Toronto – säumen die Ufer. Eine siebte Metropole, Minneapolis/St. Paul, liegt im Hinterland. Die kanadische Großstadt Montréal säumt das Ufer des St.-Lorenz-Stroms.

Jenseits der hoch industrialisierten Ballungszentren befinden sich Landstriche, die nur spärlich besiedelt sind. Der Reiz der Großen Seen als Reiseziel liegt in diesem Kontrast. Dynamische Großstädte mit glitzernden Hochhausfassaden, Museen von Weltrang, ein breit gefächertes Restaurant- und Einkaufsangebot sowie ein einzigartiges Nachtleben sorgen für Abwechslung.

Allein die Blues- und Jazzkneipen in Chicago bieten Stoff für Legenden. Ein Freiluftmuseum für Hochhausarchitektur ist die Stadt ohnehin. Die Bevölkerungsvielfalt, die zum Beispiel in Milwaukee, Toronto und Montréal deutlich wird, zeigt sich vor allem im Sommer, wenn die einzelnen Volksgruppen die Kultur der Heimat ihrer Vorfahren mit bunten Festivals feiern. Der Sommer ist auch Pow-wow-Saison (vgl. S. 196). Bei den traditionellen Indianerfesten sind Gäste herzlich willkommen.

Meist ist man schon nach ein paar Meilen Fahrt mittendrin im ländlichen Nordamerika. Sanfte Hügellandschaften mit verstreut liegenden Bauernhöfen und malerischen Dörfern säumen den Weg. Dort, wo Schaukelstühle auf der Veranda stehen und jeder jeden kennt, kommt man schnell mit den Einheimischen in Kontakt.

Besonders stolz sind die Menschen an den Ufern der Großen Seen auf die Seefahrertradition ihrer Heimat. Fast in jedem Ort gibt es ein Maritime Museum. Reizvoll sind die unzähligen Leuchttürme, die so manches Schiff vor dem Untergang bewahrt haben. Viele Leuchttürme können besichtigt werden, in einigen kann man sogar übernachten.

Nicht immer ging es an den Großen Seen friedlich zu, wie zahlreiche Forts beweisen. Dort, wo einst Franzosen, Briten und Amerikaner um die Vorherrschaft kämpften, wird Geschichte wieder lebendig. In den restaurierten Wehranlagen stellen zeitgenössisch kostümierte ›Fort-Bewohner‹ die Ereignisse vergangener Tage nach.

Rund um den Lake Superior und auf der Isle Royale findet man beinahe unberührte Natur mit Wäldern, Flüssen, Seen, Wasserfällen und schroffen Felsufern. Auch einsame Strände und riesige Sanddünen gehören zur Landschaft um die Großen Seen. Wanderer und Kanuten zieht es in die vielen National, State und Provincial Parks. Dort kann man segeln, windsurfen, angeln, schwimmen oder kanu- und kajakfahren.

Die Region der Großen Seen gilt als Herzland Nordamerikas – und das nicht nur in geografischem Sinne. Hinsichtlich der geschichtlichen und wirtschaftlichen Entwicklung, der kulturellen und landschaftlichen Vielfalt stehen die Großen Seen geradezu stellvertretend für den ganzen Kontinent.

Landeskunde im Schnelldurchgang

Lage und Fläche

USA: Die USA erstrecken sich in Ost-West-Richtung zwischen Atlantischem und Pazifischem Ozean, in Nord-Süd-Richtung zwischen Kanada und Mexiko; Fläche 9,8 Mio. km².

Kanada: Kanada erstreckt sich in Ost-West-Richtung zwischen Atlantischem und Pazifischem Ozean, in Nord-Süd-Richtung zwischen dem US-amerikanischen Bundesstaat Alaska und den USA, Fläche knapp 10 Mio. km².

Bevölkerung

USA: 265 Mio. Einwohner, 74% Weiße, 13% Schwarze, 10% Hispanics, 4% Asiaten, 1% Indianer/Inuit.

Kanada: Knapp 30 Mio. Einwohner, 42% Anglo-Kanadier, 25% Franko-Kanadier, 10% außereuropäische Volksgruppen, 365 400 Indianer, 30 000 Inuit.

Religion

USA: Die meisten Amerikaner gehören protestantischen Kirchen wie den Baptisten, Methodisten, Lutheranern und Presbyterianern an. 2,5 Mio. Amerikaner sind anglikanischen Glaubens, 59,2 Mio. Katholiken. Daneben leben 5,9 Mio. Juden, 4 Mio. Muslime, 3,4 Mio. Orthodoxe und religiöse Minderheiten wie Sikhs, Buddhisten und Baha'i im Land.

Kanada: Die Mehrheit der Kanadier gehört der römisch-katholischen Kirche an, die anglikanische Kirche hat 850 000, die United Church of Canada 730 000 Mitglieder. Zudem leben 470 000 Orthodoxe, 350 000 Muslime, 340 000 Juden und 250 000 Sikhs in Kanada.

Wirtschaft

USA: Die wirtschaftliche Entwicklung der USA, der bedeutendsten Industrienation der Welt, wurde durch den Reichtum an Bodenschätzen begünstigt. Ihre Überlegenheit in der Produktion und im Handel gegenüber Westeuropa und Japan haben die USA inzwischen eingebüßt, etwa im Bereich des Fahrzeugbaus und der Halbleiterproduktion. Die USA gehören zu den führenden Bergbauländern der Erde (Erdgas, Erdöl, Steinkohle, Kupfer, Silber, Gold und Eisenerz). Die Industrie der USA steht vor erheblichen Strukturveränderungen, die unter anderem die Rüstungsindustrie (Umstellung auf zivile Produktionsgüter), Computer-, Automobil- und Flugzeugindustrie betreffen. Trotz der ausgesprochen günstigen Voraussetzungen tragen die Land- und Forstwirtschaft inklusive Fischfang nur noch mit 2% zum Bruttoinlandsprodukt bei.

Kanada: Die kanadische Wirtschaft ist zwar durch natürliche Reichtümer (Bodenschätze, Energiequellen, fruchtbare Böden und Wälder) begünstigt, doch können Bodenschätze im Norden des Landes wegen des Dauerfrostbodens und der Transportprobleme nur schwer erschlossen werden. Die Ballungsräume im Süden haben untereinander nur wenig Verbindung, sind hingegen stark mit den benachbarten Wirtschaftsräumen der USA verflochten. In der Landwirtschaft, in der 3% der Erwerbstätigen beschäftigt sind, werden nur 7,4% der Fläche benutzt, dennoch gehört

Der St.-Lorenz-Strom verbindet die Großen Seen mit dem Atlantik

Kanada zu den fünf größten Exporteuren landwirtschaftlicher Erzeugnisse. In der Produktion von Holzschliff, Zellstoff, Papier und Pappe steht Kanada weltweit an erster Stelle. Die Küsten des Landes gehören zu den fischreichsten der Welt, der größte Teil des Fangs wird exportiert. Kanada zählt weltweit zu den wichtigsten Bergbaunationen. In der Industrie mit den Zentren Ontario und Québec sind rund ein Viertel aller Erwerbstätigen beschäftigt. Als Wachstumsbereiche gelten die chemische Industrie, Kfz- und Flugzeugbau, Kunststoffverarbeitung, Elektro-Industrie sowie der Hightech-Bereich.

Staat

USA: Präsidiale Republik mit bundesstaatlicher Verfassung. Die Verfassung von 1787, ergänzt durch 26 Verfassungszusätze *(amendments)* enthält einen Katalog der Grundrechte (Bill of Rights) und sieht eine Gewaltenteilung vor. Zweiparteiensystem mit der Demokratischen Partei (Democratic Party) und der Republikanischen Partei (Republican Party), die hauptsächlich durch Spenden finanziert werden. Zwischen beiden Parteien gibt es keine großen ideologischen Unterschiede.

Kanada: Nach der Verfassung von 1982 ist Kanada eine bundesstaatlich geordnete parlamentarische Monarchie im britischen Commonwealth. Staatsoberhaupt ist der jeweilige britische Monarch, vertreten durch den auf Vorschlag der kanadischen Regierung ernannten Generalgouverneur. Die Regierung unter dem Vorsitz des Premierministers ist dem Unterhaus verantwortlich. Die Legislative liegt beim Zweikammerparlament, bestehend aus Senat und Unterhaus. Wichtigste Parteien sind die Liberale Partei (LP), die Reformpartei (RP), die Fortschrittliche Konservative Partei (PCP), der Québec-Block (BQ) und die Neue Demokratische Partei (NDP).

Geografie und Geologie
Von der Eiszeit geformt

In der größten Seefahrergeschichte der amerikanischen Literatur – »Moby Dick« von Herman Melville – erzählt der Seemann Ismail einer Gruppe von erstaunten Südamerikanern: »Denn unsere gewaltigen Süßwassermeere, der Erie- und der Ontario- und der Huronensee, der Obere und der Michigansee bedecken mit ihren ineinanderfließenden Wassern eine weltmeeer weite Fläche; sie besitzen viele von des Ozeans edelsten Zügen ...«

Dass Ismail mit seiner Auffassung nicht allein stand, belegen Aussagen europäischer ›Entdecker‹ und Missionare, die im 17. Jh. in das Gebiet der Großen Seen vordrangen. Auch sie glaubten, es handele sich bei den Gewässern um ›Süßwassermeere‹.

Die fünf Großen Seen sind durch Flüsse, Wasserstraßen und Kanäle miteinander verbunden. Durch den St.-Lorenz-Strom und den Erie-Kanal ist die Seenplatte mit dem Atlantischen Ozean verbunden.

Mit Ausnahme des Lake Michigan, der ganz auf dem Gebiet der USA liegt, ›teilen‹ sich die USA und Kanada die Großen Seen. Der größte, tiefste und zugleich nordwestlichste See ist der **Lake Superior** mit einer Fläche von 82 414 km^2 und einer Tiefe von bis zu 405 m. Er ist durch den St. Mary River mit dem zweitgrößten See, dem **Lake Huron,** verbunden. Der 59 570 km^2 große Lake Huron erreicht an seiner tiefsten Stelle 229 m.

Westlich davon schließt sich der **Lake Michigan** an, der eine Fläche von 57 757 km^2 umfasst und bis zu 281 m tief ist. Zwischen beiden Seen erstreckt sich die Straits of Mackinac. Der südlichste, der 25 667 km^2 große **Lake Erie,** ist mit einer Tiefe von bis zu 64 m der flachste See. Der St. Clair River und der Detroit River verbinden den Lake Huron und den Lake Erie miteinander. Der Niagara River verbindet den Lake Erie mit dem **Lake Ontario,** dem östlichsten und kleinsten der Seen. Letzterer ist immerhin 19 011 km^2 groß und bis zu 244 m tief.

Die Höhenunterschiede zwischen den Seen sind zum Teil beachtlich. Während der Lake Superior 183 m über dem Meeresspiegel liegt, befindet sich der Lake Ontario 108 m tiefer. Am eindrucksvollsten wird dieser Unterschied im Niagara River deutlich, dort, wo die Niagara-Fälle sich über eine 60 m hohe Abbruchkante in die Tiefe ergießen. Zweihundert Jahre lang waren Wasserfälle, Stromschnellen und Höhenunterschiede ein Hindernis für die Schifffahrt, bis dann im 19. Jh. Kanäle und Schleusen gebaut wurden.

Die Großen Seen binden riesige Wassermengen: Gemeinsam verfügen sie über 15% des Süßwasser der Erde und über 95% des Oberflächensüßwassers der USA. Würde man die Großen Seen fluten, stünde das Festland der USA etwa 3 m tief unter Wasser.

Das Becken, das heute von den Großen Seen eingenommen wird, bildete sich während der erdgeschichtlichen Epoche des Kambrium, vor etwa 3 Mrd. Jahren. Damals kam es zu immensen vulkanischen Aktivitäten. Aus Sediment- und Vulkangestein begannen sich mächtige Bergketten aufzufalten. Zu diesen Bergketten gehört auch der Kanadische Schild im Norden und Nordwesten der Seenregion, der sich heute nach

Jahrmillionen der Erosion als Hügellandschaft mit niedrigen Erhebungen von maximal 960 m Höhe präsentiert. Im Süden und Osten herrschen die Ausläufer des kanadischen Schildes in Form von Granitgestein vor, das sich zum Teil unter jüngerem Sedimentgestein verbirgt.

Während des Paläozoikums, das vor 590 Mio. Jahren begann, wurde das Gebiet immer wieder von Meeren bedeckt. Deren Ablagerungen bilden die Grundlage für viele der Gesteinsschichten, die man heute in der Region findet. Das reine Kalkgestein am Ufer des Lake Huron in Michigan, das von Abermillionen von Meeresorganismen gebildet wurde, ist ein Beispiel dafür.

Vor 2,5 Mio. Jahren, während des Pleistozäns, waren weite Teile Nordamerikas von riesigen Gletschern bedeckt. Durch die Bewegung der Eismassen wurden Bergkämme abgetragen und Flusstäler erweitert. Aus letzteren entstanden die Becken der Großen Seen, die sich nach dem Abschmelzen des Eises mit Wasser füllten. Als das Land mit dem Zurückweichen der Gletscher von dem Gewicht befreit war, begann es sich zu heben. Durch diesen Prozess gewannen die Großen Seen ihre heutige Ausdehnung und Tiefe. Sorgten zuvor Flüsse wie der Illinois oder der Ottawa River für die Entwässerung der Seen, übernahm diese Aufgabe nun der St.-Lorenz-Strom.

Die Niagara-Fälle stürzen über eine gut 300 m breite Abbruchkante in die Tiefe

Klima
Zwischen Hitze und Schneemassen

Drei Faktoren bestimmen das Klima in der Region der Großen Seen: die Lage der Seenplatte im Landesinnern des nordamerikanischen Kontinents, Luftmassen, die aus anderen Regionen einströmen, und die Wassermassen der Seen.

Für das typisch wechselhafte Wetter ist der Austausch von feuchtwarmen Luftmassen aus dem Golf von Mexiko mit kalter, trockener Luft aus der Arktis verantwortlich, der aufgrund der von Nord nach Süd verlaufenden Gebirgszüge ungehindert stattfinden kann.

Gerade der Frühling, der Ende März beginnt und bis Ende Mai dauert, ist von diesem Phänomen betroffen. Heftige Gewitter und Stürme können die Folge sein. Sonnenschein und ansteigende Temperaturen bringen dann die Schneemassen und das Eis auf den Seen zum Schmelzen.

Im Frühjahr wirkt sich der Einfluss der Seen auf das Klima aus, der von den Meteorologen als *lake effect* bezeichnet wird. Die Temperaturen des Wassers steigen wesentlich langsamer an als die Temperaturen auf dem Land. Kühles Wetter an den Ufern der Seen ist die Folge. Gerade für den Obst- und Weinanbau in Michigan und rund um den Lake Erie ist dies sehr wichtig: Da die Weinstöcke erst spät ihre Blätter bekommen und sich die Obstblüte verzögert, sind die empfindlichen Pflanzen vor späten Frösten geschützt.

Während im Juni noch nasse, kalte Tage mit freundlichen, warmen Tagen wecheln können, ist es in den Sommermonaten Juli und August in der Regel heiß und mitunter recht schwül. Kühler bleibt es am Nordufer des Lake Superior, dessen Klima von trockenen, kalten Luftmassen aus Nordwest-Kanada geprägt ist. In den südlichen Regionen der Großen Seen kommen hingegen tropisch-warme Luftmassen aus dem Golf von Mexiko zum Tragen. Dann laden die Großen Seen – mit Ausnahme des Lake Superior – zu einem erfrischenden Bad ein.

Die im Sommer erwärmte Oberfläche der Seen mildert im Herbst die Temperaturen in den Uferregionen. Generell herrschen dann warme, sonnenreiche Tage und bereits empfindlich kalte Nächte vor. Dies trägt dazu bei, dass sich die Blätter der Bäume bunt färben. Der *indian summer* gehört zu den Naturschauspielen an der Seenplatte, das zahlreiche Reisende anzieht. Im Spätherbst sorgen kollidierende warme und kalte Luftströme mitunter für heftige, vor allem von Seeleuten gefürchtete Stürme.

In den Wintermonaten strömt kalte, trockene Luft aus der Arktis von Nordwesten in die Region der Großen Seen, die von den Gewässern erwärmt wird. Dabei wird die Luft mit Feuchtigkeit angereichert. Trifft sie dann auf Land, kondensiert die Feuchtigkeit zu Schnee. Manche Regionen rund um die Seenplatte wie Minnesota, Michigan oder Teile von Ontario versinken dann in Schneemassen und laden zu Wintersport wie dem Schneemobilfahren ein. Heftige Winterstürme mit Schnee und Eis sorgen mitunter dafür, dass auch Großstädte wie Chicago fast völlig lahm gelegt werden. Zwischen Januar und März sind weite Teile der Großen Seen mit Eis bedeckt. Dann kommt die Schifffahrt zum Erliegen.

Tierwelt
Braunbären, Karibus und Klapperschlangen

Wie in vielen Regionen wurde die Tierwelt auch an den Großen Seen in den letzten 200 Jahren durch die voranschreitende Besiedlung und Industrialisierung aus ihrem angestammten Lebensraum verdrängt. Und so gilt auch hier: Je einsamer ein Gebiet, desto größer der Tierbestand.

Der bis zu 1,80 m große und bis zu 150 kg schwere **Schwarzbär,** der sich weitgehend vegetarisch ernährt, mitunter aber auch Kleintiere verspeist, ist das größte an den Großen Seen beheimatete Raubtier. Speisereste, die Menschen hinterlassen, verschmäht er nicht. Daher trifft man ihn oft auf Campingplätzen und bei Picknickstellen, wo er in Abfallkörben nach Nahrung sucht. Unter keinen Umständen sollte man Schwarzbären füttern, da die potenziell gefährliche Bärenart sich sonst an Menschen gewöhnt und dann geschossen werden muss.

Eine Begegnung mit einem **Wolf** ist eher unwahrscheinlich. Allenfalls das Heulen dieser scheuen und intelligenten Tiere wird man in manchen Gebieten, wie etwa der Isle Royale, vernehmen. Das Geheul dient den Mitgliedern eines Rudels zur Verständigung. Gelingt es, den Ruf zu imitieren, wird man feststellen, dass die Wölfe darauf antworten. Zu den anderen Raubtieren, die in den Wäldern rund um die Großen Seen leben, gehören **Füchse** und die hochbeinige Katzenart der **Luchse.**

Lange Zeit war die Region berühmt für ihren Reichtum an Pelztieren wie **Biber, Nerz** und **Hermelin.** Durch die Jagd auf ihr Fell wurden diese Tiere fast

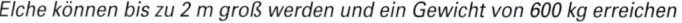

Elche können bis zu 2 m groß werden und ein Gewicht von 600 kg erreichen

Pelzhandel
Auf der Suche nach dem Biber

Von Beginn des 17. Jh. bis ins frühe 19. Jh. bestimmte der lukrative Pelzhandel Leben, Wirtschaft und Politik in der Region um die Großen Seen. Kaum hatten die Franzosen in Nordamerika Fuß gefasst, machte Samuel de Champlain die Organisation des Pelzhandels zu seinem vorrangigen Anliegen. Unter all den Pelztieren wie Marder, Otter oder Luchs war der Biber aufgrund seines äußerst feinen Fells das begehrteste.

Um den ertragreichen Handel zu schützen, begann man in den ersten Jahren der französischen Kolonisation, Forts und Handelsposten zu errichten. 1608 entstand als ältestes Fort Québec am St.-Lorenz-Strom. Von dieser Basis aus drangen die Pelzhändler immer weiter nach Westen vor. Als auch im fernen Europa immer deutlicher wurde, wie viel Geld man mit dem Pelzhandel verdienen konnte, erteilte die französische Krone Lizenzen. Nur die Händler, die über ein solches Papier verfügten, durften am Pelzhandel mit Frankreich teilhaben. Allein die *coureurs de bois,* französische Abenteurer, die dem Pelzhandel den Weg geebnet hatten, arbeiteten weiterhin unabhängig.

Unterdessen war mit den Engländern eine Konkurrenz in das florierende Geschäft eingestiegen. Im Jahre 1670 war die englische Handelsgesellschaft Hudson Bay Company gegründet worden, die nach der von dem Engländer Henry Hudson entdeckten Bucht benannt

wurde. Von König Charles II. erhielt die HBC das Pelzhandelsmonopol im Einzugsgebiet der Hudson Bay. Zunächst beschränkte sich der Handel der Briten auf diese Region. Als sich der Einflussbereich der Hudson Bay Company aber immer weiter nach Süden und Osten ausdehnte, kam es unweigerlich zu Konflikten mit den Franzosen, die ihr Handelsmonopol bedroht sahen.

Erst als die Briten 1763 den Siebenjährigen Krieg gewonnen hatten und die Franzosen sämtlichen Kolonialbesitz abtreten mussten, war die Entscheidung gefallen. Fortan lag der Pelzhandel allein in den Händen Großbritanniens. Die Briten übernahmen die von den Franzosen errichteten Forts. In Grand Portage am Nordwestufer des Lake Superior wurde die Handelsgesellschaft North West Company gegründet, die nach 1812, als das Gebiet den USA zugesprochen worden war, ins kanadische Fort William umzog.

Um 1830 ging es mit dem Pelzhandel bergab. Die immer intensive Jagd hatte die Pelztiere, allen voran die Biber, stark dezimiert. Zudem hatte sich der Geschmack in Europa gewandelt, statt Pelzhüten gab man nun Seidenhüten den Vorzug. An den Pelzhandel erinnern heute Forts und restaurierte Handelsposten. An die Schattenseiten des Pelzhandels wird hingegen kaum erinnert.

Als der Pelzhandel unter den Franzosen im frühen 17. Jh. begann, erkannten die Europäer schnell, dass sie auf das Wissen der Ureinwohner angewiesen waren. Nur sie konnten den Weißen die besten Jagdgründe zeigen, nur sie wussten wie man mit Kanus Stromschnellen und Wasserfälle umging.

Um sich die Loyalität der Indianer zu sichern, gingen die Franzosen eine Allianz mit den Huronen und Algonquin ein. Letztere waren für ihre Geschäftstüchtigkeit bekannt. Die Engländer hingegen verbündeten sich mit den Irokesen, wohl wissend um die seit langem bestehende Feindschaft zwischen Irokesen und Huronen, was verhindern sollte, dass die Handelspartner zur Konkurrenz überliefen.

Je größer die Rivalität zwischen den europäischen Nationen wurde, desto wichtiger wurde es, sich die Loyalität ›seines‹ Stammes zu sichern. Die Ureinwohner erhielten Handwerksgerät, Wolldecken, Kleidung, Tabak und Gold. Ein Kreditsystem sorgte dafür, dass die Indianer in immer größere Abhängigkeit gerieten. Noch bevor die Jagdsaison begann, wurden Waren verteilt, die dann mit Pelzen abgegolten werden mussten.

Während bei den Indianern bis zum Kontakt mit den Weißen der Austausch von Waren allein Mittel zum Zweck und persönliche Bereicherung unbekannt war, übernahmen sie nun von den Weißen das Profitdenken. Der Handel mit den Weißen erschien vielen Indianern lukrativer als ihre angestammten wirtschaftlichen Aktivitäten. So wurde der traditionelle Ackerbau aufgegeben, die Felder lagen brach.

Die Konkurrenz unter den Europäern übertrug sich auch auf die Indianerstämme. Auseinandersetzungen unter den Indianern wurden nicht mehr mit Pfeil und Bogen, sondern mit dem Gewehr ausgetragen. Nie gekannte Gewalttätigkeiten und der Zusammenbruch bislang stabiler Gesellschaftsstrukturen waren das Ergebnis, deren Auswirkungen bis heute spürbar sind.

ausgerottet. Inzwischen haben sich die Pelztierbestände wieder erholt. Biber, die für ihre Schwimmkünste bekannt sind, findet man vor allem im oder am Wasser, wo sie Dämme und so genannte Biberburgen errichten. Zu den in der Region beheimateten Nagetieren zählt das **Stachelschwein,** *porcupine,* das sich mit spitzen Stacheln gegen Feinde verteidigen kann.

Typisch für **Elche** sind der lang gezogene Kopf mit einer runden Nase, der Buckel auf dem Rücken und das braune Fell. Elche können bis zu 2 m groß werden und ein Gewicht von 600 kg erreichen. Die Geweihe der männlichen Tiere besitzen mitunter ein Gewicht von 30 kg. Bei Fahrten durch Elchgebiete sollte man größte Vorsicht walten lassen – ein Zusammenstoß kann fatale Folgen haben.

Elche leben vor allem in den Wald- und Sumpfgebieten Kanadas. Die Isle Royale besitzt eine große Population. Zu Beginn des 20. Jh. schwammen einige Tiere auf die Insel, wo sie sich ohne natürliche Feinde stark vermehrten. Erst als auch Wölfe das Eiland über den zugefrorenen See erreichten, wurde die Zahl der Tiere auf ein gesundes Maß reduziert. Inzwischen leben wieder mehrere hundert Elche in den Wäldern des oberen Michigan, dank eines Umsiedlungsprogramms zu Beginn der 80er Jahre.

Auch der **Rocky-Mountain-Elch,** der bis Ende des 19. Jh. die Wälder Michigans durchstreifte, war durch unkontrollierte Jagd gefährdet. Im Jahre 1918 wurden die ersten Tiere wieder nach Michigan gebracht und erfolgreich ausgewildert.

Der nordamerikanische Verwandte des nordeuropäischen Rentiers ist das **Karibu.** Trotz der Tatsache, dass die Zahl der Tiere in den letzten Jahrzehnten

Vorsicht auf Campingplätzen – Schwarzbären durchsuchen gern die Abfallkörbe

seinen Namen einem unangenehm riechenden Sekret, das es bei Angriffen absondert.

Für Menschen potenziell gefährlich ist die **Massasauga Rattlesnake** (vgl. S. 192). Die Klapperschlange ist vor allem auf der kanadischen Seite des Lake Huron zu finden. Wie für diese Art üblich, warnt die Klapperschlange mit einem Rasseln der aufgerichteten Schwanzspitze. Zu den Reptilienarten an den Großen Seen zählen auch **Nattern** wie die Strumpfbandnatter. Unter Umständen begegnet man auch einer der **Schildkrötenarten,** die im flachen Wasser am Ufersaum leben.

Der Fischreichtum der Großen Seen sowie der Gewässer und Flüsse im Hinterland lockt Tausende von Anglern an. Zu den Fischen gehören unter anderem **Forellen, Lachse, Hechte, Barsche, Flussbarsche** und **Seesaiblinge**.

Im Reisegebiet befinden sich einige Beobachtungsplätze, wie der Point Pelee National Park am Lake Erie, die zu den besten in Nordamerika gehören, da sie sich auf den Zugvogelrouten befindet. Im Frühjahr und Herbst kann man die Vögel auf ihrem Weg von und in die Tundra Nordkanadas beobachten.

Zu den vielen Vogelarten der Region zählen neben **Kanadagänsen, Schreikranichen, Schwänen, Reihern** und **Pelikanen** auch die beiden Nationalvögel der USA und Kanadas – der **Weißkopf-Seeadler** und der **Loon.** Letzterer schmückt die kanadische Ein-Dollar-Münze, die im Volksmund deshalb auch *loonie* genannt wird.

Zu den unbeliebtesten Vertretern der Tierwelt an den Großen Seen gehören die **Stechmücken,** die im Sommer in den Gewässern der Region ideale Lebensbedingungen finden. Schutz vor den Plagegeistern bieten entsprechende Kleidung sowie Cremes und Lotionen.

durch Jagd stark dezimiert wurde, kann man am Lake Superior mit etwas Glück Karibu-Rudel beobachten. Weit verbreitet an allen Seen ist das *white-tailed deer,* der **Weißwedelhirsch,** mit rotbraunem Fell und weißem Schwanz. Das kaum 1 m große Tier lebt in Herden. Trotz Jagd und Straßenverkehr, dem viele Tiere zum Opfer fallen, haben sich Weißwedelhirsche in den letzten Jahren explosionsartig vermehrt, da sie kaum natürliche Feinde besitzen.

Der **Koyote** ernährt sich von Kleintieren und Aas. Sehr häufig sind **Waschbär** und **Stinktier**, die in großen Zahlen dem Autoverkehr zum Opfer fallen. Waschbären sind leicht an ihrem schwarzen Fell rund um die Augen und an dem schwarzgrau gestreiften Schwanz zu erkennen. Die Allesfresser halten sich gern in der Nähe von Campingplätzen und an Orten auf, wo sie sich über den Hausmüll hermachen können. Das Stinktier verdankt

Pflanzenwelt
Endlose Wälder und wilde Blumen

Trotz des Raubbaus durch die Holzindustrie im 19. Jh. findet man in weiten Teilen des Reisegebiets endlose Wälder. Vor allem rund um den Lake Superior gedeihen so genannte **boreale Nadelwälder** mit Fichten, Tannen, Hemlocktannen, Kiefern und Lärchen. Vereinzelt sieht man auch Gebiete mit Laubbäumen wie Weiden, Birken, Pappeln, Ahorn und Ulmen. Die Wälder werden auch heute noch forstwirtschaftlich genutzt. Zwischen den südlicheren Seen – Lake Michigan, Lake Huron, Lake Erie und Lake Ontario – kehrt sich das Verhältnis zwischen Nadel- und Laubbäumen um. Hier dominieren **Mischwälder** aus Ahorn, Ulmen, Buchen, Eichen, Espen und Birken.

Als Nutzbaum sind gerade der **Rote Ahorn** und der **Zuckerahorn** sehr geschätzt, die beide ein wertvolles, hartes Holz besitzen. Zudem werden die Bäume zur Gewinnung des in Nordamerika beliebten Ahornsirups *(maple syrup)* genutzt, der etwa zu Pfannkuchen gereicht wird. Hier und da trifft man auch auf Nadelbäume wie die windzerzausten Zedern an der Georgian Bay.

Im milden Klima von Süd-Ontario, am Ufer des Lake Erie und im unteren Michigan gedeihen Walnussbäume, Hickory, Linden, Kastanien und Magnolien. Nadelwald sucht man hier vergebens. Zu den Wildblumen der Region gehört neben seltenen **Orchideenarten** auch das Trillium, das im Mai die Wiesen in weiße Teppiche verwandelt.

Eine ganz eigene Vegetation weisen die Dünen am Lake Michigan und Lake Ontario auf. Hier hat sich die Pflanzenwelt – wie etwa Kakteen oder genügsame Gräser wie Strandhafer – mit den nährstoffarmen Bedingungen hervorragend arrangiert.

Monarch-Schmetterlinge machen auf ihrer Reise gen Süden Station an den Großen Seen

Geschichte
Zischen zwei Nationen

Die Indianer

Als die ersten Europäer auf den amerikanischen Kontinent vordrangen, lebten dort bereits seit Jahrtausenden Menschen. Die Frage, woher die ersten Bewohner stammten, gibt bis heute Anlass zur Diskussion. Es wird angenommen, dass die Vorfahren der Ureinwohner vor etwa 28000 bis 8000 Jahren in mehreren Wellen aus Asien über Sibirien nach Alaska einwanderten. Sie nutzen eine Landbrücke, die während der letzten Eiszeit, als der Meeresspiegel gut 100 m tiefer lag, an der Stelle der heutigen Bering-Straße bestand.

Die prähistorischen Einwanderer waren Jäger, die den Großwildherden – Rentieren, Mammuts, Riesenbisons und Antilopen – auf deren Wanderzügen folgten. Ein eisfreier Korridor ermöglichte es diesen Menschen, nach Süden vorzudringen. Ihr nomadischer Lebensstil trug zur relativ schnellen Ausbreitung dieser Wildbeuterkulturen bei.

Das Ende der Eiszeit veränderte das Leben der indianischen Urbevölkerung Nordamerikas. Da die meisten Großtierarten ausgestorben waren, mussten sie nun kleinere Tiere jagen, darunter Büffel und Karibus. Zudem sammelten sie Nahrung und ernährten sich vom Fischfang.

Langsam ebtwickelten sich frühindianische Kulturen, zu denen auch die Woodland-Indianer der Großen Seen gehörten. Der Name Woodland – Waldland – Kultur bezieht sich auf ihren dicht bewaldeten Lebensraum östlich des

Bei einem pow pow der Ojibwa in Sarnia

Mississippi über die Großen See bis hinauf in die Atlantik-Provinzen des heutigen Kanada.

Um etwa 6000 v. Chr. begannen die Indianer der Woodland-Kultur Mais, Kürbisse und Bohnen anzupflanzen und Kleintiere wie Hasen und Truthähne zu halten. Wilde Tiere wie Rinder und Schafe wurden domestiziert und als Lieferanten für Fleisch und Milch genutzt. Jagen, Fischen und Sammeln blieb auch weiterhin ein Teil ihrer Lebensgrundlage.

Im Laufe der Zeit kristallisierte sich eine immer größere Spezialisierung unter den einzelnen Kulturen heraus. Ab etwa 4000 v. Chr. wurde Nordamerika von Stämmen bewohnt, die hauptsächlich von der Jagd lebten, während anderen der Fischfang als wichtigste Nahrungsquelle diente und wieder andere sich durch Feldbau und Viehhaltung ernährten. Es gab auch Stämme, die mit Pelzen, Waffen aus Vulkangestein sowie Kunst- und Kultobjekten handelten.

In dem Gebiet der Großen Seen dominierten nomadisch lebende Gruppen, deren Wanderbewegungen sich nach dem Nahrungsangebot richtete. Schnell auf- und abbaubare Wigwams boten ihnen Schutz. Die Irokesen und die Huronen lebten in dauerhaften Siedlungen und bauten Mais, Bohnen, Kürbis und Tabak an. Mitunter zogen sie auch zwischen zwei oder drei permanenten Niederlassungen innerhalb ihres Territoriums hin und her.

Typisch für die Dorfgemeinschaften der Irokesen und Huronen waren lang gestreckte Gebäude, so genannte Langhäuser, die mit Matten und Fellen ausgelegt waren. Bis zu 200 Mitglieder einer Sippe lebten dort unter einem Dach. Als Folge der Sesshaftigkeit entstanden komplexere Gesellschaftsstrukturen mit festen Gemeinschaften.

Die Europäer kommen

Vermutlich waren es **Wikinger** aus Island und Grönland, die bereits im 10. Jh. den nordamerikanischen Kontinent erreichten. Auch wenn über diese frühen Seefahrer wenig bekannt ist, erscheint es doch wahrscheinlich, dass seit jener Zeit Nordeuropäer regelmäßig die fischreichen Gewässer vor der Küste Neufundlands aufsuchten.

Der Nebel der Geschichte lüftet sich im 16. Jh. mit dem italienischen Seefahrer **Giovanni Caboto,** der im Auftrag der Britischen Krone den Seeweg nach Fernost erkunden sollte. Zwar gelangte er nur nach Neufundland, doch seine Berichte weckten die Neugier europäischer Herrscher. Im Namen des französischen Königs François I. stach 1534 der Bretone **Jacques Cartier** in See, ebenfalls auf der Suche nach den Reichtümern des Orients. Er segelte in den St.-Lorenz-Strom, bis Stromschnellen in der Höhe des heutigen Montréal die Weiterfahrt verhinderten.

Trotz des ›Misserfolgs‹ bildeten Cabotos und Cartiers Seereisen den Auftakt zur Kolonialisierung Nordamerikas. Größerer Erfolg war zu Beginn des 17. Jh. **Samuel de Champlain** beschieden. Der ›Entdecker‹ und königliche Geograf gründete 1608 die Siedlung Québec, die kurze Zeit später zur Hauptstadt der französischen Kolonie Neu-Frankreich werden sollte. Er drang mit Hilfe der Indianer als erster Weißer weit ins Landesinnere – bis zum Lake Huron – vor.

Schnell erkannte Champlain den schier unerschöpflichen Reichtum des Hinterlands an Pelztieren. Schon bald begann er den lukrativen Pelzhandel zu organisieren, der über 200 Jahre lang die Wirtschaft der Region bestimmen sollte. Da die Europäer bei diesem Geschäft auf die Hilfe der Indianer angewiesen waren, verbündeten sie sich mit den Huronen und Algonquin. Probleme bereiteten die kriegerischen Irokesen, die mit letztgenannten Stämmen verfeindet waren. So griff Champlain mit ›seinen‹ Indianern die Irokesen immer wieder an.

Das zweite Ziel des ›Entdeckers‹ war die Missionierung der Indianer. Mit der Aufgabe wurden vor allem Jesuiten betraut. Der Missionar **Jacques Marquette** drang mit seinem Begleiter **Louis Joliet** über die Großen Seen bis zum Mississippi vor. Zuvor war **Jean Nicollet** schon in die Green Bay gelangt. 1682 erreichte **René Robert Cavelier, Sieur de la Salle,** die Mündung des Flusses. Der Oberlauf des Mississippi und die Mündung wurden für Frankreich in Anspruch genommen. Damit beherrschte die Grande Nation die damals bekannten Teile Nordamerikas. An strategisch wichtigen Punkten wurden Missionsstationen und Handelsposten errichtet, wie Sainte-Marie among the Hurons, St. Ignace, Sault Sainte Marie und Ville Marie (Montréal).

Franzosen und Engländer Kampf um die Vorherrschaft

Im 17. Jh. hatten nicht nur die Franzosen ein Kolonialreich in Nordamerika errichtet, sondern auch deren Erzrivalen, die Engländer – an der Ostküste waren englische Siedlungen gegründet worden. Außerdem hatten die Engländer begonnen, in das ertragreiche Pelzhandelsgeschäft einzugreifen. Im Jahre 1670 hatte Charles II. englischen Händlern das Monopol an der Hudson Bay, welche die Engländer entdeckt hatten, erteilt. Immer wieder kam es zu blutigen Auseinandersetzungen zwischen den beiden Rivalen,

in die auch die Indianer hineingezogen wurden. Während die Franzosen mit den Huronen und Algonquin verbündet hatten, hatten die Engländer sich mit deren Erzfeinden, den Irokesen, zusammengetan. So wurde ein noch tieferer Keil zwischen die indianischen Stämme getrieben.

In Europa brachen während des 18. Jh. wiederholt Kriege zwischen Frankreich und England aus, von denen auch die kolonialen Besitzungen der beiden Länder in Nordamerika betroffen waren. So tobte der Siebenjährige Krieg zwischen 1756 und 1763 als **Französisch-Indianischer Krieg** auch in Nordamerika. Im Laufe dieser Auseinandersetzungen bezwang Großbritannien Frankreich und stieg zur bedeutendsten Kolonialmacht in Nordamerika auf. Mit dem **Frieden von Paris** 1763 mussten die Franzosen ihre Besitzungen an die Briten abtreten.

Die Briten in Nordamerika

Da weiterhin das vorrangige Interesse der Briten auf dem Pelzhandel lag, änderte sich wenig im ehemaligen Neu-Frankreich. Das Blatt wendete sich erst, als die britischen Kolonien an der Atlantikküste gegen die Bevormundung und Reglementierung durch das Mutterland aufbegehrten. Schließlich brach 1775 der Amerikanische Unabhängigkeitskrieg aus, der 1776 zur Unabhängigkeit der dreizehn Kolonien führte. Sieben Jahre später endeten die Auseinandersetzungen mit dem Frieden von Paris, mit dem die Unabhängigkeit der USA anerkannt wurde.

Tausende von Loyalisten, die weiterhin treu zur Britischen Krone hielten, flohen daraufhin nach Norden. Sie fanden Aufnahme im ehemaligen französischen, nun britischen Teil Nordamerikas, aus dem sich später Kanada entwickelte. Der Zuzug der Königstreuen veränderte die Bevölkerungsstruktur erheblich. Hatten auf dem Gebiet bis dahin fast ausschließlich Franzosen gelebt, gesellten sich jetzt genauso viele Briten zu ihnen. Um Konflikte zu vermeiden, teilte die britische Regierung ihr Überseeterritorium in zwei Provinzen: in das **englischsprachige Upper Canada** (das heutige Ontario) und das **französischsprachige Lower Canada** (das heutige Québec).

Das Gebiet südlich der Großen Seen wurde zum Northwest Territory der neu gegründeten USA erklärt, aus dem im 19. Jh. die Bundesstaaten Ohio, Indiana, Illinois, Michigan, Wisconsin und Minnesota hervorgingen.

Mit dem Kauf von Louisiana erwarben die USA 1803 ein riesiges Gebiet im Westen, dass zuvor Frankreich kontrolliert hatte. Mit Sorge betrachteten die Briten, wie die junge Nation ihre Grenzen immer weiter Richtung Pazifik ausdehnte. Um die Amerikaner in Schach zu halten, unterbanden die Briten den Handel der USA durch Sanktionen und unterstützten zudem aufständische Indianer.

Im Krieg von 1812 versuchten die USA, die britischen Besitzungen in Kanada zu erobern. Die blutigen Auseinandersetzungen, die sich auf das Gebiet um die Großen Seen konzentrierten, wurden zwei Jahre später mit dem **Frieden von Gent** beendet. 1818 schließlich einigten sich die USA und Großbritannien auf den 49. Breitengrad als gemeinsame Grenze.

Nun begann es in Upper und Lower Canada zu brodeln. Die Franko-Kanadier waren immer weniger gewillt, die Vorherrschaft der Briten noch länger zu akzeptieren. Die Antwort der britischen Regierung auf die Forderung der Siedler nach einer selbstständigen Republik war die Vereinigung von Upper und Lower Canada zur **Province of Canada** im Jahre 1841. Englisch wurde zur offiziellen Sprache und bald dominierten die englischstämmigen Kanadier sehr zum Unmut der Franko-Kanadier Wirtschaft und Politik.

Als mit dem Ende des Amerikanischen Bürgerkriegs 1865 erneut eine Invasion durch die USA befürchtet wurde, reagierten die Briten umgehend. Sie glaubten, dass nur ein geeintes Britisch-Nordamerika stark genug sei, sich gegen den Nachbarn im Süden zu behaupten. 1867 wurden die Province of Canada, Nova Scotia und New Brunswick zum **Dominion of Canada** vereint, das nach wie vor der Britischen Krone verbunden war, aber innenpolitische Autonomie erhielt.

Industrialisierung

Durch den Bau von Kanälen und Schleusen wurden die Seen miteinander und mit den Flüssen im Hinterland verbunden – die Bedeutung der Seenplatte als Transportweg nahm zu. Im Jahre 1825 wurde der Erie-Kanal eröffnet, der die Großen Seen mit den Städten an der Ostküste der USA verband.

Neben Weizen aus dem Mittleren Westen wurden nun auch **Bodenschätze** wie Kupfer aus Michigan und Eisenerz aus Minnesota transportiert. An den südlichen Großen Seen wurden Eisen- und Stahlschmelzen für die Weiterverarbeitung errichtet.

Als Mitte des 19. Jh. das **Eisenbahnnetz** ausgebaut wurde, entwickelten sich Großstädte wie Chicago zu bedeutenden Drehscheiben des Verkehrs, in denen der Warenstrom umgeschlagen wurde. Erfindungen im Bereich der

Der Erzabbau trug wesentlich zur Industrialisierung bei

Kühltechnik ermöglichten fortan den Transport von verderblichen Waren wie etwa Fleisch aus den Schlachthöfen von Chicago. Mit dem Holz aus den riesigen Wäldern rund um die Großen Seen wurden die Industrieanlagen befeuert und Städte gebaut.

Der wirtschaftliche Boom hatte einen ungeahnten Bevölkerungszuwachs zur Folge. Tausende strömten an die Ufer der Großen Seen in der Hoffnung auf ein besseres Leben. Während sich für viele der amerikanische Traum verwirklichte, sahen sich andere mit den unmenschlichen Arbeitsbedingungen in den Großstädten konfrontiert. Die soziale und politische Unzufriedenheit entlud sich immer wieder in Streiks und blutigen Zusammenstößen mit der Polizei.

Die Industrialisierung, die sich auf den Norden der USA konzentrierte, hatte auch die Spaltung der Nation zur Folge. Die Spannungen entluden sich im **Bür-**gerkrieg von 1861 bis 1865 zwischen den industriell hoch entwickelten Nordstaaten und den Sklavenhalterstaaten im Süden. Das Ende des Krieges bedeutete auch das Ende der Sklaverei. In den Jahren zuvor hatten unzählige Sklaven Zuflucht im liberaleren Ontario gesucht.

Das 20. Jahrhundert

Um die Wende vom 19. zum 20. Jh. wurden die Region um die Großen Seen zum Zentrum der Automobilindustrie. Nach dem Bau der ersten Prototypen begann 1908 die Massenproduktion mit dem Ford-Modell T. Zur gleichen Zeit gewann Kanada immer größere Unabhängigkeit von Großbritannien. Als der **Erste Weltkrieg** ausbrach, kämpfte das Land an der Seite der Briten. Und auch US-amerikanische Truppen nahmen an den Kämpfen teil.

Die 20er Jahre waren von der Prohibition geprägt, die von 1920 bis 1933 die Herstellung, den Transport und den Verkauf alkoholischer Getränke per Gesetz verbot. Nicht nur in Chicago, wo durch Alkoholschmuggel riesige Vermögen verdient wurden, blühte das Gangstertum.

Der Nachkriegsära, die von industrieller Entwicklung, Wohlstand und Zukunftsglauben geprägt war, bereitete die **Weltwirtschaftskrise** ab 1929 ein jähes Ende. Arbeitslosigkeit und Elend waren die Folge. Erst der Eintritt in den **Zweiten Weltkrieg** führte zu einem wirtschaftlichen Aufschwung. Von der forcierten Waffenproduktion profitierte die industrialisierte Region um die Großen Seen erheblich.

Die Nachkriegsjahre bescherten den USA und Kanada eine Zeit nie geahnten Wohlstands. Es entstand eine breite Mittelschicht, die sich in erster Linie aus den weißen Bevölkerungsgruppen rekrutierte. Ihr ungebremstes Konsumverhalten ließ die Wirtschaft auf Hochtouren laufen. Besonders in den USA zeigte diese Entwicklung immense Auswirkungen auf das Gesicht der Städte. Immer mehr Weiße konnten sich den Traum vom Leben am Stadtrand erfüllen. Wie ein Gürtel legten sich die *suburbs* mit Einfamilienhäusern, Einkaufszentren und Autobahnen um die Innenstädte. Weitgehend verwaiste, von Kriminalität und Verfall geprägte Innenstädte, in denen die verarmten Schwarzen zurückblieben, waren die Folge dieser Entwicklung.

Die Benachteiligung der Schwarzen und anderer Minderheiten führten in den 60er Jahren des 20. Jh. in Chicago, Detroit und Cleveland zu **Rassenunruhen**, welche die amerikanische Gesellschaft in ihren Grundfesten erschütterten. Zur gleichen Zeit manifestierte sich

das wachsende Selbstbewusstsein der schwarzen Minderheit in der Wahl der ersten schwarzen Bürgermeister in Cleveland, Gary und wenige Jahre später in Chicago.

Wirtschaftlich lag die Region Ende der 60er, Anfang der 70er Jahre des 20. Jh. danieder. Das industrielle Kernland Nordamerikas war durch die Konkurrenz aus Europa und Asien schwer getroffen worden. Die einst blühende Region erhielt den Beinamen *rust belt*, Rostgürtel. Den Nachbarn im Norden ging es nicht besser.

Erst mit Beginn der 80er Jahre des 20. Jh. ging es langsam wieder bergauf. Modernere Produktionsmethoden halfen der amerikanischen Industrie, wieder auf dem Weltmarkt bestehen zu können, während in den Städten im Dienstleistungsgewerbe neue Arbeitsplätze entstanden. Reurbanisierung hieß das Zauberwort – zuvor brach liegende Innenstädte wurde nach Sanierungsmaßnahmen wiederbelebt. Immer mehr junge Leute zogen ein Leben in der City der Eintönigkeit amerikanischer Vorstädte vor.

1994 trat des NAFTA-Abkommen in Kraft. Von dem Zusammenschluss der USA, Kanada und Mexiko zu einer Freihandelszone profitierte auch die Region der Großen Seen. Städte wie Toronto und Chicago etablierten sich als wichtige Wirtschafts- und Finanzzentren.

Nachdem die 90er Jahre einen wirtschaftlichen Aufschwung gebracht hatten, zeichnete sich mit Beginn des neuen Jahrtausends eine Rezession ab, von der auch die Region um die Großen Seen betroffen war. So kam es beim Autokonzern DaimlerChrysler in Detroit zu Massenentlassung. Und auch der Branchenriese Ford kündigte zu Beginn des Jahres 2002 an, dass 20 000 Stellen in Nordamerika gestrichen werden sollen.

Geschichte im Überblick

28 000–8000 v. Chr. Von Sibirien kommend, erreichen prähistorische Jäger und Sammler in mehreren Wellen über die Landbrücke der Beringstraße den nordamerikanischen Kontinent.

6000 v. Chr. Die altindianischen Kulturen beginnen mit dem Feldbau und der Haltung von Kleintieren.

ab 4000 v. Chr. Bei den Stämmen, die zum Teil sesshaft sind und vom Feldbau leben, zeichnet sich eine größere Spezialisierung auf bestimmte Lebensweisen und Ernährungsgewohnheiten ab.

10. Jh. n. Chr. Wikinger aus Island und Grönland erreichen die Küste von Neufundland.

16. Jh. Der Italiener Giovanni Caboto erkundet im Auftrag der Britischen Krone den Seeweg nach Fernost und erreicht die Ostküste Kanadas.

1534 Auf Geheiß des französischen Königs sticht Jacques Cartier in See. Er segelt bis in den St.-Lorenz-Strom und erreicht den Ort des heutigen Montréal.

1608 Der Franzose Samuel de Champlain gründet Québec, das zur Hauptstadt von Neu-Frankreich wird. Champlain dringt als erster Weißer bis zum Lake Huron vor.

17. Jh. Mit Hilfe der Indianer beginnt der Pelzhandel, die Missionierung der Ureinwohner durch Jesuiten wird vorangetrieben.

1634 Der Franzose Jean Nicollet erreicht als erster Weißer die Green Bay.

1642 Paul de Chomedy, Sieur de Maisonneuve, gründet die Missionsstation Ville-Marie, aus der später Montréal hervorgeht.

1670 König Charles II. erteilt englischen Pelzhändlern das Monopol an der Hudson Bay. Daraus resultiert eine heftige Konkurrenz zwischen Franzosen und Engländern.

1673 Der Jesuitenpater Jacques Marquette erkundet mit seinem Begleiter Louis Joliet den Oberlauf des Mississippi.

1682 René Robert Cavelier, Sieur de la Salle, dringt zur Mündung des Mississippi vor. Oberlauf und Mündung des Flusses werden von Frankreich beansprucht.

18. Jh. Die französischen und britischen Besitzungen in Nordamerika werden in die europäischen Kriege hineingezogen. Der Siebenjährige Krieg tobt unter der Bezeichnung Französisch-Indianischer Krieg (1756-63) auch in Nordamerika.

1763 Mit dem Frieden von Paris verliert Frankreich seinen nordamerikanischen Kolonialbesitz an Großbritannien.

1776 Unabhängigkeitserklärung der 13 britischen Kolonien an der Ostküste und Gründung der USA.

1783 Ende des Unabhängigkeitskriegs mit dem Frieden von Paris, mit dem England die neu gegründeten USA anerkennt.

1791	Das bei der Britischen Krone verbliebene Kolonialgebiet wird in zwei Teile gegliedert: Upper und Lower Canada.
1803	Die USA erwerben Louisiana von Frankreich und dehnen ihr Staatsgebiet immer weiter gen Westen aus.
1812-14	Krieg zwischen den Briten und den Amerikanern, die versuchen, Kanada zu erobern. Die Briten siegen. Mit dem Vertrag von Gent wird der Status quo wiederhergestellt.
1818	Die USA und Großbritannien einigen sich auf den 49. Breitengrad als Grenze.
1825	Eröffnung des Erie-Kanals.
1841	Upper und Lower Canada werden zur Province of Canada vereint.
1861–65	Bürgerkrieg zwischen dem industrialisierten Norden und den von Plantagenwirtschaft geprägten Südstaaten der USA.
1867	Die Province of Canada, Nova Scotia und New Brunswick werden zum Dominion of Canada vereint und erhalten innenpolitische Autonomie.
1871	Ein Großfeuer richtet verheerende Schäden in Chicago an.
1908	Die Massenproduktion von Automobilen beginnt mit dem Ford-Modell T.
1914–18	Die USA und Kanada kämpfen im Ersten Weltkrieg.
1919	Per Gesetz wird die Prohibition eingeführt, die bis 1933 die Herstellung, den Verkauf und den Transport alkoholischer Getränke untersagt.
1929	Die Weltwirtschaftskrise bereitet Jahren des Wohlstands und des wirtschaftlichen Aufschwungs ein Ende.
1939	Kanada tritt an der Seite Großbritanniens in den Zweiten Weltkrieg ein.
1941	Die USA treten nach dem japanischen Angriff auf Pearl Harbor in den Zweiten Weltkrieg ein. In Nordamerika kommt es zu einem Wirtschaftsaufschwung.
1960er Jahre	Rassenunruhen erschüttern Städte wie Detroit und Cleveland. Die ersten schwarzen Bürgermeister werden in Cleveland, Gary/Indiana und Chicago gewählt.
1970er Jahre	Eine Wirtschaftskrise trifft den Mittleren Westen.
1971	Der letzte Schlachthof in Chicago wird geschlossen, Toronto wird zur größten Stadt Kanadas.
1994	Das NAFTA-Abkommen, das Kanada, die USA und Mexiko zu einer Freihandelszone verbindet, tritt in Kraft. Wirtschaftlich geht es in der Region um die Großen Seen wieder bergauf.
2001	Daimler-Chef Jürgen Schrempp kündigt Massenentlassungen bei Chrysler in Detroit an.
2002	Der Autohersteller Ford beschließt die Streichung von 20000 Stellen in Nordamerika, wovon auch das Werk in Detroit und kanadische Standorte betroffen sind.

Bevölkerung
Schmelztiegel und Multikulti

Die Region um die Großen Seen gehört zu den bevölkerungsreichsten Gebieten Nordamerikas. Statistiken sprechen von knapp über 33 Mio. Menschen, die an den US-amerikanischen und kanadischen Ufern der Seenplatte leben. Ausschlaggebend für diese Entwicklung waren die günstigen Bedingungen in der Region: Das zum Teil milde Klima und gute Böden erlauben eine ertragreiche Landwirtschaft, zahlreiche Industriebetriebe boten ausreichend Arbeitsmöglichkeiten.

Mit dem Niedergang der Industrie und dem Ende des Wirtschaftsbooms in der Region Ende der 60er und während der 70er Jahre des 20. Jh. setzte jedoch ein Bevölkerungsschwund ein. Viele Bewohner zogen in andere, florierende Teile der USA und Kanadas. Zwar konnte die Abwanderungswelle durch die Ansiedlung neuer Industrien und Dienstleistungsunternehmen gebremst werden, doch hinsichtlich des Bevölkerungswachstums liegt die Region der Großen Seen weit unter anderen Landesteilen Nordamerikas.

Kennzeichnend für die Großen Seen ist die sehr unterschiedliche Bevölkerungsdichte. Während man in den südlichen Regionen Ballungszentren mit Großstädten und mehreren Millionen Einwohnern findet, sinkt die Bevölkerungsdichte, je weiter man nach Norden reist. Mangelnde Arbeitsmöglichkeiten sowie ungünstige klimatische und naturräumliche Bedingungen sind die Gründe dafür.

Die meisten Bewohner der Region sind europäischer Abstammung. Ihre Vorfahren kamen während des 19. Jh. in das Gebiet, als die USA und Kanada zu den führenden Einwandererländer wurden. Allein zwischen 1800 und 1900 wurde die Bevölkerung der beiden Länder um 50 Mio. Menschen verstärkt.

Die Regierung in Großbritannien startete eine Kampagne, die verarmte Bevölkerungsschichten zur Auswanderung in die Neue Welt animieren sollte. Hinzu kamen Hungersnöte, hervorgerufen durch die Kartoffelpest, die Irland und Schottland heimsuchten und Abertausende in die Immigration zwangen. Die Seenplatte als Zentrum der Industriellen Revolution in Nordamerika zog Einwanderer mit viel versprechenden Arbeitsmöglichkeiten an.

Auch innerhalb Nordamerikas kam es zu Wanderbewegungen. Ein großer Teil der Vorfahren der afro-amerikanischen Bevölkerung, die vor allem in den US-amerikanischen Großstädten an den Ufern der Seen wie Chicago, Cleveland und Detroit lebt, stammte ursprünglich aus den Südstaaten der USA. Zwischen 1800 und dem Ausbruch des Bürgerkriegs zwischen den Nord-und Südstaaten der USA flohen Tausende Sklaven in den freien Norden und in die kanadische Provinz Ontario. Ein erneuter Exodus setzte zu Beginn des 20. Jh. ein, als zahlreiche Schwarze, angezogen von besserer Lebensbedingungen, gen Norden aufbrachen. Heute sind es vor allem Mittel- und Südamerikaner beziehungsweise Asiaten, die in die USA und Kanada einwandern.

Die Bevölkerungsvielfalt der Gesellschaften beider nordamerikanischen Staaten wird besonders in den Großstädten deutlich. Viele Stadtteile sind durch bestimmte Bevölkerungsgruppen, der Kultur und der Sprache ihrer Vorfah-

Straßenszene in Michigan City

ren oder Heimatländer geprägt. Das Zusammenleben gestaltet sich meist friedlich.

Während in den USA stets Wert auf eine Verschmelzung der unterschiedli-

chen Kulturen – *melting pot;* Schmelztiegel – gelegt wurde, heißt das Zauberwort in Kanada Multikulturalismus. Dort werden die einzelnen Bevölkerungsgruppen vom Staat ermutigt, ihre ei-

Parade der Puertoricaner in Chicago

gene Kultur zu pflegen und zu erhalten. Anders als beim südlichen Nachbarn beruht die kanadische Identität sehr stark auf der Bevölkerungsvielfalt des Landes.

Während sich deutsche oder skandinavische Einwanderer meist sehr schnell in die Gesellschaft ihrer neuen Heimat integriert haben und die Kultur ihrer Vorfahrern oft nur noch im Rahmen von Festivals pflegen, bleiben Einwanderer aus Lateinamerika oder Asien stärker der Sprache, den Lebensgewohnheiten und den Traditionen ihrer Heimatländer verbunden. Viele der Gepflogenheiten werden an die nächste Generation weiter gegeben. Da aber unter den jungen Leuten, gleich welcher Herkunft, oft der Wunsch besteht, in der herrschenden Kultur aufzugehen, schwinden die Einflüsse allmählich. Oft erinnert nur der Nachname an das Land, aus dem die Vorfahren stammten.

Die indianischen Ureinwohner stellen heute nur noch 1% der nordamerikanischen Bevölkerung. Etwa zwei Drittel von ihnen leben in städtischen Gebieten, ein Drittel in Reservaten, von denen es auch rund um die Großen Seen einige gibt – so zum Beispiel an der Whitefish Bay, in Grand Portage, in der Nähe von Ashland oder auf Manitoulin Island. Dort sind die Lebensbedingungen sehr unterschiedlich. In einigen Reservaten fristen die Bewohner ein elendes Dasein geprägt von Arbeitslosigkeit, schlechter Ausbildung, Alkoholmissbrauch und Drogenkonsum. Andere besitzen eine gute Infrastruktur mit Krankenhäusern, Schulen, Gemeindehäusern und sozialen Einrichtungen. Das Geld dafür stammt aus Kasinos, die in den Reservaten betrieben werden, die in den USA ansonsten außerhalb der Spielerstädte in Nevada und Atlantic City verboten sind.

Wirtschaft
Zwischen Boom und Krise

Zweihundert Jahre war der lukrative Pelzhandel der bedeutendste Wirtschaftsfaktor in der Region um die Großen Seen, der zugleich die Kolonialisierung durch die Weißen vorantrieb. Nach der Ankunft der ersten weißen Siedler im 17. Jh. entwickelte sich die Landwirtschaft zum führenden Wirtschaftszweig, woran sich bis heute nichts geändert hat. Sämtliche Anrainerstaaten rund um die Großen Seen besitzen fruchtbares Ackerland. Die Böden im Süden von Ontario gehören zu den besten Kanadas, auf denen Getreide, Mais, Soja, Kartoffeln und Äpfel angebaut werden. Auch andere traditionelle Wirtschaftszweige wie Holzwirtschaft und Fischfang spielen noch immer eine Rolle.

Der traditionelle Tabakanbau verliert hingegen an Bedeutung, seitdem die USA und verstärkt auch Kanada Anti-Rauch-Gesetze verabschiedet haben. Immer mehr Tabakpflanzer bauen daher nun andere Feldfrüchte an. Günstige klimatische Bedingungen ermöglichen Pfirsich- und Weinanbau in der Region westlich der Niagara Falls. Wein gedeiht auch an den Ufern des Lake Erie im Staate Pennsylvania, während die Door-Halbinsel und der Südwesten von Michigan zu den Obstgärten der USA zählen.

Milchwirtschaft spielt ebenfalls eine bedeutende Rolle: Wisconsin trägt nicht umsonst den Beinamen Dairyland – der Staat ist der bedeutendste Milch- und Käseproduzent der USA. Zum *cornbelt* zählen die Staaten Illinois, Indiana und Ohio, wo der Anbau von Weizen und Futtermais dominiert. Aber auch der Viehwirtschaft kommt große Bedeutung in der Region zu.

In Michigan und Ontario war die Holzwirtschaft seit dem 19. Jh. ein wichtiger Wirtschaftsfaktor. Da durch Raubbau die natürlichen Wälder fast völlig verschwunden sind, ist man zu Fichtenmonokulturen übergegangen. Das wenig qualitätvolle Holz wird in erster Linie zu Papier und Zellulose verarbeitet.

Der Aufstieg der USA und Kanadas zu den führenden Industrienationen der Welt wurde im 19. Jh. durch die Entdeckung riesiger Vorkommen an Bodenschätzen um die Großen Seen begünstigt. Neben Kupfer, Eisenerz, Kobalt, Zink, Öl und Silber wurde auch Nickel gefördert. Per Schiff wurden die Ladungen zu den Industriestandorten an den Seen gebracht.

Ein Großteil des amerikanischen Eisenerzes stammt nach wie vor aus der Masabi Range in Minnesota. Die Stadt Subury in Ontario besitzt die größte Nickelmine der Welt. Von großer wirtschaftlicher Bedeutung ist nach wie vor die Schifffahrt auf den Großen Seen. 40 Mio. t Fracht werden Jahr für Jahr über die Seen transportiert.

Als traditionelles Kernland der verarbeitenden Industrie, die in der Region sei dem 19. Jh. dominiert, wurden die Großen Seen von der Krise dieses Wirtschaftszweigs besonders hart getroffen. Der Niedergang der einst so bedeutenden Autoindustrie, die mit der zunehmenden Konkurrenz aus Europa und Asien nicht standhalten konnte, brachte Arbeitslosigkeit und Stagnation.

Auch wenn sich die Autoindustrie nach kürzeren Aufwärtstrends noch nicht wieder erholt hat, sorgen Landwirtschaft, Dienstleistungsunternehmen und die neu entstandene High-Tech-Branche für ein solides wirtschaftliches Fundament in der Region. 60 % der Industriebeschäftigen der USA arbeiten in der Region um die Großen Seen, in der die Hälfte des Industrie-Einkommens erwirtschaftet wird. Nach einer schwierigen Anpassungsphase an moderne Produktionsmethoden hat sich die Industrie der Region erholt.

In Ontario werden mehr als 40 % des kanadischen Bruttoinlandsprodukts erwirtschaftet, die Hälfte aller im Land produzierten Güter stammt aus dieser Provinz.

Die Autoindustrie ist Fluch und Segen zugleich für die Region um die Großen Seen

Umwelt
Gefahr erkannt – Gefahr gebannt?

Beim Anblick der Großen Seen mit glasklarem Wasser fällt es schwer zu glauben, dass das Ökosystem der Seenplatte in Gefahr ist. Doch die jahrzehntelange intensive Inanspruchnahme der Seen durch den Menschen fordert ihren Tribut. Noch bis in die 50er Jahre des 20. Jh. hinein wurden alle Abwasser von den Industrie-Anlagen an den Ufern ungefiltert in die Seen geleitet.

Anfang der 60er Jahre des 20. Jh. drohte der Lake Erie durch die Einleitung von phosphathaltigen Abwassern zu ersticken. Dicke Algenteppiche schwammen auf dem Wasser, während an manchen Stellen der Gestank verrottender Fische die Luft erfüllte, die wegen des Sauerstoffmangels verendet waren. Schon wurde der See als *dead sea*, Totes Meer, bezeichnet.

Einem Horrorszenario glichen die Bilder des brennenden Cuyahoga River, der in Cleveland in den Lake Erie mündet. 1969 ging der Fluss regelrecht in Flammen auf, als flüssiger Stahl die auf der Oberfläche schwimmenden Chemikalien und Öllachen in Brand setzte. Gesperrte Strände, Badeverbot und der Rat, keinen Fisch aus den Seen zu essen, taten ein Übriges, um der Öffentlichkeit das dramatische Ausmaß der Lage vor Augen zu führen. Bald wurde die Frage diskutiert, ob die Seen noch zu retten seien.

Inzwischen hat sich einiges getan. 1972 unterzeichneten die USA und Kanada mit dem Great Lakes Water Quality Agreement ein Abkommen über die Verbesserung der Wasserqualität. Seither wurden beinah 9 Mio. Dollar investiert, um den Lake Erie und den kaum minder verschmutzten Lake Ontario zu reinigen. Zunächst konzentrierten sich die Bemühungen darauf, den extrem hohen Anteil an Nährstoffen, hervorgerufen durch Phosphateinleitungen, zu senken.

Überall in den Großstädten wurden Kläranlagen gebaut, welche die Phosphate aus den Abwassern filtern. Als wirkungsvoll erwies sich auch das Verbot von Phosphaten in Waschmittelprodukten und des schwer abbaubaren Pflanzenschutzmittels PCB sowie bestimmter Insektizide und Düngemittel. Aber nicht nur der Staat, auch die Firmen selbst erkannten, oft auf öffentlichen Druck hin, ihre Verantwortung. So investierte die Great Lakes Steel Plant am Detroit River, einem der industriellen Schwerpunkte an den Großen Seen, über 150 Mio. Dollar in den Umweltschutz.

Doch trotz all dieser Maßnahmen ist die Gefahr noch längst nicht gebannt. Ein eher düsteres Bild zeichneten Artikel im renommierten Magazin »National Geographic« gegen Ende der 80er Jahre des 20. Jh., in denen festgestellt wurde, dass die Verschmutzung der Großen Seen immer noch zu hoch ist. Proben ergaben, dass die Gewässer nach wie vor mit über 300 verschiedenen chemischen Substanzen belastet sind. Über Plankton, von dem sich die Fische in den Großen Seen ernähren, gelangen die Substanzen auch zum Menschen. Schon warnen Umweltschutzorganisationen vor dem übermäßigen Verzehr von bestimmten Fischen, die in den Seen gefangen wurden. Auch hat man Geburtsdefekte bei Kormoranen festgestellt, die vermutlich durch verseuchte Nahrung – Fisch aus dem Lake Michigan – verursacht wurden.

Schwerindustrie in Cleveland

Neuere Forschungsergebnisse sorgten dafür, dass man den Umweltbegriff inzwischen erweitert hat. Längst hat man erkannt, dass nicht nur die Wasserverschmutzung, sondern auch die Luftverschmutzung ein großes Problem ist. Verantwortlich ist vor allem die weiterhin praktizierte Müllverbrennung. Bis heute gehört die Schadstoffbelastung der Atmosphäre zu den ungelösten Problemen.

Auch fremde fremde Fisch- und Muschelarten, die durch das Ballastwasser internationaler Schiffe in die Großen Seen gelangen, sind eine Gefahr. Zu den gefährlichsten Eindringlingen gehört die See-Lamprete, die andere einheimische Fischarten durch einen aggressiven Nahrungswettbewerb verdrängte. Durch Aussetzen von Forellen, die auf Fischfarmen gezüchtet werden, versucht man, das Gleichgewicht wieder herzustellen. Das hat auch handfeste ökonomische Gründe, denn die Sportfischerei zieht Jahr für Jahr 5 Mio. Angler an die Großen Seen, die 2 Mrd. Dollar in die Wirtschaft der Region fließen lassen.

Einigkeit besteht unter Experten darüber, dass nur ein völliges Verbot der gefährlichsten Chemikalien die Rettung für die Seenplatte bedeuten kann. Auf die Frage, wie man Altlasten beseitigt, wurde hingegen noch keine Antwort gefunden.

Kunst und Kultur von Weltrang

Architektur

Als die ersten Europäer im 17. Jh. in die Region der Großen Seen vorstießen, trafen sie auf Wigwams und Langhäuser. Die kugelförmigen **Wigwams** der Ojibwa bestanden aus biegsamen Holzstämmen, Baumrinde und Grasmatten. Da dieser Stamm einen nomadischen Lebensstil pflegte, konnte man die Behausungen schnell auf- und abbauen und zudem leicht transportieren.

Die Irokesen und andere sesshafte Indianerstämme hingegen lebten in **Langhäusern**. Die bis zu 60 m langen Häuser, die aus Holzstangen und Baumrinde errichtet wurden, beherbergten mehrere miteinander verwandte Familien. Ein typisches Irokesen-Dorf bestand aus mehreren solcher Langhäuser, die durch einen hölzernen Palisadenzaun geschützt waren.

Die Europäer errichteten zunächst Forts an strategisch wichtigen Punkten, die dazu dienten, die Handelsrouten vor der Konkurrenz zu schützen. Als Zwischenlager und Umschlagplatz für Pelze wurden **Handelsposten** gebaut. Hierfür wurde als Baumaterial Holz verwendet, das im Überfluss vorhanden war. Als die Briten 1763 die französischen Besitzungen in Nordamerika übernahmen, wurden die ersten Wehranlagen aus Stein errichtet – oft an der Stelle der ehemaligen französischen Forts.

Die Anspruchslosigkeit der ersten Siedler kommt in ihren bescheidenen Steinhäusern zum Ausdruck, die den Bewohnern zunächst nicht mehr als ein Dach über dem Kopf boten. Mit wachsendem Wohlstand, der mit der Industrialisierung einsetzte, wurden die Häuser komfortabler, die nun auch repräsentativen Zwecken dienten.

In Kanada, wo die Mehrzahl der Einwanderer aus Großbritannien stammte, blieb man den architektonischen Vorbildern der alten Heimat treu. Die Häuser wurden im schlichten, eleganten **Georgianischen Stil** errichtet, der britischen Variante des Neo-Klassizismus. Aber auch in den USA orientierte man sich im 19. Jh. an den historischen Bauten Europas. Dem Zeitgeschmack entsprechend, wurden viele öffentliche Gebäude im Stil der Neo-Renaissance, Neo-Romanik und Neo-Gotik oder einer Mischung aus allen drei Stilrichtungen erbaut. Für die Villen der Wohlhabenden war der so genannte **viktorianische Stil** sehr populär, der sich durch verspielte Formen mit Erkern, Türmchen, Giebeln und eine sehr verschachtelte Bauweise auszeichnet.

Als Chicago nach dem Großbrand von 1871 wieder aufgebaut wurde, entwickelte sich die Stadt zum Experimentierfeld junger Architekten. Die Stahlskelettbauweise, welche die Wände von ihrer tragenden Funktion befreite, und schließlich die Erfindung des Fahrstuhls erlaubten es, in die Höhe zu bauen. Die ersten Wolkenkratzer wurden errichtet – ideal in einer Stadt, in der Baugrund rar und teuer war. Zu den führenden Architekten der **Chicagoer Schule** gehörten William Holabird, Martin Roche, Dankmar Adler, John Wellborn Root, William Le Baron Jenney und Daniel Burnham. Mit dem Credo von Louis Sullivan »form follows function« hielt die Funktionaltät Einzug in der Architektur.

Zu den einflussreichsten amerikanischen Architekten des 20. Jh. gehört der

Sullivan-Schüler **Frank Lloyd Wright,** dessen bedeutendste Bauten man an den Großen Seen betrachten kann. Er errichtete vor allem niedrige, großflächige Wohnhäuser. Charakteristisch für diese Häuser sind horizontale Linien, vorkragende Dächer und ineinander übergehende Zimmer, bei denen auf trennende Elemente weitgehend verzichtet wurde.

Zu Beginn der 20er Jahre des 20. Jh. wurde der **Art-déco-Stil** prägend. In Chicago, Detroit, Minneapolis/St. Paul, Buffalo und anderen Großstädten der Region entstanden wuchtige Bauten, die sich nach oben meist stufenförmig verjüngten. Funktionalität spielte nach wie vor eine wichtige Rolle, aber das Augenmerk lag nun verstärkt auf der polychromen Gestaltung der Fassade und der Innenräume. Zickzack-, Pfeil- und Blitzmuster sowie andere geometrische Formen waren dominierende Motive, in denen der Glaube an Fortschritt und Technik sowie die Dynamik der Epoche zum Ausdruck kamen. Kostbare Materialien wie Aluminium, Chrom und Marmor verliehen dem Art déco einen Hauch von Luxus und Modernität.

Nachdem die Weltwirtschaftskrise mit dem Eintritt der USA in den Zweiten Weltkrieg 1941 ein Ende fand, setzte wieder eine rege Bautätigkeit ein. Einmal mehr wurde Chicago seiner Avantgarderolle gerecht. Seit 1938 weilte der aus Aachen stammende **Ludwig Mies van der Rohe** in der Stadt, wo er viele seiner wichtigsten Bauwerke errichtete. »Weniger ist mehr«, lautete das Motto des Architekten, das sich in Hochhäusern von großer Nüchternheit, Strenge und Klarheit manifestiert. Im gleichen Geist entstand die City Hall in Toronto, die der

Am Lake Shore Drive in Chicago

Finne **Viljo Revell** zwischen 1961 und 1965 erbaute.

In der Tradition von Mies van der Rohe stehen auch die **Louis Skidmore, Nathaniel A. Owings** und **John O. Merrill,** die eine der bedeutendsten Architekturfirmen der USA gründeten. Sie perfektionierten die Skelettbauweise und schufen in Chicago Gebäude von zuvor nie erreichter Höhe wie das 338 m hohe John Hancock Center und den 436 m hohen Sears Tower.

Die Glas-, Stahl- und Betonbauweise hielt auch in Kanada Einzug. Beispiele moderner Hochhausarchitektur bietet etwa das Geschäftsviertel von Toronto mit dem BCE Place des Spaniers **Santiago Calatrava.** Zu den führenden Architekten der Postmoderne zählt der deutschstämmige **Helmut Jahn,** nach dessen Plänen der O´Hare-Flughafen und das James R. Thompson Center in Chicago gebaut wurden.

Literatur

Seit der Jahrhundertwende diente Chicago unzähligen Schriftstellern als Inspiration für ihre gesellschaftskritischen und sozialreformerischen Werke. Nach dem verheerenden Großfeuer von 1871 entwickelte sich die Stadt in rasantem Tempo zu einer der bedeutendsten Industriemetropolen des Landes mit 1 Mio. Einwohnern. Die Begleiterscheinungen des Industriezeitalters wie Urbanisierung, technischer Fortschritt und Gewinnmaximierung der Unternehmer sowie deren negative Auswirkungen auf die Menschen traten in dieser Großstadt besonders deutlich zutage.

In seinem Roman »Sister Carrie« aus dem Jahre 1900 schildert **Theodore Dreiser** (1871–1945) den allmählichen Untergang einer jungen Frau im Großstadtmoloch Chicago. Als wichtiger Chronist seiner Zeit griff **Upton Sinclair** (1878–1968) soziale und politische Missstände auf. Sein Roman »Der Dschungel«, der zu einer Anklage der unmenschlichen Zustände in den Schlachthöfen von Chicago geriet, diente Bertolt Brecht als Vorlage für »Die heilige Johanna der Schlachthöfe« aus dem Jahre 1930.

Seinen Ruf als sozialkritischer Autor begründete **Carl Sandberg** (1878–1967) mit seinen Chicago Poems, deren Titelgedicht »Chicago« einen schonungslosen Blick auf die Stadt und ihre Bewohner wirft. Auf den literarischen Spuren von Theodore Dreiser wandelte auch **James Thomas Farrell** (1904–79). In seiner Romantriologie »Studs Lonigan« zeichnet er das Bild eines jungen Mannes, der trotz bester Absichten in die Fänge der Chicagoer Unterwelt gerät und im Alter von nur 30 Jahren stirbt.

Nicht minder schonungslos beschreibt **Nelson Algren** (1909–81) seine Chicagoer Umgebung. Die Charaktere, deren Schicksal Algren in »The Man with the Golden Arm« (»Der Mann mit dem goldenen Arm«) oder »The Neon Wilderness« beschreibt, haben ihre Vorbilder in den Bewohnern des einstigen Arbeiterviertels Wicker Park. Das dominierende Thema ist stets der harte Überlebenskampf der einfache Leute.

Zu den Klassikern der Chicago-Literatur zählen die Werke »Seize the Day« (»Das Geschäft des Lebens«) und »The Dean´s December« (»Der Dezember des Dekans«) des Literatur-Nobelpreisträgers von 1976, **Saul Bellow,** die ein Bild des modernen Großstadtlebens liefern.

Zu den bekanntesten schwarzen Schriftstellern der Stadt gehört **Gwendolyn Brooks** (1917–2000), die als erste Schwarze 1950 mit dem renommierten Pulitzer-Preis ausgezeichnet wurde. In ihrem 1945 erschienenen Roman »A Street in Bronzeville« beschreibt sie ihre Kindheit in der Chicagoer South Side. Ebenfalls aus der Sicht eines Schwarzen erzählt **Richard Wright** (1909–60) in seinem Drama »Native Son« von dem Schicksal des Bigger Thomas, der aus den Slums von Chicago stammt und an dem Milieu zugrunde geht.

Das Gangstertum zur Zeit der Prohibition wird in den Werken »Little Caesar« von **William R. Burnett** und »Wild Onion« von **Loren Carroll** thematisiert. Immens populär sind die Kriminalromane von **Sara Paretsky,** in denen sich die Privatdetektivin V.I. Warshawski auf Verbrecherjagd in den Straßen des heutigen Chicago begibt.

Nicht nur die Großstadt, auch die amerikanische Provinz um die Großen Seen diente Schriftstellern als Inspiration. **Ernest Hemingway** (1899–1961) verarbeitete Eindrücke aus Michigan in seinen Nick-Adams-Kurzgeschichten und im Roman »Torrents of Spring« (»Die Sturmfluten des Frühlings«).

In seinem Roman »Winesburg/Ohio« zeichnet **Sherwood Anderson** (1876 bis 1941) das Leben in einer kleinen ländlichen Gemeinde in Ohio nach. Als Vorbild für seine Schilderungen diente die Kleinstadt Clyde südlich von Sandusky, in der Anderson einige Zeit lebte und arbeitete. Er fühlte sich derart eingeengt in der Provinz, dass er seine Familie verließ, um fortan das Leben eines Bohemien in Chicago zu führen.

Die in Toronto lebende und weit über die Grenzen Kanadas hinaus bekannte Schriftstellerin **Margaret Atwood** beleuchtet in ihren Werken oft das Verhältnis von Mann und Frau. Zu einer festen Größe in der kanadischen Literatur zählt der ebenfalls in Toronto lebende **Michael Ondaatje,** der durch die Verfilmung seines Romans »Der Englische Patient« auch in Europa bekannt wurde.

Musik

Chicago gilt als eines der bedeutendsten Zentren des Blues und des Jazz. Doch der ›Geburtsort‹ beider Musikrichtungen liegt viele hundert Kilometer weiter südlich. Der Blues mit seiner schwermütigen getragenen Grundstimmung war die Musik der ehemaligen Sklaven in den Südstaaten. Der Blues ist neben Spirituals sowie weißer amerikanischer Tanz- und Marschmusik eine der Zutaten, aus denen sich in New Orleans der so genannte New Orleans Jazz entwickelte.

Als es in den 20er Jahren des 20. Jh. für die schwarzen Amerikaner immer deutlicher wurde, dass ihr Leben in den Südstaaten auch weiterhin von Armut und Benachteiligung geprägt sein würden, begannen sie ihre Heimat zu verlassen. Zahlreiche schwarze Musiker wurden zudem ihrer Auftrittsmöglichkeiten durch die Schließung des Vergnügungsviertels von New Orleans aus Gründen der ›öffentlichen Moral‹ beraubt. Es begann ein Exodus in den liberaleren Norden. Für viele wurde die South Side in Chicago zur neuen Heimat, die sich zum Sammelpunkt der Südstaatenmusiker entwickelte.

In den Klubs traten Blues-Legenden wie Bessie Smith und Muddy Waters sowie sein Gitarrist Buddy Guy auf. War es in den Anfangsjahren noch der Blues,

Musikklub in Chicago

wie er in den Sümpfen von Louisiana gespielt und gesungen wurde, so entwickelte sich schließlich die Variante des Chicago Blues. Unter dem Eindruck des rasanten Großstadtlebens begannen die Musiker bald härtere, kantigere Töne anzuschlagen. Seit den 40er Jahren des 20. Jh. fand der Blues dann durch Radio und Schallplatten auch jenseits der Klubs Verbreitung und beeinflusste Generationen von Musikern – von den Rolling Stones über Jimmi Hendrix bis zu Eric Clapton.

Zu den Großen der Jazz-Musik gehören Jelly Roll Morton, Johnny Dodds oder King Oliver. Die Schicksalsstunde für die Chicagoer Jazzmusik schlug 1922 mit der Ankunft von Louis Armstrong, der King Oliver´s Creole Jazz Band beitrat und zum Vorbild zahlreicher weißer Musiker wurde.

Durch die Auseinandersetzung weißer Jazzer mit dem New-Orleans-Jazz der zugewanderten Schwarzen entstand der Chicago-Stil. Diese Variante, die zum Swing der 30er Jahre überleitete, ist durch Solo-Improvisationen, der wachsenden Bedeutung des Arrangements und insbesondere des Saxophons gekennzeichnet. Als bedeutendster Vertreter dieses Stils ging der Trompeter und Kornettist Bix Beiderbecke in die Jazz-Geschichte ein. Schließlich hielt die Swing-Epoche des Jazz mit der 1934 von Benny Goodman in Chicago gegründeten Big Band Einzug.

Die vielen Klubs in Chicago bieten ausgezeichnete Möglichkeiten, allen Musikstilen zu lauschen. Die beste Musik wird in den Klubs der South Side dargeboten. Unzählige Musikfans von nah und fern zieht das alljährlich im Juni stattfindende Chicago Blues Festival an. Im August besuchen Jazzfreunde das Chicago Jazz Festival und auch das alljährlich im Sommer stattfindende Jazz

Festival von Montréal genießt Weltruhm.

Aus den Anfängen des Blues und Jazz wuchs schließlich der Gospel, dessen rhythmische Gesänge vor allem als fester Bestandteil von Baptisten-Gottesdiensten bekannt sind. Und so begann auch die steile Karriere der größten Stimme des Gospel, Mahalia Jackson, in einer der Baptisten-Gemeinden in der South Side von Chicago.

Auch die Autometropole Detroit mit ihrem hohen Anteil schwarzer Bevölkerung prägte einen eigenen Sound, der unter dem Namen Motown einen Siegeszug um die Welt antrat. Ganz Amerika tanzte in den 60er Jahren nach den Soul-Hits von The Jackson Five, Diana Ross and the Supremes, Martha Reeves and the Vandellas, The Four Tops und Marvin Gaye, die im Motown Studio A in Detroit aufgenommen wurden.

Auch in jüngerer Zeit gingen von Detroit mit den Punk-Vorläufern The Stooges oder MC 5 richtungsweisende Impulse aus. In den Hinterhofstudios der Stadt fand der Techno sein erstes bedeutendes Zentrum.

Als White Trash bezeichnet man die Musikrichtung, die das Lebensgefühl der benachteiligten weißen Unterschicht zum Ausdruck bringt. In Eminem, einem weißen Rapper aus Detroit, hat diese Musik einen ihrer erfolgreichsten Vertreter gefunden. In letzter Zeit kristallisieren sich die Klubs von Milwaukee zu einem Ziel der White Trash-Fans heraus.

Die Musikszene des Nachbarn Kanada hat vor allem in den Bereichen des Folk, Folk Rock und Chansons große Namen wie Neil Young, Leonard Cohen, Joni Mitchell und Gordon Lightfoot hervorgebracht. Sie fanden in den Kneipen von Torontos Künstlerviertel Yorkville und in den Klubs von Montréal in den 60er Jahren des 20. Jh. ihr erstes Publikum.

Sport
Treffpunkt für Outdoor-Fans

Wandern

Wandern gehört zu den populärsten Freizeitaktivitäten an den Ufern und im Hinterland der Großen Seen. Ein ideales Terrain bieten die zahlreichen State, Provincial und National Parks, welche die Ufer aller fünf Seen säumen. Einfache, gut ausgeschilderte Rundwege von einer bis zwei Stunden Länge eignen sich auch für Familien.

Wer mehr Nähe zur Natur sucht, kann mehrstündige oder auch mehrtägige Wanderungen in den Naturschutzgebieten unternehmen. Die entsprechende Kondition, Ausrüstung und Erfahrung in der Wildnis sind allerdings Voraussetzungen für derartige Wanderungen, die zum Beispiel durch die Porcupine Mountains, die Isle Royale, den Killarney Provincial Park und den Pukaskwa National Park führen. Feste Schuhe mit Profil sollte man auch bei kurzen Touren tragen. Informationen und Kartenmaterial erhält man bei den Touristeninformationen oder in den Ranger-Stationen, die es in allen größeren Parks gibt.

Kajak- und Kanufahren

Das ruhige Dahingleiten durch die Wildnis gehört zu den unvergesslichen Erlebnissen einer Reise an die Großen Seen. Kajak- und Kanufahren kann man relativ leicht erlernen, so dass auch Anfänger erlebnisreiche Touren unternehmen können. Optimal für Einsteiger sind die leicht zugänglichen State oder Provincial Parks, die sich für einfache Halbtagestouren auf stillen Gewässern anbieten.

Die Isle Royale – eines der reizvollsten Wandergebiete an den Großen Seen

Für Fortgeschrittene eigenen sich mehrtägige Kanuexkursionen, die tief in das Hinterland führen. Kajaks kommen vor allem in den Uferzonen der Großen Seen zum Einsatz, da sie auch bei höherem Wellengang sicher im Wasser liegen. Aufgrund der sich schnell ändernden Wetterlage sollten sich allerdings nur Könner auf die Großen Seen wagen.

Wer nicht allein fahren möchte, der wende sich an Ausrüster, die nicht nur Boote verleihen, sondern auch Anfänger einweisen sowie Touren anbieten. Für die Camping- und Kochausrüstung wird ebenso gesorgt wie für den Proviant. Zu den reizvollsten Revieren gehören die Pictured Rock National Lakeshore, die Isle Royale, der Au Sable River, die Apostle Islands und die Boundary Waters Canoe Area Wilderness.

Auch Wildwasserfahrten *(rafting)* erfreuen sich großer Beliebtheit. Über die Tourangebote unterschiedlicher Schwierigkeitsgrade informieren die örtlichen Fremdenverkehrsbüros. Der Peshtigo River in Wisconsin gilt als einer der besten Wildwassserflüsse im Mittleren Westen.

Segeln

Zu den beliebtesten Segelrevieren gehören der Lake Michigan, der südliche Lake Erie, der Lake Ontario und die Georgian Bay im Lake Huron. Hier gibt es überall Jachthäfen, in denen man bei Nachweis der entsprechenden Qualifikation Segelboote leihen kann. Wer keinen Segelschein besitzt oder nicht allein

Der Strand von Chicago lädt nach der Stadterkundung zum Bad ein

Baden

Mit Ausnahme des auch im Sommer eiskalten Lake Superior, an dem sich nur wenige geschützte Buchten zum Baden eignen, bieten die Großen Seen ausgezeichnete Bademöglichkeiten. Als Faustregel gilt: je südlicher der See, desto wärmer der Wasser. Herrliche Badestrände gibt es am Lake Erie, Lake Michigan und am südlichen Lake Huron.

Angeln

Zur kollektiven Leidenschaft an den Großen Seen gehört das Angeln. Immerhin zieht die Region alljährlich 5 Mio. Angler an. In den zahlreichen Seen und Flüssen tummeln sich Barsche, Forellen, Zander, Muskie, Hechte, Forellen und Lachse. Beliebt ist auch das Angeln auf den offenen Seen. Überall bieten Veranstalter Fahrten zum ›Hochsee-Angeln‹ an, die Ausrüstung kann man vor Ort leihen oder kaufen. Über die Bestimmungen, die das Angeln zum Schutz des Fischbestands regeln, informiert man sich am besten vor Ort, da sie von Bundesstaat zu Bundesstaat und in der Provinz Ontario variieren.

Motorschlittenfahren

In den Wintermonaten wird die Region um die Großen Seen zum Ziel für Motorschlittenfahrer – das weitgehend flache Terrain mit Trails von mehreren Tausend Kilometern Länge und der reichlich vorhandene Schnee bieten ideale Bedingungen.

segeln möchte, kann ein Boot mit Skipper mieten.

Tauchen

Tauchen, vor allem das Tauchen nach Schiffswracks, rangiert seit einigen Jahren ganz oben auf der Hitliste der Freizeitaktivitäten an den Großen Seen. Vor allem der Lake Superior, aber auch der Lake Huron mit unzähligen Wracks, die im glasklaren Wasser ruhen, verheißen Tauchabenteuer. Da das Tauchen nach gesunkenen Schiffen nicht ungefährlich ist, sollte man sich geführten Tauchgängen anschließen, die von Dive Shops in der Region angeboten werden. Die Tauchschulen weihen auch Anfänger in das Wracktauchen ein.

Kulinarisches
Fangfrischer Fisch und mehr

Gleich, wo man sich in Nordamerika befindet – und die Region um die Großen Seen ist da keine Ausnahme –, der Tag beginnt mit einem deftigen Frühstück. Das wird oft nicht zu Hause eingenommen, sondern in einem Diner.

Heiß und fettig könnte das Motto des amerikanischen Frühstücks lauten, das nach englischem Vorbild aus Eiern, gebratenem Speck und Grillwürstchen besteht. Typisch nordamerikanisch sind *hash browns* (Bratkartoffeln). Dazu wird Toast, Butter und Marmelade serviert. Kaffee ist meist das Getränk der Wahl, der so lange nachgeschenkt wird, bis man abwinkt. An die Qualität des Kaffees sollte man keine allzu hohen Maßstäbe anlegen.

Ebenfalls aus den Tagen, als Kalorienzählen und Cholesterienwerte Fremdwörter waren, stammen *pancakes,* die von all jenen geliebt werden, die am Morgen Süßes bevorzugen. Salzige Butter und Sirup runden den Genuss der Pfannkuchen ab – mit etwas Glück wird in Kanada auch echter Ahornsirup gereicht. Viele Diner gehen inzwischen mit der Zeit und bieten Figurbewussten auch eine Light-Variante zum Frühstück an, die meist Cornflakes oder pochierte Eier umfasst.

Auch *lunch* (Mittagessen) und *dinner* (Abendessen) werden im pragmatischen Nordamerika gern im Schnellrestaurant eingenommen. Neben den auch bei uns bekannten Ketten wie McDonald's und Burger King gibt es lokale Anbieter wie Wendy´s, Denny´s oder – in Kanada – Tim Horton´s. Die eher nüchtern eingerichteten Schnellrestaurants befinden sich meist an den Ausfallstraßen der Städte und Dörfer.

Dort werden neben Hamburgern in unterschiedlichen Varianten Salate, Suppen, Sandwiches, Eis und typische nordamerikanische Backwaren wie *donuts* – Teigkringel mit verschiedenen Glasuren – angeboten.

Besonders gern besuchen Nordamerikaner so genannte Family Restaurants, in denen riesige Portionen zu kleinen Preisen aufgetischt werden. Raffinierte Gourmetgenüsse darf man hier freilich nicht erwarten, dafür stehen herzhafte Steaks, Ribs, Pasta, Pizza, Hamburger, Fleisch- und Fischgerichte auf der Speisekarte. Auch auf die Wünsche von Vegetariern ist man inzwischen eingestellt – häufig besitzen diese Restaurants eine reich bestückte Salatbar. Es gehört in Nordamerika durchaus zum guten Ton, sich übrig gebliebenes Essen einpacken zu lassen. Man fragt die Bedienung ganz einfach nach einem *doggie bag.*

Take away oder *to go* heißt das Zauberwort, wenn man das Essen mitnehmen möchte. Eine gute Quelle für transportable Köstlichkeiten sind Delikatessenläden, Delis genannt, in denen man sich für ein Picknick eindecken kann.

Der Bevölkerungsvielfalt der Region entsprechend, ist das Angebot an Restaurants, die zu einer kulinarischen Weltreise einladen, riesig. Das gilt gerade für Großstädte, wo man Speisen aus aller Herren Länder genießen kann – sämtliche Küchen Europas sind hier ebenso vertreten wie die Mittel- und Lateinamerikas, Asiens und Afrikas.

Viele Regionen an den Ufern der Großen Seen haben ihre regionalen Spezialitäten, die oft auf Einwanderer zurückgehen, welche die Rezepte aus ihrer alten Heimat in die Neue Welt mitgebracht haben. Da wäre zum Beispiel der *fish boil,* ein herzhafter Fischeintopf, der als das Gericht der Door-Halbinsel gilt. Bei dem Gebäck *kringle,* für das Racine nördlich von Chicago berühmt ist, handelt es sich um ein Mitbringsel skandinavischer Einwanderer.

Wer als Deutscher Heimweh nach Kulinarischem aus der Heimat verspürt, ist vor allem in Milwaukee am richtigen Ort. In der von deutschen Einwanderern geprägten Metropole zählen deftige Wurstspezialitäten nach deutschen Rezepten zu den Leib- und Magenspeisen. Apropos Wurst – gleich zwei Städte an den Großen Seen haben den *hot dog* zu ihrer lokalen Delikatesse erkoren. Sowohl in Toronto als auch in Detroit sollte man zumindest einmal die nordamerika-

Die Restaurants rund um die Großen Seen bieten meist deftige Hausmannskost an

nische Variante der Wurstsemmel probiert haben. In der US-amerikanischen Stadt werden sie übrigens Coney Islands genannt.

Wer bisher glaubte, dass Pizza allein eine italienische Spezialität sei, wird sich in Chicago eines Besseren belehren lassen müssen. Die Stadt am Lake Michigan nimmt für sich in Anspruch, Heimat der *deep-pan Pizza* zu sein, der in der Pfanne gebackenen Variante, die sich durch besonders viel Teig auszeichnet. Aus den Tagen als riesige Schlachthöfe die Stadt prägten, blieb eine weitere Chicagoer Köstlichkeit erhalten: knusprig gegrillte Rippchen vom Schwein, *ribs.*

Whitefisch liver, die Leber vom Weißfisch, wird in Wisconsin gern gegessen. Überhaupt ist Fisch ein fester Bestandteil im Speiseplan der Anrainerstaaten. Der enormen Umweltbelastung der Großen Seen zum Trotz: Im Rahmen eines Urlaubs kann man ohne gesundheitliches Risiko nach Herzenslust frischen Fisch genießen. Geradezu kultischen Charakter haben die *fish fries,* die in Wisconsin an Freitagabenden zelebriert werden. Unmengen an gebratenen Fisch stehen dann zur Auswahl.

Wisconsin mit satten Weiden ist der führende Milchlieferant der USA und berühmt für viele Käsesorten. Auf der Door-Halbinsel, im Süden von Michigan, auf der Niagara-Halbinsel und an den Ufern des Lake Ontario wird viel Obst angebaut. Während der Saison kann man überall an den Straßen erntefrische Kirschen, Äpfel, Pflaumen, Heidelbeeren und Pfirsiche kaufen. Saftiger *cherry pie* – ein gedeckter Kirschkuchen – gehört zu den Leckereien von der Door-Halbinsel.

Stand der verwöhnte Kaffeetrinker in Nordamerika lange Zeit auf verlorenem Posten, so hat sich die Lage – zumindest in den großen Städten – inzwischen sehr verbessert. Man mag von den stets gleich aussehenden Ablegern der Café-Ketten wie Starbucks oder Costa nicht eben begeistert sein, ihre Kaffeespezialiäten sind von hervorragender Qualität.

Nach dem Vorbild von Milwaukee entstanden überall an den Großen Seen Kleinbrauereien – so genannte *micro breweries* – die hervorragendes Bier brauen. Zu den Brauereibetrieben gehört immer ein Kneipenrestaurant, in dem man neben verschiedenen Biersorten auch Speisen in rustikaler Atmosphäre genießen kann.

Den meisten Europäern wohl eher unbekannt ist die Tatsache, dass einige Uferregionen an den Großen Seen zu den führenden Weinanbaugebieten Nordamerikas gehören. Dank des relativ milden Klimas kann in manchen Regionen rund um den Lake Erie Wein angebaut werden. Möchte man den Wein kosten, nimmt man am besten an einer der vielen Weinproben teil, die von den Winzereien angeboten werden. In den Restaurants um die Großen Seen werden allerdings meist Weine aus Kalifornien oder importierte Weine aus Europa kredenzt.

Fish Boil
Eine Spezialität der Door Peninsula

Freunde raffinierter Gaumenkitzel stehen im Gebiet um die Großen Seen, mit Ausnahme der großen Städte, eher auf verlorenem Posten. Deftig-Kräftiges prägt seit jeher den Speiseplan einer Region, deren Bewohner von harter körperlicher Arbeit leben.

Das Eintopfgericht *fish boil* stammt von skandinavischen Einwanderern, die sich im 19. Jh. auf der Door-Halbinsel niederließen. Da Schweine und Rinder rar sind in der Region, ernährte man sich hauptsächlich von dem im Überfluss vorhandenen Fisch. Hinzu kamen Gemüse, wie Kartoffeln und Zwiebeln.

Das Rezept für *fish boil* wurde von Generation zu Generation weiter vererbt und veränderte sich im Laufe der Zeit. Während Traditionalisten auf Whitefish als Grundlage eines echten *fish boil* schwören, experimentiert mancher moderne Küchenchef der Door-Halbinsel auch mit Forelle oder Hecht.

Wichtigste Utensilien für die Zubereitung eines *fish boil* sind ein riesiger gusseiserner Kessel, ausreichend Feuerholz und Kerosin. Im Kessel wird gesalzenes Wasser zum Kochen gebracht. Zunächst werden die Kartoffeln, dann die Zwiebeln in dem Sud gegart. Schließlich wird der Fisch hinzugefügt, den das Salz vor dem Auseinanderfallen bewahrt. Dann kommt der eigentliche Kniff: Kurz bevor das Gericht fertig ist, wird Kerosin in das Feuer gegossen. Durch das Auflodern der Flammen wird der Eintopf zum Überkochen gebracht, wodurch das Fischfett an der Oberfläche abgetragen wird.

Schließlich wird das restliche Wasser abgegossen und das Gericht in Butter geschwenkt. Als typische Beilagen zu einem *fish boil* werden Krautsalat und dunkles Brot serviert. Und als Nachtisch darf auf der Door-Halbinsel ein *cherry pie* natürlich nicht fehlen.

Reisen
rund um die
Großen
Seen

Lake Michigan ›Das große Wasser‹

Michi Gami nannten die Algonquin-Indianer den Lake Michigan, an dessen Ufern sie lebten. Im indianischen Namen ›großes Wasser‹ klingen die immensen Ausmaße des Sees bereits an: 560 km Uferlinie erstrecken sich vom Süden im Bundesstaat Indiana bis hinauf zur Upper Peninsula von Michigan, der nördlichen Begrenzung. Die Distanz vom West- zum Ostufer beläuft sich an der breitesten Stelle auf knapp 130 km.

Wer den gesamten See umrunden möchte, sollte für die gut 3000 km lange Strecke mindestens zwei Wochen einplanen. Die Eindrücke, die sich bieten, könnten vielfältiger und konstrastreicher nicht sein – von den glänzenden Hochhausfassaden der Millionen-Metropole Chicago bis zur urwüchsigen, beinahe unberührten Natur des nur spärlich besiedelten Nordens von Michigan.

Dazwischen passiert man Städte wie Milwaukee, die wie kaum eine andere in den USA von deutschen Einwanderern geprägt wurde, und beschauliche Dörfer, die aus einem Bilderbuch über das ländliche Amerika stammen könnten. Viele Orte spielten während des 19. Jh. zur Zeit der Industriellen Revolution eine bedeutende historische Rolle, als Holz und Bodenschätze über ihre Häfen umgeschlagen wurden. Den Wohlstand, der damals erwirtschaftet wurde, belegen prächtige viktorianische Villen, die oft unter Denkmalschutz stehen. Viele dieser Schmuckstücke wurden von wohlhabenden Großstädtern als Sommerresidenzen erbaut, denn auch schon vor gut 150 Jahren zog man sich gern zur Erholung an den Lake Michigan zurück. Zum architektonischen Erbe gehören auch unzählige Leuchttürme, die zum Teil noch in Betrieb sind oder inzwischen als Heimatmuseen fungieren.

Ganz unterschiedlich präsentieren sich die Ufer des Lake Michigan. Während das West- und Nordufer an manchen Stellen von schroffen Kalksteinklippen gesäumt sind, erstrecken sich im Osten und Süden lange Dünen, in denen sogar Kakteenarten gedeihen. Immer wieder laden lange Sandstrände zum Baden und Spazierengehen ein. Dichte Wälder, zwischen deren Grün das tiefblaue Wasser des Sees aufblitzt, reichen an vielen Stellen bis an das Ufer heran.

Als Ausgangspunkt für die Tour um den Lake Michigan bietet sich Chicago an.

Chicago
Hoch hinaus

Tipps & Adressen

S. 302ff.

Übersichtskarte s. hintere Umschlag-
klappe

Stadtplan S. 64/65

»Chicago baut sich auf, geht in die Knie,
kehrt den Schutt weg und beginnt von
Neuem«, beobachtete der amerikanische Schriftsteller Saul Bellow. Treffen-
der könnte man die Stadt nicht beschreiben. New York ist größer, Washington
monumentaler, Miami exotischer und
Los Angeles schillernder, aber Chicago
ist in seinem Pragmatismus und einem
Optimismus amerikanischer als alle anderen Städte der Nation.

Sichtbarster Ausdruck des grenzenlosen Glaubens an die Zukunft sind die
Wolkenkratzer, die dicht an dicht wie
überdimensionale Finger in den Himmel
ragen. Immerhin standen hier, am Ufer
des Lake Michigan, die ersten modernen Wolkenkratzer, wurde hier der Aufzug erfunden, der einen binnen Sekun-
den in schwindelnde Höhen fährt.

Die Bewohner ließen sich auch in weniger glanzvollen Zeiten nicht unterkrie-
gen – weder nach dem verheerenden
Feuer von 1871, das Chicago in Schutt
und Asche legte, noch nach der
Schließung der letzten Schlachthöfe gut
100 Jahre später, die das Ende einer
weiteren Epoche bedeutete. Auch die
Tatsache, dass Chicago inzwischen seine Position als Second City – als zweitgrößte Stadt der USA nach New York –
an Los Angeles verlor, wurde von den
Chicagoern mit selbstbewusster Gelas-
senheit zur Kenntnis genommen. Ohnehin viel wichtiger sind die Lokalmata-
doren des Basketballteams Chicago

Bulls, die nicht weniger als fünfmal die
nationalen Meisterschaften für sich entscheiden konnten.

So kann es kaum verwundern, dass
sich Chicago im Laufe seiner knapp 200-
jährigen Geschichte zum wirtschaftlichen Powerhouse mit einer bedeutenden Börse entwickelte, zur Weltstadt mit
einer lebhaften kulturellen Szene, zu der
Museen von internationalem Rang ebenso beitragen wie erstklassige Orchester,
Theater sowie Jazz- und Blueskneipen.
Hauptstadt der modernen Wolkenkrat-
zer-Architektur ist Chicago ohnehin.

Doch es gibt auch eine Kehrseite der
Medaille. Armut, Kriminalität und Ras-
senkonflikte sind seit jeher Probleme
der Millionenmetropole. Doch herrscht
auch der feste Glaube, dem Optimismus
sei Dank, diese Probleme irgendwie, ir-
gendwann lösen zu können. Vielleicht
ist dies auch ein Grund dafür, dass man
auf Schritt und Tritt den Eindruck ge-
winnt, dass die faszinierende Stadt nicht
allein ein Riese aus Stahl, Glas und
Beton, sondern ausgesprochen liebenswert ist.

Streifzug durch die Stadt-
geschichte

Dort, wo sich heute Chicago gen Himmel reckt, lag einst ein riesiges Sumpfgebiet, das von vielen Flüssen durchzogen war. Einer von ihnen trug den
Namen Checaugou und dieser Fluss gab
der späteren Stadt ihren Namen.

Die ersten Europäer, die im späten
17. Jh. in dieses unwegsame Areal vordrangen, waren Franzosen – der ›Entdecker‹ Louis Joliet und der Jesuiten-

missionar Jacques Marquette. Gemeinsam hatten sie den Mississippi erkundet und gelangten nun an die Mündung des Chicago River in den Lake Michigan.

Zu einer dauerhaften Besiedlung kam es aber erst 1779, als der Pelzhändler Jean Baptiste Point du Sable einen Handelsstützpunkt an der Flussmündung gründete. Als die Amerikaner sich zu Beginn des 19. Jh. anschickten, den Westen des Landes zu erschließen, erkannte man schnell die strategische Bedeutung dieses Ortes am Knotenpunkt eines weit verzweigten Systems von Wasserwe-

gen. Am Südufer des Chicago River, dort, wo sich heute die Michigan Bridge befindet, wurde eine erste Wehranlage gegründet. Damit war der Grundstein für Chicago gelegt. Immer wieder musste Fort Dearborn den Angriffen von Indianern standhalten, die – angestachelt von den Briten – die Amerikaner überfielen.

Die Lage entspannte sich erst nach dem Ende des Krieges von 1812, als wirtschaftliche Interessen wieder in den Vordergrund traten. Nur 200 Einwohner zählte die Neugründung damals. Das änderte sich schlagartig mit dem Bau

*Blick vom Jachthafen auf
die Skyline von Chicago*

schnellstem Wege in die Stadt gebracht werden.

Nach dem Ende des Bürgerkriegs 1865 ließ sich die einzigartige Erfolgsstory nicht mehr aufhalten. Banken eröffneten, Zeitungen wurden gedruckt, die Stahlproduktion wurde angekurbelt und die ersten Schlachthöfe errichtet, die Chicago zum führenden Fleischversorger des Landes werden ließen.

Es entstand ein unersättlicher Arbeitsmarkt, der wie ein Magnet auf Immigranten aus Europa wirkte. Dann ereignete sich eine Katastrophe, die weit reichende Folgen haben sollte. Am 8. 10. 1871 wütete ein Großfeuer, das binnen dreier Tage Chicago zu weiten Teilen zerstörte. 300 Menschen kamen ums Leben, mehrere Tausend Gebäude, die meisten aus Holz, wurden ein Raub der Flammen, gut 90 000 Menschen obdachlos. Doch in kürzester Zeit entstand die Stadt neu, prächtiger und schöner als je zuvor.

Von überall strömten junge und begabte Architekten herbei, die die Chance ihres Lebens witterten. Neue Konstruktionsweisen machten es möglich, Gebäude von nie dagewesener Höhe zu errichten. Wieder lockte die Boom-Stadt Chicago Hunderttausende von Immigranten an, deren amerikanischer Traum aber allzu oft in den neu entstanden Elendsvierteln endete. Unmenschliche Arbeitsbedingungen und Rezessionen, durch die zahlreiche Menschen ihre Arbeit verloren, führten im ausgehenden 19. Jh. immer wieder zu Streiks und zur Gründung der ersten amerikanischen Gewerkschaft sowie vieler anderer sozialer Bewegungen.

Diejenigen, denen der kometenhafte Aufstieg gelungen war, begannen, ihr

des Michigan-Illinois-Kanals, der tausende von Arbeitern nach Chicago brachte. Als die Wasserstraße 1848 eröffnet wurde, zählte die Stadt bereits 200 000 Bewohner. Schnell wurde Chicago zu einem bedeutenden Umschlagplatz für Waren aus der Karibik auf dem Weg an die Ostküste der USA ebenso wie für Weizen aus dem Mittleren Westen. Kurz darauf hielt die Eisenbahn Einzug, welche die Position Chicagos als wichtigen Verkehrsknotenpunkt festigte. Güter konnten nun noch schneller transportiert werden und Rohstoffe auf

Al Capone
Einem Gangstermythos auf der Spur

Nicht jedem fährt ein angenehmer Schauer über den Rücken, wenn der Name Al Capone fällt. Im Gegenteil, viele Chicagoer Bürger sind genervt, dass ihre Stadt als erstes mit dem legendären Gangsterboss in Verbindung gebracht wird. So sollte gar mit dem Abriss einiger Schauplätze aus dem Gangstermilieu der Prohibitionszeit für eine Imagekorrektur gesorgt werden. Und selbst die Tourimusbranche scheint nicht besonders geneigt, eher untypisch für die USA, dieses Kapitel der Stadtgeschichte in bare Münze zu verwandeln. Warum, fragt man sich, angesichts der Tatsache, dass es zu Al Capones Zeiten im Vergleich zu heute fast friedlich zuging. Chicagos Mordrate an Gangmitgliedern ist inzwischen zehnmal so hoch wie in den 20er Jahren des 20. Jh.

Zu den wenigen ›Denkmälern‹, die aus den Ära des legendären Gangsterbosses erhalten blieben, gehört das Haus Nummer 7224 in der South Prairie Road. Nachdem Al Capone 1919 von New York nach Chicago gekommen war, ließ er das Anwesen für seine Frau Mae, seinen Sohn und andere Verwandte errichten. Er selbst zog es vor, sich dort aufzuhalten, wo er ›gebraucht‹ wurde.

Capones Aufstieg zum *capo di capi,* zum Boss der Bosse, wäre ohne die Hilfe der Polizei nicht möglich gewesen. Fast alle Gesetzeshüter, die in der Maxwell Street Police Station (943 W. Maxwell St.) stationiert waren, standen auf der Gehaltsliste der Mafia. Und natürlich waren auch Politiker tief in das Netz aus Prostitution, Schmuggel, Glücksspiel und Korruption verstrickt. Daher muss auch die City Hall, das Rathaus in der North La Salle Street, zur Gangster-Tour gehören. Hier residierte ab 1927 William Thompson als Bürgermeister, für dessen Wahlkampf Al Capone über 100 000 Dollar gespendet hatte.

Dass Capone und seinen Gangstern nichts heilig war, belegen die Einschüsse an der Holy Name Cathedral in der North State Street. Nachdem Capone seinen Widersacher Dion O´Banion aus dem Weg geräumt hatte, fiel auch dessen Nachfolger Hymie Weiss zwei Jahre später auf den Stufen der Kirche dem Kugelhagel von Capones Häschern zum Opfer.

Hits wurden Überfälle genannt, bei denen rivalisierende Bandenmitglieder niedergestreckt wurden. Ein solcher Überfall fand am 14. 2. 1929 in der North Clark Street statt. Unter der Hausnummer 2122 stehen immer noch die Reste des Schuppens, in dem der Gangsterboss Bugs Moran seine Alkoholvorräte lagerte. Sieben Mitglieder der Bande wurden an der Wand aufgereiht und von Gangstern hingerichtet, die als Polizisten verkleidet waren.

Nach dem Valentinstag-Massaker hatte Capone auch die North Side Chicagos unter seine Kontrolle gebracht und sich außerdem an dem Mann gerächt, der ihn als ›Scarface‹ lächerlich gemacht hatte. Die Narbe auf der linken Wange erinnerte den Gangster an eine nie verschmerzte Niederlage.

Die Prohibition bescherte der Chicagoer Mafia riesige Gewinne. Das 1919 erlassene Alkoholverbot schürte erst Recht das Verlangen nach Hochprozentigem. Und so machten die illegale Herstellung und der Handel mit Bier, Whisky und Gin die Mafiosi zu Multimillionären. Der Jahresverdienst von Al Capone lag bei 70 Mio Dollar.

Zu Capone bevorzugten *speakeasies,* Kneipen, in denen trotz Verbotes Alkohol ausgeschenkt wurde, gehörte The Green Mill (4802 N. Broadway). Über 20 000 solcher illegalen Kneipen gab es auf dem Höhepunkt der Prohibition. Da sich die Türsteher aus korrupten Polizisten rekrutierten, bedurfte es selten einer besonderen Tarnung. Über einige Exponate aus den Tagen Al Capones und seiner Kollegen verfügt das American Police Center, 1717 S. State Street. Auf das Thema Korruption wird allerdings nicht eingegangen.

Während die meisten Bosse als Opfer ihres Berufs im Kugelhagel ein frühzeitiges Ende fanden, wurde Al Capone von der Steuerfahndung gestellt. Nachdem er einige Jahre auf der Gefängnisinsel Alcatraz vor San Francisco verbracht hatte, starb er 1947 an Syphilis. Sein Grab befindet sich auf dem Mount Carmel Friedhof in Hillside westlich von Chicago. Ganz in der Nähe fanden auch seine Konkurrenten O′Banion und Weiss ihre letzten Ruhestätten.

Wer im Rahmen einer Führung auf den Spuren Al Capones wandeln möchte, sollte sich den Untouchable Gangster Tours (Tel. 773-881-1195) anschließen. Die zweistündige Tour beginnt vor dem Rock'n'Roll McDonalds, 600 N. Clark Street, und kostet für Erwachsene 22 Dollar.

Vermögen in die Stadt zu investieren. Sie finanzierten den Bau immer neuer, höherer Wolkenkratzer oder trugen wertvolle Kunstsammlungen zusammen, die dann den Grundstock für so bedeutende Museen wie das Art Institute of Chicago bildeten.

Zu Beginn des 20. Jh. erlebte Chicago eine neue Zuwanderungswelle, diesmal von Schwarzen aus den Südstaaten der USA. Angezogen von den besseren Lebensbedingungen und viel versprechenden Arbeitsmöglichkeiten strömten sie in die Stadt, worüber die weiße Bevölkerung nicht immer begeistert war. Die Konkurrenz auf dem Arbeitsmarkt war unter anderem der Grund für die ersten Rassenunruhen, die noch lange schwehlen sollten.

Die einschneidenden Jahre der Prohibition dauerten von 1920 bis 1933, als ein Verfassungszusatz den Verkauf und Konsum von Alkohol für illegal erklärte. Doch das Gesetz erwies sich als kontraproduktiv. Zu keinem anderen Zeitpunkt floss mehr Hochprozentiges durch die Kehlen der Chicagoer Bürger als in jenen Jahren. Die organisierte Kriminalität stieg sprunghaft an, Gangsterbosse wie Al Capone machten mit dem illegalen Verkauf von Alkoholika ein Vermögen.

Dem Niedergang, der durch die Weltwirtschaftskrise von 1929 ausgelöst wurde, setzte schließlich der Zweite Weltkrieg ein Ende, der Chicagos Wirtschaft zu einem erneuten Aufschwung verhalf. Der Wohlstand der Nachkriegsjahre führte zu einem Exodus der weißen Bevölkerung aus der Innenstadt in die Vororte, wo propere Eigenheime erbaut wurden. Zurück blieb eine weitgehend verwaiste, von armen Schwarzen bewohnte Innenstadt, die in großen Teilen immer weiter verfiel.

Ein Meilenstein in der Geschichte Chicagos waren die Jahre unter dem Bürgermeister Richard J. Daley, der 1955 gewählt und bis zum seinem Tod 1976 fünfmal in seinem Amt bestätigt wurde. In seine Amtszeit fiel ein wirtschaftlicher Wandel, der nach der Schließung der Schlachthöfe und Stahlbetriebe sowie dem Wegzug vieler Industriezweige dringend nötig geworden war.

Aus der Industriestadt Chicago wurde ein modernes Dienstleistungszentrum mit Banken, Versicherungen und Anwaltsfirmen, die in die Stadt zogen und neue, hoch bezahlte Arbeitsplätze schufen. Zugleich versuchte man, der City durch Geschäfte, Restaurants, Theater und Kinos neues Leben einzuhauchen. In den 80er Jahren des 20. Jh., unter der Ägide des ersten schwarzen Bürgermeisters Harold Washington, zog ein junges, dynamisches Publikum in die Innenstadt, nicht nur um dort zu arbeiten, sondern auch, um dort zu leben.

Mittlerweile lenkt Richard M. Daley, der Sohn von Richard J. Daley, die Geschicke der Stadt. Er veranlasste millionenschwere Investitionen. Nach neuesten Plänen soll der Flughafen O´Hare erweitert werden, um Chicagos traditionelle Rolle als Verkehrsknotenpunkt auch weiterhin gerecht zu werden.

Downtown Chicago
The Loop

Die Hochbahn El – kurz für *elevated* –, die seit Ende des 19. Jh. durch die Innenstadt fährt, gab der Innenstadt von Chicago ihren Namen: The Loop, die Schleife. In diesem von den Gleisen der El und den benachbarten Straßen zwischen Chicago River im Norden und Osten, Congress Parkway im Süden und S. Michigan Avenue im Westen eng umrissenen Areal entfalten sich mehr als 100 Jahre Architekturgeschichte wie in

einem Bilderbuch. Ein Spaziergang durch das Viertel lädt ein, erste Bekanntschaft mit Chicago zu schließen.

Wer das Zentrum der Stadt nicht auf eigene Faust erkunden möchte, kann sich einer der vielen Führungen anschließen (s. S. 307). Für den hier beschriebenen Rundgang mit Abstechern sollte man sich mindestens einen Tag Zeit lassen.

Als Ausgangspunkt bietet sich die Michigan Avenue Bridge an. An der Südseite der Brücke erinnert eine Gedenkplakette an das alte Fort Dearborn, aus dem das heutige Chicago erwuchs. Aufmerksamen Betrachtern fällt auf, dass das turkisgrüne Wasser des Chicago River in die ›falsche‹ Richtung fließt. Tatsächlich wurde der Fluss 1871 umgeleitet, damit die Abwässer der Schlachthäuser nicht mehr den Lake Michigan verschmutzen.

Von der Brücke genießt man einen spektakulären Blick auf die umliegenden Hochhäuser. Am Flussufer erhebt sich das **Wrigley Building** **1**, das zwischen 1919 und 1924 für das gleichnamige Kaugummi-Imperium errichtet wurde. Um die Höhe des Gebäudes zu betonen, verkleideten die Architekten die Fassade mit Terrakotta-Kacheln in sechs verschiedenen Schattierungen von Grau bis Weiß. Leider fiel dieser Effekt dringend nötigen Restaurierungsmaßnahmen zum Opfer: Heute sind die Kacheln einheitlich weiß. Dennoch beeindruckt das Hochhaus durch seine verspielte Architektur mitsamt Uhrturm, Giebel und aufwändigem Dekor.

Schräg gegenüber ragt der schlanke **Chicago Tribune Tower** **2** in den Himmel, der in den 20er Jahren des 20. Jh. als Bürogebäude für Chicagos älteste und renommierteste Zeitung errichtet wurde. Aus einem Wettbewerb, an dem sich die internationale Architek-

Die Hochbahn El im Loop, dem Zentrum von Chicago

tenelite beteiligt hatte, gingen Raymond Hood und John Mead Howells mit ihren Plänen als Sieger hervor. Viele zeigten sich entsetzt über die Wahl, denn der neogotische Entwurf mit der filigranen Gestaltung der oberen Stockwerke aus Strebebogen und Maßwerk wurde als Rückschritt empfunden. Zumindest liefert die Entscheidung der Jury ein Beispiel für den oft konservativen Geschmack der Chicagoer Geschäftswelt zu einem Zeitpunkt, als die Architekten der Stadt der Moderne längst den Weg bereitet hatten.

Dass dem Gestaltungswillen der Chicagoer Architekten keinerlei Grenzen gesetzt waren, belegt das Hochhaus des heutigen **Hotel Inter-Continental** 3, das 1929 errichtet wurde und ursprünglich den Medinah Athletic Club beherbergte. Bei der Gestaltung der Fassade griff man auf assyrische Motive zurück, das Dach mit Kuppel und Türmchen verrät orientalische Einflüsse. Nicht weniger interessant sind die Innenräume, die man auch besichtigen kann, wenn man nicht im Hotel logiert (s. S. 62). In der Nüchternheit und Strenge der 60er Jahre des 20. Jh. präsentiert sich hingegen das **Equitable Building** 4. Das auf Stelzen stehende Gebäude erzielt seine kühle Wirkung allein durch das Raster der in Vierergruppen angeordneten Fenster.

Dass die Hochhäuser Chicagos auch immer Manifeste des Reichtums und der Selbstdarstellung ihrer Auftraggeber waren, belegt das ehemalige **Jewellers' Building** 5 (35 E. Wacker Dr.), ein wuchtiger Bau mit Turm und neobarocker Kuppel aus den 20er Jahren des 20. Jh. In den Anfangsjahren kamen die Mieter in den Genuss eines besonderen Service: Per Aufzug konnten sie samt Wagen in ihr Stockwerk gelangen, wo sich pro Etage ein Parkplatz befand. Während der Prohibition beherbergte die Kuppel die berüchtigte Stratosphere

Interieur vom Feinsten
Das Inter-Continental in Chicago

Prachtbauten gibt es in Chicago wie Sand am Meer. Solche, deren sehenswertes Interieur der Öffentlichkeit zugänglich ist, sind hingegen rar.

Einen derartigen Glücksfall bietet das Hotel Inter-Continental in der Michigan Avenue. Das sich über Stufen verjüngende Gebäude mit Flachreliefs und einer Kuppel ist ein Paradebeispiel der Art-déco-Architektur, die in den 20er Jahren des 20. Jh. den Ton angab.

Durch schwere Bronzetüren betritt man die Innenräume, die seit 1990 das Hotel beherbergen. Für 130 Mio. Dollar wurde das Interieur restauriert. Die Investition hat sich gelohnt, wie man bei einem Rundgang feststellt. Auch wenn man nicht in dem Hotel logiert, darf man sich umschauen. Gegen Vorlage eines Ausweises erhält man am Empfang einen Walkman mit Kassette, die Hintergrundinformationen liefert.

Schon die Eingangshalle überwältigt mit wertvoller Marmor- und Holzausstattung. Das Grußwort »El Salamu Aleikum« über dem Türsturz erinnert an die ursprünglichen Nutzer des Wolkenkratzers: 1929 eröffneten die ›Gralsritter‹, Mitglieder einer christlich-mystischen Bewegung, den Medinah Athletic Club im dreizehnten Stockwerk, der von den Mitgliedern genutzt wurde. Der faszinierende Stilmix, den die Kassettendecke zeigt, setzt sich als Leitmotiv durch das gesamte Gebäude fort.

Im zweiten Stockwerk kamen während der Renovierungsarbeiten unter mehreren Farbschichten zwei Flachreliefs zum Vorschein, die assyrische Löwen zeigen. Über Marmorstufen gelangt man zu einem kunstvoll gestalteten Brunnen, der mit Majolika-Kacheln verziert ist.

Den Bezug zu den Gralsrittern stellt auch der King Arthur Foyer and Court her, für den der sagenumwobene König mit seiner Tafelrunde als Vorbild diente. Der Raum, welcher der Rittergemeinde einst als Rauchzimmer diente, zeigt Deckengemälde mit Szenen aus dem Leben des mittelalterlichen Königs.

Der klassischen Antike ist das Foyer im fünften Stockwerk verpflichtet. Darstellungen antiker Tempelruinen und idyllische Landschaftsszenen zieren die Wände über den Fahrstuhltüren. In verschwenderischer Pracht sind Konferenzraum und Ballsaal mit wertvollen Hölzern und funkelnden Kronleuchtern ausgestattet. An das Zeitalter der spanischen Renaissance soll der Spanish Tea Court erinnern. Auch hier plätschert ein Brunnen aus Majolika-Kacheln.

Höhepunkt und krönender Abschluss des Rundgangs ist das Schwimmmbad des Medinah Athletic Club. Ein Wasserbecken in den Boden des dreizehnten Stockwerks einzulassen, galt 1929 als technische Meisterleistung. In dem luxuriösen Ambiente mit den kunstvoll gekachelten Wänden und dem Neptun-Springbrunnen fühlten sich schon Stars wie der Tarzan-Darsteller Johnny Weismüller wohl.

Lounge, ein *speakeasy* – eine Kneipe, in der trotz Verbots Alkohol ausgeschenkt wurde. Hier gaben sich die einflussreichen Mitglieder der Chicagoer Unterwelt, allen voran Al Capone, ein Stelldichein. Heute befindet sich dort das Büro des deutschstämmigen Stararchitekten Helmut Jahn.

Zu den eigenwilligsten Gebäuden der City gehören die 1967 errichteten, an Maiskolben erinnernden Doppeltürme der **Marina City** 6. Die Wohnungen waren von Anfang an sehr begehrt, wohl auch deshalb, weil durch die Parkdecks der leidigen Parkplatzsuche ein Ende bereitet wurde. Sehr viel zurückhaltender wirkt hingegen das **IBM Building** 7 nebenan. Der Leitspruch des Architekten Ludwig Mies van der Rohe »Weniger ist mehr« kommt in der reduzierten Gestaltung deutlich zum Ausdruck. Besonders eindrucksvoll ist die Lobby, die durch klare Linien und Eleganz besticht. Eine kleine Bronzeplastik erinnert an den aus Aachen stammenden Architekten.

Die Fassade des **Chicago Theater** 8 zeigt, wie aufwändig man Kinobauten in den 20er Jahren gestaltete. 1986 wurde das Theater restauriert. Heute treten hier Publikumsmagneten auf wie die englische Sopranistin Sarah Brightman, die dazu beitragen, dass der Loop auch nach Geschäftsschluss nicht völlig verödet.

Das **Kaufhaus Marshall, Field & Co.** 9 nimmt einen ganzen Block ein. Zwischen 1893 und 1907 von einem der wichtigsten frühen Architekten Chicagos, Daniel H. Burnham, errichtet, lässt die Fassade deutlich die darunter liegende Stahlkonstruktion erkennen. Nur die Säulen im Eingangsbereich und an den beiden oberen Stockwerken verzieren die Außenwand.

Helmut Jahn errichtete 1986 das **James R. Thompson Center** 10, als Regierungsgebäude für den State of Illinois. Spötter behaupten, das Zentrum hätte die gleiche Form wie der Gouverneur Thompson, der es in Auftrag gab. Durch die großzügige Verwendung von Glas und den Verzicht auf trennende Wände wollte Jahn dem Bild transparenter Regierungsarbeit Ausdruck verleihen.

Allein die Büro-Angestellten waren von den vielen Glasflächen, die im Sommer Innentemperaturen von über 30 Grad Celsius erzeugten, nicht begeistert. Inzwischen ist das Problem durch verbesserte Klima-Anlagen behoben. Den Platz vor dem Gebäude schmückt die schwarzweiße Skulptur »Monument with Standing Beast« von Jean Dubuffet.

Auch auf der Daley Plaza, die wie das Hochhaus nach dem von 1955 bis 1976 amtierenden Bürgermeister Richard J. Daley benannt wurde, kann man eine Skulptur bewundern: »The Picasso« wird das titellose Werk von Pablo Picasso der Einfachheit halber genannt. Vom Platz blickt man auf das kuriose Hochhaus **Chicago Temple** 11, im Besitz der Methodistenkirche, dessen Dach ein neogotischer Kirchturm krönt. Links vom Haus steht die Skulptur »Miró´s Chicago« von Joan Miró.

Geradezu zerbrechlich wirkt das meisterhafte **Reliance Building** 12, das allein aus Fensterflächen zu bestehen scheint. Zu neuen Ehren gelangte das Haus, als im September 1999 ein kleines, aber feines Hotel hier seine Pforten öffnete.

Im **Chicago Cultural Center** 13, in dem auch das **Chicago Office of Tourism** untergebracht ist, archiviert das **Museum of Broadcast Communications** tausende von Radiosendungen sowie Fernseh-Shows und -beiträge. Ein frühes Beispiel für die Macht der Medien

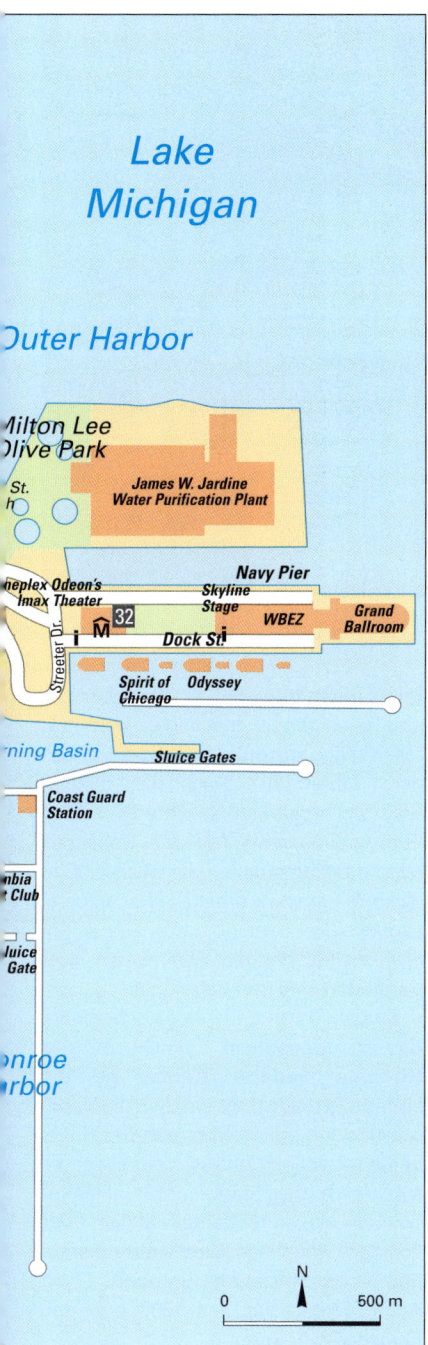

Lake
Michigan

Outer Harbor

Milton Lee
Olive Park

St.
h

James W. Jardine
Water Purification Plant

neplex Odeon's
Imax Theater

Navy Pier

Skyline
Stage

WBEZ

Grand
Ballroom

32

Dock St

Streeter Dr.

Spirit of   Odyssey
Chicago

ning Basin

Sluice Gates

Coast Guard
Station

nbia
t Club

luice
Gate

nroe
rbor

N

0   500 m

liefert unter anderem das berühmte Fernsehduell zwischen John F. Kennedy und Richard Nixon aus dem Jahre 1960. Dieser Auftritt, der ein wenig vorteilhaftes Bild von Nixon vermittelte, soll Kennedy zum Wahlsieg verholfen haben.

Louis H. Sullivan entwarf die Pläne für das **Kaufhaus Carson, Pirie, Scott & Co.** 14. Im Dekor des Eckeingangs erkennt man seine Initialen. Bei den horizontalen Fenstern handelt es sich um *Chicago windows* – nur die beiden Seitenteile lassen sich öffnen, die Glasfläche in der Mitte steht fest.

Das Wrigley Building wurde zwischen 1919 und 1924 für den Kaugummikonzern gebaut

Das **Auditorium Building** 🔢 von Louis Sulllivan und Dankward Adler beherbergt ein mit Mosaiken und bunten Glasfenstern prachtvoll ausgeschmücktes Theater mit hervorragender Akustik. Nur knapp entging der Bau Anfang der 60er Jahre des 20. Jh. der Abrissbirne. Das Erdgeschoss des **Fine Arts Building** 🔢 nebenan diente einst als Ausstellungsraum für Kutschen der Firma Studebaker, die später für ihre Autos bekannt wurde. Seinen Namen verdankt das Haus den Künstlern und Musikern, die in den Stockwerken darüber bis heute Studios besitzen.

Das **Old Colony Building** 🔢 mit markanten Erkern an den Ecken, die für einen lichten Innenraum sorgen, ist das letzte noch erhaltende Gebäude der frühen Chicagoer Architekten. Das **Fisher Building** 🔢 bildet mit zahlreichen Fenstern, Erkern, hellen Terrakotta-Kacheln und verschwenderischem Dekor einen reizvollen Kontrast zum gegenüberliegenden mächtigen, schmucklosen **Monadnock Building** 🔢 aus dem Jahre 1891. Auch hier dienten Erker zur besseren Beleuchtung und Belüftung. In einem Teil des Gebäudes blieb das tragende, an der Basis 1,80 m dicke Mauerwerk erhalten. Der neuere, südliche Teil besteht schon aus einem Stahlskelett, das die Wände von ihrer tragenden Funktion befreit hat.

Knapp 70 Jahre liegen zwischen dem Bau des Monadnock Building und des **Chicago Federal Center** 🔢. Die strenge Fassade trägt deutlich die Handschrift von Ludwig Mies van der Rohe. Einen reizvollen Kontrast dazu bildet die leuchtend rote Stahlskulptur »Flamingo« von Alexander Calder auf dem Platz vor dem Hochhaus. Eine wahre Institution ist das Restaurant Berghoff, 17 W. Adam Street, das seit 1898 hungrige Chicagoer versorgt.

Das **Marquette Building** 21 ist über dem Eingang mit aufwändigen Paneelen geschmückt. Dargestellt sind Szenen, die sich während der Erkundungsfahrten des französischen ›Entdeckers‹ Jacques Marquette und seines Begleiters Louis Joliet in dem Gebiet des heutigen Chicago ereigneten – das Wassern der Kanus, Angriffe von Indianern, das Zeltlager am Chicago River und das Begräbnis Marquettes. Bemerkenswert sind die feinen Mosaike in der Lobby, die Ereignisse während der Entdeckung von Illinois durch die Franzosen wiedergeben. Die Porträts über den Fahrstuhltüren stellen Teilnehmer der französischen Expedition und bedeutende Indianerhäuptlinge des Mississippi-Tals dar.

Einen Blick in die spektakuläre Lobby der **Rookery** 22, die Frank Lloyd Wright 1907 gestaltete, sollte man sich auf keinen Fall entgehen lassen. Die Aufgabe der Lobby als Visitenkarte verdeutlicht ebenso eindrucksvoll das Foyer des Bürogebäudes **190 S. LaSalle Street** 23, dessen Decke in 24-karätigem Blattgold erstrahlt. Die S. LaSalle Street endet Richtung Süden im Epizentrum der Geldwirtschaft. Links passiert man die Federal Reserve Bank, rechts die Bank of America und stößt auf das **Chicago Board of Trade** 24, die Börse der Stadt. Dieses Juwel der Art-déco-Architektur ist das letzte Hochhaus, das errichtet wurde, bevor die Weltwirtschaftskrise die Bautätigkeiten zum Erliegen brachte. Vom Dach grüßt Ceres, die römische Göttin der Landwirtschaft, als stete Erinnerung daran, dass die Börse ihre Existenz dem Handel mit Weizen aus dem Mittleren Westen verdankt. Wochentags kann man von den Besuchergalerien den Börsianern bei ihrer nervenaufreibenden Arbeit zuschauen.

Wie sich Börsianer nach getaner Arbeit bei Speis und Trank entspannen, erlebt man im Alcock's Inn, 411 S. Wells Street. Von dort ist es nicht mehr weit

Der Flamingo von Alexander Calder – eines von vielen Kunstwerken auf Chicagos Straßen

zum **Sears Tower** 25, dem Wahrzeichen der Stadt, der mit 110 Stockwerken und 436 m Höhe alle anderen Chicagoer Gebäude überragt. Einst der höchste Wolkenkratzer der Welt, wird der Sears Tower inzwischen um 16 m von den Petronas Twin Towers in Kuala Lumpur/ Malaysia überragt. Der Faszination hat dies keinen Abbruch getan – wie ein gigantischer Zeigefinger aus schwarzem Aluminium ragt der sich nach oben verjüngende Turm in den Himmel. Hauptattraktion ist die Aussichtsplattform Skydeck. Wer endlosem Schlangestehen nichts abgewinnen kann, dem empfiehlt sich der Besuch der Aussichtsplattform des 338 m hohen John Hancock Center (s. S. 71), die einen noch spektakuläreren Ausblick – unter anderem auch auf den Sears Tower – bietet.

Südlich von Downtown Printer's Row

Südlich des Loop erstreckt sich zwischen Congress Parkway und Polk Street die **Printer's Row** 26, ein kleines, überschaubares Viertel, das seinen Namen den einst dort ansässigen Druckereiunternehmen verdankt. Nach der Verdrängung des Gewerbes durch steigende Mieten begann in den 70er Jahren des 20. Jh. der Verfall, der inzwischen durch Umwandlung der Gebäude in Lofts, Läden und Restaurants aufgehalten werden konnte – ein gelungenes Beispiel für die erfolgreiche Wiederbelebung eines Viertels. Hier zu wohnen, bleibt freilich Wohlhabenden vorbehalten.

Printer's Row in der S. Dearborn Street heißt auch eines der ersten Restaurants am Platze, das mutig seine Pforten öffnete, noch bevor ein betuchtes Publikum in die umliegenden Häuser zog. Im

Pontiac Building, nach Plänen des berühmten Architektenduos Holabird & Roche errichtet, sowie im nahen Transportation Building sind mittlerweile Wohnungen untergebracht. Auch im Mergenthaler im benachbarten S. Plymouth Court wird nicht mehr gearbeitet, das Schild über dem Eingang mit der Aufschrift Mergenthaler Linotype Co. verrät aber noch seine Vergangenheit als Druckereigebäude.

Das Second Franklin Building aus dem Jahre 1912 besitzt noch immer seinen Fassadenschmuck, der die Geschichte des Druckereihandwerks erzählt. Das nette kleine Gourmand Coffeehouse im Erdgeschoss ist ein beliebter Treffpunkt. Am südlichen Ende der S. Dearborn Street erinnert der restaurierte Bahnhof der Dearborn Street Station an die goldenen Zeiten der Eisenbahn. Einst verkehrten hier die Züge der Santa Fe Railroad aus dem fernen Kalifornien. Wegen der günstigen Verkehrsanbindung ließen sich die Drucker in diesem Viertel nieder.

Zwischen Downtown und Lake Michigan – Grant Park

Beinahe wäre das Areal, das heute der **Grant Park** 27 einnimmt, Ende des 19. Jh. ehrgeizigen Bauplänen zum Opfer gefallen. Doch Dank des Einsatzes von Montgomery Ward, des Gründers der gleichnamigen Kaufhauskette, erstreckt sich heute zwischen dem Loop und dem Lake Michigan, Randolph Drive und Field Museum of Natural History ein großzügiger Park, der in den 20er Jahren durch Aufschüttung entstand. Dies hielt die Stadtplaner aller-

Der 436 m hohe Sears Tower

dings nicht davon ab, mit dem Columbus- und South Lake Shore Drive Schneisen durch den Grant Park zu schlagen. Während der vielen Festivals in den Sommermonaten werden die Straßen mitunter gesperrt. Kostenlose Konzerte locken dann Tausende in die grüne Freiluftarena. Wegen der Museen, des Aquariums und des Planetariums ist der Park auch außerhalb der Festivalsaison sowie bei schlechtem Wetter ein lohnendes Ziel.

Das Art Institute of Chicago ist eine Institution von Weltrang, deren Sammlung auf das Kunstverständnis reicher Chicagoer Bürger zurückgeht. Präsentiert wird frühgeschichtliche Kunst aus Europa, Asien, Amerika und Afrika, darunter Skulpturen, Masken, Textilien, Töpferwaren und Schmuck. Ein weiterer Schwerpunkt liegt auf europäischer Malerei mit Meisterwerken von El Greco, Monet, Seurat, Renoir bis hin zu Picasso – und der USA, wie der Ikone der amerikanischen Malerei des 20. Jh., Edward Hoppers »Nighthawks«.

Nähert man sich vom Congress Parkway dem Grant Park, fallen am Eingang zwei Skulpturen aus den ˙20er Jahren des 20. Jh. auf – »The Bowman and The Spearman«. Zwei Indianer zu Pferde symbolisieren den Kampf der Ureinwohner gegen die weißen Siedler. Ihre Waffen – Bogen und Speer – sind nur in der Haltung der beiden Reiter angedeutet. Den Buckingham Fountain im Zentrum des Parks hat die Stadt der wohlhabenden Chicagoerin Kate Buckingham zu verdanken. Als Vorbild diente einer der Brunnen von Versailles. Besonders reizvoll präsentiert sich das Wasserspiel, wenn es nachts beleuchtet wird.

Das Field Museum of Natural History am südlichen Ende des Grant Parks, eines der größten naturgeschichtlichen Museen der USA, dokumentiert Naturgeschichte und die Geschichte früher Kulturen. Zu den Hauptattraktionen gehört das größte Skelett eines Tyrannosaurus rex. Im John G. Shedd Aquarium kann man tausende verschiedene Fischarten bewundern, von Exoten bis hin zu solchen, die sich im Lake Michigan und den Flüssen von Illinois tummeln.

Über den Solidarity Drive gelangt man zum Adler Planetarium & Astronomy Museum, das sich der Himmelskunde verschrieben hat. Der Weg zum Museum lohnt sich allein wegen des Panoramas – vor dem Museum bietet sich ein sensationeller Blick auf die Skyline Chicagos, die sich hinter dem Lake Michigan zum Himmel reckt.

Im Norden des Chicago River

River North und Near North werden die Gegenden nördlich des Chicago River genannt. Westlich der N. State Street bis zur Chicago Avenue erinnern nur noch alte Lagerhallen an die Zeiten, als hier noch Industrie und Kleingewerbe das Bild prägten. Längst haben Künstler und Wohlhabende das Viertel entdeckt und sich in den leer stehenden Fabriketagen und Lagerhäusern niedergelassen. Heute lebt das Viertel wieder: Galerien, Restaurants und Musikklubs sorgen für eine quirlige Atmosphäre.

Einkaufen, zur Kunstform erhoben, ermöglicht die weiter östlich gelegene N. Michigan Avenue, die nicht umsonst auch **Magnificent Mile** 28 – prächtige Meile – genannt wird. Prächtig sind auch die Preise, die man in den sündhaft teuren Läden renommierter Designer wie Chanel, Gucci, Prada, Versace, Hermès und Ralph Lauren zahlt. In der Straße befinden sich auch die Luxushotels der

Nach Vorbildern in Versailles wurde die Buckingham Fountain im Grant Park gestaltet

bekannten Ketten. Das kleine Terra Museum of American Art (666 N. Michigan Ave.), das amerikanische Kunst aus unterschiedlichen Epochen zeigt, lädt zu einer optischen Verschnaufpause ein.

Ein Wahrzeichen aus längst vergangenen Tagen ist der **Watertower** 29 an der Ecke N. Michigan/E. Chicago Street, der die Bewohner der Stadt einst mit sauberem Trinkwasser aus dem Lake Michigan versorgte. Vor dem großen Feuer errichtet, bewahrte das Baumaterial Kalkstein den neogotischen Turm sowie die Pumpstation gegenüber vor dem Flammenmeer.

Das **Museum of Contemporary Art** 30 zeigt moderne und zeitgenössische Kunst. Die Sammlung umfasst u.a. Werke des belgischen Surrealisten René Magritte, Pop Art von Andy Warhol und die Foto-Inszenierungen von Cindy Sherman. Der umstrittene Museumsbau, der manche an die Entwürfe des Hitler-Protegés Albert Speer erinnert, stammt von dem Berliner Joseph Paul Kleihues.

Die Aussichtsplattform im 94. Stockwerk des **John Hancock Center** 31 ist weit weniger bekannt – und daher weniger überlaufen – als die des Sears Tower. Besonders schön ist der Blick aus 338 m Höhe auf Chicago, wenn die Sonne untergeht und die Stadt sich allmählich in ein Lichtermeer verwandelt.

Streeterville heißt das Areal zwischen N. Michigan Avenue und Lake Michigan. Namenspatron war George Wellington Streeter, der mit seiner Frau in den 80er Jahren des 19. Jh. von Milwaukee in die Karibik segeln wollte. Als der Törn auf einer Sandbank in Höhe der Chicago Avenue sein vorzeitiges Ende nahm, besetzte das Ehepaar kurzerhand ein Stück Land.

Schnell fanden die Streeters Anhänger unter der Bevölkerung, die sich ebenfalls auf dem Land niederließen.

Bald erklärte man sich, zum Leidwesen der Stadt, für unabhängig. Wiederholte Räumungsversuche scheiterten. Erst 30 Jahre später ergaben sich die Rebellen und räumten das Areal. Heute hat sich Streeterville ganz dem Vergnügen verschrieben. Wer sich für das Hard Rock Café und ähnlich geklonte Themen-Restaurants begeistern kann, ist zwischen Ohio- und Ontario Street am richtigen Ort.

Am Ufer des Lake Michigan ragt die Navy Pier in den See, ein weiteres Beispiel für gelungene Umnutzung. Einst machten an der Pier die Schiffe fest, die auf dem See verkehrten, bevor die Anlage dann in den 30er Jahren des 20. Jh. an Bedeutung verlor. Gut 60 Jahre später verwandelte man die Pier in eine Amüsierzeile mit Karussells, Riesenrad, Schnick-Schnack-Läden und Restaurants. Seitdem geht es steil bergauf. In der Nähe des Eingangs befindet sich das **Chicago Children's Museum** 32, in dem sich kleine Besucher über Technik, Umwelt, Recycling, Vorurteile und Diskriminierung auf sehr anschauliche Weise informieren können.

*Blick vom 338 m hohen Hancock Tower
auf das nächtliche Chicago*

Street haben einige dieser Prachtbauten die Zeit überstanden.

Die Gebäude Nr. 1308-12 gehen auf die Pläne von John Wellborn Root zurück. Der Architekt lebte im Haus Nr. 1310. Auch das Haus Nr. 1355 beeindruckt mit seiner aufwändig gestalteten Fassade.

Während seiner Zusammenarbeit mit Louis H. Sullivan und Dankmar Adler entwarf Frank Lloyd Wright 1892 das wuchtige James Charnley House (Nr. 1365), das mit den geometrischen, klaren Linien bereits wesentliche Elemente seiner späteren Bauten vorwegnimmt. Von der französischen Renaissance beeinflusst ist das Joseph T. Ryerson House (Nr. 1406). Aus den 20er und 30er Jahren des 20. Jh. stammen das Edward P. Russell House (Nr. 1444) und die beiden Apartmentgebäude Nr. 1301 und 1260, die im mondänen Art-déco-Stil errichtet wurden.

Im Jahre 1892 machte der Herausgeber der »Chicago Tribune« das Patterson-McCormick Mansion, 1500 Astor Street, seiner Tochter zum Hochzeitsgeschenk – ein schönes Beispiel für ein Wohnhaus im damals beliebten Stil der Neo-Renaissance. Die Residenz des Erzbischofs von Chicago (1555 N. State Parkway) aus dem Jahre 1880 nimmt einen ganzen Block ein. Die verspielte Architektur des Hauses traf den Zeitgeschmack des späten 19. Jh. Noch heute residiert dort der höchste katholische Würdenträger der Stadt.

Auch am North Lake Shore Drive blieben einige Villen (Nr. 1250, 1254 und 1258) von der Abrisswut der 50er Jahre des 20. Jh. verschont, als man gesichtslose Apartmenthäuser errichtete. Das International Museum of Surgical Science

Gold Coast, Old Town und Lincoln Park

Noch immer erinnern Straßennamen wie Germania Place, Schiller und Goethe Street daran, dass die ersten Bewohner der **Gold Coast** deutsche Immigranten waren. Im ausgehenden 19. Jh. wurde der Name des Viertels dann zum Programm. Nach dem Brand von 1871 ließen sich hier Reiche nieder, die bekannte Architekten mit dem Bau ihrer Villen betrauten. In der N. Astor Street zwischen Division und North

vermittelt einen interessanten und mitunter gruseligen Einblick in die Geschichte Medizin und der Chirurgie von ihren Anfängen bis in modernere Zeiten.

Um die W. North Avenue erstreckt sich **Old Town,** das die typische Karriere so vieler Chicagoer Viertel durchlaufen hat. Einst galt es als Kleine-Leute-Viertel, in dem sich vor allem deutsche und später osteuropäische Einwanderer niedergelassen hatten. Ende der 60er Jahre des 20. Jh. entdeckten dann Blumenkinder den Charme der Old Town mit den schlichten Holzhäusern. Bald hatte sich das Viertel zu einer der populärsten, weil schillerndsten *neighborhoods* entwickelt. Als aus den Hippies Yuppies wurden, wandelte sich Old Town erneut: Die einfachen Häuser wurden aufgepeppt, andere abgerissen, um noch schickeren Neubauten Platz zu machen. Die Mieten stiegen rasant und aus den ehemaligen Treffpunkten der Flower-Power-Generation wurden Restaurants, Bars und Bistros.

In den schmalen Straßen nördlich der North Avenue zwischen Wells, Armitage und Larabee Street entdeckt man noch einige alte Häuser im Stil des 19. Jh. mit reizvollen Details wie Erkern, Treppchen, Türmchen, Giebeln, Veranden und schmiedeeisernen Geländern. Das Henry Meyer House (Nr. 1802) und das Frederick Wacker House (Nr. 1838), beide N. Lincoln Park West, vermitteln einen Eindruck davon, wie viele Gebäude in Chicago um das Jahr 1871 aussahen – beide bestehen aus Holz, ein Baumaterial, das nach dem großen Feuer verboten wurde.

Wie nahe Glanz und Elend beieinander liegen, belegt südöstlich der Old Town **Cabrini-Green,** ein völlig verwahrlostes, von Drogenkriminalität geschütteltes Viertel, aus dem man sich tunlichst fernhalten sollte.

Ganz anders **Lincoln Park,** das sich nördlich an Old Town anschließt. Nicht umsonst erfreut sich das Viertel bei der weißen Mittelschicht größter Beliebtheit. Dazu trägt sicherlich auch die Nähe des gleichnamigen Parks am Ufer des Lake Michigan bei, eines der beliebtesten Freizeitreviere der Einwohner von Chicago. Am südlichen Ende des Lincoln Park erzählt des Museum der Chicago Historical Society die spannende Geschichte der Stadt. Das Café Brauer am South Pond ist ein Beispiel der naturnahen Bauweise der Prärie-Schule aus dem Jahre 1908, die Frank Lloyd Wright prägte. Herzstück des Parks und einer der Besuchermagneten von Chicago ist der Lincoln Park Zoo – eine der vielen Attraktion ist das große Affenhaus, in dem unter anderem auch Gorillas leben, die mit viel Erfolg im Zoo gezüchtet werden.

Im Lincoln Park Conservatory nördlich des Zoos begeistern seit 1891 die Blumenpracht, Kakteen, Palmen und verschiedene Blumenschauen die Besucher. In den schwül-heißen Sommermonaten bieten die Strände des Lincoln Park – North Avenue und Fullerton Beach – willkommene Erfrischung.

Oak Park

Welten trennen Downtown vom Vorort Oak Park im Osten, den man mit der grünen Linie der Hochbahn El in einer halben Stunde erreicht. Breite Alleen, propere Einfamilienhäuser, auf deren Veranden die amerikanische Flagge weht, und manikürte Rasenflächen prägen das Bild. Schnell sind Hektik und Trubel der Innenstadt vergessen.

Dass Oak Park inzwischen zur Kultstätte geworden ist, liegt weniger an der ländlichen Atmosphäre als am Architek-

In diesem Haus in Oak Park wurde Ernest Hemingway 1899 geboren

ten Frank Lloyd Wright, der hier einige seiner bedeutendsten Häuser errichtete, und dem Schriftsteller Ernest Hemingway, der 1899 in diesem Viertel geboren wurde und der sich später an seinen Geburtsort, den er als kleinkariert empfand, voller Spott erinnerte.

Nach Verlassen der El-Station geht es nach rechts in die Oak Park Avenue mit hübschen Läden und guten Restaurants. Vorbei an gepflegten viktorianischen Häusern mit den typischen *porches* erreicht man das erste Ziel. Das Ernest Hemingway Museum (200 N. Oak Park Ave.) ist dem Leben und Werk des Autors gewidmet. Hemingways Geburtshaus steht einige Meter weiter, 339 N. Oak Park Avenue. In seinem Elternhaus werden Erinnerungsstücke aus der Kindheit des Schriftstellers aufbewahrt.

Unter der Adresse 951 W. Chicago Avenue lebte und arbeitete Frank Lloyd Wright. Dieses erste seiner zahlreichen Wohnhäuser verrät bereits seine grundlegenden Ideen: geräumige, ineinander übergehende Zimmer, naturnahes Bauen durch die Verwendung organischer Materialien wie Holz und Ziegelsteinen, Geometrie und die Betonung der Horizontalen sowie das Verschmelzen des Baus mit der natürlichen Umwelt.

In dem Besucherzentrum werden sachkundige Führungen zu den Häusern des berühmten Architekten in der Umgebung angeboten. Wer Frank Lloyd Wrights Häuser in Oak Park auf eigene Faust erkunden möchte, kann sich einen Kassettenrekorder ausleihen und den Erläuterungen über Kopfhörer lauschen.

In der N. Forest Avenue findet man zahlreiche Wright-Häuser. Das Nathan Moore House (Nr. 333) ist Wrights Interpretation eines Herrenhauses im englischen Tudor-Stil mit typischen Fachwerkelementen.

Die Fenster des Arthur Hurtley House (Nr. 318) wurden so angelegt, dass die Bewohner hinausschauen konnten, ohne selber gesehen zu werden. Eher untypisch für Wright ist das klotzig wirkende Peter Beachy House (Nr. 238) mit einer riesigen Veranda, das ursprünglich als Anbau eines älteren, nicht mehr vorhandenen Hauses gedacht war. Eigenwillige Lösungen zeigt auch das Frank Thomas House (Nr. 210) mit einer fensterlosen Basis und darüber liegenden Wohnräumen, das erste Haus, das Wright in Oak Park im Prärie-Stil erbaute.

Der Unity Temple, 875 W. Lake Street, wartet mit wuchtigen kubischen Formen auf. Auch den Innenraum beherrscht strenge Geometrie, die aber durch den Lichteinfall und Pastellfarben gemildert wird.

Ein Muss für Fans von Frank Lloyd Wright ist die Besichtigung des Frederick C. Robie House, seines wohl gelungensten Hauses im Prärie-Stil. Letzteres steht nicht in Oak Park, sondern in der 5757 S. Woodlawn Avenue, Hyde Park, im Süden der Stadt.

Wicker Park

Rund um die Kreuzung W. North Avenue, N. Milwaukee Avenue und N. Damen Avenue erstreckt sich Wicker Park, eines der quirligsten Viertel der Stadt, das sich bis jetzt gegen jede Normierung durch Kettenrestaurants und Warenhäuser erfolgreich behaupten konnte. Auch hier prägten lange Zeit Immigranten das Bild, die sich je nach finanziellen Möglichkeiten in schlichte, alte Häuser einquartierten oder prachtvolle neue bauten.

Wie in Old Town entdeckten in den 80er Jahren des 20. Jh. junge, kreative Leute das Flair des Viertels und ließen sich zwischen Alteingesessenen nieder. Gerade diese gelungene Mischung aus Jung und Alt, wohlhabend und weniger betucht, konservativ und avantgardistisch macht den Reiz von Wicker Park aus. Südlich der Kreuzung, an der N. Milwaukee Avenue, ziehen Restaurants, Cafés, Bars, Imbissbuden, Musikklubs und Trendläden ein meist junges Publikum an. Mittendrin sorgen Geschäfte der meist lateinamerikanischen Einwanderergemeinde und ein Pfandhaus für Bodenhaftung.

Architektonische Kleinode hat Wicker Park auch zu bieten. Bei einem Bummel entlang der W. Caton Street und den angrenzenden Straßen – N. Leavitt Street, W. Pierce Street, N. Hoyne Avenue und W. Schiller Street – lernt man einen Teil des Viertels kennen, der vor allem von deutschen und skandinavischen Einwanderern geprägt wurde. Der amerikanische Traum muss für viele von ihnen in kürzester Zeit wahr geworden sein, wie zahlreiche stattliche Eigenheime belegen. Entlang der Alleen stehen viktorianische Villen aus der Zeit des ausgehenden 19. Jh., die mit Giebeln, Türmchen, Veranden, Treppenaufgängen, Dachbekrönungen, bunten Glasfenstern und detailreichen Fassaden eine verschwenderische Liebe zum Detail verraten.

Die Entdeckungstour endet am Wicker Park, dem das Viertel seinen Namen verdankt. Hier kann man den Bewohnern beim Plausch, Rentnern beim Schachspiel und Jugendlichen beim Basketballspiel zuschauen.

Nördlich von Chicago

Auf dem Weg nach Milwaukee

Tipps & Adressen
Evanston S. 318, Wilmette S. 391, Kenosha S. 329, Racine S. 368

Karte S. 87
Der schnellste Weg von Chicago nach Milwaukee, 92 Meilen nördlich, führt über die I-94. Lohnender ist jedoch die Route am Lake Michigan entlang.

Über den Lake Shore Drive und die Sheridan Road gelangt man in den Vorort **Evanston** ◼ am Rande von Chicago. In der 73 000 Einwohner zählenden Universitätsstadt künden einige alte Häuser vom Wohlstand der Kleinstadt. Lange bevor Methodisten den Ort Mitte des 19. Jh. gründeten, lebten Indianer in der Region. Ihre Lebensweise und Kultur ist auf sehr anschauliche Weise im Mitchell Indian Museum in der Central Avenue dargestellt.

Über die Central Street gelangt man zum Grosse Point Lighthouse, das seit 1873 Seeleute zu größter Vorsicht mahnt – wenige Jahre vor dem Bau des Leuchtturms hatte ein Schiffsunglück mehrere hundert Menschen das Leben gekostet.

Der Chicagoer Vorort **Wilmette** ◼ ist vor allem als geistiges Zentrum der Baha'i bekannt. Die über 2 Mio. Anhänger der aus Persien stammenden Religionsgemeinschaft sind um die Aussöhnung der Weltreligionen bemüht. Im Jahre 1953 wurde das Baha'i House of Worship gegründet, ein sehenswertes, filigran verziertes Gotteshaus, das von einer Kuppel gekrönt wird. Frank Lloyd Wright entwarf das Frank J. Baker House, 507 Lake Avenue, das allerdings nicht zugänglich ist.

Hinter Waukegan lädt der kilometerlange Strand des Illinois Beach State Park zu einem Bad im See ein. Die Dünenlandschaft kann man auf verschiedenen Pfaden erkunden.

Bootsfahrt auf dem Lake Michigan

Nach wenigen Meilen überquert man die Grenze nach Wisconsin. In dem von sanftem Hügelland mit saftigen Wiesen und Weiden geprägten Bundesstaat spielt die Landwirtschaft neben der Industrie eine wichtige Rolle. Im ganzen Land ist Wisconsin, das nicht von ungefähr als *dairyland* bezeichnet wird, für hervorragende Milch- und Käseprodukte berühmt.

Die erste Stadt hinter der Grenze heißt **Kenosha** **3**, deren Bürger es im 19. Jh. durch den Hafen und Industrieanlagen zu einem gediegenen Wohlstand brachten – wovon heute noch die prächtigen Villen im Third Avenue District ein Zeugnis ablegen. In dem historischen Viertel befindet sich das Kenosha County Historical Society and Museum, untergebracht in einem stattlichen Herrenhaus, das zu einem Spaziergang durch die Lokalgeschichte einlädt.

Eingebettet in einen Park ist das Kemper Center in der Third Avenue. Das denkmalgeschützte Haus, das einst als Mädchenschule diente, beherbergt heute ein Kulturzentrum. Zum Gelände gehört auch das Anderson Arts Center, das einen Einblick in die regionale und überregionale Kunstszene bietet. Ebenfalls im Stil der Neo-Renaissance wurde die Harmony Hall errichtet, dort ist ein kleines Heimatkundemuseum untergebracht. Erholung an frischer Luft bietet ein Bummel durch die vielen gepflegten Parks, die das Ufer des Lake Michigan säumen.

Elf Meilen nördlich von Kenosha erreicht man die Industriestadt **Racine** **4**, die Architekturfans einige Sehenswürdigkeiten bietet. Im Süden der Stadt befindet sich außer viktorianischen Häusern auch das Golden Rondelle Theater in der Howe Street, das für die Weltausstellung in New York in den 60er Jahren des 20. Jh. errichtet wurde. Nach dem

Ende der Ausstellung wurde der futuristische Bau nahe dem Verwaltungsgebäude der SC Johnson Wax Fabrik, entworfen von Frank Lloyd Wright, in Racine wieder aufgestellt. Das Gebäude kann im Rahmen einer Führung besichtigt werden.

Ein Highlight der kulinarischen Art, das man sich auf keinen Fall entgehen lassen sollte, bietet die Larsen Bakery in der Washington Avenue. Insider behaupten, dass hier die besten *kringles* hergestellt werden, eine lokale Gebäckspezialität gefüllt mit Früchten und Nüssen.

Milwaukee
Amerikas ›deutsche‹ Stadt

Tipps & Adressen
S. 343

5 Als die ersten Europäer Mitte des 17. Jh. das Gebiet des späteren Milwaukee erreichten, trafen sie auf verschiedene Indianerstämme, die sich von

Milwaukee   1 Juneau Park   2 Milwaukee County War Memorial Center   3 Firstar Center   4 Northwestern Mutual Life Insurance Co.   5 Wisconsin Gas Co.   6 Northwestern National Insurance Building   7 Federal Building   8 Pfister Hotel   9 Milwaukee Grain Exchange Building   10 Iron Block Building   11 Marshall Fields Building   12 Riverside Theater   13 The Grand Avenue 14 Schroeder Hotel   15 Mariner Tower   16 Milwaukee Central Library   17 St. James Episcopal Church   18 Calvary Church   19 Wisconsin Club 20 Milwaukee Public Museum   21 Discovery World Museum   22 Milwaukee County Courthouse   23 Milwaukee Auditorium   24 Journal Company Building   25 Turner Hall 26 Old World Third Street   27 Pere Marquette Park   28 Milwaukee County Historical Center   29 Germania Building   30 Milwaukee Repertory Theater   31 Pabst Theater   32 Milwaukee City Hall   33 Performing Arts Center   34 St. John's Cathedral

Fischfang, Ackerbau und Jagd ernährten. Versammlungsplatz am Wasse – Man-a-waukee – nannten die Algonquin diesen Ort, aus dem schließlich der Name Milwaukee wurde.

Das schier unerschöpfliche Vorkommen an Bibern sorgte dafür, dass der Franko-Kanadier Solomon Juneau 1819 ein Pelzkontor gründete. Zu ihm gesellten sich die Spekulanten Byron Kilbourn und George H. Walker, die zu dritt als die Väter Milwaukees in die Geschichte eingingen.

Zunächst kam es zur Gründung von drei Gemeinden – Juneautown, Kilbourntown und Walker´s Point, die auf ihrer Eigenständigkeit beharrten. Noch heute erkennt man an einigen Brücken, die schräg über den Milwaukee River führen, dass das Straßennetz der drei Stadtteile nicht aufeinander ausgerichtet wurde. Die Kontroverse mündete schließlich im Bridge War von 1845, der über die Frage entbrannte, wer für die Instandhaltung der Brücken verantwortlich sei. Ein Jahr später wurden die drei Gemeinden zusammengelegt, die fortan unter dem Namen Milwaukee firmierten.

Mitte des 19. Jh. zog es Tausende von Einwanderern in die Stadt, zunächst vor

allem Deutsche, die nach dem Scheitern der Märzrevolution 1848 aus ihrer Heimat geflohen waren. Bis heute prägen die Nachfahren dieser größten Einwanderergruppe die Stadt. Später fanden vor allem Polen, Serben, Italiener, Iren und Schwarze aus den Südstaaten der USA ein neues Zuhause in Milwaukee. Mit dem amerikanischen Bürgerkrieg kam der wirtschaftliche Aufschwung, als über den Hafen kriegswichtige Bodenschätze, aber auch Getreide aus dem Hinterland umgeschlagen wurden.

Die harten Lebensbedingungen der Industriearbeiter, die einen großen Teil der Bevölkerung ausmachten, ließen Milwaukee zu einem Zentrum der Arbeiter- und Gewerkschaftsbewegung werden. Bis weit in das 20. Jh. hinein gab es in der Stadt immer wieder lang andauernde Streiks und gewalttätige Demonstrationen. Besonders turbulent war die Zeit der Prohibition, die die vielen Bierbrauereien in Milwaukee traf.

Mit dem Niedergang der Industrie setzte in den 60er und 70er Jahren des

Wem Chicago zu gigantisch ist, der wird sich eher in Milwaukee wohl fühlen. Zwar bietet die Stadt auch moderne Hochhausarchitektur und die typische Dynamik einer amerikanischen Metropole, aber dennoch ist Milwaukee überschaubar geblieben. Straßen wie die Old World Third Street erinnern besonders deutsche Besucher an ihre Heimat.

Ein Stadtrundgang beginnt am Seeufer im **Juneau Park** (1). Die größte Grünanlage der Stadt mit Stränden und Fahrradwegen ist vor allem in den warmen Sommermonaten ein beliebter Tummelplatz der Einwohner von Milwaukee. Von der McKinley Marina genießt man einen schönen Blick auf die Skyline der Stadt.

Ebenfalls zum Park gehört das 1957 von dem aus Finnland stammenden Architekten Eero Saarinen am Lake Michigan errichtete **Milwaukee County War Memorial Center** (2), das an die amerikanischen Kriegstoten erinnert. Das Milwaukee Art Museum, das eine imposante Sammlung von Gemälden, Skulpturen, Drucken und Kunsthandwerk aus verschiedenen Kulturkreisen und Epochen präsentiert, grenzt an das Ehrenmal an. Besonderes Augenmerk liegt auf moderner europäischer und amerikanischer Kunst. Der Erweiterungsbau des Museums aus dem Jahre 2001 stammt vom spanischen Architekten Santiago Calatrava.

Zwischen dem Lake Michigan und dem Milwaukee River erstreckt sich das ehemalige **Juneautown**, benannt nach einem der drei Stadtväter, Solomon Juneau. In diesem lebhaften Teil der Innenstadt blieben zahlreiche historische Gebäude erhalten, die einen interessan-

20. Jh. der schleichende Verfall der Innenstadt ein, der inzwischen dank millionenschwerer Investitionen gestoppt werden konnte. Heute blüht die Industrie von Milwaukee wieder, was der Stadt den Beinamen Machine shop of America – Werkstatt der USA – eingebracht hat. Und auch die Touristen strömen wieder nach Milwaukee, vor allem während der Sommermonate, wenn die verschiedenen Bevölkerungsgruppen die Kultur ihrer Vorfahren im Rahmen zahlreicher Festivals feiern.

ten Kontrast zu den modernen Bauten bilden. Über die N. Prospect Avenue gelangt man in die E. Wisconsin Avenue, eine der Hauptachsen von Milwaukee, die in Ost-West-Richtung verläuft. Das postmoderne **Firstar Center** (3), mit 42 Stockwerken das höchste Gebäude Wisconsins, stammt von der renommierten Architektenfirma Skidmore, Owings and Merrill, die auch den John Hancock Tower in Chicago errichtet hat.

Einen reizvollen Kontrast dazu bildet das Gebäude der **Northwestern Mutual Life Insurance Co.** (4) aus dem Jahre 1914, das mit seinen korinthischen, über fünf Stockwerke reichenden Säulen neoklassizitische Einflüsse verrät. Zu den schönsten Art-déco-Gebäuden der Stadt gehört das Hochhaus der **Wisconsin Gas Co.** (5), das sich mit 22 Stockwerken eher bescheiden ausnimmt.

Im Stil des Neoklassizismus wurde ein weiteres Versicherungsgebäude errich-

tet: Das **Northwestern National Insurance Building** (6) besticht durch eine detailreiche Fassade. Die dekorativen Bronzegeländer vor den Fenstern schuf Cyril Colnik, um die Jahrhundertwende einer der bedeutendsten Kunsthandwerker der Stadt. Das imposante **Federal Building** (7) gegenüber wurde zwischen 1892 und 1899 im neoromanischen Stil errichtet. Besonders sehenswert ist das viktorianische Atrium, das vor wenigen Jahren restauriert wurde.

Das ehrwürdige **Pfister Hotel** (8) gilt als erstes Haus am Platze. Charles Pfister, der Sohn eines aus Deutschland stammenden Einwanderers, erfüllte den Traum seines Vaters, eine Luxusherberge an dieser Stelle zu errichten. Die Bogen und groben Steine der Fassade sind ein typisches Merkmal für neoromanische Architektur, die gegen Ende des 19. Jh. en vogue war. Auch innen ist das Hotel ausgesprochen aufwändig gestaltet. Besonders eindrucksvoll ist die

Mittagspause am Lake Michigan

Lobby mit Säulen, vergoldeten Stuck-elementen und einem Deckengemälde.

Ein Abstecher führt zum **Milwaukee Grain Exchange Building** (9), der ehe-maligen Getreidebörse. Wand- und De-ckenmalereien im ersten Stock illustrie-ren die Bedeutung des Getreidehandels für Milwaukee. Der gusseisernen Fas-sade, der einzig erhaltenen Milwaukees, verdankt das **Iron Block Building** (10) aus den 60er Jahren des 19. Jh. an der Ecke Wisconsin Avenue/Water Street seinen Namen.

Nach Überqueren des Milwaukee River erreicht man den Stadtteil, der auf Byron Kilbourn zurückgeht und seinem Gründer zu Ehren als Kilbourntown be-kannt ist. Theater, sehenswerte Museen und vor allem der Charme der Alten Welt in der Old World Third Street ma-chen den Reiz dieses Stadtteils aus. Für die Gestaltung der zum Fluss zuge-wandten Fassade des **Marshall Fields Building** (11) stand das berühmte Kauf-haus Selfridges in London Pate. Den Block gegenüber nimmt das **Riverside Theater** (12) ein. Im Jahre 1927 errich-tet, war es eines von insgesamt acht Theatern, die den Ruf von Kilbourntown als Theaterviertel begründeten. In dem Haus werden heute Konzerte und Musi-cals aufgeführt.

The Grand Avenue Mall (13) heißt die Einkaufsmeile von Milwaukee, die sich über mehrere Blocks erstreckt. Eine gelungene Restaurierung in den 80er Jahren des 20. Jh. verband sechs beste-hende historische Gebäude zu einem Komplex. Überdachte Passagen sorgen dafür, dass man auch bei Regenwetter trockenen Fußes von einem Gebäude zum nächsten gelangen kann.

Das im eleganten Art-déco-Stil er-baute **Schroeder Hotel** (14), das heu-tige Marc Plaza Hotel, wurde kurz vor der Weltwirtschaftskrise von dem be-rühmten Chicagoer Architekten-Duo Ho-labird und Roche errichtet. Aus dem Jahre 1930 stammt der 21 Stockwerke hohe **Mariner Tower** (15), bei dessen Bau erlesene Elemente wie Marmor ver-wendet.

Die **Milwaukee Central Library** (16) wurde kurz vor der Jahrhundertwende errichtet und dem Zeitgeschmack ent-sprechend opulent ausgestattet. Ein Blick in das Innere mit Kronleuchtern, Marmortreppen und Mosaikfußböden sollte man nicht versäumen. Auf der an-deren Straßenseite stehen in bester de-mokratischer Tradition zwei Kirchen ne-beneinander: die katholische **St. James Episcopal Church** (17) und die pres-byterianische **Calvary Church** (18). Die neogotischen Gotteshäuser wurden im 19. Jh. errichtet. Als man bei letzterer zweifelte, ob der Westturm den stati-schen Anforderungen entsprechen würde, spannte man Pferde an, denen es jedoch nicht gelang, den Turm zum Einsturz zu bringen. Dieser Beweis brachte die Kritiker schließlich zum Ver-stummen.

Die Mitglieder des vornehmen **Wis-consin Club** (19) zogen 1869 in ihr Klubhaus ein. In den Jahren zuvor hatte Alexander Mitchell in dem Gebäude ge-wohnt, der sein Vermögen mit Bankge-schäften, Versicherungen und Eisen-bahnen gemacht hatte und als reichster Mann Wisconsins galt.

Das populäre **Milwaukee Public Mu-seum** (20) zeigt Exponate zur Archäolo-gie, Geologie, Botanik und Frühge-schichte. Im gleichen Gebäude ist das **Discovery World Museum** (21) unter-gebracht, dessen Schwerpunkt auf den Themen Wissenschaft und Technik liegt. Von der N. 6th Street erblickt man das nüchterne, neoklassizistische **Mil-waukee County Courthouse** (22) auf einer Anhöhe.

Fassaden in der Old World Third Street in Milwaukee

Das **Milwaukee Auditorium** (23) wird seit seiner Errichtung 1909 als Konzerthalle genutzt. Gleich nebenan erstreckt sich das gigantische Milwaukee Exposition and Convention Center and Arena, kurz MECCA genannt

Im **Journal Company Building** (24) sind Wisconsins umsatzstärkste Zeitung »The Milwaukee Journal« und die älteste Zeitung der Stadt, »The Milwaukee Sentinel«, unter einem Dach vereint. Der Fries, der um das Gebäude verläuft, erzählt die Geschichte des Kommunikationswesens. Die **Turner Hall** (25) beherbergte den von deutschen Einwanderern gegründeten Turnverein. Nicht nur

die körperliche Ertüchtigung stand auf dem Programm, sondern auch die Erbauung von Geist und Seele durch Heimatabende, bei denen getanzt und gesungen wurde. Das neogotische Gebäude beherbergt heute das beliebte Restaurant Milwaukee Historic Turner's.

Die **Old World Third Street** (26) führt eindrucksvoll vor Augen, dass das Milwaukee des 19. Jh. maßgeblich von deutschen Einwanderern geprägt wurde. In den alten, niedrigen Backsteinhäusern sind Restaurants und Spezialitätengeschäfte untergebracht. Zu den Institutionen der Straße gehören Karl Ratzsch's Old World Restaurant und

Usinger's Famous Sausages, die seit Generationen nicht nur Heimwehkranke mit kulinarischen Genüssen nach deutschen Rezepten versorgen.

Der **Pere Marquette Park** (27) markiert die Stelle, an der Jacques Marquette mit seinen Begleitern während ihrer Entdeckungsreise durch Wisconsin 1674 ein Lager errichteten. Zum Park gehört auch das **Milwaukee County Historical Center** (28), das in einem ehemaligen Bankgebäude untergebracht ist. Das Museum lädt zu einem Streifzug durch die Stadtgeschichte ein.

Das mächtige **Germania Building** (29) beherbergte einst einen Verlag, der Deutschsprachiges herausgab. Heute sind in dem Gebäude Büros untergebracht. Aufführungen klassischer und zeitgenössischer Stücke sowie Kabarett zeigt das **Milwaukee Repertory Theater** (30) östlich des Milwaukee River in Juneautown. Einige Schritte weiter erstrahlt das traditionsreichste Theater der Stadt in altem Glanz. Das **Pabst Theater** (31) wurde 1895 im Auftrag des Brauereibesitzers Frederick Pabst im Stil der Neo-Renaissance errichtet. Bei der Herkunft von Pabst nicht verwunderlich, bestimmte hier eines der ersten deutschsprachigen Theaterensembles des Landes das Programm.

Zu den Wahrzeichen der Stadt gehört die **Milwaukee City Hall** (32) aus den 90er Jahren des 19. Jh., die Stilelemente der Romanik und Renaissance miteinander verbindet. Um das wuchtige Gebäude zu stützen, musste zunächst der Untergrund mit Holzpfählen befestigt werden. Die mehrere Tonnen schwere Glocke im Turm erklingt heute nur noch bei besonderen Anlässen, erschüttert dann aber die ganze Innenstadt mit ihren Donnerschlägen.

Das **Performing Arts Center** (33) ist die Top-Adresse für Theater, Oper, Symphoniekonzerte und Ballett. Bald hat man den Cathedral Park erreicht. Rund um den Park gibt es einige schicke Restaurants, darunter Elsa's on the Park in der N. Jefferson Street. Das Gebäude aus dem Jahre 1887, das erste größere Geschäftshaus in der Gegend, wurde von der Brauerei Schlitz Brewing Company errichtet und beherbergte neben einem Saloon Büroräume.

Die **St. John's Cathedral** (34) ist die älteste Kathedrale der Stadt und Sitz der Diözese von Milwaukee. Die Gelder für die Kirche, die zwischen 1847 und 1853 errichtet wurde, stammten aus Europa, Mexiko und Kuba. Für die Gestaltung des Gotteshauses war der deutschstämmige Victor Schulte verantwortlich. In den 90er Jahren des 19. Jh. wurde der baufällige Originalturm durch den heutigen, neo-barocken Turm ersetzt.

Von gediegenem Wohlstand zeugen einige aufwändig gestaltete Gebäude in der N. Jefferson Street, die reiche Geschäftsleute zwischen 1858 und 1925 im Stil des Historismus errichten ließen.

Zu den historischen Stadtteilen, die im Laufe des 19. Jh. als Wohngebiete der Reichen rund um den Stadtkern entstanden, gehört das Westend, das westlich der I-43 beginnt. Die Marquette University an der W. Wisconsin Avenue wurde 1881 von Jesuiten gegründet. Hauptattraktion des Campus ist die St. Joan of Arc Chapel, die ursprünglich aus dem Rhône-Tal in Frankreich stammt, Stein für Stein abgetragen, über Long Island im Staate New York schließlich nach Milwaukee gelangte, wo das mittelalterliche Gotteshaus wieder aufgebaut wurde. Wesentlich neueren Datums ist die sehenswerte neogotische Gesú Church aus dem Jahre 1894, die auch zum Campus gehört.

Die prächtigste Residenz der Stadt ließ der Brauereibesitzer Frederick Pabst errichten. Das Pabst Mansion, 2000 W. Wisconsin Avenue, aus dem ausgehenden 19. Jh. ist Zeugnis für den immensen Reichtum des Bauherrn. Die über 30 Zimmer sind aufwändig mit Stuck und Intarsien dekoriert. Prunkvoll sind die Möbel, Leuchter, Skulpturen und Spiegel.

Zu den ungewöhnlichsten Gebäuden der Stadt gehört der Tripoli Temple, 3000 W. Wisconsin Avenue, der in den 20er Jahren des 20. Jh. von der Freimaurerloge errichtet wurde und bis heute als deren Klub dient. Beim Anblick des ›Tempels‹ mit Minaretten und der Kuppel fühlen sich viele an das Taj Mahal in Indien erinnert.

Über die N. 35th Street erreicht man nach drei Blocks die W. State Street, wo die Miller Brewing Company, eine der größten Brauereien des Landes, ihre Produktionsstätten hat. Im Rahmen einer Führung kann man die High-Tech-Anlage besichtigen. Parallel zur W. State Street verläuft der W. Highland Boulevard, wo einige stattliche Wohnhäuser aus der Zeit um die Jahrhundertwende erhalten blieben, darunter die der Söhne von Frederick Pabst (Nr. 3112 und Nr. 3030). Als ›Sauerkraut Boulevard‹ wurde die Straße oft scherzeshalber bezeichnet, da hier vor allem die wohlhabende deutschstämmige Oberschicht von Milwaukee lebte.

An der Ecke Highland Boulevard/38th Street begann 1903 die Geschichte eines Kultobjekts. In einem Schuppen hinter dem Wohnhaus legten Bill Harley sowie Art und Walter Davidson mit dem Bau eines Motorrads den Grundstein für die Harley-Davidson-Company. Heute werden nur noch die Motoren in Milwaukee gefertigt. In der Harley Davidson Engine Plant, 11700 W. Capitol Drive, kann man bei der Produktion zuschauen.

Von Milwaukee zur Door Peninsula

Tipps & Adressen

Port Washington S. 367, Plymouth S. 363, Dundee S. 315, Sheboygan S. 377, Kohler S. 332, Manitowoc S. 339, Two Rivers S. 389

Karte S. 87

Nördlich von Milwaukee bieten sich zwei Möglichkeiten für die Weiterreise zur Door-Halbinsel an. Entweder man wählt die Route, die über Port Washington parallel zum Lake Michigan verläuft, oder man unternimmt einen Abstecher ins Hinterland, der zum sehenswerten Kettle Moraine State Park führt. In Sheboygan treffen beide Routen wieder zusammen.

Fällt die Entscheidung für die ufernahe Strecke, erreicht man von Milwaukee nach gut einer halben Stunde Fahrt **Port Washington** [6], das während des Amerikanischen Bürgerkriegs Furore machte. Damals stürmte eine aufgebrachte Menge das Gerichtsgebäude, um gegen die Einberufungen zum Militärdienst zu protestieren. Erst der Armee gelang es, die Lage unter Kontrolle zu bringen. Heute ist der Ort bei Sportfischern beliebt. Am Jachthafen haben zahlreiche Schnellboote festgemacht, die man chartern kann.

Gleich zwei Leuchttürme nennt Port Washington sein Eigen. Am Ende der Hafenmole ragt das ungewöhnlich geformte, 1889 erichtete Port Washington Breakwater Lighthouse aus Stahl und Beton in die Höhe. Vierzig Jahre älter ist das Old Port Washington Lighthouse in der Johnson Street, in dem der Geschichtsverein ein kleines Heimatmuseum unterhält.

Auch das Eghart House an der Grand Avenue erzählt von längst vergangenen

Tagen – die viktorianische Villa, in der einst der Richter des Ortes wohnte, ist mit dem Originalmobiliar aus dem frühen 19. Jh. ausgestattet. Das Pebble House in der gleichen Straße wurde im 19. Jh. in mühevoller Kleinarbeit aus Kieseln errichtet, die man am Ufer des Lake Michigan gesammelt hatte.

Vom Harrington Beach State Park nördlich von Port Washington bieten sich herrliche Ausblicke auf den See. Kurz vor Sheboygan erreicht man den Kohler-Andrae State Park mit Dünen und einem langen Strand. Die Gewässer vor der Küste wurden unzähligen Schiffen zum Verhängnis. Wer nicht nach den Wracks tauchen möchte, kann einige geborgene Exemplare im Sanderling Center anschauen, das zum Park gehört.

Die Inlandsroute führt über West Bend zum nördlichen Teil des **Kettle Moraine State Forest** , der ein hervorragendes Beispiel für eine von der Eiszeit geformte Landschaft bietet. Auf Schritt und Tritt lassen sich geologische Phänomene beobachten: kesselförmige, von Eisblöcken geformte Vertiefungen, Moränen, konisch geformte Geröllberge und Sandhalden, welche die Gletscher vor sich hergeschoben und abgelagert haben.

Am Highway 67 eine Meile südlich von Dundee informiert das Henry Reuss Ice Age Interpretive Center anhand von geologischen Exponaten und Filmen über die Entstehung der Landschaft. Von der Aussichtsplattform des Museums bietet sich ein weiter Blick über das Areal. Am Informationszentrum beginnt ein drei Meilen langer Scenic Drive. Wanderer können die Gegend auf einem Wegenetz erkunden.

Auf der Fahrt Richtung Sheboygan passiert man Plymouth, eine amerikani-

Nördlich von Chicago

Autobahn mit Hindernissen
Die Schifffahrt auf den Großen Seen

Erzfrachter im Hafen von Escanaba

Seit Menschen an den Ufern siedeln, werden der mächtige St.-Lorenz-Strom und die Großen Seen als Verkehrswege genutzt. Schon die indianischen Ureinwohner beluden ihre Kanus mit Waren, um über die Wasserstraßen ihre Handelspartner zu erreichen. Weder tückische Stromschnellen noch tosende Wasserfälle konnten sie auf ihren Fahrten aufhalten. Stellte sich ihnen ein Hindernis in den Weg, wurden Kanu und Fracht geschultert und um die prekäre Stelle herumgetragen.

Zu einem ernsthaften Problem wurden Stromschnellen und Wasserfälle erst für die europäischen Eroberer und ihre großen Schiffe. Jacques Cartier, der im Auftrag des französischen Königs François I. den Seeweg in den Fernen Osten erkunden sollte, scheiterte als erster Weißer an den Hindernissen im St.-Lorenz-Strom. La Chine nannte er die Stromschnellen, hinter denen er den sagenumwobenen, mit allen Reichtümern gesegneten Fernen Osten glaubte. Lachine heißt auch der über 200 Jahre später erbaute Kanal, der es ermöglichte, das Hindernis zu überwinden.

Als Pelzhändler und Missionare an den Großen Seen immer weiter nach Westen vorstießen, waren sie auf die kunstvoll aus Zedernholz, Birkenrinde, Wurzelgeflecht und Zedernharz gefertigten Kanus der Indianer angewiesen. Die schlanken Boote waren oft mehrere Meter lang und konnten neben Passagieren auch schwere Fracht transportieren.

In der zweiten Hälfte des 17. Jh. brach das Zeitalter der Segelschiffe an. Mit den kleinen Schonern, die im Dienste der Handelsgesellschaften verkehrten, erhielt die kommerzielle Schifffahrt ihren Einzug. Den freien Warenstrom zwischen den fünf Seen verhinderten allerdings die Stromschnellen im St. Mary River und die Niagara-Fälle. Zum Teil wurden die Schiffe auf Rollen um das Hindernis herumgezogen, zum Teil wurden die Waren umgeladen.

Als das Warenaufkommen mit der Industriellen Revolution im 19. Jh. immer weiter anstieg, entwickelten sich die Großen Seen schnell zu einem Verkehrweg für den Transport von Weizen, Holz und zunehmend von Bodenschätzen. Wie wichtig eine reibungslose Verbindung zwischen den Großen Seen war, wurde immer deutlicher. Ein Kanal nach dem anderen wurde gebaut: 1824 wurde der erste Welland-Kanal begonnen, der eine Verbindung zwischen dem Lake Erie und dem Lake Ontario schuf. Als die Bedeutung der künstlichen Wasserstraße rasant zunahm, musste der alte Kanal 1932 durch einen neuen ersetzt wurde. Die Investition hat sich gelohnt: Heute werden jährlich 50 Mio. t Fracht über den Welland-Kanal transportiert. Acht Schleusen sorgen auf der 42 km langen Strecke für den Ausgleich des Höhenunterschieds zwischen den beiden Seen.

Ein Jahr nach Baubeginn des Welland-Kanals wurde der ebenso wichtige Erie-Kanal eröffnet, der eine Verbindung zwischen dem Lake Erie und dem Hudson River und somit dem Atlantik herstellte. Die internationale Seeschifffahrt hatte nun Zugang zu den Großen Seen erhalten.

Für einen weiteren enormen Entwicklungsschub sorgte der Bau einer ersten Schleuse, die 1855 auf der amerikanischen Seite des St. Mary River erbaut wurde. Nun stand auch dem Schiffsverkehr zwischen dem Lake Superior und dem Lake Huron nichts mehr im Wege, der zuvor von tückischen Stromschnellen im Fluss behindert worden war.

Mitte des 19. Jh. waren Segelschiffe längst durch effizientere Dampfschiffe abgelöst, die den Massentransport von Gütern ermöglichten. Nicht minder wichtig waren sie für den Personenverkehr. Per Dampfschiff erreichen unzählige Einwanderer aus Europa ihre neue Heimat in der Region der Großen Seen.

Die letzte Hürde für die Schifffahrt wurde 1959 mit der Eröffnung der Schleusenstufe des St. Lawrence Seaway genommen. Seitdem haben auch Ozeanriesen freie Fahrt vom Atlantik bis Duluth in der äußersten Ecke des Lake Superior.

Auf den Großen Seen mit vielen Kanälen und Schleusen verkehrt ein besonderer Schiffstyp. *Lakers* heißen die Schiffe, deren kurzer, steiler Bug eine hohe Manövrierfähigkeit gewährleistet. Besonderen Rudern ist es zu verdanken, dass diese Schiffe selbst schwer beladen noch ausgesprochen wendig sind. Heute kreuzen bis zu 300 m lange Schüttgutfrachter, die man *super lakers* nennt, auf der Seenplatte. Nur ein Hindernis stellt sich ihnen in den Weg – die riesigen Schiffe sind für eine Passage durch den Welland-Kanal zu lang.

sche Bilderbuchgemeinde mit einigen Gebäuden aus dem 19. Jh.

Der Name des Städtchens **Sheboygan** 8 am Ufer des Lake Michigan geht auf einen Wasserfall zurück, dessen Rauschen die einst dort ansässigen Ojibwa-Indianer als Shaw-bwah-way-gun bezeichneten – das Geräusch, das fließendes Wasser macht.

Mit Beginn der Forstwirtschaft im 19. Jh. strömten zahlreiche Holzfäller in die Region, welche die Gemeinde gründeten. Bald begann Sheboygan, dank der Lage an einer bedeutenden Schifffahrtsroute, zu florieren. Über den Hafen kamen viele Einwanderer in den Ort. Dass die Mehrheit von ihnen aus Deutschland stammte, macht sich bis heute kulinarisch bemerkbar: Sheboygan ist die selbst ernannte ›Bratwursthauptstadt der Welt‹. Im Sommer wird dieser deftigen Delikatesse im Rahmen der Bratwurst Days gehuldigt.

Der reizvollste Teil des Städtchens erstreckt sich am Jachthafen. Alte Fischerhütten wurden restauriert, dort sind jetzt Läden und Restaurants untergebracht. Bei einem Spaziergang auf dem Holzplankenweg am Sheboygan River kann man am späten Nachmittag Sportfischer beobachten, die mit reichem Fang zurückkehren. Kulturelles Highlight des Städtchens ist das John Michael Kohler Arts Center in der New York Avenue. Der attraktive Backsteinbau beherbergt eine Sammlung moderner Kunst, die Malerei, Skulptur und Fotografie umfasst. Das Angebot wird durch Konzerte, Theater- und Tanzaufführungen abgerundet.

Der Bewahrung von Traditionen hat sich das Sheboygan County Historical Museum in der Erie Avenue verschrieben. Die Sammlung im Haupthaus vermittelt einen Eindruck vom Leben der Bewohner im 19. Jh. Auf dem Areal befinden sich auch ein Blockhaus aus den 60er Jahren des 20. Jh., ein viktorianische Wohnhaus, eine Scheune mit landwirtschaftlichen Geräten und eine Käserei aus dem Jahre 1867.

Im **Indian Mound State Park** südlich der Gemeinde zwischen S. State Street und Panther Avenue blieben zahlreiche indianische Grabhügel aus der Zeit zwischen 500 und 1000 n. Chr. erhalten. Die Gräber der Woodland-Indianer sind so geschickt aufgeschichtet, dass sie Tiergestalten ähneln sowie geometrische Formen annehmen. Über die Bedeutung rätseln die Archäologen. Ein Lehrpfad führt durch das Gelände, Grabbeigaben kann man im Oban Mound Exhibit besichtigen.

Ein Abstecher ins Hinterland führt in das 4 Meilen entfernte **Kohler** 9, das man über die Straße 28 erreicht. Benannt wurde der Ort nach dem Österreicher Walter J. Kohler, der es in der neuen Heimat zunächst zum Unternehmer und schließlich zwischen 1928 und 1931 zum Gouverneur von Wisconsin brachte. Die für seine Angestellten errichteten Häuschen samt Garten gelten heute als klassisches Beispiel für eine Arbeitersiedlung. Das Kohler Design Center in der Upper Road dokumentiert die Karriere des Unternehmers, der zunächst mit der Herstellung von landwirtschaftlichen Geräten ein Vermögen machte. Später entwickelte sich aus seinem Unternehmen eine der größten Fabriken für Sanitäranlagen in den USA. So werden im Design Center denn auch Badewannen und Küchenmöbel gezeigt, welche die Firma herstellt.

Das Wohnhaus der Familie, Waelderhaus am Riverside Drive, wurde zur Erinnerung an die alte Heimat ganz im Stil des Bregenzer Waldes errichtet. Wohl das originellste Hotel weit und breit und eine besondere Attraktion des Ortes ist

Das Waelderhaus in Kohler wurde ganz im Stil des Bregenzer Waldes errichtet

The American Club, ein Fünf-Sterne-Hotel, untergebracht in einer ehemaligen Unterkunft für Kohlers Arbeiter. Die rote Backsteinfassade aus dem Jahre 1918 und das Kutschenhaus blieben original erhalten.

Die Schwestergemeinden **Manitowoc** 10 und **Two Rivers** 11 am Ufer des Lake Michigan sind nur wenige Meilen voneinander getrennt. Schon Ende des 17. Jh. schätzten Pelzhändler die geschützten Häfen in den Flussmündungen der Ansiedlungen. Die einst blühende Fischerei-Industrie fand schon im ausgehenden 19. Jh. durch Überfischen ein Ende. Während des Zweiten Weltkriegs boomte der Schiffsbau. 7000 Arbeiter bauten rund um die Uhr in drei Schichten U-Boote. Noch immer spielen die Werften eine – wenn auch bescheidenere – Rolle.

Im sehenswerten Wisconsin Maritime Museum wird an die seefahrerische Tradition von Manitowoc erinnert. Vor dem Gebäude ist das U-Boot »SS Cobia« aufgebockt, das man von innen besichtigen kann. Im Museum dreht sich alles um die Schifffahrt – von ihren Anfängen auf den Großen Seen, über die Werftindustrie in Manitowoc bis zu den Dampfschiffen, die einst auf den Seen verkehrten. Nautische Geräte, Seekarten und Modellschiffe komplettieren die interessante Sammlung.

Vom Hafen verkehrt die »SS. Badger« nach Ludington (s. S. 125) am Ostufer des Lake Michigan. Die gut vierstündige Fahrt versetzt in die Zeiten zurück, in denen Passagierschiffe das Hauptverkehrsmittel auf den Großen Seen waren.

Auch das kleinere Two Rivers besitzt zwei sehenswerte Museen. Das Great Lakes Coast Guard Museum in der Jackson Street dokumentiert die vielfältigen Aufgaben der amerikanischen Küstenwache, welche die zahlreichen Leuchttürme an den US-amerikanischen

Ufern der Seen betreibt. Das Rogers Street Fishing Village in der Jackson Street zeigt, wie Fischerdörfer am Lake Michigan im 19. Jh. ausgesehen haben. Zum Museumsdorf gehört auch ein auf Stelzen errichteter Leuchtturm aus dem Jahre 1883.

Die Door Peninsula

Tipps & Adressen

Für die gut 70 Meilen lange Strecke von Kewaunee nach Gills Rock sollte man sich zwei Tage Zeit nehmen. In Höhe des Ortes Kewaunee beginnt die Door Peninsula, die wie ein überlanger Zeigefinger in den Lake Michigan hineinragt. Die Halbinsel mit sanft abfallendem Ufersaum, steilen Kalksteinklippen, idyllischen Orten, Weideland, Sumpfgebieten, Dünen, Sandstränden und ausgedehnten Obstplantagen zog schon Reisende im 19. Jh. in ihren Bann. An der Begeisterung für dieses Fleckchen Erde hat sich bis heute nichts geändert, was an Sommerwochenenden mitunter zu endlosen Wagenkolonnen führt. Während sich die der Green Bay zugewandte Seite der Door Peninsula ganz dem Fremdenverkehr verschrieben hat, präsentiert sich das Ostufer am Lake Michigan ruhiger und unberührter.

Dank der gemäßigten Temperaturen im Landesinnern hat sich die Region einen Namen als einer der ›Obstgärten der USA‹ gemacht. Schon im 19. Jh. begann der Obstanbau mit der Gründung einer ersten kommerziellen Plantage. Während der Saison werden an Straßenständen erntefrische Kirschen, Äpfel und Pflaumen angeboten. In der übrigen Zeit wird das Obst in allen erdenklichen Konservierungsmöglichkeiten verkauft: getrocknet, tiefgefroren oder eingekocht. Es liegt nahe, dass sich das üppige Angebot an Obst auch auf dem Speiseplan bemerkbar macht. Saftiger *cherry pie* – gedeckter Kirschkuchen – gehört zu den Spezialitäten der Door Peninsula.

Kewaunee 1 verdankt seine Existenz der North Fur Company, die hier im 18. Jh. einen Handelsposten als Umschlagplatz für die wertvollen Biberpelze errichtete. Als sich im 19. Jh. die Kunde von Goldfunden wie ein Lauffeuer verbreitete, zog es Glücksritter in die Region. Doch bald stellte sich heraus, dass es mit dem Goldrausch nicht allzu weit her war, und man sattelte kurzerhand auf Forstwirtschaft um – fortan wurde statt Edelmetall Holz im Hafen verladen. Pittoresk ist der kleine Leuchtturm am Ende der South Pier, der seit 1909 Schiffen den Weg weist. Das Heimatmuseum im Kewaunee County Court House, in dem einst der Sheriff seines Amtes waltete, gewährt Einblicke in längst vergangene Tage.

Am Ufer entlang geht die Fahrt nach Algoma, das als Ziel für Sportfischer gilt. Dort kann man in der ältesten lizenzierten Kellerei von Wisconsin, der Von Stiehl Winery, Weine verkosten.

Beiderseits des Sturgeon Bay Ship Canal, der den Lake Michigan mit der Green Bay verbindet, erstreckt sich **Sturgeon Bay 2**. Holzreichtum sorgte dafür, dass sich im 19. Jh. eine florierende Schiffsbauindustrie entwickeln konnte, in der nach wie vor ein Teil der 9000 Einwohner beschäftigt ist. Dieser stolzen Tradition hat sich das Door

County Maritime Museum in der N. Madison Avenue verschrieben. Auf anschauliche Weise wird der Bau von Schiffen erläutert. Nicht minder interessant sind ein begehbares Steuerhaus, die Sammlung historischer Boote sowie die Exponate rund um das Thema Fischfang, einst ebenfalls ein bedeutender Wirtschaftszweig in Sturgeon Bay. Ein Highlight für Kinder ist das kleine Door County Museum in der 4th Avenue/Michigan Street mit alten Löschzügen der Feuerwehr, auf denen auch herumgeklettert werden darf.

Über die Landstraße 42/57 erreicht man den Potawatomi State Park 3 Mei-

len nordwestlich von Sturgeon Bay, der zu ausgedehnten Wanderungen durch Wiesen, Fichten- und Birkenwälder einlädt. Von einem Aussichtsturm genießt man einen herrlichen Blick, der an klaren Tagen bis zur Upper Peninsula reicht.

Der Whitefish Dunes State Park nördlich von Sturgeon Bay ist einer der landschaftlichen Höhepunkte der Halbinsel. Ein weites Wegenetz führt durch den Park mit herrlichen Stränden und einer ausgedehnten Dünenlandschaft. Am nördlichen Ende schließt sich der Cave Point State Park mit steil abfallenden Kalksteinfelsen und Höhlen an. Die

Die Door Peninsula

Den Cave Point State Park an der Whitefish Bay sollte man per Kajak erkunden

Schönheit des Ufersaums erschließt sich am besten vom Wasser aus im Rahmen einer Kajaktour.

Wald, Heidelandschaft, Wasser und gemütliche Weiler prägen das Ostufer der Door-Halbinsel. Die nachgebaute norwegische Stabkirche etwa 1 Meile südlich von **Baileys Harbor 3** in der Chapel Lane belegt das skandinavische Erbe der Region. Die Björglund-Kapelle ist innen mit Malereien und Schnitzarbeiten verziert.

Auf der Landzunge zwischen Baileys Harbor und Moonlight Bay nördlich des Ortes wurde bereits in den 30er Jahren des 20. Jh. das Ridges Sanctuary zum Schutz der einzigartigen Flora – vor allem Orchideenarten – eingerichtet.

In besonders reizvoller Lage wurde der Cana Island Leuchtturm 1870 gebaut, der noch immer Schiffen den Weg weist. Man erreicht die kleine Insel über die Stichstraße Cana Island Road, die von der Landstraße Q abzweigt. Ein Damm,

der an stürmischen Tagen von den Wellen des Lake Michigan überspült wird, verbindet die Insel mit dem Festland.

Die Landstraße Q führt ins Landesinnere, wo sie wieder auf den Highway 57 stößt, der nach **Sister Bay 4** führt. Vor allem skandinavische Einwanderer ließen sich hier in den 60er Jahren des 19. Jh. nieder, angelockt durch den Waldreichtum, der sie an ihre alte Heimat erinnerte und zudem ausreichend Arbeit bot. Der Strand gehört zu den Hauptattraktionen des 700 Einwohner zählenden Ortes, zu denen sich während der Saison zahlreiche Besucher gesellen.

Von Sister Bay führt der Highway 42 über den Weiler Ellison Bay zur Nordspitze der Door-Halbinsel. Lohnend ist ein Abstecher zum Newport State Park, den man über die Landstraße NP erreicht. Einst gab es hier eine kleine Holzfällergemeinde, die aber längst aufgegeben wurde. Inzwischen hat allein die Natur wieder das Sagen – die bewaldetete Moorlandschaft erschließt sich Wanderern auf einem Wegenetz von gut 40 km Länge.

Gills Rock 5 heißt das winzige Fischerdorf an der Nordspitze der Insel. So dokumentieren denn auch viele Ausstellungsstücke im kleinen Door County Maritime Museum den Fischfang. Von der Mole unterhalb des Restaurants stechen Ausflugsboote in See, besonders die Fahrten in den Sonnenuntergang sind sehr populär. In Charlie's Smokehouse werden frisch geräucherte Fischspezialitäten angeboten.

Nach 2 Meilen auf dem Highway 42 ist Northport erreicht, das Tor zu den Inseln Washington und Rock Island. Mehrmals täglich verkehrt die Fähre nach Washington Island über die Portes des Mortes – die Tore des Todes. So nannten französische Seefahrer diese Passage, die aufgrund von Untiefen, Strömungen und plötzlich aufkommenden Stürmen zahlreichen Schiffen auf dem Weg in die Green Bay zum Verhängnis wurde. **Washington Island** 6 ist mit 92 km² das größte Eiland der Inselkette, die sich über den See bis hinauf zur Upper Peninsula zieht.

Trotz der isolierten Lage ging die Besiedlung des Nordostens von Wisconsin von Washington Island aus, wie die ältesten entdeckten Siedlungsspuren belegen. Indianer des Stammes der Potawatomi und später der Huronen fanden auf der Insel Zuflucht vor den feindlichen Irokesen. Als erster Europäer, der die Insel im 17. Jh. erreichte, ging der französische ›Entdecker‹ Jean Nicollet in die Geschichte ein. Er betrieb ein lukratives Tauschgeschäft mit den ortsansässigen Indianern. Während der nächsten 300 Jahre besiedelten vor allem isländische Einwanderer – von der alten Heimat an Abgeschiedenheit und widrige Umstände gewohnt – die Insel.

Zwar ist die Insel klein, doch gibt es dort drei interessante Museen. Dem traditionellen Wirtschaftszweig von Washington Island, dem Fischfang, ist das Jackson Harbor Maritime Museum an der gleichnamigen Bucht gewidmet. Mit einem Museumsbesuch lässt sich eine Wanderung durch die Jackson Harbor Ridges verbinden, einer einzigartigen Küstenlandschaft mit seltenen Orchideenarten und arktischer Vegetation. Eine Zeitreise in die Tage unerschrockener Pioniere ermöglicht das Farm Museum an der Jackson Harbor Road, in dem landwirtschaftliche Geräte, Werkzeuge und die Werkstatt eines Schmiedes gezeigt werden. Pfeilspitzen und Perlen der indianischen Ureinwohner kann man im Jacobson Museum an der Little Lake Road bewundern, das auch allerlei Gerätschaften der ersten Siedler sowie Modelle von gesunkenen Schiffen präsentiert.

Am South Shore Drive, im Süden der Insel, erstreckt sich am Sand Dunes Beach eine herrliche Dünenlandschaft. Am Ostufer dehnt sich der Eastside Percy Johnson County Park mit einem Strand und Picknickplätzen aus. Vom Mountain Park Lookout an der Mountain Road genießt man einen wunderbaren Blick über die Insel.

Noch abgelegener als Washington Island ist **Rock Island** 7, das durch eine kaum 2 km breite Wasserstraße von der Nachbarinsel trennt ist. Bis 1730 unterhielten Potawatomi-Indianer mit französischen Händlern einen Handelsposten auf der Insel. Im Jahre 1910 erwarb schließlich ein Privatmann aus Milwaukee, Chester H. Thordarson, die Insel, auf der er bis in 60er Jahre residierte. Er hinterließ ein riesiges Bootshaus, für das mit Ausnahme des Daches nur örtliche Baumaterialien wie Kalkstein verwendet wurden. Den größten Teil der

Graffiti an einem Bootshaus in Ephraim

Insel ließ Thordarson jedoch unberührt und nutzte sie zu intensiven Naturstudien, für die er mit einem Ehrendoktortitel der Universität von Wisconsin bedacht wurde.

Inzwischen wurde Rock Island zum State Park erklärt, den man nur zu Fuß oder per Fahrrad erkunden darf. Der Algonquin Nature Trail Loop, für den man gut eine Stunde einplanen sollte, ist der kürzeste Weg. Am Strand entlang hat man die Insel in gut drei Stunden Gehzeit umrundet.

Zurück auf der Door-Halbinsel führt der Highway 42 über Sister Bay an der Green Bay entlang Richtung Süden. Vier Meilen südlich von Sister Bay erreicht man die Bilderbuchgemeinde **Ephraim** 8, deren in einheitlichem Weiß gestrichene Häuser sich malerisch um den Hafen gruppieren. Auch hier leben viele Nachfahren norwegischer Einwanderer.

Die ersten Siedler gehörten der Religionsgemeinschaft der Mährischen Brüder an, die eine neue Heimat suchte. Ihren Traditionen entsprechend, strichen sie ihre Häuser weiß an.

Die Moravian Church, die Kirche der Mährischen Bruderschaft, wurde 1875 errichtet, als das Wohnzimmer des Dorfgründers für den Gottesdienst zu klein wurde. Für den Bau der Kirche schaffte man eigens Zedernholz aus Michigan herbei – die Qualität des heimischen Holzes wurde für das Gotteshaus als zu minderwertig empfunden.

In der gleichen Straße führt das Pioneer School House Museum in die frühen Tage der Gemeinde. Aus dem 19. Jh. stammt auch die Thomas Goodleston Cabin, eines der ersten original erhaltenen Blockhäuser der Halbinsel, das mit zeitgenössischem Mobiliar eingerichtet ist. Ein Beispiel für einen General Store, der amerikanischen Variante des Tante-Emma-Ladens, liefert der fast 150 Jahre alte, denkmalgeschützte Anderson Store. In unmittelbarer Nachbarschaft wurden am Anderson Dock aus dem Jahre 1858 Schiffe mit Holz beladen.

Zwischen Ephraim und Fish Creek erstreckt sich der viel besuchte Peninsula State Park, dessen dicht bewaldete Klippen zu den schönsten Küstenabschnitten der Door-Halbinsel gehören. Ein beliebtes Fotomotiv ist das aus Ziegelsteinen gemauerte Eagle Bluff Lighthouse, das hoch über der Green Bay seit 1868 den Schiffen den Weg weist. Das Leuchtturmwärterhaus ist schon seit Beginn des 20. Jh. verwaist, da dieser Leuchtturm als einer der ersten in den USA automatisiert wurde.

Zwischen Klippen und Green Bay liegt das pittoreske **Fish Creek** 9. In keinem anderen Ort auf der Halbinsel blieben so viele historische Gebäude erhalten wie hier. Bei einem Spaziergang sieht man gepflegte viktorianische Villen wie das Alexander Noble House an der Hauptstraße, eines der ältesten, unverändert erhaltenen Häuser des Ortes. Im Rahmen einer Führung kann man das Haus besichtigen.

Schon bald nach der Gründung von **Egg Harbor** 10 im 19. Jh. erfreute sich der Ort größter Beliebtheit als Feriendomizil. Angeblich sollen verwöhnte Urlauber auch für den Namen des Ortes verantwortlich sein: Während einer Bootspartie im Hafen bewarf man sich aus lauter Übermut gegenseitig mit Eiern ... Von Egg Harbour führen die Landstraßen G und B durch ländliches Gebiet mit Wäldern und Pferdekoppeln zurück nach Sturgeon Bay.

Über den Highway 57 geht es weiter Richtung Green Bay. Orte mit Namen wie Namur und Brussels verraten, woher die ersten weißen Siedler stammten. Die Kultur ihrer wallonischen Heimat lebt in bescheidenen Backsteinhäusern, zahlreichen katholischen Kapellen, Kirchenfesten wie dem Kermiss und dem Patois, der Sprache der Bewohner, fort. Auf einem Parkplatz rechter Hand des Highway zwischen Dykesville und Green Bay markiert eine Statue von Jean Nicollet die Stelle, in deren Nähe der französische ›Entdecker‹ an Land ging. Bald stößt der Highway 57 auf die I-43, die nach Green Bay führt.

Von Green Bay nach Marinette

Tipps & Adressen
Green Bay S. 324, Oconto S. 357, Peshtigo S. 361, Marinette S. 340, Crivitz S. 312

Karte S. 93
Die Route führt an der Green Bay entlang, einer schmalen Bucht, die schon den Indianern, französischen ›Entdeckern‹ und Pelzhändlern Schutz vor den Stürmen des offenen Lake Michigan bot. Die verschiedenen Wasserwege ermöglichten zudem Zugang zum Hinterland mit Pelztieren und riesigen Wäldern. Neben der Stadt Green Bay, die einige sehenswerte Museen besitzt, passiert man auf diesem Streckenabschnitt kleinere Gemeinden wie Marinette, die sich als Ausgangsbasis für die Erkundung der Umgebung anbieten.

Am südlichen Ende der Green Bay gründete der Jesuitenpater Claude Allouez 1669 eine erste dauerhafte Siedlung gleichen Namens. Der wirtschaftliche Aufschwung von **Green Bay** 11 ließ nicht lange auf sich warten. Biberpelze und Holz machten den Ort zu einem profitablen Außenposten von Neu-Frankreich. Einen dauerhafteren Charakter bekam die Ansiedlung im 17. Jh., als Indianeraufstände zur Errichtung von Forts führten. Der Schutz dieser Wehranlagen zog neue Siedler an, und als Frieden mit den Ureinwohnern geschlossen war, ging es auch wirtschaftlich wieder bergauf. Neue Impulse erfuhr Green Bay, als im 19 Jh. die Industrialisierung begann und zahlreiche Sägemühlen sowie Eisenschmelzen ihren Betrieb aufnahmen. Nach dem Eisenbahnanschluss wurde Green Bay zu einem wichtigen Verkehrsknotenpunkt im Mittleren Westen.

Green Bay wurde für zahlreiche Einwanderer das Tor nach Wisconsin. Viele ließen sich gleich im Ort nieder und fanden Arbeit in der Holz- und Papierwirtschaft sowie der verarbeitenden Industrie.

Dass die Stadt inzwischen der gesamten Nation ein Begriff ist, hat Green Bay seiner erfolgreichen Football-Mannschaft, den Green Bay Packers, zu verdanken, die schon mehrmals die Football-Meisterschaften für sich entscheiden konnten. Kein Wunder, dass einige der Hauptattraktionen der Stadt mit dem Football in Verbindung stehen. Lambeau Field, das Stadion der Packers an der Lombardi Avenue, kann in den Sommermonaten während einer Führung besichtigt werden. In der Green Bay Packers Hall of Fame in der Lombardi Avenue gegenüber vom Stadion wird alles rund um die Mannschaft aufbewahrt – von Trophäen über die Ausrüstung bis zu Videos der besten Spielzüge.

Das eindrucksvolle National Railroad Museum in der S. Broadway Avenue unterrichtet über die Eisenbahn, welche die Erschließung des riesigen Landes und dessen wirtschaftlichen Aufschwung gefördert hat. Die Sammlung von Dampflokomotiven und Eisenbahn-

waggons lässt die Herzen nicht nur von Eisenbahnfans höher schlagen. Geschichte und Bedeutung der Eisenbahn für die USA werden in einer Multimediashow vermittelt.

Im Heritage Hill Living History Museum in der S. Webster Avenue werden in über 20 nachgebauten historischen Häusern traditionelle Handwerkstätigkeiten vorgeführt. Auch der Herstellung von Käse, für den Wisconsin berühmt ist, ist breiter Raum gewidmet.

Kleine Besucher begeistert das Northeast Wisconsin Children´s Museum in der Port Plaza Mall mit interaktiven Exponaten zur Geschichte von Green Bay. In der S. Monroe Avenue steht eines der ältesten Gebäude der Region, das Hazelwood Historic Home aus dem Jahre 1837. Das Mobiliar ist original erhalten, darunter der Tisch, an dem die Verfassung des Staates Wisconsin formuliert wurde.

Über die I-141 und I-41 erreicht man **Oconto** 🔟, einen kleinen Ort mit viktorianischen Gebäuden entlang der W. Main Street aus der Zeit, als die Bewohner es durch die Holzwirtschaft zu Wohlstand gebracht hatten. Hauptsehenswürdigkeit der Gemeinde ist der Copper Culture State Park am Nordufer des Oconto River. Hier haben Archäologen seit den 50er Jahren des 20. Jh. mehrere indianische Begräbnisstätten freigelegt, die ungefähr 4500 Jahre alt sind. Die Indianer gehörten der hoch entwickelten Kupfer-Kultur an, die als erste Gerätschaften aus dem Edelmetall fertigten und weit reichende Handelsverbindungen unterhielten. Die Grabbeigaben sind in dem zum Park gehörenden kleinen Museum und im Beyer Home Museum in der Park Avenue ausgestellt.

Die tragische Geschichte von **Peshtigo** 🔢 lässt sich im kleinen Peshtigo Fire Museum nachvollziehen, das in

Ein ›Muss‹ für Eisenbahnfans – das National Railroad Museum in Green Bay

einer alten Kirche untergebracht ist. In der selben Nacht wie in Chicago, am 8. 10. 1871, wurde auch Peshtigo durch eine verheerende Feuersbrunst dem Erdboden gleichgemacht. Mehr als 800 Menschen kamen bei dieser Katastrophe ums Leben, von denen viele, zum Teil in einem Massengrab, auf dem Friedhof am Museum beerdigt wurden.

Am Menominee River, der zugleich die Grenze zwischen Wisconsin und Michigan bildet, liegt **Marinette** 🔢. Die Ursprünge der Kleinstadt gehen auf einen Pelzhandelsposten aus dem 17. Jh. zurück. Zweihundert Jahre später ging es steil bergauf, als Geschäftsleute aus Chicago, Milwaukee und von der Ostküste der USA in die Holzwirtschaft investierten. Der Fluss diente als Transportweg für die Baumstämme, die im Hafen von Marinette umgeschlagen wurden. Sinkende Nachfrage und die unkontrollierte Abholzung beendeten die Boomjahre schließlich.

Die Holzwirtschaft spielt heute nur noch für die Papierherstellung eine Rolle. Daneben sind Dienstleistungsgewerbe, Möbel- und Elektroindustrie sowie der Tourismus von Bedeutung. An die großen Zeiten der Holzfäller erinnert das Marinette County Logging Museum im Stephenson Island Park am Fluss. In der Riverside Avenue halten die beiden Villen Nr. 1919 und 1931 die Erinnerung an Glanzzeiten wach: Der wohlhabende Holzbaron Isaac Stephenson machte sie seinen beiden Töchtern zum Hochzeitsgeschenk.

Von Marinette lohnt sich ein Abstecher ins Hinterland zum Peshtigo River, der mit zahlreichen Wasserfällen und Stromschnellen als einer der ungezähmtesten Flüsse des Mittleren Westens gilt. Rafter, Kajakfahrer, Kanuten und Angler finden hier ein reiches Betätigungsfeld. In **Crivitz** 🔢 gibt es Übernachtungs- und Einkehrmöglichkeiten.

Upper Peninsula
Michigans rauer Norden

Von Menominee zur Straits of Mackinac

Tipps & Adressen

Menominee S. 342, Escanaba S. 318, Gladstone S. 320, Garden Peninsula S. 320, Manistique S. 338, Gulliver S. 324, Brevort S. 297

Karte S. 102/03

U.P. wird kurz und bündig die Upper Peninsula – die Obere Halbinsel – genannt, die sich nicht nur geografisch deutlich vom restlichen Bundesstaat Michigan absetzt. Erst mit dem Bau einer Brücke über die Straits of Mackinac wurde 1957 eine Verbindung für den Autoverkehr zwischen dem Oberen und Unteren Michigan geschaffen.

Bis vor gut 20 Jahren waren die meisten Straßen im Oberen Michigan ungeteert und viele Häuser besaßen weder eine zentrale Wasserversorgung noch sanitäre Anlagen. Auch wenn sich inzwischen manches geändert hat, bleibt die nördliche Hälfte von Michigan ein Terrain, auf das die Attribute isoliert, ungezähmt und rau noch immer zutreffen.

Endlose Wälder, rauschende Flüsse, Seen, Wasserfälle, Sumpfgebiete, feine Sandstrände und einige weit versprengt liegende Orte kennzeichnen diesen dünn besiedelten Landstrich, der sich wie ein Riegel zwischen den Lake Michigan und den Lake Superior schiebt. Für die 250 Meilen lange Route sollte man sich mindestens drei Tage Zeit nehmen.

Von der geschichtlichen Bedeutung der Region zeugen Reste des Industriezeitalters wie die ›Geisterstadt‹ im Fayette State Park, wo einst Eisenerz verhüttet wurde. Großen historischen Stellenwert besaß auch St. Ignace. Hier errichtete der Jesuitenpater Jacques Marquette ein wichtiges Missionszentrum mit dem Ziel, die Indianer zum Christentum zu bekehren.

Mehrere Brücken führen über den Menominee River nach **Menominee 1**, der ersten Gemeinde jenseits der Grenze zwischen den Staaten Wisconsin und Michigan. Linker Hand der Interstate Bridge auf der Seite von Menominee ist in einer Blockhütte das Michigan Welcome Center untergebracht, in dem Reisende Informationen über Michigan erhalten.

Die 10th Avenue führt zum Seeufer, an dem einst Sägemühlen und Hafenanlagen für emsige Betriebsamkeit sorgten. Heute erstreckt sich hier ein Park, in dem an Sommerabenden Konzerte stattfinden. Das historische Geschäftszentrum von Menominee wurde zwischen 1860 und 1910 an der First Street errichtet. Nach Jahren der Vernachlässigung wurden die Gebäude mit viel Aufwand wieder hergerichtet. Inzwischen haben Geschäfte und Cafés Einzug erhalten, wie das populäre Harbor House Gallery & Café, 1821 First Street, das von früh bis spät zum Verweilen einlädt. Einen Streifzug durch die Regionalgeschichte bietet das Menominee County Historical Museum mit vielen Exponaten aus der Blütezeit der Holzindustrie.

Architektonische Schmuckstücke sind die Spies Public Library in der First Street und das Gerichtsgebäude zwischen 8th und 10th Street aus der Zeit der Wende vom 19. zum 20. Jh., als sich Bürger, die durch den Holzhandel wohlhabend geworden waren, gegenseitig

Missionar und ›Entdecker‹
Jacques Marquette

Zu den Europäern, die im 17. Jh. die Missionierung der indianischen Ureinwohner vorantrieben und die zugleich tief in die Region der Großen Seen vorstießen, gehörte der Jesuitenpater Jacques Marquette. 1656 war der aus Laon in Nordfrankreich stammende Marquette dem Jesuitenorden beigetreten. Die nächsten zehn Jahre verbrachte er mit dem Studium und der Lehre in seinem Heimatland, bevor er im Auftrag des Ordens nach Nordamerika geschickt wurde.

In Québec angekommen, widmete sich Marquette zunächst einige Zeit dem Studium indianischer Sprachen, bevor er gen Westen aufbrach. 1668 gründete er am St. Mary's River, der den Lake Superior und den Lake Huron miteinander verbindet, die Missionsstation von Sault Sainte Marie. Auch die Missionsstation La Pointe im heutigen Wisconsin geht auf den Jesuiten zurück.

Feindlich gesinnten Sioux wich Marquette schließlich an die Straits of Mackinac aus, wo er den Auftrag erhielt, den Stamm der Ottawa zu missionieren. Dort gründete er 1671 die Missionsstation von St. Ignace. Damit war der Grundstein für das heutige Städtchen gelegt, das den Namen des Ordensgründers Ignatius von Loyola trägt.

In St. Ignace erhielt Marquette Besuch von dem französischen ›Entdecker‹ Louis Joliet, der im Auftrag des Gouverneurs von Neu-Frankreich, Samuel de Champlain, den Weg nach Asien entdecken sollte. Aus Erzählungen der indianischen Ureinwohner hatten sie von Missi Sipi, dem Großen Fluss, gehört, von dem sie glaubten, er fließe in den Pazifischen Ozean. Da Marquette aufgrund seiner Sprachkenntnisse unentbehrlich war, begleitete er Joliet auf seiner Expedition.

Mit ihren Kanus erreichten sie die Green Bay und den Fox River, wo ihnen Indianer den Zugang zum Wisconsin River zeigten. Über diese Wasserstraße drangen sie bis zum Mississippi vor, dem sie bis zum Arkansas River folgten. Von Indianern, die beiderseits des Flusses lebten, erfuhren sie, dass sie nicht die ersten Weißen waren, die bis in die Region vorgedrungen waren. Die beiden ›Entdecker‹ vermuteten, dass es sich um Spanier handeln müsse und kehrten aus Angst vor einem Angriff um. Zudem schlossen sie aus der Fließrichtung des Flusses, dass der Strom nicht in den Pazifik münden würde. Über den Illinois und Chicago River gelangten sie zurück in den Lake Michigan. Auf dem Weg nach Sault Sainte Marie verstarb Marquette 1675 in der Nähe von Ludington in Michigan.

Marquette und Joliet gehörten zu den unerschrockenen ›Entdeckern‹, die mit ihren Reisen den Weg bahnten, auf dem Nordamerika von Europäern erobert werden sollte. Die Indianer, die den beiden meist friedlich begegnet waren, hatten am meisten unter dieser Eroberung zu leiden.

mit der Errichtung von öffentlichen Prachtbauten Konkurrenz machten. Einem reichen Holzhändler ist auch der Henes Park zu verdanken, den John Henes 1907 stiftete. Henes, ein Freund von Landschaftsgärten, griff kaum gestaltend in das Areal ein. Und so präsentiert sich der Park heute in einem weitgehend naturbelassenen Zustand mit alten Bäumen. Man erreicht den Park im Norden von Menomenee mit Badestrand und Picknickmöglichkeiten über den Henes Park Drive, der rechter Hand von der U.S. 35 Richtung Norden abzweigt.

Auf den nächsten 56 Meilen folgt die Route dem Highway 35 nach Escanaba. Nur die Briefkästen am Straßenrand weisen auf menschliche Besiedelung hin. Das Ufer der Green Bay säumen kleinere Parks wie der Bailey County Park, der zum Schwimmen und Picknicken einlädt. Zwei Meilen weiter erreicht man den Kleinke Park, der auch Campingmöglichkeiten bietet. Der J. W. Wells State Park kurz vor dem Ort Cedar River erfreut sich aufgrund eines modernen Campingplatzes und des schönen Strandes größter Beliebtheit. Auf unterschiedlich langen Wanderwegen kann man den Park erkunden. Die vielen Wildblumen ziehen in den Sommermonaten Schmetterlinge und Insekten an.

Im unscheinbaren Ort Cedar River, der seine Existenz der Holzwirtschaft verdankt, ist es still geworden, nachdem die Sägemühle abbrannte. Allein Angler wissen den Fischreichtum des Cedar River und des Lake Michigan zu schätzen. Sieben Meilen nördlich von Cedar River passiert man den Fox Park, der neben Picknick- und Bademöglichkeiten auch rustikale Campingplätze bietet. Nördlich des Parks überquert man die

◁ *Von Menominee nach Mackinaw City*

Grenze zwischen Central und Eastern Time Zone. Wer aus Süden kommt, muss nun seine Uhr eine Stunde vorstellen. Zum Angeln, Schwimmen und Picknicken lädt auch der Fuller Park 16 Meilen nördlich von Cedar River ein.

Das 14 000 Einwohner zählende Städtchen **Escanaba** 2 liegt an der Little Bay de Noc, die ihren Namen von den Noc-Indianer erhielt, die an der Bucht siedelten. Der Pelzhändler L. A. Roberts und seine Frau waren die ersten Weißen, die sich im frühen 19. Jh. dort niederließen. Bald wurden die ersten Sägemühlen errichtet, die der Ansiedlung zu einem Aufschwung verhalfen. Rasant bergauf ging es schließlich, als in den Tagen des Bürgerkriegs der Bedarf an Eisenerz stieg. In Windeseile baute man eine Eisenbahnlinie, welche die Erzminen des Hinterlands mit dem natürlichen Tiefseehafen Escanabas verbanden, wo das Eisenerz umgeschlagen wurde.

Etwa 400 Einwohner hatte der Ort in Pionierzeiten, als es hoch her ging in Escanaba. Zumindest, was das Nachtleben betrifft, geht es heute in Escanaba vergleichsweise ruhig zu. Der Hafen spielt jedoch nach wie vor eine große Rolle. In den letzten Jahrzehnten wurden jährlich mehr als 5 Mio. t Eisenerz für die Stahlschmelzen in Indiana verschifft.

Zentrum des Ortes ist die vierspurige Ludington Street, deren Ausmaße die einstige Bedeutung des Ortes erahnen lassen. Hier und da erinnern noch einige historische Gebäude – zweistöckige Backsteinhäuser mit den typischen Scheinfassaden eines Wildwest-Städtchens – an vergangene Zeiten. Am östlichen Ende der Ludington Street weckt das ehemalige Grand Hotel House of Ludington aus dem Jahre 1864 Erinnerungen an jene Tage, als man mit dem Dampfschiff nach Escanaba reiste. Schade, dass ein Neonschild die vikto-

Beliebt wegen des Strandes und des modernen Campingplatzes – der Wells State Park

rianische Fassade mit dem kecken Eck-türmchen so entstellt. Vor dem Hotel beginnt der gepflegte Ludington Park, der sich an der Seefront erstreckt. Zum Park gehört das Sand Point Lighthouse aus dem Jahre 1868, in dem ein kleines Museum untergebracht ist. Nebenan gewährt das Delta County Historical Museum Einblicke in die lokale Geschichte.

Als ›typisch amerikanisch‹ könnte man eine kuriose Attraktion in Gladstone nördlich von Escanaba bezeichnen. Schon deshalb lohnt sich die Teilnahme an einer Führung durch die Hoegh Pet Casket Company in der Delta Ave., dem weltweit größten Hersteller von Haustiersärgen.

Bei Rapid River schwenkt der Highway 2 gen Osten und durchquert den westlichen Teil des in zwei Bereiche gegliederten Hiawatha National Forest mit riesigen Wäldern – ein wahres Paradies für Wanderer, Kanuten und Angler. Interessant ist ein Abstecher auf die Gar-

den Peninsula, die weit in den Lake Michigan hineinragt.

Die Landstraße 183 führt zum **Fa-yette State Park** **3**, wo man auf den Spuren der Industriellen Revolution wandelt. Als der Bürgerkrieg den Bedarf an Eisen in die Höhe schnellen ließ, gründete Fayette Brown im Dienste der Jackson Iron Company den Ort Fayette. Schnell hatte er die ideale Lage an der Big Bay de Noc erkannt. Von dort konnte das Eisenerz von Escanaba mit dem Schiff herbeigeschafft werden. Holz, um die Öfen zu befeuern, war im Überfluss vorhanden, ebenso Kalkstein, der zum Reinigen des geschmolzenen Erzes diente. An keinem anderen Ort der Upper Peninsula wurde so viel Erz geschmolzen wie in Fayette. Als in den 80er Jahren des 19. Jh. die Wälder in der Umgebung weitgehend abgeholzt waren und preiswertere Methoden der Eisengewinnung Einzug gehalten hatten, begann der Niedergang von Fa-

Big Bay de Noc im Fayette State Park – im 19. Jh. ein wichtiger Hafen

yette. 1891 wurde die Produktion eingestellt.

Nachdem Fayette zum State Park erklärt wurde, begann man, die Gebäude zu restaurieren. Erhalten blieben die Schmelzanlagen, verschiedene Werkstätten, Kaufläden, Frisör, die Büros der Jackson Iron Company, Wohnhäuser sowie das Hotel. Heute macht die ›Geisterstadt‹ einen geradezu malerischen Eindruck, weniger idyllisch waren die Lebensbedingungen der Arbeiter von Fayette, das ein damaliger Besucher als stinkenden, verrußten Slum bezeichnete.

Der Weg nach Manistique führt am Indian Lake vorbei, dem viertgrößten See der Upper Peninsula. Der relativ warme, weil flache See ist ein ideales Angel- und Baderevier. Der westliche Bereich des Indian Lake State Park an der Landstraße 149 ist weniger besucht als der südliche Bereich.

Der Palms Brook State Park an derselben Straße weiter nördlich bietet ein besonderes Naturschauspiel. Zwischen Zedern befindet sich eine riesige Quelle, die pro Minute mehrere Tausend Liter kristallklaren Wassers aus der Tiefe der Erde nach oben befördert. Die Indianer bedachten dieses Phänomen mit dem passenden Namen Kitch-iti-kipi – großes kaltes Wasser.

Zurück auf dem Highway 2 hat man nach wenigen Meilen **Manistique** 4 erreicht. Wie in vielen anderen Orten der Region lebten auch in Manistique während der Boomjahre der Holzwirtschaft mehr Menschen als heute. 7000 Einwohner zählt die Gemeinde und ist damit der größte Ort zwischen Escanaba und St. Ignace.

Am Ortseingang ragt ein 60 m hoher, aus Backsteinen errichteter Wasserturm in den Himmel. Er wurde zu Beginn der

20er Jahre des 20. Jh. errichtet, zur gleichen Zeit wie die Papierfabrik, die bis heute einer der wichtigsten Arbeitgeber in Manistique ist. Mittlerweile werden ressourcenschonende Recyclingmethoden zur Papierherstellung verwendet. Einmal im Jahr – im August – ist die Fabrik der Öffentlichkeit zugänglich.

Im Ortszentrum gibt es eine kleine, hübsche Einkaufsstraße mit einigen alten Backsteinhäusern. In den Sommermonaten informiert das Imogen Herbert Historical Museum in der River Street über die Geschichte von Manistique. Besonders lohnend ist ein Spaziergang auf dem Holzbohlenweg, der über mehrere Kilometer am Seeufer bis zum markanten, rot angestrichenen East-Breakwater-Leuchtturm führt. Einige Strände bieten sich zum Baden an.

Das Kewadin-Spielkasino östlich von Manistique wird wie fast alle Spielbetriebe an den Großen See von einem Indianerstamm – in diesem Fall von den Ojibwa – geführt. Das Verbot des Glücksspiels auf US-amerikanischem Boden wird umgangen, indem man Kasinos entweder in Reservaten baut oder kurzerhand das Gelände des Kasinos zum Reservat erklärt.

Bei Gulliver zweigt die Port Inland Road (Landstraße 432) ab, von der nach 4 Meilen rechts die ungeteerte, aber gut zu befahrene Landstraße 431 abzweigt. Nach weiteren 4 Meilen erreicht man **Seul Choix Point 5**, eine Landzunge, die von dem gleichnamigen, sehenswerten Leuchtturm aus dem Jahre 1895 markiert wird. Der Name Seul Choix – einzige Wahl – soll auf französische *voyageurs* zurückgehen, die mit ihrem Boot in einen Sturm gerieten und nur die Wahl hatten, in der Bucht unterhalb der Stelle, an der heute der Leuchtturm steht, Schutz zu suchen. Im Haus des Leuchtturmwärters ist ein kleines Museum untergebracht. Der Turm, von dem man eine spektakuläre Aussicht genießt, kann über eine steile Wendeltreppe erklommen werden.

Neun Meilen östlich von Gulliver zweigt der Highway 77 Richtung Norden ab. Auf halber Strecke erreicht man das Naturschutzgebiet **Seney National Wildlife Refuge 6**, eine Marschregion, in der seltene Vögel, aber auch Wölfe und Elche leben. Auf einem Scenic Drive oder zu Fuß auf unterschiedlich langen Wanderwegen kann man das Areal erkunden. Auch Paddlern bieten sich interessante Möglichkeiten.

Zwischen dem Abzweig und dem Ort Gould City führt die Landstraße H33 ins Landesinnere zum Weiler **Curtis 7** an den Manistique Lakes. Vor allem Badefreunde wissen es zu schätzen, dass sich die drei recht flachen Seen schnell erwärmen. Aber auch Angler und Freizeitkapitäne finden ein reiches Betätigungsfeld.

Auf der Gould City Road, die in Gould City beginnt, erreicht man nach 10 Meilen Scott Point mit einem herrlichen Sandstrand. Im Lake Michigan sieht man Squaw Island mit seinem Leuchtturm – die kleine Insel gehört zum Beaver Archipel (s. S. 121).

Zwischen Gould City und Engadine zweigt die ungeteerte Big Knob Road ab, die 3,5 Meilen nach Süden verläuft. Dort beginnen der 4 km lange Rundweg Crow Lake Pathway und der 1 km lange Big Knob Pathway, die beide durch eine eindrucksvolle Dünenlandschaft führen. Folgt man der Big Knob Road noch weitere 4 km nach Süden, erreicht man einen Parkplatz, an dem der 2,4 km lange Marsh Lake Pathway beginnt. Ein Sandstrand lädt zu ausgedehnten Spaziergängen ein.

Bei Naubinway nähert sich der Highway 2 wieder dem Ufer des Lake Michigan. Holz und der Fischreichtum des

Lake Michigan führten zur Gründung der Gemeinde, in der inzwischen die Sportfischerei dem kommerziellen Fischfang den Rang abgelaufen hat. Einigen Familien, vor allem indianischen, dient der Fischfang aber immer noch als Lebensgrundlage. Der Prinski Roadside Park bietet ein idyllisches Plätzchen für ein Picknick am See.

Etwa 2 Meilen hinter Epoufette hat der Cut River eine tiefe Schlucht in den Kalkstein gegraben. Am östlichen Ende der Brücke führen Pfad und Treppe hinunter zum Fluss. Über einen weiteren Pfad gelangt man zum Sandstrand.

Bei **Brevort** 8 beginnt der zweite Teil des Hiawatha National Forest, der von einem kilometerlangen Sandstrand gesäumt wird. Auch der Brevort Lake, auf dem Angler, Kajakfahrer und Kanuten ihrem Sport nachgehen können, verfügt über einen Sandstrand.

Der Highway, der nun am Ufer des Lake Michigan entlangführt, bietet immer wieder reizvolle Ausblicke auf den See. Kurz vor St. Ignace genießt man vom Gros Cap Roadside Park einen herrlichen Blick auf St. Helena Island mit einem Leuchtturm aus dem Jahre 1873. Im 19. Jh. nutzten Dampfschiffe den natürlichen Hafen an der Nordküste des Eilands zu einem Zwischenstopp, um Holz zur Befeuerung der Dampfmaschinen nachzuladen.

Nach 7 Meilen erreicht man St. Ignace an der Straits of Mackinac, die den Lake Michigan mit dem Lake Huron verbindet. Dieser Knotenpunkt bietet sich dazu an, eine Tour entweder um den Lake Superior (s. S. 131ff.) oder um den Lake Huron (s. S. 182ff.) anzuschließen oder die Fahrt am Ostufer des Lake Michigan (s. S. 114ff.) zurück nach Chicago fortzusetzen.

Blick auf Mackinac Island

Rund um die Straits of Mackinac

Tipps & Adressen
St. Ignace S. 371, Mackinac Island S. 334, Mackinaw City S. 335

Karte S. 102/03
Die Wasserstraße Straits of Mackinac markiert nicht nur den Zusammenfluss von Lake Michigan und Lake Huron, sondern auch die Schnittstelle zwischen dem Oberen und dem Unteren Michi-

gan. In der Geschichte der Großen Seen spielte dieser markante Knotenpunkt schon immer eine bedeutende Rolle. Im 17. Jh. trafen dort Jesuitenmissionare, Pelzhändler und Indianer aufeinander. Historische Wehranlagen erinnern an die heftigen Auseinandersetzungen zwischen den Ureinwohnern und den Weißen sowie an die Konflikte zwischen Briten und Amerikanern. Die größte Attraktion in dem Gebiet ist Mackinac Island, die mit gepflegten und gehegten Bauten aus dem 19. Jh. einen Ausflug in das viktorianische Zeitalter gestattet.

St. Ignace 9 am Nordufer der Straits of Mackinac verdankt seine Existenz dem französischen Jesuitenmissionar und ›Entdecker‹ Jacques Marquette, der dort 1671 eine Missionsstation gründete und sie nach dem Ordensstifter Ignatius von Loyola benannte. Zum Schutz der Mission vor Übergriffen wurde ein Fort errichtet, das seit dem 18. Jh. dazu diente, die bedeutende Wasserstraße der Straits of Mackinac zu überwachen.

Mit Ankunft franko-kanadischer Fischer begann der kommerzielle Fischfang. Inzwischen hat der Tourismus den

Fischfang als bedeutendsten Wirtschaftszweig abgelöst. Für die meisten Besucher dient die Gemeinde St. Ignace als Tor zur Mackinac Island. Bevor man auf die Insel übersetzt, lohnt es sich, im Ort zu verweilen. Das Father Marquette National Memorial and Museum im Westen am Highway 2 ist dem Leben und Werk des bedeutenden Missionars und unerschrockenen ›Entdeckers‹ gewidmet.

Hervorragend ist das Museum of Ojibwa Culture in der N. State Street. Hier dreht sich alles um die Geschichte und Kultur des Indianerstamms, der lukrative Beziehungen mit französischen Pelzhändlern unterhielt, was schließlich zur Zerstörung ihrer Lebensweise führte. Das Museum, das in einer ehemaligen katholischen Kirche untergebracht ist, markiert zugleich die Stelle, an der Jacques Marquette seine Missionsstation gründete.

Die kleine **Mackinac Island** 10 vor St. Ignace im Lake Huron erfreut sich seit über 150 Jahren größter Beliebtheit als Sommerfrische. Die ersten Urlauber – stressgeplagte Großstädter zu Zeiten

ihrem Eiland. Bis heute sind Pferdekutschen, Fahrräder und Inline-Skates das einzige Fortbewegungsmittel auf der Insel, geradezu eine Sensation im autoverliebten Amerika. Letzteres hat wesentlich dazu beigetragen, den viktorianischen Charme von Mackinac Island zu bewahren. Beinah müßig zu erwähnen, dass sich die Atmosphäre besonders dann entfaltet, wenn die Tagestouristen abgereist sind.

Gleich nach Verlassen der Fähre erreicht man die Touristenmeile Main Street, die parallel zum Lake Huron verläuft. Zahlreiche Läden verleiten dazu, sich von seinen Dollars zu trennen. Absoluter Verkaufsschlager ist *fudge,* für den besonders Mackinac Island berühmt ist. Die üppig-süße Nascherei, die aus Sahne und Unmengen von Zucker hergestellt wird, ist bei den Touristen derart beliebt, dass die Einheimischen ihre Besucher als *fudgies* bezeichnen.

In der Market Street gewähren einige Museen Einblick in vergangene Zeiten. In dem ehemaligen Hauptquartier der American Fur Company, dem Robert Stuart House Museum, werden historische Fotos und andere Erinnerungsstücke aus der Zeit aufbewahrt, als das Inselleben von Pelzhändlern, Fischern und den ersten Touristen geprägt wurde. Gründer der Handelsgesellschaft war John Jacob Astor, der mit den Indianern Biberpelze tauschte und diese in verschiedenen Gebäuden auf der Insel zwischenlagerte. Astor war der reichste Mann der USA, bis die überjagten Reviere den Pelzhandel bedeutungslos werden ließen und der kommerzielle Fischfang zum wichtigsten Wirtschaftsfaktor der Insel wurde.

der Industriellen Revolution – wussten die Insel vor allem wegen der sauberen Luft zu schätzen.

»The air up here is so healthy, you have to go somewhere else to die« – die Luft hier oben ist so gesund, dass man zum Sterben woanders hin muss –, beobachtete ein Soldat, der damals auf dem Eiland stationiert war. Daran hat sich bis heute dank der Weitsicht der Bewohner wenig geändert. Schon kurz nach der Erfindung des Automobils erkannten die Insulaner dessen schädliche Auswirkungen und verbannten es von

Im Biddle House und im Benjamin Blacksmith Shop in der Market Street werden handwerkliche Fertigkeiten wie Spinnen und Schmieden demonstriert. Das Beaumont Memorial am Ende der Market Street erinnert an William Beaumont, einen Inselbewohner, der sich als Arzt einen Namen machte. Das McGulpin House ist ein ein typisches Blockhaus aus dem 18. Jh., in dem franko-kanadische Pelzhändler unterkamen.

Eine Institution auf der Insel ist das elegante Grand Hotel an der Grand Avenue, das ein Eisenbahnkonsortium 1887 errichtete. Auf der fast 200 m langen Veranda werden Erinnerungen an die Zeiten wach, als reiche Urlauber aus Toronto, Montréal, Chicago und Detroit stilvoll mit Eisenbahn und Dampfschiff anreisten, um den Sommer auf der Insel zu verbringen. Hier zu logieren hat seinen Preis, aber auch Nicht-Gästen stehen – gegen Eintritt – einige Bereiche des Hotels und der Anlage für einen Besuch offen.

Hält man sich an einem Mittwochmorgen auf der Insel auf, kann man die Governor's Summer Residence besichtigen. Bis heute ist das Haus die offizielle Sommerresidenz des Gouverneurs von Michigan. Ebenfalls an der Fort Street thront hoch über dem Hafen das Fort Mackinac, das zu den besterhaltenen historischen Forts im Lande zählt.

Die Anlage wurde 1780 errichtet, als die Briten immer mehr in Bedrängnis durch die amerikanische Unabhängigkeitsbewegung gerieten. Die strategisch günstige Lage auf den Kalksteinklippen sollte Schutz vor den Angriffen amerikanischer Truppen bieten. Dazu kam es allerdings nicht. Nach der amerikanischen Unabhängigkeit fiel die Region doch in die Hände der abtrünnigen Siedler. Die Briten aber weigerten sich bis 1796, das Fort den Amerikanern zu übergeben. Fortan diente die Anlage zivilen Zwecken.

Innerhalb der Befestigungsmauern vermitteln 14 restaurierte Gebäude einen Eindruck von der Wehrhaftigkeit des Forts – allein die Unterkünfte der Offiziere sind aus über 1 m dicken Mauern zusammengefügt. Anhand verschiedener Exponate, die in den Gebäuden ausgestellt sind, kann man sich ein Bild von dem Leben der Bewohner des Forts machen. Freiwillige in zeitgenössischen Kostümen übernehmen die Rolle der einst im Fort stationierten Soldaten und lassen im Rahmen von Aufführungen längst vergangene Zeiten wieder auferstehen.

Der Geranienzüchter Doug Beardsley hält im Garten des Mackinac Island Butterfly House in der McGulpin Street hunderte prachtvoller Schmetterlingsarten, die frei herumflattern.

Die landschaftlichen Attraktionen der Insel werden von den meisten Besuchern übersehen. Dabei erweckte die Insel schon im 19 Jh. das Interesse von Botanikern und Geologen. Erstere fanden hier einige seltenen Blumenarten, letztere beschäftigten sich mit den markanten Kalksteinformationen wie den Sugar Loaf Rock, Devil's Kitchen oder Arch Rock, die von Wind und Wasser geformt wurden. Schon 1875 wurde der Mackinac National Park gegründet, der später zum Mackinac Island State Park wurde.

Um Mackinac Island führt ein 8 km langer Weg, auf dem man per Kutsche, mit dem Fahrrad, zu Fuß oder auf Inlineskates die Insel abseits der Besucherströme erkunden kann. Wer nicht die gesamte Insel umrunden möchte, wählt die British Landing Road, die quer über Mackinac Island wieder in den Ort zurückführt.

Eine Meisterleistung der Ingenieurskunst ist die Mackinac-Brücke, die über die Straits of Mackinac führt. Schon im 19. Jh. gab es Pläne, mit einer Brücke die beiden Teile Michigans zu verbinden. Doch kaum jemand glaubte damals, dass es möglich wäre, die 8 km breite Wasserstraße überbrücken zu können. Fast 100 Jahre sollten vergehen, bevor am 1.11. 1957 schließlich die längste Hängebrücke der Welt dem Verkehr übergeben wurde.

Mehr als 30 Pfeiler unter der Wasseroberfläche geben der Brücke Halt, deren Kabel von zwei 165 m hohen Türmen ausgehen. Auch wenn das Bauwerk dazu ausgelegt ist, den schlimmsten Winterstürmen zu widerstehen, verzichtet so mancher an windigen Tagen auf eine Fahrt über die Brücke. Die filigrane Schönheit der Brücke würdigt man am besten von einem Aussichtspunkt, der kurz vor der Brückenauffahrt in St. Ignace rechts vom Highway 75 ausgeschildert ist.

Mackinaw City ⏸ am Südufer der Wasserstraße ist für Reisende, die von Norden kommen, das Eingangstor zum Unteren Michigan. Die Innenstadt, in der sich dicht an dicht Souvenirläden reihen, ist fest in der Hand der Tourismusindustrie. Zwei historische Schauplätze und ein Museum machen das Städtchen jedoch zu einem lohnenden Stopp.

Der Colonial Michilimackinac Historic State Park markiert die Stelle, an welcher die Franzosen 1715 einen Posten für den Pelzhandel errichtet hatten. Die Konkurrenz mit den Briten, die den Franzosen das lukrative Geschäft streitig machen wollten, machte den Ausbau zu einem Fort notwendig. Als Frankreich sein Territorium 1763 an Großbritannien verlor, übernahmen die Briten die Anlage. Kurz darauf mussten sich die Briten gegen die Ottawa-Indianer zur Wehr

setzen, die versuchten, ihr Land von den Weißen zurückzuerobern.

Als die Bedrohung durch die amerikanischen Interessen gegen Ende des 18. Jh. immer deutlicher wurde, gaben die Briten das Fort auf, um sich nach Mackinac Island zurückzuziehen. Auch wenn sie bei ihrem Abzug das Fort niederbrannten – archäologische Funde und schriftliche Aufzeichnungen ermöglichten es, die Wehranlage zu rekonstruieren. Ein Rundgang durch das Fort vermittelt anschaulich, wie sich das Leben im 18. Jh. in diesem Außenposten abgespielt hat.

Als die Briten ihr neues Fort auf der Mackinac-Insel errichteten, profitierte der Schotte Robert Campbell vom steigenden Holzbedarf. Er kaufte 1790 Land an dem einzigen Fluss der Umgebung, der genug Wasser führte, um eine Sägemühle zu betreiben. Eingebettet in die zauberhafte Landschaft des Historic Mill Creek State Park versieht die rekonstruierte Sägemühle zu Anschauungszwecken noch immer ihren Dienst. Ein Rundweg führt in 15 Minuten vom Visitor Center zur Sägemühle, zum Mühlenteich und zu zwei Aussichtspunkten, von denen man einen herrlichen Blick auf den Lake Huron und Mackinac Island genießt.

Das kleine, interessante Woodland Indian Museum sorgt dafür, dass Kultur und Geschichte der indianischen Bevölkerung nicht in Vergessenheit geraten. Das ausgestellte Kunsthandwerk belegt die große Fertigkeit der Urbevölkerung. Bis die Lampen der Mackinac Bridge den Schiffen zum ersten Mal den Weg wiesen, bewahrte sie das Old Mackinac Point Light am Ufer vor Unheil. Heute ist in dem Gebäude ein kleines Schifffahrtsmuseum untergebracht. Vom Leuchtturm bietet sich ein schöner Blick auf die Brücke.

Das Ostufer des Lake Michigan

Das gut 300 Meilen lange Ostufer des Lake Michigan zwischen Mackinaw City und Michigan City wird auch als Gold Coast, als Goldene Küste, bezeichnet: Das Grün der dichten Wälder wechselt immer wieder mit dem tiefen Blau des Lake Michigan. Lange Sandstrände und überwältigende Dünenlandschaften säumen das Ufer, während Seen und Flüsse das Hinterland prägen. Überall in der Region kann man Wassersport treiben, angeln und wandern. Beschauliche Orte laden zur Erholung ein.

Dem Reiz der Region erlagen schon wohlhabende Großstädter im 19. Jh. Luxuriöse Sommerresidenzen wurden errichtet, die heute noch einen Großteil der prachtvollen viktorianischen Architektur in Hafengemeinden wie Harbor Springs, Petoskey, Charlevoix, Traverse City und Saugatuck ausmachen. Das angenehm milde Klima am Ostufer des Lake Michigan ermöglicht den Anbau von Wein und Obst. Beide Produkte können in verschiedenen Weinkellereien und auf zahlreichen Obstplantagen probiert werden.

Von Mackinaw City nach Manistee

Tipps & Adressen

Cross Village S. 312, Harbor Springs S. 325, Petoskey S. 361, Horton Bay S. 327, Charlevoix S. 301, Beaver Island S. 296, Traverse City S. 387, Leelanau Peninsula S. 333, Old Mission Peninsula S. 357, Manistee S. 337

Karte S. 115
Für die 270 Mielen lange Route sollte man sich vier Tage Zeit lassen.

Der **Wilderness State Park 1**, nur wenige Meilen vom quirligen Mackinaw City entfernt am nordwestlichsten Zipfel der Lower Peninsula, trägt seinen Namen völlig zu Recht. In die Landschaft mit zerklüfteten Küsten, Sandstränden, Zedern- und Birkenwäldern haben Menschen kaum eingegriffen. Der Vogelreichtum an der flachen Küste macht den State Park besonders attraktiv für Vogelfreunde.

Das Wasser zwischen diesem Küstenstreifen und den Inseln des Beaver-Archipels ist besonders tückisch. Nicht weniger als fünf Leuchttürme warnten die Schiffe vor den Untiefen auf dem Weg zur Straits of Mackinac, einige von ihnen verrichten noch immer ihren Dienst. Die Fahrt nach Cross Village über die Landstraßen 81 und 66 führt an Weilern und Bauernhöfen vorbei durch ein idyllisches Bilderbuch-Amerika.

Legs Inn heißt eines der außergewöhnlichsten Restaurants der Region, das Cross Village weit über seine Grenzen hinaus berühmt gemacht hat. Gegründet wurde das Restaurant in den 20er Jahren des 20. Jh. von dem polnischen Immigranten Stanley Smolak, der fasziniert war von der Kultur der am Ufer ansässigen Ottawa-Indianer. Von ihnen erlernte er die Schnitzkunst, mit der er sein Restaurant über und über dekorierte. Nicht nur in dem rustikalen Innenraum findet man Smolaks Werke, sondern auch vor der Tür, wo Totempfähle aufgestellt sind. Noch immer ist das populäre Restaurant, das sich auf polnische Küche und über 100 verschiedene Biersorten spezialisiert hat, in Familienbesitz.

Von Mackinaw City nach Chicago

Von Cross Village führt die Landstraße 119 parallel zum Lake Michigan Richtung Harbor Springs – einer der schönsten Abschnitte der Route. Auf geradezu abenteuerliche Weise windet sich die meist einspurige Straße in unübersichtlichen Kurven vorbei an Bäumen, deren miteinander verwobene Kronen einen regelrechten Tunnel bilden. Längst hat sich der Name »Tunnel of Trees« für diesen Abschnitt eingebürgert. Immer wieder blitzt das Wasser des Sees zwischen den Bäumen auf.

Prächtige Wohnhäuser in traumhafter Lage, bis zu 10 Mio. Dollar wert, künden das mondäne **Harbor Springs** 2 an. Der Ort, den weder Werbeplakate, noch Fast-Food-Ketten oder Apartmentanlagen verschandeln, gehört zu den exklusivsten und vornehmsten am Ostufer des Lake Michigan. Seit Generationen ist man hier sorgsam auf eine Beständigkeit bedacht, die eher ungewöhnlich ist für die schnelllebigen USA und vielleicht deshalb ein wenig steril wirkt.

Schon im 19. Jh. wussten die Industriebarone aus den Großstädten der Umgebung die Lage des Ortes an der Little Traverse Bay zu schätzen, dessen tiefer natürlicher Hafen einen Ankerplatz für Dampfschiffe bot. Ein ansehnliches Vermögen ist bei den sehr hohen Grundstückspreisen und Lebenshaltungskosten immer noch Voraussetzung dafür, sich in Harbor Springs niederzulassen – was heute auch immer mehr jungen Leuten gelingt. Lebhaft wird es in den Sommermonaten, wenn zahlreiche Besucher sich zu den Einheimischen gesellen.

An der Main und State Street hat sich ein kleines Geschäftszentrum mit Edel-Boutiquen, Restaurants und Galerien etabliert. Der Erinnerung an die ersten Bewohner an der Little Traverse Bay, die Ottawa-Indianer, ist das Andrew Black Bird Museum in der Main Street gewidmet. Das Museum, benannt nach einem Häuptling der Ottawa und dem ersten Postmeister des Ortes, wird noch heute von Indianern geleitet.

Am Ende der Main Street wurde die Holy Childhood Church genau in der Blickachse der Straße errichtet – sehr zum Leidwesen der örtlichen Protestanten, die sich allein durch die visuelle Dominanz des katholischen Gotteshauses gestört fühlten. Errichtet wurde die Kirche als Indianermission, um die sich im Laufe der Zeit Harbor Springs entwickelte. Im Zorn Park, am westlichen Ende der Bucht, lädt ein Strand zu einem Bad im Lake Michigan ein.

Auf dem Weg nach Petoskey passiert man an der Landstraße 119 den Petoskey State Park. Der Sandstrand des Parks ist ein beliebter Treffpunkt, um spektakuläre Sonnenuntergänge zu beobachten. Der Ort **Bay View** 3 wurde 1875 von Methodisten als Sommercamp gegründet. Aus der spartanischen Zeltstadt entwickelte sich bald eine Ansammlung stattlicher viktorianischer Häuser. Inzwischen wurde Bay View in das National Historic Register, die Denkmalschutzliste der USA, als eines der größten Ensembles historischer Wohnhäuser in den USA aufgenommen. In einem solchen Schmuckstück zu logieren, ermöglicht das Stafford Bay View Inn im nahen Petoskey, das seit seiner Errichtung 1887 als Hotel dient.

Petoskey 4 verdankt seinen Namen Petosega, einem mächtigen Häuptling des Stammes der Ottawa, die an diesem Teil der Küste lebten. Im 19. Jh. kamen die ersten weißen Siedler in das Gebiet, angezogen durch den Holzreichtum und Kalkstein, die als Baumaterialien gefragt waren. Petoskey, das damals noch Bear River hieß, entwickelte sich zu einem wenig attraktiven Industriestandort mit rauchenden Schloten. Dies änderte sich mit dem Bau der Eisenbahn: Die ersten Urlauber entdeckten die landschaftlichen Reize der Umgebung, und Petoskey stellte sich auf den Tourismus ein.

Einer der prominentesten Besucher war Ernest Hemingway, der schon als Kind zu Beginn des 20. Jh. mit seinen Eltern und Geschwistern Ferien am nahen Walloon Lake machte. Nachdem Hemingway im Ersten Weltkrieg als Krankenwagenfahrer an der italienischen Front verwundet worden war, kam er nach Petoskey, um sich zu kurieren. Im Winter 1919/20 lebte er in einer kleinen Pension. In der örtlichen Bibliothek war der Schriftsteller ein häufiger Besucher. Hier las er Zeitung, lieh Bücher und hielt Vorträge über seine Kriegserlebnisse vor einem vorwiegend weiblichen Publikum. Auch das Little Traverse History Museum im Bayfront Park erinnert an den berühmten Gast.

Im historischen Gaslight District wurden viele zweistöckige Backsteinhäuser aus der Zeit der Wende vom 19. zum 20. Jh. restauriert. Leider schlägt der Highway 31 eine hässliche Schneise zwischen Uferareal und Innenstadt.

Das Gaslight District lädt zu einem gemütlichen Einkaufsbummel ein. Angenehm fällt auf, dass das Warenangebot nicht allein auf Touristen abgestimmt ist. Einem Bilderbuch entsprungen zu sein scheint Symons General Store an der Ecke Howard/E. Lake Street, ein ›typisch amerikanischer‹ Tante-Emma-Laden, in dem es alles für ein Picknick gibt.

Unter anderem bei Little Traverse Jewellers, 313 E. Lake Street, wird der Petoskey Stone angeboten, ein hübsches Mitbringsel aus der Region. Bei den Petoskey Stones handelt es sich aber nicht, wie der Name vermuten ließe, um Steine, sondern um versteinerte Korallen, die über 300 Mio. Jahre alt sind. Zu jener Zeit, als das nördliche Michigan von einem Meer bedeckt war, gab es hier im warmen Wasser zahlreiche Ko-

Petoskey Stones – ein beliebtes Souvenir – sind keine Steine, sondern versteinerte Korallen

In Michigan
Auf Ernest Hemingways Spuren

Ernest Hemingway (1899–1961) war bei weitem nicht der einzige Schriftsteller, der sich von seinen Eindrücken und Erlebnissen im nördlichen Michigan inspirieren ließ, aber keiner erlangte so großen literarischen Ruhm wie der Pulitzer- und Nobelpreisgewinner.

Jahrzehnte sind vergangen, seitdem sich Hemingway in und um Petoskey aufhielt, der Erinnerung an den Schriftsteller indes tut das keinen Abbruch. Im Gegenteil, sie wird so sorgsam gehütet, dass man bereits auffällt, wenn man mit dem Literaten nichts zu tun hatte. So verkündet ein Restaurant in Charlevoix selbstbewusst »Hemingway was not here«.

Der Walloon Lake im Hinterland von Petoskey ist der erste Stopp auf den Spuren von Ernest Hemingway. Windermere nannte seine Mutter das bescheidene Ferienhäuschen am Ufer des Sees, in dem Hemingway schon als Kind seine Sommerferien verbrachte. Bis heute befindet sich das kleine Haus im Familienbesitz. Hier, in den Wäldern und an den Seen, entwickelte sich Hemingways Naturverbundenheit, die sich auch in seinen Werken erkennen lässt.

Gemeinsam mit seinem Vater durchstreifte er die Gegend, besuchte mit ihm Indianer, lernte Holz zu fällen, zu angeln und zu jagen. So soll es ihm an einem einzigen Vormittag gelungen sein, 24 Forellen aus dem Wasser zu ziehen.

Ihren literarischen Niederschlag fanden diese Eindrücke in den Kurzgeschichten rund um Nick Adams, das Alter ego des jungen Autors. Auffällig ist, wie oft Indianer erwähnt werden, die Hemingway durch ihre naturnahe Lebensweise beeindruckten.

»Horton Bay bestand nur aus fünf Häusern zwischen Boyne City und Charlevoix«, erinnerte sich der Schriftsteller viele Jahre später in Paris. Seit dem Besuch von Ernest Hemingway Anfang des 20. Jh. scheint sich nicht viel in dem idyllischen Ort am Lake Charlevoix geändert zu haben.

Auf einer Wiese am Straßenrand zwischen Ahornbäumen steht der Horton Bay Store, ein General Store wie aus dem Bilderbuch. Treppen führen beiderseits des Hauses hinauf zur Veranda, auf der Hemingway viele Sommernachmittage verbrachte. Im Laden, den der Schriftsteller in der Kurzgeschichte »Up in Michigan« (»Oben in Michigan«) verewigte, erinnern einige Fotografien und Zeitungsausschnitte an den berühmten Besucher.

Nur wenige Schritte weiter erreicht man den nächsten Hemingway-Schrein. Im Red Fox Inn werden neben Hemingway-T-Shirts und -Postkarten auch Bücher des Schriftstellers angeboten, darunter auch seine Kurzgeschichte »Up in Michigan«, durch die Horton Bay literarischen Ruhm erlangte. Zur umfangreichen Hemingwayana-Sammlung gehört auch die Kopie seiner Heiratsurkunde aus dem Jahre 1921, als der Schriftsteller seine erste Frau Hadley Richardson ehelichte. Schauplatz der Eheschließung war die Dorfkirche von Horton Bay.

Nächstes Ziel der Pilgerreise ist Petoskey an der Little Traverse Bay, von der Hemingway behauptete, sie sei schöner als die Bucht von Neapel. Nachdem er sich von den Verletzungen erholt hatte, die er sich gegen Ende des Ersten Weltkriegs bei seinem freiwilligen Einsatz als Krankenwagenfahrer an der italienischen Front zugezogen hatte, verbrachte er den Winter 1919/20 in Petoskey. Hemingway bezog ein Zimmer in der kleinen Pension von Eva Potter an der Ecke State und Woodland Avenue. Er verfasste Kurzgeschichten, die allerdings nach Expertenmeinung der Erwähnung nicht weiter wert sind. Dennoch war der Aufenthalt in Petoskey in literarischer Hinsicht ausgesprochen anregend.

Als Hemingway fünf Jahre später in Paris seinen Roman »Torrents of Spring« (»Sturmfluten des Frühlings«) begann, dienten ihm die Straßen, Kneipen und Restaurants der Kleinstadt als Vorlage. Sogar das eiskalte Winterwetter, das der Schriftsteller in Petoskey erlebt hatte, fand Erwähnung.

Im Ort erzählt man natürlich gern Geschichten über den berühmten Gast. So soll Hemingway zum Beispiel der Prohibition zum Trotz in seinem Pensionszimmer selbst Bier gebraut haben. Und auch der Kaffee, den er regelmäßig im Perry Hotel trank, war angeblich mit geschmuggeltem Whisky veredelt. Den Ausschmückungen seiner gefährlichen Fronterlebnisse in Italien, die er vor den andächtig lauschenden Damen der Petoskey´s Ladies Aid Society in der örtlichen Bibliothek zum Besten gab, war der Konsum von Hochprozentigem sicher ausgesprochen zuträglich.

rallenbänke, die im Laufe der Jahrmillionen versteinerten.

Mit etwas Glück findet man Petoskey Stones auch an den Stränden der Little und Grand Traverse Bay – unpoliert und trocken sehen die Steine allerdings eher unscheinbar aus. Erst nach dem Polieren tritt die Korallenstruktur zu Tage. Aus dem ›Stein‹ werden Schmuckstücke hergestellt, die bei Sammlern sehr beliebt sind, aber keinen großen materiellen Wert besitzen – ein nettes Souvenir sind sie allemal.

Von Petoskey lohnt sich ein Abstecher ins Hinterland. Über die Landstraße 131 erreicht man den lang gezogenen Walloon Lake, an dem die Eltern von Ernest Hemingway einst ein Sommerhaus besaßen. Das schlichte Haus, das Hemingways Mutter Grace nach einem Roman des schottischen Schriftstellers Sir Walter Scott »Windermere« nannte, ist noch heute im Besitz eines Neffen des Schriftstellers. Die Wälder, Seen, Flüsse und die indianische Urbevölkerung dieser Region inspirierten Hemingway zu seinen berühmten Nick-Adams-Stories.

Über die Landstraße 75 erreicht man Boyne City am südöstlichen Ufer des Lake Charlevoix, das einst von der Holzindustrie lebte, die einen weiteren wichtigen Wirtschaftszweig mit sich zog. Aus der Rinde der Bäume gewann man den Farbstoff Tannin, mit dem Leder gefärbt wurde. Das restaurierte Zentrum vermittelt den Eindruck einer alten Pionierstadt.

Das nächste Ziel für Hemingway-Fans ist **Horton Bay** 5 an der Landstraße 56, die am Nordufer des Lake Charlevoix entlang führt. Wie Boyne City verdankt auch Horton Bay, das nach dem ersten Siedler Samuel Horton benannt wurde, sein Entstehen der Holzindustrie. Im späten 19. Jh. bestimmten Sägemühlen, die Unterkünfte der Arbeiter, eine

Die Hafeneinfahrt von Charlevoix

Schmiede und der General Store das Bild der Gemeinde. Die Tage der Holzindustrie gehörten längst der Vergangenheit an, als Ernest Hemingway nach Horton Bay kam.

Unverändert erhalten blieb der Horton Bay General Store, auf dessen Veranda Hemingway viele Nachmittage verbrachte, wenn er vom Fischen und Jagen zurückgekommen war. Nebenan befindet sich ein kleines Museum, das an den Schriftsteller erinnert. Zur Sammlung gehört auch die Heiratsurkunde, die die Eheschließung Hemingways mit seiner ersten Frau Hadley Richardson bezeugt. Die Hochzeit fand 1921 in der Dorfkirche von Horton Bay statt.

Nach einigen Meilen trifft die Landstraße 56 auf die Küstenstraße 31, über die man kurze Zeit später Charlevoix erreicht. Wie Petoskey erlebte auch **Charlevoix** 6 gegen Ende des 19. Jh. einen kometenhaften Aufstieg. Aus der be-

scheidenen Holzfällersiedlung wurde ein mondäner Badeort, benannt zu Ehren des Jesuitenpaters Pierre François-Xavier de Charlevoix. Seiner einzigartigen Lage zwischen zwei Seen – Lake Michigan und Round Lake – verdankt der Ort seine Popularität, was vor allem in den Sommermonaten deutlich wird. Dann ankern im Jachthafen die weißen Segelboote dicht an dicht und im Zentrum drängen sich die Besucher. Einige Einheimische bedauern den Rummel, ebenso wie die Errichtung mehrerer Apartmentanlagen an den Ufern der Seen.

Über eine Promenade gelangt man von der quirligen Bridge Street mit Läden, Restaurants und Galerien am Kanal entlang zum Ufer des Lake Michigan. Hinter dem hübschen Strand und dem angrenzenden Park erstreckt sich ein ruhiges Wohnviertel, das mit einigen architektonischen Kuriositäten überrascht. Zwischen Park, Clinton und

Grant Street errichtete der Immobilienmakler und autodidaktische Architekt Earl Young zwischen 1920 und 1950 Häuser, die geradewegs einem Märchenbuch entsprungen zu sein scheinen. Natürliche Materialien wie örtlicher Kalkstein und Zedernholz, unregelmäßige Formen und kühn geschwungene Dächer sind die wesentlichen Merkmale seiner Bauweise, die sich jedem Kanon entzieht.

Nicht minder pittoresk, aber wesentlich konventioneller ist die Ansammlung viktorianischer Villen Richtung Lake Charlevoix. Sie gehören zum Belvedere Club, einem Sommercamp, das in den 70er Jahren des 19. Jh. von Baptisten nach dem erfolgreichen Vorbild in Bayview gegründet wurde. Das Gelände ist im Juli und August für die Öffentlichkeit geschlossen, von der Ferry Street kann man dennoch einen Blick auf die stattlichen Anwesen werfen. Die Stimmung der Epoche blieb im Grey Gables Restaurant am Rande des Belvedere Club erhalten, wo jedermann dinieren kann.

Zwischen Mai und Oktober besteht eine Fährverbindung zwischen Charlevoix und **Beaver Island** 7, der größten Insel des Beaver-Archipels. Seit den 40er Jahren des 19. Jh. bewohnten vor allem irische Einwanderer die Insel, die vom Fischfang lebten. Wenige Jahre später verwandelte Jesse Strang die Insel in einen Rückzugsort für abtrünnige Mormonen. Er ernannte sich zum König und vertrieb die ansässigen Iren von ihrem Land. Schließlich wurde Strang von seinen Anhängern ermordet. Die Iren kehrten zurück und prägen bis zum heutigen Tag die Insel. Besonders augenscheinlich wird das irische Erbe rund um den Nationalfeiertag St. Patrick's Day, wenn es mehrere Tage hoch hergeht.

Es gibt wenig zu tun auf der landschaftlich nicht besonders aufregenden Insel – und genau darin liegt ihr Reiz. Die Insel kann man im Rahmen einer Führung, per Taxi, mit dem Mountainbike oder zu Fuß erkunden. Rund um den Hafen der einzigen Inselgemeinde St. James konzentrieren sich drei kleine Museen, die zu einem Streifzug durch die Inselgeschichte einladen. Das Mormon Print Shop Museum befasst sich mit Beaver Island unter der Herrschaft der Mormonen. Das Marine Museum ist dem Fischfang und der Schifffahrt gewidmet, während sich das Beaver Island Toy Museum and Store als ein liebenswertes Sammelsurium von Antiquitäten, Spielzeug und Krimskrams präsentiert. Whiskey Point heißt bezeichnenderweise der Eingang zum Hafen von St. James. Das Leuchtsignal wurde lange Zeit von Elizabeth Whitney Williams bedient, der einzigen Frau an den Großen Seen, die eine solche Aufgabe verrichtete.

Wenige Meilen südlich von Charlevoix bietet der Fisherman's Island State Park fast unberührtes Ufer. Bald darauf schneidet die Grand Traverse Bay tief ins Landesinnere ein. Der Name stammt von französischen ›Entdeckern‹, die ihre Bootsfahrt quer über die Mündung der Bucht La Grande Traverse nannten. Als 1839 die erste Mission eröffnet wurde, war der Weg für die Besiedlung durch Weiße geebnet.

Keine zehn Jahre später kam es zur Gründung von **Traverse City** 8, das wie so viele Orte der Region von der Holzwirtschaft lebte. Heute spielt neben dem Dienstleistungsgewerbe und dem Obstanbau vor allem der Tourismus eine große Rolle. Noch bevor man den Ort erreicht, führt die Straße 31 am östlichen Arm der Bucht entlang, dessen glasklares Wasser in Blauschattierun-

Das Old Mission Lighthouse wies bis 1933 Schiffen einen sicheren Weg

gen schimmert. Wassersport dominiert hier in den Sommermonaten die Freizeitaktivitäten, denn die Bucht ist flach und das Wasser erwärmt sich schnell.

Beim Abzweig nach Acme liegt der Bayside Park mit einem feinen Sandstrand. Auf dem Weg Richtung Innenstadt passiert man den Campus des Northwestern Michigan College mit dem Dennos Museum Center, das unter anderem Exponate zum Volk der Inuit zeigt. Die Sammlung gilt als eine der besten des Landes. Bei einem Spaziergang durch die beiden Hauptgeschäftsstraßen von Traverse City, Front und State Street, wird deutlich, dass die Stadt sich vom Tourismus nicht hat überrollen lassen. Das Warenangebot richtet sich nicht ausschließlich an Besucher.

Von den Boomjahren um die Jahrhundertwende zeugen noch die viktorianischen Häuser der Old Town an der Union und der State Street. Sogar ein

Opernhaus besaß Traverse City. 1920 wurde das Haus von einer Kinogesellschaft gekauft und als unliebsamer Konkurrent geschlossen. 60 Jahre später wurde das viktorianische Gebäude von Grund auf renoviert, heute nutzt es die Gemeinde. Vor der Innenstadt erstreckt sich Clinch Park Beach, einer der populärsten Strände in der näheren Umgebung.

Wie ein lang gestreckter Finger schiebt sich die **Old Mission Peninsula** 9 in die Grand Traverse Bay. Die Halbinsel ist für den Anbau von Kirschen und Weintrauben wie geschaffen. Mehrere Weinkellereien, deren Produkte man verkosten kann, haben sich hier niedergelassen. Bei Old Mission steht der Nachbau der alten Old Mission Church, die der Halbinsel ihren Namen gab. Das Mission House in der Nähe hingegen bleib original erhalten. Die Landstraße 37 endet am nördlichsten Punkt, an dem das Old Mission Lighthouse bis

1933 seinen Dienst versah. Nur das Gelände ist öffentlich zugänglich.

Nordwestlich von Traverse City erstreckt sich die Leelanau-Halbinsel, zu der auch einer der landschaftlichen Höhepunkte des Lake Michigan, die Sleeping Bear Dunes National Lakeshore, gehört. Von Traverse City führt die Landstraße 22 an der Ostseite der Halbinsel Richtung Norden. Wie auf der Old Mission Peninsula gedeihen hier Kirschen und Weintrauben. Auch die Weingüter der Leelanau-Halbinsel bieten Führungen und Weinproben an.

Vorbei an kleinen ländlichen Gemeinden erreicht man die Nordspitze von Leelanau, die der gleichnamige State Park einnimmt. Im wenig besuchten Südteil des Parks findet man Wanderwege, Dünen und einen herrlichen Sandstrand. Mehr Betrieb herrscht im nördlichen Teil 5 Meilen weiter, zu dem das Grand Traverse Lighthouse gehört. Das kleine Museum des Leuchtturms steht im Sommer Besuchern offen. Seit 1972 weist ein modernerer Leuchtturm in der Nähe den Schiffen den Weg.

Von Northport führt die Landstraße 22 an der Westseite der Halbinsel entlang zum Fischerort **Leland** 10. Neben dem Fischfang spielten Sägewerk und Getreidemühlen sowie eine Eisenschmelze im 19. Jh. eine wichtige Rolle. Aus jener Zeit blieben die malerischen Fischerhütten an der Mündung des Leland River erhalten, in denen die Fischer ihre Netze lagerten, ihren Fang auf Eis legten oder räucherten. Mit einer Ausnahme wurden die Fischerhütten von Leland in Andenkenläden umfunktioniert, womit ihrem Verfall Einhalt geboten wurde. Von Leland besteht in den Sommermonaten eine Fährverbindung zur South und North Manitou Island. Die unbewohnten Inseln sind ein beliebtes Wanderziel.

In Glen Haven erzählt das Glen Haven Maritime Museum von der Geschichte der amerikanischen Lebensrettungsgesellschaft. Die 140 m hohen, gewaltigen

Die Dünen der Sleeping Bear Dunes National Lakeshore am Lake Michigan

Sonnenuntergang in Leland

Sandberge der **Sleeping Bear Dunes National Lakeshore** 11, die aus dem Lake Michigan emporsteigen, gehören zu den höchsten Dünen außerhalb der Sahara. Zu verdanken sind die Dünen Gletschermassen, die den Sand im Laufe von Jahrmillionen abgelagert haben. Schließlich begann die Erosion ihren Teil zu deren Werden und Vergehen beizutragen: Während die Wellen des Lake Michigan den Sand nach und nach abtragen, wird er von den vorherrschenden Westwinden wieder herbeigeweht und aufgeschichtet – ein Prozess, der unvermindert anhält.

Den Namen des Küstenabschnitts erklärt eine rührende Legende, die sich die Ojibwa-Indianer erzählen: Einst war eine Bärin mit ihren Jungen quer durch den Lake Michigan geschwommen, um sich vor einem Waldbrand in Sicherheit zu bringen. Auf der höchsten Düne am Ostufer des Sees ließ sie sich nieder, um auszuruhen. Gleichzeitig hielt sie Aus-

schau nach ihren Nachkömmlingen, die müde geworden und zurückgeblieben waren. Doch die jungen Bären waren ertrunken und hatten sich in die beiden Manitou-Inseln vor dem Ufer verwandelt.

Am bequemsten erkundet man das Areal auf dem Pierce Stocking Scenic Drive, einem gut 8 Meilen langen Rundkurs, der zu verschiedenen Aussichtspunkten führt. Dramatisch ist die Aussicht am Lake Michigan Overlook, wo der Blick über die steil abfallenden Dünen und den endlos weiten Lake Michigan schweift. Am Scenic Drive beginnt auch der Cotton Wood Trail, ein 2,5 km langer Wanderweg durch die Dünenlandschaft. Zahlreiche unterschiedlich lange Wanderwege führen ebenfalls zu Aussichtspunkten. Auskunft erteilen die Ranger im Sleeping Bear Dunes Visitors Center in Empire.

Von Empire verläuft die reizvolle Landstraße 22 zwischen Lake Michigan und einigen Binnenseen Richtung Süden. Zwischen den verschlafenen Dörfern Frankfort und Elberta bildet die Mündung des Betsie River eine geschützte Bucht. Ein Holzkreuz markiert die Stelle, von der Historiker glauben, es sei der Ort, an dem der ›Entdecker‹ Jacques Marquette 1675 starb (vgl. S. 101). Auf der Frankfort gegenüberliegenden Seite in Elberta hat die Eisenbahnfähre City of Milwaukee, die bis 1982 Michigan mit Wisconsin verband, einen letzten Ankerplatz gefunden.

Manistee 🔢 verdankt seinen Ursprung im 19. Jh. der florierenden Holzwirtschaft. Leidtragende waren die Indianer der Region, die durch die Gründung von Manistee von ihrem Land vertrieben wurden. Den Charme einer kleinen Provinzgemeinde versprüht die First Street mit reizvollen, sorgfältig restaurierten Backsteinhäusern. Hier laden Restaurants, Cafés und Geschäfte zum Verweilen und Stöbern ein. Am Seeufer erstreckt sich ein gepflegter Park mit Picknickmöglichkeiten. Von der Mole mit einem Leuchtturm genießt man einen Blick auf die Dünen am Lake Michigan. Beide Plätze sind beliebte Treffpunkte, um den Sonnenuntergang zu beobachten.

Das Gebiet zwischen Manistee, Ludington und Muskegon wird vom Manistee National Forest eingenommen, einem riesiges Areal mit ausgedehnten Wäldern, Flüssen und einem fast völlig unberührten Ufer, der Nordhouse Dunes Wilderness Area. Nur wenige Besucher ›verirren‹ sich in das Areal mit Sanddünen und herrlichem Strand. Über ein 24 km langes Wegenetz können Wanderer das Naturschutzgebiet erkunden. Da die Wege nicht markiert sind, ist die Mitnahme eines Kompasses ratsam. Auch genügend Wasser sollte man dabei haben. Man erreicht die Dünen über die Lake Michigan Recreational Area Road, die südlich von Manistee vom Highway 31 abzweigt. Kartenmaterial und Informationen erhält man in der Manistee National Forest Ranger Station an der Red Apple Road in Manistee.

Von Ludington nach Chicago

Tipps & Adressen
Ludington S. 333, Muskegon S. 353, Holland S. 326, Saugatuck S. 374, St. Joseph S. 371, Michigan City S. 342

Karte S. 115

Für die 260 Meilen lange Strecke sollte man drei Tage veranschlagen. Die Kleinstadt **Ludington** 🔢 ist vor allem als Ausgangspunkt für die Fährverbindung nach Manitowoc/Wisconsin (s. S. 91) am Westufer des Lake Michigan bekannt. Für die knapp 100 km benötigt das Fährschiff »S.S. Badger« vier Stunden – eine Fahrt, die nicht nur einen Eindruck von der Größe des Lake Michigan vermittelt, sondern auch in jene Tage zurückversetzt, als Passagierschiffe das bevorzugte Transportmittel auf den Großen Seen waren.

Großer Beliebtheit erfreut sich der Ludington State Park 7 Meilen nördlich der Stadt an der Landstraße 116 mit weiten Dünen und einem Sandstrand. Besucher können auf zahlreichen Wanderwegen die Landschaft auch zu Fuß erkunden. White Pine Village heißt das Freilichtmuseum rund 3 Meilen südlich von Ludington, in dem eine originalgetreu errichtete Dorfgemeinde zu einer Reise in das 19. Jh. einlädt. Kleine Ausstellungsräume in den Gebäuden informieren über die Geschichte der Schifffahrt und der Forstwirtschaft. Das in zeitgenössischen Kostümen gewandete

Personal vermittelt einen Eindruck vom Leben vor über 100 Jahren.

Für die Fahrt nach Muskegon wählt man am besten den Highway 31. Ein Abstecher an die Küste führt zum Charles Mears State Park mit Bade- und Campingmöglichkeiten. Mit knatternden Buggies durch Dünen brettern – wem das Spaß macht, der darf sich den Silver Lake State Park nicht entgehen lassen. Folgt man der Straße am Campingplatz vorbei, erreicht man nach einigen kurvenreichen Meilen das malerisch auf einer Sanddüne gelegene Little Sable Lighthouse aus dem Jahre 1874, einen der ältesten aus Backstein gemauerten Leuchttürme an den Großen Seen. Aus gutem Grund versieht der Leuchtturm noch immer seinen Dienst, denn der Küstenabschnitt zwischen Little Point Sable bis Big Sable hat sich als Graveyard of Ships – Friedhof der Schiffe – einen traurigen Namen gemacht. An die 70 Schiffswracks liegen vor dem Ufer auf dem Grund des Lake Michigan.

Mit knapp über 40 000 Einwohnern ist **Muskegon** 14 die größte Gemeinde am Ostufer des Lake Michigan. Die Stadt liegt landeinwärts am gleichnamigen See, der durch einen Kanal mit dem Lake Michigan verbunden ist. In dieser geschützten Lage entwickelte sich eine Ansiedlung, die im 19. Jh. durch die Holzwirtschaft einen rasanten Aufstieg erlebte. Über den Muskegon River wurde das Holz aus den schier endlosen Wäldern des Hinterlands herbeigeschafft und in mehr als 40 Sägemühlen verarbeitet.

Einwanderer aus aller Welt strömten nach Muskegon, was sich heute noch in der Zusammensetzung der Bevölkerung widerspiegelt. Bars, Bordelle, Saloons und Spielhöllen sorgten für eine Wild-West-Atmosphäre und dafür, dass die Gemeinde einen eher zweifelhaften Ruf

genoss. Rücksichtsloser Kahlschlag brachte das Ende der Holzindustrie und führte zu einem rapiden Niedergang, von dem sich die Stadt bis heute nicht restlos erholt hat.

Seit einigen Jahren setzt man verstärkt auf den Tourismus, wovon die historische Bausubstanz profitiert, die restauriert wird. In altem Glanz erstrahlen zwei Schmuckstücke viktorianischer Architektur: die Villen des Holzbarons Charles A. Hackley und seines Geschäftspartners Thomas Hume in der Webster Avenue. Zu einer Zeit, in der man meist Stein für solche Anwesen verwendete, wählten Hackley und Hume das im Überfluss vorhandene Holz als Baumaterial. Die verspielte Pracht des Äußeren setzt sich auch im Innern der Villen fort. Überall belegen reiches Schnitzwerk, bunte Glasfenster, verzierte Kacheln und Tapeten die Liebe zum Dekor.

Hackley, der mit 7 Dollar in der Tasche nach Muskegon gekommen sein soll und bei seinem Tod 1905 ein Vermögen von 12 Mio. Dollar besaß, erwies sich der Öffentlichkeit gegenüber als generöser Mäzen. Er stiftete die imposante Public Library in der Webster Avenue, die man besichtigen kann. Wollte man die Bibliothek nutzen, musste man in der Villa des Holzbarons vorstellig werden, wo der Hausherr persönlich die Lesekarten ausstellte. Zur Bibliothek gehört inzwischen auch das Torrent House gegenüber, das 1892 der Erzrivale Hackleys, John Torrent, errichtete.

Die exklusive Sammlung des Muskegon Museum of Art in der Webster Avenue, das seine Existenz ebenfalls Charles A. Hackley zu verdanken hat, umfasst Werke europäischer Meister wie Cranach und Rembrandt, aber auch Arbeiten amerikanischer Künstler unter anderem von James McNeill Whistler, Andrew Wyeth, Winslow Homer und

Innen genauso verspielt wie außen – das Hackley House in Muskegon

Edward Hopper. Interessant ist auch das Muskegon County Museum in der Clay Street, das sich mit der örtlichen Geschichte und der Naturgeschichte der Region beschäftigt.

Im Père Marquette Park am Ufer des Lake Michigan liegt die »U.S.S. Silversides« im Trockendock. Das U-Boot, das 1942 kurz nach dem Angriff der Japaner auf Pearl Harbor gebaut wurde, versenkte 23 feindliche Schiffe bei den Kriegshandlungen im Pazifik. Jenseits des Kanals erstreckt sich der Muskegon State Park, den man über den Memorial Drive erreicht. Der mehrere Meilen lange Strand ist ein Eldorado für Wassersportler. Die artenreiche Vegetation einer Dünenlandschaft lässt sich an keinem anderen Ort am Lake Michigan so gut betrachten wie im P. J. Hoffmaster State Park südlich der Stadt an der Lake Harbor Road.

Informationen über die Entstehung der Dünen und ihrer Flora liefert das ausgezeichnete Gillette Nature Center, das zum Park gehört. Über ein Treppe kann man den höchsten der Sandberge erklimmen, ein sagenhafter Ausblick belohnt die Anstrengung.

Über das Städtchen Grand Haven geht die Fahrt auf dem Highway 31 weiter Richtung Süden nach **Holland 15**, das im 19. Jh. von niederländischen Immigranten gegründet wurde, die sich gegen die Reformierung der Staatskirche gewehrt hatten.

Eher ungewöhnlich für den Vielvölkerstaat USA ist es, dass bis vor wenigen Jahrzehnten die große Mehrheit der Einwohner Hollands niederländischer Abstammung war. Die Niederlande en miniature bietet der Themenpark Dutch Village am Highway 31. Der Erinnerung an die Heimat der Gründerväter hat sich auch der Windmill Island Municipal Park verschrieben, in dem die einzige funktionierende, aus den Niederlanden importierte Windmühle des Landes steht.

Im Windmill Island Park wird das Andenken an die alte Heimat der Vorfahren gepflegt

Der Beitrag, den niederländische Einwanderer zur amerikanischen Nation geleistet haben, wird auf anschauliche Weise im Holland Museum, Ecke 10th/River Street gewürdigt. Um das niederländisch-amerikanische Erbe geht es auch im Cappon House in der 9th Street, einem stattlichen Bürgerhaus aus dem Jahre 1874, das mit Originalmöbeln ausgestattet ist. Ein beliebtes Fotomotiv ist das strahlend rot gestrichene Holland Lighthouse, das die Einheimischen liebevoll Big Red nennen. Man findet den Leuchtturm im Holland State Park, der aufgrund seines Strandes immens populär und an Sommerwochenenden überlaufen ist.

Dem Charme der pittoresken Gemeinde **Saugatuck** 16 wenige Meilen südlich von Holland erlagen seit jeher vor allem Künstler. Eine große Künstlerkolonie lebt in der Gemeinde, was sich auch in zahlreichen Galerien zeigt. An Wochenenden, wenn einkaufsbegeis-

terte Touristen auf der Suche nach einem Parkplatz die Straßen füllen, sollte man nach Möglichkeit einen weiten Bogen um Saugatuck machen. Lohnender ist ein Aufenthalt während der Woche, wenn man den kleinen Ort fast nur mit Einheimischen teilt.

Wie in so vielen Gemeinden an den Großen Seen gab auch in Saugatuck die Holzindustrie Mitte des 19. Jh. den Ausschlag für die Gründung des Ortes. Und wie so oft kam der Niedergang mit dem Ende dieses Wirtschaftszweigs. Besonders hart traf es die Nachbargemeinde Singapore, die sich mit ungebremstem Holzeinschlag ihr eigenes Ende bereitete. Ohne den Schutz der Bäume, konnte der Wind ungehindert Sand herbeiwehen. Die einst blühende Niederlassung versank buchstäblich im Sand und ist heute restlos darunter begraben.

Saugatuck hingegen erhielt neue Impulse als Sommerfrische und Künstlergemeinde. Das Herz des übersichtlichen

Ortes schlägt in der Butler Street, wo Restaurants, Cafés, Boutiquen und Galerien zum Bummeln und Verweilen einladen. Ruhe Suchende finden im Saugatuck Dunes State Park nördlich der Gemeinde ein Refugium. Im relativ wenig besuchten Park gibt es einen herrlichen Strand und Dünen, die von Wanderwegen durchzogen sind.

Gegenüber von Saugatuck, auf der anderen Seite des Kalamazoo Lake, hat die »S.S. Keewatin« am Ufer der ruhigen Gemeinde Douglas festgemacht. In dem Dampfschiff, das bis 1965 auf dem Lake Huron und dem Lake Superior verkehrte, ist heute ein Museum untergebracht. Die Erinnerung an die Tage als man die Großen Seen noch mit dem Schiff bereiste, stimmt fast ein wenig wehmütig.

Bald säumen ausgedehnte Obstplantagen den Weg. Günstige klimatische Bedingungen – der nahe Lake Michigan sorgt für kühlere Temperaturen, welche die Obstblüte vor dem letzten Frost verhindern – und hervorragende Transportmöglichkeiten verhalfen dem Obstanbau seit Mitte des 19. Jh. zu einem rasanten Aufschwung in der Region, die berühmt ist für ihre Pfirsiche, Kirschen, Äpfel und Heidelbeeren. Auf vielen Farmen kann man das Obst während der Saison selbst pflücken.

South Haven, ein hübscher Fischerort, lohnt einen Stopp. Hauptattraktion ist der Van Buren State Park südlich des Ortes mit einem Strand, Sanddünen und Ausblicken über den grenzenlosen Lake Michigan. Kinder sind von dem Curious Kids Museum in **St. Joseph** 🔟 begeistert, einem der besten seiner Art weit und breit. Farbenfroh und ohne erhobenen Zeigefinger sind unter anderem zu Technik und Natur die verschiedensten Themenbereiche aufbereitet.

Bald säumen immer mehr Ferienhäuser von Chicagoer Bürgern das Seeufer, ein untrügliches Zeichen für die näher rückende Großstadt. Noch auf dem Gebiet von Michigan liegt der Warren Dunes State Park, in dem man selbst an Sommerwochenenden noch ein ruhiges Plätzchen am nördlichen Ende des Strandes findet.

Trotz des Namens gehört **Michigan City** 🔟 bereits zum Bundesstaat Indiana. An die Handelstradition der Stadt knüpft die riesige Prime Outlet Mall in der Wabash Street an, in der über 130 Läden Markenartikel zu sehr günstigen Preisen anbieten. Im Washington Park am nördlichen Ende der Franklin Street ist im Old Lighthouse ein kleines Schifffahrtsmuseum untergebracht.

Über die Landstraße 12 gelangt man zur **Indiana Dunes National Lakeshore** 🔟. Auch dieser 32 km lange Küstenstreifen wird von einer eindrucksvollen Dünenlandschaft eingenommen. Den höchsten Punkt markiert der Mount Baldy, eine 37 m hohe Wanderdüne, von der man herrliche Sonnenuntergänge und an klaren Tagen die Skyline von Chicago betrachten kann. Auf zahlreichen Dünenwanderwegen lässt sich die einzigartige Vegetation erkunden, die unter anderem Wildblumen, Kakteen, Eichen und Kiefern umfasst. Kaum hat man das Naturschutzgebiet verlassen, sieht man sich mit der Schwerindustrie rund um die Stadt Gary konfrontiert. Hier ist das Zentrum der amerikanischen Stahlproduktion, die zu der immensen Umweltbelastung der Seen ein gerüttelt Maß beigetragen hat. Und vielleicht sind es die Kindheitserinnerungen an die verpestete Luft seiner Geburtsstadt Gary, die Michael Jackson heute mit Mundschutz herumlaufen lassen.

Über die I-94 geht es zurück nach Chicago.

Lake Superior Kühle Schönheit im Nordwesten

Im Reigen der Großen Seen nimmt der Lake Superior eine ganz besondere Stellung ein: Er ist der größte, nördlichste, tiefste, kälteste und am höchsten gelegene der fünf Seen. Und auch im internationalen statistischen Vergleich steht der Lake Superior mit einer Fläche von 82 414 km² als größter Süßwassersee der Welt ganz vorn. Die indianischen Ureinwohner, die an seinen Ufern lebten, nannten ihn ehrfurchtsvoll *gitchie gumee* – Großes Wasser.

Zwei Staaten ›teilen‹ sich den Lake Superior: Das Süd- und Südwestufer gehören zu den US-amerikanischen Bundesstaaten Michigan, Wisconsin und Minnesota, die Nordwest-, Nord- und Westufer liegen in der kanadischen Provinz Ontario. An den Ufern, die teilweise zu den am dünnsten besiedelten Regionen Nordamerikas gehören, dominiert die Natur. Dichte, schier endlose Wälder mit Flüssen, Wasserfällen vielen Seen,

Das Iroquios Lighthouse von Bay Mills

Sumpfgebieten und dramatischen Felsenklippen säumen das Ufer. Besonders reizvoll ist der Streckenabschnitt am Ostufer des Lake Superior zwischen Wawa und Sault Sainte Marie im Herbst, wenn sich die Ahornbäume in flammendes Rot verwandeln.

Die Landschaft rund um den Lake Superior wird in vielen Naturschutzgebieten vor dem Zugriff des Menschen bewahrt. In dieser Wildnis leben Wölfe, Bären, Elche, Biber, Füchse und Luchse. Auch die größte Insel der Seenplatte gehört zum Lake Superior: die Isle Royale, die dank der abgeschiedenen Lage seit Jahrtausenden einen fast völlig unberührten Rückzugsort für die Tierwelt bildet.

Größere Städte sucht man an den Ufern des Lake Superior mit wenigen Ausnahmen vergebens und auch kleinere Orte sind – vor allem auf der kanadischen Seite – rar gesät. Oft verdanken sie ihre Existenz dem lukrativen Pelzhandel, der bis ins 19. Jh. das wirtschaftliche Rückgrat der Region bildete. Später war es der unerschöpfliche Vorrat an Holz, der Holzfäller anzog und den Gemeinden zu recht beträchtlichem Wohlstand verhalf. Und auch die industrielle Entwicklung Nordamerikas haben der Lake Superior und sein an Bodenschätzen reiches Hinterland erheblich beschleunigt.

Riesige Mengen an Eisen und Kupfer wurden über den See verschifft. Die vielen Frachtschiffe, die man in den großen Häfen von Duluth und Thunder Bay beobachten kann, zeugen noch heute von der Bedeutung des Lake Superior als einem der wichtigsten Transportwege der USA und Kanadas. Etwa 1800 km addieren sich auf einer Reise rund um den nördlichsten der Großen Seen, für die man sich 12 bis 14 Tage Zeit lassen sollte.

Das Südufer des Lake Superior

Von Sault Sainte Marie zur Keweenaw-Halbinsel

Tipps & Adressen

Sault Sainte Marie/MI S. 375, Brimley S. 298, Paradise S. 359, Grand Marais/MI S. 321, Munising S. 352, Marquette S. 341, Big Bay S. 297, Negaunee S. 353, Ispheming S. 328, Baraga S. 294, Houghton S. 327, Hancock S. 325, Copper Harbor S. 311, Calumet S. 300, Larium S. 332

Karte S. 136/37

Für die 410 Meilen lange Route sollte man sich mindestens vier Tage Zeit nehmen.

Der abwechslungsreiche Streckenabschnitt am Südufer des Lake Superior beginnt im amerikanischen **Sault Sainte Marie** 1 (ausgesprochen: ßu), das sich mit seiner gleichnamigen Schwesterstadt auf der kanadischen Seite als Ausgangs- und Endpunkt für eine Umrundung des Lake Superior anbietet. Durch die urwüchsige Landschaft der nur dünn besiedelten Upper Peninsula geht die Reise auf kaum befahrenen Landstraßen zur Keweenaw-Halbinsel, die sich weit in den Lake Superior vortastet.

Einst dominierte hier der Kupferabbau, der die Industrielle Revolution in Nordamerika ankurbelte. Unberührte Natur ist ebenso Teil des Erlebnisses wie die spannende Historie, auf deren Spuren man in zahlreichen Museen zur Industrie- und Schifffahrtsgeschichte

Schleusen zwischen dem Lake Superior und dem Lake Huron – die Soo Locks

Der Untergang der »Edmund Fitzgerald«

Dichter Nebel, plötzlich aufziehende Winterstürme mit meterhohen, schnell aufeinanderfolgenden Wellen und tückische Untiefen lassen die Großen Seen zu den gefährlichsten Gewässern der Welt werden, denen auch gestandene Kapitäne großen Respekt zollen. Unzähligen Schiffen wurden die Seen zum Verhängnis. Allein auf dem Grund des Lake Superior liegen über 300 Schiffswracks. Überall an den Ufern der Großen Seen erinnern Gedenktafeln und Museen an untergegangene Schiffe, die Mannschaft und Passagiere mit in die Tiefe rissen. Doch das Schicksal eines Schiffes bewegt die Gemüter der Menschen bis heute besonders – der Untergang der »Edmund Fitzgerald« im November 1975.

Ende der 50er Jahren des 20. Jh. gebaut, war die »Edmund Fitzgerald« eines der größten Schiffe auf den Großen Seen, es transportierte Eisenerz von Minnesota zu den Stahlwerken am Südufer des Lake Michigan und Lake Erie. 26000 t Eisenerz hatte der Frachter am 9. November 1975 geladen, als er seine letzte Reise in Superior/Wisconsin mit Ziel Detroit antrat.

Bald kündigte sich eine Schlechtwetterfront an, die sich von Norden dem Lake Superior näherte. Südlich der Isle Royale verschlechterte sich das Wetter zusehends. Windgeschwindigkeiten von über 90 km in der Stunde ließen die »Edmund Fitzgerald« und die »Arthur M. Anderson«, die sich auf dem gleichen Kurs befand, zum Spielball der Wellen werden.

In Sichtweite kämpften sie sich durch die Wellenberge, während die Kapitäne die prekäre Lage über Funk diskutierten. Dann brach der Kontakt ab. Ohne einen Notruf absetzen zu können, war das über 200 m lange Schiff von einer Minute zur anderen von der Bildfläche verschwunden. Keines der Besatzungsmitglieder überlebte den Untergang.

Später wurde das Wrack auf dem Grund des Sees geortet, nur 27 km von der rettenden Whitefish Bay entfernt. Bei Tauchgängen stellte man fest, dass das Schiff in zwei Teile zerborsten war. Weit verstreut liegende Wrackteile belegten, wie heftig der Aufprall des Frachters auf dem Grund gewesen sein muss.

Trotz unzähliger Untersuchungen ist bis heute nicht geklärt, was zu dem Untergang führte. Eine Theorie lautet, dass Wasser in die »Edmund Fitzgerald« eindrang, das Schiff Schlagseite bekam und sank. Andere behaupten, dem Frachter, der sich abseits der regulären Route befand, wären nicht kartografierte Untiefen zum Verhängnis geworden. Wieder andere machen Materialermüdung verantwortlich. Noch immer ruht die »Edmund Fitzgerald«, deren Tote nie geborgen wurden, auf dem Grund des Lake Superior. Im Sommer 1993 wurde die Schiffsglocke geborgen und in ein Denkmal für die Verunglückten im Great Lakes Shipwreck Museum in Whitefish Point (vgl. S. 140) integriert.

wandelt. Ein Abstecher auf die Isle Royale führt Naturfreunde in einen der abgelegensten und unberührtesten Nationalparks der USA.

Kurz und bündig The Soo werden die beiden Sault Ste. Maries an den Ufern des St. Mary River von ihren Bewohnern genannt. Damit sind die Höhenunterschiede in dem Wasserlauf zwischen Lake Superior und Lake Huron gemeint, den französischen ›Entdecker‹ mit der Bezeichnung *sault* bedachten. Dieses Hindernis erschwerte lange Zeit den Schiffsverkehr zwischen den beiden Seen. In mühseliger Arbeit musste die Fracht umgeladen werden.

Schon Mitte des 19. Jh. gab es Vorschläge für den Bau von Schleusen, allerdings stieß der Plan zunächst auf wenig Gegenliebe bei den Bürgern von Sault Ste. Marie, die nicht unerheblich vom Umladen profitierten. Doch der Widerstand war zwecklos: 1852 wurde die erste Schleuse gebaut, wodurch der Schiffsverkehr auf dem Lake Superior einen Aufschwung erfuhr. Bald wurden 12 000 t Eisenerz pro Jahr durch den St. Mary's River geschleust, eine Tonnage die sich innerhalb einer Dekade verzehnfachte. Wenige Jahre nach dem Bau der Schleusen avancierte der St. Mary River zum meistbefahrenen Kanal der Welt.

Seither erweisen sich die Soo Locks als Touristenattraktion, die Jahr für Jahr tausende Besucher anzieht. In Sault Sainte Marie/Michigan empfiehlt sich als erste Anlaufstelle das Visitor Center im Locks Park an der Water Street, das einen Überblick über Geschichte, Konstruktion und Funktion der inzwischen fünf Schleusen bietet. Eine Tafel informiert darüber, wann welches Schiff als Nächstes die Schleuse passiert – ein Spektakel, das man von einer Aussichtsplattform vor dem Besucherzentrum be-obachten kann. Danach bietet sich eine Fahrt mit dem Ausflugsboot durch die Schleusen an.

Ebenfalls an der Water Street liegt das Museum Ship Valley Camp, das den Besuch der Soo Locks abrundet. Hier vermittelt ein historischer Frachter einen Eindruck vom Leben und Arbeiten auf einem solchen Schiff und auch dem wohl berühmtesten Wrack der Seenplatte, der »Edmund Fitzgerald«, ist breiter Raum gewidmet.

Die Geschichte der ersten Bewohner der Region, der Ojibwa und Irokesen, sowie die Zeit des Pelzhandels dokumentiert das sehenswerte River of History Museum in der E. Portage Avenue. An der Portage Street reckt sich der architektonisch wenig ansprechende Tower of History in den Himmel, von dem man einen atemberaubenden Rundblick hat.

Von Sault Ste. Marie geht die Fahrt zunächst ein Stück auf der I-75 Richtung Süden. Nach 9 Meilen zweigt die Landstraße 28 ab, von der nach weiteren 15 Meilen die Landstraße 221 abbiegt. Im Weiler Brimley erinnert das kleine Wheels of History Museum an die Tage der Holzwirtschaft, als Holzstämme per Eisenbahn zur Sägemühle nach Bay Mills transportiert wurden. An der Whitefish Bay bietet der Brimley State Park eine der wenigen Bademöglichkeiten am Lake Superior, da das Wasser im Schutz der Whitefish Bay deutlich wärmer ist als an anderen Stellen des Sees.

Über die Lake Shore Road erreicht man den Ort Bay Mills auf einer Landzunge, der neue Impulse durch das von Indianern betriebene Kasino erhielt. Der Spielbetrieb mit Millionenumsätzen macht den Stamm der Ojibwa von staatlicher Unterstützung unabhängig, zu-

Rund um den Lake Superior ▷

Mit der Algoma Central Railway in den Agawa Canyon

Besonders spektakulär ist die Fahrt mit der Algoma Central Railway in den Agawa Canyon

Die eintägige Fahrt mit der Algoma Central Railway von Sault Sainte Marie (Ontario) in den Agawa Canyon ist nicht nur für Eisenbahnenthusiasten ein unvergessliches Erlebnis.

Als die Eisenbahnschienen gegen Ende des 19. Jh. von Sault Sainte Marie 472 km weiter nördlich nach Hearst verlegt wurden, konnte man das Holz und die Bodenschätzen aus dem Hinterland transportierten. Einige unentwegte Naturburschen nutzten auch damals schon den Zug, um in die Wildnis Kanadas zu gelangen.

Schon die Mitglieder der berühmten Malerschule Group of Seven schätzen den Zug als Transportmittel in die Einsamkeit. Ein ausrangierter Güterwagen diente ihnen als Basislager für ausgedehnte Kanutouren beiderseits der Gleise. Ihre Landschaftseindrücke, die sie auf die Leinwand bannten, vermittelten ein Bild von der grandiosen Natur. Bald standen die ersten Touristen am Bahnhof von Sault Sainte Marie, die ebenfalls mit dem Zug reisen wollten.

Von den verschiedenen Bahnfahrten, die angeboten werden, ist die zum

Agawa Canyon die reizvollste. Auf der 183 km langen Strecke fährt man durch eine zauberhafte Landschaft mit endlosen Wäldern, Seen, Flüssen und Wasserfällen. Besonders spektakulär sind die vielen Schluchten, die der Zug auf Schwindel erregenden Stahlskelett-Brücken überquert. Während eines zweistündigen Aufenthalts im Agawa Canyon kann man kleinere Spaziergänge unternehmen. Lohnend ist der Aufstieg zur Aussichtsplattform, von der sich ein herrlicher Blick auf die wildromantische Szenerie bietet. Ebenfalls reizvoll sind die beiden Wasserfälle. Anschließend geht die Fahrt zurück nach Sault Ste. Marie, wo man am späten Nachmittag ankommt.

Für all jene, die die gesamte Strecke bis Hearst zurücklegen möchten, werden Touren inklusive einer Übernachtung vor Ort angeboten. Neun Stunden dauert eine Fahrt.

Beinahe noch interessanter ist die Fahrt mit dem Passagierzug, der von Jägern, Trappern, Anglern, Kanuten und den Bewohnern des Hinterlands benutzt wird und neben dem Wasserflugzeug den einzigen Zugang in die Wildnis bietet. Die Stopps entlang der Strecke richten sich nach den Wünschen der Passagiere. Entsprechend langsam geht es voran, was durch die Landschaftseindrücke und die oft interessanten Mitreisenden mehr als wettgemacht wird. Abgelegene Lodges rechts und links des Schienenstrangs bieten neben rustikalen Übernachtungsmöglichkeiten unvergessliche Natureindrücke und Einsamkeit pur.

Die Hin- und Rückfahrt in den Algoma Canyon dauert sieben Stunden. Zwischen dem 25. 5. und 6. 9. kostet ein Ticket für Erwachsene 58 CN$, zwischen dem 7. 9. und 14. 10. 77 CN$ (Reservierung unter Tel. 1-800-242-9287).

dem finden junge Stammesmitglieder dort Arbeit. Mit den Gewinnen wird auch ein Gemeinde-College finanziert, das sich für die Erhaltung von Kultur und Sprache der Ojibwa einsetzt. Am ersten Juni-Wochenende findet ein *pow wow* statt, bei dem auch Fremde willkommen sind.

Westlich des Friedhofs führt ein unscheinbarer Abzweig zu einem spektakulären Aussichtspunkt. Vom Mission Hill, einer steil aufragenden Sanddüne, schweift der Blick über den Spectacle Lake bis hin zum Point Iroqouis Lighthouse an der Whitefish Bay. Zurück auf der Lake Shore Road, die durch den westlichen Teil des Hiawatha National Forest führt, gelangt man bald über einem weiteren Abzweig zum Monocle Lake. Der See lädt zum Baden und Angeln ein. Ein gut 3 km langer Rundweg bietet die Gelegenheit zu einer gemütlichen Wanderung. Mit ein wenig Glück sieht man Fischadler, die im flachen Wasser ausreichend Nahrung finden.

Point Iroquois 2 markiert die Stelle, an der die Ojibwa 1662 ein Massaker an den Irokesen verübten. Knapp 200 Jahre später wurde hier einer der schönsten Leuchttürme der Region errichtet, der bis 1965 den Schiffen den Weg in den St. Mary′s River wies. Heute erzählt ein Museum in dem strahlend weißen Point Iroquois Lighthouse mit rotem Dach vom Leben der Leuchtturmwärterfamilie im 19. Jh.

Vorbei an herrlichen Sandstränden geht die Fahrt weiter zur Big Pine Picnic Area, die ihren Namen einigen über 100 Jahren alten Pinien verdankt, die von den Holzfällern verschont wurden. Tische, Bänke und Grillvorrichtungen laden zu einem Picknick ein, ein Sandstrand ermöglicht ein Bad im See. Traumhaft sind die Sonnenuntergänge, die man von diesem Platz aus beobachten kann.

In der Pendills Creek National Fish Hatchery etwas abseits der Straße züchtet man jährlich 800 000 Forellen, die, sehr zur Freude der Angler, später in den Großen Seen ausgesetzt werden. Interessierte können die Aufzuchtstation besichtigen. Den nächsten Uferabschnitt nutzen die Ojibwa zum kommerziellen Fischfang, obgleich dieser von der Regierung Michigans zugunsten der Sportfischerei drastisch eingeschränkt wurde. Die Indianer beharrten jedoch erfolgreich auf ihren traditionellen Rechten mit dem Argument, sie hätten 1836 zwar ihre Land-, nicht aber ihre Fischereirechte an die Weißen abgetreten.

Bald stößt die Uferstraße auf die Landstraße 123, die Richtung Norden zum Ort Paradise führt. Bevor man die Fahrt zum Tahquamenon Falls State Park fortsetzt, sollte man sich einen Abstecher zum **Whitefish Point 3** nicht entgehen lassen.

Auch an dieser exponierten Stelle versieht ein Leuchtturm seit 1848 seinen Dienst. Die Stahlskelettbauweise des Whitefish Point Lighthouse widersteht auch Winterstürmen mit Orkanstärke. Seitdem der Leuchtturm automatisiert wurde, beherbergt das Haus des Wärters ein kleines Museum.

Zahlreichen Schiffen wurde der Eingang zur Bucht zum Verhängnis, wie das Great Lakes Shipwreck Museum neben dem Leuchtturm eindrucksvoll belegt. Im halbdunklen Raum, von dramatischer Musik untermalt, werden die Reste gesunkener Schiffen präsentiert, die man vom Seeboden geborgen hat. Der Untergang des Erzfrachters »Edmund Fitzgerald« im November 1975 bewegt bis heute wie kaum ein anderer die Gemüter (vgl. S. 134f.). In einem Nebengebäude wird ein Film über das Unglück und die Bergung der Schiffsglocke gezeigt, die auf Wunsch der Hinterbliebenen inzwischen im Museum aufbewahrt wird.

Der kilometerlange Sandstrand vor dem Leuchtturm zählt zwischen Ende April und Anfang Juni sowie in den Monaten September und Oktober zu den besten Plätzen in Michigan, um Vögel zu beobachten. Eine ausgezeichnete Informationsquelle ist das Whitefish Point Bird Observatory gegenüber vom Leuchtturm, das die Art und Anzahl der Zugvögel registriert.

Zurück in Paradise, wählt man nun die Landstraße 123, die rechts abzweigt. Nach einigen Meilen hat man den Tahquamenon Falls State Park erreicht, zu dem die Upper und Lower Falls gehören. Bohlen- und Wanderwege führen durch eine Marschlandschaft beiderseits der Wasserfälle, die sich zwischen Pinien, Zedern und Schierlingstannen über Granitgestein ergießen. Die 60 m breiten und 15 m hohen Upper Falls gelten als die drittgrößten östlich des Mississippi. Weit weniger Zulauf haben die Wanderwege, die sich rechts der Landstraße 123 erstrecken.

Vier Meilen nördlich von Newberry biegt rechter Hand die kleine Straße H-37 zum Muskallonge Lake State Park ab. Noch bevor man den Park erreicht, zweigt links die ungeteerte Forststraße 416 zum Pretty Lake ab, der vor allem von Kanuten geschätzt wird.

Zurück auf der H-37 hat man bald den Muskallonge Lake State Park erreicht, der Abgeschiedenheit in kaum berührter Natur bietet. Im relativ warmen, flachen Wasser des Muskallonge Lake kann man angeln und baden. Über die ungeteerte Forststraße H-58 führt der Weg weiter Richtung Grand Marais. Nach einigen Meilen erreicht man den Blind Sucker River Campground, wo man am gleichnamigen Fluss sein Zelt aufschlagen kann.

Einer der schönsten Uferabschnitte am Lake Superior – Pictured Rocks National Lakeshore

Nach 11 Meilen bietet sich die kleine Gemeinde **Grand Marais** 4 als Ausgangsbasis für die Erkundung eines der schönsten Uferabschnitte des Lake Superior an. Zwischen Grand Marais und Munising erstreckt sich der **Pictured Rocks National Lakeshore** 5, wo Wind und Wasser bizarre Sandsteinklippen in den – dank mineralischen Wassers – verschiedensten Farbschattierungen geformt haben. Möchte man das Ufer in seiner gesamten Länge erkunden, wählt man in Grand Marais die zum Teil ungeteerte H-58, die nach 40 Meilen in Munising endet. Wer nur das westliche, stärker frequentierte Ufer besuchen möchte, reist über die Landstraßen 77 und 28 direkt nach Munising.

Eine interessante, wenn auch anstrengende Variante bietet der North Shore Trail, auf dem man das Gebiet in mehreren Etappen durchwandern kann. Nach 5 Meilen Fahrt durch eine eindrucksvolle Dünenlandschaft erreicht man das Grand Sable Visitor Center, an dem zwei kürzere Wanderwege beginnen. Der 1 km lange Pfad führt zu den Sable Falls, die sich über mehrere Stufen ergießen. Über den 2,5 km langen Weg gelangt man zu den bis zu 80 m hohen Dünen Grand Sable, die während der letzten Eiszeit von Gletschermassen abgelagert und von Wind und Wellen geformt wurden. Auf Tafeln wird das Ökosystem erklärt.

Im Grand Sable Lake kann man baden. Vom Log Slide Overlook genießt man eine herrliche Aussicht auf die unendliche Weite des tiefblauen Lake Superior. Rechts erstreckt sich die Dünenlandschaft von Grand Sable, links erblickt man den Au-Sable-Leuchtturm. Die steilen Sandhänge am Aussichtspunkt wurden im 19. Jh. von Holzfällern genutzt, welche die Baumstämme in den See hinunterrollen ließen, wo sie auf Schiffe verladen und zu den Sägemühlen transportiert wurden.

Ein Bootsausflug zur Pictured Rocks National Lakeshore

Zu den spektakulärsten Uferabschnitten am Lake Superior zählt die Pictured Rocks National Lakeshore, die sich über eine Länge von 64 km zwischen Grand Marais und Munising erstreckt.

Die Schönheit der bis 60 m hohen Felsformationen erschließt sich am eindrucksvollsten von der Seeseite. Mehrmals täglich legen die Pictured Rocks Boat Cruises in Munising ab. Ganz besonders beliebt – vor allem bei Hobby-fotografen – sind die Touren in den späten Nachmittagsstunden, wenn die tief stehende Sonne das Felsenufer in verschiedenen Farben leuchten lässt. Zu verdanken ist dieses Schauspiel Mineralien wie Eisen, Magnesium, Kupfer oder Limonit, die im Grundwasser enthalten sind und sich im Felsgestein ablagern. Das zerklüftete Profil der Felsen ist das jahrtausendealte Werk von Wind und Wellen, die Tag für Tag an dem Gestein nagen.

Vom Hurricane River Campground führt ein 2,4 km langer Weg zum Au-Sable-Leuchtturm aus dem Jahre 1874, der in den Sommermonaten besichtigt werden kann. Trotz dieser Navigationshilfe wurde der gefährlich flache Küstenabschnitt mindestens zehn Schiffen zum Verhängnis – auf dem Weg zum Leuchtturm kann man Teile der Wracks im Wasser erkennen.

Nach einem Abstecher von der H-58 durch ein Birkenwäldchen erreicht man den Twelvemile Beach Campground. Der kilometerlange Strand ist ideal für einen ausgedehnten Spaziergang. Ein Kanal verbindet den Beaver Lake im Zentrum des Parks mit dem Little Beaver Lake. Wassersport, angeln und wandern stehen an den beiden Seen auf dem Freizeitprogramm.

Die bald darauf wieder geteerte H-58 kündet den westlichen Teil der Lake Shore an. Kurz vor dem Ort Melstrand zweigt nochmals eine Schotterstraße ab. Die gut 10 Meilen lange Chapel Road führt zum Chapel Basin mit Wasserfällen, einem See, Stränden und guten Wandermöglichkeiten.

Über die geteerte Miners Castle Road, geht es zum meistbesuchten Küstenabschnitt des Parks. Noch bevor man den Parkplatz am Ende der Straße erreicht hat, weist ein Schild den Weg zum Miners' Falls, einem 12 m hohen Wasserfall. Ein Holzbohlenweg führt zum Miners' Castle, einem tiefen Einschnitt, den Gletscher sowie das Wasser des Sees und des Miners' River im Sandstein hinterlassen haben. Frost, Wind und Wellen haben dann im Laufe von über 10 000 Jahren eine wild zerklüftete Küste geschliffen. Die bizarren Formen sind den verschiedenen Härtegraden des Gesteins zu verdanken, das unterschiedlich auf die Erosionskräfte von Wind und Wasser reagierte.

Da sich das spektakuläre Felsenufer am besten von der Wasserseite her erschließt, liegt eine Fahrt mit dem Ausflugsboot nahe. Besonders schön kommen die unterschiedlichen Färbungen des Sandsteins in den späten Nachmittagsstunden zur Geltung. Die Ausflugsboote verkehren regelmäßig von **Munising 6**. In den Sommermonaten sollte man unbedingt im Voraus buchen. Beliebt sind auch die Fahrten zu gesunkenen Schiffen, die man durch den Glasboden des Bootes betrachten kann. Auch Tauchgänge zu den Wracks werden angeboten. Erfahrenen Kajakern empfiehlt sich eine Tour am Ufer entlang, die zu den reizvollsten der Seenplatte gehört. Als Alternative bietet sich eine geführte Kajaktour an, die auch für Anfänger geeignet ist.

Grand Island erreicht man in wenigen Minuten mit der Fähre. Die Insel, die sich lange Zeit im Besitz einer Stahlfabrik befand und als Jagdgebiet für deren Angestellte und Aktionäre diente, ist heute in weiten Teilen öffentlich zugänglich. Wanderern und Mountainbikern bietet Grand Island ein reiches Betätigungsfeld. Weniger Sportliche erkunden das Eiland im Rahmen einer mehrstündigen Bustour. Besonders reizvoll ist die Strecke zwischen Munising und Marquette, wo die Landstraße 28 immer wieder das Ufer mit kilometerlangen, feinsandigen Stränden berührt.

Das 23000 Einwohner zählende **Marquette 7** ist ein hübsches Städtchen mit vielen alten Gebäuden aus dem 19. Jh. An der Third, Front und Washington Street laden Restaurants, Läden und historische Gebäude zum Verweilen ein. Einen Einblick in die Geschichte des Ortes und der Umgebung bietet das sehenswerte Museum der Marquette County Historical Society in der Front Street.

Vom Sugar Loaf Mountain 6 Meilen nördlich der Stadt an der Landstraße 550 in Richtung Big Bay genießt man einen phantastischen Ausblick auf den Lake Superior. Folgt man der Landstraße, erreicht man nach etwa 30 Meilen das Dorf Big Bay mit einer originellen Unterkunft. Der Leuchtturm aus dem Jahre 1896 bietet Bed and Breakfast an.

Das Hinterland von Big Bay wird von den Huron Mountains eingenommen. Die entsprechende Ausrüstung inklusive Kompass und Erfahrung in der freien Natur sind unerlässlich, möchte man die grandiose Wildnis dieser ungezähmten Bergwelt erkunden.

Westlich von Marquette durchquert die Landstraße 28 (Hwy 41) die Bergkette der Iron Range. Von dem einst florierenden Bergbau, der Arbeit und Wohlstand brachte, berichtet das sehenswerte Iron Industry Museum 3 Meilen östlich von **Negaunee 8** an der Forge Road. Zu der Ausstellung gehört auch eine Diashow, welche die harten Lebensumstände der Minenarbeiter und ihrer Familien dokumentiert.

Vom Niedergang des Bergbaus hat sich Negaunee nie ganz erholt. In den Straßen macht sich leise Melancholie breit. Besonders liebenswert ist der Midtown Bake Shoppe and Antiques in der Iron Street, der nicht nur zum Stöbern in allerhand altem Krimskrams einlädt, sondern auch stets frischen Kaffee und Backwaren anbietet.

Um den populären Wintersport dreht sich alles in der U.S. National Ski Hall of Fame and Ski Museum in Ispheming, in der nicht nur den Skihelden der Nation gehuldigt, sondern auch die Geschichte der Sportart bis heute dokumentiert wird.

Auf dem Weg nach Houghton passiert man den Van Riper State Park am Lake Michigamme mit Bade- und Camping-

Holztransporter auf der Keweenaw-Halbinsel

möglichkeiten. In dem Gebiet, das sich rechts des Highway erstreckt, kann man kürzere Wanderungen unternehmen.

Nördlich von Ort L´Anse beginnt die **Keweenaw-Halbinsel** 9. Die entlegene Region, an drei Seiten vom Lake Michigan umgeben, zog lange Zeit keine europäischen Siedler an. Das änderte sich schlagartig, als der Geologe Douglas Houghton 1840 riesige Mengen an hochwertigem Kupfer im Boden der Halbinsel entdeckte. Kaum hatte sich die Kunde verbreitet, strömten Tausende in das Gebiet und lösten damit einen wahren ›Kupferrausch‹ aus, der in finanzieller Hinsicht weit ertragreicher war als der spätere Goldrausch in Kalifornien.

Überall wurden Minenschächte gegraben und Fördertürme errichtet. Gemeinden mit schäbigen Behausungen, Theatern, Bars, Bordellen und Saloons wurden über Nacht gegründet. Zwar ist der Boom längst vorüber, doch die Keweenaw-Halbinsel steht noch immer ganz im Zeichen des Kupfers. In den letzten Jahren besann man sich des historischen Erbes und restaurierte die alten Gebäude und Kupferminen. Zu einem Disneyland des Industriezeitalters ist die Keweenaw-Halbinsel dennoch nicht geworden – zu spröde ist dieser entlegene Vorposten der Zivilisation mit aufgegebenen Minenschächten, verlassenen Siedlungen, die an Western-Städte erinnern, und einer traumhaften Natur.

Der unscheinbare Ort Baraga verdankt seinen Namen dem katholischen Missionar Frederic Baraga, der sich, sehr zum Missfallen der Pelzhändler, anders als viele seiner Mitstreiter für die Belange der Indianer stark machte. In Baraga wurde das erste von Indianern geleitete Kasino in Michigan gegründet. Aus dem Bingo-Spielen in der Garage des Häuptlings Frederic Dakota entwickelte sich ein profitables Kasino.

Die Millionen-Dollar-Einnahmen stiften mitunter böses Blut unter der nichtindianischen Bevölkerung, wobei gern übersehen wird, dass die Ojibwa nicht nur unabhängig von staatlichen Geldern sind, sondern auch einen Großteil des Gewinns in der Region investieren. Ihr *pow wow*, das im Juli nördlich des Ortes stattfindet, gehört zu den populärsten weit und breit.

An der Keweenaw Bay führt der Highway 41 nach Houghton. Zur lebendigen Atmosphäre der hübschen Kleinstadt tragen vor allem die Studenten der Michigan Technological University bei, kurz Michigan Tech genannt. Auf dem Campus der Universität am Ortseingang am Highway 41 präsentiert das sehenswerte A. E. Seaman Mineral Museum, das sich mit der Geologie der Region beschäftigt, eine eindrucksvolle Mineraliensammlung.

An der Hauptstraße Sheldon Street reihen sich einige historische Gebäude wie das Douglass House Hotel (Nr. 517), das aus den 60er Jahren des 19. Jh. stammt und einst vornehme Reisende beherbergte. Vom Pier am E. Lakeshore Drive, wo sich auch das Isle Royale National Park Service Visitor Center befindet, legt zwischen Mai und Oktober zweimal wöchentlich eine Fähre zur Isle Royale (s. S. 147ff.) ab. Die Überfahrt dauert 6,5 Stunden.

Hancock am anderen Ufer des Portage Waterway ist mit Houghton durch eine Brücke verbunden. In der kleinen Schwestergemeinde leben zahlreiche Nachfahren finnischer Einwanderer, die im 19. Jh. auf die Keweenaw-Halbinsel kamen, um in den Kupferminen zu arbeiten. Die Erinnerung an die alte Heimat hält das Suomi College Finnish Heritage Center in der Quincy Street wach, das Werke von Künstlern finnischer Abstammung zeigt. Einige Häuser weiter

bietet der Laden Fin Pro von Glaswaren über Textilien bis zum Saunabedarf alles an, was an Finnland erinnert.

Am Highway 41 Richtung Calumet thront weithin sichtbar auf einer Anhöhe der Förderturm der Quincy Mine, die um die Jahrhundertwende zu den ertragreichsten der Welt gehörte. Als die Qualität des Kupfers nachließ und die Billigproduzenten Arizona und Chile auf den Markt drängten, kam 1931 das Aus. Heute bieten Studenten des Faches Bergbau der Michigan Tech informative Führungen durch die Mine an. Nordöstlich des Weilers Gay beginnt der schönste Abschnitt der Landstraße 26 nach Copper Harbor. Die einsame Moor- und Waldlandschaft gibt immer wieder Blicke auf den Lake Superior frei.

Nordwestlich von Lac La Belle führt die Landstraße 41 nach Copper Habor. Die kleine Gemeinde am Nordzipfel der Halbinsel entwickelte sich um 1840 von einem Pelzhandelsposten vorübergehend zu einem Eldorado für Glücksritter, die ihre Hoffnungen auf den Bergbau setzten. Als sich herausstellte, dass die großen Kupfervorkommen weiter südlich lagerten, zog die Karawane weiter. Bis die ersten Touristen kamen, lebten die wenigen verbliebenen Familien vom Fischfang.

Die Soldaten des 1843 errichteten Fort Wilkens, wenige Meilen östlich von Copper Harbor, sollten während des Kupferbooms für Ruhe und Ordnung sorgen. In den restaurierten Gebäuden veranschaulichen Mitarbeiter in zeitgenössischen Kostümen das Leben im Fort während des 19. Jh. Vom Hafen verkehren in den Sommermonaten Schiffe zur Isle Royale (s. S. 147ff.). Wer das Copper Harbor Lighthouse am Eingang des Hafens besichtigen möchte, muss ebenfalls ein Boot besteigen. Der geführte

Ausflug beginnt während der Saison am Hafen.

Der 9 Meilen lange Brockway Mountain Drive, der westlich von Copper Harbor von der Landstraße 26 abzweigt, wurde während der Weltwirtschaftskrise im Rahmen einer Arbeitsbeschaffungsmaßnahme angelegt. Immer wie-

Richtung Süden passiert man die Great Sand Bay mit Sandstränden. Während des Kupferbooms wurde über Eagle River das Metall verschifft. Da kein natürlicher Hafen vorhanden war, mussten zunächst Kais angelegt werden, über die man tieferes Wasser erreichte. Südlich des Ortes führt die Straße ins Lan-

Blick von Houghton auf die Quincy Mine, in der bis 1931 Kupfer gefördert wurde

der bieten sich spektakuläre Ausblicke auf den Lake Superior und das Hinterland der Halbinsel. Im Frühling kann man Greifvögel auf ihrem Flug gen Norden beobachten. Vor Eagle Harbor stößt der Mountain Drive wieder auf die Landstraße 26. Wer die Wahl hat, hat die Qual: Die Strecke am Ufer ist genauso schön.

Eagle Harbor an einer hufeisenförmigen Bucht hat sich zu einem beliebten Feriendomizil entwickelt. Der Leuchtturm auf einem Felsen gehört zu den schönsten in Michigan. Auf dem Gelände befindet sich ein Museum, das sich mit Schifffahrt, Geologie und Heimatgeschichte beschäftigt. Auch die ehemaligen Wohnräume des Leuchtturmwärters sind zugänglich.

desinnere, wo sie bei Phoenix wieder auf den Highway 41 trifft.

Wie kaum ein anderer Ort auf der Keweenaw-Halbinsel profitierte Calumet vom Kupferboom. Die Geschicke des Ortes wurden im 19. Jh. von der sehr profitablen Minengesellschaft Calumet and Hecla Consolidated Copper Co. bestimmt, die in Calumet ihren Sitz hatte. Während des Booms wurden Villen, Läden, Kirchen, Saloons und ein Theater errichtet, das weit über die Grenzen Calumets berühmt war. Mit dem Ende der Kupferära setzte der Niedergang ein, den die soliden Backsteinhäuser jedoch fast unbeschadet überstanden. Heute wird dafür gesorgt, dass das historische Bild von Calumet bewahrt bleibt. Und auch das Schmuckstück der Stadt, das

Calumet Theater aus dem Jahre 1900 an der Elm/6th Street, wird inzwischen wieder bespielt. In den Sommermonaten finden Führungen durch das Haus statt. Das Coppertown USA Mining Museum an der Red Jacket Road dokumentiert die Geschichte des Kupferabbaus.

Auf den ersten Blick macht Larium, die Schwestergemeinde von Calumet, einen eher vernachlässigten Eindruck. Zwischen Tamarack, Pewabic und Iroquois Street blieben jedoch einige stattliche Häuser erhalten, in denen die Kupferbarone fernab der ›Zivilisation‹ ein angenehmes Leben führten. Zu den schönsten Gebäuden gehören das Vivian House an der Ecke Third/Pewabic Street und das Laurium Manor, 320 Tamarack Street, in dem heute eine Bed & Breakfast-Unterkunft Gäste beherbergt.

Der F. J. McLain State Park zwischen Calumet und Hancock an der Westküste der Halbinsel ist wegen seines schönen Campingplatzes beliebt. Traumhaft ist der Sonnenuntergang, den man vom Ufer beobachten kann.

Die Isle Royale

Tipps & Adressen
S. 327

Karte S. 136/37
Nur 14 Meilen vom Ufer liegt in der nordwestlichen Ecke des Lake Superior die **Isle Royale** 🔟, ein ganz besonderer Nationalpark der USA. Allein die Tatsache, dass man nicht mit dem Auto anreisen kann, hat dazu beigetragen, dass die Isle Royale zu den am seltensten besuchten Parks des Landes gehört. Nur von Mitte April bis Ende September ist die Insel von Houghton, Copper Harbor und Grand Portage per Schiff oder Wasserflugzeug erreichbar. Auf der Insel

kann man sich nur zu Fuß, per Kanu oder Kajak fortbewegen. Unverfälschte, grandiose Natureindrücke und Einsamkeit sind garantiert.

Durch die vom Menschen fast völlig unberührte Wildnis führen Wanderwege von mehr als 260 km Länge, auf denen man die dichten Mischwälder, Moore und Sumpfgebiete erkunden kann. In den Sommermonaten blühen zum Teil sehr seltene Wildblumen und Orchideenarten, gedeihen Himbeeren, Blaubeeren und *thimbleberries*.

Mehrere hundert Meter hoch aufragende Bergkämme aus Basaltgestein, zwischen die sich schmale Täler gegraben haben, prägen die Landschaft, die ihr Aussehen Vulkanausbrüchen und der Erosion zu verdanken hat. Schmelzende Gletschermassen hinterließen zahlreiche Inlandseen, in deren glasklarem, eiskaltem Wasser sich unzählige Fische tummeln.

Im Jahre 1981 erklärten die Vereinten Nationen die Isle Royale zum Biosphären-Reservat. Seit langem schon beobachten Biologen auf dem Areal die Wechselwirkung zwischen Wölfen und Elchen, Jägern und Gejagten. Erst zu Beginn des 20. Jh. gelangten Elchrudel schwimmend auf die Insel, wo sie sich durch das üppige Nahrungsangebot und ohne natürliche Feinde schnell vermehrten. Durch die knapper werdende Nahrung drohten die Tiere auszusterben. Erst als Wölfe Ende der 40er Jahre des 20. Jh. über den zugefrorenen See auf die Isle Royale gelangten, wurde das Gleichgewicht wiederhergestellt. Inzwischen haben für die Insel ungewöhnlich harte Winter dafür gesorgt, dass die Elchpopulation erneut dezimiert wurde. Letzteres wird sich, wie die Forscher glauben, auch bald in der Zahl der Wölfe niederschlagen.

Mit großer Wahrscheinlichkeit sieht man bei einer Inselwanderung die bis zu

Big Annie of Calumet: Ein Leben zu Zeiten der Industriellen Revolution

Als ›Big Annie‹ Clemenc im Jahre 1956 starb, erinnerte sich kaum jemand an die Rolle, die sie während des Bergarbeiterstreiks von 1913/14 auf der Keweenaw-Halbinsel gespielt hatte. Erst ein verändertes Geschichtsbewusstsein, das auch dem Engagement einfacher Menschen Beachtung schenkt, hat daran etwas geändert.

Als Annie gegen Ende des 19. Jh. geboren wurde, erlebte die Region der Großen Seen die Blütezeit der Industriellen Revolution. Die Entdeckung riesiger Kupfervorkommen auf der Keweenaw-Halbinsel hatte für den ersten Bergbauboom der USA gesorgt. Alljährlich wurden 5 Mio. t des Edelmetalls aus den Tiefen der Halbinsel gefördert.

Uneingeschränkter Herrscher über den Landstrich war die Calumet and Hecla Consolidated Copper Company, kurz C+H, die alle Minen besaß. Die Arbeitsmöglichkeiten in den zahlreichen Bergbaubetrieben hatten tausende von Einwanderern aus Europa angelockt. Um die Wende vom 19. zum 20. Jh. lebten 10 000 Einwohner aus 15 verschiedenen Ländern auf der Keweenaw-Halbinsel, von denen sich die meisten mit unmenschlichen Lebens- und Arbeitsbedingungen konfrontiert sahen und nur einen Hungerlohn erhielten.

Viele der Bergleute, die oft schon als Kinder mit der Arbeit in den Minen begonnen hatten, waren im Alter von nur 40 Jahren krank und mit ihren Kräften am Ende. Schwere Arbeitsunfälle, oft mit tödlichem Ausgang, waren an der Tagesordnung. Nicht minder hart war das Leben für die Frauen der Bergleute. Allein gelassen von den arbeitenden Männern, waren sie für die Versorgung der zahlreichen Kinder verantwortlich, ständig bedroht von Armut und der Angst, zu verwitwen. Da eine soziale Absicherung unbekannt war, bedeutete der Tod oder die Arbeitsunfähigkeit des Ernährers meist, dass die Familien hungern mussten.

Als die Gewinne im Bergbau im Jahre 1913 stagnierten, reagierte die C+H mit der Rationalisierung der Arbeitsabläufe, um Kosten zu sparen. An den riesigen Bohrern, die bis dahin zwei Arbeiter bedient hatten, sollte nur noch ein Mann eingesetzt werden – eine Maßnahme, die sich erheblich auf die Sicherheit der Bergleute auswirkte. Schnell erhielten die Bohrer den Beinamen ›Witwenmacher‹.

Eine der vielen, die nicht mehr bereit waren, ihr Schicksal klaglos hinzunehmen, war Annie Clemenc. Als Frau eines aus Kroatien stammenden Bergarbeiters kannte sie die unmenschlichen Arbeitsbedingungen aus erster Hand. Um den kargen Lohn ihres Mannes aufzubessern, arbeitete sie im örtlichen Krankenhaus, in dem auch die Opfer von Arbeitsunfällen behandelt wurden.

Als im Juli 1913 die Bergarbeiter ihre Arbeit niederlegten, da die Forderungen ihrer Gewerkschaft ungehört verhallt waren, wurde Annie zur Gallionsfigur des Widerstands. Tag für Tag, Woche für Woche führte sie unbeirrt den Protestzug der Streikenden durch die Straßen von Calumet an. Wie ein Fanal trug sie die amerikanische Flagge vor sich her. Annie und ihre Mitstreiter ließen sich auch nicht von Schlägen, Fußtritten oder Schüssen einschüchtern, sondern führten ihren Kampf unbeirrt fort.

Als immer deutlicher wurde, wie ernst es den Streikenden war, begann C+H mit der Einberufung der Miliz und von Kriminellen, die sich als professionelle Streikbrecher betätigten.

Bald gab es die ersten Toten und Verletzten. Mutig stellte Annie sich den bewaffneten Polizeitruppen entgegen. Zur Eskalation der Lage kam es bei einer Weihnachtsfeier in der Italian Hall, die Annie für die Streikenden und ihre Familien mitorganisiert hatte. Als jemand im Laufe des Festes grundlos »Feuer, Feuer« rief, brach eine Panik aus. 73 Menschen, die meisten davon Kinder, wurden bei dem Versuch aus dem Gebäude zu fliehen zu Tode getrampelt.

Wer die Katastrophe durch sein Rufen ausgelöst hat, wurde nie geklärt. Bis heute hält sich aber hartnäckig das Gerücht, es habe sich um einen geplanten Angriff gegen die Streikenden gehandelt. Tausende von Bergarbeitern waren nach den Ereignissen derart demoralisiert, dass sie nach Detroit zogen, um in der Autoindustrie neue Arbeit zu finden. Annie aber blieb an der Seite der Streikenden, bis diese nach gut neun Monaten Ausstand im April 1914 in die Minen zurückkehrten. Zumindest ihre Forderungen nach mehr Lohn und kürzeren Arbeitszeiten hatten sie durchsetzen können.

Big Annie wird heute innerhalb der Gewerkschaftsbewegung als Heldin verehrt.

400 kg schweren Elche ebenso wie Biber, Wiesel, Otter, Rotfüchse, Hasen, Eichhörnchen, Nerze und Bisamratten. Der ebenso intelligente wie scheue Wolf zeigt sich hingegen nur äußerst selten. An den zerklüfteten, felsigen Ufern der Insel kann man Seetaucher und kanadische Wildgänse beobachten.

Weniger an Flora und Fauna als am Kupfervorkommen waren die ersten Inselbewohner interessiert, die um 2000 v. Chr. mit dem Abbau des Edelmetalls begannen. Im Nordwesten der Insel zeugen noch einige Gruben von den Aktivitäten der Indianer. Als die ersten Europäer im 17. Jh. das Eiland erreichten, setzten sie den Kupferbergbau im großen Stil fort. Die größte Mine der Insel, die Mignon Mine, war bis 1870 in Betrieb. Damals war die Insel bereits seit über 30 Jahren Teil des Bundesstaates Michigan. Der Name Isle Royale – den französische ›Entdecker‹ eingeführt hatten – blieb erhalten. Ausgesprochen wird er allerdings amerikanisch ›Eil Royal‹.

In der zweiten Hälfte des 19. Jh. begann der kommerzielle Fischfang, durch den vor allem die Pelzhändler der Region mit Nahrung versorgt wurden. Als durch Überfischung dieser Wirtschaftszweig ein Ende fand, trat der aufkommende Tourismus an dessen Stelle. Dampfschiffe brachten die ersten Besucher auf die Insel, deren Abgeschiedenheit einst in erster Linie mit Exklusivität gleichgesetzt wurde. Doch mit der Deklaration der Isle Royale zum Nationalpark im Jahre 1931 wurde die Zivilisation schnell wieder von der Insel verbannt. Seitdem spielt Komforttourismus keine Rolle mehr auf dem Eiland.

In Rock Harbor gibt es eine rustikale, gemütliche Unterkunft, von der man Tageswanderungen unternehmen kann. Ungefähr dreieinhalb Stunden benötigen ungeübte Wanderer für den relativ einfachen Stoll Trail.

Für den populären, aber recht anspruchsvollen Greenstone Ridge Trail sollte man mindestens sechs Tage einplanen. Kenntnis der Wildnis, sehr gute Kondition und die entsprechende Ausrüstung – Zelt, Nahrung, Wasserfilter und Mückenschutz – sind Voraussetzungen, möchte man diese Route erwandern. Auch Wanderungen auf Teilabschnitten des Wegenetzes sind möglich: Wassertaxi, Boot oder Wasserflugzeug holen Wanderer nach Vereinbarung am Ende der Route ab. Wer sich derartige Expeditionen nicht zutraut, kann sich in die Obhut der örtlichen Ranger begeben, die interessante Führungen zu den landschaftlichen Highlights veranstalten.

Die Gewässer auf und rund um die Insel sind ein Paradies für Kajaker und Kanuten – auch hier ist entsprechende Erfahrung wichtig.

Von Keweenaw bis Duluth

Tipps & Adressen
Ashland S. 293, Bayfield/Wisconsin S. 295, Apostle Islands S. 293, Madeline Island S. 336, Duluth S. 314

Karte S. 136/37
Für die 260 Meilen lange Route sollte man drei Tage veranschlagen. Naturerlebnisse für jeden Geschmack bietet dieser kontrastreiche Streckenabschnitt. Mehrtägige Wanderungen durch abgelegene Regionen kann man hier ebenso unternehmen wie Tageswanderungen oder einen Bootsausflug zu den Apostle Islands.

Mit 85 000 Einwohnern gehört Duluth zu den größten Städten am Lake Superior. Der lebhafte Hafen dieses wichtigen Umschlagplatzes für Weizen und Eisenerz belegt die Bedeutung des Lake Superior als Verkehrsweg. Wer Großstadtluft schnuppern möchte, unternimmt einen Abstecher Richtung Süden. Nach gut zwei Stunden Fahrt von Duluth über die I-35 sind die sehenswerten Zwillingsstädte Minneapolis/St. Paul erreicht (vgl. S. 155ff.).

Von Houghton gelangt man über die Landstraßen 26, 45 und 64 in den **Porcupine Mountains Wilderness State Park** 🔢. Das bergige, schwer zugängliche Areal hielt im 19. Jh. selbst hartgesottene Holzfäller fern. Diesen Umständen verdankt der Park seinen Reichtum: die größten Flächen unberührten Waldes aus jahrhundertealten Zedern, Schierlingstannen, Pinien und Birken zwischen den Rocky Mountains und den Adirondacks im Staate New York. Stille Seen, Wasserfälle und reißende Wildbäche tragen zum Reiz des Parks bei. Pläne, den Park durch Straßenbau zu ›zähmen‹, wurden 1972 per Gesetz verhindert. Und so bieten Wege von mehr als 130 km Länge, auf denen man Wanderungen von ein bis vier Stunden oder auch mehrtägigen Touren unternehmen kann, die einzige Möglichkeit, den Park zu erkunden.

Kartenmaterial und ausführliche Informationen gibt es im Visitor Information Center an der South Boundary Road, wo auch ein kleines Museum einen Überblick über Geschichte, Flora und Fauna des Parks bietet.

Über die South Boundary Road gelangt man zur Landstraße 519, die Richtung Lake Superior parallel zum Presque Isle River verläuft. Auf dem Weg dorthin passiert man die Grenze zwischen der Eastern und der Central Time Zone. Wer aus Osten kommt, muss seine Uhr eine Stunde zurückstellen. An der Mündung des Presque Isle River in den Lake Superior befindet sich ein Campingplatz, in dessen näherer Umgebung vier Wasserfälle zwischen altem Baumbestand rauschen.

Weitere Wasserfälle findet man an der Landstraße 513, die von Bessemer Richtung Lake Superior führt. Bei den Informationsbüros der Gegend erhält man Verzeichnisse mit allen Wasserfällen der Region.

Auf dem Highway 2 kurz hinter Ironwood erreicht man die Grenze zu Wisconsin. Die dichten Wälder Michigans weichen bald offenen Wiesen und Weiden. Auf dem Weg nach Ashland durchquert man die Bad River Indian Reservation, benannt nach dem gleichnamigen Fluss, der so schwer zu befahren war, dass ihn französische ›Entdecker‹ als ›schlechten Fluss‹ bezeichneten. An der Straße weisen Schilder auf den Verkauf von wildem Reis hin – seit Jahrhunderten ein Grundnahrungsmittel der Indianer in dieser Region.

Ein altes Förderband, das hoch über die Straße führt, kündet Ashland an, mit 9000 Einwohnern eine der größten Gemeinden im nördlichen Wisconsin. Lange Jahre spielte der Hafen der Stadt eine wichtige Rolle bei der Verschiffung von Eisenerz, das im Hinterland gefördert wurde. An die glorreiche Vergangenheit erinnert heute noch eine von ehedem fünf Dockanlagen, die weit in den Lake Superior hineinragt.

Eine Institution ist das Hotel Chequamegon am Highway 2. Einst das vornehmste Haus am Lake Superior, erstrahlt es nach einer gelungenen Renovierung wieder in altem Glanz. Bevor man auf die Landstraße 13 nach Bayfield abbiegt, lohnt sich ein Besuch im Northern Great Lakes Visitor Center am Highway 2 Richtung Duluth. Dort gibt es nicht nur Informationen über den Lake Superior, sondern auch ein hervorragendes Museum, das der Geschichte, Flora und Fauna der Region gewidmet ist. Am Besucherzentrum beginnt ein kurzer Rundweg durch das angrenzende Marschland, in dem viele Vogelarten leben.

Auf dem Weg nach Bayfield passiert man die Gemeinde Washburn, die sich als preiswerte Übernachtungsalternative zum teuren Bayfield anbietet. An der Hauptstraße informiert eine Ranger Station über den Chequamegon National Forest im Hinterland. Das Waldgebiet mit zahlreichen Seen ist vor allem bei Mountainbikern und Wanderern beliebt.

Der Leuchtturm im Hafen von Duluth

Der Hafen von Bayfield, Wisconsin

Nicht umsonst rühmt sich **Bayfield** 12, eine der schönsten Gemeinden Wisconsins zu sein. Allein die Lage zwischen einer Anhöhe und dem Seeufer ist zauberhaft. Viktorianische Villen, Alleen und herrliche Ausblicke auf den Lake Superior bestimmen das Bild des Ortes, der schon lange kein Geheimtipp mehr ist.

Das Cooperage, ein in einem alten Lagerhaus untergebrachtes Museum gegenüber der Fähranlegestelle, informiert über zwei traditionsreiche Wirtschaftszweige in Bayfield: den Fischfang und die Böttcherei, die sich gegenseitig bedingten. Für die Aufbewahrung und den Transport von Fischen war die Herstellung von Fässern wichtig.

Hauptattraktion von Bayfield sind die **Apostle Islands** 13, bei deren Entstehung die Eiszeit ihre Schöpferkraft einmal mehr unter Beweis stellte. Gewaltige Gletschermassen meißelten Gräben in den kambrischen Sandstein, die sich nach dem Abtauen des Eises mit Wasser füllten. Zurück blieben mehr als 20 kleine Inseln, denen Wind und Wasser den letzten Schliff verliehen.

Die ersten Weißen, die im 17. Jh. den Archipel erreichten, waren französische Jesuitenmissionare. Im Glauben, es handele sich um zwölf Inseln, gaben sie ihnen Namen Apostle Islands. Bald schon stand nicht mehr das Seelenheil der Ojibwa-Indianer, sondern handfestes Finanzinteresse im Vordergrund. Während der nächsten 200 Jahre kamen Pelzhändler, Holzfäller, Fischer und auch der hochwertige Sandstein wurde abgebaut.

Als mit der Errichtung der Eisenbahn im ausgehenden 19. Jh. die ersten Touristen in die Region strömten, wurden warnende Stimmen laut, die den Schutz der Inseln verlangten. 1970 schließlich wurden die Apostel-Inseln zur National Lakeshore erklärt und damit vor weiterer unkontrollierter Nutzung bewahrt. Die größte Insel, die ganzjährig bewohnte Madeline Island, gehört als einzige nicht zum Schutzgebiet. Sie liegt Bayfield am nächsten und wird von den meisten Besuchern im Rahmen eines Tagesausflugs besucht.

Einige der Inseln erreicht man per Shuttle Service oder mit dem Wassertaxi, andere nur mit dem Kanu, Kajak oder Boot, während zwei der Inseln nicht zugänglich sind. Die anderen Inseln bieten hervorragende Wandermöglichkeiten in einer trotz des jahrhundertelangen Raubbaus erstaunlich intakten

Natur. Uralte Baumriesen, Sanddünen, Felsenküste, Sümpfe und Lagunen prägen die Inselwelt, in der man Biber, Schwarzbären, Wild und vor allem Vögel beobachten kann. Nicht weniger als sieben historische Leuchttürme bewahrten so manches Schiff vor Unheil.

Von Bayfield führt die Landstraße 13 durch eine endlos weite Landschaft Richtung Westen. Die Stadt Superior an der Grenze zu Minnesota besitzt gemeinsam mit Duluth den größten Binnenhafen des Landes: Riesige Docks, Silos und Kräne erstrecken sich über mehrere Kilometer beiderseits der Mündung des St. Louis River.

Interessanter als Superior ist die Schwesterstadt, die man über eine lan-

ge Brücke erreicht. **Duluth** 14 wurde nach dem französischen ›Entdecker‹ und Händler Daniel Du Luth benannt, der 1679 mit den Ojibwa und Sioux einen Friedensvertrag ausgehandelt und damit dem Pelzhandel den Weg geebnet hatte. Zum bedeutenden Hafen wurde Duluth aber erst mit der Eröffnung der Schleusen in Sault Ste. Marie im 19. Jh., durch die der Schiffsverkehr auf dem Lake Superior nun Zugang zu den anderen Großen Seen hatte. Damals wurde vor allem Holz im Hafen von Duluth umgeschlagen.

Als sich gegen Ende des 19. Jh. die Wälder durch den radikalen Einschlag lichteten, wurden riesige Eisenerzvorkommen in der Umgebung entdeckt.

Promenade im Hafen von Duluth

Nach dem Bau der Eisenbahn, welche die Kornkammern des Mittleren Westens mit Duluth verband, wurde Getreide verschifft. Aber auch von Rückschlägen blieb Duluth nicht verschont. Die Zahl der Industriebetriebe, die einst die Flussmündung säumten, nahm deutlich ab. Immer mehr Lager- und Fabrikhallen standen leer und verfielen.

Ein erfolgreiches Umnutzungsprogramm hat der Waterfront in den 80er Jahren des 20. Jh. wieder neues Leben eingehaucht: In die alten Backsteingebäude sind Restaurants, Bars und Läden eingezogen, die für eine lebhafte Atmosphäre sorgen. Im nahen Canalpark zieht ein technisches Meisterwerk Besucher an, das längst zum Wahrzeichen der Stadt wurde. Damit die Schiffe in den Hafen fahren können, kann die Fahrbahn der Areal Lift Bridge um über 40 m angehoben werden. Die Boatwatcher´s Hotline erteilt unter der Telefonnummer 218-722-6489 Auskunft, wann ein Schiff in den Hafen einläuft.

Rund um das Thema Schifffahrt auf den Großen Seen dreht es sich im Marine Museum unweit der Brücke, dessen Sammlung mehrere tausend Exponate, von Schiffsmodellen über nachgebaute Schiffskabinen bis zu historischen Aufnahmen, umfasst. Interessant ist auch das Relief der Großen Seen, das die geologischen Strukturen der Region erkennen lässt. Die Besichtigung des ausgemusterten Erzfrachters »S.S. William A. Irvin«, der im Hafenbecken vor Anker liegt, rundet den ›nautischen‹ Spaziergang an der Waterfront ab. Das Dampfschiff aus dem Jahre 1938, das in ein Museum umgewandelt wurde, vermittelt mit original erhaltenen Kabinen, Maschinen- und Laderäumen einen Eindruck vom Leben und Arbeiten an Bord.

Gleich drei Museen unter einem Dach beherbergt The Depot, ein restaurierter alter Bahnhof in der Michigan Avenue. Neben einem Museum für die jüngsten Besucher beschäftigt sich das Museum der St. Louis County Historical Society mit der Geschichte der Region. Dritter im Bunde ist das Lake Superior Museum of Transport, dessen Lokomotiven die Herzen von Eisenbahnfans höher schlagen lassen.

Glensheen Mansion in der London Road im Norden von Duluth ist das prächtigste Anwesen der Stadt. Die Villa im Stil eines englischen Landsitzes aus dem 17. Jh. wurde 1908 für die Unternehmerfamilie Congdon errichtet. Die 39 Zimmer sind mit wertvollem Originalmobiliar und zahlreichen Kunstgegenständen eingerichtet. Ebenso sehenswert ist der Park, der das Haus umgibt.

Abstecher zu den Zwillingsstädten Minneapolis/ St. Paul

Meist in einem Atemzug genannt und als *twin cities* – Zwillingsstädte – bezeichnet, handelt es sich bei Minneapolis/St. Paul eher um ein einträchtiges Geschwisterpaar als um eineiige Zwillinge. Die Unterschiede sind augenscheinlich: Minneapolis ist mit seinen 345 000 Einwohnern die größere, modernere Stadt, in dessen Zentrum sich glitzernde, postmoderne Hochhausfassaden in den Himmel recken. Das mit 262 000 Einwohnern kleinere St. Paul hat mit seiner alten Bausubstanz eher historischen Charakter. Doch gleich welcher der beiden Städte man den Vorzug gibt, Minneapolis/St. Paul genießt wegen einer lebhaften Kulturszene, vielen Parks und einer auch nach Geschäftsschluss belebten Innenstadt als eine der lebenswertesten Städte des Landes einen hervorragenden Ruf.

Als im 17. Jh. die ersten Weißen in das Gebiet des späteren Minnesota vorstießen, war das Land von Unterstämmen der Sioux und Algonquin bewohnt, die in den Wäldern, Seen und Flüssen ausreichend Nahrung fanden. Um 1680 erreichte der Franziskanermissionar Louis Hennepin die Wasserfälle am oberen Mississippi, die er zu Ehren des Schutzheiligen Sankt Antonins von Padua St. Anthony Falls benannte. Über 150 Jahre später waren diese Wasserfälle als Energieträger für die industrielle Entwicklung von Minneapolis ausschlaggebend.

Nach dem Unabhängigkeitskrieg gelang es den Amerikanern Ende des 18., Anfang des 19. Jh., das Gebiet beiderseits des Mississippi ihrem Staatsgebiet einzuverleiben. Um ihren Anspruch auf die Region geltend zu machen, wurde 1819/20 am strategisch wichtigen Zusammenfluss des Minnesota River mit dem Mississippi das Fort Snelling errichtet. Im Schutze des Forts nahm die Besiedlung durch Weiße ihren Anfang. Eine erste Sägemühle wurde erbaut und eine kleine Gemeinde wuchs heran.

Wenige Jahre später wurde südlich des Forts eine Blockhüttensiedlung errichtet, als deren offizielles Gründungsjahr 1841 gilt. Gleichzeitig baute dort Pater Lucien Galtier eine Kapelle, die dem heiligen Paulus geweiht wurde. Nach dem Apostel wurde das Dorf St. Paul genannt. Auch flussaufwärts entstand ein neuer Siedlungskern. Am Ostufer des Mississippi wurde St. Anthony gegründet, am Westufer Minneapolis, deren Namen sich aus *minne,* dem Wort der Dakota für Wasser, und dem griechischen *polis* – Stadt – zusammensetzt. Schon 1872 war Minneapolis so gewachsen, dass es sich St. Anthony einverleibte.

Minneapolis erlebte als Industriestandort einen rasanten Aufschwung. Zunächst bestimmte der Holzhandel das Wirtschaftsleben. Nach der Wende zum 20. Jh. wurde die Stadt dann Zentrum der Mühlenindustrie, die den Weizen des Mittleren Westen verarbeitete. Die Energie zum Betreiben der Anlagen lieferten die St. Anthony Falls, an denen 1882 das erste hydro-elektrische Werk der Nation errichtet worden war.

Auch St. Paul erlebte einen Boom. Als Minnesota am 11. 5. 1858 als 32. Staat in den Bund der USA aufgenommen wurde, wurde St. Paul zur Hauptstadt ernannt. Durch die Eisenbahn und den Schiffsverkehr, der den Mississippi nur bis St. Paul befahren kann, entwickelte sich die Stadt zu einem bedeutenden Verkehrsknotenpunkt, der den Handel mit Versorgungsgütern begünstigte. Innerhalb weniger Jahre ließen zahlreiche Immigranten, vor allem Deutsche und Iren, die Einwohnerzahlen in die Höhe schnellen.

Der Aufschwung endete jäh mit der Weltwirtschaftskrise Ende der 20er Jahre des 20. Jh., als Minneapolis/St. Paul sich zu einem wichtigen Zentrum der Arbeiterbewegung entwickelte. Fünfzig Jahre später wurde die Doppelstadt von einer erneuten Wirtschaftskrise geschüttelt, die eine Abwanderung aus der City zur Folge hatte. Mit ehrgeizigen Bauprojekten wie der Restaurierung des Warehouse District und der Errichtung der Nicollet Mall wurde dem Niedergang schließlich Einhalt geboten. Heute gibt es in beiden Städten zahlreiche Firmen der verarbeitenden Industrie.

Minneapolis

Tipps & Adressen
S. 346

15 Als Reiseziel den meisten europäischen Urlaubern unbekannt, gilt Minneapolis in den USA als eine der lebendigsten Städte des Landes. Zum guten Ruf der Metropole trug nicht nur die quirlige Innenstadt mit zahlreichen hervorragenden Einkaufsmöglichkeiten und guten Restaurants bei, sondern auch die sehr lebendige Kulturszene. Stolz wird darauf verwiesen, dass Minneapolis hinsichtlich der Theater, Tanzensembles und Konzertsäle New York in nichts nachsteht. Die vielen Parks und zahlreichen Freizeitangebote machen Minneapolis zu einer der lebenswertesten Städte der USA.

Als Ausgangspunkt für eine Erkundung der Innenstadt bietet sich die **Greater Minneapolis Convention & Visitors Association** (1) an, in der es Stadtpläne und Informationen gibt. Nach wenigen Schritten erreicht man die **Nicollet Mall** (2). 1967 verwandelte der Landschaftsarchitekt Lawrence Halprin die wenig attraktive Straße in eine Fußgängerzone – damals eine Sensation in den autoverliebten USA. Inzwischen gilt die Straße als Shopping-Adresse Nummer Eins in der Innenstadt.

Ebenso revolutionär war das 1962 erbaute Skyway System. Besonders in den bitterkalten Wintermonaten wissen die Einwohner das Netz von überdachten, beheizten Passagen zu schätzen, das hoch über der Straße verläuft und 54 Häuserblocks miteinander verbindet. Kritiker hingegen zürnen über die Auswirkungen dieses Systems für das Stadtbild und vor allem für das Straßenleben.

Einen architektonischen Meilenstein markiert das 1973 mit blau schimmernden Glasflächen errichtete **IDS Center** (3), mit 233 m das höchste Gebäude der Stadt. Atemberaubend ist der Ausblick, den man vom 51. Stockwerk auf die Doppelstadt genießt.

Ebenfalls aus den 70er Jahren des 20. Jh. stammt die **Orchestra Hall** (4), deren hervorragende Akustik Aufführungen des Minnesota Orchestra zum

Genuss macht. Die **Peavy Plaza** (5) wurde mit Bäumen, Springbrunnen und Wasserflächen in eine innerstädtische Oase verwandelt.

Der **Foshay Tower** (6), 1929 kurz vor dem Börsencrash errichtet, war lange Zeit das einzige Hochhaus westlich von Chicago. Der Bauherr, der Holzbaron Wilbur Foshay, musste kurz nach der Vollendung aufgrund von geschäftlichen Unregelmäßigkeiten ins Gefängnis. Auf Druck der Bevölkerung, bei der er großes Ansehen genoss, wurde Foshay kurz darauf von Präsident Thomas Jefferson begnadigt. Sehenswert ist die Eingangshalle, ein Juwel des Art déco. Nicht ganz so hoch wie im IDS Center ist

die Aussichtsplattform des Foshay Tower im 31. Stockwerk. Doch darf man hier nach draußen treten, um den Blick über die Stadt zu genießen.

Für das **Northwest Center** (7), das mit Sandstein, Marmor und Bronze einen gelungenen Kontrast zum ›kühlen‹ IDS Center bildet, stand das RCA Building in New York City Pate. Der Architekt Cesar Pelli ließ sogar dem Nachbargebäude als höchstem Haus der Stadt den Vortritt. Einen Block weiter steht die **Farmers and Mechanics Savings Bank** (8) mit einer zweistöckigen Art-déco-Lobby. Besonders eindrucksvoll sind der Treppenaufgang und die aufwändige Beleuchtung. Der Bau der riesi-

Blick auf Minneapolis vom Walker Arts Center

gen neoromanischen **Minneapolis City Hall** (9) dauerte von 1889 und 1905 und führte die Stadt fast an den Rand des Konkurses.

Auch beim Bau des **Grain Exchange Building** (10) sparte man nicht. Die Darstellungen von Maiskolben und Getreidebündeln verweisen auf den Weizenhandel, dem Minneapolis seinen Reichtum verdankt. Die Getreidebörse kann im Rahmen einer Führung besichtigt werden.

Die **St. Anthony Falls** (11) im Mississippi verhalfen Minneapolis zu seinem wirtschaftlichen Aufstieg. Einen Eindruck von der Gewalt der Wassermassen erhält man vor allem im Frühling, wenn der Mississippi Hochwasser führt. Rechts der Brücke ermöglicht eine Schleuse, die einen Höhenunterschied von 15 m ausgleicht, Schiffen die Passage der Fälle. Die **Stone Arch Bridge** (12) gleich neben der Schleuse wurde 1883 vom Eisenbahnmagnaten James

J. Hill in Anlehnung an einen römischen Viadukt errichtet. Von der Brücke sollten die Passagiere seiner Eisenbahn bei der Einfahrt in die Stadt einen ersten verheißungsvollen Blick auf Minneapolis genießen.

Am Nordufer des Mississippi erstreckt sich entlang der SE Main Street ein Viertel mit alten Lagerhäusern. In den Backsteingebäuden befinden sich mittlerweile teure Wohnungen, Restaurants und nette Cafés. Zur Erheiterung trägt das originellste Museum der Stadt bei, das **Museum of Questionable Medical Devices** (13), in dem von obskuren Quacksalbern erfundenes Gerät zur Heilung von Krankheiten aller Art ausgestellt ist.

Über die Hennepin Bridge gelangt man über Nicollet Island zurück auf die Südseite des Flusses. Von der Brücke sieht man links die Rückseite des lang gestreckten **Minneapolis Post Office** (14), das während der Weltwirtschafts-

krise 1933 als Arbeitsbeschaffungsmaßnahme errichtet wurde. Einen Blick in
den Innenraum sollte man sich nicht
entgehen lassen: Das Meisterwerk der
Art-déco-Architektur blieb bis ins Detail
original erhalten.

Der **Warehouse District** (15) nimmt
das Karree zwischen 1st und 3rd Avenue
sowie der 1st und 6th Street ein. Lange
Zeit waren die alten Lagerhäuser des
Viertels dem Verfall preisgegeben, bis
sich die Stadt an deren Renovierung
machte. Inzwischen sind hervorragende
Restaurants, Läden und Cafés in die
Backsteinhäuser eingezogen. Kneipen
und Theater sorgen dafür, dass der Betrieb auch nach Feierabend noch lange
kein Ende findet.

Der Ruf von Minneapolis als Kunst-
stadt beruht auf Institutionen wie dem
Walker Arts Center, das als eines der be-
deutendsten Museen für moderne
Kunst in den USA gilt. Ein Schwerpunkt
der Sammlung liegt auf Werken von
Willem de Kooning, Andy Warhol, Roy
Lichtenstein, Sol LeWitt, Mark Rothko

und Donald Judd. Ebenso populär wie
das Walker Arts Center ist der ange-
schlossene Minneapolis Sculpture Garden, in dem Skulpturen und Kunstwerke
unter freiem Himmel ausgestellt sind.

Die Sammlung des ebenso sehens-
werten Minneapolis Institute of Art zeigt
Werke von Tizian, El Greco, Rembrandt,
Poussin, Van Gogh, Monet, Degas, Bon-
nard, Kandinsky, Matisse, Klee und
Rodin.

Voller Stolz betont man immer wieder, dass sich die Doppelstadt hinsichtlich der Zahl der Theater mit New York
messen kann. Zu den führenden Häusern gehört das Guthrie Theater, das
seit 1963 sein Publikum mit klassischen
und zeitgenössischen Aufführungen begeistert.

Mall of America heißt nicht eben un-
bescheiden ein Mega-Einkaufszentrum
im Süden der Stadt, das selbst in den
USA seinesgleichen sucht. An die
400 Läden, Restaurants und Freizeitein-
richtungen sind hier unter einem Dach
zusammengefasst.

Wandmalerei in Downtown Minneapolis

St. Paul

Tipps & Adressen
S. 372

16 Schon auf den ersten Blick offenbart sich der Unterschied zwischen Minneapolis und St. Paul. Während in Minneapolis moderne Hochhausarchitektur dominiert, beeindruckt die Hauptstadt des Bundesstaates Minnesota mit historischer Bausubstanz. St. Paul besitzt den Charme einer Kleinstadt, in deren Straßen es gemächlich zugeht.

Auf historischem Boden befindet man sich im **Rice Park** (1), der sich als Ausgangspunkt für eine Erkundung der Innenstadt anbietet. Der älteste öffentliche Park von St. Paul wurde 1849 angelegt, als die Gemeinde zur Hauptstadt Minnesotas ernannt wurde. Die Grünanlage, in deren Mitte ein Brunnen plätschert, ist bis heute eine beliebte Ruhezone für die Bewohner.

Zu den meistfotografierten Gebäuden von St. Paul gehört das **Landmark Center** (2), ein viktorianischer Prachtbau aus der Zeit um 1900. Das Gebäude, das in den 60er Jahren des 20. Jh. beinahe der Abrissbirne zum Opfer gefallen wäre, ist innen wie außen gleichermaßen opulent gestaltet. Uhrturm, Giebel und Erker zieren die Fassade, während die Innenräume mit erlesenen Materialien wie Marmor und Mahagoni glänzen. In dem Prachtbau, der einst als Gericht diente, sind heute Teile des Minnesota Museum of American Art untergebracht.

Ein Fixpunkt im kulturellen Leben der Stadt ist das **Ordway Music Theater** (3) westlich des Rice Park. In dem hufeisenförmigen Gebäude haben das St. Paul-Kammerorchester und die Oper von Minnesota ihre Spielstätten. Neben Konzerten und Opern finden auch hochkarätige Theater- und Tanzaufführungen ein breites Publikum. Das südliche Ende des Rice Park wird von der **St. Paul Public Library** (4), markiert, deren Bau 1916 der Eisenbahnbaron James J. Hill in Auftrag gab. Der schönste Teil des stattlichen Gebäudes, im Stil der italienischen Renaissance, befindet sich im Ostflügel – der Leseraum der James J. Hill Reference Library strahlt die Würde und Ruhe einer alten Bibliothek aus.

Der Würde einer Bundeshauptstadt wird die **City Hall** (5) gerecht. Nur 4 Mio. Dollar standen 1936 während der Weltwirtschaftskrise zur Verfügung, um den eindrucksvollen Art-déco-Bau zu errichten. Interessant ist der Kontrast zwischen der schlicht gestalteten Fassade und dem Interieur mit dynamischen Zickzack-Motiven. Atemberaubend ist der Eingangsbereich, den man von der 4th Street erreicht. Eine Skulptur von Carl Milles dominiert die mit Marmor ausgestaltete, dreistöckige Lobby. Das über 10 m hohe, aus weißem Onyx geschaffene Kunstwerk zeigt den indianischen Gott des Friedens.

Ebenfalls aus den 30er Jahren des 20. Jh. stammt das **Jemne Building** (6), ein weiteres Beispiel der Art-déco-Architektur. Ein Abstecher über die Wabasha Bridge zum Südufer des Mississippi lohnt sich, da man von dort einen herrlichen Blick auf die Skyline von St. Paul hat. Im **Harriet Island River Park** (7) legen Boote zu einem Ausflug auf dem Strom ab.

Zurück in der Innenstadt, erreicht man bald die **Kellogg Mall** (8). Die Esplanade wurde in den 30er Jahren des 20 Jh. angelegt, um einen Ausblick auf das Mississippi-Tal zu ermöglichen. Unter den vielen Denkmälern der Anlage ist das an der Kreuzung von Kellogg Boulevard und Robert Street das bedeutendste: Es markiert die Stelle, an welcher das erste Gebäude der Stadt, die dem Heiligen Paulus gewidmete Holzkirche, stand.

Das **Pioneer Building** (9) aus dem Jahre 1889 soll das erste Hochhaus der Stadt gewesen sein. Innen blieben eine gusseiserne Wendeltreppe und ein gusseiserner Fahrstuhlschacht erhalten. In unmittelbarer Nähe steht das **Endicott Building** (10), das 1890 aus Sandstein und Ziegelsteinen errichtet wurde.

Mit der Eröffnung des **Minnesota World Trade Center** (11) verband sich

St. Paul *1 Rice Park   2 Landmark Center   3 Ordway Music Theater   4 St. Paul Public Library   5 City Hall   6 Jemne Building   7 Harriet Island River Park   8 Kellogg Mall 9 Pioneer Building   10 Endicott Building   11 Minnesota World Trade Center   12 World Theater   13 Science Museum of Minnesota   14 Minnesota State Capitol   15 Minnesota History Center   16 Cathedral of St. Paul   17 James J. Hill House   18 Governor's Residence*

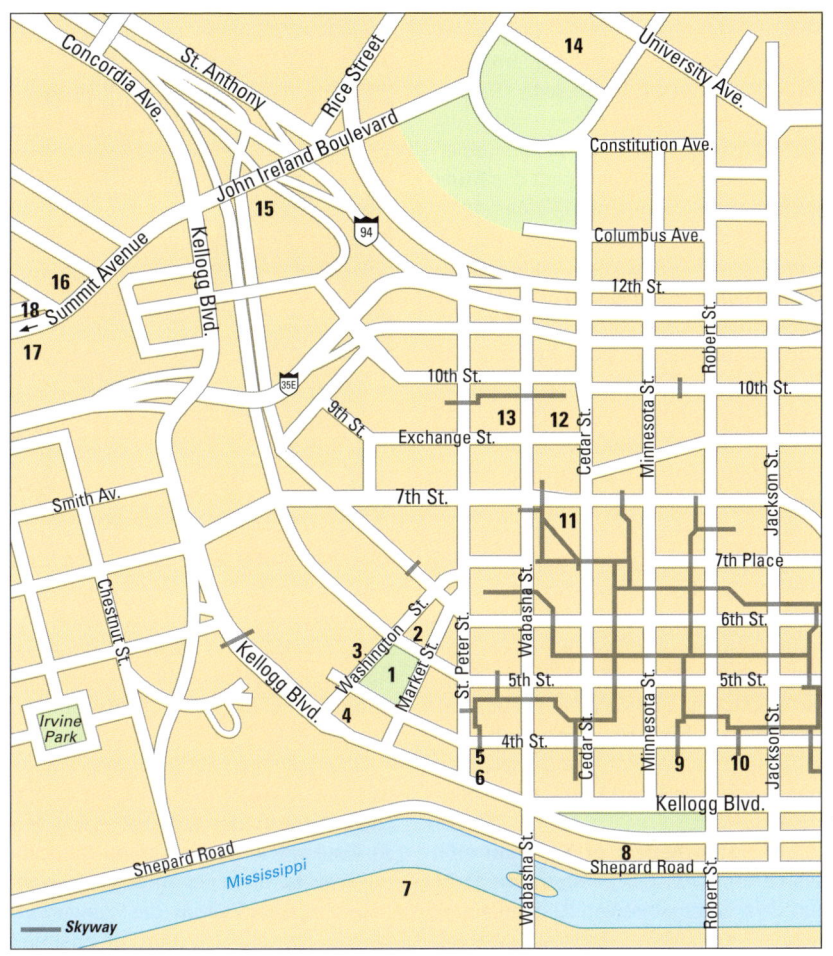

Ende der 80er Jahre des 20. Jh. die Hoffnung, der Wirtschaft Minnesotas neue Impulse zu geben. Heute machen Anwaltskanzleien das Hochhaus zu einem Bürogebäude unter vielen. In die unteren Etagen ist ein Einkaufszentrum eingezogen.

Das **World Theater** (12) aus dem Jahre 1910 ist das älteste Theater der Stadt, in dem mittlerweile verschiedene kulturelle Veranstaltungen stattfinden. Naturwissenschaften, Technologie, Archäologie, Paläontologie und Anthropologie werden den Besuchern im **Science Museum of Minnesota** (13) nahe gebracht.

Jenseits der I-94 erhebt sich auf einer der beiden Anhöhen der Stadt das **Minnesota State Capitol** (14), das 1907 nach elf Jahren Bauzeit fertig gestellt wurde. Das Regierungsgebäude ist das dritte seiner Art, nachdem die beiden Vorgängerbauten abbrannten beziehungsweise nie vollendet wurden. Der Architekt Cass Gilbert schuf ein Bauwerk von ausgewogenen Proportionen, bei dem, der Bedeutung des Gebäudes entsprechend, die erlesensten Marmorarten als Materialien verwendet wurden.

Fortschrittsglauben und Optimismus symbolisiert die Figurengruppe von Daniel C. French und Edward Potter über dem Eingang des Kapitols, die den Titel »The Progress of the State« – Der Fortschritt des Staates – trägt. Auf dem Weg zur Kathedrale lohnt sich ein Stopp im **Minnesota History Center** (15). In dem imposanten, postmodernen Gebäude wird die Geschichte Minnesotas dokumentiert.

Für die **Cathedral of St. Paul** (16) wählte man mit der zweiten Erhebung auf dem Stadtgebiet von St. Paul einen ebenso exponierten Bauplatz wie für das Kapitol. 1915 wurde das Gotteshaus fertig gestellt und dem Stadtpatron, Apostel Paulus, geweiht. Die mächtige Kuppel und das Portal verweisen auf den Petersdom in Rom als Vorbild.

Unterhalb der Kathedrale beginnt die Summit Avenue, die einst die bevorzugte Adresse der Wohlhabenden von St. Paul war und noch immer als eine der Prachtstraßen der Stadt gilt. Herrenhäuser aus der Zeit um die Wende zum 20. Jh. reihen sich dort aneinander,

deren Merkmal ein Stilmix aus romanischen, gotischen und klassizistischen Elementen ist.

Eines der eindrucksvollsten Beispiele viktorianischer Wohnkultur bietet das **James J. Hill House** (17), das der Eisenbahnindustrielle Hill 1891 errichten ließ. Der Bau des luxuriösen Anwesens mit 19 Zimmern und 13 Badezimmern verschlang die seinerzeit astronomische Summe von 1 Mio. Dollar. Im Rahmen einer Führung kann man das Anwesen

besichtigen. Sehenswert ist auch die **Governor´s Residence** (18), die offizielle Residenz des Gouverneurs von Minnesota. Auch in dieser Villa werden Führungen angeboten.

Zurück zu den Wurzeln führt ein Besuch von Fort Snelling im Süden der Twin Cities. Die restaurierte Wehranlage, in deren Schutz sich die ersten weißen Siedler niederließen, vermittelt einen Eindruck vom Leben in einem Außenposten der jungen USA.

Das Ostufer des Lake Superior

Von Duluth nach Grand Portage

Tipps & Adressen

Knife River S. 331, Two Harbors S. 388, Silver Bay S. 378, Finland S. 318, Tofte S. 383, Lutsen S. 334, Grand Marais/Minnesota S. 322, Grand Portage S. 323

Karte S. 136/37

»We´ll just put some bleachers out in the sun and have it on Highway 61«, so besang Bob Dylan, der 1941 in Duluth geboren wurde, die Straße, die am Lake Superior entlang von seinem Geburtsort nach Grand Portage an der kanadischen Grenze führt. Anders als es die seltsamen Visionen vermuten lassen, die Dylan in seinem Song heraufbeschwört, handelt es sich bei dem 150 Meilen langen Highway um eine ausgesprochen reizvolle Strecke, die zu den schönsten an den Großen Seen zählt. Für die Route sollte man sich mindestens drei Tage Zeit lassen.

Hoch über den felsigen Klippen bietet der North Shore Scenic Drive, wie der Highway auch genannt wird, immer wieder dramatische Ausblicke auf die majestätische Weite des Lake Superior. Zu den landschaftlichen Höhepunkten zählen die vielen Wasserfälle, die sich schäumend über Felsstufen in enge Schluchten ergießen.

Vielfältig sind auch die Möglichkeiten zur Freizeitgestaltung entlang der Strecke wie Wandern, Angeln, Baden, Kajak- und Kanufahren. Von der historischen Bedeutung der Region zeugt ein sorgsam restaurierter Pelzhandelsposten an der Grenze zu Kanada. Dort lohnt sich auch ein Ausflug ins Hinterland, wo die zahlreichen Wasserstraßen eines der besten Kanureviere der Welt bieten. Beinahe müßig zu erwähnen, dass so viele landschaftliche Attraktionen zahlreiche Besucher anziehen – in den Sommermonaten sollte man unbedingt Unterkünfte und Zeltplätze lange im Voraus buchen.

Man verlässt Duluth auf dem Highway 61 und folgt der Ausschilderung »North Shore Scenic Drive«. Nach einigen Meilen hat man den Weiler Knife River erreicht, wo Freunde von Fischgerichten sich Russ Kendall´s Smoked Fish House nicht entgehen lassen sollten. Diese Institution serviert geräucherte Fischspezialitäten, die, eingepackt zum Mitnehmen, auch jedes Picknick bereichern.

Bei **Two Harbors** 17 stößt der North Shore Scenic Drive wieder auf den Highway 61. Der Hafen erzählt noch von der Blütezeit des kleinen Ortes, die mit der Entdeckung von Eisenerz im Hinterland Ende des 19. Jh. zusammenfiel. Mit der Eisenbahn wurden die Bodenschätze nach Two Harbors transportiert und von dort zu den Stahlwerken im Osten des Landes verschifft.

Noch heute machen riesige Frachtschiffe am Kai fest, um Eisenerz zu verladen. Die »Edna G.«, ein über 100 Jahre alter restaurierter Schleppkahn, der hier seinen letzten Ankerplatz gefunden hat, kann besichtigt werden. Das Depot Museum am Waterfront Drive ist in einem alten Bahnhof untergebracht, in dem 1961 zum letzten Mal Passagiere abgefertigt wurden. Ausgestellt sind Exponate über die Eisenbahn, die das Eisenerz aus dem Hinterland zum Hafen von Two Harbors transportiert. Die Lake County Historical Society, die das Museum unterhält, veranstaltet auch

Die Boundary Waters Canoe Area zählt zu den beliebtesten Zielen von Wassersportlern

Führungen durch den Leuchtturm, der seit 1892 den Erzfrachtern den Weg weist.

Etwa 15 Meilen nördlich von Two Harbors empfiehlt sich der nächste Halt. Hier, im Gooseberry Falls State Park, ergießt sich das Wasser des Gooseberry River über fünf Felsstufen in Richtung Lake Superior. Während sich die meisten Besucher auf die leicht zugänglichen Upper Falls konzentrieren, werden die spektakulären Lower Falls, die man über den Falls View Trail erreicht, weit weniger frequentiert.

Außergewöhnlich heftige Novemberstürme, die 1905 über dem See tobten und mehr als 20 Schiffen zum Verhängnis wurden, führten fünf Jahre später zum Bau des Split Rock Lighthouse, das auf einem Granitfelsen über dem Lake Superior thront. Der Bau verschlang die Rekordsumme von über 72 000 Dollar – die Baumaterialien mussten mit Schiffen herangeschafft und mit einer Winde auf den Felsen gehievt werden. Beinah 60 Jahre wies der Leuchtturm Schiffen den sicheren Weg nach Duluth.

Bevor moderne Navigationshilfen entwickelt wurden, waren Leuchtsignal und Nebelhorn in dieser Region der Großen Seen besonders wichtig, da die eisenhaltigen Bergkämme Minnesotas die Kompassnadeln verrückt spielen ließen. Tausendfach wird der kleine, gelb getünchte Backsteinturm des Split Rock Lighthouse Tag für Tag auf Film gebannt. Vom Besucherzentrum, das über die Geschichte der Schifffahrt und des Leuchtturms informiert, gelangt man auf das weitläufige Gelände, wo man neben dem Turm das Nebelhorn und das Wärterhäuschen besichtigen kann. Zahlreiche Wanderwege führen durch den angrenzenden Split Rock Lighthouse State Park: Besonders schöne Ausblicke genießt man vom Day Hill Trail, einem leicht zu begehenden, kurzen Pfad.

Leuchttürme
Ein Licht im Dunkel der Nacht

Hunderte von Leuchttürmen säumen die Ufer der großen Seen – stumme Zeugen der Gefahr, die Schiffsbesatzungen in diesen Gewässern seit jeher droht.

Während des Amerikanischen Unabhängigkeitskriegs von 1775 bis 1783 erlebte die militärische und zivile Schifffahrt auf den Großen Seen einen drastischen Aufschwung. Als die Briten das von den Franzosen errichtete Fort Niagara an der Mündung des Niagara River in den Lake Ontario übernahmen, versahen sie 1781 den Turm der Wehranlage mit einem Licht. Diese Konstruktion gilt als erster Leuchtturm an den Großen Seen, der die Schiffe nachts davor bewahren sollte, zu weit nach Westen zu segeln. Durch den Krieg von 1812 geriet der Bau von weiteren Leuchttürmen ins Stocken. Als die Auseinandersetzungen beendet waren, ging es mit der kommerziellen Schifffahrt auf den Großen Seen schnell voran.

Höhenunterschiede zwischen den Seen und Hindernisse wie die Niagara-Fälle oder gefährliche Stromschnellen wurden durch den Bau von Kanälen und Schleusen überwunden. Die Seenplatte wurden zum viel frequentierten Verkehrsweg des 19. Jh., auf dem Güter wie Eisenerz, Kupfer, Getreide und Holz transportiert wurden. In Untiefen auf Grund gelaufene, im Nebel kollidierte oder im Sturm gesunkene Schiffe machten deutlich, wie notwendig Navigationshilfen waren. Und so wurden an allen neuralgischen Punkten Leuchttürme errichtet.

Zunächst wurden die Leuchttürme durch Waltran, später mit Kerosin befeuert. Zu einer Verbesserung der Leuchttürme führte die Entwicklung der Fresnel-Linse durch den französischen Physiker Augustin Fresnel. Mit dieser Linse konnte Licht aus einer kleinen Quellen über eine große Distanz gestreut und von den Schiffsbesatzungen aus weiter Entfernung gesehen werden.

Ein entscheidender Einschnitt kam mit der Einführung der Elektrizität. Die Arbeit des Leuchtturmwärters, der das Feuer betreut hatte, wurde nicht mehr benötigt. Mit dem Aufkommen von Radar und Satellitennavigation und wegen anderer Schifffahrtsrouten, die sich aufgrund der veränderten Nachfrage von Gütern ergaben, wurden viele Leuchttürme überflüssig. Sie verfielen oder wurden zum Ziel von Vandalismus. Nur dem gewachsenen Geschichtsbewusstsein ist es zu verdanken, dass man vielerorts inzwischen dem Verfall Einhalt gebietet.

Mit großem Eifer kümmern sich Geschichtsvereine, eigens ins Leben gerufene Lighthouse Societies und deren freiwillige Mitarbeiter um den Erhalt der ›ausgemusterten‹ Leuchttürme. Aus diesem Engagement hat sich unterdessen ein eigener Tourismuszweig entwickelt. Zahlreiche Bücher zum Thema und Leuchtturm-Nippes in allen erdenklichen Formen füllen die Regale von Souvenirläden. Der Besuch von Leuchttürmen – das so genannte Sammeln – ist für viele längst zum Hobby geworden. Verzeichnisse mit Kästchen zum Abhaken sorgen dafür, dass man nicht den Überblick verliert.

Leuchttürme, die unter der Obhut der amerikanischen Küstenwache auch weiterhin ihren Dienst versehen, sind der Öffentlichkeit nicht zugänglich. Anders verhält es sich mit den Museumsstücken. Oft sind dort kleine Ausstellungen untergebracht, die sich mit der maritimen Tradition der Großen Seen beschäftigen oder Gegenstände aus dem persönlichen Besitz der Leuchtturmwärterfamilie zeigen. Über enge Wendeltreppen besteigt man die Türme, von denen sich ein herrliches Panorama bietet.

Immer an markanter Stelle errichtet, ist allein die Lage der Leuchttürme besonders reizvoll – sei es in einer Düne, auf einer Insel, auf einem Felsvorsprung oder am Ende eines weit in den See ragenden Piers. Nicht minder vielfältig sind die Konstruktionsarten, Bauformen und Farbgebung. Es gibt hohe, schlank aufragende Türme und solche, die sich nur wenige Meter aus dem Dach des Leuchtturmwärterhäuschens erheben. Einige sind aus groben Steinquadern errichtet, andere bestehen aus filigranen Stahlskeletten oder sogar aus Holz. Viele besitzen einen kreisförmigen, andere einen quadratischen Grundriss; einige sind konisch geformt und wieder andere verfügen über eine pyramidale Form.

Die meisten Leuchttürme sind strahlend weiß gestrichen, es gibt aber auch Exemplare, die mit einem kräftigen roten Anstrich versehen sind. Einige wenige sind nicht verputzt und zeigen bloßes Mauerwerk. Die Vielfalt dieser Bauten ist schier überwältigend.

Im Tetegouche State Park fordern anspruchsvolle Wanderungen durch ein Terrain mit Wäldern, Flüssen und Wasserfällen sportlich Aktive. Die Mündung des Baptism River bietet sich zu einem erfrischenden Bad an.

Allein der Name **Boundary Waters Canoe Area Wilderness 18** – kurz BWCAW genannt – klingt wie Musik in den Ohren von Kanuten aus aller Welt. Die Boundary Waters bezeichnen jenes Gebiet aus Seen und Wasserstraßen an der Grenze zu Kanada, die im 17. Jh. den französischen ›Entdeckern‹ zur Erkundung des Hinterlands und später den Pelzhändlern als Transportrouten dienten. Dieses Gebiet mit über 1000 Seen, Flüssen und dichten Wäldern bietet ein unvergessliches Naturerlebnis. An vielen Stellen sieht man eher Bären, Elche, Otter, Biber, Füchse, Falken und die seltenen Weißkopfadler – das Wappentier der USA – als Menschen.

Als Ausgangspunkt für die Erkundung der Boundary Waters Canoe Area Wilderness bietet sich das Städtchen Ely an, das man über den Highway 1 erreicht, der vom Highway 61 kurz hinter dem Tetegouche State Park abzweigt. In Ely hat man sich ganz auf Kanutourismus eingestellt, hier sind viele Verleiher und Ausrüster ansässig, die Besucher für eine Kanutour ausstatten. Eine gute Informationsquelle ist die Ely Chamber of Commerce. Wer den 53 Meilen langen Abstecher ins Landesinnere scheut, kann die Boundary Waters auch von Grand Marais aus (s. S. 169) auf dem Highway 61 erkunden.

Fast ein Geheimtipp ist der George H. Crosby-Manitou State Park an der Lake County Road 7, die im Ort Finland abzweigt. In dem wenig besuchten Park kann man Elche, Bären und mit etwas Glück auch Wölfe beobachten. Eine anspruchsvolle Wanderung führt am Ma-

Für Kanuten ideal – die Boundary Waters

nesota. Das 1889 errichtete Hotel wurde von schwedischen Immigranten erbaut und nach der Schlacht von Lützen benannt, bei welcher der Schwedenkönig Gustav Adolf II. 1632 sein Leben ließ. Das heutige Gebäude, ganz im skandinavischen Stil gehalten, wurde 1952 errichtet, nachdem ein Brand den Vorgängerbau zerstört hatte.

Der Cascade River State Park trägt seinen Namen nicht von ungefähr: Hauptattraktion ist die Abfolge von Wasserfällen, in denen sich der Cascade River in den Lake Superior ergießt. Ein Weg führt zum Lookout Mountain mit herrlichem Blick auf den See. Zu einer Rast laden Picknickplätze am Ufer ein. Auf dem Weg nach Grand Marais lohnt es sich, bei einem Scenic Lookout rechts des Highway anzuhalten. Der Blick schweift über steile Felsenklippen, die unmittelbar aus dem See aufragen. Das Basaltgestein ist 11 Mrd. Jahre alt und belegt die letzte Phase vulkanischer Aktivitäten in Minnesota.

Bis 1972 lebten die Bewohner von Grand Marais in erster Linie von der Holzindustrie. Die Holzstämme wurden im Hafen mit schweren Eisenketten zu Flößen verbunden und dann mit dem Schleppboot über den Lake Superior bis nach Ashland in Wisconsin gezogen. Heute haben viele Künstler den Ort an der lang geschwungenen Bucht für sich entdeckt, was sich an der großen Anzahl von Galerien bemerkbar macht.

Vielen ist Grand Marais vor allem als Ausgangspunkt des Gunflint Trail ein Begriff (Landstraße 12) der über 63 Meilen durch den Superior National Forest zur Boundary Waters Canoe Area (s. S. 168) führt. Die fischreichen Gewässer sind ein Ziel von Anglern und Kanuten. In der Gunflint Ranger Station kurz vor

nitou River mit vielen Wasserfällen entlang. Leichter zugänglich ist der Temperance River State Park zwischen den Orten Schroeder und Tofte. Über einen Wanderweg gelangt man zu einer Schlucht, die der reißende Temperance River im Laufe der Jahrmillionen in den Fels gegraben hat.

Am Ortseingang von **Tofte** 19 versorgt die Superior National Forest Ranger Station Besucher mit Informationen über die Boundary Waters Canoe Area Wilderness. Das North Shore Commercial Fishing Museum erzählt die Geschichte des kommerziellen Fischfangs, der einst zu den wichtigsten Wirtschaftszweigen der Region gehörte. Nicht weniger als 400 Fischereibetriebe am Ufer versorgten die Nation bis in die 40er Jahre des 20. Jh. mit frischem Fisch.

Ein Fixpunkt an der Küste des Lake Superior ist das Lutsen Resort am Highway 61, die älteste Ferienanlage in Min-

dem Ort erhält man Informationen. In Grand Marais haben sich einige Ausstatter und Veranstalter auf den Verleih von Ausrüstung und geführte Angeltouren spezialisiert.

Devil's Kettle Falls heißen die Wasserfälle im Judge C. R. Magney State Park 14 Meilen nordöstlich von Grand Marais. Durch Felsen in zwei Bahnen geteilt, ergießt sich der Brule River in eine Schlucht, der westliche Flussarm stürzt in eine trichterförmige Öffnung, in der er regelrecht verschwindet.

Kurz vor der Grenze zu Kanada erreicht man das Indianerreservat von **Grand Portage** [20]. Unweit der Mündung des Pigeon River, der den *voyageurs* den Zugang zum Hinterland des Lake Superior ermöglichte, entstand 1731 die älteste von Weißen gegründete Siedlung Minnesotas. Deren Name bezieht sich auf die Stromschnellen des Pigeon River, die eine *grand portage* verlangte, das Tragen der Kanus und Umladen sämtlicher Waren über eine Strecke von 14 km bis zum Ufer des Lake Superior. Von diesem Hindernis profitierte die Niederlassung. Schnell entwickelte sich der nordöstliche Vorposten zum Zentrum des Handels mit Pelzen und anderen wichtigen Gütern.

Eine interessante Reise in die Zeit des florierenden Pelzhandels ermöglicht das Grand Portage National Monument, eine Ansammlung rekonstruierter Gebäude, die von der North West Company betrieben wurden. In der Great Hall, deren Original 1785 erbaut wurde, trafen sich im Sommer Händler, Trapper, *voyageurs* und ihre indianischen Begleiter zu einem so genannten Rendezvous, bei dem Geschäftliches besprochen, Erfahrungen ausgetauscht, gespeist und gefeiert wurde.

Über das Areal des Freilichtmuseums verstreut liegen ein Küchenhaus, die Pelzpresse, mit der die Tierhäute bearbeitet wurden, ein Bootshaus, ein Lagerhaus und ein Aussichtsturm. Faszinierend sind die nachgebauten Kanus, mit denen man bis ins ferne Montréal reiste, um Waren und Pelze umzuschlagen. Ohne das Wissen der Indianer, nicht nur im Kanubau, wäre der Handel der weißen Eroberer unmöglich gewesen.

Als die North West Company ihren Stützpunkt nach Fort William südwestlich von Thunder Bay verlegte, fiel Grand Portage in einen Dornröschenschlaf. Hoch geht es hingegen her, wenn am zweiten Wochenende im August die Grand Portage Ojibwa ihr *pow wow* feiern, zu dem Stammesmitglieder aus ganz Minnesota und Ontario anreisen. Gleichzeitig werden die traditionellen Rendezvous im Grand Portage National Momument nachgestellt. Zwischen Mai und Ende September ist Grand Portage auch Ausgangspunkt einer Überfahrt zur Isle Royale (s. S. 147f.).

Vor der kanadischen Grenze erstreckt sich der Grand Portage State Park, der nicht nur der jüngste Park Minnesotas ist, sondern auch einer der ersten, der in Zusammenarbeit mit Indianern geleitet wird, in deren Reservat sich der State Park befindet. Der Stamm der Grand Portage Ojibwa stellt auch die Ranger, die den Park betreuen.

Spektakulär ist der leicht zugängliche, 36 m hohe High Fall, einer der höchsten Wasserfälle im Mittleren Westen. Wohl weniger angetan von der landschaftlichen Schönheit waren die Pelzhändler der vergangenen Jahrhunderte, die ihre Kanus mitsamt den Waren um die Wasserfälle und Stromschnellen herumtransportieren mussten. Jenseits des Pigeon River erstreckt sich auf kanadischer Seite der Pigeon River Provincial Park (s. S. 172), der ebenfalls Zugang zu den Wasserfällen gestattet.

Das Nordufer des Lake Superior

Von Thunder Bay nach Sault Sainte Marie

Tipps & Adressen

Thunder Bay S. 381, Quimet, S. 367, Nipigon S. 356, Rossport S. 370, Terrace Bay S. 381, Marathon S. 340, Wawa S. 390, Sault Sainte Marie/ONT S. 376

Karte S. 136/37

Schon ein Blick auf die Landkarte verrät etwas von der Einsamkeit, die Reisende auf der Strecke von Thunder Bay nach Sault Sainte Marie begleitet: Eine einzige Straße – der Trans-Canada Highway – führt um das Nord- und Ostufer des Lake Superior herum.

Die wenigen Orte entlang der Route sind beinah an einer Hand abzuzählen und außer Thunder Bay und Sault Sainte Marie auch nicht weiter erwähnenswert. Natur ist in dieser einst von Ojibwa-Indianern bewohnten Region Trumpf.

Endlose Wälder mit Sümpfen, Flüssen, tausende von Seen und die Weite des Lake Superior prägen die Szenerie. Zahlreiche Provinzparks sowie ein Nationalpark bieten die Möglichkeit, das Hinterland des Lake Superior zu Fuß oder per Kanu zu erkunden.

Faszinierend ist allein schon der Trans-Canada Highway, der über eine Distanz von 6000 km die Ost- und Westküste des riesigen Landes miteinander verbindet. Für europäische Verhältnisse fließt auf der zweispurigen Hauptschlagader Kanadas nur wenig Verkehr. Nur dann und wann tauchen wie aus dem Nichts die chromglänzenden Kühlergrills der riesigen Trucks im Rückspiegel auf, die gleich darauf zum Überholen ansetzen. Der Donnerhall der Motoren ist ebenso Teil der Highway-Melodie

Das Old Fort William aus dem Jahre 1801 war ein wichtiger Handelsposten der Engländer

wie der Windstoß, der Autos beim Überholen der Kolosse erfasst.

Nach der Überquerung der kanadischen Grenze gilt es, die Uhren eine
Stunde vor, auf Eastern Time, zu stellen.
Gleich hinter der Passkontrolle unterhält
die Provinz Ontario ein Information Center. Der Pigeon River Provincial Park umfasst einen Teil des gleichnamigen Flusses. Leichte Wanderwege führen zu
Felsabbrüchen, über die sich Wasserfälle ergießen, und an das Ufer des
Lake Superior.

Vor den Toren von Thunder Bay, am
südwestlichen Stadtrand, liegt die bedeutendste Sehenswürdigkeit der Stadt,
das Old Fort William. Schon seit dem
17. Jh. bestand an dieser zentralen

Stelle ein bedeutender Umschlagplatz
für Pelze. Als Kanada unter den Einfluss
der Briten geriet, errichtete die Northwest Company im Jahre 1801 das Fort
William, das von nun an als ihr wichtigs-
ter Handelsposten für das ertragreiche
Pelzgeschäft diente.

Höhepunkt des Geschäftsjahrs waren
die legendären Rendezvous, die in den
Sommermonaten stattfanden. Aus dem
Hinterland strömten die *voyageurs* mit
ihren mit Pelzen beladenen Kanus herbei. Aus Osten kamen die *voyageurs*
nach Fort William, welche die Tauschwaren für die Indianer mitbrachten, um
auf dem Rückweg die Pelze nach Montréal zu transportieren. Die Aufsicht über
die Transaktionen oblag den wohlha-

vous der Pelzhändler nachgestellt werden. Ebenso interessant ist das Ojibwa Keeshigun, das im August abgehalten wird. Das zweitägige Indianerfest mit Tanz- und Musikaufführungen gewährt einen einzigartigen Einblick in die Kunst und Kultur der Ojibwa-Indianer.

Durch den Zusammenschluss der Gemeinden Port Arthur und Fort William entstand 1970 **Thunder Bay** 21, das mit 114 000 Einwohnern die größte Stadt in der Region ist. Mit dem Bau der ersten Straße im Jahre 1869 und der Ankunft der Eisenbahn wenige Jahre später ging es steil bergauf für die Gemeinden, die zum Hauptumschlagplatz für Getreide aus den Kornkammern von Manitoba und Saskatchewan wurden. Daran hat sich bis heute nichts geändert, wie die gigantischen Getreidesilos am Hafen, die zu den größten der Welt zählen, belegen.

Im Rahmen einer Bootstour kann man das lebhafte Geschehen in einem der wichtigsten Häfen Kanadas beobachten. Einen Eindruck von der Stadt vermittelt die Fahrt mit dem Ausflugsschiff »MV Welcome«, die bis zum Fort William führt. Das kleine Thunder Bay Museum in der Donald Street East beschäftigt sich mit der Lokalgeschichte. Interessant sind vor allem die Exponate über die Indianer der Region.

Bevor man die Fahrt Richtung Osten fortsetzt, lohnt sich ein Abstecher zu den Kakabeka Falls gut 21 Meilen nordwestlich von Thunder Bay am Highway 11/17. Ein Wanderweg verbindet die Aussichtspunkte, von denen man einen Blick auf die imposanten Wasserfälle des Kaministiquia River werfen kann, die in eine 40 m tiefe Schlucht donnern.

Östlich von Thunder Bay weisen Schilder den Weg zu zahlreichen Amethyst-

benden Geschäftsleuten der Northwest Company. Nach erfolgreich abgeschlossen Geschäften wurde ausgiebig gefeiert.

Heute vermittelt die originalgetreu rekonstruierte Anlage einen authentischen Eindruck vom Leben und Treiben in den Tagen des Pelzhandels. In den 40 Gebäuden des Areals führt zeitgenössisch gewandetes Personal verschiedene Tätigkeiten wie Schmieden, Kanubau und das Verpacken der Pelze vor. Vor dem Palisadenzaun haben wie im 19. Jh. die Indianer ihr Revier, deren Aufgabe es unter anderem war, die Pelze zu trocknen. Ein ganz besonderes Ereignis findet Mitte Juli statt, wenn mit hunderten von Akteuren die Rendez-

Minen, in denen man die lilafarbenen Halbedelsteine selbst suchen oder kaufen kann.

Über die Landstraße 587 erreicht man den **Sleeping Giant Provincial Park** 22, der beinahe die gesamte Sibley-Halbinsel einnimmt. Den Westen des Parks dominiert ein bis zu 240 m hohes Felsplateau, dessen Form die Ojibwa an einen schlafenden Riesen erinnerte. Für dessen Entstehung haben die Indianer eine anschauliche Erklärung: Nanabosho, der Sohn des Westwinds, führte die Ojibwa an das Nordufer des Lake Superior, wo sie vor ihren Feinden, den Sioux, sicher waren. Eines Tages fand Nanabosho durch Zufall Silber in einem der Steine am See. Den Ojibwa bedeutete Silber nichts, aber sie wussten, in welcher Gefahr sie waren, falls der Weiße Mann von dem Fund erfahren sollte. Und so vergruben sie das Silber an der Spitze der Sibley Peninsula. Ein eitler Häuptling verriet allerdings das Geheimnis, als er sich aus dem Silber Waffen schmieden ließ. Doch das half ihm nichts, denn kurz darauf wurde er von den Sioux bei einem Kampf getötet. Es dauerte nicht lange und schon tauchten die ersten Weißen auf, die von dem Silberfund gehört hatten. Nanabosho wusste sich nicht anders zu helfen, als einen Sturm aufkommen zu lassen, der die Kanus der Weißen versenkte. Damit blieb das Geheimnis der Ojibwa gewahrt, Nanabosho aber bezahlte seine Tat mit dem Leben. Die Götter verwandelten ihn zu dem Felsen, der dem Park seinen Namen gab.

Neben ausgezeichneten Wandermöglichkeiten bietet der Park Gelegenheit zum Kanufahren und Angeln in den vielen kristallklaren Flüssen und Seen, in denen sich Forellen, Hechte und Flussbarsche tummeln. Ganz im Süden der Halbinsel liegt der verschlafene Weiler Silver Islet, der seine Existenz einer reichen Silbermine verdankt. Ein Relikt aus der Vergangenheit ist auch der Silver Islet Store, ein pittoresker Tante-Emma-Laden, zu dem auch ein kleines Restaurant gehört.

Kurz vor Dorion zweigt eine Seitenstraße zum Quimet Canyon Provincial Park ab. Ein Wanderpfad führt vom Parkplatz zum Quimet Canyon, wo Gletscherflüsse eine eindrucksvolle 150 m breite und ebenso tiefe Schlucht ge-

meißelt haben. Von zwei Aussichtsplattformen am Canyonrand schweift der Blick über die von Wind, Wasser und Eis zernagten Felswände. Gen Süden öffnet sich der Canyon, in der Ferne sieht man den Lake Superior. Einzigartig ist auch die Flora am Grund der kühlen und schattigen Schlucht, wo eine subarktische Tundravegetation mit winzigen Flechten, Moosen und Leberblümchen gedeiht.

Links neben der zweiten Aussichtsplattform ragt die Felsnadel Indian Head aus der Tiefe empor. Der Legende nach

handelt es sich bei der Steinsäule um einen Indianer, der den Zorn des mächtigen Nanabosho auf sich zog. Aus Versehen hatte er dessen Tochter getötet, in die er sich verliebt hatte. Zur Strafe wurde der Indianer versteinert, um von nun an Tag für Tag auf das Grab seiner Geliebten am Canyongrund schauen zu müssen.

Östlich von Nipigon, der ältesten europäischen Niederlassung am Nordufer des Lake Superior, beginnt einer der schönsten Streckenabschnitte. Hoch über dem Ufer führt der Tans-Canada

Symphonie in bunt
Indian Summer an den Großen Seen

Zu den reizvollsten Jahreszeiten für eine Reise an die Großen Seen gehört der Herbst. Nicht nur weil mit dem Ende der Hauptreisezeit wieder Ruhe einkehrt, sondern vor allem wegen eines Naturschauspiels, das man als *Indian summer* bezeichnet, das an den Großen Seen allerdings *color season* genannt wird.

Die Farbenpracht ist unbeschreiblich. Zwischen dem Dunkelgrün der Nadelbäume leuchten die Blätter der Ahornbäume, Birken, Eichen, Espen, Linden und Eschen in einer Palette, die alle Nuancen von zartem Gelb über strahlendes Orange bis zu dunklem Rot umfasst. In der Regel legen die ersten Bäume Ende September, Anfang Oktober ihr buntes Kleid an. Der Höhepunkt des Schauspiels ist Mitte Oktober erreicht. Mit den ersten Anzeichen des nahenden Winters nimmt der Zauber dann ein jähes Ende. Je nach Wetterbedingungen kann es aber auch durchaus der Fall sein, dass die *color season* früher einsetzt und länger andauert oder früher endet.

Wie stark sich die Farbenpracht entfaltet, hängt sehr davon ab, wie das Wetter im vorangegangenen Frühjahr und Sommer war. Ideale Bedingungen sind dann gegeben, wenn die vorangegangenen Jahreszeiten weder zu nass noch zu trocken waren.

Ausgelöst wird der Prozess durch die in den Blätter vorhandenen Pigmente, deren Farben im Sommer von dem reichlich vorhandenen grünen Chlorophyll überdeckt sind. Mit dem nachlassenden Tageslicht und den länger werdenden Nächten verliert das Chlorophyll seine Farbe, wodurch die Farben der anderen Pigmente zum Vorschein treten. Unter anderem ist der Blütenfarbstoff Anthocyan für die Herbstfarben verantwortlich, die dann besonders leuchten, wenn kühle, aber sonnige Herbsttage vorherrschen und ebenso kühle Nächte, in denen es aber nicht frieren darf.

Da die Intensität der Farben von der Glukosemenge in den Blättern abhängt, sind für eine prächtige *color season* sonnige Herbsttage Voraussetzung. Kalte Nächte sind ebenso wichtig, denn sie verlangsamen die Verlagerung der Glukose aus den Blättern in die Wurzeln

Zu den reizvollsten Streckenabschnitten in der *color season* gehört das Ostufer des Lake Superior zwischen Wawa und Sault Sainte Marie mit endlosen Mischwäldern, die eine besonders farbenprächtige Vorstellung geben. Informationen über die *color season* erhält man bei den Touristeninformationen der Region.

Highway durch steil aufragende Felswände. Immer wieder fällt der Blick auf den Lake Superior, der sich bis zum Horizont erstreckt. Hinweisschilder markieren einige Stellen, die zu einem Picknick einladen. Zu den reizvollsten Gemeinden gehört Rossport. Das Fischerdorf an einer schützenden Bucht verfügt über einige nette Restaurants und Übernachtungsmöglichkeiten.

Zwischen Rossport und Schreiber ermöglicht der Rainbow Falls Provincial Park Zugang zum Hinterland. Der große Whitesand Lake mit Sandstränden und klarem, recht warmen Wasser bietet ideale Voraussetzungen zum Schwimmen. Eine weitere Attraktion ist der Wasserfall, in dessen Gischt sich immer wieder schillernde Regenbogen bilden.

Kurz vor dem Ort Terrace Bay zweigt eine kleine Straße zu den Aguasabon Falls ab, wo der gleichnamige Fluss über mehrere Felskanten Richtung Lake Superior schießt. Ein Pfad führt zum Ufer hinunter und stößt dort auf den Casque Isle Hiking Trail. Der 52 km lange Wanderweg verbindet Terrace Bay und Rossport.

Terrace Bay verdankt seinen Namen den terrassenförmigen Ablagerungen aus Sand und Kiesel, die von Gletschern herbeigeschafft und freigelegt wurden, als sich der Wasserspiegel des Lake Superior senkte. Der Ort, eine ›typische‹ *company town*, ist vom Hauptarbeitgeber geprägt, der Milltown Papermill. Da die meisten Häuser zur gleichen Zeit errichtet wurden, wirkt Terrace Bay wie aus einem Guss. Auch heute sind die meisten Einwohner in der Zellulosefabrik beschäftigt.

Dem Ufer vorgelagert ist der Slate Island Provincial Park. Der Archipel besitzt eine riesige Population an Waldkaribu. Da es keinen offiziellen Zubringer gibt, sollte man sich in der Touristeninformation von Terrace Bay nach einer Transportmöglichkeit zu den Inseln erkundigen.

Während des Zweiten Weltkriegs befand sich auf dem Areal des Neys Provincial Park ein Lager für Kriegsgefangene, die von der undurchdringlichen Wildnis in Zaum gehalten wurden.

Zu den unberührtesten Gebieten am Lake Superior gehört der 1878 km² große **Pukaskwa National Park** 23, den man nur zu Fuß oder mit dem Kanu erkunden kann. Mit dem Auto erreicht man über die Stichstraße 627, die südöstlich von Marathon abzweigt, den Norden des Parks. Am Besucherzentrum von Hattie Cove gibt es einen Campingplatz. Hier beginnt der 60 km lange Uferpfad. Eine Wanderung auf dem ersten Abschnitt vermittelt einen Eindruck von der grandiosen Landschaft mit Fichten- und Mischwäldern, Klippen, Schluchten und reißenden Flüssen. Im kühlen, vom Lake Superior bestimmten Klima gedeihen subarktische Pflanzen. Zu den vielen Tierarten, die man im Park beobachten kann, gehören neben Karibu und Bären auch seltene Greifvögel. Wer tiefer in den Park vordringen möchte, sollte wildniserfahren sein.

Nun führt der Trans-Canada Highway tief ins Landesinnere. Weite Teile der Region mit Wäldern, Mooren und Seen sind nur mit dem Wasserflugzeug zugänglich. Kanuten, Jäger und Angler finden hier ein reiches Betätigungsfeld.

Leicht erreichbar hingegen ist der White Lake Provincial Park am Ufer des gleichnamigen Sees. Dessen Lage im Hinterland sorgt für mildere Temperaturen, die auch verschiedene Orchideenarten gedeihen lassen. Im Sommer ist der See warm genug für ein Bad. Wie kalt es im Winter werden kann, belegt das riesige Thermometer am Ortseingang von White River, das einen kanadi-

schen Kälterekord dokumentiert. Temperaturen um minus 50 Grad Celsius sind im Winter keine Seltenheit. Auf halber Strecke zwischen White River und Wawa führt der Highway durch den Obatanga Provincial Park fernab jeder Zivilisation, der vor allem bei Kanuten und Kajakern beliebt ist.

Nach weiteren 50 km erreicht man **Wawa** 24, dessen Name in der Sprache der Ojibwa Wildgans bedeutet – am Ortseingang erinnert eine überdimensionale, stählerne Wildgans daran. Echte Tiere kann man im Frühjahr und Herbst beobachten, wenn Tausende Wildgänse am Lake Wawa Station machen. Einst bestimmte der Bergbau das Leben der gut 5000 Einwohner, doch seitdem nur noch wenige Goldminen in Betrieb sind, haben viele auf den Tourismus umgesattelt. Inzwischen dominieren zahlreiche Motels das Straßenbild.

Über 80 km führt der Highway durch den **Lake Superior Provincial Park** 25, dessen Seen, Wälder, Wasserfälle, Felsenufer und Strände immer wieder Maler und Dichter inspirierten. Von zahlreichen Parkplätzen erreicht man Wanderwege sowie Kanurouten unterschiedlicher Länge und Schwierigkeitsgrade. Beliebt ist der Coastal Trail, der am Ufer des Lake Superior entlang führt. Auch zum Picknicken und Zelten bietet der Park hervorragende Möglichkeiten. Besonders reizvoll ist der Park im Herbst, wenn der Indian Summer in den Mischwäldern eine Galavorstellung gibt.

Die lang gezogene Agawa-Bucht bietet neben Stränden auch Spuren der indianischen Urbevölkerung. Ein Pfad führt in die Nähe des Ufers, wo man Felszeichnungen erkennen kann, die verschiedene Tiere und Kanus zeigen.

Durch zunehmenden Verkehr und dichter werdende Bebauung kündigt sich **Sault Sainte Marie** 26 an. Mit

80 000 Einwohnerm ist die Stadt bedeutend größer als die gleichnamige Schwestergemeinde jenseits des St. Mary River in Michigan (s. S. 133f.). Beide Orte sind durch eine Brücke miteinander verbunden. Mit dem steigenden Handelsaufkommen im späten 18. Jh. erwiesen sich die Stromschnellen im St. Mary´s River als ein immer größeres Hindernis zwischen dem Lake Superior und dem Lake Huron, das man schließlich mit dem Bau eines Kanals überwand. Als 1865 ein weiterer Kanal gebaut wurde und zudem die Eisenbahn Einzug erhielt, ging es rasch bergauf. Sault Sainte Marie entwickelte sich zu einem bedeutenden Verkehrsknotenpunkt und Industriestandort, wovon die seit 1899 ansässige Eisen- und Stahlfabrik Algoma Steel Co. zeugt.

Über die Huron Street und den Canal Drive erreicht man die Soo Locks auf St. Mary Island, die 1987 zur National Historic Site erklärt wurden. Von einer Aussichtsplattform kann man den im Sommer regen Verkehr beobachten – pro Tag sind mehr als 70 Erz- und Getreidefrachter auf dem Weg nach Toronto, Montréal und in den Atlantik. Ein kleines Visitor Center erläutert die historischen Hintergründe. Zweistündige Bootsausflüge durch die Schleusen beginnen am Foster Drive.

In einem viktorianischen Gebäude in der Queen Street East/Ecke East Street ist das Sault Ste. Marie Museum untergebracht. Die kleine Sammlung beschäftigt sich mit der Heimat- und Naturgeschichte sowie mit den Bewohnern des arktischen Kanada, den Inuit. Unter der Adresse 831 Queen Street East findet man das älteste Steinhaus westlich von Toronto aus dem Jahre 1814. Das Old Stone House, auch Ermatinger House genannt, wurde von einem britischen Pelzhändler Charles Ermatinger und seiner Frau, einer Ojibwa, errichtet. Zu den vielen Besuchern, die das gastfreundliche Ehepaar beherbergte, gehörten auch die ›Entdecker‹ James Fraser und Alexander Mackenzie. Eine Ausstellung in den im Stil des 19. Jh. eingerichteten Räumen erzählt über die Familie Ermatinger, über den Pelzhandel und die Tauschgeschäfte mit den Indianern. Im Sommer finden im Haus handwerkliche Vorführungen statt.

Am Ende der Bay Street, in der Nähe des Flusses, erzählt das Bush Plane Heritage Centre, das in einem alten Hangar untergebracht ist, die Geschichte der kanadischen Buschpiloten. Zu ihren Aufgaben gehören die Bekämpfung von Waldbränden, Rettungseinsätze, medizinische Versorgung und das Kartografieren von Kanadas unendlichen Weiten. An den Docks des Foster Drive, von denen auch die Soo-Locks-Boote ablegen, ist die »MS Norgana« vor Anker gegangen. In dem Schiff, das einst Passagiere über die Großen See transportierte, ist heute ein Museum untergebracht. Bald hat man den St. Mary´s River Drive erreicht, wo der Weg hinter der Station Mall zu einem Bummel am Fluss entlang einlädt, der schöne Ausblicke auf den St. Mary´s River und das US-amerikanische Ufer bietet.

Von Sault Ste. Marie kann man die Reise nun um den Lake Michigan (s. S. 77ff.) oder den Lake Huron (s. S. 182ff.) fortsetzen. Über die gebührenpflichtige International Bridge erreicht man die USA. Wer an dieser Stelle zum ersten Mal in die USA einreist, muss die Einreiseformalitäten auf der US-amerikanischen Seite erledigen. Bei der Wiedereinreise in die USA – innerhalb der zugestandenen Aufenthaltsdauer – zeigt man auf der US-amerikanischen Seite nur den Pass.

Lake Huron
Der See der Huronen

Das Ostufer des Lake Huron

Seinen Namen verdankt der zweitgrößte der Großen Seen dem Indianerstamm der Huronen, die am Ostufer des Lake Huron, im heutigen Ontario, siedelten. Die Handelsverbindungen, die sie im 17. Jh. mit französischen Pelzhändlern unterhielten, wurden den Huronen schließlich zum Verhängnis. Um sie als Zwischenhändler im lukrativen Pelzgeschäft auszuschalten, wurden sie von den feindlichen Irokesen, die sich mit den Engländern verbündet hatten, überfallen und massakriert.

Das Ufer des Sees hat viele Gesichter. Im äußersten Süden befinden sich viele Industriegebiete – vor allem in den beiden Hafenstädten Port Huron und Sarnia, an der Mündung des St. Clair River. Nur wenige Meilen davon entfernt beginnt eine der beliebtesten Ferienregionen der Provinz Ontario. Rund um Goderich erstrecken sich feinsandige Strände, deren flaches, relativ warmes Wasser zum Baden einlädt. Geradezu legendär sind die Sonnenuntergänge, die Himmel und Wasser glutrot färben.

Felsenklippen, Sümpfe und dichte Wälder prägen das dünn besiedelte Ufer der riesigen Georgian Bay, die manche aufgrund ihrer Größe als den sechsten See bezeichnen. Im Süden der Bucht hat die Eiszeit eine einzigartige Schärenlandschaft mit Abertausenden von Inselchen geschaffen, die zum Teil als Nationalpark ausgewiesen sind.

Im 17. Jh. war die Georgian Bay eines der Zentren europäischer Siedler in Neu-Frankreich. Die Missionierung der indianischen Ureinwohner durch Jesuiten, die zu einer Spaltung des Stammes führte, war mitverantwortlich für den Untergang der Huronen. Die Stämme der Ojibwa-, Ottawa- und Potawotami-Indianer konnten sich besser gegen die Missionierungversuche behaupten. Ihre Mitglieder machen noch heute einen Großteil der Bevölkerung von Manitoulin Island aus. Alljährlich im August treffen sich dort Indianer aus ganz Nordamerika bei einem der größten *pow wows* des Landes.

Trotz der intensiven Holzwirtschaft, die dem unteren Michigan im 19. Jh. immensen Wohlstand bescherte, ist das Ufer des Lake Huron zwischen Mackinaw City und Bay City dicht bewaldet. Einige Leuchttürme zeugen von der Gefährlichkeit des Lake Huron. Zahlreichen Schiffen wurden die Stürme über dem See zum Verhängnis. Um deren Wracks zu schützen, wurden weite Teile des Ufers zu Unterwasserschutzzonen erklärt – Tauchgänge in diesen Arealen gehören zu den immer populärer werdenden Freizeitaktivitäten in Michigan. Mindestens zehn bis zwölf Tage sollte man sich für die Umrundung des Lake Huron Zeit lassen, bei der man 1300 Meilen zurücklegt.

Von Sarnia nach Southampton

Tipps & Adressen

Sarnia 1 am St. Clair, dem Grenzfluss zu den USA, ist wenig spektakulär. Schon von weitem sieht man die petrochemischen Anlagen der Stadt. Im 19. Jh. stieß man im Umland von Sarnia

Bootsanleger in Bayfield

auf das schwarze Gold, Städte mit so bezeichnenden Namen wie Petrolia, Oil City und Oil Springs entstanden. Längst hat die Provinz Alberta Ontario in Sachen Öl den Rang abgelaufen, hier und da aber lassen Ölpumpen erkennen, dass die Förderung immer noch eine Rolle spielt.

Der erste landschaftliche Höhepunkt entlang der Route ist mit dem **Pinery Provincial Park 2** erreicht, der seinen Namen windzerzausten Kiefern verdankt, die außerhalb des Naturschutzgebiets längst der Forstwirtschaft zum Opfer gefallen sind. Berühmt ist der Park vor allem wegen der einzigartigen Dünenlandschaft, die seit Jahrtausenden von Wind und Wasser geformt wird und eine ganz eigene Flora hervorgebracht hat. Über 700 Pflanzenarten, darunter Orchideen, gedeihen hier. Ein langer Sandstrand lädt zum Schwimmen ein.

Zu den Ferienorten an der Strecke gehört Grand Bend, dessen Sandstrand im Sommer zahlreiche Besucher anzieht. Brewster's Mill war der ursprüngliche Name der Gemeinde, benannt nach dem Ortsgründer, der eine Sägemühle errichtete. Nachdem die Mühle abgebrannt war, wurde aus Brewster's Mill Grand Bend, nach einer Biegung im Au Sable River. Der Name blieb erhalten, der Fluss hingegen ist inzwischen versandet.

An einen weiteren Unternehmer erinnert eine Gedenktafel an der Kreuzung der Highways 21 und 84. Ein Mann namens Narcisse Cantin plante um die Wende vom 19. zum 20. Jh., einen Kanal durch das südwestliche Ontario zu graben, der eine schnellere Verbindung zwischen dem Lake Huron und dem Lake Erie ermöglichen sollte. Der Ort St. Joseph wurde dort gegründet, wo der Kanal beginnen sollte. Doch dann bereitete der Erste Weltkrieg den hochfliegenden Plänen ein jähes Ende. Die Bewohner zogen nach und nach fort und St. Joseph wurde zur Geisterstadt. Heute erinnern nur noch die Plakette

Sault Ste. Marie
Echo Bay
Sault Ste. Marie
Raco
Wharncliffe
Elliot Lake
Agnew Lake
Chems
Panache Lake
Thessalon
Sowerby
Blind River
Serpent River
Trans-Canada Highway
Espanola
Massey
Killarney Prov. Park
19
Ft. St. Joseph Nat'l. Hist. Park
St. Joseph Island
North Channel
Cedarville
Meldrum Bay
Silver Water
Gore Bay
Little Current
Sheguiandah
Killa
De Tour Village
Kagawong
West Bay
Wikwemikor
Mackinaw City
Bois Blanc Is.
Spring Bay
Mindemoya
Providence Bay
Manitowaning
Tekumnah
Cheboygan
Manitoulin Island
South Baymouth
Main Channel
Rogers City
8
Onaway
7
Tobermo
Fathom Five National Marine Park
9
Bruce Peninsula National Park
Lachine
Atlanta
Alpena
KANADA
Fer
Lake Huron
Fairview
USA
Oli
Sauble Falls Prov. P
Mio
Au Sable
Harrisville
Grayling
Southampton
Port Elg
Roscommon
Oscoda
MacGregor Point Prov. Park
2
Prudenville
West Branch
Tawas City
Kincardine
Clark Point
Port Austin
Gladwin
Caseville
Harbor Beach
Point Farms Prov. Park
Wir
Standish
Bay Port
Bad Axe
Goderich
4
Saginaw Bay
25
Clinton
Mt. Pleasant
Bay City
Bayfield
3
Midland
Caro
Elmer
St. Joseph
10
Shields
15
Grand Bend
2
Alma
Saginaw
Marlette
Port Sanilac
Pinery Prov. Park
ONTARIO
MICHIGAN
Lexington
N
Lapeer
Flint
69
Port Huron
1
Sarnia
402
0   40 km
Burton
Almont
Belle
Strathroy
75
540
20
21
22
17
10
13
27

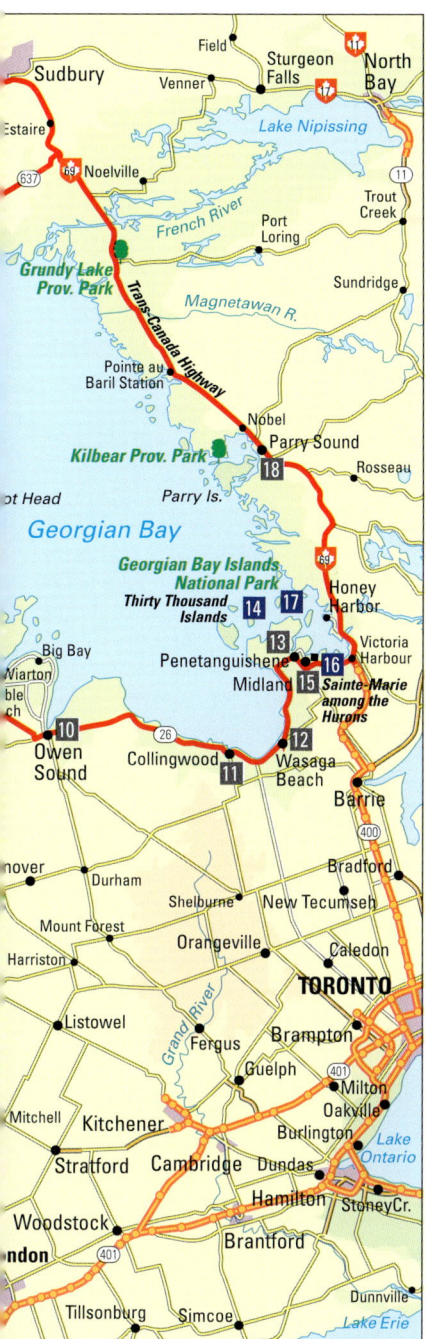

und einige etwas verloren in der Landschaft stehende Häuser an Narcisse
Cantin und seinen Traum.

Einer der attraktivsten Orte am Lake
Huron ist **Bayfield** 3, das sich im
19. Jh. als Umschlagplatz für Getreide
einen Namen machte. Als die Gemeinde
von den Eisenbahnplanern übersehen
wurde, geriet der Hafen in Vergessenheit.
Sicher hat auch das dazu beigetraten,
dass im Ortskern die Zeit stehen geblieben zu sein scheint. Breite Alleen und viktorianische Häuser, in denen gemütliche
Restaurants und kleine Läden untergebracht sind, prägen die Atmosphäre.

Obstplantagen säumen den Weg nach
Goderich 4. Das Städtchen wurde
1827 von der Canada Company gegründet, deren Aufgabe es war, Land zu kaufen und neue Siedler anzuziehen. Da Goderich zugleich der Hauptsitz der Gesellschaft werden sollte, ließ man sich bei
der Anlage des Ortes nicht lumpen. Das
Zentrum von Goderich ist ein achtecki-
ger Platz, auf dem zunächst ein Markt
stattfand und später das Gerichtsgebäude errichtet wurde. Mit der Ankunft
der Eisenbahn begann der Ort zu wach-
sen. Heute ist der Hafen bedeutend für
die Wirtschaft von Goderich. Und auch
der Tourismus spielt eine wichtige
Rolle, denn die Strände der Umgebung
ziehen kanadische Feriengäste an.

Sehenswert ist das Huron County Museum an der North Street, das unter anderem die Geschichte der ersten Siedler
in der Region erzählt. Das Huron Historic
Gaol in der Gloucester Terrace diente
zwischen 1842 und 1972 als Gefängnis.
Um 1900 wurde dort auch die Gouverneursresidenz errichtet, die man ebenfalls besichtigen kann

Nördlich von Goderich erreicht man
den Point Farms Provincial Park. Dessen

Das Ostufer des Lake Huron

Kanadas berühmteste Malerschule
Die Group of Seven

Die vorrangige Aufgabe der Landschaftsmalerei ist es, dafür zu sorgen, dass wir uns in unserem Land zu Hause fühlen«, formulierten die Mitglieder von Kanadas bedeutendster Malerschule, der Group of Seven ihr Credo. Ziel der jungen Maler Frank Johnston, Lawrence Harris, A.Y. Jackson, Franklin Carmichael, Arthur Lismer, J.E.H. MacDonald und Frederick H. Varley war es, zu einer eigenständigen kanadischen Malerei zu finden, die sich immer weiter von europäischen Vorbildern löste.

Im 19. Jh. und zu Beginn des 20. Jh. entsprachen die Darstellungen einer idyllischen Landschaft in sanften Farbtönen dem Geschmack der Künstler und des Publikums. Man glaubte, die raue kanadische Landschaft würde sich nicht als Motiv eignen. Es sei schlimm genug, in diesem Land zu leben, man müsse sich nicht auch noch Bilder davon zuhause aufhängen.

Doch nun sollten die Landschaften des fernen Europa nicht länger als Quelle der Inspiration dienen, sondern die Weite der kanadischen Natur. Voller Begeisterung propagierten die Künstler der Group of Seven, Lehrmeinungen über Stil, Motive und Ästhetik der Kunst über Bord zu werfen, um so für eine neue, kanadische Malerei offen zu sein. Von den französischen Impressionisten übernahmen sie die Freilichtmalerei.

Die Ursprünge der Künstlergruppe reichen bis ins Jahr 1910 zurück, als einige der späteren Mitglieder bei einer Firma in Toronto als Grafiker für Werbeplakate beschäftigt waren. Bald entdeckten sie ihre gemeinsamen Interessen und trafen sich nach Feierabend im Arts and Letters Club, um über eine Erneuerung der kanadischen Malerei zu diskutieren.

Zu ihrem Vorbild wurde Tom Thomson, der schon damals ausgedehnte Exkursionen in den Algonquin Park unternommen hatte, um dort die Weite der kanadischen Natur auf die Leinwand zu bannen. Seine farbintensiven Gemälde faszinierten die jungen Künstler.

Schnell fanden sie in Dr. James MacCallum einen Förderer, der ihnen ein Studio in Toronto und ein Sommerhaus an der Georgian Bay finanzierte, wo sie sich oft trafen, um zu malen. Die erste Ausstellung im Mai 1920, die zugleich als offizielles Gründungsdatum der Group of Seven gilt, sollte Thomson nicht mehr erleben. Drei Jahre zuvor war er unter nie völlig geklärten Umständen im Canoe Lake im Algonquin Park ertrunken. Doch die anderen Künstler arbeiteten nach seinem Vorbild weiter.

Immer wieder führten wochenlange Reisen sie in die kanadische Wildnis an die Ufer von Lake Huron, Lake Superior und deren Hinterland. Was sie dort erlebten und sahen, bannten sie im Studio auf die Leinwand: die Weite der kanadischen Landschaft mit schneebedeckten Bergen, windzersauste Kiefern vor dem

Hintergrund der Seen, Wolkenberge, endlose Wälder, Moore, Flüsse und Sümpfe. Gerade das Erhabene der kanadischen Natur, die finster und bedrohlich wirken kann, übte ein große Faszination auf die Maler aus. Trotz der unterschiedlichen Malstile und des unterschiedlichen Grades der Abstraktion sind allen Werken die kräftigen Farben und das Spiel von Licht und Schatten gemeinsam.

Die erste Ausstellung 1920, die heute als wichtiger Meilenstein der kanadischen Kunst gewertet wird, war nur von bescheidenem Erfolg gekrönt. Kaum jemand interessierte sich für ihre Werke. Doch der Zeitgeschmack änderte sich und bald galt die Group of Seven als die bedeutendste Schule der Landschaftsmalerei. Nach einer letzten Ausstellung 1931 und dem Tod von J.E.H. MacDonald ein Jahr später löste sich die Gruppe auf. Einige ehemalige Mitglieder gründeten daraufhin die Canadian Group of Painters.

Für nachfolgende Malergenerationen des Landes haben die Werke der Group of Seven nichts an ihrer Bedeutung verloren. Und auch auf dem Kunstmarkt erzielen deren Gemälde inzwischen beträchtliche Preise. Zu den Museen, die über zahlreiche Werke der Künstlergruppe verfügen, gehören die Art Gallery of Ontario in Toronto (317 Dundas St. W., Di, Do, Fr 11–18, Mi 11–20, Sa 10–17.30 Uhr) und die McMichael Canadian Collection (10365 Islington Ave., Kleinburg bei Toronto, Tel. 905-893-1101, tägl. 10–16 Uhr).

Den Werken von Tom Thomson ist die gleichnamige Galerie in Owen Sound gewidmet (Tom Thomson Gallery, 840 First Ave. W. Tel. 519-376-1932), Sept.–Juni Di–Fr 11–17, Sa, So 12–17, Juli, Aug. Mo–Sa 10–17, So 12–17 Uhr).

flaches Ufer und das relativ warme Wasser versprechen Badespaß für Familien mit Kindern. Zu den Klassikern unter den Leuchttürmen gehört Point Clark 15 km südlich von Kincardine. Den strahlend weißen, 24 m hohen Turm aus dem Jahre 1859 erreicht man vom Highway 21 über die Huron Concession Road Nr. 2, von der die Lighthouse Road abzweigt. Zum Leuchtturm gehört ein kleines Schifffahrtsmuseum, das im Sommer seine Pforten geöffnet hat.

Der rot-weiße, achteckige Holzturm des Kincardine Lighthouse im Herzen des kleinen Ortes ist ein beliebtes Fotomotiv. Auf dem Weg nach Port Elgin lohnt sich ein Stopp im MacGregor Point Provincial Park. Auf Wanderwegen kann man die Sumpf- und Waldgebiete mit zahlreichen Vogelarten und seltenen Wildblumen erkunden. Wie Kincardine ist auch Port Elgin ein beliebter Familienferienort mit einem Sandstrand, flachem Ufer und warmem Wasser.

Wesentlich reizvoller ist **Southampton 5** einige Kilometer weiter nördlich mit breiten Straßen und viktorianischen Häusern. Vom Seeufer sieht man das Chantry Island Lighthouse auf der gleichnamigen Insel. Der schlanke Turm aus dem Jahre 1859 versieht immer noch seinen Dienst.

Die Bruce Peninsula

Tipps & Adressen

Sauble Beach S. 374, Tobermory S. 382, Dyers Bay S. 316, Wiarton S. 391

Karte S. 184/85

Wie ein überlanger Finger streckt sich die Bruce Peninsula, von vielen nur The Bruce genannt, in den See und trennt

Fähre zur Bruce Peninsula

das azurblaue Wasser des Lake Huron von der blau-grün schimmernden Georgian Bay. Auf der 80 km langen Halbinsel, die das nördliche Ende des Niagara Escarpment bildet, wechseln dichte Wälder mit ausgedehnten Sumpfgebieten. Zwischen den Kalksteinklippen erstrecken sich herrliche Strände. Berühmt ist die Halbinsel nicht zuletzt wegen ihrer einzigartigen Tier- und Pflanzenwelt. Verschiedene Orchideenarten und vor allem Vögel und kann man hier beobachten.

Das wenig attraktive **Sauble Beach** 6 bildet den Auftakt zur Bruce Peninsula. Sehr beliebt ist der Sandstrand des Ortes, mit flachem, warmem Wasser, das auch für kleine Besucher geeignet ist. Vor allem im Frühjahr ist der Sauble Falls Provincial Park einige Meilen weiter nördlich reizvoll, wenn man ein besonderes Naturschauspiel beobachten kann: Dann kehren Lachse und Forellen in ihre angestammten Flüsse zum Laichen zurück. Auf dem Weg dorthin müssen die Fische die Fälle im Sauble River springend überwinden.

Über Oliphant erreicht man den Highway 6, der in der Mitte der Halbinsel durch offenes Weideland und Wälder nach Tobermory an der äußersten Spitze der Halbinsel führt. **Tobermory** 7 mit gut 1000 Einwohnern ist ein kleines Fischernest, in dem es im Sommer recht quirlig zugeht. Außerhalb der Saison wird es nur dann etwas lebhafter, wenn die Fähre von und nach Manitoulin Island an- oder ablegt. Tobermory ist auch der Endpunkt des Bruce Trail, der über 780 km bis zu den Niagara-Fällen führt, aber auch in Teilabschnitten erwandert werden kann.

Little Tub heißt der Teil des Hafens, von dem die Ausflugsboote zum **Fathom Five National Marine Park** 8 ablegen. Zum Park gehören 19 Inselchen, deren Kalkgestein durch Wind- und Wassererosion bizarre Formen angenommen hat. Die bekannteste, Flowerpot Island, verdankt ihren Namen den bis zu 17 m hohen Felsensäulen, deren Form an Blumentöpfe erinnert. Auf dem Eiland, das man im Rahmen eines Tagesausflugs erkunden kann, bieten sich zahlreiche Wandermöglichkeiten. Besuchern, die länger bleiben möchten, stehen einfache Campingplätze zur Verfügung.

Zum Naturschutzgebiet wurde auch das Gewässer zwischen den Inseln erklärt, in dem zahlreiche Handelsschiffe gesunken sind. Mit der Besiedlung im 19. Jh. hatte auch der Schiffsverkehr zugenommen, vor allem wurde Holz aus dem Hinterland transportiert. Tückische Untiefen, scharfkantige Riffe und vor allem die bei Seeleuten gefürchteten Novemberstürme wurden unzähligen Schiffen zum Verhängnis. Die Wracks können entweder ertaucht oder von einem Glasbodenboot aus betrachtet werden. Reste von Schiffswracks, neben anderen Sammlerstücken aus der Pionierzeit, bewahrt auch das Peninsula and St. Edmund´s Museum in Tobermory auf.

Südlich von Tobermory, beiderseits des Highway 6, erstreckt sich der **Bruce Peninsula National Park** 9, der aufgrund der dort wachsenden Orchideen und weit über hundert verschiedenen Vogelarten unter dem Schutz der Unesco steht. Eine Herausforderung für geübte Wanderer ist der Bruce Trail, dessen erster Abschnitt von Tobermory nach Dyers Bay durch Wälder, Sümpfe und über Klippen führt.

Auf der dem Lake Huron zugewandten, westlichen Seite der Bruce Peninsula liegt 11 km südlich von Tobermory das Naturschutzgebiet an der Dorcas Bay, das für seine Wildblumen, darunter

zahlreiche verschiedene Orchideenarten, berühmt ist. Man erreicht das Areal über den Highway 6, von dem rechter Hand die Dorcas Road abzweigt. Über die Dyers Bay Road gelangt man vom Highway 6 nach Dyers Bay, einem Weiler an der Georgian Bay, in dem die reizvolle Strecke zum Cabot Head Lighthouse beginnt.

Über kaum befahrene Seitenstraßen geht es Richtung Süden vorbei an kleineren Gemeinden wie Lion´s Head oder Hope Bay nach Wiarton. In dem netten Ort mit Backsteinhäusern beginnt die Straße 26. Knapp 5 km hinter Wiarton zweigt rechter Hand eine Straße zur Bruce´s Caves Conservation Area ab, wo mehrere Höhlen durch Wassererosion im Kalkstein des Niagara Escarpment entstanden.

Rund um die Georgian Bay

Tipps & Adressen
Owen Sound S. 359, Collingwood S. 311, Wasaga Beach S. 389, Penetanguishene S. 361, Midland S. 343, Honey Harbour S. 326, Parry Sound S. 360, Killarney S. 330, Espanola S. 318

Karte S. 184/85
Der schmale, mit unzähligen Inseln betupfte Main Channel stellt die einzige Verbindung zwischen dem Lake Huron und der riesigen Georgian Bay dar. Wasser und Wälder mit reichem Nahrungsangebot zogen schon früh Indianer vom Stamm der Huronen an. Sie gründeten Dörfer und begannen, Landwirtschaft zu betreiben. Zu ihrer Ausrottung trugen Europäer und Irokesen gleichermaßen bei.

Das südliche Ende der Bucht mit kilometerlangen Stränden, Sanddünen und Inseln wird vor allem von den Bewohnern des nahen Toronto als Wochenendziel geschätzt. Weiter nördlich dominiert die Natur mit dichten Wäldern, nur wenige Weiler säumen den Weg. Abgeschiedenheit in grandioser Natur bieten einige herrliche Provinz-Parks.

Owen Sound 10 an der gleichnamigen Bucht erlebte seine Blütezeit im 19. Jh. als Umschlagplatz für Getreide und Zement. Einer quirligen Hafenstadt entsprechend, boten zahlreiche Spelunken und Bordelle den Seeleuten Zerstreuung. Schließlich konnten die örtlichen Tugendwächter die Prohibition durchsetzen – bis 1972 durfte in Owen Sound kein Tropfen Alkohol verkauft werden.

Sehenswert ist das Owen Sound Marine Rail Museum in einem alten Bahnhof, das über die Geschichte des Hafens und des Schiffbaus in Owen Sound informiert. Die Tom Thomson Memorial Art Gallery in der First Avenue West zeigt Werke des Künstlers, der zu den bedeutendsten kanadischen Landschaftsmalern zählt. An den Straßen beiderseits des Sydenham River blieben zahlreiche historische Häuser erhalten, darunter einige stattliche viktorianische Anwesen wie das Dow & Pollock House, 1000 First Avenue West, oder das neoklassizistische Buchan Manor, 682 Second Avenue East.

Das Städtchen **Collingwood** 11 ist das Zentrum der Blue Mountains, des höchsten Abschnitts des Niagara Escarpment, der im Winter zum Skifahren einlädt. In der schneefreien Zeit kann man dort auf dem Bruce Trail wandern. Ein anderer Rundweg, von dem sich immer wieder prächtige Ausblicke bieten, führt zu den Collingwood Scenic Caves, Überhängen im Gestein, die vor Jahrmillionen von Gletschern geformt wurden.

Kilometerlange, feinsandige Strände, flaches, warmes Wasser und eine ausgedehnte Dünenlandschaft findet man in **Wasaga Beach** 12 und dem gleichnamigen Provinicial Park. Der Ort mit zahlreichen billigen Souvenirläden, Kettenrestaurants und Motels, der an Sommerwochenenden aus allen Nähten platzt, ist allerdings nicht jedermanns Geschmack.

Die Ostseite der Nottawasaga Bay wird von der Penetanguishene-Halbinsel begrenzt, die in der Geschichte der Region eine bedeutende Rolle gespielt hat. Die ersten Weißen waren französische ›Entdecker‹, deren Spuren Jesuitenmissionare und Pelzhändler folgten. Bald wurden die ersten Missionsstationen und Handelsposten gegründet.

Auch der hübsche Ort **Penetanguishene** 13 war einst Umschlagplatz für Biberpelze. Im Krieg von 1812 zogen sich britische Soldaten hierher zurück, nachdem ihre Forts von den Amerikanern eingenommen worden waren. Der Discovery Harbour ist ein rekonstruierter Flottenstützpunkt, den die Briten nach dem Krieg errichtet hatten, um einen erneuten Angriff der Amerikaner abzuwehren.

Auf dem Highway 93 erreicht man den Awenda Provincial Park am nördlichen Ende der Halbinsel. Besonders reizvoll ist der Park mit Wanderwegen und Stränden am Ufer der Bucht außerhalb der Saison, wenn Ruhe Einzug hält.

Eine Welt für sich ist die Schärenlandschaft der **Thirty Thousand Islands** 14. Sie sind Teil des kanadischen Schildes und bestehen aus 600 Mio. Jahre altem Granit, Gneis und Quarzgestein, die durch die Eiszeit ihren letzten Schliff erhielten. Das malerische Inselreich mit windzersausten Kiefern, Laubwäldern und Sumpfgebieten lässt sich am einfachsten im Rahmen eines mehrstündigen Bootsausflugs erkunden. Schiffe verkehren von Penetanguishene, von Mid-

Die ehemalige Jesuitenmission Sainte-Marie among the Hurons wurde rekonstruiert

land und vom weiter nördlich gelegenen Parry Sound (s. S. 193).

Die reizende Kleinstadt **Midland** 15, mit zahlreichen Backsteingebäuden besitzt zwei interessante Museen. Das Huron Indian Village im Little Lake Park zeigt ein rekonstruiertes Dorf der Huronen, die einst in der Gegend siedelten. Nebenan bewahrt das Huronia Museum Ausstellungsstücke aus dem Besitz der Huronen auf.

Acht Kilometer östlich der Stadt, am Highway 12, erinnert die rekonstruierte Missionsstation **Sainte-Marie among the Hurons** 16 an ein besonders tragisches Kapitel in der Geschichte der indianischen Ureinwohner: Auf Vorschlag des französischen ›Entdeckers‹ Samuel de Champlain errichteten die Jesuitenpatres Jean de Brébeuf und Gabriel Lalemant im Jahre 1639 die Mission Sainte-Marie im Lande der Huronen. Da dieser Stamm sesshaft war, glaubten sie, die Huronen leichter zum Christentum bekehren zu können als nomadisierende Indianer.

Bald wohnten 60 Weiße in dem westlichsten Vorposten Europas in der Neuen Welt. Drohte Gefahr, zogen sich auch die Bewohner des Umlands hinter die Pallisadenzäune von Sainte-Marie zurück. Alles, was zum Überleben benötigt wurde, schaffte man per Kanu aus dem fernen Québec herbei.

Für die Huronen hatte die Missionierung in vielerlei Hinsicht fatale Folgen. Von Europäern eingeschleppte Krankheiten führten zu einer rapiden Dezimierung. Hinzu kam, dass die Bekehrungsversuche eine Spaltung des Stammes zur Folge hatte. Zudem fassten die feindlichen Irokesen die Verbindung der Huronen mit den Europäern als Kriegserklärung auf. Immer wieder kam es zu blutigen Auseinandersetzungen, bei denen die Huronen stets unterlagen. Ihre Hoffnung auf Schutz durch die Franzosen hatte sich nicht erfüllt.

Eastern Massasauga Rattlesnake
Klapperschlange in Gefahr

Die meisten Europäer denken wohl eher an Bären oder Elche als an Klapperschlangen, wenn es um Kanadas Tierwelt geht. Und doch gibt es dort diese Reptilien. Auf der Bruce Peninsula und am Ostufer des Lake Huron lebt die Eastern Massasauga Rattlesnake.

Allerdings sind die Tiere so selten geworden, dass sie unter besonderen Schutz gestellt werden mussten, um ihr Aussterben zu verhindern. Noch vor 50 Jahren war die einzige Giftschlange Ontarios sehr viel weiter verbreitet. Die voranschreitende Besiedlung sorgte ebenso für deren drastische Dezimierung wie die Angst der Menschen vor Klapperschlangen. Noch bis 1975 wurden in Wisconsin Prämien für jede getötete Schlange bezahlt.

Sistrurus catenatus lautet der lateinische Name dieser Klapperschlangenart. *Catenatus* bezieht sich auf die schwarzen Flecken, die sich wie die Glieder einer Kette über die graue Haut des Tieres ziehen. Der Kopf ist wie der aller Giftschlangen dreieckig geformt. Einzigartig sind die Pupillen, die ausschließlich bei dieser Spezies wie bei einer Katze vertikal geformt sind.

Wie bei allen Klapperschlangen befindet sich am Ende des Schwanzes eine aus verhärteter Haut bestehende Rassel. Häutet sich das Tier, wird jedes Mal ein Segment an die Rassel hinzugefügt. Lauert Gefahr, wird mit deren Hohlräumen ein rasselndes Warnsignal abgege-

ben. Die Eastern Massasauga Rattlesnake verfügt über eine Vertiefung zwischen Augen und Nasenlöchern, die als Wärmesensor reagiert. Mit deren Hilfe erspürt die Schlange ihre bevorzugten Beutetiere wie Nagetiere und Frösche.

Der indianische Name – Massasauga – bezieht sich auf deren bevorzugten Lebensraum – Sumpfgebiete. Wie fast alle ihrer Artgenossen ist sie ausgesprochen scheu. Meist zieht sich die Massasauga Rattlesnake, gewarnt durch die Vibrationen, die von Schritten ausgehen, zurück. Dennoch ist es ratsam im »Rattlesnake Country« einige Vorsichtsmaßnahmen walten zu lassen. Stets sollte man Ausschau halten, wohin man tritt. Wer zeltet, ist nach Anbruch der Dunkelheit mit einer Taschenlampe gut beraten. Da Schlangen immer dann angreifen, wenn sie sich in die Enge gedrängt fühlen, sollte man bei einer Begegnung mit dem Tier genügend Abstand halten.

Der Versuch, die Klapperschlange mit einem Stock aus dem Weg zu räumen oder gar zu töten, endet meist mit einem Biss. Wird man gebissen, heißt es Ruhe bewahren und so schnell wie möglich das nächste Krankenhaus aufsuchen. Das Gift der Massasauga Rattlesnake verursacht schmerzhafte Schwellungen, wirkt aber selten tödlich.

Um diese Schlangenart besser schützen und erforschen zu können, bitten die Ranger der Provincial und National Parks um Meldung, wenn man eine der Schlangen gesichtet hat.

Zehn Jahre nach der Gründung wurde Sainte-Marie among the Hurons von den Irokesen überfallen, neben zahlreichen Indianern wurden auch die Jesuitenmissionare Brébeuf und Lalemant getötet. Um zu verhindern, dass die Mission in die Hände der Irokesen fiel, wurde Sainte-Marie von den Überlebenden niedergebrannt. Sie zogen sich nach Christian Island zurück, wo sie Sainte-Marie II errichteten. Aber auch dort war ihnen kein Glück beschieden – ein harter Winter und Hungersnöte zwangen sie zur Aufgabe. Die Missionare verließen 1650 gemeinsam mit einigen Huronen die Region und ließen sich in Québec nieder.

Sainte-Marie among the Hurons geriet in Vergessenheit, bis man in den 40er Jahren des 20 Jh. mit Ausgrabungungen begann. Stück für Stück wurde die Missionsstation detailgetreu restauriert und 1967 Besuchern zugänglich gemacht. Wie im 17. Jh. ist die Anlage von einem Palisadenzaun umgeben, welcher die Wohnräume, Werkstätten, Wirtschaftsgebäude und Gemüsegärten schützt. Auch die traditionellen Langhäuser, in denen die getauften Indianer unterkamen, wurden wieder hergerichtet. Vorführungen von Museumsmitarbeitern in zeitgenössischen Kostümen vermitteln einen Eindruck vom Leben in Sainte-Marie among the Hurons vor über 350 Jahren. Filmvorführungen und ein Museum runden das Bild ab. Der Martyrs' Shrine gegenüber der Missionsstation erinnert an sechs zu Tode gefolterte Missionare, deren Schicksal lange die Vorstellungen vieler weißer Kanadier von den ›mordlustigen‹ Indianern prägte. Die Kirche ist ein bedeutender Wallfahrtsort für die Katholiken Nordamerikas.

Neben Saint-Marie among the Hurons erstreckt sich das Sumpfgebiet der Wye-Marsh, dessen einzigartige Flora und Vogelwelt man von Bohlenwegen und Wanderpfaden aus beobachten kann. Inzwischen ist es den Naturschützern gelungen, die einst aus der Region verschwundenen Trompeter-Schwäne wiederanzusiedeln.

Hinter Victoria Harbour führt der Trans-Canada Highway unter der Bezeichnung Highway 400 Richtung Norden. Nach wenigen Meilen zweigt die Landstraße 5 Richtung Honey Harbour ab, dem Ausgangspunkt zum **Georgian Bay Islands National Park** 17, der aus 59 der Thirty Thousand Islands besteht. Die größte und Honey Harbor am nächsten gelegene heißt Beausoleil Island, die neben Wassersport auch hervorragende Angel- und Wandermöglichkeiten bietet. Nach Beausoleil Island gelangt man entweder mit teuren Wassertaxis oder man unternimmt einen vierstündigen Ausflug, der von der Parkverwaltung angeboten wird. Reizvoller, weil unberührter sind die nördlich gelegenen Inseln, die man allerdings nur mit dem eigenen Boot erreicht.

Undurchdringliche Wälder und Seen säumen die Route nach **Parry Sound** 18, an der gleichnamigen Bucht. Die einzige größere Gemeinde zwischen Midland und Sudbury ist ein hübscher Ort mit einigen netten Läden und Restaurants. Im Sommer nutzen zahlreiche Urlauber die Wassersportmöglichkeiten. Einen atemberaubenden Blick auf den Lake Huron, aus dem die bewaldeten Inseln der Thirty Thousand Islands ragen, genießt man vom Aussichtsturm im Tower Hill Park, der einst als Wachturm zur Warnung vor Waldbränden diente. Zum Park gehört auch das West Parry Sound District Museum, das die Geschichte der Indianer und der europäischen ›Entdecker‹ und Siedler erläutert. Von der Government Wharf an der Bay

Der Killarney Provincial Park – ein ideales Terrain für Wanderer

Street legen die Ausflugsboote zum In-sellabyrinth der Thirty Thousand Islands ab. Am Hafen beginnt auch der ausge-schilderte Fitness Trail am Parry Sound entlang, der schöne Ausblicke auf das Wasser bietet.

Eine einspurige Brücke führt zur Parry Island. Depot Harbour, ein ehemals ge-schäftiger Hafen für den Transport von Holz und Getreide, war das gleiche Schicksal beschieden wie so vielen an-deren Häfen an der Georgian Bay. Sie verfielen zu Geisterstädten, als der Boom vorüber war. Hier und da ent-deckt man Reste der Siedlung, von der die Natur längst wieder Besitz ergriffen hat. Darüber hinaus bietet die Insel, auf der Ojibwa-Indianer leben, einsame Buch-ten, von denen der Blick auf die benach-barten Eilande schweift.

Nördlich von Parry Sound führt die Stichstraße 559 zum Killbear Provincial Park, der einen der reizvollsten Ab-schnitte an der Georgian Bay schützt. Granitfelsen, windschiefe Kiefern und feinsandige Strände vor der Weite der Georgian Bay prägen die Szenerie. Zu den zahlreichen Wanderwegen gehört auch der 3,5 km lange Lookout Point Trail.

Ein beliebter Stopp auf dem Weg nach Norden ist der Grundy Lake Pro-vincial Park. Die bewaldete Felsenland-schaft mit unzähligen Seen lädt zum Schwimmen und Angeln ein. Geübte Kanuten gelangen über den French River in die Georgian Bay. Wenige Kilo-meter nördlich überquert man auf dem Trans-Canada Highway den Fluss, der für die Besiedlung des Landes eine wichtige Rolle spielte, da er Indianern, weißen ›Entdeckern‹, Pelzhändlern und Missionaren den Weg gen Westen öffnete.

Zu den eindrucksvollsten Naturschutzgebieten in Ontario gehört der **Killarney Provincial Park 19**: schroffe Bergketten mit Sümpfen, stillen Seen und dichten Mischwäldern, aus denen der helle Granitstein des Kanadischen Schildes ragt. In der von Menschenhand fast unberührten Natur leben Elche, Bären, Füchse, Biber und Wölfe. Schon die Mitglieder der Malergruppe Group of Seven waren von der Landschaft fasziniert, die sie immer wieder auf die Leinwand bannten. Anspruchsvolle Wanderer finden hier ein ideales Revier. Das Angebot reicht von Tagestouren bis hin zu einem 100 km langen Rundwanderweg, für den man mindestens fünf Tage einplanen sollte. Ebenso reizvoll ist es, den Park mit dem Kanu zu erkunden.

An der Georgian Bay liegt der idyllische Ferienort Killarney mit Übernachtungsmöglichkeiten, Restaurants und einem Jachthafen.

Vorbei an der Industriestadt Sudbury führt der Trans-Canada Highway gen Westen am Nordufer des Lake Huron entlang. Hinter dem Ort McKerrow zweigt der Highway 6 über Espanola zur Manitoulin Island ab. Ihren ungewöhnlichen Namen verdankt die Gemeinde den Ojibwa-Indianern, die Ende des 18. Jh. Beutezüge in den von Spaniern kontrollierten Teil der späteren USA unternahmen. Sie brachten eine Spanierin mit nach Hause, die die Kinder ihre Muttersprache lehrte. Als die französischen ›Entdecker‹ kamen, hörten sie voll Verwunderung die europäische Sprache und nannten die Niederlassung Espanola. Hauptarbeitgeber in Espanola ist eine riesige Papierfabrik, die man in den Sommermonaten besichtigen kann.

Manitoulin Island

Tipps & Adressen

Manitoulin Island S. 338, Blind River S. 297, St. Joseph Island S. 371

Karte S. 184/85

20 Tehkumnah, Sheguiandah, Wikwemikong, Mindemoya, Kagawong – schon die Namen vieler Orte auf Manitoulin Island verraten das indianische Erbe der Insel. Und auch der Name Manitoulin ist indianischen Ursprungs, denn für die Ojibwa, Ottawa und Potawotami ist ihre Insel die Heimat des Großen Geistes, Gitchie Manitou. Die mit 1600 km^2 zu den größten Süßwasserinseln der Welt gehörende Manitoulin Island wird seit Jahrtausenden von Indianern bewohnt. Zwischenzeitlich verließen sie aus ungeklärten Gründen die Insel. Vermutlich zwang Nahrungsknappheit die Indianer dazu abzuwandern. Sie siedelten im südlichen Ontario, bis auch dort der Boden im Konkurrenzkampf mit den weißen Siedlern immer knapper wurde und die Indianer auf ihre Insel zurückkehrten. Bald tauchten auch dort die ersten Weißen auf, angelockt durch das fruchtbare Acker- und Weideland von Manitoulin Island. Schon sahen sich die Indianer gezwungen, mit den Briten in Verhandlung zu treten.

Im Jahre 1836 unterzeichnete man einen Vertrag mit dem Gouverneur von Upper Canada, der vorsah, dass die Insel zum Zufluchtsort für Indianer vom Festland werden sollte. Die Weißen hofften, dass die Indianer ihre Jagdgebiete aufgeben und als Farmer auf der Insel leben würden. Viele kamen, weigerten sich aber ihre angestammte Lebensweise aufzugeben. Knapp 30 Jahre später sicherte eine erneute Vertragsunterzeichnung den Weißen den Großteil der Insel, während die Indianer mit Re-

Pow wow – Das Fest der Indianer

Im Sommer ist Pow-wow-Zeit an den Ufern der Großen Seen. Wie überall in Nordamerika rufen dann die Trommeln der Indianer zu den Festlichkeiten, die sich über mehrere Tagen erstrecken. Für Weiße, die bei den meisten *pow wows* willkommen sind, bietet sich die einzigartige Gelegenheit, indianische Kultur kennen zu lernen.

Da *pow wows* feste Bestandteile im Leben vieler Indianerstämme sind – und keine für Touristen in Szene gesetzten Veranstaltungen –, sollte man sich als Gast entsprechend verhalten. Seinen Respekt vor der spirituellen Bedeutung derartiger Feste bringt man durch den Verzicht auf Tabak- und Alkoholkonsum zum Ausdruck. Auch allzu freizügige Kleidung wird nicht gern gesehen.

Der Begriff *pow wow* stammt aus der Sprache der Algonquin-Indianer und bedeutet Ratsversammlung. Standen die Stammesmitglieder vor einem schwer wiegenden Problem, versammelten sich ihre Ältesten zu Beratungen um ein großes Feuer. Meist wurden die hoch verehrten Schamanen und Medizinfrauen eines Stammes zu diesen Treffen hinzugezogen. Stets begleiteten Gebete, rituelle Gesänge und Tänze diese Zusammenkünfte, die mehrere Tage dauern konnten.

Als die Weißen nach Nordamerika kamen, nannten sie alle Arten von Zusammenkünften der Indianer *pow wow*. Schließlich übertrugen die nordamerikanischen Indianerstämme dieses Wort auf ihre Feierlichkeiten, die dem Wiedersehen, Erfahrungsaustausch und der Bewahrung alter Bräuche und ihrer Kultur dienen.

Zu den Festen reisen heute Indianer aus ganz Nordamerika an. Bevor die Europäer nach Nordamerika kamen, war den Indianern ein überregionales Zusammengehörigkeitsgefühl unbekannt. Erst die Bedrohung durch die Europäer hat ein stammesübergreifendes Bewusstsein geschaffen, dessen sichtbarster Ausdruck heute die *pow wows* sind.

Ehe ein *pow wow* beginnt, weihen die Stammesältesten die Trommeln feierlich. Dazu werden die Instrumente in alle vier Himmelsrichtungen getragen und schließlich in der Mitte des Festplatzes abgesetzt. Als *grand entry* bezeichnet man die festliche Parade aller Teilnehmer in ihrer traditionellen Stammeskleidung. Der *grand entry* markiert zugleich den Beginn des *pow wow*. Eingeweihte erkennen anhand bestimmter Merkmale, aus welcher Region der Träger stammt.

Aufwändiger Federschmuck ist typisch für Prärie-Indianer. Ein paar Federn zumindest zieren jeden männlichen Teilnehmer eines *pow wow*. Zwar untersagt der Artenschutz den Besitz von Adlerfedern, doch wegen der religiösen Bedeutung der Federn gilt für Indianer eine Sonderregelung.

Unter den rhythmischen Klängen der Trommeln beginnen die Tänze, die eine mythische Bedeutung haben und oft zu Ehren der Verstorbenen aufgeführt werden, manchmal aber auch die Bewunderung für Krieger oder für Frauen als den Spenderinnen des Lebens zum Ausdruck bringen sollen. Ihr Ursprung liegt in den Zeremonien der Prärie-Indianer, die durch Kriegszüge Verbreitung in ganz Nordamerika fanden.

Manchen Zuschauer mag es zunächst verwundern, dass trotz der leidvollen Geschichte der Indianer oft auch die US-amerikanische und die kanadische Flagge durch Tänze geehrt werden. Die Fahnen erinnern daran, dass auch Indianer in den Armeen der Weißen gekämpft haben. Daher ist es das Vorrecht indianischer Veteranen, diese Tänze darzubieten. Zu Ehren der Flagge wird meist auch ein Lied gesunden – diesen Teil der Zeremonie verfolgt das Publikum respektvoll im Stehen.

Anschließend bewertet eine Jury die Aufführungen, die in verschiedene Kategorien nach Alter, Geschlecht und Tanzstil unterteilt sind. Aber auch die Kostüme, in die oft viel Zeit und Geld investiert wurden, werden beurteilt. Dem Sieger winken Geldpreise von mehreren hundert Dollar. Es gibt auch *pow wows*, bei denen der Wettbewerb keine Rolle spielt, sondern so genannte *intertribal dances*, bei denen die Teilnehmer gemeinsam tanzen, im Mittelpunkt stehen. Dann dürfen auch Gäste das Tanzbein schwingen.

Wichtig für jedes *pow wow* ist der Conférencier, dessen Aufgabe es ist, die einzelnen Aufführungen anzukündigen und zu erläutern.

Am Rande von *pow wows* kann man meist traditionelle Speisen kosten und indianisches Kunsthandwerk erwerben. Auch *tipees*, die Zelte, die mit dem Leben in den Reservaten weitgehend verschwunden sind, kann man häufig bewundern. Auf den großen *pow wows* werden sie als Unterkunft für Gäste noch immer errichtet.

servaten vorlieb nehmen mussten. Heute ist ein Viertel der 12 000 Insulaner indianischen Ursprungs.

Die Insel mit Wiesen, Feldern, Wäldern und unzähligen Seen hat ihren ganz eigenen Reiz. Urlauber wissen die Idylle von Manitoulin Island zu schätzen und auch wenn der Fremdenverkehr inzwischen die Haupteinahmequelle der Insulaner ist, hält sich der Tourismus angenehm im Rahmen. Wandern, Fischen, Golfspielen, Segeln und Baden sind die Freizeitaktivitäten, die geruhsame Tage auf der Insel versprechen.

Die einzige, nur einspurige Brücke, welche die Verbindung zum Festland herstellt, mag zu der Abgeschiedenheit von Manitoulin Island beigetragen haben. In den Sommermonaten wird die Brücke einmal pro Stunde beiseite gedreht, damit die zahlreichen Segelboote auf dem North Channel passieren können.

Little Current geht auf einen Handelsposten der Hudson Bay Company zurück. An der Water Sreet reihen sich einige Läden, in denen die Insulaner alles Lebensnotwendige erhalten. Eine nicht mehr wegzudenkende Institution ist der General Store Turners, der sich seit 1879 im Besitz derselben Familie befindet.

Auf dem Highway 6 Richtung Süden gelangt man nach Sheguiandah, in dessen Nähe archäologische Ausgrabungen belegten, dass Manitoulin Island bereits seit 10 000 Jahren besiedelt ist. Wahrscheinlich betrieben die frühen Bewohner Handel mit Quarzit, einem sehr harten Gestein, das fast überall auf der Insel vorkommt.

Atemberaubend ist der Blick, der sich vom Aussichtspunkt Ten Mile Point, links des Highway 6 Richtung Süden, auf das tiefblaue Wasser der Georgian Bay mit den vielen Inselchen bietet. Dem Glauben der Indianer zufolge ist die Stelle, an der im 19. Jh. die Gemeinde Manitowaning entstand, der Wohnort Manitous. Als die Weißen das Gebiet zum Reservat erklärten, mussten sich Stammesmitglieder an diesem heiligen Ort niederlassen.

Ab 1838 machten es sich Missionare zur Aufgabe, die Ureinwohner von Manitowaning zum Christentum zu bekehren. Sieben Jahre später wurde die anglikanische St. Paul´s Church errichtet, eine der ältesten Gotteshäuser im nördlichen Ontario. Sehenswert ist das kleine Assiginack Museum, auf dessen Gelände verschiedene Gebäude wie eine Scheune und ein Schulhaus aus Pioniertagen nachgebaut wurden. Im Hafen liegt die »S.S. Norisle« vor Anker, die von 1946 bis 1974 als Fracht- und Passagierschiff zwischen Manitoulin Island und Tobermory auf der Bruce Peninsula ihren Dienst versah. Im Juli und August kann das Schiff besichtigt werden.

Über eine Stichstraße von der Manitowaning Bay erreicht man Wikwemikong, das größte Indianerreservat der Insel und zugleich das einzige in Kanada, das offiziell nie an die Weißen übergeben wurde. 1862 hatten sich die Indianer von Wikwemikong standhaft geweigert, einen Vertrag mit den Kolonialherren zu unterzeichnen, der den Weißen den Zugang zu ihrem Land ermöglichen würde. Gut 2500 Nachfahren der Ojibwa-, Ottawa- und Potawotami-Indianer wohnen heute in dem Gebiet, das einen Eindruck vom Leben in einem modernen Reservat mit Supermarkt und mehreren Läden vermittelt. Aus nah und fern strömen Indianer herbei, wenn am ersten Wochenende im August das pow wow von Wikwemikong gefeiert wird.

In South Baymouth hat man den südlichsten Ort der Insel erreicht. An der Mole legt die Fähre nach Tobermory auf der Bruce Peninsula (s. S. 187ff.) ab. Das winzige School House Museum in der ehemaligen Schule aus dem Jahre 1891 zeigt, wie eine einklassige Schule aussah, in der Kinder der Pionierfamilien unterrichtet wurden. An den Wänden erzählen Fotos von längst vergangenen Tagen.

Über Tehkumnah mit einem alten Wardens General Store geht die Fahrt nach Providence Bay, das den schönsten Strand der Insel besitzt. Baden und Picknicken gehören hier zu den beliebtesten Sommervergnügen. Immer dünner wird die Besiedlung auf dem Weg nach Meldrum Bay im äußersten Westen der Insel. Benannt nach einem Ort in Schottland, besaß Meldrum Bay einst einen bedeutenden Hafen für Dampfschiffe. Letztere haben inzwischen den zahlreichen Segelbooten Platz gemacht, die den North Channel durchfahren.

Ausgesprochen pittoresk ist das rot-weiß gestrichene Mississagi Lighthouse aus dem Jahre 1873, das mit einem gedrungenen, pyramidenförmigen Holzturm im typischen Stil der Region gebaut wurde. Die vergleichsweise kleine Anlage wies den mit wertvollem Holz beladenen Schiffen aus Blind River und Spanish River den Weg in den offenen Lake Huron. Den Leuchtturm, in dem ein kleines Museum und ein Restaurant untergebracht sind, erreicht man von Meldrum Bay über die Mississagi Lighthouse Road.

Auf demselben Weg zurück führt der Highway 540 über Evansville nach Gore Bay mit einem bei Seglern sehr beliebten Hafen. Auf einer Anhöhe – an der Shell-Tankstelle links den Berg hinauf – liegt das Western Manitoulin Historical Society Museum, das in dem ehemaligen Gefängnis der Gemeinde untergebracht ist.

Kurz vor Kagawong führen von einer Parkbucht Stufen hinunter zum Bridal

Veil Wasserfall, über den sich der Kagawong River als feiner Schleier über eine Abbruchkante ergießt. Kagawong verdankt seine Existenz zwei irischstämmigen Einwanderern, welche die Regierung 1873 um Erlaubnis baten, in der Region Holz fällen zu dürfen. Dies wurde ihnen unter der Bedingung gestattet, noch andere Siedler zu finden, die bereit waren, sich an der Stelle des heutigen Ortes dauerhaft niederzulassen. Die kleine St. John´s Church war einst ein Lagerhaus, das schließlich der Kirche vermacht wurde. Die Kanzel des Kirchleins war ursprünglich der Bug eines Schiffes, das 1965 in der Nähe sank.

Zu den schönsten Wandermöglichkeiten der Insel gehört der Cup and Saucer Trail, der an der Bidwell Road beginnt, die hinter West Bay rechts Richtung Little Current vom Highway 540 abzweigt. Der markierte Wanderweg führt zum höchsten Punkt der Insel, einer 352 m hohen Abbruchkante des Niagara Escarpment, von der man immer wieder faszinierende Blicke auf den Lake Manitou und die Insel genießen kann.

Die Fahrt nach Sault Sainte Marie bietet wenig Spektakuläres. Für einen Zwischenstopp empfiehlt sich der Ort **Blind River** 21 mit einigen Restaurants. Hinter der Touristeninformation informiert das Timber Village Museum über die Geschichte der Forstwirtschaft. Zu den Exponaten gehören auch einige Artefakte der Mississagi-Indianer.

St. Joseph Island 22 etwa 50 km vor Sault Sainte Marie erreicht man über eine Brücke. An der Südspitze der Insel befinden sich die Ruinen des Fort St. Joseph. Die Wehranlage aus dem Jahre 1796 war der westlichste militärische Außenposten der Briten. Im Krieg von 1812 zerstörten amerikanische Truppen das Fort, das nie wieder aufgebaut wurde. Einen Eindruck vom Leben im Fort während des 19. Jh. vermitteln kostümierte Führer und ein Museum.

Wasserfall auf Manitoulin Island

Das Westufer des Lake Huron

Von Sault Sainte Marie nach Port Huron

Tipps & Adressen

Cheboygan S. 302, Rogers City S. 369, Presque Isle S. 367, Alpena S. 292, Oscoda S. 357, Tawas City S. 380, Bay City S. 294, Port Austin S. 363, Harbor Beach S. 325, Port Sanilac S. 366, Port Huron S. 365

Karte S. 201

Über die Schwesterstädte Sault Sainte Marie beiderseits des St. Mary's River, die durch eine Brücke miteinander verbunden sind, geht die Fahrt Richtung Süden. In St. Ignace erreicht man das Ufer des Lake Huron, der durch die Straits of Mackinac mit dem Lake Michigan verbunden ist. Am Südufer der Wasserstraße liegt Mackinaw City, das Tor zur Lower Peninsula von Michigan.

Über eine Distanz von gut 190 Meilen folgt der Highway 23 dem Ufer des Lake Huron nach Bay City an der Saginaw Bay. Hier beginnt der Südosten Michigans, der auch The Thumb genannt wird, weil die Lower Peninsula die Form eines Fausthandschuhs besitzt und diese Region den Daumen bildet. Mit Port Huron ist der südlichste Punkt des Lake Huron erreicht, wo man entweder nach Kanada einreisen oder die Fahrt Richtung Detroit fortsetzen kann.

Anders als am Ostufer des Lake Michigan mit mondänen Orten, in denen sich Wohlhabende niedergelassen haben oder die Ferien verbringen, geht es am Ufer des Lake Huron wesentlich urwüchsiger zu. Kleine Gemeinden säumen den Weg, die ihre Existenz dem Fischreichtum des Sees und den unendlichen Wäldern im Hinterland verdanken.

Schon die ersten Europäer, französische ›Entdecker‹ und Jesuitenmissionare, die im 17. Jh. die Region erkundeten, waren beeindruckt von den Kieferwäldern. Zweihundert Jahre später kam es zu einem Holzfällerboom, der neben 700 Holzfällercamps auch 2000 Sägemühlen hervorbrachte. Der einst wichtige kommerzielle Fischfang hat mittlerweile ebenso an Bedeutung verloren wie die Forstwirtschaft. Heute gehen in erster Linie Segelboote in den Häfen der Orte vor Anker.

Einige State Parks mit herrlichen Stränden und Wanderwegen laden dazu ein, die Reise mit einem Bad im See oder einer Wanderung zu unterbrechen. Mehrere historische Leuchttürme halten am Ufer Wacht und erinnern daran, wie tückisch der Lake Huron mitunter sein kann. Aber auch sie konnten nicht verhindern, dass Schiffe untergingen. Wracks vor dem Ufer legen ein trauriges Zeugnis davon ab.

Cheboygan 1, das mit 5000 Einwohnern zu den größeren Gemeinden entlang der Strecke zählt, war einst ein Umschlagplatz für Holz. Über den Cheboygan River, der im 19. Jh. mit einer Staustufe versehen wurde, bestand eine Verbindung zwischen dem Lake Huron und den Seen im Landesinnern. Dort, wo einst Baumstämme transportiert wurden, finden heute Freizeitkapitäne mit ihren Booten einen Ankerplatz.

Vom einstigen Wohlstand Cheboygans erzählt das viktorianische Opera House aus dem Jahre 1877 an der N. Huron Street. Nachdem das Opernhaus

Das Westufer des Lake Huron

mehrmals abgebrannt war, errichtete man es in alter Pracht. Schade, dass inzwischen eine moderne Dachkonstruktion das Äußere verschandelt. Gelungener wurden die Innenräume restauriert, die man im Rahmen einer Führung besichtigen kann.

Das Cheboygan County Historical Museum ist im ehemaligen Gefängnis der Stadt untergebracht. Die Räume des zweistöckigen Backsteinhauses sind mit Mobiliar aus dem 19. Jh. ausgestattet. Das Gebäude nebenan zeigt Exponate rund um die Holzwirtschaft und Schifffahrt. Am Seeufer liegt der Gordon Turner Park, der ein Sumpfgebiet umfasst. Dank der idealen Brutbedingungen, die verschiedene Vogelarten dort vorfinden, ist das Beobachten der Tiere hier ein besonders lohnendes Unterfangen. Der kleine weiße Leuchtturm aus dem 19. Jh. stand ursprünglich im See. Als sein Fundament immer mehr im Seeboden versank, wurde der Turm am Ufer neu errichtet.

Ein wenig schwieriger ist es, das Forty Mile Point Lighthouse zu finden, das versteckt zwischen Bäumen am Ufer des Sees steht. Vom Highway 23 folgt man der Straße, die mit dem Hinweis »Lighthouse Park« ausgeschildert ist. Der viereckige, weiß getünchte Leuchtturm mit mächtigem Wärterhäuschen wurde im ausgehenden 19. Jh. für 25 000 Dollar errichtet. Vor dem Gebäude erstreckt sich ein feinsandiger Strand, der zum Sonnenbaden und Schwimmen einlädt.

Zu den reizvollsten Naturschutzgebieten am Ufer gehört der P. H. Hoeft State Park, den man kurz vor Rogers City erreicht. Zwischen der endlosen Weite des Lake Huron und einem unberührten Waldgebiet aus Nadel- und Laubbäumen dehnen sich Dünen und ein Sandstrand aus. Berühmt ist der Park vor allem wegen seiner Wildblumen, darunter einigen seltenen Orchideenarten, die man rechts und links der Wanderwege bewundern kann.

Etwa 3 Meilen weiter südlich erreicht man den Seagull Point Park am Highway 23/E. Michigan Avenue, der ebenfalls einen schönen Strand besitzt. Ein 3 km langer Pfad führt durch die flache Dünenlandschaft, die sich hinter dem Strand ausdehnt.

Anders als der Name es vermuten lassen würde, handelt es sich bei **Rogers City** 2 nicht um eine Stadt, sondern um einen geruhsamen Ort mit 4000 Einwohnern. Hauptarbeitgeber ist der riesige Kalksteinbruch südlich der Gemeinde, der zu den größten der Welt zählt. Das Kalkgestein entstand vor Jahrmillionen, als das Gebiet des heutigen Michigan von einem riesigen Meer voller Kleinstlebewesen bedeckt war. Aus ihren Ablagerungen entstand der Kalkstein, der unter der Erdoberfläche liegt und leicht abgebaut werden kann. Da es sehr rein ist, wird das Gestein bei der Stahlherstellung und in der chemischen Industrie verwendet.

Im einstigen Wohnhaus des ersten Präsidenten der Bergbaugesellschaft, Carl D. Bradley, in der W. Michigan Avenue ist heute das Presque Isle County Historical Museum untergebracht. »Carl D. Bradley« hieß auch der riesige, 210 m lange Frachter, der 1958, nachdem er seine Ladung Kalkstein gelöscht hatte, im Lake Michigan sank. Einige Exponate des Museum dokumentieren die Tragödie, die nur zwei Besatzungsmitglieder überlebten. Auch andere Schiffskatastrophen wie der noch immer nicht geklärte Untergang der »Edmund Fitzgerald« werden thematisiert.

Die Ocqueoc Falls 11 Meilen westlich der Stadt am Highway 68, die eher an Stromschnellen erinnern, sind zwar bei weitem nicht so spektakulär wie die der

Im Herbst schmücken Kürbisse Haus und Garten

Upper Peninsula, dennoch lohnt das idyllische Plätzchen mit Picknick-, Bade- und Wandermöglichkeiten einen Abstecher.

Südlich von Rogers City zweigt der Highway 4638 nach **Presque Isle 3** ab, wo an der Grand Lake Road zwei Leuchttürme aus dem 19. Jh. die Zeit überstanden haben. In malerischer Lage am See wacht das Old Presque Isle Lighthouse aus dem Jahre 1840, dessen Türen aus dem Holz eines gestrandeten Schiffs gezimmert sind. Im Leuchtturmwärterhäuschen ist ein kleines Museum untergebracht, der Turm kann erklommen werden.

Wesentlich anstrengender gestaltet sich die Turmbesteigung des 30 Jahre jüngeren Presque Isle Lighthouse, das 1 Meile entfernt liegt. Der schlanke Turm ragt über 30 m in die Höhe. Auch das Wärterhäuschen dieses Leuchtturms beherbergt ein kleines Museum.

Folgt man der Grand Lake Road Richtung Süden gelangt man zu einem Schild, das links der Straße auf die Besser-Bell Natural Area hinweist. Durch das Naturschutzgebiet mit altem Baumbestand und unberührtem Seeufer führt ein Wanderweg. Auf dem Gelände befindet sich auch die Geisterstadt Bell, deren Schicksal vom Aufstieg und Niedergang der Forstwirtschaft erzählt. Die einst wohlhabende Gemeinde wurde für Holzfäller und deren Familien gegründet und verfügte über Wohnhäuser, eine Sägemühle, einen Saloon und eine Schule. Mit dem Ende des Holzfällerbooms kam auch das Aus für Bell, das nach und nach verfiel.

Die Grand Lake Road stößt auf den Highway 23, der nach **Alpena 4** führt.

Der River Road Scenic Byway
Ein Abstecher ins Hinterland

In Oscoda lohnt sich ein Abstecher ins Hinterland. Im Ort beginnt der River Road Scenic Byway, der 22 Meilen tief in die dichten Wälder des Huron National Forest führt. Immer wieder sieht man den Au Sable River, der sich seinen Weg durch den Wald bahnt.

Etwa 1 Meile hinter Oscoda lohnt sich der erste Stopp. Dort beginnt der Eagle Run Cross Country Trail, ein kurzer Wanderpfad am Fluss. Der Au Sable River gehört zu Michigans beliebtesten Kanu- und Kajakrevieren. Wer den Fluss per Kanu oder Kajak erkunden möchte, kann sich ein entsprechendes Gefährt leihen.

Diejenigen, die es lieber bequem mögen, können an einer zweistündigen Bootspartie mit der »River Queen« teilnehmen, die am Foot Dock Dam – 6 Meilen westlich von Oscoda – beginnt. Der fahrtbegleitende Kommentar vermittelt Wissenswertes über die Region, die lange Zeit für die Forstwirtschaft eine bedeutende Rolle gespielt hat. Doch längst ist der Lärm der Holzfäller mit ihren Äxten und Sägen verstummt. Inzwischen unter Schutz gestellt, hat sich der Waldbestand wieder erholt.

Staatlichen Umweltschutzprogrammen ist es zu verdanken, dass in dem Sumpfgebiet der Tuttle Marsh Wildlife Management Area wieder zahlreiche Vogelarten und Pelztiere leben. Das südlich der River Road gelegene Areal erreicht man über die Wells Road.

Das 1930 errichtete Lumberman's Monument erinnert an die ersten Holzfäller in Michigan, die durch ihre harte Arbeit zur wirtschaftlichen Entwicklung des Mittleren Westens beigetragen haben. Das Besucherzentrum des United States Forest Services informiert über die Geschichte der Holzindustrie im Unteren Michigan. Eindrucksvoll ist der Blick auf die Umgebung und das Tal des Au Sable River, den man vom Besucherzentrum genießt. Wer möchte, kann die Stairway of Discovery, eine Treppe mit 260 Stufen, zum Fluss hinuntersteigen. Schautafeln informieren über Flora und Fauna. Andere unterschiedlich lange Wanderwege beginnen am Holzfällermonument.

Etwa 2 Meilen hinter dem Lumberman's Monument erreicht man Largo Springs, wo eine 45 m lange Treppe hinunter zum Au Sable River führt. Largo Springs hat für die Indianer der Region eine besondere Bedeutung, denn sie schreiben dem kristallklaren Wasser besondere Heilkräfte zu. Die ersten Weißen nutzten die Wasserstelle als Trinkwasserquelle. Schon allein der Blick, der sich vom oberen Treppenabsatz bietet, rechtfertigt einen Halt. Ungefähr 2 Meilen hinter Largo Springs erläutern Schautafeln die Geschichte der Region, von der Besiedlung bis zur Bedeutung der Holzindustrie und deren Auswirkungen auf den Baumbestand.

Über den Highway 55 gelangt man zurück an das Ufer des Lake Huron.

Anders als Bell überstand die Gemeinde den Niedergang der Forstwirtschaft. Da der Boden von Alpena Kalkstein, Mergel, Ton und Schiefer enthält, sattelte man schnell auf Zementherstellung um. Noch heute bestimmt die Zementfabrik die Wirtschaft der Stadt. Nach einem Zementfabrikbesitzer und Philanthropen wurde das sehenswerte Jesse Besser Museum and Planetarium an der Johnson Street benannt. Die große Sammlung indianischer Exponate aus der Region der Großen Seen gehört zu den besten weit und breit. Das Planetarium des Museums lädt zu einem Blick ins Weltall ein.

Eine Attraktion der ganz anderen Art ist das Thunder Bay Underwater Preserve vor dem Ufer von Alpena. Im glasklaren Wasser des Sees liegen einige Schiffswracks, darunter das des deutschen Frachters »Nordmeer«, der 1966 versank. Die Wracks kann man im Rahmen eines geführten Tauchgangs erkunden.

Fast ein Geheimtipp ist der Negwegon State Park mit langen, einsamen Stränden und unterschiedlich langen Wanderwegen am Ufer und durch das dicht bewaldete Hinterland.

In den Tagen der Holzwirtschaft zählte **Oscoda** 5 mehr als 20 000 Einwohner. Tausende von Baumstämmen wurden über den Au Sable River zum Lake Huron geflößt und im Hafen der Gemeinde verladen. 1911 kam das Aus, als ein riesiger Waldbrand die Ressourcen vernichtete. Heute leben etwa 1000 Menschen in Oscoda, das sich als eines der bedeutendsten Zentren für Sportfischerei am Lake Huron etablieren konnte. Das Hinterland mit zahlreichen Flüssen und dem Huron National Forest bietet Anglern, Kanuten und Wanderern ein reiches Betätigungsfeld.

Der Tawas Point State Park von **Tawas City** 6 mit feinsandigem Strand gilt unter Kennern als einer der besten Orte in Michigan, um Vögel zu beobachten. Über 200 verschiedene Arten wurden hier gesichtet. Der Leuchtturm aus dem Jahre 1876 kann nur von außen besichtigt werden.

Bay City 7 am südlichen Ende der Saginaw-Bucht, Michigans zweitgrößte Hafenstadt, war im 19. Jh. ein Synonym für die florierende Holzwirtschaft. 30 Sägemühlen waren Tag und Nacht in Betrieb, um das Holz zu verarbeiten, das über den Saginaw River herbeigeschafft wurde. Als sich die Holzwirtschaft durch unkontrollierten Raubbau ihre Grundlage entzog, begann der Niedergang. Viele Einwohner verließen daraufhin Bay City. Zu den Abtrünnigen der jüngeren Vergangenheit gehört die Pop-Ikone Madonna, die ihrem Geburtsort schon früh den Rücken kehrte.

Dort, wo einst Sägemühlen das Flussufer säumten, dehnen sich heute gepflegte Parks aus. Bei einem Bummel am Saginaw River entlang kann man vielleicht einen der riesigen Frachter auf dem Weg zum Lake Huron beobachten. Die Wunden, die der wirtschaftliche Niedergang gerissen hat, sind in der Innenstadt zwar hier und da noch zu sehen, ansonsten aber stehen die Zeichen gut: In die alten Backsteinhäuser sind Antiquitätenläden, Restaurants und Cafés eingezogen.

Architektonisches Paradestück der Stadt ist die Bay City City Hall in der Washington Avenue. Das im neo-romanischen Stil errichtete Rathaus besitzt einen 37 m hohen Glockenturm, den man besteigen kann. Oben angekommen, wird man mit einem herrlichen Blick auf die Stadt und das Umland belohnt.

Das Historical Museum of Bay County in derselben Straße beleuchtet die Lokalgeschichte von den prähistorischen Anfängen bis in die heutige Zeit. Den Reichtum, der während der Boomjahre der Holzindustrie erwirtschaftet wurde, belegen prächtige viktorianische Villen an der Center Avenue. Auf dieser Straße, die als Landstraße 25 am Seeufer entlang bis nach Port Huron führt, verlässt man Bay City.

Noch zu Beginn des 19. Jh. war das Gebiet des Thumb, wie dieser Teil Michigans genannt wird, dicht bewaldet. Dann besiegelte auch hier die Holzwirtschaft das Ende der dichten Wälder. Als Agrarwissenschaftler feststellten, dass Klima und Boden hervorragend für die Landwirtschaft geeignet sind, wurden Bauern deutscher, polnischer und kanadischer Herkunft angeregt, sich in dem Landstrich niederzulassen. Ihren Erfolg belegen zahlreiche Farmen, auf denen Zuckerrüben und Bohnen angebaut werden. Kleine Gemeinden, in denen die Zeit still zu stehen scheint, säumen den Weg.

Nordöstlich der einst bedeutenden Hafengemeinde Caseville liegt das Huron County Nature Center Wilderness Arboretum. Die seltenen Wildblumen und Bäume dieses Naturschutzgebiets mit Sanddünen kann man entlang verschiedener Pfade betrachten.

Auch durch den Albert E. Sleeper State Park mit Dünen, Sumpf- und Waldgebieten führen mehrere schöne Wanderwege. Sonnenanbeter fühlen sich an dem kleinen Sandstrand des State Park wohl. An der Stelle der ehemaligen Holzfällergemeinde Port Crescent, die in den 30er Jahren des 20. Jh. von der Landkarte verschwand, erstreckt sich heute der Port Crescent State Park mit bewaldeten Dünen und einem Sandstrand.

Port Austin 8 heißt die kleine Gemeinde an der Spitze des Thumb, die für ihre zauberhaften Sonnenuntergänge berühmt ist. Sehenswert ist auch das Garfield Inn, ein viktorianischer Prachtbau im Zuckerbäckerstil, der von einem reichen Farmer errichtet wurde. Zu seinen Gästen zählte auch der 20. Präsident der USA, James A. Garfield. Als man das Privathaus später in ein Hotel verwandelte, wurde es zu Ehren des Präsidenten nach ihm benannt. Das Haus beherbergt auch ein hervorragendes Restaurant.

Der Name Point aux Barques geht vermutlich geht auf französische Pelzhändler zurück, die diese Stelle mit ihren Kanus ansteuerten. Im 19. Jh. zogen sich reiche Detroiter Bürger hierher in ihre luxuriöse Sommerresidenzen zurück. Erhalten blieb das Point aux Barques Lighthouse aus dem Jahre 1857, das nach wie vor Schiffen einen sicheren Weg weist. Das kleine Museum im Leuchtturmwärterhäuschen ist am Wochenende geöffnet.

Ein Relikt aus vergangenen Tagen ist **Huron City** 9, das wie so viele Gemeinden der Region seine Exsistenz der Holzindustrie verdankt. Mitte des 19. Jh. errichteten einige Geschäftsleute eine dampfbetriebene Sägemühle, um die herum wenige Jahre später Huron City entstand. Nachdem 1881 ein Großbrand in der Stadt gewütet hatte, wurde ein Teil der Gebäude wieder aufgebaut. Doch die Goldenen Jahre waren vorüber.

Um die Wende vom 19. zum 20. Jh. lebten kaum 20 Menschen in Huron City, das inzwischen unter Denkmalsschutz gestellt wurde. Besonders eindrucksvoll ist das House of Seven Gables, das von der Gründerfamilie der Gemeinde erbaut und noch bis 1987 von deren Nachfahren bewohnt wurde. Schließlich wurde ein Museum darin untergebracht, das ein Bild vom Leben der Hubbards zeichnet.

Über Port Hope erreicht man **Harbor Beach** 10, das sich im 19. Jh. wegen seiner Geldfälscherwerkstätten einen zweifelhaften Ruf erwarb. Die dort gedruckten Blüten fanden im ganzen Land Verbreitung. In der S. Huron Street steht das Geburtshaus von Frank Murphy, der eine beispiellose Karriere als Politiker und Jurist durchlief und sich aufgrund seiner liberalen Haltung gegenüber streikenden Arbeitern in der Autoindustrie nicht nur Freunde machte. In dem eher bescheidenen Haus ist ein Museum mit Memorabilia von Murphy untergebracht.

Vor dem Ufer zwischen Port Hope und Harbor Beach erstreckt sich die Thumb Area Under Water Preserve, in der Taucher auf der Suche nach Wracks ein ideales Revier finden. Mit Ausnahme der »Chickamauga«, die in relativ flachem Wasser gesunken ist, liegen die anderen Wracks so tief, dass nur Könner einen Tauchgang wagen sollten.

Auch das Sanilac Shores Underwater Preserve vor dem Ufer der Gemeinde **Port Sanilac** 11 birgt einige gesunkene Schiffe, die Tauchern zugänglich sind. Das Sanilac County Historical Museum and Village in der S. Ridge Street gewährt einen Einblick in die Vergangenheit der Region. Zum Museumsdorf gehören eine viktorianische Villa mit Originalmobiliar sowie andere rekonstruierte Gebäude aus dem 19. Jh. wie eine Blockhütte, eine Scheune und ein General Store.

Eine letzte Bademöglichkeit vor Port Huron bietet der Sandstrand des Lakeport State Park. Die Hafenstadt **Port Huron** 12 an der Nahtstelle von Lake Huron und St. Clair River gehört zu den ältesten Siedlungen in Michigan. Die Ursprünge der Stadt gehen auf das Fort St. Joseph zurück, das die Franzosen 1686 errichteten, um ihr Monopol im Pelzhandel zu schützen und der britischen Konkurrenz den Zugang zu den oberen der Großen Seen zu verwehren. An der Stelle dieser Wehranlage errichteten 1814 die Amerikaner das Fort Gratiot, ebenfalls um die Briten in Schach zu halten. Gegen Ende des 19. Jh. begann der Aufstieg von Port Huron, zunächst durch die Holzwirtschaft, später durch Öl- und Erdgasförderung, Schiffbau und die Eisenbahn.

Der Thomas Alva Edison Park am St. Clair River wurde nach dem berühmten Erfinder benannt, der 1847 in Port Huron das Licht der Welt erblickte. Vom Park genießt man den Blick auf den Fluss, auf dem sich eine nicht enden wollende Prozession aus Frachtschiffen und Öltankern bewegt. Nördlich der Blue Water International Bridge wacht das Fort Gratiot Lighthouse, der älteste Leuchtturm von Michigan. Als die Anlage im Jahre 1829 errichtet wurde, existierte der Bundesstaat Michigan noch gar nicht. Er trat erst acht Jahre später dem Staatenbund bei.

Als eine Art mobiler Leuchtturm diente das »Lightship Huron«, das zwischen 1921 und 1970 Schiffen den sicheren Weg vom St. Clair River in den Lake Huron wies und südlich der Brücke im Pine Grove Park vor Anker ging. Von Mai bis September kann das Boot besichtigt werden. Mit dem Thema Schifffahrt beschäftigt sich auch das Port Huron Museum an der Ecke 6th/Court Street. Dort werden auch Erinnerungsstücke an Thomas Alva Edison aufbewahrt.

Zwei Brücken verbinden Port Huron mit Sarnia (s. S. 182f.) im kanadischen Ontario. Richtung Süden führt die I-94 nach Detroit.

Lake Erie
Idylle und
Großstadt-
trubel

Das Südufer des Lake Erie

Seinen Namen verdankt der Lake Erie den Eriez-Indianern, einem inzwischen nicht mehr existierenden Unterstamm der Irokesen. Lac du Chat nannten ihn die französischen ›Entdecker‹, vielleicht weil plötzlich aufkommende Stürme den See so unberechenbar machen konnten wie eine Katze. Bei Seefahrern war das gut 25 000 km² große Gewässer stets gefürchtet. Grund dafür ist die geringe Tiefe von maximal 64 m, die dafür sorgt, dass sich das Wasser bei Sturm eher aufpeitscht und schnell aufeinanderfolgende Wellen schlägt.

Das US-amerikanische Ufer zwischen Toledo und Buffalo ist hoch industrialisiert. Über 100 Jahre flossen Industrie- und Haushaltsabwässer ungeklärt in den Lake Erie. Inzwischen hat sich dank verstärkter Umweltschutzbemühungen die Lage deutlich verbessert. Heute kann man wieder im See baden. Und zum Baden bietet sich der Lake Erie an, der sich, anders als die anderen Großen Seen, wegen der geringen Tiefe im Sommer richtig erwärmt.

Trotz der zumindest am Südufer vorherrschenden Besiedlungsdichte findet man auch hier freie Natur. Ein Ziel für Vogelfreunde sind die ausgedehnten Sumpfgebiete, in denen zahlreiche Zugvögel eine Rast auf dem Weg nach Süden einlegen.

Die Region um Port Clinton und Sandusky mit den Erie Islands zählt zu den bevorzugten Feriengebieten der Einwohner von Ohio. Das milde Klima lockt Besucher an und ermöglicht den Wein-

anbau, der am Südufer des Sees eine bedeutende Rolle spielt. Cleveland, bis vor wenigen Jahrzehnten noch eine marode Industriestadt, ist ein strahlendes Comeback gelungen. Das wirtschafliche Zentrum des Lake Erie wartet heute mit einer renovierten Innenstadt, einer lebhaften Theaterszene, Vergnügungsvierteln und bedeutenden Museen auf.

Wesentlich ländlicher präsentiert sich das kanadische Ufer des Sees zwischen Fort Erie und Windsor. Quirlige Betriebsamkeit sucht man hier weitgehend vergebens. Stattdessen findet man ländliche Idylle mit weiten Feldern, Kleinstädten, gemütlichen Dörfern und reizvollen Provinz-Parks. Ein Höhepunkt an der Route ist der Point Pelee National Park, den vor allem Vogelfreunde besuchen. Für die 700 Meilen lange Umrundung des Lake Erie sollte man zehn Tage einplanen.

Rund um den Lake Erie

Detroit – wie Phönix aus der Asche

Tipps & Adressen
S. 312

Stadtplan S. 212
Um es gleich zu sagen: Keine andere amerikanische Großstadt bietet ein derart schockierendes Beispiel für Verfall und Niedergang wie Detroit. Weite Teile der Innenstadt liegen brach, ganze Häuserzeilen stehen leer, während andere zu Slums verkommen sind, in denen Armut und Kriminalität herrschen. Beim Anblick der einstigen Prachtmeile Woodward Avenue fällt es schwer, den Stadtvätern Glauben zu schenken, die den Wiederaufstieg Detroits beschwören, zumal es um das wirtschaftliche Rückgrat der Stadt, die Autoindustrie, schlecht bestellt ist.

Man könnte die City also getrost links liegen lassen und sich ganz auf die gepflegten Vororte konzentrieren. Doch das hieße, einem Stück amerikanischer Realität den Rücken kehren, ganz zu schweigen von den ausgezeichneten Museen, die sich im Zentrum befinden. Und, vielleicht am eindrucksvollsten, hier und da entdeckt man sie, jene Unbezwingbarkeit, die man Detroit nachsagt. Nicht umsonst vergleicht sich die Stadt gern mit ihrem berühmten Sohn, dem Boxchampion Joe Louis, der auch dann immer wieder aufstand, wenn er längst angezählt war.

Mit dem Ziel, am ertragreichen Pelzhandel mit den Indianern teilzuhaben, gründete der französische Offizier Antoine de la Mothe Cadillac 1701 ein Pelzkontor an der Stelle des späteren Detroit. Der Handelsposten sollte die Stellung Frankreichs in der Neuen Welt festigen und zudem die französischen Niederlassungen zwischen Kanada und Louisiana vor der britischen Konkurrenz schützen. Das von Cadillac errichtete Fort konnte aber nicht verhindern, dass die Briten während des French and Indian War im Jahre 1760 das Zepter übernahmen.

Im Jahre 1783 wurde das Gebiet im Frieden von Paris zum amerikanischen Territorium erklärt. Doch die rebellischen Indianer der Region weigerten sich, die Herrschaft der Amerikaner anzuerkennen, und so dauerte es noch bis 1796, bis Detroit offiziell Teil der neu gegründeten USA wurde. Bald strömten Einwanderer in die Stadt, und auch ein Großfeuer im Jahre 1805 konnte den kometenhaften Aufstieg der Stadt nicht bremsen. Schnell wurde das wieder aufgebaute Detroit zum wirtschaftlichen Dreh- und Angelpunkt des Mittleren Westen.

Die eigentliche Schicksalsstunde aber schlug um die Wende vom 19. zum 20. Jh. Die verkehrstechnisch günstige Lage, preiswerte Rohstoffe und Unternehmergeist wie der von Henry Ford ließen Detroit zum führenden Industriestandort aufsteigen. In Fließbandarbeit

Detroit 1 Renaissance Center   2 Mariners' Church   3 Hart Plaza   4 Monument to Joe Louis   5 Guardian Building   6 Detroit Opera House   7 Fox Theater   8 Comerica Park   9 Gem Theater   10 Music Hall Center for the Performing Arts   11 Detroit Institute of Arts   12 Museum of African American History   13 Detroit Science Center   14 Detroit Historical Museum   15 Fisher Building   16 Motown Museum

wurde das Modell T gefertigt, das erste massenproduzierte Auto, das die USA in einem Mobilitätsrausch versetzte.

Bei Ausbruch des Ersten Weltkriegs besaß die Stadt über 20 Autofirmen, die pro Jahr 1 Mio. Fahrzeuge herstellten. Tausende Immigranten strömten in den ersten Dekaden des 20. Jh. nach Detroit, angelockt von den für die damalige Zeit unerhört hohen Löhnen von 5 Dollar pro Tag. Doch so rasant der Aufstieg war, so dramatisch war auch der Niedergang. Die gesunkene Nachfrage nach Autos während der Weltwirtschaftskrise und des Zweiten Weltkriegs konnte auch durch den kurzfristigen Umstieg auf die Herstellung von Kriegsgerät nicht aufgefangen werden.

Zwar ging es in den 50er Jahren des 20. Jh. wieder wirtschaftlich bergauf, doch dann setzte wie überall in den amerikanischen Großstädten eine Entwicklung ein, von der sich Detroit bis heute nicht erholt hat. Immer mehr Weiße konnten sich Eigenheime in den Vororten leisten, während die Innenstadt zum Wohnort von verarmten Schwarzen wurde. Als die Polizei im Juli 1967 eine illegale Kneipen von Schwarzen stürmte, kam es zu blutigen Straßenschlachten, in denen sich die Wut der Schwarzen über ihre Benachteiligung entlud. Über 40 Tote und Sachschäden in Millionenhöhe waren die Folgen der bis dahin schwersten Rassenunruhen in der Geschichte der USA.

Mit dem Aufschwung der Autoindustrie in den 70er Jahren des 20. Jh. begann eine Wiederaufbauphase, die sich bis heute fortsetzt. Für mehr als ein oberflächliches Make-up hat es dennoch nicht gereicht. An allen Ecken und Enden der Innenstadt sind die tiefen Wunden, die der wirtschaftliche Niedergang geschlagen hat, noch deutlich zu erkennen. Und auch die neuesten Meldungen von der Autoindustrie geben inzwischen wenig Anlass zur Hoffnung. Zu Beginn des Jahres 2002 kündigte DaimlerChrysler die Streichung von tausenden Arbeitsplätzen an.

Als sichbarstes Zeichen der viel propagierten Wiedergeburt Detroits wurde 1977 das entsprechend benannte **Renaissance Center** (1) eröffnet. Der wuchtige Hochhauskomplex mit Hotels, Läden, Restaurants und Büros sollte die Menschen zurück in die Innenstadt locken. Doch die Rechnung ging nicht auf. Selbst die Touristeninformation hat inzwischen aufgrund mangelnder Besucher ihre Pforten geschlossen. Heute befindet sich der Koloss im Besitz von General Motors, das eine Zentrale darin untergebracht hat.

Ein Besuch lohnt sich dennoch: Hat man sich durch das Labyrinth schlecht ausgeschilderter Gänge bis zur Aussichtsplattform im 39. Stockwerk vorgekämpft, bietet sich an klaren Tagen ein herrlicher Blick auf die Stadt und das benachbarte Windsor. Zum Komplex gehört auch die gleichnamige Station des People Mover, einer Hochbahn, die im Kreis durch die Innenstadt fährt. Das preiswerte Verkehrsmittel erwies sich als weiterer Fehlschlag. Nur selten teilt man sich die Wagen mit mehr als einer Hand voll Mitreisender. Der Blick aus dem Fenster auf einst prächtige, mittlerweile verwahrloste Hochhäuser mit gähnend-leeren Fensterhöhlen und eingeschlagenen Scheiben ist auf bedrückende Weise faszinierend.

Zurück am Renaissance Center führt die Jefferson Avenue vorbei an der **Mariners´ Church** (2) zur **Hart Plaza** (3). Die älteste Steinkirche Detroits aus dem Jahre 1849 stand beim Bau des Renaissance Center im Weg und wurde kurzerhand an die heutige Stelle versetzt. Mo-

Das Monument to Joe Louis erinnert an den großen Sohn von Detroit

tive wie Anker verweisen auf die See-leute, denen die Kirche gewidmet ist. Die Hart Plaza am Detroit River ist im Sommer Schauplatz populärer Festivals, die wahre Menschenmassen anziehen. Auf der anderen Seite des Detroit River sieht man die kanadische Stadt Windsor (s. S. 237). Der Detroit-Windsor Tunnel verbindet beide Städte. Aus einem frei schwingenden Arm mit geballter Faust besteht das **Monument to Joe Louis** (4), das für viele Detroiter die Unbezwingbarkeit ihrer Stadt symbolisiert.

Unweit der Plaza erzählt ein gut erhaltenes architektonisches Schmuckstück vom einstigen Wohlstand der Stadt. Auf keinen Fall sollte man sich einen Blick in die Lobby des Art-déco-Juwels **Guardian Building** (5) entgehen lassen, die mit bunten Pewabic-Kacheln ausgestattet ist. Letztere stammen aus der gleichnamigen Töpferei, die vor über 100 Jahren in Detroit gegründet wurde.

Über die einst lebhafte, heute weitgehend verlassene Woodward Avenue erreicht man den Grand Circus Park, der mit dem renovierten **Detroit Opera House** (6) den Aufakt zum Theater-Viertel bildet. Auch das **Fox Theater** (7) erstrahlt nach aufwändiger Renovierung wieder im Glanz der 20er Jahre. Zu den neuesten Errungenschaften der City gehört der **Comercia Park** (8) mit dem neuen Baseball-Stadion der Detroit Tigers, dessen Eingang von zwei mächtigen, steinernen Tigern flankiert wird.

Hoffnung auf bessere Zeiten verspricht auch das Viertel Harmonie Park östlich des Grand Circus Park. Zahlreiche alte Lagerhäuser wurden umgewandelt in Lofts, Restaurants, Galerien und Theater wie das **Gem Theater** (9) oder das **Music Hall Center for the Performing Arts** (10).

In Greek Town beiderseits der Madison Avenue ist die griechische Gemeinde der Stadt zu Hause. In den rund um die Uhr belebten Straßen kann man sorglos umherschlendern. An die alte Heimat der Einwanderer erinnern viele

Dancin´ in the Streets
Detroits Motown Sound

Unter den vielen von Schwarzen geprägten Musikstilen nahm der Motown Sound nicht nur in musikalischer Hinsicht eine ganz besondere Stellung ein. Der Name Motown steht für die Motor-Stadt Detroit, wo gegen Ende der 50er Jahre des 20. Jh. dieser Sound entstand.

Die Geburtsstunde des Sound schlug, als Berry Gordy jr. ein Haus am West Grand Boulevard kaufte und darin das inzwischen legendäre Studio A einrichtete. An Selbstbewusstsein mangelte es ihm nicht und der Erfolg gab Gordy jr. Recht.

Bald tanzte das ganze Land nach den seicht-beschwingten Soul-Hits, die bis heute nichts von ihrem Reiz verloren haben. Die Liste der schwarzen Musiker, die im Studio A ihre Weltkarriere begannen, liest sich wie das »Who is Who« der Popmusik: Diana Ross and the Supremes, Marvin Gaye, The Four Tops, The Jackson Five, Stevie Wonder, Martha Reeves and the Vandellas und Smokey Robinson, um nur einige zu nennen.

Weit über die Musik hinaus war Motown ein für die damalige Zeit einzigartiges Phänomen, das mit dem wachsenden Selbstbewusstsein der schwarzen Amerikaner und gleichzeitig mit deren Ausgrenzung in enger Verbindung stand. Zu Berry Gordy jr., der als unumschränkter Alleinherrscher über sein Imperium sich unter seinen Musikern nicht nur Freunde machte, gab es für schwarze Sänger keine Alternative.

Die von Weißen kontrollierten Plattenfirmen waren nicht bereit, Schwarze unter Vertrag zu nehmen, geschweige denn, ihnen beim Start der Karriere zu helfen. Motown unterschied sich auch von anderen Plattenfirmen dadurch, dass nicht nur die Künstler Schwarze waren, sondern auch alle Posten in der Firma mit Schwarzen besetzt waren.

Wie angespannt die Situation zwischen Schwarzen und Weißen auch im Musikgeschäft war, belegt die Tatsache, dass die Weißen den harmlos fröhlichen Motown-Hit »Dancin´ in the Street« der Mädchengruppe Martha Reeves and the Vandellas als Aufruf an die Schwarzen zum Straßenkampf missverstanden. Dabei war Motown alles andere als aufrührerisch. Im Gegenteil, Gordy jr. strebte einen Sound an, der zwar auf schwarzer Musik basierte, aber so gefällig war, dass auch Weiße ihn hören wollten.

Statt vom Befreiungskampf im Ghetto handeln die Texte von der Liebe und vom Traum eines bürgerlichen Lebens im gepflegten Vorort. Dass diese Visionen der Realität in keinster Weise standhielten, zeigte sich spätestens nach der Ermordung des schwarzen Bürgerrechtlers Martin Luther King jr., als sich der Zorn der Schwarzen über ihre Diskriminierung überall in den USA in Rassenunruhen entlud. Beinahe wie Hohn in den Ohren von Berry Gordy jr. muss es geklungen haben, dass ausgerechnet in Detroit die Aufstände bürgerkriegsähnliche Ausmaße annahmen.

Bäckereien, die üppig-süße Backwaren zum starken griechischen Kaffee anbieten. In den zahlreichen Restaurants werden griechische Spezialitäten kredenzt. Über die Brush Street gelangt man zurück zum Renaissance Center.

Mit dem Auto erreicht man über die Woodward Avenue das New Center nördlich der Innenstadt. Im ›zweiten‹ Zentrum von Detroit ließ der Autokonzern General Motors Anfang der 20er Jahre des 20. Jh. sein Hauptquartier errichten. Wegen der vielen Museen, die der von Kriminalität und Drogen geplagten Gegend neue Reize verliehen, wird das Viertel auch Cultural Center genannt.

Das **Detroit Institute of Arts** (11), ein Museum von Weltrang, zeigt neben europäischer und amerikanischer Kunst Exponate aus dem alten Ägypten, der klassischen Antike und dem Vorderen Orient. Das Wandgemälde »Detroit Industry« von Diego Rivera gruppiert sich auf 27 Bildfeldern um den zentralen Innenhof. Die Darstellung, mit welcher der mexikanische Künstler, der aus seiner kommunistischen Haltung nie einen Hehl machte, das Verhältnis von Mensch und Maschine kritisiert, führte zu heftigen Kontroversen. Nur durch die Fürsprache des Autoherstellers Edsel Ford konnten die Wandmalereien vor der Zerstörung bewahrt werden.

Das **Museum of African American History** (12) dokumentiert die Geschichte der schwarzen Amerikaner von der Sklaverei über die Bürgerrechtsbewegung bis zum heutigen Tag. Wissenschaft zum Anfassen bietet das **Detroit Science Center** (13), das auf sehr anschauliche Weise die verschiedensten physikalischen Phänomene erläutert.

Mit der Geschichte von Detroit befasst sich das **Detroit Historical Museum** (14), wobei einige Ereignisse der jüngsten Vergangenheit – Rassenunru-

hen, Zerstörung und Niedergang der Stadt – ausgespart werden.

Das **Fisher Building** (15), 1928 nach Plänen des Detroiter Architekten Albert Kahn errichtet, gewann gleich nach seiner Eröffnung einen Preis als schönstes Bürogebäude der Welt. Letzteres kann kaum verwundern, wenn man bedenkt, dass Kahn über 400 t wertvollsten Materials wie Marmor, Bronze, Gold und Granit verwendete. Heute beherbergt das stolze Bauwerk neben Büros, Läden und Restaurants auch ein Theater.

Ein Ziel für Musikfreunde ist das **Motown Museum** (16) in einem bescheidenen Wohnhaus. Besichtigen kann man unter anderem das legendäre Studio A, in dem viele schwarze Musiker wie Diana Ross, Marvin Gaye und die Jackson Five ihre Platten aufnahmen, die den Motown Sound der 60er Jahre prägten.

Östlich der Stadtautobahn I-75 trifft man auf ein traditionsreiches Stück Detroit. Seit 1892 versorgt der Eastern Market die Großstädter mit frischem Obst, Gemüse, Käse, Fleisch und Blumen. Nicht mehr wegzudenken sind Institutionen wie Rafal´s Spice Company, die ein riesiges Sortiment an Gewürzen, Kräutern und Kaffeesorten anbietet. Die beste Zeit für einen Marktbesuch sind die frühen Morgenstunden am Samstag.

Die Belle Isle dient seit 1879 den Großstädtern als Zufluchtsort. Die kleine Insel im Detroit River ist mit Parks, Wander- und Fahrradwegen sowie Picknickmöglichkeiten ein ideales Erholungsgebiet. An ruhigen Wochentagen kann man zahlreiche Wasservögel beobachten. Zu den Einrichtungen auf der Insel gehört das Dossin Great Lakes Museum, das der Schifffahrtsgeschichte der Großen Seen gewidmet ist. Viele der modernen Frachter, die im Museum beschrieben werden, sieht man vom Ufer aus durch den Detroit River gleiten.

Das Fisher Building in Detroit gewann 1928 den Preis als schönstes Bürogebäude der Welt

Für viele ist die Top-Attraktion der Stadt das Henry Ford Museum & Greenfield Village im Vorort Dearborn. Museum und Museumsdorf sind der fulminanten Entwicklung der USA von der Agrarnation zur Industriemacht gewidmet. Breiter Raum wird natürlich der Entwicklung von Amerikas Lieblingskind, dem Automobil, eingeräumt.

Von Detroit nach Cleveland

Tipps & Adressen

Monroe S. 348, Toledo S. 384, Port Clinton S. 364, South Bass Island S. 379, Middle Bass Island S. 342, Kelleys Island S. 329, Sandusky S. 374, Vermilion S. 389

Karte S. 210/11

Folgt man der West Jefferson Avenue, hat man die Innenstadt von Detroit bald hinter sich gelassen. Hin und wieder fällt der Blick auf den Detroit River mit den Frachtschiffen, die kurze Zeit später den Lake Erie erreichen.

Frenchtown, der ursprüngliche Name von **Monroe 1**, verweist auf die ersten franko-kanadischen Siedler im späten 18. Jh. Über die Elm Avenue erreicht man das Schlachtfeld von Frenchtown am River Raisin, auf dem die Briten im Krieg von 1812 die Amerikaner besiegten. Die Verlierer wurden anschließend von den Indianern, die auf Seiten der Briten standen und Vergeltung für zuvor erfahrenes Unrecht durch amerikanische Soldaten suchten, niedergemetzelt – ein Ereignis, das die Amerikaner so schnell nicht vergaßen. »Remember the Raisin« wurde zum Schlachtruf, der die Amerikaner noch im gleichen Jahr zum Sieg in der Schlacht an der Themse führte. Nach Ende des Krieges erhielt die Stadt zu Ehren des dritten US-Präsidenten James Monroe (1817–25) ihren heutigen Namen.

Blick vom International Park auf Toledo

Im Ortszentrum an der Kreuzung von Elm und Monroe Street erinnert eine Statue an den prominentesten Bürger der Stadt, General George Armstrong Custer. Custer starb im Juni 1876 mit über 200 seiner Soldaten in der legendären Schlacht am Little Big Horn in Montana, wo er und sein Regiment von Sioux-Indianern unter dem Häuptling Sitting Bull eingekesselt wurden. Das Monroe County Historical Museum in der S. Monroe Street bewahrt einige Stücke aus dem Besitz des Generals auf.

Richtung Süden geht die Fahrt auf der I-75 weiter, die nach Toledo führt. Kurz zuvor hat man die Grenze zum Bundesstaat Ohio überquert. Die Mischung aus Industrie und Landwirtschaft und die Bevölkerungsstruktur von Ohio machen den Staat so typisch für die USA, dass er bei Meinungsumfragen als Barometer für die Befindlichkeit der gesamten Nation gilt.

Als nach der amerikanischen Unabhängigkeit der Weg gen Westen offen stand, war Ohio eines der ersten Gebiete, die dauerhaft besiedelt wurden. Ein dichtes Verkehrsnetz aus Kanälen, Straßen und Eisenbahnstrecken sorgte dafür, dass die Industrialisierung in Windeseile voranschreiten konnte und Ohio zu einer der führenden Wirtschaftsregionen der USA wurde.

Auch das gut 310 000 Einwohner zählende **Toledo** 2 schaut auf eine lange Tradition als Industriestandort zurück. Zum wirtschaftlichen Aufstieg haben die günstige Lage an der Mündung des Maumee River, ein natürlicher Hafen, Kanäle, die Eisenbahn und die Entdeckung von Öl und Erdgas Mitte des 19. Jh. beigetragen. Vor allem die Glasherstellung und die Autoindustrie sind von großer Bedeutung.

Einen mehrstündigen Aufenthalt in Toledo rechtfertigt das exquisite Toledo Museum of Art in der Monroe Street westlich der Innenstadt, das weit über die Stadtgrenzen hinaus bekannt ist. Die Sammlung umfasst Exponate prähistorischer Kulturen ebenso wie Werke europäischer Meister von El Greco bis Picasso. Auch dem Kunsthandwerk ist breiter Raum gewidmet.

Sehenswert ist auch das historische West End, das über die größte Zahl restaurierter viktorianischer Villen in den USA verfügen soll. Besonders prächtig sind die Anwesen beiderseits der Collingwood Avenue. Wer sich für Naturwissenschaft begeistert, ist im Center of Science and Industry an der Ecke Summit/Adams Street gut aufgehoben. Das interaktive Museum, das physikalische Phänomene auf anschauliche und unterhaltsame Weise erläutert, lässt nicht nur Kinderherzen höher schlagen.

Jenseits des Maumee River erstreckt sich der International Park, wo die »SS Willis B. Boyer« vor Anker gegangen ist. Das Frachtschiff, das 60 Jahre lang auf den Großen Seen verkehrte und inzwischen als Museum seinen Dienst verrichtet, versetzt Besucher allein durch seine Größe in Erstaunen. Sämtliche Räume, vom Quartier des Kapitäns über die Brücke bis hin zum Maschinenraum, können besichtigt werden.

Über die Landstraße 2 verlässt man Toledo Richtung Oregon. Die N. Curtice Road führt zum Maumee Bay State Park, einem gepflegten, etwas steril wirkenden Areal mit Sandstrand, den die Bewohner von Toledo zu einem Bad im Lake Erie nutzen. Reizvoller ist das kleine Sumpfgebiet, ein Rest des Great Black Swamp, durch das ein Bohlenweg führt. Von den Marschen blieb allerdings wenig erhalten, nachdem sie nach und nach trockengelegt und in Ackerland verwandelt wurden. Durch den Ankauf einiger Areale durch reiche Bürger im 19. Jh. blieben einige Uferzonen jedoch verschont. Sie stehen heute unter Naturschutz und bieten Vogelfreunden ein wahres Eldorado. An der Landstraße 2, Richtung Port Clinton, führen immer wieder Stichstraßen zu diesen zu Wildlife Refuges ernannten Zonen.

Unter Kennern gilt die Magee Marsh State Wildlife Area als einer der besten Plätze zur Vogelbeobachtung im Mittleren Westen. Ein Plankenweg verbindet Magee Marsh mit der Uferzone des Crane Creek State Park, wo Bade- und Picknick-Gelegenheiten bestehen.

Port Clinton hat vor allem bei Sportfischern einen Namen, die das reiche Vorkommen von Walleyes in Begeisterung versetzt. Die Gemeinde dient außerdem als Sprungbrett zu den bei Urlaubern sehr populären **Lake Erie Islands 3**, die aus vier Hauptinselchen bestehen. Die fünfte im Bunde, Pelee Island, gehört zu Kanada (s. S. 235).

Als französische ›Entdecker‹ die Inseln erreichten, lebten dort Irokesen. Nach dem Ende des Krieges von 1812 wurden Holzwirtschaft, Kalksteinabbau und später Weinanbau, begünstigt durch das milde Klima, wichtige Wirtschaftzweige.

Per Schnellfähre gelangt man in etwa 30 Minuten nach South Bass Island. An Sommerwochenenden wird die Inselgemeinde Put-in-Bay mit zahllosen Restaurants und Kneipen zum bevorzugten Treffpunkt von Studenten. Wer Ruhe sucht, ist dann am falschen Ort.

Bei Put-in-Bay reckt sich die über 100 m hohe, dorische Säule des Perry's Victory and International Peace Memorial in den Himmel. Sie erinnert an die Schlacht von Lake Erie im Jahre 1812, bei der Admiral Oliver H. Perry in der Nähe der Insel die feindlichen Briten schlug. Mit diesem bedeutenden Sieg fielen vier der Inseln und das Gebiet südlich der Großen Seen nicht an Kanada, sondern an die junge Nation USA. Von der Aussichtsplattform reicht der Blick an klaren Tagen bis an das kanadische Ufer des Lake Erie.

Das Bauernhaus Stonehenge Estate aus dem frühen 19. Jh. an der Langram Road ist mit zeitgenössischen Möbeln eingerichtet. Zur Heineman Winery, an der Ecke Thompson/Catawaba Street, gehört die Crystal Cave, eine der vielen Höhlen der Insel. Hier wird die größte Geode der Welt, ein mit Kristallen gefülltes Ergussgestein, aufbewahrt. Zur Führung durch das Weingut gehört auch eine Weinprobe.

Von South Bass Island verkehrt eine Fähre zur Middle Bass Island, deren Hauptanziehungspunkt die traditionsreiche Lonz Winery ist. Das Weingut wurde nach dem Ende des Bürgerkriegs im Jahre 1865 eröffnet. Mit dem Express Shuttle geht es von Put-in-Bay weiter nach Kelleys Island. Das Inselchen, einst vor allem zum Abbau von Kalkstein genutzt, ist heute wie seine Nachbarn ein beliebtes Ausflugsziel.

Zum Kelleys Island State Park gehören zwei besondere Attraktionen. Das Inscription Rock State Memorial ist ein Grantifelsen mit indianischen Petroglyphen aus dem 17. Jh. Interessante geologische Formationen findet man am Glacial Grooves State Memorial, wo Gletscherbewegungen während der Eiszeiten tiefe Rinnen im Gestein hinterlassen haben.

Östlich von Port Clinton schiebt sich Catawba Island, bei der es sich – anders als der Name vermuten ließe – um eine Halbinsel handelt, in den See. Dank des milden Klimas gedeihen hier zahlreiche Obstbäume. Über die Landstraße 35 gelangt man zum Catawba Island State Park an der Spitze der Halbinsel, wo man baden und angeln kann. Von hier besteht eine Fährverbindung nach South Bass Island. Der östliche Teil der Halbinsel heißt Marblehead Peninsula, deren östlichster Punkt das strahlend weiß getünchte Marblehead Lighthouse aus dem Jahre 1821 einnimmt. Über eine Treppe kann man den Turm erklimmen. In der Nähe des Leuchtturms setzt eine Fähre nach Kelleys Island über.

Zurück auf der Landstraße 2 hat man bald die Kleinstadt **Sandusky** 4 an der riesigen gleichnamigen Bucht erreicht. Der natürliche Hafen und der Anschluss an eine bedeutende Eisenbahnverbindung machten die Gemeinde einst zu einem wichtigen Umschlagplatz und Industriestandort.

Heute lässt die Freizeitindustrie die Kassen klingeln, denn vor den Toren von Sandusky liegt einer der größten Amüsierparks der USA. Achterbahnfans sollten sich Cedar Point auf keinen Fall entgehen lassen. Magnum XL-2000 heißt die Achterbahn, die von Experten zur besten der Welt gewählt wurde. Nicht minder sehenswert ist das Merry-Go-Round Museum im Ortszentrum, wo unter anderem ein altes Karussell an längst vergangene Zeiten erinnert.

Typisch für Sandusky sind die vielen historischen Häuser, die aus dem Kalkstein der Region errichtet wurden – so etwa das Follet House Museum in der Wayne Street, das 1830 im Stil des Klassizimus erbaut wurde. Dort ist heute ein kleines Heimatmuseum mit Möbeln, Haushaltsgegenständen, Spielzeug und Mode aus dem 19. Jh. untergebracht. Von der Pier verkehren Fährschiffe nach Kelleys Island und Pelee Island/Kanada (vgl. S. 235).

Ein Stopp auf dem Weg nach Cleveland lohnt sich in der hübschen Gemeinde **Vermilion** 5, die ihren Namen von dem roten Ton ableitet, aus dem Indianer Farbe herstellten. Besonders pittoresk sind die vielen kleinen viktorianischen Häuser beiderseits des Vermilion River, der sich tief in den Ort gräbt und zahlreichen Segelbooten einen Ankerplatz bietet. Der maritimen Tradition hat sich auch das Inland Seas Museum an der Main Street verschrieben, in dem allerhand Exponate rund um die Schifffahrt auf den Großen Seen zusammengetragen wurden. Am Ende der Main Street lädt ein kleiner Strand zu einem Bad im See ein. Auf dem Highway 6 gelangt man nach Cleveland.

Cleveland
Gelungenes Comeback

Tipps & Adressen
S. 308

Stadtplan S. 222

6 Lange galt Cleveland als eine typische Stadt des so genannten *rust belt,* geprägt von maroder Industrie, Verfall, Arbeitslosigkeit, Kriminalität und Umweltverschmutzung. Der Cayuhoga River, der durch Cleveland fließt, war derart verseucht, dass flüssiger Stahl ihn 1972 in Brand setzte.

»Fehler am See« war einer der vielen, wenig charmanten Beinamen, mit denen die Stadt am Lake Erie bedacht wurde. Mitte der 80er Jahre des 20. Jh. ging es dann wie in vielen anderen amerikanischen Städten wieder steil bergauf. Neue Technologien führten zu einem wirtschaftlichen Aufschwung, Dienstleistungsgewerbe erhielten Einzug und viele junge Leute entdecken die Vorteile des Lebens in der City. In leer stehenden Fabrik- und Lagerhallen wurden Wohnungen, Büros, Cafés und Restaurants eingerichtet. Besonders stolz sind die Einwohner auf das breit gefächerte Kulturangebot mit ausgezeichneten Museen, Theatern und Konzerthallen. Heute zählt Cleveland mit seinen 486 000 Einwohnern zu den lebenswertesten Städten der USA.

Das Gebiet des heutigen Cleveland gehörte gegen Ende des 18. Jh. zur so genannten Western Reserve, das Teil das Bundesstaates Connecticut war und sich bis zum Cayuhoga River erstreckte. Dort wurden nach der amerikanischen Unabhängigkeit verarmte Bürger von der Ostküste angesiedelt. Mit dieser Aufgabe wurde die Connecticut Land Company betraut, zu deren Mitgliedern Moses Cleaveland gehörte.

Er gründete eine kleine Gemeinde am Ostufer des Cuyahoga River, die

Blick von den Flats auf das Zentrum von Cleveland

später seinen Namen tragen sollte. Doch die Anfänge verliefen äußerst schleppend, da sich kaum jemand in dem sumpfigen, von Moskitos verseuchten Gebiet niederlassen wollte. Um 1800 zählte die Siedlung bescheidene zwei Einwohner.

Im Jahre 1832 kam der Wendepunkt mit der Fertigstellung des Ohio-Erie-Kanals, der den Lake Erie mit dem Ohio River verband. Mit Schiffen und der Eisenbahn wurden Eisenerz und Kohle aus dem Hinterland der Großen Seen herbeigeschafft. Schnell avancierte Cleveland zum Zentrum der Stahlproduktion. Hinzu kamen Ölraffinerien und die Autoindustrie, die wie ein Magnet zahllose Einwanderer anzogen – eine Tatsache, die sich bis heute in der großen Bevölkerungsvielfalt der Stadt widerspiegelt.

Von der Weltwirtschaftskrise war das hoch industrialisierte Ohio besonders stark getroffen. Auch die Ära nach dem Zweiten Weltkrieg brachte keine Besserung. Aufgeschreckt von schwelenden Rassenkonflikten zogen zahlreiche Weiße in die Vororte, während die Innenstadt von Cleveland Stück für Stück dem Verfall preisgegeben wurde. Und auch das organisierte Verbrechen sowie die starke Umweltverschmutzung waren dem Ruf der Stadt nicht eben zuträglich. Doch dank millionenschwerer Investitionen und eines allgemeinen Umdenkens zieht es nun die Menschen wieder zurück in die Stadt – »Cleveland rocks« lautet das selbstbewusste Motto zu Beginn des neuen Jahrtausends.

Als Ausgangspunkt für eine Stadterkundung bietet sich das Ufer des Lake Erie an, das als eines der vielen Para-

Cleveland   1 Rock and Roll Hall of Fame and Museum   2 Great Lakes Science Center   3 »William G. Mather«   4 »USS Cod«   5 Galleria at Erieview   6 Playhouse Square   7 The Arcade   8 Tower City   9 Key Center   10 Old Stone Church   11 Warehouse District   12 The Flats

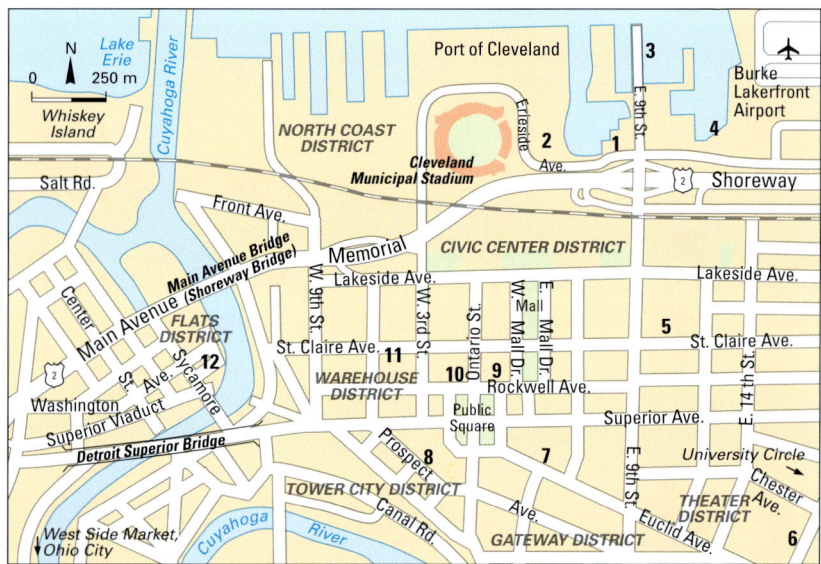

debeispiele für eine gelungene Wiederbelebung Clevelands gelten kann. Die Attraktion schlechthin ist das **Rock and Roll Hall of Fame and Museum** (1), untergebracht in dem ultramodernen Gebäude des Stararchitekten I. M. Pei. Keine andere Sehenswürdigkeit der Stadt zieht so viele Besucher an wie dieser Tempel der Rockmusik mit einer umfassenden Sammlung von Instrumenten, persönlichen Aufzeichnungen und handschriftlichen Notizen aus dem Besitz zahlreicher Rockstars. Aufschlussreich ist die multimediale Darstellung der Geschichte der Rockmusik und deren Rolle in der Gesellschaft.

Links vom Museum glänzen zwei weitere Neubauten: das riesige Football-Stadion der Cleveland Browns und das **Great Lakes Science Center** (2). Hier werden anhand von interaktiven Exponaten naturwissenschaftliche Phänomene wie Wirbelstürme und moderne Technologien anschaulich erläutert. Interessant und erschreckend zugleich ist das Thema »Umweltverschmutzung der Großen Seen«, dem das Museum breiten Raum widmet.

Im Hafen hat die »**William G. Mather**« (3) einen endültigen Ankerplatz gefunden. Das Dampfschiff, das jahrzehntelang als Frachter auf den Großen Seen verkehrte, fungiert heute als Museum. Der riesige Maschinenraum kann ebenso besichtigt werden wie die eleganten Salons auf dem Oberdeck. Ein Stück weiter östlich hat das U-Boot »**USS Cod**« (4) festgemacht, das während des Zweiten Weltkriegs im Pazifik eingesetzt wurde. Unter Klaustrophobie darf man nicht leiden, wenn man sich im sehr engen U-Boot umschauen will.

Die lichtdurchflutete **Galleria at Erieview** (5) vereint 60 Läden und zahlreiche Restaurants unter einem Dach. Zentrum des Theaterviertels ist der **Playhouse Square** (6). Vier renommierte Theater gruppieren sich rund um den Platz, auf dem alljährlich das Great Lakes Theater Festival stattfindet.

Über die Euclid Avenue spaziert man Richtung Public Square vorbei an **The Arcade** (7), einem Prachtbau von der Wende des 19. zum 20. Jh., der zahlreiche Läden und ein brandneues Hyatt Regency Hotel beherbergt. Mitten im Zentrum von Cleveland findet man – eher ungewöhnlich für eine amerikanische Großstadt – einen Platz nach europäischem Vorbild mit Brunnen und Statuen. Eines der Denkmäler erinnert an den Stadtgründer Moses Cleaveland.

Zu den Klassikern amerikanischer Hochhausarchitektur gehört der Terminal Tower, der sich über dem Einkaufscenter **Tower City** (8) an der südwestlichen Ecke des Platzes erhebt. Von der Aussichtsplattform im 42. Stockwerk bietet sich an klaren Tagen ein herrlicher Blick. Lange Zeit das höchste Gebäude westlich von New York City, hat der Terminal Tower inzwischen zahlreiche Konkurrenz in der eigenen Stadt bekommen. Das postmoderne **Key Center** (9) ragt mit stolzen 266 m in den Himmel.

Geradezu winzig erscheint dagegen die **Old Stone Church** (10) aus der Mitte des 19. Jh. an der Nordseite des Platzes. Die Fenster der ältesten Steinkirche der Stadt schuf der berühmte Glaskünstler Louis C. Tiffany. Als die Beerdigungsprozession für Abraham Lincoln 1865 in Cleveland Halt machte, wurde die Glocke der Kirche geläutet, die seither den Namen des ermordeten sechzehnten Präsidenten der USA trägt.

Zwischen Superior Avenue und Memorial Shoreway dehnt sich der historische **Warehouse District** (11) aus. Das ehemalige Geschäftsviertel der Stadt mit backsteinernen Lagerhäusern wurde in

Lake View Cemetery
Mehr als ein Friedhof

Der über 130 Jahre alte Lake View Cemetery an der Euclid Avenue ist Begräbnisstätte, Parklandschaft und Garten in einem. Zudem bietet sich Besuchern von dort ein herrlicher Blick auf Cleveland. Als der Friedhof 1869 gegründet wurde, lag er weit vor den Toren der Stadt in freier Natur. Schon bald fanden dort prominente Clevelander Bürger, darunter Politiker, Geschäftsleute, Rechtsanwälte, Industrielle und Literaten, ihre letzte Ruhestätte. Für sie wurden prächtige Mausoleen, Monumente und Grabsteine errichtet, deren unterschiedliche Stilrichtungen auch den sich wandelnden Zeitgeschmack belegen.

In der Nähe des Eingang an der Euclid Avenue erinnert ein Massengrab an eines der traurigsten Kapitel der Stadtgeschichte. Am 4. 3. 1908 brach an der örtlichen Schule ein verheerendes Feuer aus, das 172 Kinder und zwei Lehrer das Leben kostete. Die Eltern, darunter viele Immigranten, die gerade in den USA angekommen waren, mussten hilflos zusehen, wie ihre Kinder in den Flammen starben. Das Unglück führte zumindest dazu, dass überall in den USA die Schulen auf ihre Sicherheit im Brandfall überprüft wurden und strengere Gesetze zum Schutz vor Brandkatastrophen erlassen wurden.

Zu den eindrucksvollsten Grabdenkmälern gehört das massive, neoromanische Garfield Monument, dessen 54 m hoher Turm mit Rundbogen verziert ist.

Es wurde 1890 zu Ehren des 20. Präsidenten der USA, James A. Garfield, errichtet. Prachtvoll ist auch das Innere, das mit Mosaiken und bunten Glasfenstern ausgestattet ist. Im Zentrum steht eine Statue des Präsidenten aus Carrara-Marmor.

Die Jeptha Wade Memorial Chapel ist einem bedeutenden Clevelander Geschäftsmann gewidmet. Allein die Lage der Kapelle zwischen zwei Seen unter alten Bäumen ist zauberhaft. Der neoklassizistische Bau aus hellem Granit mit ionischen Säulen und Giebeln wurde nach dem Vorbild eines antiken Tempels errichtet. Louis C. Tiffany schuf die Fenster. Durch ein besonderes Verfahren gelang es ihm, dem Glas irisierende Effekte zu verleihen.

Auf breiten Wegen spaziert man vorbei an zahlreichen Gräbern. Besonders beliebt im 19. Jh. waren weinende, gramgebeugte Engel, die den Schmerz der Hinterbliebenen zum Ausdruck bringen sollten, oder altägyptische Obelisken, welche die Verbindung zwischen Himmel und Erde symbolisieren.

Warum der Lake View Cemetery eine der beliebtesten Oasen der Stadt ist, wird beim Anblick von hundert verschiedenen Baum- und Buscharten deutlich. Besonders im Frühjahr lohnt sich ein Besuch, wenn tausende von Azaleen, Narzissen, Rhododendren und Wisterien ihre ganze Blütenpracht entfalten (12316 Eucid Ave., tägl. 7.30–17.30 Uhr, Tel. 216-421-2665).

den letzten Jahren vorbildlich restauriert. Die Lofts und Apartments, die in den einst heruntergekommenen Gebäuden eingerichtet wurden, sind bei jungen, wohlhabenden Clevelandern sehr begehrt. Abends verwandelt sich das Viertel mit schicken Restaurants, Bars, Nachtklubs, Galerien und Kabaretts in eine beliebte Ausgehmeile.

Die Detroit Superior Bridge, die über den träge dahinfließenden Cuyahoga River führt, gehört zu den vielen Brücken, die das Stadtbild prägen. Ein besonderes Spektakel bietet sich, wenn einige der Brücken mit Glockengeläut und blinkenden Lampen für einen Frachter angehoben, aufgeklappt oder beiseite gedreht werden.

Eine ähnliche Entwicklung wie der Warehouse District hat auch **The Flats** (12) durchlaufen. Einst schlug hier, beiderseits des Flusses, das industrielle Herz von Cleveland. Dort, wo einst Schlote qualmten und Maschinen stampften, wurden Restaurants, Kneipen, Pubs und Bars eingerichtet, in denen sich allabendlich ein vorwiegend junges Publikum trifft.

Südlich der Detroit Superior Bridge beginnt Ohio City, ein Viertel mit einer sehr bunten Bevölkerungsstruktur. Das markante Gebäude des West Side Market mitsamt Glockenturm aus dem Jahre 1912, an der W. 25th St./Lorain Avenue ist weithin sichtbar. In der über 70 m langen Halle herrscht munteres Markttreiben. Dem multikulturellen Völkergemisch an der Lorain Avenue ist ein vielfältiges Warenangebot zu verdanken.

Dort leben die Nachfahren deutscher, irischer und ungarischer Einwanderer, zu denen sich in jüngerer Zeit auch Latinos, Araber und Asiaten gesellt haben. La Mammas Barbershop, Hansa German Import, griechische und ungari-

Vor dem Cleveland Museum of Art

sche Bäckereien prägen ebenso das Straßenbild wie arabische Metzgereien, die ihre muslimische Kundschaft mit Halal-Fleisch versorgen. Im Abschnitt zwischen den Hausnummern 4100 und 7900 laden zahlreiche Antiquitätenläden zum Stöbern ein.

Der Stadtteil University Circle, etwa 5 Meilen östlich der Innenstadt, besitzt neben der Universität einige sehr sehenswerte Museen. Am bedeutendsten ist das Cleveland Museum of Art, das eine ausgezeichnete Sammlung an Malerei, Skulptur, Kunsthandwerk zeigt. Die Exponate reichen von altägyptischen Stücken und Klassikern der europäischen Malerei bis zu Werken moderner amerikanischer Künstler. Afrikanische und asiatische Kunst ist ebenfalls vertreten.

Unweit des Kunstmuseums informiert die Western Reserve Historical Society am East Boulevard über die Geschichte der ersten Einwohner von Cleveland. Zum Haus gehört auch das Crawford Auto-Aviation Museum, das alte Flugzeuge und Automobile präsentiert.

Das Museum of Natural History am Wade Oval Drive lädt zu einer Reise in

Die Skyline von Cleveland

die Zeit ein, als Ohio noch nicht von Menschen besiedelt war. Die Geschichte der schwarzen Bürger der Stadt, von der Verschleppung der ersten Sklaven aus Afrika bis in unsere Tage, zeichnet das African American Museum nach. Mit sehenswerten Wechselausstellungen zur zeitgenössischen Kunst in den unterschiedlichsten Medien hat sich das Center for Contemporary Art an der Carnegie Avenue einen Namen gemacht.

Von Cleveland nach Buffalo

Tipps & Adressen

Geneva-on-the-Lake S. 320, Ashtabula S. 293, Erie S. 317, Dunkirk S. 315

Karte S. 210/11
Die Fahrt von Cleveland nach Buffalo am Südufer des Lake Erie führt durch historisch bedeutsames Gebiet. Durch die Ansiedlung verarmter Bürger von der Ostküste in diesem als Western Reserve bezeichneten Gebiet wurde der Expansion der Weißen Tür und Tor geöffnet.

Neben Ohio streift man zwei weitere Bundesstaaten, die für die Geschichte der USA eine Schlüsselposition innehielten: Pennsylvania, die ›Wiege‹ der amerikanischen Unabhängigkeit, und den Staat New York, der für Millionen von Einwanderern zum Eingangstor in die USA wurde. Allen drei Bundesstaaten ist eine lange industrielle Tradition gemeinsam, zu deren Aufschwung die Häfen am Lake Erie wesentlich beitrugen. Auch hier hinterließ der wirtschaftliche Niedergang in den 70er Jahren des 20. Jh. deutliche Spuren. Und wohl kaum jemand hätte mit dem glänzenden Wiederaufstieg Buffalos, der vom Verfall der Stahlindustrie arg getroffenen zweitgrößten Stadt des Staates New York, gerechnet.

Zu den landschaftlichen Reizen dieses Streckenabschnitts zählen dicht bewaldete Kalksteinklippen, die steil in den See abfallen, Felder und träge dahin fließende Flüsse. Mit Ausnahme der Städte Erie und Buffalo säumen nur kleine Orte das Seeufer. Das milde Klima zwischen dem Lake Erie und den Ausläufern der weiter südlich verlaufenden Allegheny-Berge gestattet intensiven Weinanbau. Die Trauben werden zwar in erster Linie zu Saft verarbeitet, doch es werden auch einige Flaschen Wein hergestellt.

Die sich am Seeufer endlos ausdehnenden Vororte von Cleveland kann man auf der I-90 getrost umfahren. Die Landstraße 534 führt zum Lake Erie und zum Ort **Geneva-on-the-Lake** 7 . Die 21 000 Einwohner zählende Gemeinde blickt auf eine lange Tradition als das ›Seebad des kleinen Mannes‹ zurück. Sonne, Sand, Bier und jede Menge Spaß lautet hier die Devise. Sommer für Sommer zieht es Tausende von Stammgästen dorthin, auch wenn der Badestrand inzwischen weitgehend Opfer der Erosion wurde. Zum Ziel für Weinfreunde wird Geneva-on-the-Lake im Herbst, wenn die Ernte auf den zahlreichen Gütern der Region mit einem Weinfestival begangen wird. Westlich des Ortes empfiehlt sich der dicht bewaldete Geneva State Park mit breitem Sandstrand für ein Bad im Lake Erie.

Nach 11 Meilen hat man **Ashtabula** 8 erreicht. Der indianische Name des Ortes bezieht sich auf den Fischreichtum des gleichnamigen Flusses, der hier in den Lake Erie mündet. Um das Jahr 1870 war Ashtabula ein bedeutender Umschlagplatz für Kohle aus den Gruben in Pennsylvania und Virginia. Zu den vielen europäischen Einwanderern gesellten sich Seeleute, die sich in den zahllosen Saloons und Bordellen vergnügten. Ein Hauch Verruchtheit lebt an der von Backsteinhäusern gesäumten Hauptstraße fort, wo neben Kneipen auch ein Tätowierstudio zu Hause ist.

Über die Main und Hulbert Street erreicht man den Walnut Boulevard, an dessen Ende Point Park liegt. Von hier bietet sich ein ausgezeichneter Blick auf den Hafen, wo Kohlefrachter mit Hilfe eines Förderbands beladen werden. Neben Point Park lohnt das sehenswerte Great Lakes Marine Memorial Museum einen Besuch, das sich mit der Geschichte der Erz- und Kohlefrachter auf den Großen Seen befasst.

Kurz hinter Conneaut markiert ein Schild die Grenze zum Bundesstaat Pennsylvania, dessen Anteil am Ufer des Lake Erie nur etwa 80 km beträgt. Auf halber Strecke liegt eines der bedeutendsten Wirtschaftszentren der Großen Seen, die über 100 000 Einwohner zählende Hafenstadt **Erie** 9 . Alleen und einige historische Häuser zeugen vom gediegenen Wohlstand der Bewohner.

An der W. 6th Street ist das Erie Historical Museum and Planetarium in einer prächtigen Villa aus der Zeit um die Wende vom 19. zum 20. Jh. untergebracht. Das Museum zeigt Exponate zur Lokalgeschichte und einige mit wertvollem Originalmobilar, Buntglasfenstern und feinstem Schnitzwerk ausgestattete Räume. Noch älter ist das Cashier House in der State Street aus dem Jahre 1839, das für den Direktor der U.S. Erie Bank errichtet wurde. In dem neoklassizistischen Haus wird die Geschichte der Region von den Anfängen bis in die heutige Zeit beleuchtet.

Der Arbeit amerikanischer Feuerwehrmänner ist das Firefighters Historical Museum in der Chestnut Street gewidmet. Ehemalige Firefighter, die als Führer fungieren, bieten einen interessanten Einblick in ihren oft gefährlichen Beruf.

Blickfang in Erie – Hinweis auf die Seefahrertradition der Stadt

Liegt das »Flagship Niagara« gerade vor Anker, kann man den Zweimastschoner im Hafenbecken an der E. Front Street bewundern. Der stolze Segler ist ein Nachbau jenes Flaggschiffs, mit dem der Flottenadmiral Oliver H. Perry während des Krieges von 1812 den Briten eine empfindliche Niederlage zufügte.

Bevorzugtes Freizeitrevier der Stadt ist der Presque Isle State Park auf der 11 km langen, gleichnamigen Halbinsel, die halbkreisförmig in den See hineinragt. Seine Entstehung verdankt das Areal Strömungen im See, die im Laufe der Zeit Sand und Gestein ablagerten. Dieser Prozess hält bis heute an. Wald, Dünen, Sandstrände, Sümpfe und Lagunen bieten sich zum Wandern, Schwimmen, Bootsfahren und Angeln an. Ausgesprochen lohnend ist die Vogelbeobachtung. Im Frühjahr und Herbst legen über 300 verschiedene Arten von Zugvögeln einen Zwischenstopp auf der Halbinsel ein. Ein hübsches Fotomotiv bietet der Presque-Isle-Leuchtturm, der seit 1872 Schiffen einen sicheren Weg weist.

Die Fahrt Richtung Bundesstaat New York führt durch eine sanfte Hügellandschaft mit Weinfeldern und Wäldern, zwischen denen immer wieder das Wasser des Lake Erie aufblitzt. Jenseits der Grenze trägt die Landstraße 5 die Bezeichnung Seaway Trail. Die ausgeschilderte, 453 Meilen lange Panoramaroute führt an den Seen Erie und Ontario vorbei bis nach Massena (s. S. 263) am St. Lawrence River. Wer sich für Wein und dessen Anbau interessiert, kann die im Inland verlaufende Landstraße 20 wählen, die auch als Chautauqua Wine Trail bekannt ist. An der Strecke laden einige Weingüter zur Kostprobe ein.

Bleibt man auf dem Seaway Trail, erreicht man zwei sehenswerte Leuchttürme. Trutzig wie ein Wehrturm, hoch oben auf einer Klippe, ragt das Barcelona Lighthouse in die Höhe. Der 1829 errichtete Leuchtturm ging als erstes mit Gas beleuchtetes, öffentliches Gebäude der USA in die Geschichte ein. Nur 30 Jahre später wurde der Betrieb eingestellt: Gebaut, um den Schiffen den sicheren Weg in den Hafen von Barcelona zu weisen, stellte die Regierung fest, dass der Ort gar keinen Hafen besaß.

Nicht weniger pittoresk ist die Lage des Leuchtturms von Dunkirk aus dem Jahre 1875, der auf der 60 m hohen Felsenklippe von Point Gratiot steht. Schon bei einem Vorgängerbau hatte man die ersten Versuche unternommen, anstelle von Waltran Gas für die Beleuchtung zu nutzen. Der Leuchtturm steht zur Besichtigung offen, angeschlossen ist ein Museum, das der Schifffahrts- und Militärgeschichte gewidmet ist. Ab Silver Creek bietet sich die I-90 für die Weiterreise nach Buffalo an.

Buffalo
Architektur vom Feinsten

Tipps & Adressen
S. 299

10 Die mit knapp über 300 000 Einwohnern zweitgrößte Stadt des Staates New York hat weit mehr zu bieten, als es auf den ersten Blick scheint. Architekturfreunde finden hier einige Kostbarkeiten, die einen längeren Aufenthalt in Buffalo rechtfertigen.

Mit der Vollendung des Erie-Kanals im Jahre 1825, der die Großen Seen mit dem Hudson River verbindet, wurde das verschlafene Buffalo zur Drehscheibe im Warenhandel zwischen dem Mittleren Westen und der Ostküste der USA. Bald säumten zahlreiche Lagerhäuser das Ufer des Sees. Arbeitsplätze in Fabriken und Stahlkochereien lockten Immigran-

ten an. Nach dem Anschluss an die Eisenbahn avancierte die Stadt schnell zu einem bedeutenden Umschlagplatz für Vieh und Getreide, später auch für Kohle und Eisenerz. Der neu erwirtschaftete Wohlstand wurde in öffentlichen Prachtbauten und luxuriösen Villen selbstbewusst zur Schau gestellt.

Als ausländische Konkurrenz preiswerteren Stahl produzierte, war Buffalo in den 70er Jahren des 20. Jh. vom wirtschaftlichen Niedergang bedroht. Das Blatt wendete sich erst wieder, als die Stadt von ihrer Lage im Grenzgebiet zu profitieren begann: Viele US-amerikanische Firmen, die auch in Kanada Fuß fassen wollen, nutzen Buffalo als Sprungbrett.

Die Besichtigung beginnt am Niagara Square. Beherrscht wird der Platz von der eindrucksvollen City Hall, einem mächtigen, sich nach oben verjüngenden Art-déco-Gebäude aus dem Jahre 1929. Die zahlreichen Friese, die bronzene Eingangstür sowie die Mosaike und Wandmalereien in der Lobby thematisieren die Geschichte der Stadt. Die Aussichtsplattform im 28. Stock bietet einen Panoramablick über die Stadt und das Umland. An klaren Tagen blickt man bis zum Lake Ontario.

In der Mitte des Niagara Square ehrt ein Obelisk, umgeben von vier kauernden Löwen, William McKinley, den 25. Präsident der USA, der hier 1901 ermordet wurde.

Auch das Federal Court House und das State Office Building an der Ecke Court Street bieten hervorragende Beispiele für den luxuriösen Art-déco-Stil, der das Stilempfinden der 20er und frühen 30er Jahre des 20. Jh. bestimmte. Die Fassade des 1833 errichteten Ticor Building, 110 Franklin Street, weist zahlreiche neoklassizistische Elemente auf. In der stattlichen Old County

Hall aus dem späten 19. Jh., wenige Schritte weiter, residierte einst der Bürgermeister der Stadt. In den verschwenderischen Baumaterialien – die Eingangshalle ist vollständig aus Bronze und Marmor gestaltet – spiegeln sich Wohlstand und Selbstbewusstsein einer ganzen Epoche wider.

Zu den architektonischen Höhepunkten der Stadt gehört das Guaranty Building in der Church Street. Das dreizehnstöckige Gebäude, gegen Ende des 19. Jh. von einem der bedeutendsten Chicagoer Architekten, Louis H. Sullivan, entworfen, gilt als eines der ersten Hochhäuser der USA. Hinter der mit filigranen Ornamenten versehenen Fassade verbirgt sich ein für die damalige Zeit hochmodernes Stahlgerüst. Sehenswert ist auch die aufwändig gestaltete Eingangshalle mit den historischen Fahrstühlen und einem herrlichen Glasdach.

Schwierige Zeiten erlebten die Katholiken von Buffalo, als zwischen 1851 und 1855 die neogotische St. Joseph´s Cathedral in der Franklin Street für die große irische Gemeinde der Stadt erbaut wurde. Starke anti-katholische Ressentiments unter der protestantischen Bevölkerung der USA führten auch in Buffalo immer wieder zu Ausschreitungen.

Mit außergewöhnlichen Bedingungen hatte 1894 der Architekt des Dun Building in der Pearl Street zu kämpfen. Er sollte ein Gebäude auf einem dreieckigen Grundstück errichten. Die Gestaltung der Fassade mit romanischen Rundbogen lässt deutlich das darunter liegende Stahlgerüst erkennen.

Als Klassiker der Moderne gilt das Marine Midland Center an der Seneca Street, das Ende der 60er, Anfang der 70er Jahre des 20. Jh. von der renommierten Architektenfirma Skidmore, Owings und Merrill errichtet wurde. Zu den prunkvollsten Gebäuden an der Main Street gehören das Stanton- und Ellicott Square Building, in deren aufwändiger Gestaltung sich der Wohlstand Buffalos in der Zeit um die Wende vom 19. zum 20 Jh. sehr deutlich widerspiegelt.

Auf dem Liberty Building weisen zwei weibliche, der Statue of Liberty in New York City nachgebildete Figuren nach Ost und West. Sie sollen an die Schlüsselstellung Buffalos zwischen Ost- und Westküste erinnern. In ein ehemaliges Bürohaus aus dem Jahre 1893 ist das Hyatt Hotel eingezogen. Besonders lohnend ist ein Blick in die Lobby mit zahlreichen Wandgemälden.

Vorbei am Lafayette Square mit dem Soldiers and Sailors Monument führt der Weg zum Theater District mit zahlreichen Theatern und Kabaretts, der in der Chippewa Street beginnt. Rechts, in der Main Street, beginnt die Market Arcade, die nach dem Vorbild der Londoner Burlington Arcade gestaltet wurde.

Gegenüber liegt das Herzstück des Theaterviertels, das oppulent gestaltete Shea´s Buffalo Center for the Performing Arts. Mitte der 70er Jahre des 20. Jh. in letzter Sekunde vor dem Abriss gerettet, erstrahlt das ehemalige Kino nach aufwändiger Restaurierung wieder in altem Glanz. Heute stehen Theater- und Opernaufführungen auf dem Programm.

An der Ecke Pearl Street blieb eines der ältesten Gebäude der Stadt aus der Zeit vor dem Bürgerkrieg erhalten. Hier verlief einst die Nordgrenze der Stadt. Ein Stück weiter, an der Chippewa Street, besitzt das Calumet Building aus dem Jahre 1906 eine besonders schöne Fassade mit großen Fensterpartien und Verzierungen aus Terrakotta.

An der Delaware Avenue, die zurück zum Niagara Square führt, steht der

Das Rathaus von Buffalo wurde 1929 im damals beliebten Art-déco-Stil errichtet

Statlers Tower. Das Gebäude wurde 1921 vom Hotelier Ellsworth M. Statler gebaut, dessen Hotels für ihr hervorragendes Preis-Leistungs-Verhältnis berühmt waren.

In der Nähe des Delaware Park, einige Meilen nördlich der Innenstadt, befindet sich ein weiteres architektonisches Highlight. Das Darwin D. Martin House am Jewett Parkway gilt als eines der bedeutendsten Werke des berühmten Architekten Frank Lloyd Wright. Das 1904 errichtete Wohnhaus mit ausgeprägten horizontalen Linien ist ein hervorragendes Beispiel für den Prärie-Stil, bei dem die Gebäude so harmonisch wie möglich in Landschaft eingefügt wurden.

Zu dem Viertel gehört auch die sehenswerte Albright-Knox Art Gallery, die eine wertvolle Sammlung europäischer und amerikanischer Malerei, von Vincent van Gogh bis Jackson Pollock, besitzt. Gegenüber liegt das Museum der Buffalo and Erie County Historical Society, das in dem einzigen erhaltenen Gebäude der Pan-America-Ausstellung aus dem Jahre 1901 untergebracht ist. Unschwer erkennt man, dass das Parthenon in Athen dem Bau als Vorbild diente. Darin untergebracht sind zwei verschiedene Sammlungen: Die eine zeigt, was in Buffalo alles hergestellt wird und wurde, die andere beschäftigt sich mit den verschiedenen Volksgruppen, die in Buffalo zu Hause sind.

Sehenswürdigkeiten der anderen Art sind die riesigen Getreidesilos im Hafen der Stadt. Ihre hölzernen Vorgängerbauten wurden aufgrund der Brandgefahr durch stählerne ersetzt. Die Betonsilos wurden von so namhaften Architekten wie Walter Gropius und Le Corbusier als Vorreiter der modernen Architektur gewürdigt. Der beste Blick auf die Anlage bietet sich von der Mündung des Buffalo River.

Das Nordufer des Lake Erie

Von Buffalo nach Windsor

Tipps & Adressen

Karte S. 210/11

Anders als das Südufer des Lake Erie mit Städten und Industriegebieten präsentiert sich die kanadische Seite des Sees ausgesprochen ländlich. Landschaftlich Spektakuläres sucht man im südlichsten Teil Kanadas ebenso vergebens wie größere Städte. Ihren Reiz verdankt die Region kleinen Dörfern, weitläufigen Feldern und langen Sandstränden, die zu einem Bad im Lake Erie einladen, sowie einigen Provinzparks und einem Nationalpark, die aufgrund ihres Vogelreichtums weit über die Grenzen Ontarios hinaus berühmt sind.

Über die Peace Bridge, deren Name an die harmonischen Beziehungen zwischen den USA und Kanada erinnern soll, erreicht man von Buffalo aus das kanadische Ufer des Niagara River. Gleich an der Brücke beginnt der Niagara Parkway, der zur historischen Befestigungsanlage **Fort Erie** 11 an der Mündung des Niagara-Flusses in den Lake Erie führt.

An gleicher Stelle stand ursprünglich ein Handelsposten für Pelzhändler. Im Jahre 1764 bauten die Briten ein hölzernes Fort, das zu Beginn des 19. Jh. durch eine Anlage aus Stein mit hohen Mauern und tiefen Gräben ersetzt wurde. Umkämpft war das Fort während des Krieges von 1812, als tausende amerikanische und britische Soldaten ihr Leben verloren. Heute zeichnet die restaurierte Militäranlage anhand von Ausstellungsstücken aus dem Besitz amerikanischer und britischer Truppen diese bewegte Epoche nach.

Über die Dominion Road und die Route 3 erreicht man **Port Colborne** 12, einen kleinen Ort beiderseits des Welland-Kanals. Mit ein wenig Glück erlebt man, wie ein Frachter sich durch das Nadelöhr einer Schleuse zwängt, die den Höhenunterschied von 90 m zwischen dem Lake Ontario und dem Lake Erie ausgleicht. Unzählige Exponate rund um die Lokalgeschichte stellt das Museumsdorf des Historical and Marine Museum an der Ecke King/Princess Street zur Schau.

Hinter Port Colborne zweigt die RR 3 in Richtung Seeufer ab. Über die Gemeinde Lowbanks erreicht man den Rock Point Provincial Park mit einem 600 m langen Strand und einem ausgedehnten Waldgebiet. Im September dient der Park tausenden von Monarch-Schmetterlingen als Zwischenstopp auf dem Weg nach Mexiko.

Die Fahrt Richtung Port Dover führt durch die ›typische‹ Landschaft von Südwest-Ontario mit riesigen flachen Feldern sowie weit verstreut liegenden Farmgebäuden und Silos. Der fruchtbare Boden und das milde Klima zogen im 19. Jh. zahlreiche Einwanderer an, vor allem Schotten und Deutsche. Neben Mais und Wein wurde lange Zeit auch Tabak angebaut, der inzwischen jedoch wirtschftlich an Bedeutung verloren hat.

Der Selkirk Provincial Park südwestlich von Selkirk bietet zahlreiche Wassersportmöglichkeiten. **Port Dover** 13 gehört aufgrund seines Strandes vor allem an den Sommerwochenenden zu den lebhaftesten Gemeinden der Region. Hoch her geht es, wenn der 13. eines Monats auf einen Freitag fällt – dann geben sich die Harley-Davidson-Fahrer ein röhrendes Stelldichein. Neben dem Badetourismus spielt auch der kommerzielle Fischfang eine wichtige Rolle, wie die Fangflotte in der Flussmündung belegt.

Turkey Point heißt der nächste Provincial Park an der Route, dessen Hauptattraktion der herrliche, lang gestreckte Sandstrand ist. Nachdem der natürliche Baumbestand abgeholzt worden war, entstand durch Wiederaufforstungsmaßnahmen zu Beginn des 20. Jh. ein neuer Wald.

Die Landzunge des Long Point Provincial Park ist dem Werk von Wind und Wellen zu verdanken, die über Jahrtausende Sand herbeigetragen haben. Die einzigartige Natur des Parks wurde aus gutem Grund zum Weltbiosphärenreservat erklärt, denn die ausgedehnten Marschen beiderseits der Landzunge bieten Zugvögeln ein ideales Habitat. In den Sommermonaten wird der Sandstrand des Parks zu einem beliebten Treffpunkt.

Badespaß wird auch im Port Burwell Provincial Park groß geschrieben, der zudem im Frühjahr und Herbst ausgezeichnete Möglichkeiten zur Vogelbeobachtung bietet. Raubvögel wie Adler, Falken, Habichte und Geier halten sich im September/Oktober im Park auf, bevor sie zum Überwintern gen Süden ziehen.

Auf seinem Weg zum Lake Erie hat der Catfish Creek ein Tal hinterlassen, in das sich der Ort Port Bruce schmiegt. Ein hübscher Sandstrand lädt zum Faulenzen und Baden ein. Mit dem Bau einer Eisenbahnlinie 1856, die das nahe London mit **Port Stanley** 14 verband, begann die Blütezeit des kleinen Seebads. Neben Kohle, Holz und Nahrungsmitteln transportierte die Bahn auch Sommergäste, die sich am Ufer des Lake Erie vergnügten. Mit der wachsenden Popularität des Autos kam schließlich das Aus für die Eisenbahn.

Ontarios tiefer Süden

Buxton, nur wenige Kilometer vom Ufer des Lake Erie entfernt, liegt nicht nur im ›tiefen Süden‹ Kanadas, die Geschichte der Sklaverei verbindet die kleine Gemeinde auch mit dem *deep south,* den Südstaaten der USA.

Wie im Süden der Vereinigten Staaten war menschenverachtende Sklavenhaltung auch in Upper Canada, dem heutigen Ontario, üblich. Im Jahre 1793 war die Einfuhr von Sklaven zwar verboten worden, Sklaverei wurde dennoch praktiziert. Da es jedoch keine Plantagenwirtschaft gab, nahm die Sklaverei nicht die Ausmaße an wie im Süden des Nachbarlands USA.

Als der Sklavenhandel im Mutterland England zu Beginn des 19. Jh. verboten wurde, betraf dieses Gesetz auch die englische Kolonie Upper Canada. Doch wurde die Sklavenhaltung bis 1832 fortgesetzt. In den USA sollten noch 30 weitere Jahre vergehen, bevor auch dort die Sklaverei ein Ende fand.

Trotz der der zwiespältigen Haltung Kanadas zur Sklaverei waren die Lebensbedingungen für die Zwangsarbeiter dort bedeutend besser als in den USA. Zudem konnten die Schwarzen auch auf die Hilfe der Kirche und zahlreicher Wohltätigkeitsorganisationen zählen. Zwischen 1800 und dem Ausbruch des Bürgerkriegs in den USA 1861 flüchtete tausende Sklaven vor ihren Peinigern nach Kanada.

Ehemalige Sklaven, die den Sprung in die Freiheit bereits geschafft hatten, standen den Flüchtigen zur Seite. Sie wagten sich immer wieder über die Grenze in die USA, um ihren Leidensgenossen zu helfen. Aber auch Weiße – die meisten von ihnen waren Quäker, welche die Sklaverei ablehnten – spielten ein aktive Rolle.

Die Gefahr, von bewaffneten Sklavenjägern mit ihren Bluthunden oder von Verrätern entdeckt zu werden, war immens groß. Helfer mussten mit empfindlichen Geld- oder Gefängnisstrafen rechnen. Geflohene Sklaven, die entdeckt wurden, wurden zu ihren Besitzern zurückgebracht, wo sie grausame Bestrafungen erwarteten.

Das geheime Netzwerk der engagierten Fluchthelfer wurde als *underground railroad* bezeichnet – ein Begriff, der vermutlich in den 30er Jahren des 19. Jh. geprägt wurde. Damals suchte ein zorniger Besitzer seinen Sklaven, der auf »some underground road« verschwunden war. Bald wurde dieser Ausdruck zum stehenden Begriff für entkommene Leibeigene, aus *road* wurde im Zeitalter der aufkommenden Eisenbahn bald *railroad.*

In der Sprache der Aktivisten wurden die Fluchthelfer als *conductor* (Schaffner) bezeichnet, die unter Mithilfe der *stockholders* (Eisenbahnteilhaber) die *passengers* (fliehende Sklaven) zu den *stations* (Bahnhöfe) brachten und versteckten. Als *terminal* wurde der Zielort bezeichnet. Einmal dort angekommen, wurden die Sklaven von privaten oder kirchlichen Organisationen betreut, die dafür sorgten, dass die geschundenen Menschen ein neues Leben beginnen konnten.

Zu diesen Hilfsmaßnahmen gehörte das Elgin Settlement in der Nähe von Buxton, das 1849 von dem irischstämmigen Missionar William King gegründet wurde. King, der durch Heirat 15 Sklaven aus Louisiana ›besaß‹, entließ diese bald nach seiner Eheschließung.

Das Elgin Settlement war mit 2000 Einwohnern bald die größte und erfolgreichste Gemeinde, die sich aus ehemaligen Sklaven zusammensetzte. Landwirtschaft, eine Säge- und eine Getreidemühle, Läden, eine Ziegelei und eine Fabrik boten Arbeitsplätze für die zahlreichen Neuankömmlinge. Für ihre Ausbildung und die ihrer Kinder gab es mehrere Schulen. Als 1863 die Sklaverei auch in den USA abgeschafft wurde, zogen viele der einst Geflohenen zurück in den Süden. Die Gemeinde bestand trotzdem weiter. Noch heute führt die Mehrzahl der Bewohner von Buxton ihre Herkunft auf entflohene Sklaven zurück.

An der Diskriminierung der Schwarzen konnte aber auch das Elgin Settlement – trotz des Erfolgs der Mustersiedlung, die aus ehemaligen Sklaven erfolgreiche und selbst bestimmte Siedler gemacht hatte – nichts ändern. Bis 1906 wurde an den Schulen der Umgebung die Rassentrennung beibehalten und Schwarzen der Aufenthalt in Restaurants verwehrt.

Einem der nach Kanada entflohenen Sklaven wurde literarischer Ruhm zuteil. Josiah Henson war aus Kentucky nach Dresden, Ontario, geflohen. Seine Lebensgeschichte erzählt Harriet Beecher Stowe in ihrem Roman »Onkel Toms Hütte«, der 1852 erschien und bald in der ganzen Welt Verbreitung fand.

Doch dank einiger Eisenbahn-Enthusiasten, die weder Zeit noch Mühe scheuten, bummelt das Bähnchen sehr zur Begeisterung der Touristen heute wieder zwischen Port Stanley und St. Thomas. Zu den kleineren Parks am Seeufer gehört der John E. Pearce Provincial Park, der für seinen jahrhundertealten Baumbestand und viele Wildblumen berühmt ist. Typisch für diesen Uferabschnitt sind die Klippen aus Sand und Ton, an denen die Erosion unablässig nagt.

Nach gut 50 km erreicht man den Rondeau Provincial Park, ein weiteres ideales Gebiet zur Vogelbeobachtung. Wanderpfade führen durch den Wald und auch zum Schwimmen und Fahrradfahren besteht ausreichend Gelegenheit. In der geschützten Bucht auf der Innenseite der Halbinsel reparierten die Briten Anfang des 19. Jh. ihre Kriegsschiffe.

Mit Leamington, der ersten größeren Gemeinde seit Buffalo, ist die »Tomatenhauptstadt der Nation« erreicht. Überall an den Straßen werden die roten Früchte angeboten. Vom Hafen verkehren Fährschiffe nach **Pelee Island** 🔢, einer Insel mitten im See, die den südlichsten Punkt Kanadas bildet. Als Ausflugsziel ist das Eiland wegen seiner Strände und des Weinanbaus bleibt. In dem milden Klima gedeihen die unterschiedlichsten Rebsorten, die auch zu Champagner verarbeitet werden. Nur noch als Ruine erhalten und daher besonders romantisch ist das Pelee Island Lighthouse aus dem Jahre 1833, an der nordöstlichen Spitze der Insel. Wer möchte, kann mit einer Fähre nach Sandusky (s. S. 220) in Ohio übersetzen.

Ein ganz besonderes Stück Natur bietet Point Pelee, südlich von Leamington, dessen einzigartige Flora und Fauna seit

1918 im **Point Pelee National Park** 16 geschützt wird. Auf demselben Breitengrad wie das nördliche Kalifornien findet man hier wie da eine ähnliche Vegetation, zu der Zedern, Schwarze Walnuss, die Lorbeerart Sassafrasbaum, Sumachbaum und sogar Feigenkakteen gehören. Die abwechslungsreiche Landschaft besteht aus Dünen, Sandstränden, Trockensavanne, Marschen mit Tümpeln und Seen. Besonders reizvoll ist ein Spaziergang auf dem Bohlenweg, der durch das Sumpfgebiet mit vielen Wasserpflanzen und Vögeln führt. Im Frühjahr und Herbst kann man an einem Tag um die 100 verschiedenen Vogelarten entdecken. Ab September zieht der prächtige Monarch-Schmetterling in wärmere Gefilde und verwandelt den Park in ein Meer aus orangefarbenen Flügeln.

Ende des 18. Jh., Anfang des 19. Jh. war das reizvolle Städtchen **Amherstburg** 17 von großer geschichtlicher Bedeutung. In dem Ort, der nur durch den Detroit River von der aufstrebenden jungen Nation USA getrennt war, galt es, die Interessen der britischen Kolonie Kanada zu schützen. Die Briten errichteten das Fort Malden, das ihnen als Basis im Krieg von 1812 diente. Während der Auseinandersetzungen standen den Briten Indianerstämme unter der Führung von Häuptling Tecumseh zur Seite, denen die Weißen im Falle eines Sieges

Im Point Pelee National Park

Leben retteten. Auf dem Museumsgelände steht auch ein original erhaltenes Blockhaus aus den Tagen der weißen Pioniere.

Das letzte Stück der Strecke legt man auf dem Highway 18 zurück, der einen zügig nach **Windsor** 🔢 bringt. Wie Detroit jenseits des Flusses lebt die knapp 20 000 Einwohner zählende Stadt in erster Linie von der Autoindustrie, die Windsor zu Beginn des 20. Jh. zu einem immensen Aufschwung verhalf. Aber auch das riesige Kasino der Stadt lässt die Kassen klingeln. Allerdings macht sich bei den Umsätzen inzwischen bemerkbar, dass auch Detroit seit jüngster Zeit ein Kasino besitzt.

Die meisten Besucher fahren als erstes zu Dieppe Gardens, um von dort den herrlichen Blick auf Detroit zu genießen, dessen Hochhäuser geradewegs aus dem Fluss zu ragen scheinen. Der gepflegte Park wurde nach der französischen Stadt am Ärmelkanal benannt, wo ein Regiment aus Windsor im August 1942 unter schweren Verlusten an Land ging.

Zu den eindrucksvollsten Gebäuden der Stadt gehört Willistead Manor in der Niagara Street, das zu Beginn des 20. Jh. englischen Tudor-Stil errichtet wurde. Das Interieur ist mit wertvollen zeitgenössischen Möbeln ausgestattet. Einblicke in die Geschichte von Windsor und der umliegenden Region bietet das Windsor's Community Museum in der Pitt Street. Nicht minder interessant ist die Art Gallery of Windsor in der Howard Street, die neben kanadischer Malerei und Skulptur auch die Kunst der Ureinwohner des Landes präsentiert. Durch den gebührenpflichtigen Detroit-Windsor-Tunnel erreicht man Detroit (s. S. 207ff.).

Land versprochen hatten. Doch bald mussten die Ureinwohner erkennen, dass es sich nur um leere Versprechungen handelte. An der Seite der Briten wurden die Indianer in der Battle of Thames nördlich von Amherstburg von amerikanischen Soldaten niedergemetzelt. Heute kann man das restaurierte Fort besichtigen.

Mit einem weiteren gemeinsamen Kapitel der Geschichte beider Nachbarstaaten beschäftigt sich das North American Black Historical Museum in der King Street. Auf eindrucksvolle Weise wird das Leben von Sklaven geschildert, die durch eine waghalsige Flucht nach Kanada die Freiheit erlangten und so ihr

**Lake Ontario
Der kleinste
im Bunde**

Den kleinsten, am tiefsten gelegenen und östlichsten der Großen Seen ›teilen‹ sich der US-amerikanische Staat New York und die kanadische Provinz Ontario.

Entlang des St.-Lorenz-Stroms führt ein Abstecher nach Montréal. Die sehenswerte Metropole besticht durch eine interessante Mischung aus französischer Lebensart und nordamerikanischer Dynamik.

Am nordöstlichen Ufer des Lake Ontario erstreckt sich die größte Stadt Kanadas, die Finanzmetropole Toronto. 40% des kanadischen Bruttosozialprodukts werden in und um Toronto, dem wirtschaftlichen Zentrum der Nation, erwirtschaftet.

Aufgrund der vielen Bodenschätze, der ausgezeichneten Verkehrsanbindung sowie der Nähe zu den Absatzmärkten im Nachbarland USA boomen Auto- und

Der Niagara River

Zulieferindustrie ebenso wie Stahlproduktion, Maschinenbau, Papier- und Genussmittelindustrie.

Torontos Pendant am Südufer des Lake Ontario ist Rochester. Die drittgrößte Stadt des Staates New York hat sich als lebhafte Industriemetropole einen Namen gemacht. Toronto und Rochester sind zugleich die kulturellen Zentren am Lake Ontario mit einem breiten Angebot an Museen und Theatern. Abwechslung und Zerstreuung bieten zahlreiche Einkaufsmöglichkeiten und Restaurants.

Zu den landschaftlichen Höhepunkten der Region gehören die Niagara-Fälle, deren tosendes Spektakel Jahr für Jahr 12 Mio. Besucher, darunter viele Flitterwöchner, anlockt. Geruhsamer geht es auf den Thousand Islands zu. Das Inselreich im St.-Lorenz-Strom faszinierte schon vor mehr als 100 Jahren die Urlauber. Durch dieses Labyrinth bahnen sich Ozeanriesen ihren Weg vom Atlantik zu den Großen Seen.

Malerische Dörfer, eingebettet in eine sanfte Hügellandschaft mit Wäldern, Weiden und Obstplantagen, schmiegen sich an den Ufersaum des Lake Ontario. Lebendige Geschichte lautet das Stichwort in den zahlreichen Forts, die von der historischen Bedeutung der Region erzählen. Hier, an der Grenze zwischen Ontario und New York, stießen im Krieg von 1812 britische und amerikanische Truppen aufeinander. Immer wieder entflammten heftige Gefechte zwischen den beiden verfeindeten Parteien, die in den Forts anschaulich nachgestellt werden. Erst mit dem Abkommen von Gent im Jahre 1814 wurde der Krieg beendet und die Grenze zwischen Kanada und den USA festgelegt.

Für die 600 Meilen lange Strecke rund um den Lake Ontario sollte man sich zehn bis zwölf Tage Zeit lassen.

Toronto
Treffpunkt am Lake Ontario

Tipps & Adressen
S. 385

Routenkarte S. 250/51
Stadtplan S. 242

1 Noch eine nordamerikanische Stadt mit glitzernden Hochhausfassaden und endlos ausufernden Vororten, mag man beim Anblick von Toronto denken. Bei näherer Betrachtung stellt sich dann heraus, dass die Metropole in vielerlei Hinsicht anders ist.

Einer geschickten Stadtplanung ist zu verdanken, dass Toronto als eine der lebenswertesten Städte Nordamerikas gilt. So mischen sich unter die Banken, Versicherungen und Büros der Innenstadt Apartmenthäuser, Restaurants, Kneipen, Theater und Bars, so dass auch nach Geschäftsschluss kein Exodus in die Vororte beginnt, der die City in eine trostlose Einöde verwandelt. Im Gegenteil – abends brodelt das Leben in den Häuserschluchten, in denen man sich auch nachts ohne Sicherheitsbedenken bewegen kann.

So viel Vitalität war Toronto jedoch nicht immer zu Eigen. Im 19. und frühen 20. Jh. sorgten konservative Stadtväter für eine derart biedere Atmosphäre, dass die Stadt den Beinamen ›Toronto, die Gute‹ erhielt. So wurden an Sonn- und Feiertagen die Auslagen in den Geschäften verhängt, denn selbst ein harmloser Schaufensterbummel galt als Gotteslästerung. An einen Kino- oder Theaterbesuch oder gar Alkoholkonsum war an diesen Tagen selbstverständlich nicht zu denken.

Das Blatt wendete sich erst, als die Stadt nach dem Ende des Zweiten Weltkriegs zahlreiche Einwanderer aus aller Herren Länder anzog. Unter dem Einfluss fremder Sprachen, Lebensgewohnheiten und Traditionen ging es allmählich lockerer zu. Heute ist Toronto stolz darauf, die kanadische Stadt mit den meisten Volksgruppen zu sein – als hätte man es geahnt, erhielt die Stadt schon im frühen 19. Jh. den indianischen Namen Toronto, was so viel wie Treffpunkt bedeutet.

Über das Treffen mit den ersten Weißen waren die Indianer allerdings wenig erfreut: 1615 hatten die beiden europäischen ›Entdecker‹ Etienne Brûlé und Samuel de Champlain das Gebiet des späteren Toronto erreicht. Den widerspenstigen Indianern ist es zuzuschreiben, dass erst gut 100 Jahre später ein erster Umschlagplatz für Pelze und eine Missionsstation unter französischer Regie entstanden.

Unter den Engländern wurde an derselben Stelle ein Fort errichtet, das den Namen York erhielt und sich bald zu einer kleinen Gemeinde entwickelte. Wegen der günstigen Lage in einiger Entfernung von der amerikanischen Grenze ernannte man York 1793 zur Hauptstadt der englischen Provinz Upper Canada, was die US-Amerikaner aber während des Krieges von 1812 nicht davon abhielt, York zu überfallen. Nach dem Ende der Auseinandersetzungen und mit Ankunft der Eisenbahn begann York, das nun Toronto hieß, zu blühen. Die Industrialisierung hielt Einzug und Toronto wurde in seiner Rolle als Hauptstadt – nun der neu gegründeten kanadischen Provinz Ontario – bestätigt.

Heute ist Toronto, sehr zum Leidwesen der Erzrivalin Montréal, die größte Stadt Kanadas mit 2,6 Mio. Einwohnern, dem wichtigsten kanadischen Hafen an den Großen Seen und eines der bedeutendsten Finanzzentren Nordamerikas. Noch wichtiger aber ist den Bewohnern das kosmopolitsche Flair ihrer Stadt, von dem vor einigen Jahrzehnten noch niemand zu träumen gewagt hätte.

Einen ersten Überblick über Toronto verschafft man sich vom **CN Tower** (1) aus, dem Wahrzeichen der Stadt. Das mit 553 m höchste frei stehende Gebäude der Welt wurde zwischen 1972 und 1976 errichtet. Allein die Fahrt mit dem außen am Turm entlang führenden, gläsernen Aufzug ist atemberaubend. Noch spektakulärer ist die Aussicht an klaren Tagen, wenn man über 100 km weit blicken kann. Mit ein wenig

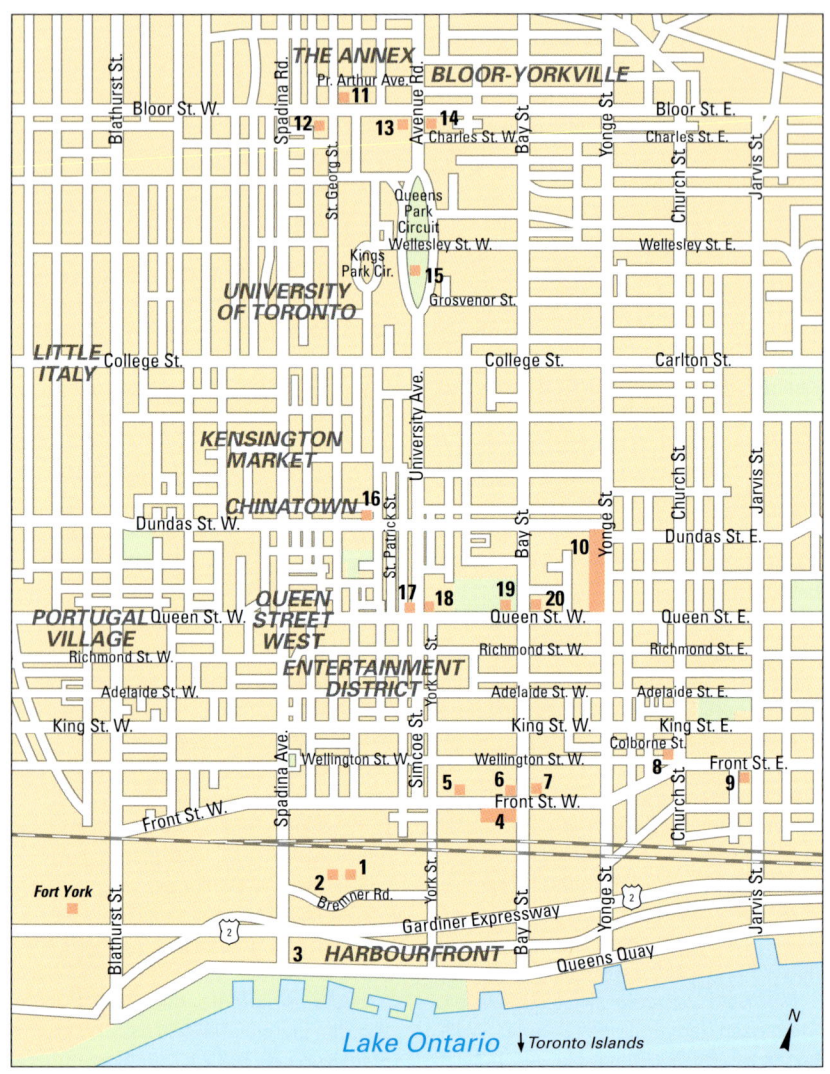

Glück erkennt man in der Ferne sogar die Gischt der Niagara-Fälle.

Im **SkyDome** (2), gleich nebenan, finden neben bedeutenden Sportveranstaltungen auch Pop- und Rock-Konzerte sowie Messen statt. Über 50 000 Besucher haben im dem riesigen Innenraum Platz. Technisch ausgeklügelt ist die Kuppeldachkonstruktion, die bei gutem Wetter binnen 20 Minuten geöffnet werden kann. Im Rahmen einer Führung kann die Arena besichtigt werden.

Lange Zeit wurde die **Harbourfront** (3), das Ufer des Lake Ontario zwischen Bathurst Street und Bay Street, sträflich vernachlässigt. Wie in anderen Hafenstädten rund um die Welt hat man inzwischen das Potenzial der verwaisten Lagerhallen, Fabriken und Docks erkannt und dank einer millionenschweren Finanzspritze dem Areal neues Leben eingehaucht. Heute ziehen zahlreiche Cafés, Restaurants, Läden, Werkstätten, Galerien und Märkte ein begeistertes Publikum an. Populär sind die Theateraufführungen und Freiluftkonzerte, die regelmäßig stattfinden.

In einem alten Lagerhaus aus den 20er Jahren des 20. Jh. ist das Toronto Waterfront Museum untergebracht, das die wechselvolle Beziehung zwischen der Stadt und dem Lake Ontario beleuchtet. Zum Hafenkomplex gehört auch der Harbourfront Antique Market, der zum Stöbern einlädt. Wer den Anblick der Skyline von Toronto vom Wasser aus genießen möchte, besteigt eines der Ausflugsboote, die von der Harbourfront am Queen´s Quay West ablegen.

Der Hauptbahnhof **Union Station** (4) wurde zu einer Zeit errichtet, als das Reisen noch keine Selbstverständlichkeit war – dementsprechend prächtig wurde er gestaltet: Die mit Marmor ausgekleidete, 30 m hohe Eingangshalle erinnert eher an eine Kathedrale als an einen Bahnhof. Niemand Geringeres als der Prinz of Wales und spätere britische König Edward VIII. eröffnete 1927 den Bahnhof nach gut 20 Jahren Bauzeit. Zur selben Zeit öffnete auch das gegenüberliegende **Royal York Hotel** (5) seine Pforten, das nach wie vor zu den renommiertesten Herbergen der Stadt gehört.

An der Ecke zur Bay Street ragt das eindrucksvolle **Royal Bank Plaza** (6) mit golden schimmernden Säulen in den Himmel. Das postmoderne Hochhaus bildet den Auftakt zum quirligen Geschäftsviertel der Stadt, in dem sich die glitzernden Stahl- und Glaspaläste von Banken und Versicherungen konzentrieren. Architektonisch interessant ist das **BCE Place** (7) mit einem imposanten Atrium, das der spanische Stararchitekt Santiago Calatrava entwarf. Zum Gebäude gehört auch die Hockey Hall of Fame, in der sich alles um Kanadas Nationalsport Eishockey dreht.

Toronto

In der Chinatown von Toronto

Geradezu winzig nimmt sich das kleine **Gooderham Building** (8) aus. Da das Backsteingebäude aus dem ausgehenden 19. Jh. auf einem dreieckigen Grundstück errichtet wurde und in seiner Form an ein Bügeleisen erinnert, wird es im Volksmund auch Flat Iron Building genannt. Ein reizvolles Wandgemälde schmückt die Rückseite des Gebäudes.

Der **St. Lawrence Market** (9) etwas weiter östlich nimmt gleich zwei Gebäude in Anspruch. Der südliche Gebäudeteil fungierte zwischen 1845 und 1902 als Rathaus. In dessen Räumen ist die Market Gallery untergebracht, die Wechselausstellungen zur Stadtgeschichte von Toronto präsentiert. An den Marktständen werden frische Köstlichkeiten angeboten. Besonders quirlig geht es samstags zu, wenn Farmer aus der Umgebung ihre Waren verkaufen.

Yonge Street heißt die Hauptschlagader der Stadt, die sich auf einer Länge von gut 18 km schnurgerade vom Lake Ontario im Süden bis an den Stadtrand im Norden erstreckt. Als erste Adresse unter den Shopping Malls gilt das moderne **Eaton Centre** (10), das die Blocks zwischen Dundas Street und Queen Street einnimmt. Hier befindet sich neben zahlreichen Geschäften auch das Ontario Travel Information Centre mit Informationen über die Provinz Ontario.

Zu Fuß entlang der Yonge Street Richtung Norden oder schneller mit der U-Bahn (Station: Cumberland) gelangt man nach Yorkville. Das heutige In-Viertel mit viktorianischen Häusern war in den 60er und 70er Jahren des 20. Jh. Wohnort und Treffpunkt von Hippies. In den Folk-Kneipen und Bars traten Lokalmatadore der Szene wie Gordon Lightfoot und Joni Mitchell auf. Seiner Rolle als Trendsetter wird Yorkville immer noch gerecht, auch wenn die sündhaft teuren Edel-Boutiquen, Galerien und

Antiquitätenläden ein etwas anderes Publikum als damals anlocken. ›Sehen und Gesehen werden‹ lautet die Devise in den vielen schicken Restaurants und Cafés des Viertels.

Vom Reichtum vergangener Epochen kündet der **York Club** (11). Das stattliche Gebäude aus roten Ziegel- und Backsteinen wurden 1889 im neoromanischen Stil für George Gooderham errichtet. Gooderham, dessen Familie durch Whisky-Herstellung zu Wohlstand gelangt war, zählte seinerzeit zu den reichsten Männern Ontarios.

Zu den außergewöhnlichen Museen der Stadt gehört das **Bata Shoe Museum** (12). Das Haus zeichnet anhand von 10 000 Paar Schuhen aus den unterschiedlichsten Epochen und Kulturkreisen die Geschichte des Schuhwerks nach. Besonders interessant sind die Exponate, welche die Herstellung und die Bedeutung von Schuhen bei Kanadas Bewohnern des Polarkreises, den Inuit, dokumentieren.

Das **Royal Ontario Museum** (13) weist in seiner Bedeutung weit über Toronto hinaus. Nicht weniger als 6 Mio. Exponate umfasst die Sammlung, die sich mit Naturwissenschaft, Archäologie, Kunst- und Kulturgeschichte beschäftigt. Zu den bedeutendsten ihrer Art gehört die Kollektion chinesischer Malerei, Textilien, Waffen, Kunsthandwerk und Bildhauerkunst aus vier Jahrhunderten, die im Erdgeschoss untergebracht ist. Bei jungen Besuchern findet die Discovery Gallery großen Anklang. Hier sorgen interaktive Ausstellungsstücke und kleine Experimente dafür, dass komplexe Zusammenhänge und Themenbereiche sich auch den kleineren Gästen erschließen.

Zur Museumslandschaft Torontos zählt auch das **George R. Gardiner Museum of Ceramic Art** (14), das Töpferwaren, Keramik und Porzellan aus mehreren Epochen und Erdteilen präsentiert. Die Sammlung umfasst auch präkolumbische Kunstgegenstände sowie Porzellan verschiedener europäischer Manufakturen, darunter Worcester, Wedgewood, Sèvres, Meissen und Delft.

Vorbei an den Gebäuden der Universität gelangt man zum **Provincial Parliament** (15), in dem das Parlament der Provinz Ontario tagt. Der Würde dieser Institution entsprechend, wurde zwischen 1886 und 1892 ein prächtiges Gebäude im neoromanischen Stil mit Türmchen und Erkern errichtet. Das Parlament ist im Rahmen einer Führung öffentlich zugänglich.

Folgt man der University Avenue, erreicht man nach einer Weile die Dundas Street mit einem weiteren Museum von Weltrang. Einer der Schwerpunkte der **Art Gallery of Ontario** (16) liegt auf der Kunst Kanadas. Die Kunst der Inuit ist ebenso vertreten wie Werke der Malerschule Group of Seven. Die Mitglieder dieser Gruppe, die ihren Beitrag zur modernen kanadischen Landschaftsmalerei lieferten, ließen sich immer wieder von der grandiosen Natur der Großen Seen und deren Hinterland inspirieren. Auch europäische Meister wie Breughel d. J., Rembrandt, Tintoretto, van Gogh, Gauguin, Renoir und Picasso sind mit zahlreichen Werken vertreten.

Besonders breiten Raum nehmen die Skulpturen von Henry Moore, einem der bedeutendsten Bildhauer der Moderne, ein. In den Museumsbau integriert ist die im neo-klassizistischen Stil errichtete Villa The Grange. In dem um 1816 errichteten Anwesen verkehrte einst die feine Gesellschaft der Stadt. Das sorgsam restaurierte Haus lädt zu einer Zeitreise in das 19. Jh. ein.

Westlich des Museums erstreckt sich Chinatown, in dem viele der rund

350 000 chinesischstämmigen Bürger der Stadt wohnen. Ihre Vorfahren kamen während des Goldrausches am Klondyke oder als Arbeiter am Bau der Transpazifik-Eisenbahn ins Land. Nach und nach quartierten sich auch Einwanderer aus Vietnam und anderen asiatischen Ländern in dem Viertel ein. Lange Zeit wurden die asiatischen Immigranten diskriminiert, und sie hatten trotz legalen Aufenthalts nicht die gleichen Rechte wie kanadische Bürger. Erst mit der Lockerung der Gesetze vor gut 40 Jahren änderte sich die Situation, was zu erneuten Einwanderungswellen aus Fernost führte. In jüngster Zeit erlebte Toronto einen Zustrom von Hongkong-Chinesen, die nach der Rückgabe ihrer Stadt an China nach Kanada aufbrachen.

Chinatown präsentiert sich als eines der quirligsten Viertel von Toronto mit rund um die Uhr belebten Straßen. In Läden und an Straßenständen wird von exotischem Obst und Gemüse, Heilkräutern, Kochtöpfen, Essstäbchen und fröhlich-buntem Nippes alles angeboten, was auch auf einem asiatischen Markt zu finden wäre. Freunde der chinesischen und asiatischen Kochkunst können die zahlreichen Restaurants besuchen.

Mindestens ebenso lebendig wie Chinatown präsentiert sich Kensington Market an der Kensington Avenue, zwischen Dundas und Baldwin Street. Die zahlreichen Volksgruppen, auf die Toronto so stolz ist, findet man besonders in diesem Viertel. Einst ließen sich hier europäische Juden, später Süd- und Südosteuropäer nieder. Schließlich gesellten sich Asiaten und Südamerikaner dazu. Das leicht verfallene Viertel mit bunt angemalten Häusern, Läden, Straßenständen, Restaurants, Szene-Kneipen und dem quirligen Markt zieht

ein vorwiegend junges Publikum an. Abends lockt das Viertel mit breit gefächertem kulinarischen Angebot und Live-Musik, der man in den vielen Bars und Klubs lauschen kann.

Die Queen Street West, welche die südliche Grenze von Chinatown bildet, war schon immer Heimat der Avantgarde-Szene. In vielen Bars, Kneipen, Klubs, kleinen Buchläden und ungewöhnlichen Boutiquen treffen sich all jene, die in Kunst und Kultur Trends setzen. Zu den schönsten Beispielen neoklassizistischer Architektur in Ontario zählt das **Campbell House** (17) aus dem Jahre 1822. Die restaurierten, mit Ori-

richtete Komplex besteht aus zwei Hochhäusern, die sich schützend um einen flachen Kuppelbau gruppieren. In letzterem ist das Stadtparlament untergebracht. Der Nathan Phillips Square vor dem Gebäude ist ein beliebter Treffpunkt der Torontonians.

Gleich nebenan thront die **Old City Hall** (20). Das alte Rathaus aus dem ausgehenden 19. Jh. stellt mit seiner repräsentativen Sandsteinfassade einen reizvollen Kontrast zu dem neuen Rathaus dar.

Einen idealen Rückzugsort vom Trubel der City bieten die Toronto Islands, die sich wie ein Riegel vor die Innenstadt schieben. Die Wäldchen, Dünen, Sandstrände, Parks und Lagunen laden zum Spazierengehen, Baden, Picknicken, Boot- und Radfahren ein. Schon der herrliche Blick auf die Skyline von Toronto lohnt den Abstecher. Die Fähren, die in 15 Minuten zu den Inseln übersetzen, verkehren im 30 Minuten-Takt vom Ferry Terminal am Ende der Bay Street.

Im historischen Fort York am südwestlichen Rand der Innenstadt schlug gegen Ende des 18. Jh. die Geburtsstunde von Toronto. Während des Krieges von 1812 von den Amerikanern zerstört, wurde die Anlage nach dem Ende des Konflikts wieder aufgebaut. Da sich das Verhältnis zum Nachbarland bald entspannte, verlor das Fort seine militärische Funktion. Heute umfasst Fort York Kanadas größte Ansammlung von Gebäuden aus der Zeit des Krieges von 1812. Die original eingerichteten Kasernen und die historischen Aufführungen, die in den Sommermonaten stattfinden, vermitteln ein authentisches Bild vom Leben im Fort zu Beginn des 19. Jh.

ginalmobiliar ausgestatteten Räume vermitteln einen Eindruck vom Leben und Wohnen im frühen 19. Jh.

Die **Osgoode Hall** (18), das ehemaligen Gerichtsgebäude der Provinz Upper Canada, versprüht mit ihrer Neo-Renaissance-Fassade den Charme der alten Welt. Das prächtige, zwischen 1829 und 1844 errichtete Gebäude wurde nach dem ersten höchsten Richter von Upper Canada benannt.

Zu den Meisterwerken der klassischen Moderne gehört die **New City Hall** (19), das neue Rathaus. Der zwischen 1961 und 1965 nach Plänen des finnischen Architekten Viljo Revell er-

Das Südufer des Lake Ontario

Von Toronto nach Rochester

Karte S. 250/51

Hat man die Großstadt Toronto hinter sich gelassen, taucht man bald in die Idylle des ländlichen Ontario ein. Sanft geschwungenes Hügelland mit kleinen Bauernhöfen, die Wein- und Obstanbau betreiben, bestimmen die Szenerie. Landschaftlicher Höhepunkt sind die dramatischen Niagara-Fälle, die auch die Grenze zwischen Kanada und den USA bilden.

An Zeiten, in denen die beiden Nachbarn weniger friedvoll miteinander umgingen, erinnern beiderseits des Niagara-Flusses einige sehenswerte Forts aus dem frühen 19. Jh. Auf der Panoramaroute des Seaway Trail fährt man am Südufer des Lake Ontario entlang Richtung Rochester. Auch auf dieser Strecke passiert man malerische Orte, ausgedehnte Obstplantagen und kleinere State Parks, die zu einer Rast einladen.

Auf dem Queen Elizabeth Way, kurz QEW, erreicht man nach etwa anderthalb Stunden Fahrt das von Toronto gut 130 km entfernte Niagara Falls. Zuvor lohnt sich ein Abstecher nach **Niagara-on-the-Lake** 2, das mit viktorianischen Häusern, Parks und Alleen wie ein Bilderbuchstädtchen erscheint. Die Geburtsstunde des 13 000 Einwohner zählenden Städtchens schlug gegen Ende des 18. Jh., als Loyalisten die Gemeinde, die vorübergehend zur Hauptstadt von Upper Canada wurde, unter dem Namen Newark gründeten. Die Lage in unmittelbarer Nähe zu den USA wurde dem Ort immer wieder zum Verhängnis. Auch das Fort George am Rande von Newark konnte nicht verhindern, dass die Gemeinde im Krieg von 1812 von den Amerikanern niedergebrannt wurde. Doch die Einwohner machten sich unmittelbar danach an den Wiederaufbau.

Zu den sehenswertesten Gebäuden gehört das Court House an der Queen und Regent Street. Das einstige Gerichtsgebäude, das später als Rathaus diente, beherbergt heute unter anderem ein Theater. Letzteres wird zwischen April und November zu einem der Aufführungsorte des populären Shaw Festival, das seit 1962 alljährlich stattfindet und den Stücken von George Bernard Shaw und seinen Zeitgenossen gewidmet ist. Nicht versäumen sollte man die Niagara Apothecary an der Ecke Queen und King Street, die zu den ältesten Apotheken des Landes gehört. Bis in die 30er Jahre des 20. Jh. wurden hier noch Pillen und Pasten über die Theke gereicht. Inzwischen steht das Haus Besuchern als Apotheken-Museum offen.

Eine wahre Institution ist das viktorianische Prince of Wales Hotel, das Gäste seit 1864 stilvoll bewirtet. Einen Spaziergang durch längst vergangene Zeiten bietet das Niagara Historical Society Museum in der Castlereagh Street, in dem die Geschichte der Region erläutert wird. Abseits der lebhaften Hauptstraße mit Andenkenläden und Restaurants versprechen die kleinen Seitenstraßen und Parks am Seeufer Ruhe und Entspannung.

Vor den Toren der Stadt, Richtung Niagara Falls, thront das historisch bedeutsame Fort George, das einst Upper

Canada vor amerikanischen Expansionsgelüsten schützen sollte. Die Anlage wurde zwischen 1797 und 1802 von den Briten errichtet, nachdem das Fort Niagara auf der anderen Seite des Flusses wenige Jahre zuvor den Amerikanern zugesprochen worden war.

Im Jahre 1813 von den Amerikanern eingenommen und zerstört, wurde die Festung vollständig restauriert. *Living history* lautet das Stichwort: Aufführungen von Mitarbeitern in historischen Kostümen sorgen für einen authentischen Eindruck vom Leben im Fort während des 18. und 19. Jh. Rund um Niagara-on-the-Lake gestattet mildes Klima den Weinanbau. Auf den Weingütern kann man im Rahmen einer Führung den kanadischen Rebsaft verkosten.

Durch eine Landschaft mit Obstbäumen, Weinfeldern und altem Baumbestand setzt man die Fahrt auf dem Niagara Parkway Richtung Niagara Falls fort. Schon Mitte 1867 wurde diese ›grüne Lunge‹ auf Geheiß einiger Amerikaner eingerichtet, die sich besorgt zeigten über die rasante Kommerzialisierung der Niagara-Fälle.

Bald bieten sich immer wieder reizvolle Ausblicke auf die tiefe Schlucht, die der Niagara River im Laufe der Jahrmillionen in das Gestein gegraben hat. **Queenston** 3 heißt die malerische Gemeinde, in der die Mackenzie Heritage Printery an das Druckereiwesen im 19. Jh. erinnert. Das kleine Museum ist in dem Wohnhaus des Verlegers und Redakteurs William Lyon Mackenzie untergebracht, der als radikaler, demokratischer Reformer in die Geschichte einging.

Auf einer Anhöhe hinter Queenston ragt das Brock´s Monument in den Himmel, das an den englischen General Sir Isaac Brock erinnert. Er bezahlte den Sieg seiner Truppen im Krieg von 1812 mit dem Leben. Über eine enge Wendeltreppe gelangt man in 60 m Höhe, von wo sich ein weites Panorama ins Umland bietet.

Wie aus dem Bilderbuch – viktorianische Häuser in Niagara-on-the Lake

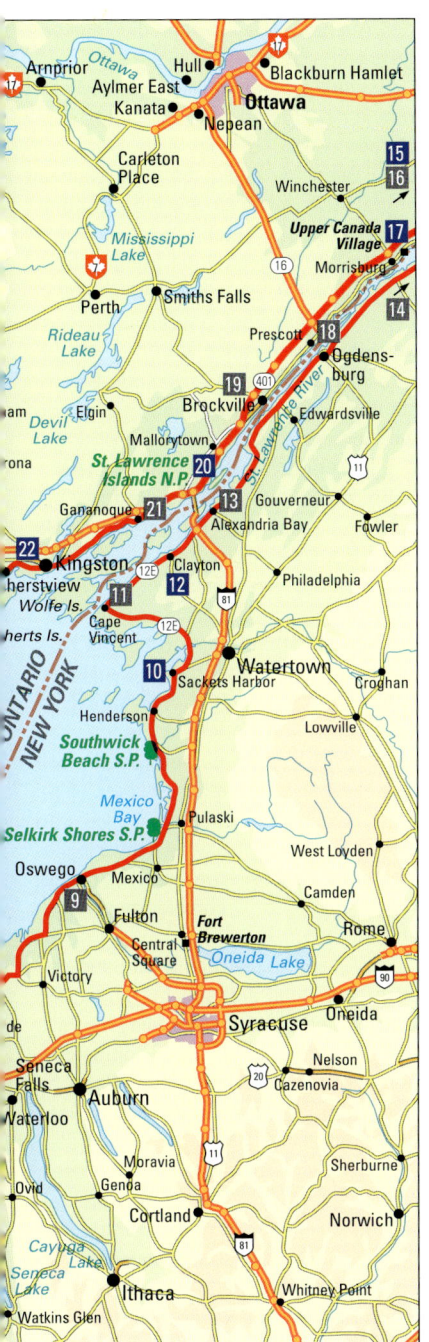

Weiter geht die Reise auf dem Niagara Parkway. In den ausgedehnten Gärten der School of Horticulture bringen bunte Blumenrabatten und riesige ›Blumenuhren‹ aus über 25 000 verschiedenen Pflanzen nicht nur Gartenfreunde zum Staunen. Ein Schmetterlingshaus gehört ebenfalls zu der Einrichtung.

Eine von Menschenhand nicht zu bändigende Natur entfaltet sich in der Niagara Glen Nature Area. Verschiedene Wanderwege führen durch eine Wildnis aus Laubbäumen und Wildblumen zu einem eindrucksvollen Labyrinth aus durcheinander gewürfelten Sandsteinbrocken in der Niagara-Schlucht. Den Auftakt zu den Touristenattraktionen rund um die Niagara-Fälle macht die Seilbahn der Niagara Spanish Aero Car, die seit 1916 Besucher in schwindelnder Höhe über die Stromschnellen im Niagara River transportiert.

Einen phantastischen Blick auf das tosende Gewässer genießt man vom George Trail aus. Per Fahrstuhl werden Besucher zu einem Plankenweg gebracht, der über eine Distanz von 300 m am Niagara River entlangführt. Direkt am Wasser wird eindruckvoll deutlich, wie schnell der Fluss fließt – mit bis zu 50 Stundenkilometern.

Nach wenigen Kilometern ist **Niagara Falls 4** erreicht. Hier hat man sich ganz der Vermarktung der Wasserfälle verschrieben, die im Jahr an die 12 Mio. Touristen anlocken. Vor allem bei Flitterwöchnern ist der Ort sehr beliebt – eine Tradition, die auf Napoleons Bruder zurückgeht, der hier mit seiner Frau die ersten Tage ihrer Ehe verbrachte.

Dem Ortskern mit gesichtslosen Motelbauten, Wachsfigurenkabinetten, Grusel-Shows, Fast-Food-Ketten und allerlei

Rund um den Lake Ontario

Souvenirkitsch auf der Touristenmeile Clifton Hill kann man ignorieren. Das Areal unmittelbar oberhalb der Fälle wird von einem breiten, baumbestandenen Park eingenommen, der den Wasserfällen einen halbwegs naturbelassenen Rahmen bietet. Von verschiedenen Aussichtspunkten im Queen Victoria Park hat man atemberaubende Ausblicke auf das Naturschauspiel der Niagara Falls.

Die mächtigen Wasserfälle entstanden vor ungefähr 12 000 Jahren während der letzten Eiszeit. Mit dem Abschmelzen der Gletschermassen begann der schnell fließende Niagara River, eine Abbruchkante in das Felsgestein der Niagara-Schichtstufe zu erodieren. Ursprünglich lagen die Fälle bei Queenston, von wo sie sich Stück für Stück nach Süden bewegten. Zurück blieb die tiefe Schlucht der Niagara Gorge.

Seitdem ein Teil der tosenden Wassermassen zur Gewinnung von Elektrizität genutzt wird, wurde diese Wanderbewegung von etwa 1 m pro Jahr stark ausgebremst. Nur noch 10 cm jährlich graben sich die Fälle in das Gestein.

Von dem Aussichtspunkt am Fuße des Clifton Hill schaut man auf die 64 m hohen American und Bridal Falls, die zu den USA gehören. Der Faszination der unablässig tosenden Wassermassen kann sich niemand entziehen: Über die 305 m breite Abbruchkante stürzen 14 Mio. l Wasser pro Minute in die Tiefe. Rechts davon liegen die 54 m hohen kanadischen Horseshoe Falls, deren Wassermassen – 155 Mio. l Wasser pro Minute – über eine 640 m breite, hufeisenförmige Felskante unter lautem Getöse in die Tiefe donnern. Eine Dreingabe der Natur sind die zauberhaften Regenbogen, die sich bei Sonnenschein in der aufsteigenden Gischt bilden. In

den Abendstunden werden die Fälle angestrahlt – Geschmackssache ...

Beinahe schon ein Muss ist die Fahrt mit jenen Booten, die alle unter dem Namen »Maid of the Mist« firmieren und Besuchern ein unvergessliches, wenn auch reichlich feuchtes Erlebnis garantieren. In mehr oder weniger schützende Regenmäntel gehüllt, fährt man zunächst zu den amerikanischen Fällen, wo man über Treppenstufen zum Fuß der Fälle gelangt. Von dort kämpft sich das Boot durch brodelnde Stromschnellen zu den Horseshoe Falls, von wo sich ein atemberaubender Blick auf die gewaltige Wand aus Wasser bietet.

Spektakulär ist auch die »Journey behind the falls«: Via Aufzug am Table Rock House erreicht man ein Tunnelsystem mit verschiedenen Aussichtspunkten, die einen Blick hinter die Wasserfälle gestatten. Auch dort erhält man Regenmäntel, die vor der Gischt der Fälle schützen sollen. Wer es trockener mag, kann an einem der zahlreichen Helikopterflüge teilnehmen oder die beiden Aussichtstürme besuchen. Von dem 163 m hohen Minolta Tower und dem 236 m hohen Skylon Tower bietet sich eine phantastische Aussicht. Letzterer ist mit einem Drehrestaurant ausgestattet.

Ein Museum, das sich wohltuend von dem Touristen-Tand abhebt, rundet den Besuch der Fälle ab. Das Niagara Falls Museum wurde 1827 von Thomas Barnett gegründet, dessen leidenschaftliche Sammelwut keine Grenzen kannte. Ganz im Stil eines Museums aus dem 19. Jh. finden Besucher ein heilloses, aber interessantes Sammelsurium: altägyptische Mumien, Dinosaurierskelette, ausgestopfte Tiere, sowie Kunst- und Alltagsgegenstände aus dem Besitz von Indianern und Südseevölkern. Dem Haus ist die sehenswerte Daredevil Hall of Fame angeschlossen. Hier sind sämtliche Versuche dokumentiert, die Fälle auf die unterschiedlichste Weise zu überwinden. Kaum zu glauben, dass manche ihre halsbrecherischen Abenteuer fast ohne Blessuren überstanden haben.

Zwei mautpflichtige Brücken, die Rainbow und die Whirlpool Rapids Bridge, verbinden Kanada mit den USA. Die Einreiseformalitäten erledigt man am Ende der jeweiligen Brücke.

Der Niagara Reservation State Park nimmt das gesamte Ufer im US-amerikanischen **Niagara Falls** 5 ein. Allen Bürgern sollte der freie Zugang zu den Fällen gewährt und die unmittelbare Umgebung der Fälle vor Bebauung geschützt werden. Über den Robert Moses Parkway erreicht man den spektakulärsten Aussichtspunkt im Park, Prospect Point, von dem man in die tosenden Wassermassen der American Falls blickt. Ein Besucherzentrum informiert über Entstehung und Geschichte der Fälle. Vom Observation Tower genießt man die Aussicht auf das Naturschauspiel aus 60 m Höhe. Mit dem Aufzug des Turmes gelangt man zu der Anlegestelle der »Maid of the Mist«-Boote, die in unmittelbare Nähe der Wasserfälle fahren.

Dass es auch bei den Niagara-Fällen ruhige Fleckchen gibt, belegt Goat Island zwischen den American, Bridal und den Horseshoe Falls. Die Insel, die man über eine Brücke erreicht, ist zugleich Ausgangspunkt für einen Spaziergang zum Fuß der Bridal Falls. Am nördlichen Ende des State Park lohnt das Schoellkopf Geological Museum einen Besuch. Auf anschauliche Weise wird die Geologie der Niagara Falls erläutert. Auch von dort bietet sich ein phantastisches Panorama in die Schlucht des Niagara River, in die man auf einem Pfad hinabsteigen kann.

Gondelfahrt über die Niagara-Fälle

Die Fahrt Richtung Lake Ontario auf dem Robert Moses Parkway führt vorbei an zwei weiteren Parks mit Wanderwegen. Der Whirlpool State Park verdankt seinen Namen einem ebenso eindrucksvollen wie gefährlichen Strudel im brodelnden Wasser des Niagara River. Der Devil´s Hole State Park umfasst die Stromschnellen am unteren Ende des Flusses.

Ganz in der Nähe befindet sich das Castellani Art Museum, das man über den University Drive erreicht. Hier werden unter anderem die Werke der Hudson River School gezeigt, deren Vertreter als Begründer einer eigenständigen, amerikanischen Landschaftsmalerei im 19. Jh. gelten. Wer sich für die Nutzung der Wassermassen des Niagara River zur Stromerzeugung interessiert, sollte sich im Besucherzentrum des Niagara Power Project umsehen. Mit Hilfe von Computern und interaktiven Exponaten wird die Stromgewinnung aus Wasserkraft anschaulich erläutert.

Bald künden grün-weiße Schilder den weiteren Verlauf des Seaway Trail an, einer Panoramaroute, die am Lake Erie beginnt und am Lake Ontario entlang bis zum St.-Lorenz-Strom führt.

Der hübsche Ort **Youngstown** 6 besaß lange Zeit große historische Bedeutung. An der einst strategisch wichtigen Mündung des Niagara River in den Lake Ontario wacht das Old Fort Niagara, das drei Nationen diente. 1726 errichteten die Franzosen die ältesten Teile der Wehranlage. Gut 30 Jahre später wurde das Fort von den Briten eingenommen, bis es schließlich in die Hände der Amerikaner fiel, die es noch bis um die Wende vom 19. zum 20 Jh. nutzten. In den Sommermonaten lassen Militärparaden und andere Aufführungen von Mitarbeitern in zeitgenössischen Kostümen die Vergangenheit wieder aufleben.

Das 1872 aus grauen Steinquadern errichtete Fort Niagara Lighthouse versah bis zu Beginn der 90er Jahre des 20. Jh. seinen Dienst. Heute ist darin ein kleines Museum untergebracht.

Hinter Youngstown führt der Seaway Trail parallel zum Ufer des Lake Ontario weiter. Vorbei an ausgedehnten Obstplantagen und kleinen Orten wie Wilson und Olcott geht es zum reizvollen Golden Hill State Park. Die Anfahrt erfolgt über die Landstraße 269, die links vom Seaway Trail abzweigt. An der ersten Kreuzung biegt man links in die Lower Lake Road ein, die zum Park führt.

Hoch über dem Seeufer wacht ein besonders malerischer Leuchtturm. Das Thirty Mile Point Light wurde gegen Ende des 19. Jh. für 90 000 Dollar errichtet. Das Baumaterial, das aus der Gegend des St.-Lorenz-Stroms stammt, wurde mit Schiffen herbeigeschafft und das steile Ufer heraufgezogen. Bis 1885

wies eine Kerosinflamme, die durch eine Linse verstärkt wurde, Seeleuten den Weg. Schließlich ersetzte eine Glühbirne, eine der ersten, die in einem Leuchtturm installiert wurde, die Flamme. Im Leuchtturmwärterhäuschen ist heute ein kleines Museum untergebracht. Vom Leuchtturm hat man einen zauberhaften Blick auf die endlose Weite des Lake Ontario.

Auf dem Weg nach Rochester bieten einige weitere State Parks neben Campingmöglichkeiten Zugang zum Lake Ontario.

Rochester
Stadt der Foto-Industrie

Tipps & Adressen
S. 368

7 Die drittgrößte Stadt des Bundesstaates New York ist vor allem wegen ihrer weit über Rochester hinaus bekannten Industriezweige ein Begriff. Im 19. Jh. entwickelte ein junger Mann namens George Eastman den ersten aufrollbaren Film, der die noch in den Kinderschuhen steckende Fotografie revolutionierte. Nur wenige Jahre später war die Fotofirma Eastman Kodak zum Hauptarbeitgeber der Stadt avanciert. Eastman selbst wurde unermeßlich reich und erwies sich als großzügiger Mäzen. Er beteiligte nicht nur seine Arbeiter über ein *profit share program* an seinen Gewinnen, er stiftete auch Unsummen für Kunst und Kultur in seiner Heimatstadt. Um die Jahrhundertwende begannen die beiden Geschäftsleute John Jacob Bausch und Henry Lomb, in Rochester optische Geräte zu entwickeln. Ihre Firma ist heute in aller Welt vor allem als Hersteller von Sonnenbrillen ein Begriff. Und auch das bekannte High-Tech-Un-

ternehmen Rank Xerox hat in Rochester seinen Sitz.

Mit einer kompakten Innenstadt, gepflegten Vororten, Parks, zahlreichen Museen und Bildungseinrichtungen verströmt Rochester eine gediegene Atmosphäre des Wohlstands. Es lohnt sich, mindestens einen Tag in der Stadt zu verbringen. Das Zentrum erstreckt sich beiderseits des Genesee River, dessen Wasserfälle den Ausschlag für die Gründung der Stadt gaben. Als die ersten Weißen im 17. Jh. die Region erreichten, fanden sie unwegsames Sumpfgebiet vor, das nicht eben zum Verweilen einlud. Schnell erkannten sie jedoch die Vorteile der Wasserfälle und schon bald wurden die ersten Getreidemühlen errichtet, die mit der Eröffnung des Erie-Kanals einen immensen Aufschwung erfuhren.

Die Hauptsehenswürdigkeit der Innenstadt ist Brown´s Race, das man von der Main Street Richtung Norden zu Fuß erreicht. In den vier hervorragend restaurierten Ziegelgebäuden waren einst Getreidemühlen untergebracht, die von der Wasserkraft der Fälle angetrieben wurden. Im Besucherzentrum wird unter anderem die Geschichte von Rochester erläutert. Von einer Fußgängerbrücke blickt man auf die High Falls, deren Wassermassen sich über eine 30 m hohe Abbruchkante in die Schlucht des Genesee River ergießen.

Der attraktivste Teil der Stadt dehnt sich beiderseits der East Avenue aus mit stattlichen Häusern aus dem 19. Jh., Gärten, Parks und Alleen. Ein Muss sind die vielen sehenswerten Museen, die Rochester den Ruf einer Kulturstadt einbrachten. Interessant, nicht nur für Freunde der Fotografie, ist das George Eastman House and International Museum of Photography an der East Avenue. Der Komplex umfasst das prachtvolle Anwesen, in dem George Eastman mit seiner Mutter den größten Teil seines Lebens verbrachte und wo sich der unheilbar Kranke 1932 das Leben nahm. Vom Wohlstand Eastmans, der sich vom Tellerwäscher zum Millionär hocharbeitete, erzählt nicht zuletzt das erlesene Interieur.

Ein an das Wohnhaus angeschlossener moderner Bau ist der Geschichte der Fotografie gewidmet. Die Sammlung zeigt neben historischen und modernen Fotoausrüstungen auch Wechselausstellungen mit den Werken berühmter Fotografen wie Alfred Stieglitz, Sebastião Selgado, Henri Cartier-Bresson oder Ansel Adams.

Das Rochester Museum and Science Center in der East Avenue 657 erläutert naturwissenschaftliche und anthropologische Themen. Eindrucksvoll wird die erschütternde Geschichte der Seneca-Indianer erzählt, die vor der Besiedlung durch Weiße in der Gegend lebten. Zum Museum gehört auch das Strasenburgh Planetarium, das mit modernsten Teleskopen ausgestattet ist.

In unmittelbarer Nachbarschaft lädt die Park Avenue mit Läden, Restaurants und Cafés zum Bummeln ein. Besonders Kindern gefällt das ungewöhnliche Strong Museum am Manhattan Square, das die Schätze der passionierten Sammlerin Margaret Woodbury Strong beherbergt. Schon als Kind begann sie, alles zusammenzutragen, was sie interessierte. Im Laufe der Jahre entstand eine eindrucksvolle Kollektion von Gegenständen aus der amerikanischen Alltagskultur. Allein die Puppensammlung umfasst über 20 000 Exemplare.

Eine Oase der ganz anderen Art ist der Mount Hope Cemetery an der gleichnamigen Straße, der auf seine Weise die Geschichte von Rochester erzählt. Im Schatten alter Bäume findet man die

Das George Eastman House in Rochester

prunkvollen Mausoleen und Gräber wohlhabender Bürger der Stadt. Der aus der Sklaverei entflohene, spätere Herausgeber des »Northern Star«, Frederick Douglass, fand dort ebenso seine letzte Ruhestätte wie die Frauenrechtlerin Susan B. Anthony. Sie wurde 1872 verhaftet, da sie sich erdreistet hatte, als Frau an einer Wahl teilzunehmen.

Über die Lake Avenue erreicht man den Lake Ontario Beach Park, der zu einem Bad im See einlädt. An den Charme vergangener Tage erinnert Dentzels Menagerie Carousel aus dem Jahre 1905, das noch immer in Betrieb ist. Kurz vor dem Eingang des Parks steht einer der ältesten Leuchttürme der Großen Seen – in dem Charlotte-Genesee Lighthouse von 1822 ist heute ein kleines Museeum untergebracht.

Von Rochester nach Sackets Harbor

Tipps & Adressen

Sodus Point S. 378, Oswego S. 358, Sackets Habor S. 370

Karte S. 250/51
Östlich von Rochester taucht man schnell wieder in ländliche Atmosphäre ein: Vor der Kulisse des Lake Ontario, dessen Wasser immer wieder zwischen den Bäumen schimmert, dehnen sich Wiesen, Maisfelder und Obstplantagen aus. In den kleinen Orten am Weg scheint es, als ob die Zeit stehen geblieben wäre.

Auf historischem Boden wandelt man in Oswego und Sackets Harbor, die während des Amerikanischen Unabhängigkeitskriegs Ende des 18. Jh. und während des Krieges von 1812 eine wichtige Rolle spielten. Oswego, das bis 1796 britisches Gebiet blieb, war lange Zeit ein Zufluchtsort von Loyalisten aus den ehemaligen amerikanischen Kolonien. Während der Auseinandersetzungen zwischen Briten und Amerikanern zu Beginn des 19. Jh. sicherte Oswego den Nachschub für den amerikanischen Marine-Stützpunkt in Sackets Harbor.

Nach dem Ende des Krieges ging es wieder friedlich zu am Ufer des Lake Ontario. Ferienorte wie Sodus Point entstanden, wo großstadtmüde Urlauber sich bei Strandspaziergängen, beim Angeln und Baden erholten. Auch wenn die Tage, da Dampfschiff und Eisenbahn die Sommerfrischler an den See brachten, längst der Vergangenheit angehören – am Reiz der Region hat sich nichts geändert.

Hinter Rochester führt der Seaway Trail zum verschlafenen Ort Pultneyville. Dort, wo heute Segeljachten festgemacht haben, legten noch vor gut 70 Jahren Frachtschiffe an, die Holz aus Kanada brachten. Für zahlreiche aus den Südstaaten entflohene Sklaven war der Hafen während des Bürgerkriegs im 19. Jh. das Tor zur Freiheit. Mit Hilfe liberal gesinnter Bürger der Gemeinde wurden sie per Schiff ins sichere Kanada gebracht.

Sodus Point 8 erlebte seine Blütezeit als viktorianisches Seebad. Vom Vergnügungspark, in dem sich einst vornehme Badegäste amüsierten, blieb jedoch ebenso wenig erhalten wie vom Theater, den Kegelbahnen und Tanzpalästen. Mehr Bestand hatten die viktorianischen Häuser und der kleine Leuchtturm. Der Bau von Sodus Point Lighthouse im Jahre 1825 ist der Initiative von Dorfbewohnern zu verdanken.

Sie forderten den Kongress mit Nachdruck auf, endlich für eine sichere Passage in die gefährliche Sodus Bay zu sorgen. Bis 1901 versah der kleine Leuchtturm seinen Dienst, dann übernahm ein Signal auf der Mole im Hafen dessen Aufgaben. In den Wohnräumen des Leuchtturmwärters ist ein kleines, sehenswertes Museum untergebracht, das sich mit der Schifffahrts- und Heimatgeschichte beschäftigt. Wer sich die Mühe macht, den Turm zu erklimmen, wird mit einer herrlichen Aussicht auf den Lake Ontario belohnt.

Südlich von Sodus Point führt der Seaway Trail als Highway 104 und 104 A zum Städtchen **Oswego** 9, das als Handelsposten für Pelzhändler auf eine lange Tradition zurückschaut und als ältester Süßwasserhafen der Vereinigten Staaten in die Geschichte einging. Auch heute noch spielt der Hafen für den Schiffsverkehr auf den Großen Seen eine wichtige Rolle.

Das interessante H. Lee White Marine Museum am Ende der W. First Street lohnt einen Besuch. In dem Gebäude am Hafen ist eine umfassende Sammlung zu verschiedenen Themenbereichen untergebracht. Die Geschichte der Sklavenbefreiung, die in der Region viel Nachhall gefunden hat, wird ebenso beleuchtet wie die maritime Tradition von Oswego.

Durch den florierenden Schiffsbau gelangten manche Einwohner von Oswego im 19. Jh. zu Wohlstand. Das veranschaulicht auch das Richardson-Bates Museum, das in einer vornehmen Villa aus den späten 60er Jahren des 19. Jh. untergebracht ist. Das zum größten Teil mit Originalmobiliar ausgestattete Anwesen vermittelt einen lebhaften Eindruck davon, wie reiche Bürger der Stadt vor 150 Jahren residierten. Die oberen Stockwerke sind der Geschichte von Oswego und dessen Umland gewidmet.

Lebendige Geschichte vermitteln die kostümierten Freiwilligen im Fort Ontario im Osten der Stadt, die das Leben der Bewohner der Anlage im Laufe der Jahrhunderte nachstellen. Mit der Errichtung des Forts 1755 wollten die Briten ihren Anspruch auf die Kolonien in Nordamerika unterstreichen – ein Anliegen, dass ihnen die Amerikaner während des Unabhängigkeitskriegs streitig machten. Allein viermal wurde das Fort angegriffen und wieder aufgebaut. Die heutige Anlage spiegelt das Bild um das Jahr 1870 wider. In das Blickfeld der Weltpolitik geriet das Fort Ontario noch einmal während des Zweiten Weltkriegs, als Juden und andere Verfolgte aus Deutschland, die dem Naziregime entkommen waren, dort interniert wurden.

Die Fahrt geht weiter auf dem Seaway Trail Richtung Sackets Harbor. Besonders reizvoll ist die Strecke während des *Indian summer,* wenn Eichen, Ahorn und Birken ihr buntes Herbstkleid tragen.

Der Selkirk Shores State Park und Southwick State Park laden zum Campen, Picknicken, Baden, Wandern und Angeln ein. Oberhalb von Henderson Harbor genießt man von einem Aussichtspunkt links der Straße einen phantastischen Blick auf die weit geschwungene Henderson Bay. Der Westcott Beach State Park wenige Meilen südlich von Sackets Harbor bietet Camping- und Bademöglichkeiten.

Der historische Ort **Sackets Harbor** **10**, der zu den schönsten Gemeinden am Lake Ontario gehört, lohnt einen längeren Aufenthalt. Bei einem Bummel durch die Gemeinde mit aus Kalkstein errichteten, historischen Häusern mag man kaum glauben, dass Sackets Harbor ein Brennpunkt im Krieg von 1812 war.

Das Sackets Harbor Battlefield, heute ein idyllischer Park, war einst Schauplatz heftiger Gefechte zwischen britischen und amerikanischen Truppen. Nur Gedenkplaketten und Denkmäler erinnern an die blutigen Ereignisse. Alljährlich im Juli wird die Geschichte zum Leben erweckt, wenn Laiendarsteller die Schlacht von Sackets Harbor nachstellen.

In der Nähe des Schlachtfelds befindet sich der zum Teil rekonstruierte Navy Yard aus der Mitte des 19. Jh. Dort ist ein Museum untergebracht, das Gegenstände aus dem Krieg von 1812 zeigt. Zuvor befand sich an gleicher Stelle eine florierende Werft, in der amerikanische Kriegsschiffe gebaut wurden.

Zu den vielen historischen Gebäuden im Zentrum gehört das Augustus Sacket Mansion. Der Gründer der Gemeinde ließ 1802 die strahlend weiße Villa im Stil der italienischen Renaissance errichten. Während des Krieges von 1812 diente das Anwesen als Hauptquartier für die Offiziere der amerikanischen Truppen und als Lazarett.

Im historischen Bank Building ist eine Ausstellung untergebracht, die die Geschichte von Sackets Habor erläutert. An der Worth Road blieben die zum Teil aus Haustein, zum Teil aus Backsteinen errichteten Gebäude der Madison Barracks erhalten, die als frühes Beispiel amerikanischer Militärarchitektur gelten. Der 1892 erbaute Stone-Turm erinnert an einen mittelalterlichen Wehrturm. Im Innern verbirgt sich ein mehrere 10 000 l Wasser fassender Tank, der die Wasserversorgung der Anlage sicherstellte. Zu dem Areal gehören auch ein Parade- und Poloplatz, Kasernen und ein Krankenhaus.

Am St. Lawrence River entlang

Die kanadischen Thousand Islands

Tipps & Adressen

Cape Vincent S. 300, Clayton S. 308, Wellesley Island S. 391, Alexandria Bay S. 291, Ogdensburg S. 357, Massena S. 341

Karte S. 250/51

Les Mille Isles – Tausend Inseln – soll Jacques Cartier ausgerufen haben, als er 1635 als erster Weißer die Mündung des St. Lawrence River in den Lake Ontario erreichte und dort auf ein Labyrinth von Inseln stieß. Auch wenn die Zahl der Inseln inzwischen auf 1860 korrigiert wurde, der Name Thousand Islands blieb haften. Die meisten der Inseln, von denen viele zu Kanada gehören, sind unbewohnt. Andere sind so winzig, dass gerade mal ein Haus darauf Platz findet.

Zu den indianischen Bewohnern der Region gehörten auch die Irokesen, welche die Inselwelt Manitonna, Garten des Großen Geistes, nannten. Dieser hatte ihnen versprochen, ein Paradies auf Erden zu schaffen, wenn die Irokesen aufhören würden, miteinander zu streiten. Als die Menschen ihr Versprechen brachen, packte der Große Geist das Paradies wieder ein und fuhr in den Himmel auf. Dabei fiel ihm der Garten Eden aus den Händen und landete im St. Lawrence River, wo er, in tausend Stücke zerbrochen, liegen blieb.

Eine etwas profanere Erklärung bieten Geologen: Bei den Inseln handelt es

Einige der Thousand Islands sind so klein, dass nur ein Haus darauf steht

sich um die Reste einer alten Bergkette, die mit dem Abschmelzen der Gletschermassen gegen Ende der letzten Eiszeit im St. Lawrence River versank.

Während des Krieges von 1812 wurde die Inselwelt zum Schauplatz zahlreicher blutiger Auseinandersetzungen. Doch das hielt die Flussbewohner nicht davon ab, auch weiterhin Schmuggel zu betreiben. Da Handelsschranken den offiziellen Austausch von Gütern Anfang des 19. Jh. unterbanden, war der Schmuggel ein lukratives Geschäft. Nicht umsonst nennen sich die gewieften Menschen, die beiderseits des Stromes geboren und aufgewachsen sind, *river rats,* Flussratten.

Als reiche Städter gegen Ende des 19. Jh. die Thousand Islands als ideales Refugium für einen erholsamen Urlaub abseits von Trubel und Hektik entdeckten, wurde das Inselreich zum ›Spielplatz der Millionäre‹. Stattliche viktorianische Ferienhäuser und vornehme Hotels wurden errichtet. Zu den illustren Sommergästen gehörte auch der Eisenbahnwaggonhersteller George Pullman, der gleich eine ganze Insel – Pullman Island – kaufte.

Ende des 19. Jh. erlebten viele Gemeinden beiderseits des Flusses ihre Blütezeit, als in ihren Häfen Holz und andere Rohstoffe umgeschlagen wurden. Als die Weltwirtschaftskrise Fremdenverkehr und Handel ein jähes Ende bereitete, verlagerten die Insulaner ihre Aktivitäten verstärkt auf den Schmuggel. Die Prohibition in den USA ließ die Kassen klingeln. Hochprozentiges wurde Gewinn bringend ins Nachbarland eingeschmuggelt. Heute ist der Tourismus wieder ein bedeutender Wirtschaftsfaktor in der Region, welche die Besucher mit zahlreichen Wassersport-, Angel- und Wandermöglichkeiten auf den Inseln und beiderseits des Ufers anlockt.

Von Sackets Harbor (s. S. 258) kommend, erreicht man **Cape Vincent** 11, den Auftakt zu den Thousand Islands. Der Ort wurde von französischen Siedlern nach den Niederlagen Napoleons auf den Schlachtfeldern von Trafalgar und Waterloo im frühen 19. Jh. gegründet. Die Bewohner von Cape Vincent boten sich an, den auf St. Helena exilierten Ex-Kaiser aufzunehmen. Dieser Plan entsprach den Wünschen Napoleons, der in seiner Inselbastion davon träumte, die Franko-Kanadier gegen die Briten aufzustacheln. Doch anstelle des legendären Feldherren mussten sich die Bürger von Cape Vincent mit Joseph, dem Bruder Napoleons, begnügen. Er und seine Frau Caroline kauften in der Nähe der Gemeinde ein Grundstück.

Besonders schön ist die Fahrt – oder ein längerer Spaziergang – vorbei an stattlichen Wohnhäusern am Fluss zum Tibbetts Point Lighthouse. Das strahlend weiße Gebäude aus dem Jahre 1827 liegt an einer besonders markanten Stelle: genau an der Mündung des Lake Ontario in den mächtigen St.-Lorenz-Strom, der die Großen Seen mit dem Atlantischen Ozean verbindet. Mit ein wenig Glück sieht man einen der riesigen Frachter vorüberfahren. Der schlanke, weiß gestrichene Turm, der immer noch seinen Dienst versieht, ist nicht zugänglich. Wer auf Komfort verzichten kann, findet im Leuchtturmwärterhaus, in dem eine Jugendherberge untergebracht ist, ein romantisches Quartier – spektakuläre Sonnenuntergänge inklusive. Im Zentrum des Ortes legt die Fähre nach Wolfe Island ab, die zu Kanada gehört und über die man die Stadt Kingston (vgl. S. 280ff.) erreichen kann.

Von Cape Vincent führt der Seaway Trail (Landstraße 12 E) durch Farmland. Die zahlreichen State Parks entlang der

Strecke bieten vor allem reizvolle Campingmöglichkeiten.

Zu den attraktivsten Gemeinden der Umgebung gehört **Clayton** 🔢. Nach dem Ende des Krieges von 1812 erfuhr der Ort einen immensen Aufschwung durch Schiffsbau und Holzhandel. Mit der Ankunft der Eisenbahn in den 70er Jahren des 19. Jh. ging es weiter steil bergauf.

Als immer mehr Besucher die Einheimischen baten, sie durch das Wirrwarr der Inseln zu den besten Angelplätzen zu führen, begann die Tourismusindustrie zu florieren, in der bis zum heutigen Tag neben der Landwirtschaft und dem Fischfang die meisten Einwohner von Clayton ihr Auskommen finden.

Claytons Antique Boat Museum am Ende der Mary Street zeigt eine Sammlung historischer Holzboote. Ebenso reizvoll sind die wesentlich schlichteren Gefährte, wie die Indianerkanus, die durch ihre Funktionalität bestechen.

Das Thousand Islands Museum ist im ehemaligen Opernhaus der Stadt in der Hauptstraße, dem Riverside Drive, untergebracht. Das kleine Museum dokumentiert das Leben am Strom und auf den Thousand Islands.

Die filigrane Thousand Island International Bridge aus den 30er Jahren des 20. Jh führt zur Wellesley Island mitten im Strom. Der gleichnamige State Park lädt zum Zelten, Schwimmen und Wandern ein. Besonders reizvoll sind die Wanderwege, die am Minna Anthony Common Nature Center, einem kleinen Naturkundemuseum, beginnen. Von den markierten Wegen bieten sich immer wieder herrliche Ausblicke auf den Strom und die Inseln. Mit ein wenig Glück kann man auch viele Tiere und Vögel beobachten.

Einen Hauch von Exklusivität versprüht die Gemeinde Thousand Islands Park im Westen der Insel, die auf einen Privatklub zurückgeht. Um Mitglied zu werden, musste man die stolze Summe von 100 000 Dollar zahlen und einen jährlichen Beitrag von 10 000 Dollar entrichten. Heute ist der Ort mit stilvollen viktorianischen Villen, die unter Denkmalschutz stehen, der Öffentlichkeit zugänglich. Über Hill Island und die Ivy Lea Bridge gelangt man nach Kanada.

Während in Clayton das Tourismusgeschäft mit einem gewissen Understatement gepflegt wird, künden schon lange vor **Alexandria Bay** 🔢 grelle Plakate die verschiedenen Besucherattraktionen an. Wie die Nachbargemeinde besitzt auch ›Alex Bay‹ als Treffpunkt der Reichen und Schönen eine lange Tradition, was zahlreiche stattliche Sommerresidenzen belegen. Inzwischen geht es aber ausgesprochen demokratisch zu. Heute kann jeder in den zahlreichen Souvenirläden einkaufen, Minigolf spielen oder an Go-Cart-Rennen teilnehmen.

Der Ort mit seinem 50er-Jahre-Charme ist nicht ohne Reiz. Sehenswert ist der Cornwall Brothers Store in der Market Street. Der restaurierte Tante-Emma-Laden aus den 60er Jahren des 19. Jh. lässt so manchen wehmütig an längst vergangene Zeiten zurückdenken. Angeschlossen ist ein Museum, in dem man unter anderem alte Fotografien betrachten kann. Sehr populär sind die Bootstouren durch die Inselwelt der Thousand Islands, die am Flussufer beginnen. Sie führen unter anderem am Märchenschloss Boldt Castle auf Heart Island vorbei, das Jahr für Jahr Tausende Besucher anzieht.

Auf dem Weg nach Ogdensburg passiert man einige wenig aufregende Orte wie Chippewa Bay, das nach den ehemals hier ansässigen Indianern benannt

Boldt Castle
Ein Platz nicht nur für Romantiker

D er Name der Insel, auf der Boldt Castle thront, könnte passender nicht sein. Heart Island heißt das kleine Eiland inmitten des träge dahinfließenden St.-Lorenz-Stroms um dessen Schloss sich eine herzergreifende Geschichte rankt.

Der Erbauer von Boldt Castle war George Boldt, der von der Ostseeinsel Rügen stammte. Schon als Kind war er mit seinen Eltern in die USA ausgewandert, wo sich für ihn nach harter Arbeit der amerikanische Traum erfüllte. Im Alter von 50 Jahren hatte er es zum Mul-

timillionär gebracht. Zum Hotelimperium, das er aufgebaut hatte, gehörten Luxusherbergen wie das legendäre Walldorf Astoria in New York.

Als sich die Thousand Islands gegen Ende des 19. Jh. zum bevorzugten Ferienziel reicher Amerikaner entwickelten, zog es auch Boldt in die Region. Hier erfüllte sich der erfolgreiche Geschäftsmann, der die Armut seiner Kindheit nie vergessen hatte, einen lang gehegten Wunsch. Boldt erwarb eine Insel im Strom, auf der er sich ein kleines, exklusives Königreich schuf.

Um die Wende vom 19. zum 20 Jh. begann er mit dem Bau eines Schlosses, das zum Symbol der Liebe für seine Frau Louise werden sollte. Nur die allerbesten Handwerker wurden beschäftigt, die von Boldt die Anweisung erhielten, das Schloss mit mehr als 100 Räumen über und über mit Herzen zu dekorieren. Doch das Schicksal schlug grausam zu. 1904 verstarb seine Frau im Alter von nur 41 Jahren an einem Herzanfall. Umgehend ließ der untröstliche Boldt die Bauarbeiten einstellen. Nie wieder sollte irgendjemand Boldt Castle bewohnen.

Die unfertige Anlage verfiel. Wiederholt wüteten Feuer in dem Gebäude und während des Zweiten Weltkriegs begann man, sämtliche Metallteile des Schlosses zur Herstellung von Waffen einzuschmelzen. Ende der 70er Jahre des 20. Jh. entdeckte dann die Tourismusindustrie das Potenzial des riesigen Baus. Das Schloss wurde in den Zustand von 1904 zurückversetzt.

Heute zieht Boldt Castle unzählige Besuchern an, die sich von den restaurierten und exquisit möblierten Zimmern beeindruckt zeigen. Eine Ausstellung dokumentiert das Leben von George und Louise Boldt sowie die Geschichte der Thousand Islands als Ferienparadies. Und selbst von Schlössern und Burgen verwöhnte Europäer können sich nur schwer der romantisch-melancholischen Atmosphäre des mächtigen Gemäuers entziehen.

Auf der benachbarten Wellesley Island ließ Boldt ein Bootshaus für die drei Familienjachten errichten. Heute sind dort einige historische Luxusboote untergebracht, die aus der Ära Boldts stammen. Zum Bootshaus gelangt man per Shuttle Service, der von Heart Island aus verkehrt (11. 5–7. 10 tägl. 10–18.30, Juli u. Aug. bis 19.30 Uhr, Eintritt 4,75 US$).

wurde. In der einst blühenden Gemeinde, über deren Hafen Granit, Holz und Eisenerz verschifft wurde, ist es inzwischen ruhig geworden. Immer wieder bieten Parkgelegenheiten linker Hand des Seaway Trail herrliche Ausblicke auf den St.-Lorenz-Strom und seine Inseln.

Ogdensburg, die älteste Gemeinde im Bundesstaat New York, wurde 1749 gegründet. In die Annalen der Geschichte ging Ogdensburg durch die gleichnamige Schlacht während des Krieges von 1812 ein. Im Greenbelt Riverfront Park zeichnen Gedenktafeln die Ereignisse nach. Ein Ziel für Kunstfreunde ist das Frederic Remington Art Museum, das über die größte Sammlung der Werke von Remington (1861–1909) in den USA verfügt. Der in Europa wenig bekannte Künstler stellte in seinen Bildern hauptsächlich Amerikas Wilden Westen in den Tagen der Pioniere dar.

Die unscheinbare Industriestadt **Massena 14** lohnt einen Stopp wegen der imposanten Schleusenanlage des St. Lawrence Seaway. Über die Landstraße 131 und die Barnhart Road erreicht man das Dwight D. Eisenhower Lock, mit dessen Hilfe die bis zu 200 m langen und 23 m breiten Frachter einen Höhenunterschied von 12 m überwinden. Das Besucherzentrum informiert darüber, welches Schiff als Nächstes die Schleuse passieren wird. Von der Aussichtsplattform kann man das Manöver beobachten.

Die Barnhart Street führt weiter zum St. Lawrence-FDR Power Project, wo ebenfalls ein Besucherzentrum das gigantische Projekt zur Energiegewinnung erläutert. Vom Robert Moses State Park in unmittelbarer Nähe hat man einen herrlichen Blick auf den Strom. Im Sommer lockt das Festival of North Country Folklife zahlreiche Besucher in den Park.

Montréal
Eine faszinierende Melange

Tipps & Adressen
S. 249

Stadtplan S. 268/69
15 Nur wenige Städte Nordamerikas haben das zu bieten, was Montréal in Hülle und Fülle besitzt: Flair. Die Neue und die Alte Welt sind in der Stadt am St.-Lorenz-Strom eine besonders gelungene Verbindung eingegangen: Tradition der beiden europäischen Nationen, die Kanada wesentlich geprägt haben – Frankreich und Großbritannien – mit der nordamerikanischen Dynamik. Die Mischung wirkt nicht aufgesetzt, sondern ist typisch Montréal.

Doch die Vermischung der Kulturen ging nicht immer konfliktfrei vonstatten. Im Gegenteil, die Spannungen zwischen den beiden Gründernationen Kanadas wurden auch in Montréal, der zweitgrößten Stadt des Landes, deutlich. Lange Zeit sahen sich die Französisch sprechenden Einwohner gegenüber den anglophonen Montréalern, die alle Schaltstellen der Wirtschaft, Politik und Kultur besetzt hielten, benachteiligt. Wer es zu etwas bringen wollte, musste Englisch lernen, auch das Französische selbst wurde immer mehr von englischen Wörtern durchsetzt.

Die Lage änderte sich 1976 mit dem Wahlsieg der Parti Québécois, die sich die »Rückeroberung Montréals« auf die Fahnen schrieb. Die Franko-Kanadier begannen, in Positionen zu drängen, die bis dahin allein ihren anglophonen Landsleuten vorbehalten waren, und ihre Sprache trat einen Siegeszug an. Zudem wurden Forderungen nach der Unabhängigkeit der Provinz Québec immer lauter. Viele Anglo-Kanadier bra-

chen daraufhin ihre Zelte in Montréal ab und zogen in das englisch dominierte Toronto. Diejenigen, die blieben, begannen Französisch zu lernen und ihre Kinder zweisprachig zu erziehen.

Inzwischen ist Montréal die größte französischsprachige Stadt außerhalb Frankreichs. Englisch wird aber zumindest in der Innenstadt mit genau so großer Selbstverständlichkeit gesprochen wie die Sprache des einstigen Erzrivalen Frankreichs. Und die Aktionen der mitunter übereifrigen Beamten der ›Sprachenpolizei‹, die sich um die Reinhaltung der französischen Sprache von englischen Einflüssen bemühen, werden heute weitgehend belächelt. Auf einen Nenner gebracht, lautet das Motto – Toronto ist englisch, Québec City ist französisch, Montréal ist beides.

Zu den vielen Facetten der Stadt zählt britisches Understatement ebenso wie französische Lebensart. Letzteres manifestiert sich in den unzähligen Restaurants, in denen die Montréaler ihre Vorliebe für kulinarische Genüsse zelebrieren. Als im restlichen Nordamerika niemand auch nur im Traum daran dachte, unter freiem Himmel zu speisen, genossen die Montréaler ihren Café au lait schon längst im Straßencafé. Und gern wird betont, wie sich französisches *laissez-faire* im temperamentvollen Fahrstil und dem Ignorieren roter Fußgängerampeln zeigt. Enge, kopfsteingepflasterte Altstadtgassen und zauberhafte Plätze findet man neben glitzernden Hochhausfassaden à la USA, die belegen, dass sich die Stadt auch der nordamerikanischen Moderne nicht verschließt. Hier, in den schnurgerade angelegten Häuserschluchten, entfaltet sich das Leben mit dem typischen Tempo des Kontinents.

Ausgezeichnete Museen, hervorragende Einkaufsmöglichkeiten und ein lebendiges Nachtleben empfehlen einen Aufenthalt in Montréal von mehreren Tagen.

Ein Blick in die Geschichte

Der erste Europäer, der im 16. Jh. bis in das Gebiet des heutigen Montréal vorstieß, war der bretonische Seefahrer Jacques Cartier. Er befand sich auf der Suche nach einer Passage nach China, als unüberwindbare Stromschnellen ihm den Weg verstellten. Im Glauben, dass sich hinter diesem Hindernis China befinden müsse, gab er ihnen den Namen Lachine.

An Land traf er auf Irokesen, die seit Jahrhunderten in der Region lebten. Die Indianer führten den Weißen auf einen Berg, von wo aus Cartier auf die befestigte Irokesen-Siedlung Hochelaga blicken konnte. Er nannte den Berg Mont Royal und erklärte das Land, das sich unter ihm ausdehnte, im Namen seines Auftraggebers François I. zu französischem Besitz. Im darauffolgenden Jahrhundert scheiterten Versuche, an dieser Stelle einen französischen Pelzhandelsposten zu errichten an der heftigen Gegenwehr der Irokesen, da die Franzosen mit den Huronen und Algonquin verbündet waren.

Eine dauerhafte Siedlung entstand erst 1642, als Paul de Chomedey, Sieur de Maisonneuve, eine Missionsstation mit Namen Ville-Marie gründete. Schnell wurde aus der Ansiedlung ein bedeutendes religiöses Zentrum, Umschlagplatz für Pelze und Basislager für Expeditionen ins Hinterland. Aber erst ein Friedensabkommen, das zu Beginn des 18. Jh. mit den Indianern geschlossen wurde, beendete die Angriffe der Ureinwohner. Ville-Marie, das inzwischen Montréal hieß, entwickelte sich schnell zum wirtschaftlichen Zentrum Nordfrankreichs.

Als die Franzosen nach dem Ende des Siebenjährigen Krieges ihre Kolonien an England abtreten mussten, setzte ein Zustrom britischer Siedler in die Stadt ein. Vor allem der Pelzhandel florierte, als 1770 die North West Company gegründet wurde, die der bis dahin dominierenden Hudson Bay Company Konkurrenz machte.

Als die Bedeutung des Pelzhandels im 19. Jh. langsam abnahm, konnte Montréal von seiner Lage am St.Lorenz-Strom profitieren. Mit der Eröffnung des Lachine-Kanals im Jahre 1825 begann der Warenstrom zwischen den Großen Seen und der Stadt zu fließen. Mit dem Anschluss an die Eisenbahn stieg Montréal zu einem wichtigen Verkehrsknotenpunkt auf.

Unzählige Einwanderer aus Großbritannien und Irland kamen in die Stadt und bildeten bald die anglophone Mehrheit. Das Gewicht verlagerte sich aber, als Französisch sprechende Landbevölkerung in die Stadt zog, um in den neu entstandenen Industriebetrieben zu arbeiten.

In den 20er Jahren des 20. Jh. erhielt Montréal den Ruf eines Sündenbabels, als während der Prohibition US-Bürger in Scharen in das liberale Nachbarland kamen, um sich in der Stadt zu vergnügen. Und auch nach dem Ende der Prohibition blieb Montréal ein heißes Pflaster. Dies änderte sich erst während der Ära von Jean Drapeau, der Ende der 50er Jahre in das Amt des Bürgermeisters gewählt wurde. Sein Ziel war es, der Stadt internationalen Ruf zu verleihen. Er verwirklichte diesen Plan, indem er – für Nordamerika eher ungewöhnlich –

Voyageurs
Handelsreisende in Sachen Biberpelz

Die kanadischen *voyageurs* sind ausgesprochen lebhaft und besitzen ein unbeständiges Wesen. Sie sind selbst unter den widrigsten Umständen selten niedergeschlagen und wenn, dann nie von langer Dauer. Dies hat vor allem mit ihrer Freude am Essen und Trinken zu tun. Sie legen aber auch, wenn es notwendig ist, große Zähigkeit an den Tag und zwar ohne zu jammern, sondern sogar mit Fröhlichkeit«, beobachtete Daniel Harmon, ein Mitglied der North West Company 1819.

Auch wenn diese Beschreibung ganz im Stil des 19. Jh. das Bild romantisch verklärt, so birgt sie doch ein Fünkchen Wahrheit. Ohne die zähen Burschen, die man *voyageurs* nannte, wäre der Pelzhandel an den Großen Seen undenkbar gewesen. Bezeichnete man als *voyageurs* zunächst alle Weißen, die ins Hinterland der Großen Seen vorstießen, beschrieb der Begriff später die Männer, die im Dienste von Pelzhändlern standen und mit ihren Kanus Pelze und Tauschwaren für die Indianer transportierten. Je weiter sich der Handel gen Westen ausdehnten, desto wichtiger wurden die *voyageurs,* um deren raue und entbehrungsreiche Lebensweise sich bis heute zahlreiche Mythen und Legenden ranken.

Während der Wintermonate streiften die Agenten der Handelsgesellschaften durch die Gemeinden in der Gegend um Montreal, um die besten Männer auszusuchen. Der Winter war auch die Zeit, in der das Transportmittel, das Kanu, gebaut wurde. Meist wurde diese Aufgabe von den Experten des Kanubaus, den Indianern, übernommen.

Das Kanu bestand aus einem Holzgerippe, das meist mit Birkenrinde, manchmal aber auch Ulmen- oder Zedernrinde verkleidet wurde. Kanus erwiesen sich als geradezu ideal für die Region der Großen Seen: Sie waren nicht nur wasserfest und dauerhaft, sondern auch gut zu manövrieren und vor allen Dingen leicht zu tragen. Letzteres war gerade wegen der vielen Hindernisse besonders wichtig.

Ausgerüstet mit einigen persönlichen Dingen gingen die *voyageurs* im Mai auf die Reise. Treffpunkte waren Québec oder Montreal. Hier wurden die Waren, die mit den Indianern getauscht werden sollten, auf die Kanus verteilt. Um die Gefahren der entbehrungsreichen Fahrt zu verringern, reisten stets mehrere Kanus in einem Verband. Zudem konnte man mit einem großen Kanu bis zu 3 t Fracht transportieren.

Wenn es das Wetter erlaubte, überquerten die *voyageurs* Buchten. Weder Regen, Sturm, Schnee oder segnende Sonne und Schwärme von Mücken hielten die Männer zurück. Meist paddelte man in sicherer Ufernähe. Besonders tückisch gestalteten sich die Fahrten auf Flüssen. Unablässig drohte Gefahr, dass Stromschnellen die Kanus zum Kentern brachten oder scharfkantige Felsen die Birkenholzverkleidung aufschlitzten. Nur die wenigsten der Männer konnten schwimmen. Die meisten ertranken, wenn ihr Boot kenterte. Die Toten wurden an Ort und Stelle beerdigt, die Kreuze auf ihren Gräbern sollten andere vor Gefahren zu warnen.

Zu den strapaziösesten Aufgaben während einer Fahrt gehörte das Portagieren. Machten Wasserfälle und Stromschnellen ein Weiterkommen unmöglich, mussten alle Waren ausgeladen und mitsamt dem Kanu um das Hindernis herumgetragen werden. Stechmücken und steiniges, rutschiges Gelände ließen diese Aufgabe zur Qual werden.

Zwei Monate dauerte in der Regel die Reise der *voyageurs* von Québec und Montreal nach Grand Portage am Nordwestufer des Lake Superior. Bei der Ankunft der *voyageurs* in den Handelsposten der Region ging es hoch her. Zu ihnen gesellten sich Indianer und so genannte *northmen,* die Pelze aus Umschlagplätzen weiter im Inland herbeibrachten.

Bei diesen Treffen, so genannten Rendezvous, kamen bis zu 2000 Männer zusammen. Kleidung, Decken, Werkzeuge, Stoffe, Nadeln und Waffen wurden gegen Pelze getauscht. Während die Güter aus dem Osten in den Lagerhäusern der Handelsposten verstaut wurden, reparierten die Indianer die Kanus der *voyageurs* für die Rückreise, bevor die wertvollen Pelze eingeladen wurden.

Die Rendezvous bedeuteten aber nicht nur harte Arbeit, sondern auch Vergnügen und Ablenkung. Nach der entbehrungsreichen Hinreise wurde gefeiert, üppig gespeist, getrunken, erzählt und gesungen. Ende Juli hieß es dann wieder aufbrechen, damit die Pelze rechtzeitig in Montreal und Québec auf die Schiffe verladen und nach Europa gebracht werden konnten, bevor der St.-Lorenz-Strom zufror.

Blick auf Downtown Montréal

eine U-Bahn bauen ließ sowie die Expo ´67 und die Olympischen Sommerspiele 1976 nach Montréal holte.

Als in dieser Zeit die Frankophonen immer mehr die Oberhand in der Provinz Québec und Montréal gewannen, begann ein Exodus der Anglophonen nach Toronto. Die Folge war, dass Montréal seine Vormachtstellung an die Rivalin verlor. Der Abwärtstrend von Montréal konnte jedoch inzwischen gebremst werden, was zur Folge hat, dass man in der Stadt am St. Lawrence River wieder voll Selbstbewusstsein und Optimismus in die Zukunft schaut. Eine der schönsten Städte des Kontinents ist Montréal sowieso.

Das historische Zentrum Vieux Montréal

Im Gegensatz zu den meisten anderen nordamerikanischen Metropolen will Montréal erlaufen sein, den Wagen lässt man deshalb am besten stehen.

Mit Vieux Montréal bezeichnet man den ältesten Teil der Stadt, der von den Straßen McGill, Saint Berri und Saint Antoine sowie dem St.-Lorenz-Strom begrenzt wird. Enge Gassen mit Kopfsteinpflaster, historische Gebäude aus dem grauem Kalkstein der Region, im Kolonial- und Art-déco-Stil errichtet, sowie zahlreiche Plätze kennzeichnen eine Altstadt, die diesen Namen zu Recht trägt. Das riesige Angebot an Restaurants, Cafés, Bars und Läden sorgt dafür, dass nicht nur Touristen, sondern auch Einheimische in die Straßen von Alt-Montréal strömen.

Als Ausgangspunkt für die Erkundung der Altstadt bietet sich die **Place Royale** (1) an. Als Treffpunkt und Handelsplatz ganz in der Nähe von Ville-Marie spielte das Areal in der Geschichte der Stadt schon immer eine herausragende Rolle. Hier gingen die ersten europäischen Siedler unter Führung von Paul de Chomedey, Sieur de Maisonneuve, an Land, hier herrschte im 17. und 18. Jh. reges Markttreiben.

Kein Wunder, dass Archäologen bei Ausgrabungen auf zahlreiche Funde stießen, die man heute im Musée Pointe à Callière d'Archéologie et d'Histoire de Montréal bewundern kann. Im Untergeschoss sind neben Abwässerkanälen auch die Fundamente der einstigen Befestigungsanlage zu sehen, die den Marktplatz vor Überfällen schützte. Und auch die Reste des ersten christlichen Friedhofs, den die europäischen Siedler im 17. Jh. anlegten, wurden freigelegt.

Ein unterirdischer Gang führt zum Ancienne Douane, dem alten Zollhaus aus dem Jahre 1836. In dem neoklassizistischen Bau, der eines der frühesten Beispiele britischer Architektur in Montréal ist, wird in zwei Ausstellungen die Stadthistorie beleuchtet.

Die Geschichtsstunde in Sachen Montréal wird im nahen **Centre d´Histoire de Montréal** (2) am Place d'Youville abgerundet. Untergebracht in einer restaurierten Feuerwache, dokumentiert die Sammlung die Geschichte der Stadt und ihrer Bewohner. Der Platz wird von dem Obelisk Les Pioniers geschmückt, auf dem die Namen der ersten Montréaler Siedler verzeichnet sind.

Hoch her ging es auf der **Place d´Armes** (3), die im 17. Jh. noch außerhalb der befestigten Anlage von Ville-

Marie lag. Immer wieder kam es auf dem Areal zu blutigen Auseinandersetzungen zwischen Weißen und Irokesen. An diese Ereignisse erinnert auch das Monument Maisonneuve: Der Stadtvater soll auf dem Platz einen Indianerhäuptling getötet haben. Neben seinen Mitstreitern Jeanne Mance und Lambert Closse wird auch der Hund von Maisonneuve gewürdigt. Der Überlieferung zufolge hat das treue Tier durch lautes Gebell die ersten Siedler vor Angriffen gewarnt.

Zu den Gebäuden, die den Platz säumen, zählt die neogotische Basilique Notre-Dame, die wegen ihrer prachtvollen Innenausstattung zu den schönsten Gotteshäusern des Kontinents zählt. Besonders imposant ist die tiefblaue, mit Sternen verzierte Decke, die einen Nachthimmel darstellt. Sehenswert sind

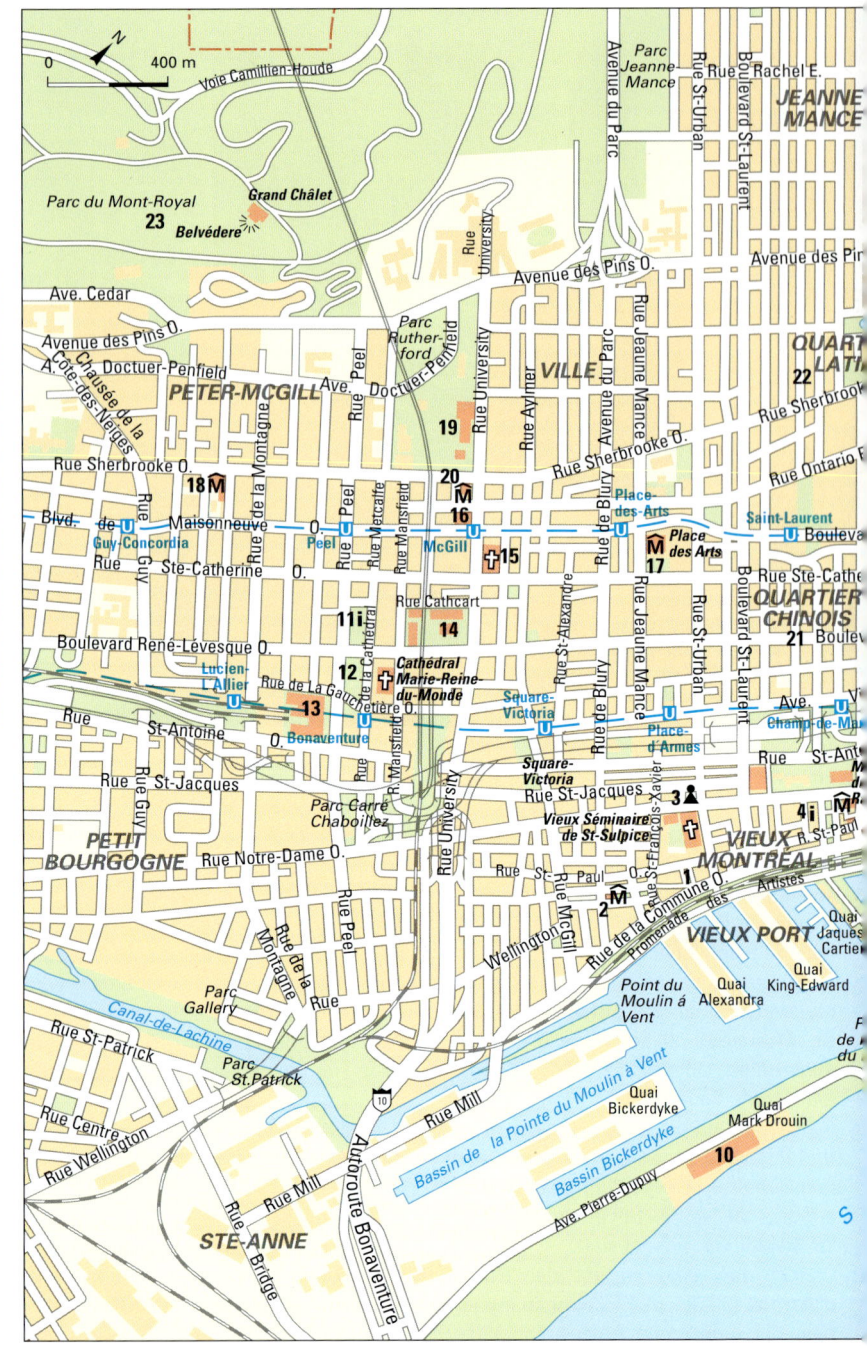

0   400 m

N

Voie Camillien-Houde

Parc du Mont-Royal
23
Belvédère
Grand Châlet

Ave. Cedar

Avenue des Pins O.
A. Côte-des-Neiges
Chaussée de la
Docteur-Penfield

PETER-McGILL

Rue Sherbrooke O.

Rue de la Montagne

Rue Peel

Ave. Docteur-Penfield

Rue University

Parc
Rutherford

Ave. des Pins O.
Rue University

VILLE

Parc
Jeanne-
Mance

Avenue du Parc

Rue St-Urban

Rue Aylmer

Avenue des Pins O.

Rue Jeanne-Mance

Rue Sherbrooke O.

Boulevard Rachel E.

Boulevard St-Laurent

JEANNE
MANCE

Avenue des Pir

QUART
LATI
22
Rue Sherbrook

Avenue du Parc

Rue de Bluny

19

20
18 M
16 M

Rue Metcalfe

Rue Mansfield

Peel

Blvd.   de   Maisonneuve   O.
Guy-Concordia

Rue Ste-Catherine
Guy

Rue
Rue Ste-Catherine

McGill

15

Rue Cathcart

11 i
12

14

Boulevard René-Lévesque O.

Lucien-
L'Allier

Rue de La Gauchetière O.

13

St-Antoine
Bonaventure
O.

Cathédrale
Marie-Reine-
du-Monde

Rue de la Cathédrale

Rue Mansfield

Rue University

Square-
Victoria

Place-
des-Arts

Saint-Laurent U Boulev

Place
des Arts
M
17

Ave. Ste-Cath

QUARTIER
CHINOIS
21   Boulev

Boulevard St-Urban

Rue Jeanne-Mance

Rue St-Alexandre

Rue St-Urban

Rue de Bluny

Square-
Victoria

Place-
d'Armes

Ave.
Champ-de-

Rue   St-Ant
M
de

PETIT
BOURGOGNE

Rue St-Jacques

Rue Guy

Rue Peel

Rue St-Jacques

Parc Carré
Chaboillez

Rue Notre-Dame O.

Square-
Victoria

Rue St-Jacques

Vieux Séminaire
de St-Sulpice

3
4 i
M
R.-St-

VIEUX
MONTRÉAL

R.-St-Pau

Rue   St.   Paul

1
2 M

Rue de la Commune O.

Promenade   des

Artistes

VIEUX PORT

Quai
Jaques
Cartie

Rue de la Montagne

Rue Peel

Rue

Parc
Gallery

Canal-de-Lachine

Rue St-Patrick

Parc
St.Patrick

Rue Centre

Rue Wellington

Rue Mill

Rue Mill

STE-ANNE

10

Rue Bridge

Autoroute Bonaventure

Wellington

Rue McGill

Rue de la Commune O.

Rue St-François-Xavier

Point du
Moulin à
Vent

Bassin de   la Pointe du Moulin à Vent

Quai
Bickerdyke

Bassin Bickerdyke

Ave. Pierre-Dupuy

Quai
Alexandra

Quai
King-Edward

Quai
Mark Drouin

F
de
du

S

auch die filigranen Holzschnitzereien aus der zweiten Hälfte des 19. Jh. sowie die mächtige Orgel – mit 5772 Pfeifen eine der größten der Welt. Errichtet wurde die Kirche zwischen 1824 und 1834 von dem irischen Architekten James O´Donell. Er war von seinem Werk so angetan, dass er zum Katholizismus konvertierte.

Im Vieux Séminaire de Saint-Sulpice rechts neben der Basilika, dem ältesten, noch erhaltenen Gebäude der Stadt aus dem Jahr 1685, residiert der einflussreiche Sulpizianerorden, der Maisonneuve finanziert hatte und der im 19. Jh. den Auftrag für den Bau der Basilika erteilte. Da das Seminar noch immer von dem Orden genutzt wird, ist es der Öffentlichkeit nicht zugänglich. Wohl aber kann man durch das Tor einen Blick auf die Turmuhr werfen, die König Ludwig XIV. dem Orden 1701 schenkte.

Montréal

Die 1817 gegründete Banque de Montréal hinter dem Monument Maisonneuve ist das älteste Geldinstitut Kanadas. Kein geringeres Gebäude als das Pantheon in Rom diente dem Architekten als Vorbild. Die Rue St. Jacques vor dem Gebäude wurde nach dem Gründer des Sulpizianerordens, Jean Jacques Olier, benannt.

Lange galt die Straße wegen zahlreicher Bankhäuser als die Wall Street Kanadas. Dies änderte sich in den 60er Jahren des 20. Jh., als Toronto aufgrund der separatistischen Tendenzen Québecs Montréal den Rang als Finanzzentrum ablief. Das New York Life Insurance Building aus dem Jahre 1889 war das erste Hochhaus der Stadt und zugleich das erste Gebäude mit einem Aufzug. Das sich nach oben verjüngende Edifice Aldred gilt als hervorragendes Beispiel für den Art-déco-Stil.

Zu den populärsten Plätzen der Stadt gehört die **Place Jacques Cartier** (4), die Einheimische und Besucher gleichermaßen anlockt. Zahlreiche Straßenartisten verwandeln das Areal in den Sommermonaten mit ihren Darbietungen in eine riesige Freilichtbühne. Ebenso beliebt sind die Restaurants, Bistros und Cafés, die rings um den Platz in den historischen Häusern aus grauem Feldstein eröffnet haben. Ein Schandfleck, zumindest in den Augen der Franko-Kanadier, ist hingegen die Colonne Nelson, die den Sieger der Schlacht von Trafalgar ehrt und seit 1809 den Platz schmückt. Stein des Anstoßes ist nicht zuletzt die Tatsache, dass der englische Admiral selbstbewusst in Richtung Québec schaut ... Immer wieder wurde die umstrittene Säule zum Ziel von Vandalismus.

Quasi als Gegenstück zum Nelson-Monument ging das Hôtel de Ville aus dem Jahre 1878 in die Geschichte ein.

Von dem Balkon des Rathauses rief Charles de Gaulle während einer Rede anlässlich seines Staatsbesuchs 1967 »Vive le Québec libre« in die begeistert jubelnde Zuschauermenge. Weit weniger angetan von den forschen Worten des französischen Staatspräsidenten zeigte sich hingegen die kanadische Regierung.

Das Château Ramezay gegenüber vom Rathaus wurde 1705 für den elften Gouverneur von Montréal, Claude Ramezay, errichtet. Im lang gestreckten Gebäude logierte unter anderem auch Benjamin Franklin, der während des Amerikanischen Unabhängigkeitskriegs erfolglos versuchte, die Unterstützung der Franko-Kanadier gegen die Briten zu gewinnen. Inzwischen beherbergt das Gebäude ein Museum zur Geschichte der Stadt und der Provinz Québec.

Im **Marché Bonsecours** (5) aus dem Jahre 1847 wurde über 100 Jahre lang Markt gehalten, bis die Konkurrenz neuer Supermärkte zu groß wurde. Nach einem Intermezzo als Mehrzweckgebäude zogen zu Beginn der 90er Jahren des 20. Jh. wieder Läden ein, die sich als Besuchermagnet erwiesen haben.

An der Stelle der ältesten Kapelle von Montréal, die einem Brand zum Opfer gefallen war, wurde 1771 die **Chapelle Notre-Dame-de-Bonsecours** (6) errichtet. Die kupferne Madonnenfigur auf dem Dach empfing und beschützte mit ausgebreiteten Armen die heimkehrenden Seefahrer auf dem St.-Lorenz-Strom. Ihren Dank brachten die Matrosen durch Schiffsmodelle zum Ausdruck, die man in der Kirche betrachten kann. Den niedergebrannten Vorgängerbau aus dem Jahre 1657 hatte Marguerite Bourgeoy gestiftet, die Gründerin eines Nonnenordens und einer Missionsschule. 1982 wurde die tief gläubige Frau heilig gesprochen.

Wie ein Riegel schiebt sich der **Vieux Port** (7) vor die Altstadt. Nachdem moderne Anlagen den alten Teil des Hafens überflüssig gemacht haben, treffen sich hier die Montréaler zum Spaziergengehen, Inline-Skaten und Radfahren. Letzteres ist ein Genuss, schließlich gilt Montréal als die fahrradfreundlichste Stadt Nordamerikas. Besonders reizvoll ist die Strecke am Lachine-Kanal entlang, der bis zu den gleichnamigen Stromschnellen führt. Die Docks sind Ausgangspunkt für die Hafenrundfahrten. Die rasanteste Variante führt mit dem Jet-Boot zu den Stromschnellen von Lachine, wo tosende Wassermassen einst Jaqcues Cartier an der Weiterfahrt hinderten.

Als Parc des Iles werden zwei Inseln im St.-Lorenz-Strom bezeichnet, die großstadtmüden Montréalern als Naherholungsgebiet dienen. Über den Pont Jacques Cartier erreicht man die **Ile Sainte-Hélène** (8), die nach der Ehefrau des ›Entdeckers‹ Samuel de Champlain benannt und für die Expo künstlich vergrößert wurde. Idyllische Parks mit Bäumen und einem weit verzweigten Wegenetz prägen das Eiland. Das nördliche Ende der Insel wird von dem Vergnügungspark Tour de la Ronde eingenommen, wo nicht nur wagemutige Achterbahnfans auf ihre Kosten kommen.

Historisch Interessierte sollten einen Besuch des Musée David M. Stewart nicht versäumen. Das Museum, das sich mit der Entdeckungsgeschichte der Neuen Welt befasst, ist in einem alten Fort untergebracht, das auf Geheiß des Duke of Wellington erbaut wurde. In den Sommermonaten versetzen nachgestellte Militärparaden in längst vergangene Zeiten, während das ganze Jahr über zeitgenössisch kostümierte Freiwillige Geschichte lebendig werden lassen. Zu den von der Weltausstellung verbliebenen Gebäuden zählt der ehemalige amerikanische Pavillon, der inzwischen Biosphere genannt wird. In dem futuristisch anmutenden Bau beschäftigt sich eine Ausstellung mit dem Ökosystem der Großen Seen und des St.-Lorenz-Stromes.

Auch die **Ile Notre-Dame** (9) verdankt ihre Existenz der Expo. Formel-Eins-Enthusiasten ist die Insel vor allem wegen der nach dem tödlich verunglückten kanadischen Rennfahrer Giles Villeneuve benannten Rennstrecke ein Begriff, auf dem Jahr für Jahr der kanadische Grand Prix abgehalten wird. Als Besuchermagnet erweist sich auch das Casino de Montréal, das im einstigen französischen Pavillon untergebracht ist. Vom Kasino bietet sich ein schöner Blick auf den mächtigen Strom und die Stadt. Zu ausgedehnten Spaziergängen lädt die Parklandschaft der Insel ein.

Auf dem Weg zurück in die Stadt, der über den Pont de la Concorde führt, gelangt man zu einem ungewöhnlichen Gebäude, das seit 1967 Furore macht: **Habitat ´67** (10), ein Wohnhaus, das aus lauter scheinbar wahllos aufeinander getürmten Einheiten besteht. Ziel des aus Israel stammenden Stararchitekten Moshe Safdie war es, eine lebenswerte Wohnlandschaft zu gestalten. Auch wenn der Komplex wegen seiner mangelnden Funktionalität kritisiert wird, sind die Wohnungen in dem inzwischen etwas in die Jahre gekommenen Gebäude noch immer sehr begehrt.

Das moderne Montréal Centre Ville

Die verschiedenen Gesichter Montréals erkennt man besonders gut bei einem Besuch der Centre Ville. Während im historischen Stadtkern die Erinnerung

Im Zentrum von Montréal

an die Alte Welt wach gehalten wird und europäische Lebensart vorherrscht, dominiert der nordamerikanische *way of life* im Zentrum von Montréal. Postmoderne Hochhausbauten recken sich gen Himmel und Menschen eilen durch die schnurgeraden Häuserschluchten. Doch zwischen den Wolkenkratzern sieht man immer wieder historische Gebäude. Zudem befinden sich die besten Einkaufsadressen in Centre Ville, ganz zu schweigen von einigen exzellenten Museen.

Wenn die Innenstadt einen Mittelpunkt besitzt, dann ist es der **Square Dorchester** (11) mit der Hauptstelle der Touristeninformation, die Besucher mit Kartenmaterial und Informationen versorgen. Dort, wo sich heute der baumbestandene Platz erstreckt, befand sich bis Mitte des 19. Jh. ein katholischer Friedhof, auf dem auch die Opfer der Cholera-Epidemie von 1832 ihre letzte Ruhestätte fanden. Nachdem der Friedhof auf den Mont Royal verlegt worden war, legte man 1872 den Square Dorchester an.

Beherrscht wird das Areal von dem mächtigen Edifice Sun Life, das einen ganzen Block einnimmt. Das 1913 begonnene, ganz aus hellem Granitgestein errichtete Versicherungsgebäude galt lange Zeit als größtes Gebäude im britischen Empire. Während des Zweiten Weltkriegs wurden die britischen Kronjuwelen in den Safes aufbewahrt.

Jenseits des Boulevard René-Lévesque erstreckt sich die **Place du Canada** (12) mit der Cathédrale Marie-Reine-du-Monde, einer katholischen Bastion in dem traditionell von anglophonen Protestanten geprägten Viertel. Das 1894 erbaute Gotteshaus präsentiert sich als verkleinerte Kopie des Petersdoms in Rom. Und auch das Innere verrät das Vorbild – der Baldachin über dem Hauptaltar ist jenem von Bernini in Rom nachgebildet.

Als höchstes Bauwerk der Stadt ragt das 224 m hohe 1000 de la Gauchetière, hinter der Kirche in den Himmel. Zum Einkaufszentrum im Untergeschoss gehört eine Schlittschuhbahn, auf der sich die Montréaler das ganze Jahr über vergnügen. Die neogotische St. George´s Church aus dem 19. Jh., das älteste Gebäude an der Place du Canada, ist dem

Schutzpatron der Engländer, dem Heiligen Georg, geweiht. Aus der Zeit, als Zugreisen noch etwas Besonderes waren, stammt auch der imposante, neoromanische **Gare Windsor** (13). Der einstige Endbahnhof der Canadian Pacific Railway bedient heute nur noch Regionalverkehr.

Einer Stadt in der Stadt gleicht der vom Stararchitekten I. M. Pei Ende der 50er Jahre des 20. Jh. entworfene Komplex **Place Ville Marie** (14) mit Büros, Geschäften und einem Hotel. Der kreuzförmige Grundriss soll an die Bedeutung der katholischen Kirche für Montréal erinnern. Dieses Projekt bildete den Auftakt zur Umgestaltung der Innenstadt, die heute von zahlreichen postmodernen Hochhäusern geprägt ist.

Unter dem 42 Stockwerke hohen Gebäude aus Glas und Aluminium begann man 1962 mit der Anlage der Underground City oder Ville Souterrain. Diese riesige unterirdische Einkaufsmeile mit Geschäften, Theatern, Sportanlagen, Banken, Büros, Kinos und Restaurants trägt dem mitunter extremen Montréaler Klima Rechnung. Fernab von Schneemassen, eiskalten Winterstürmen oder sommerlichen Hitzewellen findet man in den inzwischen auf eine Länge von 30 km ausgedehnten, voll klimatisierten Passagen alles, was man zum Leben braucht. Verkehrstechnisch ist die Unterwelt mit mehreren Métro-Stationen hervorragend erschlossen.

Wer Einkaufen bei Tageslicht bevorzugt, findet in der Rue Sainte-Catherine die führenden Kaufhäuser des Landes. Einen Ort der Beschaulichkeit bietet die **Cathédrale Christ Church** (15), die im Schatten des imposanten Maison-des-Coopérants-Hochhauses geradezu winzig erscheint. Die anglikanische Kathedrale aus dem Jahre 1859 drohte, aufgrund ihres Gewichts abzusacken und

konnte erst gerettet werden, als man zu Beginn der 80er Jahre des 19. Jh. das Kellergeschoss verstärkte. In einen unterirdischen Anbau ist das Einkaufszentrum Les Promenades de la Cathédrale eingezogen.

Ein beliebtes Fotomotiv ist die McGill College Avenue, die Richtung Mont Royal auf die McGill University zuläuft. An der Straße reihen sich einige postmoderne Bauten, wie das des Place Montréal Trust mit einem riesigen Atrium sowie die **Banque Nationale de Paris** (16), die ganz in blaues Glas gehüllt ist. The Illuminated Crowd heißt die aus strahlend weißem Fiberglas geschaffene Menschengruppe des englischstämmigen Künstlers Raymond Mason vor der Banque National de Paris.

Dass die Rue Sainte-Catherine nicht nur ein Ziel für Shopper ist, sondern auch Kunstgenuss bietet, belegt das hervorragende **Musée d´Art Contemporain** (17), das im Place-des-Arts-Komplex untergebracht ist, in dem auch Theater-, Oper- und Balletaufführungen stattfinden. Das Museum verschafft einen Überblick über die moderne Kunst von den 30er Jahren des 20. Jh. bis heute. Zu den Künstlern, die mit Werken vertreten sind, gehören große Namen wie Pablo Picasso, Max Ernst und Piet Mondrian. Das Hauptgewicht der gut 6000 Werke umfassenden Sammlung liegt jedoch auf Künstlern aus der Provinz Québec.

Die umfassende Sammlung des **Musée des Beaux-Arts** (18) ist in einzelne Galerien gegliedert, die verschiedenen Themenbereichen und Epochen gewidmet sind. Die Kunst der Antike hat darin ebenso Platz wie Exponate aus Asien und dem pazifischen Raum, mittelalterliche Skulpturen, europäische Malerei von Rembrandt, El Greco und Mantegna bis hin zur zeitgenössischen internationalen und kanadischen Kunst. Zudem besitzt das Museum einen großen Bestand an Inuit-Kunst.

Auch die Straße, an der das Museum liegt, ist weit über Montréal hinaus bekannt. Die Rue Sherbrooke gehört zu den nobelsten Einkaufsadressen der Stadt. Dicht an dicht reihen sich hier Galerien, Boutiquen, Juwelier- und Antiquitätenläden.

Folgt man der Rue Sherbrooke, gelangt man nach Westmount, das zu den exklusivsten Vierteln der Stadt gehört. Hier residiert die anglophone Oberschicht, die lange Zeit die Fäden der Macht in den Händen hielt. Alleen und prächtige viktorianische Villen an den Hängen des Mont Royal prägen das Viertel. Am Square Westmount mit exklusiven Läden im Zentrum von Westmount dominiert moderne Architektur. Der elegante Bürokomplex aus den 60er Jahren des 20. Jh. ist ein Werk des deutschstämmigen Architekten Ludwig Mies van der Rohe.

Richtung Osten führt die Rue Sherbrooke vorbei an der englischsprachigen **McGill University** (19), die zu den besten Lehranstalten des Landes gehört. Die Universität trägt den Namen von James McGill, einem aus Schottland stammenden, immens reichen Pelzhändler. Mit dem Geld seines Nachlasses wurde 1821 die Universität gegründet.

Allein der Campus mit den viktorianischen Bauten ist sehenswert. Der Bestand des **Musée McCord** (20) gegenüber vom Campus geht auf die Sammelleidenschaft von David McCord zurück. Zu den Exponaten zählen Gegenstände aus dem Besitz der Ureinwohner Kanadas wie Textilien, Kunsthandwerk und ein Totempfahl aus dem Westen des Landes. Einen besonderen Schatz besitzt das Museum in den Notman Photo-graphic Archives. William Notman dokumentierte gemeinsam mit seinen Söhnen das Alltagsleben in Kanada zwischen 1850 und 1930.

Zu den Hauptachsen von Montréal zählt der Boulevard Saint-Laurent, den viele Einheimische nur als Main – Hauptstraße – bezeichnen. Der Boulevard war nicht nur einst die Trennungslinie zwischen den französisch- und englischsprachigen Teilen der Stadt, sondern auch Einfallstor für zahlreiche Immigranten aus aller Herren Länder. Viele von ihnen suchten sich gleich dort eine Bleibe, was sich bis heute in der multikulturellen Atmosphäre des Boulevard niederschlägt.

Rund um die Rue de la Gauchetière entstand die kleine **Chinatown** (21). Dort leben die Nachfahren jener Männer, die im 19. Jh. zum Eisenbahnbau nach Kanada kamen und nach dem Ende ihrer Arbeitsverträge im Lande blieben. Für eine authentische Atmosphäre sorgen die kleinen Läden mit kunterbuntem Warenangebot und die Restaurants, aus denen es nach chinesischen Speisen duftet.

Folgt man dem Boulevard Saint-Laurent jenseits der Rue Sherbrooke, setzt sich das Völkergemisch fort. Vorbei an ungarischen Metzgereien, griechischen Reisebüros und vietnamesischen Restaurants führt der Weg nach Mile End. Das vornehme Viertel, das sich zwischen der Avenue Laurier und der Rue Bernard erstreckt, ist Wohnort von wohlhabenden Franko-Kanadiern, aber auch von Italienern, Portugiesen und Griechen. Zum Straßenbild gehören auch die Nachfahren der aus Osteuropa stammenden chassidischen Juden. Bagels und Rauchfleisch zählen zu ihren typischen kulinarischen Spezialitäten, die man am Boulevard Saint-Laurent probieren kann.

Der Jean Talon Market an der Rue Casgrain bildet den Mittelpunkt von Little Italy. Das Angebot der über 200 Stände an frischem Obst und Gemüse ist überwältigend.

Zu den reizvollsten Straßen der Stadt gehört die Rue Saint-Denis, die weniger wegen ihrer Sehenswürdigkeiten berühmt ist als für ihre Atmosphäre, die man nur mit dem französischen Wort *laissez-faire* beschreiben kann. Die Straße ist zugleich Hauptschlagader des **Quartier Latin** (22), das sich zwischen der Rue Sainte-Catherine und der Rue Duluth erstreckt. Mit der Gründung der frankophonen Université du Québec à Montréal 1893 verwandelte sich das Viertel schnell in einen Treffpunkt für Akademiker und Intellektuelle.

Heute prägen Cafés, Restaurants, alternative Kinos und Theater die Szenerie. Im Sommer eignet sich der reizvolle Platz Carré Saint-Louis hervorragend für ein Sonnenbad. Dann wird auch die Rue Saint-Denis zum Treffpunkt der Jazz-Freunde. Wenn im Rahmen des Festival International de Jazz de Montréal zahlreiche Open-Air-Konzerte stattfinden, swingt die ganze Stadt.

Als krönender Abschluss eines Montréal-Aufenthalts darf ein Besuch auf dem **Mont Royal** (23), den die Einheimischen nur *la montagne* nennen, nicht fehlen. Wer gut zu Fuß ist, wählt den steilen Weg, der am Ende der Rue Peel auf den Berg hinaufführt. Oder man besteigt den Bus, der von der Métro-Station Mont Royal verkehrt. Der erste Europäer, der seinen Fuß auf den nur 230 m hohen Hausberg der Stadt setzte, war der Seefahrer Jacques Cartier.

An der Stelle, an welcher Cartier die französische Flagge hisste, steht heute die Kopie des Kreuzes, das der Stadtgründer Maisonneuve errichten ließ. Das Kreuz, das nachts erstrahlt, ist weit-

hin sichtbar. Der berühmte amerikanische Landschaftsarchitekt Frederick Law Olmstead, der auch den New Yorker Central Park gestaltete, schuf die Grünanlage im ausgehenden 19. Jh. Von der Villa Chalet du Mont Royal aus dem Jahre 1932 bietet sich ein weiter Ausblick auf die Stadt. Besonders reizvoll ist das Panorama nach Sonnenuntergang, wenn sich Montréal in ein Lichtermeer verwandelt.

Zum Park gehört auch der Lac aux Castors, der Bibersee, der 1948 im Rahmen eines Arbeitsbeschaffungsprogramms angelegt wurde. Mit gemieteten Paddelbooten kann man eine romantische Tour auf dem Gewässer unternehmen.

Zwei riesige Friedhöfe nehmen die Nordhänge des Mont Royal ein. Lange Zeit wurde selbst nach dem Tod nach der Konfession unterschieden: Der kleinere, der Cimetière Mont Royal ist die letzte Ruhestätte der Protestanten, der Cimetière de Notre Dame des Neiges jene der Katholiken. Dort setzten die Wohlhabenden ihren Verstorbenen mit imposanten Mausoleen Denkmäler.

Dem Schutzpatron der Franko-Kanadier ist das prächtige Oratoire Saint-Joseph gewidmet, das 1966 an der Südwestflanke des Mont Royal eröffnet wurde. Seine Ursprünge gehen auf einen kleinen St. Joseph-Schrein zurück, den 1904 ein Laienbruder errichtete. Der Schrein wurde schnell zu einer Pilgerstätte, da man ihm heilende Kräfte zusprach. Als die Andachtsstätte zu klein wurde, begann man 1924 mit dem Bau des Oratoriums, das eine über 150 m hohe Kuppel krönt. Unzählige Pilger strömen Jahr für Jahr in das Gotteshaus, in der Hoffnung, dort Trost und Linderung ihrer Leiden zu finden. Die zahlreichen Votivgaben im Eingangsbereich legen Zeugnis davon ab.

Weiter am St.-Lawrence-Strom entlang

Von Cornwall nach Gananoque

Tipps & Adressen

Cornwall S. 312, Morrisburg S. 352, Prescott S. 367, Brockville S. 298, Mallorytown Landing S. 337, Gananoque S. 319

Karte S. 250/51

Schon die Indianer nutzten den 1278 km langen St.-Lorenz-Strom als Verkehrsweg, europäischen ›Entdeckern‹ öffnete er seit dem 16. Jh. den Weg in das Landesinnere des riesigen Kontinents. Auf ihren Spuren folgten Händler, die am Ufer Handelsposten für Biberpelze errichteten, aus denen sich bald die ersten Gemeinden entwickelten.

Während des Krieges von 1812 fanden zahlreiche blutige Kämpfe entlang der Wasserstraße statt, die heute zwischen Cornwall und Kingston die Grenze zwischen Kanada und den USA bildet. Im 19. Jh. wurden Bodenschätze über den Strom transportiert. Zur gleichen Zeit erreichten tausende von Einwanderern über den Fluss ihre neue Heimat. An dessen Bedeutung als Transportweg hat sich bis heute nichts geändert. Öltanker und Frachtschiffe passieren die Wasserstraße auf ihrem Weg zwischen dem Atlantik und den Großen Seen.

Auf eine lange Geschichte blickt **Cornwall** 16 zurück, das kurz nach Ende des Amerikanischen Unabhängigkeitskriegs von Königstreuen aus den USA gegründet wurde, die Zuflucht in der britischen Provinz Upper Canada suchten. Heute ist die Industriestadt, deren wichtigste Wirtschaftszweige die Papier- und Textilindustrie sowie Stromerzeugung

sind, die größte Gemeinde Ontarios am St. Lawrence River. Das kleine, neu eröffnete Cornwall Community Museum in der Water Street informiert über die Lokalgeschichte von Cornwall und der Region.

Nach 25 km auf der County Road 2 erreicht man das Vogelschutzgebiet Upper Canada Bird Sanctuary, in dem man im Frühjahr und Herbst zahlreiche Zugvögel beobachten kann.

Gut 11 km nordöstlich von Morrisburg erreicht man das Freilichtmuseum **Upper Canada Village** 17, eine der bedeutendsten Sehenswürdigkeiten der Provinz Ontario. Das detailgetreu rekonstruierte Museumsdorf verdankt seine Existenz der Erweiterung des St. Lawrence Seaway und der Errichtung eines Staudamms in den 50er Jahren des 20. Jh. Da bedeutende Bauten aus der Zeit der ersten europäischen Kolonisten den Fluten des St.-Lawrence-Stroms zum Opfer gefallen wären, beschloss man, die geschichtsträchtigen Gebäude in ihre Einzelteile zu zerlegen und an anderer Stelle wieder aufzubauen. Als Areal wurde ein ehemaliges Schlachtfeld ausgesucht, auf dem die Briten im Jahre 1812 den weit überlegenen amerikanischen Truppen eine herbe Niederlage zugefügt hatten.

Das Dorf mit Werkstätten, Kirchen, Hotel, Schule, Mühlen, Gast- und Wohnhäusern vermittelt einen authentischen Eindruck vom Leben in einer Pioniergemeinde im späten 18. und frühen 19. Jh. In den Sommermonaten präsentieren zeitgenössisch kostümierte Freiwillige *living history*. Sie beantworten Fragen und zeigen, wie einst geschmiedet, Brot gebacken, gewebt, gesägt und Getreide gemahlen wurde.

Auf dem Weg nach **Prescott** [18] bieten sich immer wieder reizvolle Blicke auf den St. Lawrence. Prescott ist ein hübscher Ort mit vielen Häusern aus dem 19. Jh., die aus grauem Kalkstein, dem typischen Baumaterial der Region, errichtet wurden.

Lange Zeit spielte Prescott eine Schlüsselrolle am Fluss. Tückische Stromschnellen verhinderten, dass Schiffe passieren konnten. Ganze Schiffsladungen mussten umgeladen werden, wovon die Gemeinde nicht unwesentlich profitierte, denn viele der Waren wurden gleich vor Ort zum Kauf angeboten. Noch heute verfügt Prescott über einen Tiefwasserhafen, den einzigen zwischen Kingston und Montréal.

Zu den zahlreichen historischen Wehranlagen der Region gehört das Fort Wellington, das man vom Ortszentrum zu Fuß erreichen kann. Nachdem ein älteres Fort im Krieg von 1812 zerstört wurde, errichteten die Briten einige Jahre später eine neue Anlage mit Erdwällen und Palisadenzaun um den Expansionsdrang der Amerikaner in

Schach zu halten. In originalgetreue Uniformen gekleidete ›Soldaten‹ führen militärischen Drill vor.

Historischen Charme besitzt auch das Städtchen **Brockville** [19], dessen Zentrum sich entlang der King Street East und West erstreckt. Zu den vielen stattlichen Anwesen gehört Fulford Place, die Villa des Senators und Millionärs George T. Fulford in der King Street East. Das prächtige Anwesen ist mit exquisitem Mobiliar und wertvollem Kunsthandwerk ausgestattet.

Über die Geschichte der Region informiert das Brockville Museum in der Henry Street. Zu den Exponaten gehören wertvolle Oldtimer, alte Holzboote, Schlitten und historische Fotos aus der Zeit um die Wende zum 20. Jh. Besonders reizvoll ist ein Spaziergang entlang des Waterfront Walkway mit Blick auf den St.-Lorenz-Strom. Von Blockhouse Island starten Bootstouren in das Insellabyrinth der Thousand Islands.

Spektakuläre Ausblicke auf den Strom mit zahllosen bewaldeten Inseln

Das Upper Canada Village vermittelt einen Eindruck vom Pionierleben im 18. Jh.

bietet auch der parallel zum St. Lawrence River verlaufende Thousand Island Parkway, der südwestlich von Brockville beginnt. In Mallorytown Landing liegt das Hauptquartier des **St. Lawrence Islands National Park 20**, der 24 der Thousand Islands umfasst. Am Informationszentrum beginnt ein Wanderweg, der durch ein Sumpfgebiet mit vielen Wasservögeln führt.

Auf den Inselchen, die sich zwischen Brockville und Kingston über eine Länge von 80 km erstrecken, kann man eine artenreichen Fauna und Flora beobachten. Neben seltenen Vogelarten ist hier auch Kanadas größtes Reptil beheimatet, die über 2 m lange, ungefährliche Schwarze Rattenschlange. Auch die überaus seltene *Pinus rigida,* die Pechkiefer, wächst auf den Inseln. Sie lieferte das Pech, mit dem die frühen Siedler ihre Kanus abdichteten.

Zu den Inseln, die herrliche Bade-, Wander-, Angel- und Campingmöglichkeiten bieten, gelangt man mit einem gemieteten Boot oder per Wassertaxi. Wer sich länger in dem Inselreich aufhalten möchte, kann auch ein Hausboot mieten.

Vorbei an der Ivy Lea Bridge, die über Hill Island nach Wellesley Island (s. S. 261) in den USA führt, erreicht man den Ort **Gananoque 21**, der durch den Holzhandel eine erste Blütezeit erlebte. Heute spielt der Tourismus eine wichtige Rolle, denn Gananoque ist eines der Einfallstore zu den Thousand Islands. Am Flussufer legen die Ausflugsboote ab, die unterschiedlich lange Touren durch die Inselwelt anbieten. Über die Landstraße 2 erreicht man nach 22 Meilen Kingston an der Mündung des St.-Lorenz-Stroms in den Lake Ontario.

Kingston

Tipps & Adressen
S. 330

22 Kingston atmet mit zahlreichen historischen, hervorragend restaurierten Gebäuden an allen Ecken und Enden Geschichte. Kein Wunder, denn die Anfänge der Stadt gehen bis ins 17. Jh. zurück. Damals erreichte der französische ›Entdecker‹ René-Robert Cavalier de la Salle als erster Weißer die Mündung des St-Lorenz-Stroms in den Lake

Ontario. 1673 ließ er in strategisch wichtiger Lage das Fort Frontenac errichten, das sich bald zu einem lukrativen Handelsposten für Pelze entwickelte.

Im Jahre 1758 eroberten die Briten das Fort und beendeten die französische Vorherrschaft in der Region. Doch erst als sich 25 Jahre später britische Loyalisten aus den USA hier niederließen, schlug die Geburtsstunde von Kingston. Wieder profitierte die Ansiedlung von der günstigen Lage an einer wichtigen Handelsroute entlang der Großen Seen.

Während des Krieges von 1812 wurde zum Schutz der Stadt vor feindlichen amerikanischen Truppen das mächtige Fort Henry errichtet. Kingston wurde bald zu einem wichtigen Stützpunkt für die Marine, der durch den Bau des Rideau-Kanals noch einmal an Bedeutung gewann. Als Upper and Lower Canada 1841 zur Provinz Canada vereinigt wurden, wurde Kingston zur deren Hauptstadt. Da man aufgrund der Nähe zu den USA ständig mit neuen Angriffen rechnete, verlor die Stadt ihre Position schon drei Jahre später wieder an Montréal.

Heute ist das 56000 Einwohner zählende Kingston ein attraktives Provinzstädtchen mit einer bedeutenden Universität, deren Studenten für eine lebhafte Atmosphäre sorgen.

Auf einer Anhöhe vor den Toren der Stadt thront Fort Henry, das ursprünglich aus dem Jahre 1812 stammt, in den 30er Jahren des 19. Jh. jedoch neu errichtet wurde. Als Angriffe der Amerikaner immer unwahrscheinlicher wurden, gab man die Anlage dann 40 Jahre später auf.

Inzwischen umfassend restauriert, versetzt das Fort mit originalgetreu ausgestatteten Gebäuden Besucher in die Zeit des 19. Jh. zurück, als die Briten das Zepter in der Hand hielten. Militärparaden unter lauten Trommelschlägen, Wachwechsel und nachgestellte Kampfhandlungen werden von zeitgenössisch kostümierten Freiwilligen aufgeführt. Besonders populär sind die Darbietungen zum Sonnenuntergang, die im Juli und August an Mittwochabenden stattfinden.

Von der bewegten Militärgeschichte der Region erzählt auch das Royal Military College in der Nähe des Forts. Auf dem Gelände der berühmten Kadettenschule befindet sich ein Martello-Tower mit einer Sammlung alter Waffen.

Über den Lasalle Causeway erreicht man die Innenstadt, wo die Ontario Street parallel zum See verläuft. Aus der Zeit von 1841 bis 1844 als Kingston Hauptstadt von Upper und Lower Canada war, stammt die prächtige City Hall, eines der besten Beispiele für neoklassizistische Architektur im Lande. Nachdem Kingston seine Hauptstadtfunktion eingebüßt hatte, fungierte der Prunkbau, der bis 1844 Sitz der Provinzregierung von Upper und Lower Canada gewesen war, als Rathaus.

Vom gegenüberliegenden Confederation Park aus verkehrt ein Bimmelbähn-

chen, das Besucher durch das historische Kingston fährt. Boote für Touren zu den Thousand Islands legen an der Mole des Parks ab. Das Marine Museum of the Great Lakes ist in einer ehemaligen Werftanlage untergebracht. Hier liefen schon im 18. Jh. Schiffe vom Stapel. Im Museum wird anhand von Schiffsmodellen die Entwicklung der Schifffahrt auf den Großen Seen erläutert. Zu den interessantesten Exponaten gehört der Eisbrecher »Alexander Henry«, der vor dem Museum festgemacht hat. Wer nach einer ungewöhnlichen Übernachtungsmöglichkeit sucht, kann sich in der Bed & Breakfast-Unterkunft auf dem Schiff einquartieren.

Gleich nebenan befindet sich in einer restaurierten Pumpstation das Pump House Steam Museum, das Liebhaber alter Dampfmaschinen begeistert. Alle ausgestellten Maschinen sind voll funktionstüchtig. An der Ecke Barrie Street und King Street East beginnt der Macdonald Park, zu dem der Murney Tower gehört. In dem Wehrturm aus dem Jahre 1846 ist ein kleines Museum mit Exponaten zum Thema Militärgeschichte untergebracht.

Sehenswert ist das denkmalgeschützte Bellevue House in der Centre Street. Das Anwesen im italienischen Palazzo-Stil, eingebettet in einen reizvollen Garten, wurde 1848/49 für Kanadas ersten Premierminister Sir John A. Macdonald errichtet. Haus und Garten können besichtigt werden.

Im Kingston Archaeological Museum erinnern viele der Exponate daran, dass die Region rund um Kingston schon seit über 8000 Jahren von Menschen besiedelt ist. In der King Street West, Nummer 555, informiert das Correctional Service of Canada Museum, das in dem Verwaltungsgebäude des Gefängnisses untergebracht ist, über

Blick auf das Rathaus von Kingston

die Geschichte des Strafvollzugs. Besonders interessant sind die vielen Werkzeuge, die bei Ausbruchsversuchen benutzt wurden.

Der Schwerpunkt der Sammlung des Agnes Etherington Art Centre, auf dem Campus der Queen's University, liegt auf der Kunst Kanadas, mit einigen eindrucksvollen Exponaten der Inuit. Auch Werke alter europäischer Meister und afrikanische Skulpturen sind ausgestellt. Zurück im Zentrum laden die Princess Street und Brock Street zu einem Bummel ein. In beiden Straßen blieben viele Häuser aus dem 19. Jh. erhalten, in denen Cafés, Restaurants und Läden untergebracht sind.

Mit der Fähre gelangt man vom Hafen von Kingston in 20 Minuten nach Wolfe Island in der Mündung des St. Lawrence River, der größten Insel der Thousand Islands. Während des Amerikanischen Unabhängigkeitskriegs wachte die britische Armee über die Insel, die zahlreichen Loyalisten als Eingangstor nach Kanada diente. Nicht wenige dieser Flüchtlinge ließen sich auf Wolfe Island nieder, um vom Fischfang und der Landwirtschaft zu leben. Landschaftlich hat die Insel wenig Spektakuläres zu bieten, sie eignet sich aber aufgrund des flachen Terrains sehr gut für Fahrradtouren. Am Südufer der Insel legt die Fähre nach Cape Vincent (s. S. 260) in den USA ab.

Das Nordufer des Lake Ontario

Von Kingston nach Toronto

Tipps & Adressen
Adolphustown S. 291, Quinte Isle S. 368
Picton S. 362, Bloomfield S. 297, Wellington S. 391, Brighton S. 297, Cobourg
S. 310, Port Hope S. 365, Oshawa S. 358

Karte S. 250/51
Bevor man wieder in den Großstadttrubel von Toronto eintaucht, lohnt es sich, von Kingston aus am Lake Ontario entlang zu fahren. Es geht durch eine dünn besiedelte Hügellandschaft mit ausgedehnten Feldern, Obstplantagen, feinen Sandstränden, idyllischen Dörfern und Städtchen. Immer wieder bieten sich herrliche Panoramen auf den weiten, tiefblauen Lake Ontario. Für die knapp 270 km lange Route sollte man sich mindestens drei Tage Zeit nehmen.

Gegen Ende des 18. Jh. spielte der Landstrich eine wichtige Rolle. Damals ließen sich zahlreiche Loyalisten, die nach der amerikanischen Unabhängigkeit aus den USA geflohen waren, am Ufer des Lake Ontario nieder, denn die fruchtbaren Böden gestatten eine intensive Landwirtschaft. Viele Orte entlang der Route führen ihre Existenz auf diese Loyalisten zurück, und so trägt denn auch die Landstraße 33, die von Kingston aus am Lake Ontario entlang verläuft, den Beinamen Loyalist Highway.

Vorbei an Feldern und Apfelplantagen führt die Reise durch Orte wie Amherstview und Bath, die von Königstreuen gegründet wurden. Nordöstlich von Adolphustown informiert das Loyalist Cultural Centre and Museum über die Bedeutung der Loyalisten für die Region. Bald darauf endet die Landstraße 33 an der Quinte-Bucht.

Mit einer kostenlosen Fähre setzt man auf die Halbinsel **Quinte Isle** 23 über, die auch Prince Edward County genannt wird. Auf der Landstraße 7, die hinter dem Fähranleger links abzweigt, gelangt man zum Lake-on-the-Mountain Park, von dem sich herrliche Ausblicke auf die Bay of Quinte und das dicht bewaldete Hinterland bieten. Seinen Namen verdankt der Park einem interessanten geologischen Phänomen: 61 m über dem Wasserspiegel der Bucht liegt ein See, der sich vermutlich noch vor dem Abschmelzen der Gletschermassen im Kalkstein gebildet hat.

Über Glenora erreicht man den reizvollen Ort Picton mit einem idyllischen Hafen. Hier im Zentrum der Quinte Isle laufen alle Inselstraßen zusammen. Einige historische Häuser sind im Macaulay Heritage Park an der Ecke Church und Union Street zusammengefasst. Zum Park gehört auch das mit historischem Mobiliar ausgestattete Macaulay Heritage House, das Reverend William Macaulay in den 30er Jahren des 19. Jh. in der schlichten Eleganz des Regency-Stils errichtete. Die anglikanische Old Church of St. Mary Magdalene beherbergt ein kleines Heimatmuseum.

Im Mariner's Park Museum an der Kreuzung der Landstraßen 10 und 13 bei Milford werden neben Schiffsmodellen, historischen Fotografien, nautischen Gegenständen von Dampf- und Segelschiffen auch Schiffsmotoren gezeigt. Auf dem Gelände steht ein rekonstruierter Leuchtturm, einige Einzelteile stammen von dem False Duck Lighthouse aus dem Jahre 1828.

Durch eine reizvolle Landschaft mit Feldern, Bauernhäusern und Ahornbäumen, deren Blätter sich im Herbst leuchtend rot färben, geht die Fahrt Richtung Südwesten. Der Sandbanks Provincial Park mit über 20 m hohen Dünen gehört zu den landschaftlichen Höhepunkten der Halbinsel. Auf verschiedenen Pfaden kann man die einzigartige Flora und Fauna beobachten. Herrliche Sandstrände laden zum Sonnenbaden, das Wasser zum Segeln, Windsurfen und Bootfahren ein.

Der reizvolle Ort Bloomfield im Westen der Quinte Isle wurde im 19. Jh. von Quäkern gegründet. Da sie aufgrund ihrer pazifistischen Haltung während des Amerikanischen Unabhängigkeitskriegs verfolgt wurden, flohen sie mit den Loyalisten nach Kanada. Zu welchem Wohlstand es die Gründergeneration des Ortes brachte, zeigen zahlreiche stattliche Häuser. Heute fühlen sich neben älteren Leuten, die hier ihren Lebensabend verbringen, auch zahlreiche Künstler wohl.

Hinter dem Ort Wellington führt die Landstraße 27 zum North Beach Park, der nicht ganz so spektakulär wie der Sandbanks Provincial Park, in den Sommermonaten aber weniger überlaufen ist. Bald ist der Ort Carrying Place erreicht, wo die Landstraße 64, die älteste befestigte Straße Ontarios, nach Brighton abzweigt. Südlich des Ortes liegt der Presque Isle Provincial Park auf einer Landzunge. Lange Sandstrände und ein ausgedehntes Sumpfgebiet – ein Ziel für Vogelfreunde – sind die Attraktionen des Parks. Der achteckige Steinturm des Presque Isle Point Lighthouse stammt aus dem Jahre 1840.

Die Landstraße 2, Richtung Cobourg, trägt nicht umsonst den Beinamen Apple Route – rechts und links des Weges reihen sich Apfelplantagen aneinander. Besonders reizvoll ist die Strecke, wenn sich die Bäume im Frühjahr in ein weißes Blütenmeer verwandeln. West-

lich von Grafton steht rechts der Straße das vermutlich im Jahre 1819 von einem reichen Colonel errichtete Barnum House, das ein kleines Heimatmuseum beherbergt.

Zu den vielen Orten am Lake Ontario, die um 1800 von Loyalisten gegründet wurden, gehört auch **Cobourg** 24. Der Hafen, mehrere Säge- und Getreidemühlen sowie später die Autoindustrie sorgten für gediegenen Wohlstand, der sich im Bau einiger schöner Bürgerhäuser niederschlug. Zu den Prachtbauten gehört das Rathaus Victoria Hall aus der Mitte des 19. Jh. in der King Street West, dessen Architekt sich von der italienischen Renaissance beeinflussen ließ. Im Juli und August finden täglich Führungen durch das Gebäude statt. Der gepflegte Victoria Park am Ufer des Sees besitzt einen Sandstrand und bietet Camping- und Picknickmöglichkeiten.

Port Hope 25, gut 15 km von Cobourg entfernt, führt seine Ursprünge ebenfalls auf Königstreue zurück. Im Zentrum säumen einige historische Gebäude die Straßen, in denen Cafés und Geschäfte untergebracht sind. In den Antiquitätenläden, die neben einigem Wertvollen auch viel Krimskrams anbieten, kann man herumstöbern.

Westlich von Port Hope beginnt der Highway 401, der nach Toronto führt. Bevor man die Großstadt erreicht, lohnt ein Abstecher nach **Oshawa** 26, Kanadas Antwort auf Detroit. Auch Oshawa verdankt seinen Aufstieg der Autoindustrie, die bis heute der größte Arbeitgeber der Stadt ist.

Der Autofabrikant Robert McLaughlin ließ Parkwood Estate, eine Villa mit mehr als 50 Zimmern, errichten. Das Anwesen ist von einem Park umgeben. Im Canadian Automotive Museum, das die Entwicklung des Autos erläutert, sind Oldtimer ausgestellt.

Information

Unterkunft

Restaurant

Sehenswert

Museen

Einkauf

Nachtleben

Unterhaltung

Feste

Aktivitäten

Verkehr

Tipps & Adressen

Inhalt

Hinter den Ortsnamen sind in Klammern die jeweiligen US- Bundesstaaten bzw. die kanadischen Provinzen genannt:

IL – Illinois
NY – New York
MI – Michigan
MN – Minnesota
OH – Ohio
ONT – Ontario
PA – Pennsylvaina
WI – Wisconsin

■ Reiseinformationen von A bis Z

Tipps und Adressen von Ort zu Ort

▪ Preiskategorien der Hotels

sehr preiswert	bis 30 US-Dollar/ 34 €
günstig	30–50 US-Dollar/ 34–56 €
moderat	50–70 US-Dollar/56–78 €
teuer	70–100 US-Dollar/ 78–112 €
sehr teuer	ab 100 US-Dollar/ ab 112 €

Für zwei Personen im Doppelzimmer ohne Frühstück, Einzelzimmerpreise werden selten berechnet und sind nur unwesentlich günstiger. Bei Bed & Breakfast-Unterkünften ist das Frühstück im Preis inbegriffen. Auf die Übernachtungskosten werden noch Steuern aufgeschlagen.

▪ Preiskategorien der Restaurants

günstig	bis 10 US-Dollar/ 11 €
teuer	10–20 US-Dollar/ 11–22 €
sehr teuer	ab 20 US-Dollar/ ab 22€

Jeweils für ein Hauptgericht

Die Preiskategorien der kanadischen Restaurants und Hotels richten sich nach den in US-Dollar angegebenen Klassifizierungen

Unterkünfte sind auf der US-amerikanischen Seite der Großen Seen im Vergleich zu anderen Regionen des Landes eher teuer. Treibstoff ist in den USA und Kanada (dort ist das Benzin jedoch deutlich teurer als in den USA) im Vergleich zu Mitteleuropa sehr viel preiswerter. Generell gilt: Je abgelegener das Gebiet, desto teurer sind die Lebensmittel, vor allem Frischwaren.

Adolphustown (ONT)

Lage: vordere Umschlagkarte J4 (bei Kingston)

 Loyalist Cultural Centre and Museum, RR 1, Tel. 613-373-2196, Ende Mai–Anfang Sept. Di–So. 10–17 Uhr, die Geschichte der Loyalisten, historische Uniformen aus der Zeit des Amerikanischen Unabhängigkeitskriegs

Alexandria Bay (NY)

Lage: vordere Umschlagkarte J4 (bei Ogdensburg)

 Alexandria Bay Chamber of Commerce, 24 Market St., Tel. 315-482-9531, 800-541-2110, www.Alexbay.org
New York State Welcome Center, am Fuße der 1000 Islands International Bridge, Tel. 315-482-2520, 800-847-5263, www.visit1000lslands.com

 **Riveredge Resort Hotel**, 17 Holland St., Tel. 315-482-9917, 1-800-ENJOY-US, sehr teuer, luxuriöse Ferienanlage mit vielen Annehmlichkeiten
Cornerhouse Bed & Breakfast, 25 Bethune St., Tel. 315-482-7303, moderat bis teuer, Bed & Breakfast im Ortszentrum
Mug´n Muffin Bed & Breakfast, 18 Crossman St., Tel. 315-482-2188, 800-884-8843, moderat bis teuer, www.1000 islands.com/muffin, Bed & Breakfast mit persönlicher Atmosphäre
Fitz-Inn Motel, Rte 26, Tel. 315-482-7303, günstig bis moderat, einfaches Motel in Familienbesitz

Camping
Grass Point State Park, Rte 12 E., Tel. 315-686-4472, Reservierung Tel. 800-456-CAMP, sehr preiswert bis günstig

Keewaydin State Park, Rte 12, Tel. 315-482-3331, Tel. 800-456-CAMP, sehr preiswert bis günstig

 Admiral´s Inn, 20 James St., Tel. 315-482-2781, teuer, Sandwiches, Salate, Fisch- und Fleischgerichte
Dockside Pub, 17 Market St., Tel. 315-482-9849, günstig, Sandwiches, Suppen, Pizza und Burger in ungezwungener Atmosphäre

 Boldt Castle, Heart Island, Tel. 315-482-9724, 800-8-ISLAND, 12.5.–8.10. tägl. 10–18. Juli und Aug. 10 bis 19 Uhr, viktorianisches Schloss
Cornwall Brothers´ Store, Market St., Tel. 315-482-4586, restaurierter General Store mit Heimatmuseum

 Alex Bay Boat Tours, Tel. 315-482-TOUR, Bootstouren und Fahrten zum Boldt Castle
Fantasy Boat Tours, Tel. 315-482-6415, Bootsfahrten durch das Inselreich
O´Briens U-Drive, 51 Walton St., Tel. 315-482-9548, Verleih von Ruderbooten und Kanus

Algoma (WI)

Lage: vordere Umschlagkarte C4 (bei Sturgeon Bay)

 Chamber of Commerce, 1226 Lake St., Tel. 920-487-2041, 800-498-4888, www.algoma.org, aacoc@itol.com

 Amberwood Inn, N. 7136 Hwy 42, Lakeshore Dr., Tel. 920-487-3471, www.amberwoodinn.com, teuer bis sehr teuer, mit eigenem Strand
Algoma Beach Motel, 1500 Lake St., Tel. 920-487-2828, günstig, mit Seeblick

Camping
Ahnapee River Trails Campground, 6053 W. Wilson Rd., zu erreichen über die RR M, Tel. 920-487-5777, sehr preiswert bis günstig

 Hudson Restaurant, 205 Navarino St., Tel. 920-487-5493, günstig, Steak- und Fischgerichte
Captain´s Table, Hwy 42/2nd St., günstig, populäres Restaurant

 Von Stiehl Winery, 115 Navarino St., Tel. 920-487-5208, 800-955-5208, Weinkellerei, berühmt für Obstweine

 R.V. Charters, Tel. 920-487-5158, 800-487-0022, Bootscharter für Sportfischer

Alpena (MI)

Lage: vordere Umschlagkarte E5

 Alpena Area Convention and Visitor Bureau, 235 W. Chisholm St., Tel. 517-354-4181, 800-4-ALPENA, Fax 517-536-3999, www.alpena.com

 Dew Drop Inn, 2469 French Rd., Tel. 517-356-4414, moderat bis teuer, unterschiedlich große Zimmer
40 Winks Motel, 1021 S. State St., Tel. 517-354-5622, moderat bis teuer, einfaches Familienmotel in Seenähe

Camping
Campers Cove R.V. Park, Long Rapids Rd., Tel. 517-356-3708, 1-888-306-3708, sehr preiswert bis günstig

 The Thunderbird Inn, 1100 S. State St., Tel. 517-356-9900, teuer, Steak und Fisch, mit Seeblick
Lud´s Restaurant, 1223 S. State St., Tel. 517-356-0339, günstig bis teuer, üppige Hamburger

 Jesse Besser Museum and Planetarium, 491 Johnson St., Tel. 517-356-2202, Di–Sa 10–17, So 12 bis 17 Uhr, Museum u.a. mit exzellenter indianischer Sammlung

 Negwegon State Park, Sand Hills Rd., Tel. 517-739-9310, Strand und Wanderwege

Thunder Bay Underwater Preserve,
Unterwasserschutzgebiet mit Schiffswracks

 Thunder Bay Divers, 405 Chisholm St., Tel. 517-356-9336, Tauchgänge in die Thunder Bay Underwater Preserve

Amherstburg (ONT)

Lage: vordere Umschlagkarte E2 (bei Windsor)

 **Amherstburg Chamber of Com-
merce,** 116 Sandwich St., Tel. 519-
736-2001, Fax 519-736-9721, www.am
herstburg.com

 Fort Malden, 100 Laird Ave.,
Tel. 519-736-5416, tägl. 10–17 Uhr,
altes Fort
**North American Black Historical
Museum,** 277 King St., Tel. 519-736-5433,
Mitte April–Ende Okt. Mi–Fr 10–17, Sa–So
13–17 Uhr, Geschichte der Schwarzen in
Nordamerika und in der Gegend um Wind-
sor

Apostle Islands (WI)

Lage: vordere Umschlagkarte A6

 **Apostle Islands National Lake-
shore Headquarter,** 410 Washington Ave., Bayfield, Tel. 715-779-3397
Ansonsten gibt es auf vielen der Inseln
Rangerstationen, in denen man Informationen erhält.

Camping
Keine Campingplätze, auf 18 der Inseln ist
Campen aber gestattet. Camper müssen
sich zuvor im Apostle Islands National
Lakeshore Headquarter (s.o.) registrieren
lassen

 Apostle Islands Lighthouses:
Devils Island Lighthouse, Michigan
Island Lighthouse, Outer Island Light-

house, Raspberry Island Lighthouse, Sand
Island Lighthouse; Führungen zwischen
Mai und Sept.

 s. Bayfield S. 295

 s. Bayfield S. 295

Ashland (WI)

*Lage: vordere Umschlagkarte A6 (bei Bay-
field, WI)*

 **Northern Great Lakes Visitor
Center,** 29270 County Hwy G,
2,5 Meilen westl. von Ashland, Ashland,
WI 54806, Tel. 715-685-9983, Fax 715-685-
2680, tägl. 9–18 Uhr, Informationszentrum
über die US-amerikanischen Anrainerstaaten am Lake Superior mit Museum und
Buchladen

 Hotel Chequamegon, 101 Lakeshore Dr. W., Tel. 715-682-9095, 800-
946-5555, teuer bis sehr teuer, Hotel im
viktorianischen Stil

Ashtabula (OH)

*Lage: vordere Umschlagkarte G2 (bei
Cleveland)*

 **Great Lakes Marine Memorial
Museum,** 1071 Walnut Blvd.,
Tel. 440-964-6847, Ende Mai–Anfang Sept.
Fr–So 12–18 Uhr, Schifffahrtsgeschichte
der Großen Seen

Baileys Harbor (WI)

*Lage: vordere Umschlagkarte C5 (bei Stur-
geon Bay)*

 Visitor Information Center, Hwy
57, in der Town Hall, Tel. 920-839-
2366

The Stones on German Road,
2557 German Rd., Tel. 920-854-
2407, www.stonesdoorcountybnb.com,
estone@mail, sehr teuer, stilvolle Bed &
Breakfast-Unterkunft
Garden Motel, 8076 Guy St., Tel. 920-839-
2617, moderat, hübsche Unterkunft

Camping
Bailey´s Bluff Campground, RR EE,
Tel. 920-839-2109, sehr preiswert bis güns-
tig

 Harbor Fish Market & Grille,
8080 Hwy 57, Tel. 920-839-9999,
teuer, neues freundliches Restaurant,
Fisch- und Steakgerichte
Coyote Roadhouse, 3026 County Rd. E.,
Tel. 920-839-9192, günstig bis teuer, Familienrestaurant mit amerikanischer Küche

 Björglund-Kapelle, Chapel Lane,
Mai–Sept. Mo–Mi 9–16 Uhr, nachgebaute norwegische Stabkirche
Cana Island Lighthouse, ist nicht öffentlich zugänglich, auf dem Gelände kann
man sich tägl. 10–17 Uhr aufhalten

 The Baileys Harbor Fishing As-
sociation, Tel. 920-839-9111,
Bootscharter für Sportfischer

Baraga (MI)

Lage: vordere Umschlagkarte B6 (bei
Houghton

 Pow wow im Juli

Bay City (MI)

Lage: vordere Umschlagkarte E3

 Bay Area Convention and Visi-
tor Bureau, 901 Saginaw St.,
Tel. 989-893-1222, www.baycityarea.com

 The Clements Inn Bed and
Breakfast, 1712 Center Ave.,

Tel. 989-894-4600, 800-442-4605, teuer bis
sehr teuer, viktorianische Eleganz mit viel
Komfort
Holiday Inn of Bay City, 501 Saginaw
St., Tel. 989-892-3501, teuer bis sehr teuer,
Hotel im Zentrum mit vielen Annehmlich-
keiten
Delta Motel 6, 1000 S. Euclid Rd.,
Tel. 989-684-4490, günstig, einfaches Motel

 Grampa Tony´s, 1108 Columbus
Ave., Tel. 989-893-4795, günstig bis
teuer, traditionsreiches, beliebtes Restaurant mit italo-amerikanischer Küche
Krzysiak´s House Restaurant,
1605 Michigan Ave., Tel. 989-894-5531
günstig bis teuer, polnisches Restaurant

 Bay City City Hall, 301 Washington St., Mo–Fr 8–17 Uhr, viktorianisches Rathaus mit Uhrenturm

 Bay County Historical Museum,
321 Washington Ave., Tel. 989-893-
5733, Mo–Fr 10–17, Sa, So 12–16 Uhr, Geschichte von Bay City und der Region

 Bay City Antiques Center,
1010 Water St., Tel. 989-893-1116,
riesiger Antiquitätenladen
St. Laurent Brothers, 1101 Water St.,
Tel. 989-893-7522, Candyshop, Spezialität:
hausgemachte Erdnussbutter

Bayfield (ONT)

Lage: vordere Umschlagkarte F3 (bei Go-
derich)

 Chamber of Commerce Tourist
Booth, Hwy 21 (nördl. der Brücke),
Tel. 519-565-2499, www.bayfieldchamberof
commerce.on.ca/

 The Little Inn of Bayfield, Main
St., Tel. 519-565-2611, Fax 519-565-
5474, sehr teuer, traditionsreiches Hotel
mit liebevoll eingerichteten Zimmern
The Albion Hotel, Main St., Tel. 519-565-
2641, Fax 519-565-2838, teuer, gemütlich,
in einem Haus aus dem 19. Jh.

The Pleasant Pheasant, 35389 Bayfield River Rd, Tel. 519–482–3036, moderat bis teuer, reizvolle Bed & Breakfast-Unterkunft

Camping
Pinelake Campground, RR1, Tel. 519-482-3380, sehr preiswert

 The Little Inn of Bayfield, Main St., Tel. 519-565-2611, teuer bis sehr teuer, exzellente Küche in stilvoller Atmosphäre
The Albion Hotel, Main St., Tel. 519-565-2641, günstig bis teuer, Geflügel, Steak, Pasta
Martha Ritz House, 27 Main St., Tel. 519-565-2325, günstig bis teuer, schön zum Draußensitzen

Bayfield (WI)

Lage: vordere Umschlagkarte A6

Bayfield Chamber of Commerce, Mannypenny Ave./Broad St., Tel. 715-779-3335, 800-447-4094, Bayfield, WI 54814-0138, www.bayfield.org, bayfield@win.bright.net
Apostle Islands National Lakeshore Headquarter, 4th/Washington Sts, Tel. 715-779-3397, Informationen zu den Apostle Islands
Little Sand Bay Visitor Center, Country Rd. K, 13 Meilen nordwestl. von Bayfield, Memorial Day–Labor Day sowie die letzten drei Wochen im Sept.

Old Rittenhouse Inn, 301 Rittenhouse Ave., Tel. 888-561-4667, Fax 715-779-5887, www.rittenhouseinn.com, frontdsk@rittenhouseinn.com, teuer bis sehr teuer, stilvolles B&B mit 20 Zimmern, alle mit offenem Kamin
Thimbleberry Inn Bed & Breakfast, 15021 Pageant Rd., Tel. 715-779-5757, www.thimbleberryinn.com, locey@thimbleberryinn.com, teuer bis sehr teuer, B&B mit Blick auf die Apostle Islands
Pinehurst Inn at Pike´s Creek, Hwy 13, südl. von Bayfield, Tel. 715-779-3676, Fax 715-779-3220, www.pinehurstinn.com,

nsand@ncis.net, teuer bis sehr teuer, B&B in einem Gebäude aus dem Jahre 1885 in ruhiger Lage
Cooper Hill House Bed & Breakfast, 33 S. 6th St., Tel. 715-779-5060, Fax 715-779-3999, larrymac@ncis.net, teuer, gemütliches, familiäres B&B
Apple Tree Inn, S. Hwy 13, Tel. 715 779-5572, 800-400-6532, www.vnorthland.com/appletree, appletree@vnorthland.com, teuer, rustikales B&B in einem 100 Jahre alten Bauernhaus
Baywood Place Bed & Breakfast, 20 N. 3rd St., Tel. 715-779-3690, 800-993-3690, itchfish@win.bright.net, moderat bis teuer, B&B mit vier Zimmern, ruhig
Seagull Bay Motel, 325 S. 7th St., Tel. 715-779-5558, www.seagullbay.com, moderat, zentral und schön, Seeblick

Camping
Apostle Islands View Campground, CR J, südl. von Bayfield, Tel. 715-779-5524, sehr preiswert

Old Rittenhouse Inn, S, 301 Rittenhouse Ave., Tel. 715-779-5111, sehr teuer, elegantestes Restaurant weit und breit mit abwechslungsreicher Speisekarte
Bayfield Inn, 20 Rittenhouse Ave., Tel. 715-779-3363, teuer, bekannt für seine Fischgerichte, stilvolle Atmosphäre
Greunke´s, 17 Rittenhouse Ave., Tel. 715-779-5480, teuer, populäres Restaurant in einem alten Gebäude, während der Saison allabendliches *fish boil* sowie die örtliche Spezialität Whitefish-Leber
The Pier Plaza, 13 Front St., Tel. 715-779-3330, günstig, Familienrestaurant
Granny and Gramps, 200 Rittenhouse Ave., Tel. 715-779-5233, günstig, Frühstück und große Auswahl an Sandwiches
The Egg Toss Café, 41 Manypenny Ave., Tel. 715-779-5181, günstig, nettes Frühstückscafé

Cooperage, Washington Ave., gegenüber dem Fähranleger, Tel. 715-779-3400, Memorial Day–Anfang Okt. tägl. 9.30–17.30 Uhr, Museum über die Fassbender der Region

Trek & Trail, 222 Rittenhouse Ave., Tel. 800-354-8735, www.trek-trail. com, verleiht Kajaks und Mountainbikes, veranstaltet Kajaktouren zu den Apostle Islands

Troll-A-Long, Tel. 715-779-3925, 800-323-7619, Tauchgänge für Fortgeschrittene zu den Schiffswracks und Bootscharter

Animaashi Sailing Co., Tel. 715-779-5468, 800-272-4548, www. animaashi. com, Segeltörns zu den Apostle Islands

Superior Charters, Inc., Rt. 1, Tel. 715-779-5123, 800-772-5124, verleiht Segelboote und veranstaltet Segelkurse

Catchun-Sun Charter Co., City Dock, Tel. 715-779-3111, 1-888-724-5494, Segeltouren zu den Apostle Islands

Bayfield Underwater Viewing Tours, City Dock, Tel. 715-779-3925, 800-323-7619, mit dem Glasbodenboot zu Schiffswracks

 Apostle Islands Cruise Service, City Dock, Tel. 715-779-3925, 800-323-7619, www.apostleislands.com, www.win.bright.net/~apiscrus, Bootstouren zu den Apostle Islands sowie Shuttle Service zwischen den Inseln. Letzterer fährt von der Little Sand Bay ab, s. Information S. 295

Apostle Islands Water Taxi, Bayfield Harbor, Tel. 715-779-5153, zu den abgelegenen Apostle Islands

Madeline Island Ferry Line, La Pointe, Madeline Island, Tel. 715-747-2051, www.madferry.com, pendelt zwischen Bayfield und Madeline Island

Beaver Island (MI)

Lage: vordere Umschlagkarte D5 (bei Charlevoix)

 Beaver Island Chamber of Commerce, am Fährenanleger in St. James, Tel. 231-448-2505, www.beaveris land.net

 The Beaver Island Lodge, St. James, Tel. 616-448-2396, moderat bis teuer, ruhig

Erin Motel, St. James, ca. 100 m vom Boat Dock, Tel. 661-448-2240, günstig bis moderat, am Wasser

Camping
St. James Township Campground, Donegal Bay Rd., 1 Meile nördl. von St. James, April–Okt.

Bill Wagner Paine Township Campground, East Side Rd., 7 Meilen südl. der Stadt, April–Okt., beide sehr preiswert

 Shamrock Bar, 26245 Main St., Tel. 616-448-2278, günstig bis teuer, Familienrestaurant, gute Hamburger

 Beaver Island Toy Museum and Store, Main St., Tel. 231-448-2480, in der Saison, Mo–Sa 11–16, So 12–15 Uhr, Spielzeugsammlung

Marine Museum, Main St., Tel. 231-448-2479, Mitte Juni–Labor Day Mo–Sa 11–16, So 12–15 Uhr, Schifffahrtsgeschichte

Mormon Print Shop Museum, Forest/Main St., Tel. 231-448-2254, Mitte Juni–Labor Day Mo–Sa 11–16, So 12 bis 15 Uhr, Geschichte der Mormonen auf Beaver Island

 Beaver Island Tours, Tel. 231-547-2311, Inseltouren unter fachkundiger Leitung

Folgende Veranstalter bieten Touren zu den anderen Inseln des Archipels an:

Beaver Island Charters, Tel. 231-448-2527

Boyle´s Family Fun Center, Tel. 231-448-2266, verleiht Fahrräder

Island Hopper Charters, Tel. 231-448-2309

Van Arkel Charters, Tel. 231-448-2407

Lakesports, Tel. 231-448-2166, vermietet Mountainbikes, Zelte, Kanus, Kajaks, Ruderboote

 Verkehrsverbindung: s. Charlevoix S. 301

Autoverleih
Armstrong Car, Tel. 231-448-2513

Beaver Island Jeep, Tel. 231-448-2200

Gordon´s Auto Clinic, Tel. 616-448-2438

Big Bay (MI)

Lage: vordere Umschlagkarte C6 (bei Mar-quette)

 Big Bay Point Lighthouse B&B, 3 Lighthouse Rd., Tel. 906-345-9957, sehr teuer, originelles B&B in einem Leuchtturm in traumhafter Lage
Thunder Bay Inn, 400 Bensinger St., Tel. 906-345-9376, teuer, gemütlich, in einem Gebäude aus dem Jahre 1911

Camping
Perkins County Park Campground, CR 550, Tel. 906-345-9353, sehr preiswert bis günstig

 Thunder Bay Inn, 400 Bensinger St., Tel. 906-345-9376, günstig bis teuer, in dem zum Hotel gehörenden Restaurant trifft sich die Gemeinde zu Steaks, Hamburgern, Hot Dogs, Sandwiches, Suppen, Pizza etc.

 Big Bay Point Lighthouse, 3 Lighthouse Rd., Tel. 906-345-9957, Gelände tägl. 10–16 Uhr, Führungen Mai bis Sept., Di, Do, So um 13 und 14 Uhr, Leuchtturm aus dem Jahre 1896

 Jeff TenEyck, Huron Mountains Outfitters, Tel. 906-345-9265, Juni bis Nov., führt Gäste in die Einsamkeit der Huron Mountains

Blind River (ONT)

Lage: vordere Umschlagkarte E5 (bei Espanola)

Timber Village Museum Hwy 17, tägl. 10–16 Uhr, Geschichte der Forstwirtschaft und Exponate von den Indianern der Umgebung

Bloomfield (ONT)

Lage: vordere Umschlagkarte J4 (bei Kingston)

 Cornelius White House, 8 Wellington St., Tel. 613-393-2282, moderat, gemütliches Landhotel in ruhiger Lage
Mallory House, RR 1, Tel. 613-393-3458, moderat, in einem alten Bauernhaus
Honey´s Bed and Breakfast, 292 Main St., Tel. 613-393-2373, moderat, liebevoll eingerichtetes B&B

Camping
Sandbanks and North Beach Provincial Park, Rd. 13, Tel. 613-393-3319, sehr preiswert bis günstig

 Angelines, 29 Stanley St. W., Tel. 613-393-3301, teuer, anspruchsvolle, innovative Küche
Mrs. Dickinson, Main St., Tel. 613-393-3356, günstig, Café, das neben Sandwiches auch Süßes bietet

 Sandbanks and North Beach Provincial Park, Rd. 13, Dünenlandschaft, zahlreiche Wassersportmöglichkeiten

Brevort (MI)

Lage: vordere Umschlagkarte D5 (bei St. Ignace)

 Clearwater Resort Hotel, Hwy 2, Tel. 906-292-5506, 800-638-6371, teuer, am Strand

Camping
Little Brevoort Lake Campgrounds, Hwy 2, 1,5 Meilen südöstl. von Brevort, Tel. 906-293-5131, sehr preiswert

Good & Plenty Restaurant, Hwy 2, Tel. 906-292-5620, günstig, gute Fischgerichte

Brighton (ONT)

Lage: vordere Umschlagkarte H4 (bei Cobourg)

Camping
Presque Isle Provincial Park,
Rte 66, Tel. 613-475-2204, sehr preiswert
bis günstig

Presque Isle Provincial Park,
Rte 66, Tel. 613-475-2204, Vogelpara-
dies, Strand, Leuchtturm aus dem Jahre
1840

Brimley (MI)

*Lage: vordere Umschlagkarte E6 (bei Sault
Sainte Marie, MI)*

Bay Mills Resort, 11386 Lake
Shore Dr., Tel. 800-386-4959, moderat bis teuer, gemütliche Kasino-Unter-
kunft, auch für Gäste, die nicht am Glücksspiel interessiert sind

Camping
Bay View Campground, Lewis Memo-
rial Hwy, Tel. 906-635-5311, sehr preiswert
bis günstig
Brimley State Park, 9200 W. 6 Mile Rd.,
Tel. 906-248-3422, Reservierung
Tel. 800-5453-YES, sehr preiswert bis
günstig
Monocle Lake Campground, Lake
Shore Rd., bei Point Iroqouis, Tel. 906-635-
5311, sehr preiswert bis günstig

Cozy Inn, 10015 Lake Shore Dr.,
Tel. 906-248-5131, günstig, einfa-
ches, populäres Restaurant, das vor allem
Fisch serviert

Brimley State Park, 9200 W. 6
Mile Rd., östl. von Brimley,
Tel. 906-248-3422, Bademöglichkeit

Point Iroquois Lighthouse &
Museum, Lake Shore Dr., Tel. 906-
437-5272, Mitte Mai–Mitte Okt., tägl. 9 bis
17 Uhr, strahlend weißer Leuchtturm mit
angeschlossenem Museum
Wheels of History Museum, 3221 Depot
St., Tel. 906-248-3665, Mitte Mai–Mitte Okt.
Sa, So 10–16, Mitte Juni–Labor Day Mi–So
10–16 Uhr, Heimatmuseum, das sich mit

der Geschichte der Eisenbahn und den traditionellen Wirtschaftszweigen der Region
beschäftigt

Erstes Wochenende im Juni
The Bay Mills Indian Community´s
Honoring Our Veterans Traditional Pow
Wow

Brockville (ONT)

Lage: vordere Umschlagkarte J4

City of Brockville, 1 King St. W.,
Tel. 613-342-8772, 1-888-251-7676,
www.brockville.com

Seaway Lodge, 1111 Hwy 2,
Tel./Fax 613-342-1357, moderat bis
teuer, Resort-Hotel mit Blick auf den St.
Lawrence River
The Calico Cat, 193 Brockmere Cliff Dr.,
Tel. 613-342-0363, moderat, reizvolles B&B
am St. Lawrence River mit eigenem Boots-
anleger

Camping
St. Lawrence Park Campground, King St.
West, Tel. 613-345-1341, sehr preiswert bis
günstig

Brockberry Café, 64 King St. E.,
Tel. 613-498-2692, günstig bis teuer,
beliebter Treff zur Mittagszeit
Pippins, 32 Apple St., Tel. 613-345-1324,
teuer, stilvolles Restaurant mit regionalen
Gerichten
1000 Islands Seafood, 191 King St. W.,
Tel. 613-345-5248, teuer, Spezialität: frischer Fisch

Brockville Museum, 5 Henry St.,
Tel. 613-342-4397, Ende Mai–Okt.
Mo–Sa 10–17, So 13–17 Uhr, Heimatmuseum
Fulford Place, 287 King St. E., Tel. 613-
498-3003, Sommer Mi–So 11–15.15 Uhr,
historische Villa mit Originalinterieur aus
dem 19. Jh.

Gilbert Marine of Brockville, 15 Jessie St., Tel. 613-342-3462, Verleih von Hausbooten
1000 Islands Seaway Cruises, Blockhouse Island, Tel. 613-345-7333, 800-353-3157, Bootsfahrten durch das Inselreich der Thousand Islands

Buffalo (NY)

Lage: vordere Umschlagkarte H3

 Buffalo Visitor Center, Market Arcade, 617 Main St., Tel. 800-BUF-FALO, www.buffalocvb.org

 Hyatt Regency Buffalo, 2 Fountain Plaza, Tel. 716-856-1234, Fax 716-852-6157, sehr teuer, zentral, in einem alten Gebäude
Beau Fleuve Bed and Breakfast Inn, 242 Linwood Ave., Tel. 716-882-6116, 800-278-0245, teuer bis sehr teuer, ruhiges B&B mit individuell eingerichteten Zimmern
The Lord Amherst Motor Hotel, 5000 Main St., Tel. 716-839-2200, 800-544-2200, teuer, nördl. der Innenstadt, gepflegt

Jugendherberge
HI Buffalo Hostel, 667 Main St., Tel. 716-852-5222, Fax 716-852-1642, sehr preiswert

Camping
Beaver Island State Park, 2136 W. Oakfield Rd., Grand Island, Tel. 716-773-3500, sehr preiswert bis günstig

 Rue Franklin, 341 Franklin St., Tel. 716-852-4416, sehr teuer, stilvolles Restaurant mit hervorragender französischer Küche
Bijou Grille, 643 Main St., Tel. 716-847-1512, teuer, beliebtes Restaurant vor oder nach dem Theaterbesuch
Italian Village, 313 Grant St., Tel. 716-886-8285, teuer, traditionsreiches Restaurant im Herzen des italienischen Viertels
Jenny's Diner, 457 Niagara St., Tel. 716-847-9899, günstig, Diner, berühmt für die Nachspeisen

 Albright-Knox Art Gallery, 1285 Elmwood Ave., Tel. 716-882-8700, Di–Sa 11–17, So 12–17 Uhr, hervorragende Sammlung moderner amerikanischer und europäischer Malerei
Buffalo and Erie County Historical Society, 25 Nottingham Court, Tel. 716-873-9644, Di–Sa 10–17, So 12–17 Uhr, Museum zur Regionalgeschichte

 The Calumet, 54 W. Chippewa St., stilvolles Haus mit aufwändiger Fassade aus Terrakotta
City Hall, Niagara Sq., Art-déco-Hochhaus mit Aussichtsplattform
Darwin D. Martin House, 175 Jewett Pkwy, Tel. 716-856-3858, Führungen Sa 10 , So 13 Uhr nur nach vorheriger Anmeldung, Wohnhaus entworfen von Frank Lloyd Wright
Dun Building, Pearl St., neoromanisches Bürogebäude aus dem Jahre 1894
The Ellicott Square Building, Main St., wuchtiger Bau im Palazzo-Stil mit sehenswertem Innenhof
The Federal Court House, Court St., Gerichtsgebäude aus dem Jahre 1935
Guaranty Building, 28 Church St., eines der ersten Hochhäuser der USA, von Louis Sullivan
Hyatt Hotel, Main/Huron Sts, Hotel in einem Bau aus dem Jahre 1922
Liberty Building, Main St., Hochhaus aus dem Jahre 1925 mit zwei Statuen auf dem Dach
Marine Midland Center, Seneca St., modernes Hochhaus von Louis Skidmore, Nathaniel Owings und John Merrill errichtet
Market Arcade, 617 Main St., Arkade nach dem Vorbild der Burlington Arcade in London
Old County Hall, Franklin St., prächtiges Gebäude aus den Jahren 1871–76
396 Pearl St., eines der ältesten Gebäude der Stadt aus der Zeit vor dem Bürgerkrieg
Shea's Performing Arts Center, 646 Main St., Tel. 716-847-1410, stilvoller Theaterbau
St. Joseph's Cathedral, Franklin St., Kathedrale der irischen Gemeinde

The Statler Towers, Delaware Ave., ehemaliges Hotel von Ellsworth Statler
Ticor Title Co., Franklin St., im frühen 19. Jh. errichtet, eines der ältesten Gebäude der Stadt im neoklassizistischen Stil

 Miss Buffalo Niagara Clipper Cruise Boats, 79 Marine Dr., Tel. 716-856-6696, Bootsfahrten auf dem Niagara River

 Colored Musicians Club, 145 Broadway, Tel. 716-855-9383, Treff für Jazzfans
Nietzsche's, 248 Allen St., Tel. 716-886-8539, Live-Musik der unterschiedlichsten Stilrichtungen

 Shea's Performing Arts Center, 646 Main St., Tel. 716-847-0850, Musical, Theater, Oper

 Anfang Juli: The Friendship Festival, feiert die Freundschaft zwischen den USA und Kanada

Calumet (MI)

Lage: vordere Umschlagkarte C6 (bei Houghton)

 Keweenaw Tourism Council, U.S. 41, Tel. 906-482-2388, 800-338-7982

 Sand Hills Lighthouse Inn, Five Mile Point Rd., bei Ahmeek, Tel. 906-337-1744, sehr teuer, stilvoll, in einem Leuchtturm aus dem Jahre 1911
AmericInn of Calumet, 1501 6th St., Tel. 906-337-6463, moderat bis teuer, Motel mit Schwimmbad, Whirlpool und Sauna
Belknap's Garnet House, 58555 Hwy 41, Tel. 906-337-5607, moderat bis teuer, Bed & Breakfast-Unterkunft in einem viktorianischen Haus

Camping
F.J. McLain State Park, M-203, Tel. 906-482-0278, 8 Meilen südwestl. von Calumet, sehr preiswert bis günstig

 Old Country Haus, US-41, 2 Meilen nördl. von Calumet, Tel. 906-337-4626, günstig bis teuer, große Auswahl an der Suppen- und Salatbar, auch Fischgerichte und deutsche Spezialitäten
Turner Bakery, 315 5th St., Tel. 906-337-3711, günstig, bekannt für seine herzhaften Pasteten, aber auch Backwaren und Suppen
The Hutt Inn, US-41, 1 Meile nördl. von Calumet, Tel. 906-337-1133, günstig, alteingesessenes Restaurant, Hamburger, Steaks, *chicken,* auch vegetarische Speisen

 Calumet Theater, Elm/6th Sts, Tel. 906-337-2610, Theater aus der Zeit um die Jahrhundertwende, in dem immer noch gespielt wird, Juni–Sept. Führungen durch das Theater zu wechselnden Zeiten

 Coppertown USA Mining Museum, Red Jacket Rd., Tel. 906-337-4354, Kupferabbau in Calumet

 Shute's Bar, 322 6th St., Tel. 906-337-1998, stilecht restaurierter, traditionsreicher Saloon

Cape Vincent (NY)

Lage: vordere Umschlagkarte J4 (bei Watertown)

 Cape Vincent Chamber of Commerce, 175 N. James St., Tel. 315-654-2481, www.thousandislands.com/capechamber

 Roxy's Motel, Broadway/Market St., Tel. 315-654-2456, moderat, traditionsreiche Unterkunft mit einfachen Zimmern

Jugendherberge
Tibbetts Point Lighthouse, 33439 Rte 6, Tel. 315-654-3450, sehr preiswert, Jugendherberge in einem Leuchtturmwärterhäuschen

Camping
Burnham Point State Park, Rte 12 E.,
Tel. 315-654-2324, Tel. 800-456-CAMP, sehr
preiswert bis günstig

 Ann´s Fishermen Fare, 141 E.
Broadway, Tel. 315-654-2659, güns-
tig bis teuer, vor allem Fischgerichte
Roxy´s Motel, Broadway/Market St.,
Tel. 315-654-2456, günstig bis teuer, rusti-
kales Restaurant

 **Cape Vincent Historical Mu-
seum,** 175 N. James St., Öffnungszeiten telefonisch erfragen, kleines Heimatmuseum

 French Heritage Day, im Juli, Feierlichkeiten rund um das französische Erbe der Gemeinde

 Horne´s Ferry, Tel. 315-783-0638,
Mai–Okt. stündl. Fährverbindung
nach Wolfe Island, Kanada

Caseville (MI)

*Lage: vordere Umschlagkarte E4 (bei Port
Austin)*

 **Camping
Albert E. Sleeper State Park,**
Hwy 25, Tel. 517-856-4411, 1-800-44PARKS,
sehr preiswert bis günstig

 Albert E. Sleeper State Park,
Hwy 25, Tel. 517-856-4411, Sandstrand, Wanderwege
**Huron County Nature Center Wilder-
ness Arboretum,** Hwy 25, Dünen mit ein-
zigartiger Flora

Charlevoix (MI)

Lage: vordere Umschlagkarte D5

 Chamber of Commerce,
408 Bridge St., Tel. 231-547-2101,
800-367-8557, www.charlevoix.org, info@
charlevoix.org

 Grand Victorian B&B Inn, 402 N.
Bridge St., Tel. 231-533-6111, 800-
336-3860, granvic@torchlake.com, Bel-
laire, 31 Meilen südl. von Charlevoix, teuer
bis sehr teuer, romantisches B&B in einem
denkmalgeschützen Haus
**Aaron´s Windy Hill Guesthouse
Lodge,** 202 Michigan Ave., Tel. 231-547-
2804, aaronshill@aol.com, teuer, B&B in
einem historischen Haus
Silver Birch Motel, 1550 US-31 S.,
Tel. 231-547-6601, moderat, mit den üblichen Annehmlichkeiten

Camping
Fisherman´s Island State Park, Bell's
Bay Rd., Tel. 213-547-6641, 5 Meilen südl.
von Charlevoix, sehr preiswert bis günstig

 Rowe Inn, 6303 RR 48, in der Nähe
des Tapawingo, Tel. 213-588-7531,
sehr teuer, von Gourmet-Zeitschriften
hoch gelobtes Restaurant, größter Wein-
keller in Michigan
Tapawingo, 9502 Lake St., 11 Meilen südl.
von Charlevoix in Ellsworth, Tel. 213-588-
7971, sehr teuer, exzellentes Gourmet-Restaurant
Grey Gables Inn, 308 Belvedere Ave.,
Tel. 231-547-9261, teuer, Fischspezialitäten
in historischer Atmosphäre
Stafford´s Weathervane, 106 Pine River
Lane, Tel. 231-547-4311, teuer, hervorragendes Restaurant, von Earl Young entworfen
Juilleret´s Restaurant, 1418 S. Bridge
St., Tel. 231-547-1835, günstig bis teuer,
Frühstück, mittags Sandwiches, Suppen
und Fischgerichte

 John Cross Fisheries, 209 Belve-
dere Ave., Tel. 231-547-2532, frisch
geräucherter Fisch
Karl´s Pastry Shop, 1200 Bridge St.,
Tel. 231-547-6431, Backwaren und Sand-
wiches fürs Picknick
American Spoon, 315 Bridge St.,
Tel. 231-547-5222, eingemachte Spezialitä-
ten der Region, Filialen in Petoskey und
Harbor Springs

Charlevoix Sailing Adventures,
City Dock, Tel. 231-632-7477 oder
213-547-7477, Segeltouren auf dem Lake
Charlevoix
Dunmaglas Golf Course, 09031 Boyne
City Rd., Tel. 231-547-GOLF, Golfplatz
Schooner Appledore, City Dock,
Tel. 231-547-0024, Windjammertouren auf
dem Lake Charlevoix
Ward Brothers, am Round Lake, Tel. 231-
547-2371, Bootscharter zum Fischen

 Beaver Island Boat Company,
103 Bridge Park Dr., Tel. 231-547-
2311, 1-888-446-4095, Fährverkehr nach
Beaver Island
Island Airways, 111 Airport Dr., Tel. 231-
547-2141, 800-524-6895, Charterflüge nach
Beaver Island

Cheboygan (MI)

Lage: vordere Umschlagkarte E5

 **Cheboygan Area Chamber of
Commerce,** 124 N. Main St.,
Tel. 231-627-7183, Fax 231-627-2770,
www.cheboygan.com

 **Best Western River Terrace
Motel,** 847 S. Main St., Tel. 231-
627-5688, 877-627-9552 (Reservierungen),
Fax 231-627-2472, teuer, Zimmer mit Blick
auf den Cheboygan River
Birch Haus Motel, 1301 N. Hwy 23,
Tel. 231-627-5862, moderat, Familienmotel

Camping
Cheboygan State Park, 4490 Beach Rd.,
Tel. 231-627-2811, 1-800-44PARKS, sehr
preiswert bis günstig

The Boathouse, 106 Pine St.,
Tel. 231-627-4316, teuer, Steaks und
frischer Fisch in Bootshaus
Hack-Ma-Tack Inn, 8131 Beebe Rd.,
Tel. 231-625-2919, teuer, Spezialität: White-
fish
Kretchman´s Koffeehaus Kafe, 414 N.
Main St., Tel. 231-627-4780, günstig, Kaffee
und Kleinigkeiten

 **Cheboygan County Historical
Museum,** 404 S. Huron St.,
Tel. 231-627-9597, Juni–Sept. Mo–Fr 13–16,
Sa 11–15 Uhr, Heimatgeschichte
Gordon Turner Park, North Huron St.,
Sumpfgebiet, Vogelbeobachtung
Opera House, 403 N. Huron St., Tel. 231-
627-5841, Opernhaus aus dem Jahre 1877,
im Sommer Führungen, Di–Fr zwischen
13 und 16 Uhr, im Winter nach Vereinba-
rung

Chicago (IL)

Lage: vordere Umschlagkarte C2

 Chicago Office of Tourism, im
Chicago Cultural Center, 77 E. Randolph St., Tel. 312-744-2400, weitere Filialen im alten Wasserturm, 806 N. Michigan
Ave. und am Haupteingang der Navy Pier
**In Oak Park: Oak Park Visitors Cen-
ter,** 158 N. Forest Ave., Tel. 708-848-1500,
das Informationszentrum verkauft einen
Architekturführer zu den Bauten von Frank
Lloyd Wright, www.chicago.digitalcity.
com

 Chicago Hilton & Tower,
720 S. Michigan Ave., Tel. 312-922-
4400, 800-445-8667, sehr teuer, stilvolles,
historisches Hotel, zentral
Four Seasons Hotel, 120 E. Delaware
St., Tel. 312-280-8800, 800-332-3442, sehr
teuer, Luxushotel mit superbem Service
Hotel Inter-Continental Chicago,
505 N. Michigan Ave., Tel. 312-944-4100,
800-628-2112, sehr teuer, opulent verziertes, traditionsreiches Hotel aus dem Jahre
1929
Blackstone Hotel, 636 S. Michigan Ave.,
Tel. 312-427-4300, 800-622-6330, teuer,
Zimmer nach vorne mit schöner Aussicht
auf den See
Gold Coast Guest House, 113 W. Elm
St., Tel. 312-337-0361, teuer, Bed & Break-
fast-Unterkunft mit üppigem Frühstück
Radisson Hotel & Suites, 160 E. Huron
St., Tel. 312-787-2900, 800-333-3333, teuer,
renoviertes Hotel, gutes Preis-Leistungs-
Verhältnis

The Raphael Hotel, 201 E. Delaware St., Tel. 312-943-5000, 800-821-5343, teuer, großzügige Zimmer ohne viel Schnick-Schnack
Days Inn Gold Coast, 1816 N. Clark Ave., Tel. 312-664-3040, 800-325-2525, moderat bis teuer, im Herzen der Old Town
Surf Hotel, 555 W. Surf St., Tel. 773-528-8400, moderat bis teuer, nettes, kleines Hotel in der Nähe des Lincoln Park

Bed & Breakfast
Bed & Breakfast Chicago, PO Box 14088, Chicago IL 60614, Tel. 312-951-0085, Fax 312-649-9243, www.chicago-bed-breakfast.com, vermittelt über 100 B&B-Unterkünfte in der Stadt, meist in der Gegend Gold Coast/Old Town/Lincoln Park

Hostels
Arlington House, 616 W. Arlington Pl., Tel. 773-929-5380, sehr preiswert
Chicago International Hostel, 6318 N. Winthrop, Tel. 773-262-1011, sehr preiswert
Chicago Summer Hostel, 731 S. Plymouth Court, Tel. 312-327-5350, sehr preiswert, nur zwischen Juli und Sept. geöffnet
The J. Ira and Nicki Harris Family Hostel, 24 E. Congress Pkwy, Tel. 312-360-0300, Fax 312-360-0313, sehr preiswert

 Everest, 440 S. LaSalle St., Tel. 312-663-8920, sehr teuer, Luxusrestaurant mit hervorragender franko-amerikanischer Küche und sensationellem Ausblick
Printer´s Row, 550 S. Dearborn St., Tel. 312-461-0780, sehr teuer, hervorragende regionale Küche mit frischen Wild- und Fischgerichten
Savarin, 713 N. Wells St., Tel. 312-255-9520, teuer bis sehr teuer innovative französische Küche
Berghoff, 17 W. Adam St., Tel. 312-664-0780, teuer, traditionsreiches Restaurant seit 1898, europäische Speisen wie Schweine- und Sauerbraten, auch leichtere Gerichte wie Salate und Sandwiches
Café Iberico, 739 N. LaSalle, Tel. 312-573-1510, teuer, spanische Gerichte, große Auswahl an Tapas

Chicago Chop House, 60 W. Ontario St., Tel. 312-787-7100, teuer, eine der Top-Adressen für Rippchen, der Spezialität der Stadt
Erie Café, 536 W. Erie St., Tel. 312-266-2300, teuer, für Steakfreunde, untergebracht in einem historischen Gebäude
Frontera Grill, 445 N. Clark St., Tel. 312-661-1434, teuer, mexikanische Küche vom Feinsten
Gordon, 500 N. Clark St., Tel. 312-467-9780, teuer, abwechslungsreiche Küche, besonders beliebt sind die Nachspeisen
Hatsuhana, 160 E. Ontario St., Tel. 312-280-8287, teuer, populäres japanisches Restaurant, Sushi und Sashimi
Pizzeria Uno, 29 E. Ohio St., Tel. 312-321-1000, teuer, Heimat der legendären Chicagoer Pfannenpizza – viel Teig, üppig belegt
Shaw´s Crab House, 21 E. Hubbard St., Tel. 312-527-2722, teuer, lebhaftes Restaurant, vor allem Fischgerichte
Elaine and Ina´s, 448 E. Ontario St., Tel. 312-337-6700, günstig bis teuer, Restaurant mit umfassendem Frühstücksangebot
Heaven on Seven, 11 N. Wabash St., Tel. 312-263-6443, günstig bis teuer, populäres Restaurant mit Cajun-Gerichten aus New Orleans, nur Mittags geöffnet
Lo-Cal Zone, 912 N. Rush St., Tel. 312-943-9060, günstig bis teuer, originelles vegetarisches Restaurant
Bijan, 663 N. State St., Tel. 312-944-0445, günstig, Restaurant im Bistrostil mit französisch angehauchter Küche
Boston Blackies, 164 E. Grand Ave., Tel. 312-938-8700, günstig, für Fans von Burgers und anderen amerikanischen Leibgerichten
Gourmand Coffeehouse, 728 S. Dearborn St., Tel. 312-427-2610, günstig, nettes kleines Café
Hard Rock Café, 63 W. Ontario St., Tel. 312-943-2252, günstig, Themenrestaurant
Thai Star, 616 N. State St., Tel. 312-951-1196, günstig, einfaches Thai-Restaurant mit leckeren Speisen

Ⓜ Adler Planetarium & Astronomy Museum, 1300 S. Lake Shore Dr., Tel. 312-922-7827, Mo–Do 9–17,

Fr 9–21, Sa, So 9–18, Memorial Day–Labor Day Do bis 21 Uhr, Planetarium und Astronomie-Museum

Art Institute of Chicago, 111 S. Michigan Ave., Tel. 312-443-3600, Di 10–17, Mi 10–20, Do–So 10–17 Uhr, Weltklassemuseum mit Exponaten aus allen Epochen, Malerei, Skulptur, Kunsthandwerk, Textilkunst

Chicago Children´s Museum, 700 E. Grand Ave., nahe Haupteingang Navy Pier, Tel. 312-527-1000, Di–So 10–17 Uhr, Do 10 bis 20 Uhr, im Sommer auch Mo, Museum für Kinder, das sich mit Technik, Umwelt und Gesellschaft beschäftigt

Chicago Historical Society, 1601 N. Clark St., Tel. 312-642-4600, Mo–Sa 9.30 bis 16.30, So 12–17 Uhr, Stadtgeschichte

Ernest Hemingway Birthplace, 339 N. Oak Park Ave., Tel. 708-848-2222, Do, Fr, So 13–17, Sa 10–17 Uhr, Geburtshaus des Pulitzer- und Nobelpreisträgers

Ernest Hemingway Museum, 200 N. Oak Park Ave., Tel. 708-848-2222, Do, Fr, Sa, So 13–17, Sa 10–17 Uhr, Exponate zu Leben und Werk des amerikanischen Schriftstellers

Field Museum of Natural History, 1400 Lake Shore Dr., Tel. 312-922-9410, tägl. 9–17 Uhr, eines der größten naturgeschichtlichen Museen der USA

Frank Lloyd Wright Home and Studio, 951 W. Chicago Ave., Tel. 708-948-1976, Führungen Mo–Fr 11,13, 15, Sa, So 11 bis 15.30 Uhr alle 15 Min., Leben und Werk des amerikanischen Meisterarchitekten

International Museum of Surgical Science, 1524 N. Lake Shore Dr., Tel. 312-642-6502, Di–Sa 10–16, So 11–-7 Uhr, Geschichte der Chirurgie

John G. Shedd Aquarium, 1200 S. Lake Shore Dr., Tel. 312-939-2438, Juni–Aug. tägl. 9–18 sonst Mo–Fr 9–17, Sa, So 9 bis 18 Uhr, Aquarium mit exotischen und einheimischen Fischen

Museum of Broadcast Communication, 78 E. Washington St., im Cultural Center, Tel. 312-629-6000, Mo–Sa 10 bis 16.30, So 12–17 Uhr, großes Archiv mit Rundfunksendungen und Fernsehshows

Museum of Contemporary Art, 220 E. Chicago Ave., Tel. 312-280-2660, Di–So 11 bis 18, Mi bis 21 Uhr, Museum mit moderner und zeitgenössischer amerikanischer Kunst

Terra Museum of American Art, 666 N. Michigan Ave., Tel. 312-664-3939, Di 12–20, Mi–Sa 10–17, So 12–17 Uhr, amerikanische Kunst unterschiedlicher Epochen

Auditorium Building, 430 S. Michigan Ave., von Louis H. Sullivan und Dankmar Adler errichtetes Theater

Café Brauer, 2021 N. Stockton Dr., Tel. 312-742-2480, teuer, Café mit Ausblick auf den Lake Michigan und Chicago

Carson, Pirie, Scott & Co., State/Madison Sts, von Louis H. Sullivan errichtetes Kaufhaus

The Chicago Board of Trade, 141 W. Jackson Blvd., Tel. 312-435-3590, Mo–Fr 8 bis 14 Uhr, eine der bedeutendsten Börsen der Welt, untergebracht in einem Art-déco-Gebäude aus dem Jahre 1930

Chicago Federal Center, 230 S. Dearborn St., zwischen Jackson/Adams Sts, klassischer Mies-van-der-Rohe-Bau

Chicago Temple, 77 W. Washington St., Kirche der Methodistengemeinde auf einem Hochhaus

Chicago Theater, 175 N. State St., Tel. 312-263-1138, ehemaliger Kinoprachtbau, heute Theater

Chicago Tribune Tower, 435 N. Michigan Ave., neogotisches Pressehaus der »Chicago Tribune«

Dearborn Street Station, S. Dearborn St., restaurierter Bahnhof aus dem 19. Jh.

Equitable Building, 401 N. Michigan Ave., am Chicago River, Hochhaus aus den 60er Jahren des 20. Jh.

Fine Arts Building, 410 S. Michigan Ave., Hochhaus aus dem Jahre 1884

Fisher Building, 343 S. Dearborn St., Hochhaus mit aufwändigem Dekor

Von Frank Lloyd Wright erbaute Wohnhäuser in Oak Park

Nathan Moore House, 333 N. Forest Ave.
Arthur Hurtley House, 318 N. Forest Ave.
Peter Beachy House, 238 N. Forest Ave.
Frank Thomas House, 210 N. Forest Ave.
Frederick C. Robie House, 5757 S. Woodlawn Ave., Hyde Park

IBM Building, 330 N. Wabash Ave., Mies-van-der-Rohe-Hochhaus aus dem Jahre 1971

Hotel Inter-Continental, 505 N. Michigan Ave., Art-déco-Hochhaus aus den 20er Jahren des 20. Jh.

James Charnley House, 1365 N. Astor St., von Louis H. Sullivan, Dankmar Adler und Frank Lloyd Wright errichtetes Wohnhaus

James R. Thompson Center, 100 W. Randolph St., von Helmut Jahn errichtetes Regierungsgebäude des Staates Illinois

Jewellers Building, 35 E. Wacker Dr., aufwändig verziertes Hochhaus aus den 20er Jahren des 20. Jh.

John Hancock Center, 875 N. Michigan Ave., Tel. 312-751-3681, Aussichtsplattform tägl. 9–24 Uhr

Joseph T. Ryerson House, 1406 N. Astor St., Wohnhaus im Stil der französischen Renaissance

Lincoln Park Conservatory, 2400 N. Stockton Dr., Tel. 312-742-7736, botanischer Garten mit mehreren Gewächshäusern und altem Baumbestand

Lincoln Park Zoo, 2200 N. Cannon Dr., Tel. 312-742-2000, tägl. 9–17 Uhr

Marina City, am Chicago River, State/Dearborn Sts, Wohnhäuser aus dem Jahre 1967, die in ihrer Form an Maiskolben erinnern

Marquette Building, 140 S. Dearborn St., mit Paneelen und Mosaiken aufwändig geschmücktes Hochhaus

Marshall, Field & Co., Wabash Ave./State St., Washington/Randolph Sts, von Daniel H. Burnham erbautes Kaufhaus

Mergenthaler, S. Plymouth Court, Druckereigebäude

Monadnock Building, 33 W. Jackson Blvd., 1889–91 von John Wellborn Root und Daniel Burnham errichtetes, frühes Beispiel Chicagoer Hochhausarchitektur

Navy Pier, Tel. 312-595-7437, Vergnügungsmeile am Lake Michigan

Old Colony Building, 407 S. Dearborn St., Hochhaus mit Original-Erkern

Pontiac Building, 542 S. Dearborn St., Hochhaus der Architekten William Holabird und Martin Roche

Reliance Building, 36 N. State St., filigra-nes Hochaus, das weitgehend aus Fensterflächen besteht

Rookery, 209 S. LaSalle St., sehenswertes Atrium

Sears Tower, 233 S. Wacker Dr., Tel. 312-875-9696, Aussichtsplattform: Mai–Sept. tägl. 9–23, sonst tägl. 9–22 Uhr

Second Franklin Building, 720 S. Dearborn St., Gebäude mit ehemaliger Druckerei

Transportation Building, 600 S. Dearborn St., Hochhaus aus dem Jahre 1911

Unity Temple, 875 W. Lake St., Tel. 708-383-8873, Mo–Fr 13–16 Uhr, von Frank Lloyd Wright errichtete Kirche

Watertower, 806 N. Michigan Ave., Wasserturm aus dem Jahre 1869

Wrigley Building, 400 N. Michigan Ave., 1919–24 für den Kaugummi-Konzern errichtetes Hochhaus

Theater: Termine der Aufführungen werden in den Wochenendausgaben der »Chicago Tribune« und der »Chicago Sun-Times«, bzw. im kostenlosen Wochenblatt »Chicago Reader« veröffentlicht. Tickets kann man telefonisch unter Angabe der Kreditkartennummer über Ticketmaster Arts Line, Tel. 312-902-1500 bestellen. An den Hot Tix Schaltern, Tel. 900-225-2225, 108 N. State St., 806 N. Michigan Ave., 2301 N. Clark St., erhält am Tag der Aufführung Tickets zum halben Preis.

Ort und Zeit von Ballettaufführungen erfährt man aus dem »Chicago Reader« oder über die Chicago Dance Coalition Hotline, Tel. 312-419-8383.

Ballet Chicago, 218 S. Wabash Ave., Tel. 312-251-8838, klassische Ballettaufführungen

Chicago Chamber Musicians, Tel. 773-342-5226, führen an verschiedenen Orten Kammermusik auf

Chicago Moving Co, 3035 N. Hoyne St., Tel. 773-880-5402, Wegbereiter des modernen Tanzes

Chicago Symphony Orchestra, 220 S. Michigan Ave., Tel. 312-294-3000, Sept.–Mai, eines der führenden Symphonieorchester der Welt

Court Theatre, 5535 S. Ellis St., Tel. 773-

753-4472, klassisches europäisches Theater

Goodman Theatre, 170 N. Dearborn St., Tel. 312-443-3800, klassische und moderne Stücke

Gus Giordano Jazz Dance Chicago, 614 Davis St., Evanston, Tel. 847-866-6779, ein Muss für Jazztanzfreunde

Joffrey Ballet of Chicago, Tel. 312-739-0120, hervorragende Truppe, die an verschiedenen Orten klassisches und avantgardistisches Ballett zeigt

Lyric Opera of Chicago, Civic Opera House, 20 N. Wacker Dr., Tel. 312-332-2244, klassische und zeitgenössische Stücke

Shattered Globe Theatre, 2656 N. Halstead St., Tel. 773-404-1237, junges, innovatives Ensemble, das sich dem klassischen Theater widmet

Steppenwolf Theatre, 1650 N. Halstedt St., Tel. 312-335-1650, preisgekröntes Ensemble, aus dem viele berühmte amerikanische Schauspieler hervorgegangen sind

Strawdog Theatre, 3829 N. Broadway, Tel. 773-528-9889, lebhafte Aufführungen eigener Stücke

Informationen zu den zahlreichen Festivals, die rund um das Jahr stattfinden, beim Chicago Office of Tourism, Tel. 312-744-2400 oder über www.ci.chi.il.us

Hochsaison der Open-Air-Festivals sind die Monate Juni bis Sept.

Juni: Chicago Blues Festival, Chicago Gospel Festival, Country Music Festival

Juli: Schlemmerfestival Taste of Chicago, Nationalfeiertag Independence Day

Aug.: Chicago Air and Water Show, Chicago Jazz Festival

Sept.: Viva! Chicago, Festival der lateinamerikanischen Rhythmen

Während der Sommermonate finden beinahe täglich Aufführungen klassischer Musik im Grant Park statt, im Highland Park geht das Ravinia Festival über die Bühne, bei dem die unterschiedlichsten musikalischen Stilrichtungen von Klassik über Folk bis zu Pop gespielt werden, Information Tel. 773-728-4642

 Eintrittspreise für die **Tanzklubs** können bis zu 20 $ betragen. Eine Informationsquelle für Nachtschwärmer ist der »Chicago Reader«

Alcock's Inn, 411 S. Wells St., Tel. 773-922-1778, legendärer Börsianertreff

BLUES, 2519 N. Halsted St., Tel. 773-528-1012, hier spielen Blues-Veteranen

Cotton Club, 1710 S. Michigan Ave., Tel. 312-341-9787, eleganter Klub, manchmal Live-Jazz

Club 950, 950 W. Wrightwood St., Tel. 773-929-8955, übersichtlicher Klub, Techno

Double Door, 1572 N. Milwaukee Ave., Tel. 773-489-3160, unkonventionelle Rockkneipe

Empty Bottle, 1035 N. Western St., Tel. 773-276-3600, Szenelokal mit progressiver Musik

The Green Mill, 4802 N. Broadway, Tel. 773-878-5552, Jazzkneipe, die schon der Gangsterboss Al Capone gern aufsuchte

Lilly´s, 2515 N. Lincoln Ave., Tel. 773-525-2422, Blues

New Checkerboard Lounge, 423 E. 43rd St., Tel. 773-743-335, sehr authentische Blues-Kneipe in der Southside – auf jeden Fall mit dem Taxi hin- und zurückfahren

Nick's, 1516 N. Milwaukee Ave., Tel. 312-252-155, nette Bar, im Sommer auch zum draußen sitzen

Pump Room, 1301 N. State St., Tel. 312-266-0360, der Klassiker unter den Diskotheken

Red Dog Supreme Funk Parlor, 1958 W. North St., Tel. 773-278-1009, Tanzen zu den aktuellsten Rhythmen der House- und Hip-Hop-Szene

Shelter, 564 W. Fulton Ave., Tel. 312-648-5500, originelle Diskothek mit überaus strengen Türstehern

Velvet Lounge, 2128 1/2 S. Indiana Ave., Tel. 312-791-9050, Jazzkneipe, berühmt für Jam-Sessions

 The Antique Mall at Wrigleyville, 3336 N. Clark St., Tel. 773-868-0285, amerikanischer Kitsch und Gebrauchsgegenstände vom Feinsten

Carson, Pirie, Scott & Co., 1 S. State

St., Tel. 312-641-7000, preiswertes Kaufhaus

City of Chicago Store, 435 N. Michigan Ave., Tel. 312-222-3080, ungewöhnliche Chicago-Souvenirs wie Straßenschilder

Crate & Barrel, 646 N. Michigan Ave., Tel. 312-787-5900, geschmackvolle Möbel und Küchenaccessoires zu fairen Preisen

Flashy Trash, 3524 N. Haltstead St., Tel. 773-327-6900, Fundgrube für Second-Hand-Kleidung

Jazz Record Mart, 444 N. Wabash St., Tel. 312-222-1467, für Jazz-und Bluesfans

Marshall Field´s, 111 N. State St., Tel. 3112-781-1000, Einkaufen auf zehn Etagen

The North Face, 875 N. Michigan Ave., Tel. 312-337-7200, erstklassige Outdoor-Ausrüstung

Prairie Avenue Bookshop, 418 S. Wabash Ave., Tel. 312-922-8311, Bücher über Architektur, tolles Interieur

Ultimo, 48 E. Oak St., Tel. 312-787-0906, feine und teure Mode

 Farmers' Markets, auf denen Farmer frische Waren verkaufen, finden zwischen Juni und Okt. überall in der Stadt statt; unter Tel. 312-744-9187 erfährt man, wann und wo der nächste Markt abgehalten wird, zum Beispiel Di 7–15 Uhr Markt auf der Federal Plaza zwischen Adams/Dearborn Sts.

 Chicago Architecture Federation, 224 S. Michigan Ave. oder 875 N. Michigan Ave., Tel. 312-922-3432, Touren zu Fuß unter sachkundiger Leitung zu den architektonischen Highlights, auch empfehlenswerte Bootstouren auf dem Chicago River

Chicago Neighborhood Tours, 77 E. Randolph St., Cultural Center, 1. Stock, Tel. 312-742-1190, Stadtteilführungen durch das Chicago abseits der Touristenpfade

Chicago Motor Coach Co., 750 S. Clinton St., Tel. 312-922-8919, man kann die Fahrt an zehn verschiedenen Stellen beliebig oft unterbrechen, besonders reizvoll – das offene Oberdeck des Doppeldeckerbusses

Black CouTours, 1721 W. 85th St., Tel. 312-233-8907, Touren mit Schwerpunkt auf die Geschichte der Schwarzen, Abstecher in die Southside

Shoreline Sightseeing, 474 Lake Shore Dr., Tel. 312-222-9328, halbstündige Tour auf dem Lake Michigan

Untouchable Gangster Tours, 10924 South Prospect Ave., Tel. 773-881-1195, Stadtrundfahrt auf den Spuren von Al Capone

Wendella Sightseeing Boats, 400 N. Michigan Ave., Tel. 312-337-1446, bieten Touren auf dem Chicago River an, besonders attraktiv sind die Nachtfahrten

Windy, Tel. 312-595-5555, Rundfahrten mit einem Viermast-Schoner auf dem Lake Michigan

 Flugzeuge aus Europa landen auf Chicagos internationalem Flughafen O´Hare.

Für Fahrten in die Stadt hat man die Wahl zwischen einem Taxi, der U-Bahn El oder dem Shuttle Service Aiport Express. Die U-Bahn fährt alle 20–30 Minuten, eine Fahrt kostet 1,50 $. Ein One-Way-Ticket für den Shuttle Service kostet pro Person 17 $ plus 10–15% *tip*, nimmt man ein Taxi bezahlt man um die 30 $ plus 10–15 % *tip*

Amtrak-Züge verbinden Chicago mit anderen Landesteilen. Die Züge verkehren von der Union Station, 210 S. Canal St., Tel. 800-872-7245 für Reservierungen

Greyhound-Bushaltestelle, 630 W. Harrison St., Des Plaines/Jefferson Sts

Der öffentliche Nahverkehr wird in Chicago durch die Schnellbahn El und durch Busse gewährleistet, die im Dienst der CTA (Chicago Transit Authority) verkehren, Tel. 1-888-YOUR-CTA, 1-888-968-7282, www.transitchicago.com. Die Routen der El sind durch farbig gestaltete Linien gekennzeichnet. Bushaltestellen erkennt man an den Schildern, auf denen die Linien vermerkt sind. Eine Fahrt mit der El oder dem Bus kostet 1,50 $. Zwischen den Zügen der El kann man so oft wie gewünscht umsteigen, für einen Wechsel zwischen El und Bus, bzw. zwischen Bussen muss man für 0,30 $ ein *transfer ticket* erwerben. Tickets für die Schnellbahn gibt es an entsprechenden Automaten in den

El-Stationen, die vor dem Betreten des Bahnsteigs an den Sperren entwertet werden. Die Tickets gelten auch in den Bussen, können aber nur in den El-Stationen erworben werden. Möchte man die Fahrt bar bezahlen, muss man den abgezählten Betrag bereithalten. Für Touristen lohnt sich der Visitor Pass mit einer Gültigkeitsdauer von einem bis fünf Tage (5–18 $), gültig für El und Busse, Information Tel. 312-836-7000

Taxis: Taxis kann man entweder herbeiwinken oder telefonisch bestellen, z. B. Yellow Cab, Tel. 312-829-4222; Checker Cab, Tel. 312-243-2537; Flash Cab, Tel. 773-561-1444. Grundgebühr 1,50 $, jede zusätzliche Meile 1,20 $. Die Fahrer erwarten ein Trinkgeld von 10–15%.

Clayton (NY)

Lage: vordere Umschlagkarte J4 (bei Watertown)

Clayton Chamber of Commerce, 510 Riverside Dr., Tel. 315-686-3771, 800-252-9806, www.thousandislands.com/claytonchamber

McKinley House Bed and Breakfast, 505 Hugunin St., Tel. 315-686-3405, sehr teuer, B&B in einer viktorianischen Villa mit großer Veranda
Captain Simon´s Bed & Breakfast, 402 Hugunin St., Tel. 315-686-2262, teuer bis sehr teuer, B&B in einem Haus aus dem Jahre 1820
Thousand Islands Inn, 355 Riverside Dr., Tel. 315-686-3030, 800-544-4241, moderat bis teuer, traditionsreiches Hotel, Zimmer z.T. mit Blick auf den St.-Lorenz-Strom
Calumet Motel, 510 Union St., Tel. 315-686-5201, günstig bis moderat, einfaches Motel

Camping
Cedar Point State Park, Seaway Trail, Route 12 E., Tel. 315-654-2522, Reservierung Tel. 800-456-CAMP, sehr preiswert bis günstig

 Thousand Islands Inn, 355 Riverside Dr., Tel. 315-686-3030, teuer bis sehr teuer, stilvolles Restaurant mit umfassender Karte
Riverside Café, 506 Riverside Dr., Tel. 315-686-2940, teuer, italienisch speisen mit Blick auf den St.-Lorenz-Strom
Koffee Kove, 220 James St., Tel. 315-686-2472, günstig, populäres Restaurant mit Hausmannskost
Harbor Inn Diner, 625 Mary St., Tel. 315-686-2293, günstig, besonders lecker sind die hausgemachten Backwaren

 Antique Boat Museum, 750 Mary St., Tel. 315-686-4104, Mitte Mai bis Mitte Okt. tägl. 9–17 Uhr, Sammlung alter Boote
Thousand Islands Museum, 403 Riverside Dr., Tel. 315-686-5794, Anfang Juni bis Anfang Sept. tägl. 10–16 Uhr, Heimatgeschichte, die 1000 Islands um die Jahrhundertwende

Uncle Sam Boat Tours, 604 Riverside Dr., Tel. 315-686-3511, Bootsfahrten zum Boldt´s Castle und Alexandria Bay
Remar Rentals, 510 Theresa St., Tel. 315-686-3579, Verleih von Hausbooten
T.I. Adventures, 38714 Route 12 E., Tel. 315-686-2000, Kajakverleih und -unterricht
1000 Islands Diving Adventures, 335 Riverside Dr., Tel. 315-686-3030, 800-544-4241, Tauchgänge zu den Wracks im St. Lawrence

Cleveland (OH)

Lage: vordere Umschlagkarte F2

The Convention and Visitor Bureau of Greater Cleveland, Tower City Center, 50 Public Sq., Tel. 216-621-7981, Filialen auch am Hopkins Cleveland International Airport und an der Old River Rd., The Flats, www.travelcleveland.com

Renaissance Cleveland Hotel, 24 Public Sq., Tel. 216-696-5600, Fax 216-696-3102, sehr teuer, stilvolles Traditionshotel im Herzen der Stadt
Glidden House, 1901 Ford Dr., Tel. 216-231-8900, sehr teuer, kleineres Hotel im Museumsviertel mit viel Charme
Brownstone Inn, 3649 Prospect Ave., Tel. 216-426-1753, teuer, gemütliche Bed and Breakfast-Unterkunft in einem historischen Haus
Comfort Inn, 1800 Euclid Ave., Tel./Fax 216-861-0001, teuer, zweckmäßig eingerichtetes Motel, zentral

 Sans Souci, Renaissance Cleveland Hotel, 24 Public Sq., Tel. 216-696-5600, sehr teuer, seit Jahren **das** Restaurant von Cleveland, unbedingt reservieren
Great Lakes Brewing Company, 2516 Market St., Tel. 216-771-4404, teuer, gemütliches Pub mit umfangreichem Bierangebot und gutem Essen
Greek Isles, W. 6th St./St. Clair Ave., Tel. 216-861-1919, teuer, sehr populäres griechisches Restaurant
Blue Point Grille, 700 W. St. Clair Ave., Tel. 216-875-7827, teuer, trendbewusstes Restaurant mit innovativer Küche
Flat Iron Café, 1114 Center St., Tel. 216-696-6968, günstig, relativ ruhiges Kneipenrestaurant in den Flats mit amerikanischer Küche
Fat Fish Blue, 21 Prospect Ave., Tel. 216-875-6000, günstig, Cajun-Küche in entspannter Atmosphäre

 African American Museum, 1765 Crawford Rd., Tel. 216-791-1700, Di–Fr 10–15, Sa 11–15 Uhr, Museum zur Geschichte der schwarzen Bewohner der USA und von Cleveland
Cleveland Center for Contemporary Art, 8501 Carnegie Ave., Tel. 216-421-8671, Di–Do 11–18, Fr 11–21, Sa, So 12 bis 17 Uhr, Zentrum für Avantgardekunst
The Cleveland Museum of Art, 11150 East Blvd., Tel. 216-421-7340, Di, Do, Sa, So 10–16, Mi, Fr 10–20 Uhr, Malerei, Skulptur und Kunsthandwerk unterschiedlicher Epochen

The Cleveland Museum of Natural History, 1 Wade Oval Dr., Tel. 216-231-4600, Mo–Sa 10–17, So 12–17, Sept.–Mai Mi auch bis 22 Uhr, Naturkundemuseum
Great Lakes Science Center, 601 Erieside Ave., Tel. 216-694-2000, tägl. 9.30 bis 17.30 Uhr, Wissenschaftsmuseum
Rock and Roll Hall of Fame, 1 Key Plaza, Tel. 216-781-7625, tägl. 10–17.30, Mi bis 21 Uhr, Ruhmeshalle und Museum des Rock and Roll
Western Reserve Historical Society, 10825 East Blvd., Tel. 216-721-5722, Museum zur Geschichte von Cleveland und der Region, beherbergt das **Crawford Auto Aviation Museum**, Ausstellung von alten Flugzeugen und Automobilen

 The Arcade, 401 Euclid Ave., Einkaufszentrum und Hotel in einer Passage aus dem Jahre 1890
The Flats, Amüsierviertel beiderseits des Cayuhoga River
Key Center, 127 Public Sq., postmodernes Hochhaus, höchstes Gebäude zwischen Chicago und New York City mit 284 m
Ohio City, buntes Völkergemisch im Viertel beiderseits der Lorain Ave.
Old Stone Church, Public Sq., älteste Steinkirche der Stadt
Playhouse Square Center, Anlage mit vier Theatern
Public Square, Platz im Zentrum mit zahlreichen Denkmälern
Terminal Tower, Public Square, Hochhaus aus den 20er Jahren des 20. Jh. mit Aussichtsplattform
»USS Cod«, 11 N. Marginal Dr., zwischen E. 9th St. und Burke Lakefront Airport, Mai bis Sept. tägl. 10–17 Uhr, U-Boot aus dem Zweiten Weltkrieg
Warehouse District, Viertel mit restaurierten Lagerhäusern zwischen Public Square und Cayuhoga River
William G. Mather Museum, 1001 E. 9th St., Tel. 216-574-6262, Mai, Sept., Okt. Fr, Sa 10–17, So 12–17, Memorial Day–Labor Day Mo–Sa 10–17, So 12–17 Uhr, historisches Frachtschiff

West Side Market, W. 25th St./ Lorain Ave., Mo–Mi 7–16, Fr–So 7 bis 18 Uhr, Markt für Gemüse, Obst, Fisch und Fleisch

The Galleria at Erieview, 1301 E. 9th St., Shopping Mall mit über 60 Geschäften und Restaurants

 Diamond Back Brewery, 714 Prospect Ave., Tel. 216-771-1988, Live Jazz

Liquid Café 1212 W. 6th St., Tel. 216-479-7717, Café und Tanzbar

Nautica Complex, West Bank, The Flats, renovierte Industrie-Anlage mit Restaurants, Comedy Clubs, Pubs und Bars

Sixth Street Under, 1266 W. Sixth St., Tel. 216-589-9313, Jazz-Club

Spy, 1261 W. Sixth St., Tel. 216-621-7907, Club für anspruchsvolles Publikum, Motto-Parties, entsprechendes Outfit erwünscht

 Cleveland Play House, 8500 Euclid Ave., Tel. 216-795-7000, modernes und klassisches Theater sowie Aufführungen für Kinder

Karamu House, 2355 E. 89th St., Tel. 216-795-7070, Aufführungen von schwarzen Künstlern

Playhouse Square, 1501 Euclid Ave., Tel. 216-241-6000, vier Theater für Musical, Ballet, Oper und Theater

 Mai: Greek Heritage Festival
Juni: Ohio Irish Festival
Juli: Puerto Rico Friendly Days
Sept: Polish Heritage Festival
Sept.–Okt.: Hispanic Heritage Month
Sept.: Asian Cultural Festival
Festivals, bei denen sich die verschiedenen Volksgruppen feiern
Mai-Okt.: Great Lakes Theater Festival, unterschiedlichste Theateraufführungen

 »Goodtime III«, 825 E. 9th St. Pier, Tel. 216-861-5110, Schiffstouren auf dem See und Cayuhoga River

Lolly the Trolley, Powerhouse, Nautica off Elm St./Winslow Ave., Tel. 216-771-4484, 800-848-0173, Stadtrundfahrt durch die Innenstadt bis zum University Circle

Walking Tours of Cleveland, The Carriage House Trust, 1722 W. 28th St., Tel. 216-575-1189, Führungen zu Fuß durch die Innenstadt, Reservierung einen Tag im Voraus

 Regional Transit Authority, Tel. 216-621-9500, Kundenservice Center, 315 Euclid Ave., innerstädtische Busse und Züge

Yellow Cab, Tel. 216-623-1500
Ace Taxi Service, Tel. 216-361-4700

Cobourg (ONT)

Lage: vordere Umschlagkarte H4

 Town of Cobourg, Dressler House, 212 King St. W., Tel. 905-372-5481, Fax 905-372-1306, 1-888-CO-BOURG, www.town.cobourg.on.ca

 Woodlawn Inn, 420 Division St., Tel. 905-372-2235, Fax 905-372-4673, teuer, 16 geschmackvoll eingerichtete Zimmer

Breakers Motel on the Lake, 94 Green St., Tel./Fax 905-372-9231, teuer, am See
Lakeshore B&B, 16 Pebble Beach Rd., Tel. 905-372-5773, moderat, einfaches, nettes B&B
Tom's Motel, 428 King St. E., Tel. 905-372-9421, moderat, sauberes, kleines Motel

Camping
Victoria Park Campground, Victoria Park, Tel. 905-373-7321, sehr preiswert bis günstig

 Woodlawn Inn, 420 Division St., Tel. 905-372-2235, teuer, abwechslungsreiche Küche, stilvolles Ambiente

Chipper's, 103 King St. W., Tel. 905-372-9784, günstig, beliebte Burgerbar

 Victoria Hall, 55 King St., imposantes Rathaus aus dem 19. Jh., tägl. Führungen im Juli und Aug., Information Tel. 905-372-5481

Victoria Park, Park mit Sandstrand am Lake Ontario

Juli: Waterfront Festival

Collingwood (ONT)

Lage: vordere Umschlagkarte G4 (bei Owen Sound)

 Collingwood & District Chamber of Commerce, 45 St. Paul St., Tel. 705-445-0221, Fax 705-445-6858, www.town.collingwood.on.ca

 Beild House Country Inn, 64 Third St., Tel. 705 444-1522, 1-888-322-3453, Fax 705-444-2394, teuer, romantisches, liebevoll ausgestattetes Hotel
Beaconglow Motel, RR 3, Tel. 705-445-1674, Fax 705-445-7176, moderat bis teuer, komfortables Motel mit Schwimmbad, Sauna und Whirlpool

 Spike and Spoon, 637 Hurontario St., Tel. 705-446-1629, Reservierung empfohlen, teuer, abwechslungsreiche Küche in gepflegter Atmosphäre
Chez Michel, Hwy 26 W., Craighleith, Tel. 705-445-9441, teuer, phantasievolle, französisch inspirierte Küche, Reservierung empfohlen
The Great Canadian Bagel, 499 First St., Tel. 705-445-9518, günstig, Bagels, Sandwiches, Suppen, Salate und Kaffee, auch zum Mitnehmen

 Collingwood Scenic Caves, Scenic Caves Rd., Tel. 705-446-0256, Anfang Mai–Ende Okt. tägl. 10–17 Uhr, Felsüberhänge, Wanderweg

Copper Harbor (MI)

Lage: vordere Umschlagkarte C6

 King Copper Motel, Gariot Lake Rd., Tel. 906-289-4214, günstig, einfaches Motel in schöner Lage, Zimmer im Annex liegen am Wasser
Norland Motel, US-41, Tel. 906-289-4815, günstig, ruhig, persönlich geführtes Motel

Camping
Fort Wilkins State Park, US-41, 1 Meile östl. von Copper Harbor, Tel. 906-289-4215, Reservierung: Tel. 800-44PARKS, sehr preiswert bis günstig
Lake Fanny Hoe Resort and Campground, US-41, östl. von Copper Harbor, Tel. 800-426-4451, günstig

 Harbor Haus, am Hafen, Tel. 906-289-4502, teuer, das erste Haus am Platz bietet deutsche Spezialitäten und Fisch in hervorragender Qualität
Mariner North, 245 Gratiot St., Tel. 906-289-4637, teuer, populäres Restaurant, Salatbar, Fr und Sa Büffet
The Pines Restaurant and Zick´s Bar, US-41, Tel. 906-289-4222, günstig, rustikales Restaurant, gutes Frühstück

 Copper Harbor Lighthouse, Tel. 906-289-4966, von Copper Harbor nur mit dem Boot erreichbarer Leuchtturm, Führungen durch die Wohnung des Leuchtturmwärters, Bootanlegestelle: Copper Harbor Marina, Hwy M-26, westl. von Copper Harbor
Eagle Harbor Lighthouse and Museum, Eagle Harbor, Mitte Juni–Mitte Sept., Leuchtturm und Museum in dem angrenzenden Gebäude
Fort Wilkens State Park, US-41, 1 Meile östl. von Copper Harbor, Tel. 906-289-4215, Park ganzjährig geöffnet, Fort Mitte Mai bis Mitte Okt. 8 Uhr bis zum Sonnenuntergang, Fort aus den 40er Jahren des 19. Jh.

 Jamsen´s Fish Market, am Hafen, Tel. 906-289-4285, frischer und geräucherter Fisch

 »Isle Royale Queen III«, Tel. 906-289-4437, Sa–So 20 Uhr, abendliche Bootstouren zwischen Independence und Labor Day
Keweenaw Adventure Company, 145 Gratiot St. (US-41), Tel. 906-289-4303, geführte Kajaktouren, Unterricht für Anfänger, Verleih von Kajaks und Mountainbikes
Narcosis Corner Divers, 474 3rd St., Calumet, Tel. 906-337-3156, Tauchgänge zu

den Wracks vor der Küste, nur für erfahrene Taucher

 »Isle Royale Queen III« Schiffsverbindung zur Isle Royale zwischen Mitte Mai und Anfang Okt. wochentags, Tel. 906-289-4437, Dauer der Überfahrt 4,5 Stunden

Cornwall (ONT)

Lage: vordere Umschlagkarte K5 (bei Morrisburg)

 Cornwall Tourist Information, 100 Pitt St., Tel. 613-938-4748, 1-800-937-4748, Fax 613-938-4751, www.visit.cornwall.on.ca
Ontario Travel Information Centre, 903 Brookdale Ave., Seaway International Bridge, Tel. 613-933-2420, Fax 613-933-3387

 Winook Farm Bed and Breakfast, 16997 Road 6, St. Andrews W., Concession, Tel. 613-932-1161, Fax 613-392-7801, günstig, freundliches B&B mit Garten und Pool

 Upper Canada Bird Sanctuary, RR 2, Tel. 1-800-437-2233, Vogelbeobachtung
Cornwall Community Museum, Lamoureux Park, Water St., Tel. 613-932-7323, Öffnungszeiten telefonisch erfragen, Heimatmuseum

Crivitz (WI)

Lage: vordere Umschlagkarte C5 (bei Marinette)

 Crivitz Recreation Association, W. 11016 High Falls Rd., Tel. 715-757-3253

 Shaffer Park Motel, N 7217 Shaffer Rd., Tel. 715-854-2186, moderat, schön gelegenes Motel, auch Campingmöglichkeiten

Camping
Peshtigo River Campground, Hwy 141, Tel. 715-854-2986, sehr preiswert
High Falls Family Campground, W. 11594 Archer Lane, Tel. 715-757-3399, sehr preiswert bis günstig

 Im Schaffer Park Motel, günstig, Familienrestaurant mit umfangreicher Karte, schöne Terrasse

Cross Village (MI)

Lage: vordere Umschlagkarte D5 (bei Mackinaw City)

 Legs Inn, 6425 Lake Shore Dr., Tel. 616-526-2281, günstig bis teuer, originellstes Restaurant der Region, vor allem polnische Spezialitäten, Riesenauswahl an Bier

Detroit (MI)

Lage: vordere Umschlagkarte E3

 Detroit Metro Convention & Visitor Bureau, 211 W. Fort St., Suite 1000, Detroit MI 48226, Tel. 313-202-1800, Fax 313-202-1808, www.visitdetroit.com, kein Publikumsverkehr

 Detroit Marriott Renaissance Center, Renaissance Center, Tel. 313-568-8000, 800-228-9290, Fax 313-568-8146, sehr teuer, zentral, Luxushotel mit tollem Ausblick
Corktown Inn, 1705 Sixth St., Tel. 313-963-6688, sehr teuer, B&B in einem Haus aus dem Jahre 1850
Dobson House Bed and Breakfast, 1439 Bagley Ave., Tel. 313-965-1887, teuer, gemütlich, mit persönlicher Note
Shorecrest Motor Inn, 1316 E. Jefferson Ave., Tel. 313-568-3000, 800-992-9616, Fax 313-568-3002, moderat, Motel in zentraler Lage

 Opus One, 565 Larned St., Tel. 313-961-7766, sehr teuer, sehr

elegantes Restaurant mit innovativen Gerichten
Blue Nile, 508 Monroe St., Tel. 313-961-1550, teuer, äthiopische Küche
Fishbones Rhythm Kitchen Café, 400 Monroe St., Tel. 313-965-4600, teuer, populäres Restaurant mit Cajun-Küche
New Hellas Café, 583 Monroe St., Tel. 313-961-5544, günstig bis teuer, traditionsreiches griechisches Restaurant
Lafayette Coney Island, Lafayette Blvd./Michigan Ave., Tel. 313-964-8198, günstig, rund um die Uhr geöffneter, legendärer Imbiss, Spezialität: Hot Dogs

 Children´s Museum, 67 E. Kirby St., Tel. 313-494-1210, Mo–Fr 13–16, Okt.–Mai auch Sa 9–16 Uhr, Museum mit vielerlei Exponaten für Kinder
Detroit Historical Museum, 5401 Woodward Ave., Tel. 313-833-1805, Mi–Fr 9.30 bis 17, Sa, So 10–17 Uhr, Geschichte von Detroit
Detroit Institute of Arts, 5200 Woodward Ave., Tel. 313-833-7900, Mi–Fr 11–16, Sa, So 11–17, erster Fr des Monats bis 21 Uhr, umfassende Sammlung von Kunstwerken verschiedener Kulturkreise, europäische und amerikanische Kunst
Dossin Great Lakes Museum, Strand Dr., Belle Isle, Tel. 313-852-4051, Mi–Sa 10 bis 17 Uhr, Schifffahrtsgeschichte der Großen Seen
Henry Ford Museum & Greenfield Village, 20900 Oakwood Blvd., Tel. 313-271-1620, tägl. 9–17 Uhr, Museumsdorf und Museum rund um den technischen Fortschritt in den USA
Motown Museum, 2648 W. Grand Blvd., Tel. 313-259-6363, So, Mo 12–17, Di–Sa 10 bis 17 Uhr, Geburtsort des legendären Motown Sound
Museum of African American History, 315 E. Warren Ave., Tel. 313-494-5800, Di bis So 9.30–17 Uhr, Kultur und Geschichte der schwarzen Amerikaner

 Belle Isle, E. Grand Blvd., Insel im Detroit River mit dem Dossin Great Lake Museum und Freizeitmöglichkeiten
Detroit Science Center, 5020 John R St., Tel. 313-577-8400, Mo–Fr 9.30–14, Sa,

So 12.30–17 Uhr, im Sommer und während der Ferien auch längere Öffnungszeiten, interaktive Exponate zur Naturwissenschaft
Fisher Building, 3011 W. Grand Blvd., preisgekröntes Hochhaus aus dem Jahre 1928
Guardian Building, Griswold Ave., Art-déco-Haus mit sehenswerter Lobby
Hart Plaza, Platz am Detroit River
Mariners´ Church, 170 E. Jefferson Ave., älteste Steinkirche von Detroit
Renaissance Center, E. Jefferson Ave., postmodernes Hochhaus, Aussichtsplattform im 39. Stockwerk
Wayne County Building, Cadillac Sq., historisches Hochhaus im Stil der italienischen Renaissance

 Eastern Market, Russel St., bunter Markt

 Bert's Marketplace, 2727 Russell St., Tel. 313-567-2030, Jazzbar mit Live Bands
Rhinoceros, 265 Riopelle St., Tel. 813-259-2208, Jazzklub
St. Andrews Hall, 431 E. Congress St., Tel. 313-961-8137, alternative Live Bands, junges Publikum
Soup Kitchen Saloon, 1585 Franklin St., Tel. 313-259-2643, bekannteste Blueskneipe der Stadt

 Detroit Opera House, 1526 Broadway, Tel. 313-327-3279, Opernhaus mit namhaften Inszenierungen, auch Ballett
Fox Theater, 2211 Woodward Ave., Tel. 313-596-3200, sehenswerter Theaterbau aus den 20er Jahren des 20. Jh., Filme, Konzerte, Musicals
Gem Theater, 333 Madison Ave., Tel. 313-963-9800, Comedy und weniger bekannte Theaterstücke
Music Hall Center for the Performing Arts, 350 Madison Ave., Tel. 313-963-2366, renommiertes Haus mit Ballet-, Tanz-, Theater- und Jazzaufführungen

 Detroit Hoedown, Hart Plaza, Mai, Country-Musik-Festival

Detroit Grand Prix, Belle Isle, Juni, Indy-Autorennen

Michigan Taste Fest, New Center, Anfang Juli, Kulinarisches aus Michigan

Ford Detroit International Jazz Festival, Hart Plaza, Sept., Jazz-Festival von Weltruf

 Diamond Jacks River Tours, Tel. 313-843-9376, Bootsfahrt auf dem Detroit River zwischen Juni und Sept. ab Hart Plaza

Gray Line Tours, 1301 E. Warren St., Tel. 313-935-3808, Stadtrundfahrten

 Detroit Metropolitan Wayne County Airport, 18 Meilen südwestl. der Stadt; Commuter Express, Tel. 313-292-2000, 888-854-6700, und Jet Port, Tel. 800-552-3700, Shuttle-Service in die Stadt

Amtrak, 11 W. Baltimore St., Tel. 313-873-3442, 800-872-7245, die Bahnhofsgegend ist nicht sicher

Greyhound, 1001 Howard St., Tel. 313-961-8011, die Gegend um den Busbahnhof ist nicht sicher

Taxis: Checker Cab Company, Tel. 313-963-7000

Hochbahn: The People Mover, Tel. 800-541-7254, verkehrt in einem Kreis von 5 km Umfang durch die Innenstadt

Detroit-Windsor Tunnel und Ambassador Bridge, verbinden Detroit mit Windsor, Kanada

Duluth (MN)

Lage: vordere Umschlagkarte A6

Duluth Convention and Visitors Bureau, 100 Lake Place Dr., Duluth, MN 55802, Tel. 218-722-4011, 800-4-DU-LUTH, Fax 218-722-1322, www.visitduluth.com

The Mansion, 3600 London Rd., Tel. 218-724-0739, www.eskimo.com/~my3sons/mansion, sehr teuer, stilvolles B&B in einem Tudor-Haus, mit herrlichem Garten

Mathew S. Burrows 1890 Inn, 1632 E. First St., Tel. 218-724-4991, 800-789-1890, www.visitduluth.com/1890inn, sehr teuer, stilvolles B&B in einer viktorianischen Villa

Fitgers Inn, 600 E. Superior St., Tel. 218-722-8826, 800-726-2982, www.fitgers.com, fitgers@fitgers.com, teuer bis sehr teuer, elegant, in einer ehemaligen Brauerei aus dem Jahre 1857, einige Zimmer mit Seeblick

Canal Park Inn, 250 Canal Park Dr., Tel. 218-727-8821, 800-777-8560, canal@computerpro.com, moderat bis teuer, Motel am Canal Park

Select Inn, 200 W. 27th Ave., Tel. 218-723-1123, 800-641-1000, moderat, einfaches Motel, zentral

Motel 6, I-35, südl. der Innenstadt, Tel. 218-723-1123, günstig, einfaches Motel

Hillside Hostel International, 1223 W. 4th St., Tel. 218-726-0610, sehr preiswert, kleine, nette Herberge für Junge und Junggebliebene, lange im Voraus reservieren

Camping

Indian Point Campground, 902 S. 69th Ave., Tel. 218-624-5637, sehr preiswert bis günstig

Spirit Mountain Campground, 9500 Spirit Mountain Pl., I-35, Exit 244, Tel. 218-628-2891, 800-642-6377, sehr preiswert bis günstig

Augustino´s, 600 E. Superior St., Tel. 218-722-2787, sehr teuer, Top-Restaurant mit hervorragenden italienischen Gerichten, Seeblick, auch Plätze im Freien

Bennett´s Bar and Grill, 319 W. Superior St., Tel. 218-722-2829, teuer, delikate, vegetarische Speisen, auch Fleischgerichte

Grandma´s Saloon and Grill, 522 Lake Ave., Tel. 218-727-4192, teuer, lebhaftes Restaurant in der Canal-Park-Gegend, italienische und amerikanische Speisen

Lake Avenue Café, 394 Lake Ave., im DeWitt-Seitz Building, Tel. 218-722-2355, teuer, cooles Trend-Restaurant mit guter Küche

Hacienda del Sol, 319 E. Superior St., Tel. 218-722-7296, günstig bis teuer, mexikanische Gerichte, herrlich zum Draußensitzen

Sir Benedict´s Tavern on the Lake, 805 E. Superior St., Tel. 218-728-1192, günstig bis teuer, nettes, kleines Restaurant mit Seeblick, auch vegetarische Gerichte

Sara´s Table, 728 E. Superior St., Tel. 218-723-8569, günstig, Coffeehouse, neben verschiedenen Kaffeesorten werden auch Kleinigkeiten kredenzt, Seeblick

 The Duluth Depot Museum, 506 W. Michigan St., Tel. 218-727-8025, Mai–Mitte Okt. 10–17, Mitte Okt. bis April Mo–Sa 10–17, So 13–17 Uhr, vier kulturelle Einrichtungen unter einem Dach: Lake Superior Railroad Museum, Duluth Children´s Museum, St. Louis County Historical Society, Duluth Art Institute

Lake Superior Maritime Visitor Center, 600 S. Lake Ave., Tel.218-727-2497, Frühling So–Do 10–16.30, Fr, Sa 10–18, Sommer tägl. 10–21, 5. 9.–23.10. So–Do 10–16.30, Fr, Sa 10–18, 24. 10.–18.12. tägl. 10–16.30, Winter Fr, Sa, So 10–16.30 Uhr, Schifffahrtsmuseum

 Aerial Lift Bridge, Canal Park, Boat Watcher´s Hotline, Tel. 218-722-6489, informiert, wann ein Schiff die Zugbrücke passiert

Glensheen, 3300 London Rd., Tel. 218-724-8864, 888-454-GLEN, 1.5.–31.10 tägl. 9.30–16, 1.11–30.4. Fr, Sa, So 11–14 Uhr, luxuriöses Herrenhaus aus dem Jahre 1908 mit Originalmobiliar und Antiquitäten

»S.S. William A. Irvin«, 350 Harbor Dr., Tel. 218-722-7876/5573, Mai 10–16, Memorial Day–Labor Day So–Do 10–16, Fr, Sa 9 bis 20, Labor Day–Mitte Okt. So–Do 10–16, Fr, Sa 10–18 Uhr, ausrangierter, original erhaltener Erzfrachter

 Park Point Art Fair and Rummage Sale, letztes Wochenende im Juni, Kunst, Kunsthandwerk- und Flohmarkt

Viking Fest, dritte Woche im Juli, Feiern rund um das skandinavische Erbe von Duluth

International Folk Festival, erster Sa im Aug., traditionelle Aufführungen und Speisen der verschiedenen Bevölkerungsgruppen der Stadt

Bayfront Blues Festival, zweites Wochenende im Aug., Blues Festival, bei dem Größen wie B. B. King auftreten

 Lakehead Fishing Team, Cpt. Karl Z. Brandt, 606 W. Skyline Pkwy, Tel. 218-722-4320, 800-777-8436, Bootscharter zum Angeln

Munger Rental, 7408 Grand Ave., Tel. 218-624-4814, verleiht Fahrräder und Inline Skates

North Shore Scenic Railroad, 506 W. Michigan St., Tel. 218-722-1273, 800-423-1273, Zugfahrten von Duluth bis Two Harbors durch malerische Landschaft zwischen Mai und Anfang Sept.

Synergy Sails, Inc., 11th St./Minnesota Ave., Tel. 218-348-3048, Segeltouren

Vista Fleet, Harbor Dr., Tel. 218-722-6218, Hafenrundfahrten

Dundee (WI)

Lage: vordere Umschlagkarte C4 (bei Sheboygan)

 Henry Reuss Ice Age Interpretive Center, Hwy 67, westl. von Dundee, Tel. 920-533-8322, Mo–Fr 8.30–16, Sa, So 9.30–17 Uhr, Filme und Exponate zur Geologie

Kettle Moraine State Forest, nördl. Sektion, Park Headquarters, Tel. 414-626-2116, Mo–Fr 7.45–16.30 Uhr, Reservierung für Campingplätze, Tel. 888-947-2757

Dunkirk (NY)

Lage: vordere Umschlagkarte G3

 Dunkirk Lighthouse, Lighthouse Point Dr., Tel. 716-366-5050, Mai bis Juni, Sept.–Nov., Mo, Di, Do–Sa 10–14, Juli, Aug. Mo, Di, Do–So 10–15 Uhr, Leuchtturm aus dem Jahre 1875 mit angeschlossenem Museum zur Schifffahrts- und Militärgeschichte

Dunnville (ONT)

Lage: vordere Umschlagkarte G/H3 (bei Niagara Falls, ONT)

 Rock Point Provincial Park, 7 Meilen südöstl. von Dunnville am Ufer von Lake Erie, Tel. 905-774-6642, Camping, Sandstrand, Wandern, Vogelbeobachtung

Dyers Bay (ONT)

Lage: vordere Umschlagkarte F5 (bei Tobermory)

 Cabot Head Lighthouse, am Nordende von Dyers Bay, Tel. 519-795-7780, Öffnungszeiten telefonisch erfragen

Egg Harbor (WI)

Lage: vordere Umschlagkarte C4 (bei Sturgeon Bay)

 Egg Harbor Visitor Center, Orchard Rd., Tel. 920-868-3717, www.ehba@eggharbor-wi.com

 Landmark Resort & Conference Center, 7643 Hillside Rd., Tel. 920-868-3205, sehr teuer, Apartmentanlage mit vielfältigem Sportangebot
The Wild Flower Bed & Breakfast, 7821 Church St., Tel. 920-868-9030, sehr teuer, kleines, liebevoll eingerichtetes B&B
Lull Abi Motel, 7928 Egg Harbor Rd., Tel. 920-868-3135, teuer, mit Whirlpool
Alpine Resort Inn & Cottages, Scenic Rd. G, südwestl. von Egg Harbor an der Bucht, Tel. 920-868-3000, www.alpine-resort.com, alpine@mail.wiscnet.net, moderat bis teuer, Resort-Hotel an der Green Bay mit eigenem Strand, Golfplatz

Camping
Door County Kamping Resort, 4906 Court Rd., Tel. 920-868-3151, sehr preiswert bis günstig

 Trio, Hwy 42/Rural Rte E., Tel. 920-868-2092, günstig bis teuer, sehr gute italienische und französische Küche
Casey´s Inn, Hwy 42, Tel. 920-868-3038, günstig bis teuer, gutes Steak-Rrestaurant
Olde Stage Station Restaurant & Dough Exchange, 7778 Hwy 42, Tel. 920-868-3247, günstig, italienisch-amerikanische Küche, große Auswahl an Bieren
Village Café, Hwy 42, Tel. 920-868-3342, günstig, Frühstück, Suppen, Salat, Sandwiches

Ephraim (WI)

Lage: vordere Umschlagkarte C4 (bei Sturgeon Bay)

 Information Center am Ufer, Hwy 42, Tel. 920-854-4989

 Eagle Harbor Inn, 9914 Water St., Tel. 920-854-2121, www.eagleharbor.com, nnedders@mail.wiscnet.net, teuer bis sehr teuer, stilvolle Unterkunft mit persönlicher Note
The Ephraim Inn, 9949 Pioneer Lane, Tel. 920-854-4515, The EphraimInn.com, EphraimInn@aol.com, teuer bis sehr teuer, komfortable, gemütliche Zimmer, einige mit Blick auf den Hafen
Trollhaugen Lodge, 10176 Hwy 42, Tel. 920-854-2713, 1-800-854-4118, verschiedene Unterkünfte: Motel, Blockhütte oder B&B, moderat bis teuer

 Old Post Office Restaurant, 10040 Hwy 42, Tel. 920-854-4034, günstig bis teuer, freundliches Restaurant, schön zum Draußensitzen, *fish boil*
Summer Kitchen, Hwy 42, North Ephraim, Tel. 920-854-2131, günstig, Gartenrestaurant
The Singing Bowl Café, Deli & Market, Hwy 42/Townline Rd., Tel. 920-854-7376, günstig, ideal, um sich fürs Picknick einzudecken
Wilson´s Restaurant and Ice Cream Parlor, 9990 Water St., Tel. 920-854-2041, günstig, Familienbetrieb, Eis, Hamburger, Salate, Suppen, Sandwiches

Anderson Barn and Store, Anderson Lane, Sommer Mo–Sa 10.30 bis 16 Uhr, Okt. nur Fr und Sa, alter Tante-Emma-Laden

Thomas Goodlestone Cabin, Moravia St., Blockhaus aus dem 19. Jh. mit historischem Mobiliar

 Pioneer Schoolhouse Museum, Moravia St., Tel. 920-854-9688, Juli–Labor Day tägl. außer So 14–16.30 Uhr, lokale Geschichte

 Ephraim Sailing Center, South Shore Pier, Tel. 920-854-4336, Verleih von Kajaks, Segelbooten, Kanus

South Shore Pier Inc. Boat Rental, South Shore Pier, Tel. 920-854-4324, Bootsverleih

Stiletto Catamaran Sailing Cruises, South Shore Pier, Tel. 920-854-7245 oder 4336, Segeltörns mit einem Katamaran

Erie (PA)

Lage: vordere Umschlagkarte G2

 Erie´s Chamber of Commerce and Visitors Bureau, 1006 State St., Tel. 814-454-7191, Fax 814-459-0241, www.tourErie.com, www.GoErie.com

 The Spencer House Bed and Breakfast, 519 W. 6th St., Tel. 814-454-5984, 800-890-7263, Fax 814-456-5091, teuer, stilvolles B&B mit sehr persönlicher Atmosphäre

Holiday Inn Downtown, 18 W. 18th St., Tel. 814-456-2961, teuer, viele Annehmlichkeiten, zentral

The Glass House Inn, 3202 W. 26th St., Tel. 814-833-7751, moderat bis teuer, traditionsreiches Familienmotel mit ordentlichen Zimmern

Camping
Cassidy´s Presque Isle Trailer and Campground, 3749 Zimmerly Rd., Tel. 814-833-6035, sehr preiswert

 Hoppers Brewpub and Restaurant, 123 W. 14th St., Tel. 814-452-2787, günstig bis teuer, Mikrobrauerei in einem alten Bahnhof

La Bella Bistro, 556 W. 4th St., Tel. 814-454-3616, günstig bis teuer, populäres Restaurant mit guten Fisch- und Fleischgerichten

Pie in the Sky, 463 W. 8th St., Tel. 814-459-8638, günstig, gemütliches Café, das Kleinigkeiten serviert

 Erie Art Museum, 411 State St., Tel. 814-459-5477, Di–Sa 11–17, So 13–17 Uhr, Malerei und Skulpturen ausgestellt in einem neo-klassizistischen Museumsbau

Erie Historical Museum and Planetarium, 356 W. 6th St., Tel. 814-871-5790, Di–Fr 10–17, Sa, So 13–17 Uhr, Regional- und Schifffahrtsgeschichte, mit Planetarium

Firefighter Historical Museum, 428 Chestnut St., Tel. 814-456-5969, Mai–Aug. Sa 10–17, So 13–17, Sept., Okt. Sa, So 13–17 Uhr, Geschichte der Feuerwehr

 Cashier House, 417 State St., Tel. 814-454-1813, Di–Sa 13–16, Juli/Aug. So 14–17 Uhr, historisches Haus mit Originalinterieur aus dem 19. Jh.

Dickson Tavern, 201 French St., Sa, So 13-17 Uhr, nicht genau datiertes Haus, das zu den ältesten der Stadt zählen soll

Flagship Niagara, 164 E. Front St., Tel. 814-871-4596, tägl. 9–17 Uhr, Nachbau eines Segelschiffs, das im Krieg von 1812 eine entscheidende Rolle spielte

Presque Isle State Park, Peninsula Dr., Rt. 382, Tel. 814-871-4251, Strände, wandern, Vogelbeobachtung, Bootfahren, angeln, Leuchtturm

 Juli: Harborfest, viertägiges Festival rund um den Hafen

 Sara Coyne, 50 Peninsula Dr., Tel. 814-833-4560, Fahrradverleih

Escanaba (MI)

Lage: vordere Umschlagkarte C5

 Delta County Convention & Visitor Bureau/Chamber of Commerce, 230 Ludington Ave., Tel. 906-786-2192, 800-437-7496

 The Terrace Bay Resort, Hwy 2 & 41, Tel. 1-800-283-4678, moderat bis teuer, Motel mit Blick auf die Little Bay de Noc
Brotherton´s Motel & Cottages, E-4785 Hwy 35, südl. von Escanaba, Tel. 906-786-1271, moderat, mit Sandstrand

 The Stonehouse Restaurant and Carport Lounge, 2223 Ludington St., Tel. 906-786-5003, teuer, Fisch und Steaks
Hereford and Hops, 624 Ludington St., Tel. 906-789-1945, günstig bis teuer, *microbrewery,* gute Steaks
Drury Lane Bakery, 906 Ludington St., Tel. 906-786-0808, günstig, finnische Brotspezialiäten, mittags auch Suppen

 Delta County Historical Museum, im Ludington Park hinter dem Sand-Point-Leuchtturm, Tel. 906-786-3763, tägl. 13–16 Uhr, regionale Geschichte
Sand Point Lighthouse, Ludington Park, Tel. 906-786-3428, Juni–Aug. tägl. 13–21, Sept. tägl. 13–16 Uhr, renovierter Leuchtturm, Leuchtturmwärterwohnung mit Möbeln der Jahrhundertwende

 Escanaba Municipal Marine Bicycle Rental, gegenüber dem Leuchtturm am Jachthafen, Tel. 906-786-1200, verleiht Fahrräder

Espanola (ONT)

Lage: vordere Umschlagkarte F5/6

 EB Eddy Forest Products Ltd., Tel. 1-800-663-6342, im Sommer Führungen durch die Papierfabrik

Evanston (IL)

Lage: vordere Umschlagkarte C2

 Mitchell Indian Museum, 2600 Central Ave., Tel. 847-866-1395, Di bis Sa 10–17 Uhr, Do auch bis 20 Uhr, So 12–16 Uhr, Kunsthandwerk, Kultur und Leben der Indianer im Mittleren Westen

Finland (MN)

Lage: vordere Umschlagkarte A6 (bei Two Rivers)

 Camping George H. Crosby State Park, Lake Country Rd. 7, Tel. 218-226-3539, sehr preiswert bis sehr günstig

 George H. Crosby State Park, Lake Country Rd. 7, Tel. 218-226-3539, wenig besuchter State Park, Wildbeobachtung, Wandermöglichkeiten

Fish Creek (WI)

Lage: vordere Umschlagkarte C4 (bei Sturgeon Bay)

 Fish Creek Information Center, 4097 Main St. (Hwy 42), Tel. 920-868-2316, www.doorcounty-wi.com/fish creek.html

 The White Gull Inn, 4225 Main St., Tel. 920-868-3517, www.whitegullinn. com, innkeeper@whitegullinn.com, sehr teuer, älteste Herberge im Door County, Frühstück nicht im Preis eingeschlossen
The Juniper Inn, N. 9432 Napel Grove Rd., Tel. 920-868-2629, www.juniperinn.com, juniperinn@itol.com, teuer bis sehr teuer, gemütlich-stilvolles B&B
Julie's Park Café & Motel, 4020 Hwy 42, Tel. 920-868-2999, Fax 920-868-9837, moderat, sehr schön gelegenes Familienmotel mit Café

Camping
Path of Pines, Country Rd. F, Tel. 920-868-3332, sehr preiswert bis günstig
Peninsula State Park, sehr preiswert

 Theo´s American Bistro, W. 4240 Juddville Rd., Juddville, Tel. 920-868-1550, teuer bis sehr teuer, viel gepriesener Stern am Gourmet-Himmel
Summertime Restaurant, 1 N. Spruce St., Tel. 920-868-3738, günstig bis teuer, traditionsreiches Restaurant, auch Frühstück, schön zum Draußensitzen
The Cookery, Main St., Tel. 920-868-3634, günstig bis teuer, beliebtes Café
C&C´s Supper Club, Main St./Spruce St., Tel. 920-868-3412, günstig, Fleisch- und Fischgerichte
Digger´s, Hwy 42, gegenüber vom Eingang zum Peninsula State Park, Tel. 920-868-3095, günstig, Burger, Sandwiches

 Alexander Noble House, Hwy 42/Main St., Führungen telefonisch erfragen unter Tel. 920-868-2316, eines der ältesten Häuser des Ortes
Eagle Bluff Lighthouse, Peninsula State Park, Führungen im Frühsommer und Herbst Mo–Fr stündl. zwischen 10–13, 13.30 bis 16.30 Uhr, Mitte Juli bis Mitte Aug. halbstündl.

 Stiletto, Fish Creek Harbor Boat House, Tel. 920-868-3745, Segeltörns zur Chambers Island
Nor-Door Sport and Cyclery, 4007 Hwy 42, Tel. 920-868-2275, verleiht Fahrräder
Nicollet Beach Boat, Nicollet Bay, Peninsula State Park, Tel. 920-854-9220, Verleih von Segelbooten, Kanus, Kajaks, Paddelbooten, Surfbrettern
Edge of Park Bike and Moped Rental, am Eingang des Peninsula State Park, Tel. 920-868-3344, Verleih von Fahrrädern und Mopeds

Fort Erie (ONT)

Lage: vordere Umschlagkarte H3 (bei Niagara Falls, ONT)

 Fort Erie, 350 Lakeshore Rd., Tel. 905-871-0540, Anfang Mai bis 3. 9. tägl. 10–18, 4. 9. bis Ende Okt. tägl. 10–16 Uhr, historisches Fort

Gananoque (ONT)

Lage: vordere Umschlagkarte J4 (bei Kingston)

 1000 Islands Gananoque Chamber of Commerce, 2 King St. E., Tel. 613-382-3250, Fax 613-382-1585, 1-800-561-1595, www.1000islands.on.ca/gan, www.gananoque.com

 Trinity House Inn, 90 Stone St. S., Tel. 613-382-8383, Fax 613-382-1599, teuer bis sehr teuer, stilvoll, in einem viktorianischen Haus
The Gananoque Inn, 550 Stone St. S., Tel. 613-382-2165, 800-456-3101, teuer, am St.-Lorenz-Strom
Manse Lane Bed and Breakfast, 456 Stone St. N., Tel. 613-382-8642, moderat bis teuer, B&B in einem viktorianischem Haus, zentral

Camping
1000 Islands Camping Resort, RR 1, 382 1000 Islands Pkwy, Lansdowne, Tel./Fax 613-659-3058, sehr preiswert bis günstig

 Athlone Inn, 250 W. King St., Tel. 613-382-2440, teuer, romantisches Restaurant, auch zum Draußensitzen schön
Cook not Mad, 110 Clarence St., Tel. 613-382-4361, teuer, innovative kanadische Küche
The Golden Apple, 45 W. King St., Tel. 613-382-3300, teuer, herzhafte Gerichte, im Sommer auch auf der Terrasse
Moroni's Family Dining, 155 King St. E., Tel. 613-382-3083, günstig, Familienrestaurant, herzhaftes Frühstück, Pasta, Steaks, Sandwiches

 Thousand Islands Gananoque Boat Line, Waterfront, Tel. 613-

382-2144, Bootsfahrten durch die Inselwelt der 1000 Islands
Spencers´s Boat Rental, 4607 Hwy 2/RR 3, Tel. 613-382-4289, Bootsverleih
Houseboat Holidays Ltd., RR 3, Tel. 613-382-2842, Hausbootverleih

Garden Peninsula (MI)

Lage: vordere Umschlagkarte C/D 5 (bei Manistique)

 Fayette State Park, Hwy 183, Tel. 906-644-2603, Besucherzentrum April–Okt. tägl. 9–17 Uhr, auch außerhalb dieser Zeit kann das Gelände besucht werden, restaurierte ›Geisterstadt‹ aus dem 19. Jh., Industriedenkmal

Geneva-on-the-Lake (OH)

Lage: vordere Umschlagkarte G2 (bei Erie)

 Geneva-on-the-Lake Convention and Visitor Bureau, 5536 Lake Rd., Tel. 440-466-8600, Fax 440-466-8911

 Uncle Tom´s, 5275 Lake Rd., Tel. 440-466-8791, moderat bis teuer, traditionsreiches Familienunternehmen, Motelzimmer und Cottages am Erie-See

Camping
Geneva State Park, Padanarum Rd., Tel. 440-466-8400, günstig

 Farones Restaurant, 4720 Lake Rd., Tel. 440-466-8512, moderat bis teuer, umfassende Karte mit deftigen Fisch- und Fleischgerichten, Pizza und Sandwiches
Eddie´s Grill, Lake Rd. Tel. 440-466-8720, günstig, Hamburger und Hotdogs

 Geneva State Park, Padanarum Rd., Tel. 440-466-8400, Wassersport und Angeln

 Ende Sept.: Geneva Grape Jamboree, Festival rund um den Wein

Gills Rock (WI)

Lage: vordere Umschlagkarte C5 (bei Sturgeon Bay)

 Harbor House Inn, 12666 Hwy 42, Tel. 920-854-5196, www.doorcounty-inn.com, teuer bis sehr teuer, gemütliches B&B in einem viktorianischen Haus

 Charlie's Smokehouse, 731 State Hwy 42, Tel. 920-854-9533, günstig, frisch geräucherter Fisch

 Door County Maritime Museum, Wisconsin Bay Rd., Tel. 920-854-2860, Mo–Sa 10–17, So 13–16 Uhr, kleines Museum zur Geschichte des Fischfangs

 Sunset Concert Cruises, am Island Clipper Dock, Tel. 920-854-2986, Bootstouren zum Sonnenuntergang mit musikalischer Untermalung

 Gills Rock Ferry Line, Tel. 920-847-2039, Fähre zur Washington Island, nur Passagiere und Fahrräder

Gladstone (MI)

Lage: vordere Umschlagkarte C5 (bei Escanaba)

 Terrace Bay Resort, Hwy 2 & 41, südl. von Gladstone, Tel. 1-800-283-4678, teuer, einige Zimmer mit Blick auf den See

 The Log Cabin, Hwy 35, 1,5 Meilen südl. von Gladstone, Tel. 906-786-5621, teuer, traditionsreiches Restaurant, gute Steaks

 Hoegh Pet Casket Company, 317 Delta Ave., Tel. 906-428-2151, Mo–Fr 9–16 Uhr, eine Sehenswürdigkeit der kurioseren Art: Hersteller von Särgen für Haustiere, Führungen

Goderich (ONT)

Lage: vordere Umschlagkarte F4

 Tourism Goderich, 57 West St., Tel. 519-542-6600, 1-800-280-7637, www.town.goderich.on.ca
Tourist Information Booth, Hwy 21/ Nelson St.

 Colborne Bed and Breakfast, 72 Colborne St., Tel. 519-524-7400, 800-390-4612, Fax 519-524-4943, moderat bis teuer, B&B mit geschmackvoll eingerichteten Zimmern
Maison Tanguay, 46 Nelson St. W., Tel. 519-524-1930, Fax 519-524-8553, moderat bis teuer, zentral, ruhiges B&B
The Bluffs Motel, RR 2, Hwy 21, 4 Meilen südl. von Goderich, Tel. 519-524-7396, Fax 519-524-9199, moderat, Motel mit einfachen Zimmern

Camping
Maitland Valley Marina and Trailer Park, 100 N. Harbour Rd., Tel. 519-524-4409, günstig, nur für Wohnwagen
Point Farms Provincial Park, RR 3, nördl. von Goderich, Tel. 519-524-7124, sehr preiswert bis günstig

 Robindale's, 80 Hamilton St., Tel. 519-524-4171, teuer, stilvolles Restaurant mit regionaler Küche, um Reservierung wird gebeten
Captain Fats, South Dock, Tel. 519-524-9211, günstig bis teuer, u.a. frischer Lake-Huron-Fisch, auch zum Mitnehmen
Van Dely's, 10 The Square, Tel. 519-524-5232, günstig, Suppen, Salate und Sandwiches

 **Huron Historic Gaol,** 181 Victoria St. N., Tel. 519-524-2686, Mitte Mai–Anfang Sept. 10–16.30 Uhr tägl. 10 bis 16.30 Uhr, Okt. Öffnungszeiten unter Tel. 519-524-6971 erfragen, Sitz des Gouverneurs und historisches Gefängnis
Huron County Museum, 110 North St., Tel. 519-524-2686, Mo–Fr 10–16.30, So 13 bis 16.30, Ende Mai–Anfang Sept. Sa 10 bis 16 Uhr, Lokalgeschichte

Grand Bend (ONT)

Lage: vordere Umschlagkarte F3 (bei Goderich)

 Grand Bend & Area Chamber of Commerce, 1 Crescent St., Tel. 519-238-2001, 1-800-265-0316, Fax 519-238-5201, www.grandbend.com

 Blue Water Motel, Hwy 21 S., Tel. 519-238-2014, moderat bis teuer, Familienmotel mit Schwimmbad
Blacks's Bed and Breakfast, 21 Lake Rd., Tel. 519-238-6348, moderat, zentral, mit Garten
The Pines Bed and Breakfast, 9976 Riverview Rd., Tel. 519-238-6072, moderat, freundliches B&B umgeben von Wald

Camping
The Pinery Provincial Park, RR 2, Tel. 519-243-2220, günstig

 Lakeview Café, 85 Main St., Tel. 519-238-2622, teuer, gemütliches Restaurant mit umfassender Karte
Sanders on the Beach, Grand Bend Beach, Tel. 519-238-2251, teuer, Fisch und Meeresfrüchte
Aunt Gussie's, 135 Ontario St. S., Tel. 519-238-6786, günstig, Hamburger und Sandwiches

 The Pinery Provincial Park, RR 2, Tel. 519-243-2220, Sandstrand, wandern, Wassersport, Fahrradfahren

 Crystal Bay Aqua Sports, 71 River Rd., Tel. 519-238-8982, Boots- und Fahrradverleih

Grand Marais (MI)

Lage: vordere Umschlagkarte D6

Alverson Motel, Randolph St., Tel. 906-494-2681, günstig bis moderat, Zimmer mit Seeblick

Welker´s Motel, Canal St., Tel. 906-494-2361, moderat bis teuer, nettes Familienmotel

Dunes Motel, an der M-77 am Ortseingang, Tel. 906-494-2324, moderat, kleines, persönliches Familienmotel

Superior Hotel, Lake/Randolph Sts, Tel. 906-494-2539, sehr preiswert, ungewöhnliches Hotel, mit dem Charme vergangener Zeiten, das gilt auch für die sensationellen Preise: die Zimmer kosten 10–15 $

Camping
Woodland Park, Braziel St., Tel. 906-494-2381, sehr preiswert

Hurricane River Campground und Twelve Mile Beach Campground, beide in der Pictured Rocks National Lakeshore, Tel. 906-387-3700, sehr preiswert

Muskallonge Lake Campground, Muskallonge Lake State Park, Tel. 906-658-3338, Reservierung Tel. 800-44Parks, sehr preiswert

Blind Sucker River Campground, Pretty Lake Campground und Lake Superior Campground, alle im Lake Superior State Forest, über die H-58 zu erreichen, östl. von Grand Marais

Hurricane River Campground, Twelve Mile Beach Campground, beide in der Pictured Rocks National Lakeshore, keine Reservierung

Sportsman´s Restaurant, Lake St., Tel. 906-494-2671, günstig bis teuer, rustikal, Fleisch-und Fischgerichte, Tex-Mex-Spezialiäten

Earl of Sandwich, Lake St., Tel. 906-494-2607, günstig, populäres, kleines Restaurant, Sandwiches, *fish and chips,* Kuchen und Eiscreme, auch zum Draußensitzen

Welker´s Restaurant, Canal St., Tel. 906-494-2361, günstig bis teuer, zum gleichnamigen Motel gehört ein Familienrestaurant, das von morgens bis abends Hamburger und Pizza serviert, Salatbar

Lake Superior State Forest, H-58, 11 Meilen östl. von Grand Marais, Tel. 906-293-5131, Wanderwege und Kanufahrten

Muskallonge Lake State Park, H-58, 18 Meilen östl. von Grand Marais, Tel. 906-658-3338, hervorragendes Angelrevier, Bademöglichkeiten

Pictured Rocks National Lakeshore, Grand Sable Visitor Center, H-58, westl. von Grand Marais, Tel. 906-494-2660, im östl. Teil der National Lakeshore laden Dünen und der Strand zu Wanderungen ein. Das Au Sable Lighthouse kann zwischen Juli und Labor Day Do–So besichtigt werden, s. Munising S. 352

Grand Marais Maritime Museum, am Ende der Canal St., Tel. 906-494-2660 oder 906-387-3700, Öffnungszeiten telefonisch erfragen, kleines Schifffahrtsmuseum

Lighthouse Keeper´s House Museum, am Ende der Canal St., Tel. 906-494-2355, Independence Day–Labor Day tägl. außer Mo 13–16 Uhr, Ende Juni und im Sept., nur an Wochenenden, Heimatmuseum, das Einblick in das Leben einer Arbeiterfamilie um die Wende zum 20. Jh. gewährt

Grand Marais (MN)

Lage: vordere Umschlagkarte B7

Grand Marais Chamber of Commerce, Broadway Ave., Grand Marais, MN 55604, Tel. 218-387-1400, 800-922-5000, www.grandmaraismn.com

Lake Superior National Forest Ranger Station, Hwy 61, Tel. 218-387-1750, Informationen über die Boundary Waters Canoe Area Wilderness

Thomsonsite Beach Motel, Hwy 61, südwestl. von Grand Marais, Tel. 218-387-1532, moderat bis teuer, Motelzimmer, Suiten und Unterbringung im Guesthouse

Pincushion Mountain Bed & Breakfast, 220 Gunflint Trail, Tel. 218-387-1276, 800-542-1226, moderat, B&B mit Blick auf den Lake Superior

Lund´s Motel and Cottages, Hwy 61, Tel. 218-387-2155 oder -1704, moderat, nette Motelzimmer, gemütliche Cottages

The Shoreline, 20 S. Broadway, Tel. 218-387-2633, 800-247-6020, günstig bis moderat, Familienhotel mit vielen Stammgästen, die Eckzimmer haben den besten Blick

Camping
Grand Marais Recreation Area/RV Park and Campground, Hwy 61, Tel. 218-387-1712, günstig

 Birch Terrace and Terrace Lounge, Hwy 61, Tel. 218-387-2215, teuer, traditionsreiches Restaurant mit stilvoller Atmosphäre, Steaks und Seafood
Howling Wolf Saloon and Grill, Hwy 61, Tel. 218-387-1236, günstig bis teuer, Burger, Salate und Sandwiches, Fisch und vegetarische Gerichte
Angry Trout Café, Hwy 61, Tel. 218-387-1265, günstig bis teuer, nettes Restaurant, leckeres Essen, gute Weinkarte, schön zum Draußensitzen
Sven & Oles´s Pizza, 9 W. Wisconsin St., Tel. 218-387-1713, günstig, einfaches Restaurant mit hervorragender Pizza, ideal für Kinder

 Judge C.R. Magney State Park, Hwy 61, 14 Meilen nordöstl. von Grand Marais, Wasserfälle und Stromschnellen, Wandermöglichkeiten

 Bear Track Outfitters, Hwy 61, Tel. 218-387-1162, veranstaltet Touren zum Fliegenfischen, Kanu-, Kajak- und Bootsverleih, Verleih von Angelausrüstung

 Silverston Gallery, 6 Wisconsin St., Tel. 218-387-2491, Galerie mit Werken der Familie Silverston und Kunst kanadischer Indianer
Times Two Design, 813 W. 5th St., Tel. 218-387-2234, Malerei, Drucke und Fotografien einheimischer Künstler

 Erstes Wochenende im Aug.: The Fisherman´s Picnic, Festival rund um den Fisch, Fischspezialitäten, Jazz und Bluegrass-Musik

Grand Portage (MN)

Lage: vordere Umschlagkarte B7

 Grand Portage Lodge and Casino, Hwy 61, Tel. 218-475-2401, 800-543-1384, moderat, lebhaftes Hotel mit Kasinobetrieb, Zimmer zum See mit herrlichem Blick

 Grand Portage State Park, Hwy 61, 6 Meilen nördl. von Grand Portage, Tel. 214-475-2360, mit 40 m einer der höchsten Wasserfälle im Mittleren Westen, Wanderungen, keine Campingmöglichkeit
Grand Portage National Monument, Tel. 218-387-2788, Mai-Mitte Okt. tägl. 8 bis 17 Uhr, rekonstruierter Handelsposten der North West Company

 Grand Portage Casino, Grand Portage Reservation, Hwy 61, Tel. 218-475-2441, 800-543-1384, Spielkasino

 Zweites Wochenende im Aug.: Rendezvous Days Pow Wow, *pow wow* der Grand Portage Ojibwa und nachgestelltes Rendezvous, traditionelles Treffen der Pelzhändler

 »M.V. Wenonah«, Mai–Sept. tägl. nach Windigo, Isle Royale; Überfahrt: 3 Std., 60 $ (Erwachsene), 30 $ (Kinder unter 12 Jahren), 46 $ (Kajaks), 36 $ (Kanu); kehrt man am selben Tag von der Insel zurück, zahlt man 35 $ (Erwachsene), 17,50 $ (Kinder unter 12 Jahren), Reservierung: Grand Portage-Isle Royale Transportation Line, Inc., 1507 N. First St., Superior, WI 54880, Tel. 715-392-2100
»M.V. Voyageur II« Mai–Sept. dreimal wöchentl., die Fähre läuft neben Windigo auch McCargoe Cove und Rock Harbor an, Überfahrt bis Windigo: 3 Std., 60 $ (Erwachsene), 30 $ (Kinder unter 12 Jahren), 46 $ (Kajaks), 36 $ (Kanu), Reservierung: Grand Portage-Isle Royale Transportation Line, Inc., 1507 N. 1st St., Superior, WI 54880, Tel. 715-392-2100

Green Bay (WI)

Lage: vordere Umschlagkarte C4

 Green Bay Area Convention and Visitor Bureau, 1901 Oneida St., gegenüber Lambeau Field, Tel. 920-494-9507, 800-236-3976, www.greenbay.com, tourism@dct.com

 The Astor House, 637 S. Monroe Ave., Tel. 920-432-3585, 888-303-6370, www.astorhouse.com, astor@execpc.com, sehr teuer, B&B in einer viktorianischen Villa

Birch Creek Inn, 2263 Birch Creek Rd., Tel. 920-336-7575, 800-801-1957, moderat bis teuer, romantisches B&B in einer renovierten Scheune

Best Western Downtowner, 321 S. Washington St., Tel. 920-437-8771, moderat, zentrale Lage, Pool, Sauna, Whirlpool

Camping

Happy Hollow Camping Resort, an der US-41, 10 Meilen südl. von Green Bay, Tel. 920-532-4386, günstig

Bay Shore County Park, am Hwy 57 Richtung Door County 15 Meilen von Green Bay, Tel. 920-448-4466, sehr preiswert bis günstig

 La Bonne Femme, 123 S. Washington St., Tel. 920-432-2897, teuer, hervorragendes französisches Restaurant

Zimmani´s, 333 Main St., Tel. 920-436-2340, teuer, innovative Speisen

The Union Hotel, 200 N. Broadway, Tel. 920-336-6131, günstig bis teuer, traditionsreiches Familienrestaurant, nette Atmosphäre

Kings X, 313 Broadway, Tel. 920-432-4006, günstig bis teuer, Spezialität *fish fries*

Café Expresso, 119 S. Washington St., Tel. 920-432-9733, günstig, beliebtes Café mit internationalen Speisen

 Green Bay Packer Hall of Fame, 855 Lombardi Ave., Tel. 920-499-4281, Juni–Aug. tägl. 9–18, Sep.–Mai tägl. 10–17 Uhr, hier dreht sich alles um die Green Bay Packers

Hazelwood Historic Home Museum, 1008 S. Monroe Ave., Tel. 920-437-1840, Mai-Memorial Day Sa, So 13–16, Memorial Day–Labor Day Mo, Mi, Do, Fr 10–13.30, Sa, So 13–16 Uhr, neoklassizistische Villa aus dem Jahr 1837 mit zeitgenössischem Mobiliar

Heritage Hill State Park, 2640 S. Webster Ave., Tel. 920-448-5150, 800-721-5150, Memorial Day–Labor Day Di–Sa 10–16.30 Uhr, Streifzug durch die Geschichte Wisconsins

Lambeau Field, 855 Lombardi Ave., Tel. 920-499-428, Juni–Labor Day 10.30 bis 16.30 Uhr Führungen durch das Stadion der Green Bay Packers, Beginn an der Green Bay Packer Hall of Fame gegenüber vom Stadion

National Railroad Museum, 2285 S. Broadway, Tel. 920-437-7623, Mai–Okt. tägl. 9–17, Nov.–April Mo-Fr 9–17 Uhr, größtes und ältestes Eisenbahnmuseum der USA

Children´s Museum of Green Bay, Port Plaza Mall, 320 N. Adams St., Tel. 920-432-4397, Mo-Sa 10–17, So 11–17 Uhr, historische, naturwissenschaftliche und alltägliche Phänomene kindgerecht erklärt

 Glory Years Pub, 321 S. Washington St., Tel.920-437-8771, Bar, in der sich die Packers-Fans treffen

Kittner´s, 129 S. Washington St., Tel. 920-433-9187, *microbrewery* mit Live-Musik

Floyd´s, 1139 Main St., Tel., 920-432-4530, Jazzkneipe

 Juni: Bayfest, Musikfestival; Rail Fest, Festival rund um die Eisenbahn

Juli: Oneida Pow Wow and Festival of Performing Arts, traditionelles *pow wow* mit indianischen Darbietungen und Speisen

Ende Aug./Anfang Sept.: Great Green Bay Kickoff, Beginn der Football-Saison

Gulliver (MI)

Lage: vordere Umschlagkarte D5 (bei Manistique)

Seul Choix Leuchtturm, Seul Choix Point, Tel. 906-283-3169, Mitte Juni–Mitte Sept. tägl. 10–16 Uhr, Leuchtturm mit kleinem Museum

Hancock (MI)

Lage: vordere Umschlagkarte B/C6 (bei Houghton)

 s. Houghton S. 327

 Ramada Inn Waterfront, 99 Navy St., Tel. 906-482-8400, moderat, neues, komfortables Hotel mit schöner Aussicht

Camping
Hancock City Campground, M-203, 2 Meilen westl. von Hancock, preiswert bis günstig
F.J. McLain State Park, M-203, Tel. 906-482-0278, 8 Meilen nördl. von Hancock, sehr preiswert bis günstig

 Portage Landing Restaurant & Lounge, 99 Navy St., im Ramada Inn Waterfront, Tel. 906-482-8494, günstig bis teuer, stilvolles Restaurant mit liebevoll zubereiteten Speisen
Gemignani´s, 512 Quincy St., Tel. 906-482-8400, günstig, italienische Hausmannskost
Kaleva Café and Bakery, 234 Quincy St., Tel. 906-482-1230, günstig, Kuchen, aber auch Herzhaftes

 F.J. McLain State Park, M-203, Tel. 906-482-0278, 8 Meilen nördl. von Hancock, Wandermöglichkeiten, wegen der spektakulären Sonnenuntergänge beliebter Treffpunkt
Quincy Mine, US-41,Tel. 906-482-3101, Mitte Mai–Mitte Okt., tägl. Führungen 9.30–18 Uhr, im Frühjahr und Herbst verkürzte Öffnungszeiten, Führung durch eine ehemalige Kupfermine
Suomi College Finnish Heritage Center, 601 Quincy St., Tel. 906-487-7367, Mo bis Fr 8–16 Uhr, finnisches Kulturzentrum, das an die Heimat der Vorfahren erinnert, Wechselausstellungen

 Fin Pro, 208 Quincy St., Tel. 906-482-9202, Mo–Do 10–17, Fr 10–18, Sa 10–16 Uhr, Laden mit angeschlossener Bäckerei, in dem alles im Zeichen Finnlands steht

Harbor Beach (MI)

Lage: vordere Umschlagkarte F7 (bei Port Austin)

 Frank Murphy Birthplace, 142 S. Huron St., Tel. 517-479-9554, Do–So 10–17 Uhr, Geburtshaus des Politikers Frank Murphy und Museum mit Erinnerungsstücken
Thumb Area Underwater Preserve, Unterwasserschutzgebiet mit Wracks, Informationen über den Lighthouse County Park, 7320 Lighthouse Rd., Port Hope, Tel. 517-428-4749

Harbor Springs (MI)

Lage: vordere Umschlagkarte D5 (bei Petoskey)

 Chamber of Commerce, 205 State St., Tel. 231-526-7999, www.harborsprings-mi.com

 Birchwood Inn, 7077 Lake Shore Dr., Tel. 231-526-2151, 800-530-9955, www.birchwoodinn.com., teuer bis sehr teuer, gemütliches Hotel mit Pool und Tennisplatz
Highland Hideaway Bed & Breakfast, 6767 Pleasantview Rd., Tel. 616-526-8100, www.harborsprings-mi.com/hhbb, highlandh@racc2000.com, teuer, herrlich gelegenes B&B

Camping
Camping Petoskey KOA Campground, 1800 N. US-3 zwischen Harbor Springs und Petoskey, Tel. 231-347-0005, sehr preiswert bis günstig

Little Traverse Bay Restaurant, 995 Hideaway Valley Rd., Tel. 231-526-7800, teuer, herrlicher Blick

New York Restaurant, Bay/State Sts, Tel. 231-526-1904, teuer, abwechslungsreiche Gerichte, umfassendes Wein- und Bierangebot

Stafford´s Pier, 102 Bay St., Tel. 231-526-6201, teuer, populäres Restaurant mit Blick auf den Jachthafen

Crow´s Nest, 4601 N. State Rd., Tel. 231-526-6011, günstig, Familienrestaurant, Fisch- und Steakgerichte

Island Bean Coffee Company, 110 W. Main St., Tel. 231-526-9998, günstig, guter Kaffee und schmackhafte Kleinigkeiten – Suppen, Sandwiches, Muffins

 Andrew Blackbird Museum, 368 E. Main St., Tel. 231-526-7731, Memorial–Labor Day Mo–Sa 10–17, So 12 bis 17 Uhr, danach während des *Indian summer* nur an Wochenenden, beleuchtet die Geschichte der Indianer der Region

 Little Traverse Bay Golf Club, 995 Hideaway Valley Rd., Tel. 231-526-6200, Golfplatz

Touring Gear, 114 E. Third St., Tel. 231-526-7152, Fahrradverleih

 American Spoon, 245 E. Main St., Tel. 231-526-8628, lokale Spezialitäten, z. B. Marmelade, Filialen in Petoskey und Charlevoix

Holland (MI)

Lage: vordere Umschlagkarte D3

 Chamber of Commerce, 272 E. 8th St., Tel. 231-392-2389, 800-506-1299, www.holland.org/hcvb, info@holland-chamber.org

 Dutch Colonial Inn, 560 Central Ave., Tel. 231-396-3664, www.bbon line.com/mi/dutch, sehr teuer, gemütliches B&B in einem Haus aus dem Jahre 1928

Centennial Inn Bed & Breakfast, 8 E. 12th St., Tel. 231-355-0998, www.yes michigan.com/centennial, sehr teuer, B&B in einem denkmalgeschützten Haus mit acht Zimmern, alle mit eigenem Bad

Country Inn by Carlson, 12260 James St., Tel. 231-396-6677, 800-456-4000, www.countryinn.com, moderat bis teuer, gemütliches Hotel

Camping

Holland State Park, 2215 Ottawa Beach Rd., Tel. 231-399-9390

Oak Grove Resort Campground, 2011 Ottawa Beach Rd., Tel. 231-399-9230, beide sehr preiswert

 The Sandpiper, 2225 S. Shore Dr., Tel. 231-335-5866, teuer, große Auswahl an Fischgerichten, sehr populär

Mesquite Willlie´s, 12420 Felch St., Tel. 231-392-9900, günstig bis teuer, rustikales Steak-Restaurant

Backstreet, 13 W. 7th St., Tel. 231-394-4200, günstig bis teuer, Steaks, Pasta, Pizza

 Cappon House, 228 W. 9th St., Tel. 231-392-6740, Sommer Fr, Sa 13–16 Uhr, Wohnhaus aus dem 19. Jh.

Dutch Village, an der US-31, Tel. 231-396-1475, 800-285-7177, Themenpark, bei dem sich alles um die Niederlande dreht

Holland Museum, 10th/River Sts, Tel. 231-392-9084, tägl. außer Di 10–17, So 14–17 Uhr, Stadtgeschichte

Holland State Park, 2215 Ottawa Beach Rd., Tel. 231-399-9390, State Park am Ufer des Lake Michigan mit Sandstrand

Windmill Island Municipal Park, 7th St./Lincoln Ave., Tel. 231-355-1030, einzige funktionierende niederländische Windmühle in den USA

 Holland Water Sports, 2212 Ottawa Beach Rd., Tel, 231-786-2628, Bootsverleih, Parasailing

Papa Donn´s Bike Rental, 2250 Ottawa Beach Rd., Ende Mai–Sept. Fahrradverleih

Honey Harbour (ONT)

Lage: vordere Umschlagkarte G4 (bei Midland)

Georgian Bay Islands National Park, nur per Boot von Honey Harbour aus erreichbar, Tel. 705-756-2415, die Parkverwaltung veranstaltet Tagesausflüge und geführte Wanderungen nach Beausoleil Island

 Camping
Cedar Spring Campground,
Beausoleil Island, Tel. 705-756-5909, preiswert bis günstig

 Water Taxi Boat, Honey Harbor Boat Club´s Marina, Tel. 705-756-2411

Horton Bay (MI)

Lage: vordere Umschlagkarte D5 (bei Charlevoix)

 Horton Bay Museum, Tel. 616-582-7827, Öffnungszeiten telefonisch erfragen, Hemingway-Memorabilia

Houghton (MI)

Lage: vordere Umschlagkarte B6

 Keweenaw Tourism Council, 326 Shelden Ave., Houghton MI 49931, Tel. 906-482-2388, 800-338-7982, www.keweenaw.org
Isle Royale National Park Service Visitor Center, 800 E. Lakeshore, Tel. 906-482-0984, Informationen über die Isle Royale

 Charleston House Historic Inn, 918 College Ave., Tel. 906-482-7790, 800-482-7404, teuer, stilvoll, in einem Gebäude aus dem Jahre 1900
Best Western Franklin Square Inn, 820 Shelden Ave., Tel. 906-487-1700, teuer, großes Hotel, zentral, mit Pool, Whirlpool und Sauna
Memorial Union Building/Michigan Tech, US-41, Tel. 906-487-2543, auf dem Campus der Michigan Tech, moderat, komfortable Gästezimmer der Universität

Camping
City of Houghton Campground,
W. Lakeshore Dr., Tel. 906-482-8745, sehr preiswert bis günstig, nur für Campervans, keine Zelte, s. auch Hancock S. 325

 Pilgrim River Steakhouse, US-41, 1 Meile südl. der Michigan Tech, Tel. 906-482-8595, teuer, hervorragende Steaks, sehr gute Fischgerichte
Marie´s Deli and Gourmet Restaurant, 519 Shelden Ave., Tel. 906-482-8650, günstig, populäres, einfaches Restaurant, Suppen, Sandwiches und *pies*
Suomi Home Bakery & Restaurant, 54 E. Huron St., Tel. 906-482-3320, günstig, finnische Spezialitäten

 A.E. Seaman Mineral Center, US-41, Michigan Tech, Tel. 906-487-2572, Mo-Fr 9–16.30, im Sommer auch Sa 12–16 Uhr, geologisches Museum mit umfassender Mineraliensammlung

 Keweenaw Excursions Inc.,
Sunset Cruises und verschiedene andere Bootsausflüge, 720 Lakeshore Dr., Tel. 906-482-0884, donnerstagabends zwischen Juni und Sept.

 Zur Isle Royale, zweimal wöchentl., Fahrtdauer 6,5 Std., vom E. Lakeshore Dr., Tel. 906-482-0984

Isle Royale (MI)

Lage: vordere Umschlagkarte B/C7

 Isle Royale National Park, 800 E. Lakeshore Dr., Houghton, MI 49931-1869, Tel. 906-482-0984, www.nps.gov/isro
Ranger-Stationen auf der Insel: Rock Harbor und Windigo
Jim DuFresne, »Isle Royale National Park: Foot Trails and Water Routes«, The Mountaineers, Seattle, Washington, 1991, empfiehlt sich als Informationsquelle für alle, die die Insel zu Land und Wasser erkunden möchten

Rock Harbor Lodge, Rock Harbor, Reservierungen erforderlich unter: National Park Concessions, Inc., Box 605, Houghton, MI 49931-0605, Tel. 906-397-4993 (während der Saison); National Park Concessions, Inc., P.O. Box 27, Mammoth Cave, KY 42259-0027, Tel. 502-773-2191 (außerhalb der Saison), sehr teuer, drei Mahlzeiten im Preis eingeschlossen

Camping

Campingplätze überall auf der Insel, kostenlose *camping permits* in den Rangerstationen (s.o.) obligatorisch, Reservierung nicht möglich, sehr preiswert

 Der **Dining Room** der Rock Harbor Lodge steht auch Nicht-Gästen offen
In Rock Harbor und Windigo (Mitte Juni-Ende Sept.) bieten zwei Läden Grundnahrungsmittel

 Bootstour zum Rock Harbor Lighthouse, zur Edison Fishery und Raspberry Island, Tel. 906-482-0984 Bootstouren zum Fischen auf dem Lake Superior, Tel. 906-482-0984
Kanu- und Bootsverleih in Rock Harbor und Windigo

 Die beiden Läden in **Rock Harbor** und **Windigo** verkaufen neben Lebensmitteln auch Angler-, Camping- und Wanderbedarf

 Auf der Insel Wassertaxi, Tel. 906-337-4993, Transport zu verschiedenen Punkten entlang der Küste
»Voyageur II«, Tel. 715-392-2100, umrundet die Insel und läuft verschiedene Punkte an

Vom Festland

Von Houghton nach Rock Habor Mitte Mai–Ende Sept., zweimal wöchentl. mit der »Ranger III«, Überfahrt: 6,5 Std., 92 $ (Erwachsene), 42 $ (Kinder unter 12), 30 $ (Kajak, Kanus), Reservierung: Isle Royale National Park, 800 E. Lakeshore Dr., Houghton, MI 49931-1869, Tel. 906-482-0984, www.nps.gov/isro

Isle Royale Seaplane Service, Box 366, Houghton, MI 49931-0366, Tel. 906-482-8850, Flüge mit dem Wasserflugzeug Mitte Mai–Sept., Flugdauer: 45 Min., 195 $ hin und zurück; Achtung: Campinggas darf nicht mitgenommen werden
Von Copper Harbor nach Rock Harbor: Mitte Mai–Sept. zu unterschiedlichen Zeiten mit der »Isle Royale Queen III«, Überfahrt: 4,5 Std., 76 $ (Erwachsene), 38 $ (Kinder unter 12 Jahren), 30 $ (Kajaks und Kanus), Reservierung: The Royale Line, Box 24, Copper Harbor, MI 49918, Tel. 906-289-4437
Von Grand Portage nach Windigo
Mai–Sept. tägl. mit der »M.V. Wenonah«, Überfahrt: 3 Std., 60 $ (Erwachsene), 30 $ (Kinder unter 12 Jahren), 46 $ (Kajaks), 36 $ (Kanu); kehrt man am selben Tag von der Insel zurück, zahlt man 35 $ (Erwachsene), 17,50 $ (Kinder unter 12 Jahren), Reservierung: Grand Portage-Isle Royale Transportation Line, Inc., 1507 N. First St., Superior, WI 54880, Tel. 715-392-2100
Mai–Sept., dreimal wöchentl. mit der »M.V. Voyageur II«, die neben Windigo auch McCargoe Cove und Rock Harbor anläuft, Überfahrt bis Windigo: 3 Std., 60 $ (Erwachsene), 30 $ (Kinder unter zwölf Jahren), 46 $ (Kajaks), 36 $ (Kanu), Reservierung: Grand Portage-Isle Royale Transportation Line, Inc., 1507 N. 1st St., Superior, WI 54880, Tel. 715-392-2100

Ispheming (MI)

Lage: vordere Umschlagkarte C6 (bei Marquette)

 U.S. National Ski Hall of Fame and Ski Museum, US-41, Tel. 906-485-6323, Juni–Labor Day Mo–Sa 10–18, So 12–18, Sept.–Mai Mo–Fr 10–17, Sa, So 12–17 Uhr, Ruhmeshalle und Museum des Skisports

Jacksonport (WI)

Lage: vordere Umschlagkarte C5 (bei Sturgeon Bay)

Square Rigger Lodge & Cottages, 6332 Hwy 53, Tel. 920-823-2404, teuer bis sehr teuer, Zimmer z.T. mit Seeblick

 Lakeside Inn, 6301 Hwy 57, Tel. 920-823-2542, günstig, Fisch- und Fleischgerichte
Square Rigger Galley, Square Rigger Lodge & Cottages, s.o., teuer, im Sommer auch *fish boils*

Kelleys Island (OH)

Lage: vordere Umschlagkarte E/F2 (bei Toledo)

 Kelleys Island Chamber of Commerce, Tel. 419-746-2360, www.kel leysisland.com

 Rockaway Bed and Breakfast, 137 W. Lakeshore Dr., Tel. 419-746-2445, teuer, romantisch, am See
Lakeview Lane, 319 W. Lakeshore Dr., Tel. 419-746-2254, teuer, einfache Motelzimmer oder Cottages

Camping
Kelleys Island State Park, Tel. 419-797-4530, sehr preiswert bis günstig

 Kelleys Island Café and Brew Pub, 504 W. Lakeshore Dr., Tel. 419-746-2314, teuer, verschiedene Biere und deftige Speisen
Water Street Café, 101 W. Lakeshore Dr., Tel. 419-746-2468, moderat bis teuer, Burger, Sandwiches, Salate und Pizza

 Inscription Rock State Memorial, am südl. Ufer der Insel, indianische Petroglyphen
Glacial Grooves State Memorial, von Gletschern geformte Landschaft

 Kelleys Island State Park, Baden, Radfahren, Wandern, Vogelbeobachtung

 s. Leamington (ONT) S. 332

Kenosha (WI)

Lage: vordere Umschlagkarte C3

 Kenosha Area Tourism Office, 800 55th St., Tel. 262-654-7307, 800-654-7309, Mo–Fr 9–17 Uhr, www.kenosha cvb.com

 The Manor House, 6536 3rd Ave., Tel. 262-658-0014, teuer, traditionsreiche Unterkunft am Lake Michigan
Holiday Inn Harborside, 5125 6th Ave., Tel. 262-658-3281, teuer, großes Hotel mit allen Annehmlichkeiten, am Hafen
The Boathouse and Merry Yacht Inn, 4815 7th Ave., Tel. 262-654-9922, moderat, kleines, gemütliches Hotel in einem historischen Haus aus der Zeit um die Wende vom 19. ins 20. Jh.

 Dakota Rose, 8040 Sheridan Rd., Tel. 262-654-7500, teuer, Steak-Restaurant mit riesigen Portionen
Mangia, 5517 Sheridan Rd., Tel. 262-652-4285, teuer, hervorragendes italienisches Restaurant, Holzofenpizza
Taste of Wisconsin, 7515 125th Ave., Tel. 414-857-9110, teuer, Spezialitäten von Wisconsin wie *fish fry*, Käse und Wurstgerichte
Chancery Pub and Restaurant, 11900 108th St., Tel. 262-857-3540, günstig bis teuer, Frühstück, Lunch und Dinner in entspannter Atmosphäre

 Anderson Arts Center, 121 66th St., Tel. 262-653-0481, Di–So 13 bis 16 Uhr, Museum mit Werken regionaler und überregionaler Künstler
Harmony Hall, 6315 Third Ave., Tel. 262-653-8440, Mo–Fr 8–17 Uhr, denkmalgeschütztes Anwesen im Tudor-Stil
Kemper Center, 6501 Third Ave., Tel. 262-657-6005, Gelände vom Morgengrauen bis zur Abenddämmerung geöffnet, neogotisches Gebäude
Kenosha County Historical Society and Museum, 220 51st Pl., Tel. 262-654-5770, Di–Fr 14–16.30 Uhr, längere Öffnungszeiten im Sommer, Exponate zur Lokalgeschichte

Kewaunee (WI)

Lage: vordere Umschlagkarte C4

 Chamber of Commerce, Hwy 42 rechter Hand Richtung Norden, Tel. 920-388-4822, 800-666-8214

 The »Gables«, 821 Dodge St., Tel. 920-388-0220, teuer, freundliches B&B im historischen Viertel
Historic Norman General Store, E. 3296 County Rd. G, Tel. 920-388-4580, normanbb@itol.com, moderat bis teuer, historisches B&B, das z. T. in einem ehemaligen Tante-Emma-Laden untergebracht ist
The Kewaunee House, 1017 Milwaukee St., Tel. 920-388-1017, moderat bis teuer, nettes B&B
The Historic Karsten Inn, 122 Ellis St., Tel. 920-388-3800, Fax 920-388-3808, günstig bis teuer, gemütliches Hotel mit persönlicher Note

Camping
Kewaunee Village Camping Resort, 333 Terraqua Dr., Tel. 414-388-4851, am Hwy 42, sehr preiswert bis günstig

 The Karsten Inn Restaurant & Bar, 122 Ellis St., Tel. 920-388-3800, Fax 920-388-3808, günstig bis teuer, einheimische Spezialitäten und deutsche Küche
Gib´s Supper Club, am Hwy 42, Tel. 920-776-1551, günstig, böhmische Spezialitäten

 Kewaunee County Museum, Vliet/Dodge Sts, Tel. 920-388-4410, im Sommer tägl. 10.30–16.30 Uhr, Heimatmuseum

Killarney (ONT)

Lage: vordere Umschlagkarte F5

 Killarney Mountain Lodge, Tel. 705-287-2242, 800-461-1117, Fax 705-287-2691, teuer, rustikale Resort-Anlage mit umfassendem Freizeitangebot

Camping
Roché-Rouge Campgrounds, 70 Ontario St., Tel. 705-287-2332, sehr preiswert bis günstig
Killarney Provincial Park, Hwy 637, Tel. 1-888-668-7275, günstig

 Herbert Fisheries Fish & Chips, günstig, *fish and chips*

 Killarney Outfitters, Tel. 705-287-2828, Verleih von Kanus und Kajaks, geführte Touren
Killarney Provincial Park, Hwy 637, Tel. 705-287-2900, Wandern, Kanufahren, Tierbeobachtung

Kincardine (ONT)

Lage: vordere Umschlagkarte F4

 Kincardine Visitor Information Centre, 782 Broadway St., Tel. 519-396-2731, www.kincardine.net

 Kincardine Lighthouse, Harbour/ Huron Terrace Sts, Leuchtturm aus dem Jahre 1881
Point Clark Lighthouse, Lighthouse Rd., Tel. 519-395-2494, Ende Juni–Anfang Sept. tägl. 10–17 Uhr, Leuchtturm mit kleinem Museum

Kingston (ONT)

Lage: vordere Umschlagkarte J4

 Kingston Tourist Information Office, 209 Ontario St., Tel. 613-548-4415, Fax 613-548-4549, www.kingstonarea.on.ca

 Hochelaga Inn, 24 Sydenham St. S., Tel./Fax 613-549-5534, sehr teuer, viktorianisches Hotel mit individuell eingerichteten Zimmern
Hotel Belvedere, 141 King St. E., Tel. 613-548-1565, Fax 613-546-4692, teuer bis sehr teuer, elegantes, aufwändig restauriertes Hotel

Rosemount Inn, 46 Sydenham St. S., Tel. 613-531-8844, Fax 613-531-9722, teuer, stilvolles Hotel
A Stone´s Throw Bed and Breakfast, 21 Earl St., Tel. 613-544-6098, Fax 613-544-7612, teuer, zentral, in einem alten Kalksteinhaus
Alexander Henry, 55 Ontario St., Tel. 613-542-2261, Fax 613-542-6643, günstig, originelles B&B auf dem Eisbrecher »Alexander Henry«

Jugendherberge
Louise House Summer Hostel, 329 Johnson St., Tel. 613-531-8237, Fax 631-531-9763, Mai–Okt., sehr preiswert

 Chez Piggy, 68 Rear Princess St., Tel. 613-549-7673, teuer, abwechslungsreiche Gerichte
Windmills Café, 184 Princess St., günstig, Frühstück, vegetarische Gerichte
Delightfully Different Teahouse, 222 Wellington St., Tel. 613-546-0236, günstig, Teehaus mit großem Teeangebot
Kingston Prew Pub and Restaurant, 34 Clarence St., Tel. 613-542-4978, günstig, hervorragendes Bier und deftige Gerichte

 Agnes Etherington Art Centre, University Ave., Tel. 613-545-2190, Di–Fr 10–17, Sa, So 13–17 Uhr, Museum mit Werken kanadischer, europäischer und afrikanischer Künstler, auch Kunst der Inuit
Correctional Services of Canada Museum, 555 King St. W., Tel. 613-530-3122, Mi–Fr 9–16 Uhr, Sa–So 10–16 Uhr, Geschichte des Strafvollzugs in Kanada
Kingstom Archaeological Centre, 370 King St. W., Tel. 613-542-3483, Mo–Fr 9 bis 16 Uhr, Archäologie der Region
Marine Museum of the Great Lakes, 55 Ontario St., Tel. 613-542-2261, Mitte April–Mitte Dez. 10–17 Uhr, Schifffahrtsmuseum, Eisbrecher »Alexander Henry«
Murney Tower National Historic Site, King/Barrie Sts, Tel. 613-544-9925, Mitte Mai–Anfang Sept. tägl. 10–17 Uhr, kleines Militärmuseum in einem alten Verteidigungsturm
Pump House Steam Museum, 23 Ontario St., Tel. 613-546-4696, Juni–Labour Day

10–17 Uhr, restaurierte Pumpstation mit Ausstellung alter Dampfmaschinen
Royal Military College, Point Frederick, Tel. 613-541-6000, Juli–Anfang Sept. tägl. 10–17 Uhr, Museum u.a. zur Militärgeschichte

 Bellevue House, 35 Centre St., Tel. 613-545-8666, Anfang Juni–Anfang Sept. tägl. 9–16, April und Anfang Sept.–Ende Okt. tägl. 10–17 Uhr, Wohnhaus des ersten kanadischen Premierministers Sir John A. Macdonald
City Hall, 2162 Ontario St., Tel. 613-546-4291, Mo–Fr 8.30–16.30 Uhr, Führungen durch das Rathaus aus dem 19. Jh.
Fort Henry, Hwy 2, Tel. 613-542-7388, Mitte Mai–Ende Sept. tägl. 10–17 Uhr, historisches Fort

 Confederation Tour Trolley, 209 Ontario St., Tel. 613-548-4453, Trolley-Fahrt durch das historische Kingston
Kingston 1000 Island Cruises, 1 Brock St., Tel. 613-549-5544, Bootsfahrt durch die Inselwelt der 1000 Islands

 Cocama, 178 Ontario St., große Tanzbar
The Toucan, 76 Princess St., irischer Pub mit Live-Musik

 »Wolfe Islander III«, Tel. 613-548-7227, Fähre zur Wolfe Island

Knife River (MN)

Lage: vordere Umschlagkarte A6 (bei Duluth)

 Island View Resort, 249 N. Shore Dr., Tel. 218-834-5886, moderat, gemütliche *cabins,* ruhig
Emily´s Knife River Inn & General Store, N. Shore Dr., Tel. 218-834-5922, moderat, freundliche B&B-Unterkunft

Camping
Depot Campground, N. Shore Dr., Tel. 218-834-5044, günstig

Russ Kendall´s Smoked Fish House, N. Shore Dr., Tel. 218-834-5995, günstig, geräucherter Fisch, auch zum Mitnehmen
Emily´s Knife River Inn & General Store, N. Shore Dr., Tel. 218-834-5922, günstig bis teuer, Deli aus den 20er Jahren, Freitagabends *fish boils*

Kohler (WI)

Lage: vordere Umschlagkarte C4 (bei Sheboygan)

 Visitor Information Center, 501 Highland Dr., Tel. 920-458-3450

 The American Club, Highland Dr., Tel. 920-457-8000, sehr teuer, traditionsreiches Luxushotel
Inn on Woodlake, 705 Woodlake Rd., Tel. 920-452-7800, 800-919-3600, teuer, Hotel mit umfassendem Sportangebot

 Cucina, 725 E. Woodlake Rd., Tel. 920-452-3888, günstig bis teuer, gutes italienisches Restaurant

 Kohler Design Center, 101 Upper Rd., Tel. 920-457-3699, Mo–Fr 9 bis 17, Sa, So und feiertags 10–16 Uhr, Geschichte der Fabrik für Sanitäranlagen und des Arbeiterdorfs Kohler
Waelderhaus, 1100 W. Riverside Dr., Tel. 920-452-4079, tägl. Führungen 14 bis 16 Uhr, Haus im Stil des Bregenzer Waldes mit alten Einrichtungsgegenständen

Lake Linden (MI)

Lage: vordere Umschlagkarte C6 (bei Larium)

 Lindell Chocolate Shop, 300 Calumet St., Tel. 906-296-0793, günstig bis teuer, seit 1920 beinahe unveränderter Laden, der neben Frühstück, Lunch und Dinner auch Eis und Schokolade verkauft

Larium (MI)

Lage: vordere Umschlagkarte C6

 Larium Manor Inn Bed & Breakfast, 320 Tamarack St., Tel. 906-337-2549, teuer, stilvolles B&B in der Villa eines Kupferbarons

Leamington (ONT)

Lage: vordere Umschlagkarte F2

 Leamington Chamber of Commerce, 38 Erie St. N., Tel. 519-326-2721, Fax 519-326-3204, www.town.lea mington.on.ca

 Town N. Country Motor Inn, 200 Talbot St. E., Tel. 519-326-4425, Fax 519-326-4427, teuer, Motel, einige Zimmer mit Whirlpool
Marlborough House Bed and Breakfast, 49 Marlborough St., Tel. 519-322-1395, Fax 519-322-1444, moderat, gemütliches B&B

Camping
Sturgeon Woods Campground and Marina, Point Pelee Dr., Tel. 519-326-1156, sehr preiswert bis günstig

 Thirteen Russell Street Steakhouse, 13 Russell St., Tel. 519-326-8401, teuer, stilvolles Restaurant, Steaks und Fischgerichte
The Pantry Restaurant, 135 Talbot St. E., Tel. 519-326-0786, günstig, Frühstück, Lunch und Dinner in ehemaligem Kutschenhaus

 Point Pelee National Park, Point Pelee Dr., Tel. 519-322-2365, gute Möglichkeiten zur Vogelbeobachtung

 »M. V. Jiimaan«, »M.V. Pelee Islander«, Erie St. S., Information Tel. 519-326-2154; Reservierung Tel. 519-724-2115, Fährverbindung zur Pelee Island

Leelanau Peninsula (MI)

Lage: vordere Umschlagkarte D5

 s. Traverse City S. 387

 Grand View Inn Bed & Breakfast, westl. Ufer des Lake Leelanau, Tel. 616-256-7354, teuer bis sehr teuer, B&B mit Blick auf den See
Falling Waters Lodge, 200 W. Cedar St., Leland, Tel. 231-256-9832, 888-907-2946, www.angelfire.com/mi/fwl, teuer bis sehr teuer, gemütlich, am Leland River
Whaleback Inn, 1767 N. Manitou Trail, Leland, Tel. 616-256-9090, www.leelanau.com/whaleback, teuer bis sehr teuer, viel Atmosphäre
Open Windows Bed & Breakfast, 613 St. Mary's Ave., Suttons Bay, Tel. 800-520-3722, teuer, gemütliches B&B in einem Bauernhaus

Camping
Leelanau State Park, nördl. von Northport, Tel. 616-922-5270
Lake Leelanau R.V. Park, 3101 Lake Shore Dr., Tel. 616-256-7236
Leelanau Pines Campground, 6500 E. Leelanau Pines Dr., Cedar, Tel. 616-228-5742
Sleeping Bear Dunes National Lakeshore, Empire, Tel. 616-326-5134, www.nps.gov/slbe, alle sehr preiswert bis günstig

 Hattie´s, 111 St. Joseph Ave., Sutton's Bay, Tel. 616-271-6222, sehr teuer, hervoragende regionale Gerichte, sehr gutes Weinangebot
The Cove, 111 River St., Leland, Tel. 616-256-9834, günstig bis teuer, nettes Fischrestaurant
Café Bliss, 420 St. Joseph Ave., Sutton's Bay, Tel. 616-271-5000, günstig, weit und breit das beste vegetarische Restaurant der Region

 Grand Traverse Lighthouse, Leelanau State Park, Mai-Okt. tägl. 12–16, Juni–Labor Day 10–19, Nov. (nur an Wochenenden) 12–16 Uhr, Tel. 616-922-5270
Sleeping Bear Dunes National Lakeshore Visitor Center, Empire, Hwy 72/22, Tel. 616-326-5134, Ende Mai–Anfang Sept. tägl. 9–18, sonst tägl. 9–16 Uhr, Auskunft über Wanderwege
Sleeping Bear Point Coast Guard Station Maritime Museum, Glen Haven, am nördlichen Ende der Sleeping Bear Dunes National Lakeshore, Tel. 231-326-5134, Ende Mai–Anfang Sept. tägl. 10-17 Uhr, Museum in einer alten Station der Küstenwache, das sich mit der Geschichte der Lebensrettungsgesellschaft U.S. Life-Saving Service beschäftigt

 Weinproben: Shady Lane Cellars, 9580 Shady Lane, Sutton Bay, Tel. 231-947-8865
Willow Vineyard, 10702 E. Hilltop Rd., Suttons Bay, Tel. 231-271-4810
Ciccone Vineyard & Winery, 10343 E. Hilltop Rd., Suttons Bay, Tel. 231-271-5551, e.sucho2@aol.com
Bel Lago Vineyards & Winery, 6530 S. Lakeshore Dr., Cedar, Tel. 231-228-4800, www.bellago.com
Leelanau Wine Cellars, 12698 E. Tatch Rd., Omena, Tel. 231-386-5201

 Manitou Island Transit, Leland, Tel. 616-256-9061, www.leelanau.com/manitou
Fährverbindungen zu den beiden Manitou-Inseln vom Frühling bis zum Herbst sowie Bootsfahrten beim Sonnenuntergang entlang der Küste

Ludington (MI)

Lage: vordere Umschlagkarte D4

 Chamber of Commerce, 5827 W. US-10, Tel. 231-845-0324, 800-542-4600, www.ludington.org

 **The Lamplighter Bed & Breakfast,** 602 E. Ludington Ave., Tel. 231-843-9792, 800-301- 9792, www.laketolake.com/lamplighter, lamplighter

@ludington-michigan.com, sehr teuer, gepflegte Bed and Breakfast-Unterkunft mit
gemütlichen Zimmern
Viking Arms Inn, 930 E. Ludington Ave.,
Tel. 231-843-3441, www.vikingarmsinn.com,
teuer bis sehr teuer, Zimmer mit Whirlpool, Kamin
Greiner Motel, 4616 W. US-10, Tel. 231-
843-3927, 800-968-1848, www.mich.com/
~greiner, moderat bis teuer, ruhiges Familienmotel

Camping
Ludington State Park, RR 116, Tel. 231-
843-8671, sehr preiswert bis günstig
Cartier Park Campground, 1254 N.
Lakeshore Dr., Tel. 231-845-1522, sehr
preiswert bis günstig

 **Scotty´s Restaurant,** 5910 E. Lu-
dington Ave., Tel. 231-832-4033,
teuer, Spezialität: Fischgerichte und Steaks
Jamesport Brewing Company, 410 S.
James St., Tel. 231-845-2522, günstig bis
teuer, *mircobrewery* in einem alten Gebäude, viele Biersorten und Hamburger
Hobby Crest Restaurant, 3264 Piney
Ridge Rd., Tel. 231-845-0661, günstig bis
teuer, beliebter Frühstückstreff, auch zum
Draußensitzen

 Silver Lake State Park, Silver
Lake Rd., in der Nähe von Mears,
Tel. 231-873-5018 oder 231-873-3083, rie-
sige Sanddünen

 White Pine Village, S. Lakeshore
Dr., Tel. 231-843-4808, Juni–Mitte
Okt. Di–So 11–16.30 Uhr, Museumsdorf

 Lake Michigan Carferry, 701 Maritime Dr., Tel. 231-845-5555, 800-
841-4243, www.ssbadger.com, Fährverbindung nach Manitowoc/Wisconsin

Lutsen (MN)

*Lage: vordere Umschlagkarte A7 (bei
bei Grand Marais, MN)*

 Lutsen Resort and Sea Villa,
Hwy 61, Tel. 218-663-7212, teuer bis
sehr teuer, traditionsreiches Resort im
skandinavischen Stil
Lindgren´s Bed and Breakfast, 5552
County Rd. 35, Cook County Rd., Tel. 218-
663-7450, teuer, gemütlich-rustikales B&B,
Sauna, Whirlpool
The Woods Bed and Breakfast, County
Rd. 4 (Caribou Trail), Tel. 218-663-7144,
moderat, einfache Bed and Breakfast-
Unterkunft in herrlicher Lage

Camping
Cascade River State Park, Hwy 61,
Tel. 218-387-1543, günstig

 Cascade River State Park,
Hwy 61, Tel. 218-387-1543, Wasserfälle, Ausblick vom Lookout Mountain

 **Village Homestead Stables,**
Mountain Rd., Tel. 218-663-7241,
geführte Reitausflüge

Mackinac Island (MI)

*Lage: vordere Umschlagkarte E5 (bei St.
Ignace)*

 **Mackinac Island Chamber of
Commerce,** Main St., Tel. 800-454-
5227, www.mackinac.com

 Grand Hotel, Grand Hotel Ave.,
Tel. 906-847-3331, sehr teuer, vikto-
rianisches Grand Hotel
Haan´s 1830 Inn, Huron Rd., Tel. 906-
847-6244, sehr teuer, stilvoll-gemütliche
Unterkunft mit privater Atmosphäre
The Mission Point Resort, Lakeshore
Dr., Tel. 906-847-3312, teuer bis sehr teuer,
Hotel aus den 50er Jahren des 20. Jh. in
traumhafter Lage
Cloghaun, Market St., Tel. 906-847-3885,
moderat bis teuer, kleines, gemütliches
Hotel in einem viktorianischen Haus
Small Point Bed & Breakfast, Lake-
shore Rd., Tel. 906-847-3758, moderat,
B&B in einem Gebäude aus dem Jahre
1882

Pink Pony Bar & Grill, im Chippewa Hotel, Main St., Tel. 906-847-334, teuer, gutes Essen, nette Atmosphäre
Round Island Bar, im Mission Point Resort, Tel. 906-847-3312, günstig bis teuer, Salate, Sandwiches und Suppen, schöne Aussicht
Fort Mackinac Tea Room, im Fort Mackinac, günstig bis teuer, sehr gute Küche in historischem Ambiente
Doud´s Mercantile, Main/Fort Sts, Tel. 906-847-3551, günstig, alles fürs Picknick

 Biddle House/Benjamin Blacksmith Shop, Market St., Informationen bei Mackinac State Historic Parks, Tel. 616-436-5563, Mai–Okt. 11–16 Uhr, historische Häuser, in denen alte Handwerkstechniken demonstriert werden
Fort Mackinac, Informationen bei Mackinac State Historic Parks, Tel. 616-436-5563, Mai–Mitte Okt. geöffnet, 15.6.–Labor Day 9–17 Uhr, sonst eingeschränkte Öffnungszeiten. Von den Briten errichtetes Fort. Das Kombinationsticket schließt die Besichtigung des Fort Michilimackinac und des Historic Mill Creek State Park in Mackinaw City ein
Governor's Summer Residence, Fort/E. Bluff Rd., Führungen Mittwochmorgens, Residenz des Inselgouveneurs
Mackinac Island Butterfly House, McGulpin St., Tel. 906-847-3972, Memorial Day–Ende Sept., meist 9–19 Uhr, Schmetterlingsfarm

 Robert Stuart House Museum, Market St., Juni-Sept. tägl. 10-16 Uhr, Museum im Haus der Pelzhandelgesellschaft American Fur Co.

 Mackinac Island Carriage Tours, Main St., Tel. 906-847-3307, Juni bis Labor Day, 8.30–17.30 Uhr, Kutschentouren über die Insel, Fahrradverleih z.B. bei Ryba´s, Main St., Tel. 906-847-6261; Orr-Kids, Main St., Tel. 906-847-3211

 s. St. Ignace S. 371 und Mackinaw City s.o.

Mackinaw City (MI)

Lage: vordere Umschlagkarte D5

 The Greater Mackinaw Chamber of Commerce, 708 S. Huron Ave., Tel. 231-436-5574, www.mackinawcity.com
Michigan Welcome Center, 710 S. Nicollet St., Tel. 231-436-5566, Fax 231-436-8551

 Deer Head Lodge Bed & Breakfast, 109 Henry St., Tel. 231-436-3337, www.deerhead.com, teuer, rustikales B&B
Brigadoon Bed & Breakfast, 207 Langdale St., Tel. 231-436-8882, teuer, gemütliches B&B
Comfort Inn Lakeside, 611 S. Huron Ave., Tel. 231-436-5057, 800-228-5150, teuer, Motel am See
Hamilton Inn Select, 701 S. Huron St., Tel. 231-436-5736, 800-301-1765, teuer, am Wasser, mit Privatstrand
Starlight Budget Inns, 116 Old US-31, Tel. 231-436-5959, 800-288-8190, moderat, Familienmotel, mit Pool
La Mirage, 699 N. Huron St., Tel. 231-436-5304, 800-729-0998, moderat, Motel, Zimmer mit Aussicht auf die Mackinaw Bridge

Camping
KOA Campground, 566 Trailsend Rd., Tel. 616-436-5643, sehr preiswert bis günstig
Mackinaw Mill Creek Campground, US-23, Tel. 231-436-5584, ww.camp mackinaw.com, günstig
Tee Pee Campground, 11262 W. US-23, Tel. 231-436-5391, www.teepeecamp ground.com, sehr preiswert bis günstig
Wilderness State Park, 898 Wilderness Park Dr., Tel. 231-436-5381, sehr preiswert bis günstig

 Lighthouse Restaurant, 618 S. Huron St., 231-436-784, teuer, Fischspezialitäten
Captains´s Table Restaurant & Lounge, 502 S. Huron St., Tel. 231-436-5687, teuer, hervorragende Fischgerichte und Steaks

Scalawags Whitefish&Chips, 226 E. Central Ave., Tel. 231-436-7777, günstig, populäres Fish & Chips-Restaurant, Essen auch zum Mitnehmen

Nature´s Table, 116 S. Huron Ave., Tel. 231-436-7779, günstig, große Auswahl an vegetarischen Gerichten

 Colonial Michilimackinac Historic State Park, westl. der Mackinac Bridge, Tel. 231-436-5563, Mai bis Mitte Okt., 15.6.–Labor Day–17 Uhr, sonst eingeschränkte Öffnungszeiten, das Kombinationsticket schließt die Besichtigung des Fort Mackinac und des Historic Mill Creek State Park ein, Handelsposten und Fort aus dem 18. Jh.

Historic Mill Creek State Park, südöstl. der Stadt am Hwy 23, Tel. 231-436-5563, Mai–Mitte Okt., 15.6.–Labor Day 9–17 Uhr, sonst eingeschränkte Öffnungszeiten, das Kombinationsticket schließt die Besichtigung des Fort Mackinac und des Colonial Michilimackinac Historic State Park ein, alte Sägemühle in herrlicher Lage

Old Mackinac Point Light, Michilimac State Park, östl. der Mackinac Bridge, Tel. 616-436-5568, Schifffahrtsmuseum

 Fährverbindungen nach Mackinac Island: **Shepler´s,** Tel. 800-828-6157; **Star Line,** Tel. 800-638-9892; **Arnold Line Catamarans,** Tel. 231-436-5542, 800-542-8528

Madeline Island (WI)

Lage: vordere Umschlagkarte A6 (bei Bayfield, WI)

 Madeline Island Chamber of Commerce, in der Nähe des Fährenanlegers, La Pointe, WI 54850-0274, Tel. 715-747-2801, 888-475-3386, Fax 715-747-2800, www. madeleineisland.com, vacation@madeleineisland.com

 Woods Manor Bed & Breakfast, Tel. 715-747-3102, 1-800-WOODS-56, sehr teuer, luxuriös, mit Whirlpool, Kaminen, Sauna, Strand und Bootsanleger

The Inn on Madeline Island, Tel. 715-747-6315, 800-822-6315, teuer bis sehr teuer, Ferienwohnungen, *cottages* oder Blockhütten auf der Insel

Island Inn, Tel. 715-747-2000, teuer, recht große Zimmer

Madeline Island Motel, zwei Blocks vom Fähranleger, Tel. 715-747-3000, moderat, Frühstück inklusive

Camping
Big Bay State Park, Tel. 715-747-6425 (im Sommer), 715-779-4020 (außerhalb der Saison), sehr preiswert bis günstig

Big Bay Town Park, nördl. des Big Bay State Parks, sehr preiswert bis günstig

 The Clubhouse, Old Fort Rd., Tel. 715-747-2612, sehr teuer, Gourmet-Restaurant, regionale Küche mit französischem Einschlag

The Pub, Inn on Madeline Island, Tel. 715-747-6315, teuer, vor allem Fischgerichte, aber auch Frühstück

Ella's Island Café, Main St., Tel. 715-747-6555, günstig, Café-Restaurant, Kleinigkeiten – auch vegetarische –, So Brunch

 Big Bay State Park, im Sommer, Tel. 715-747-6425, außerhalb der Saison Tel. 715-779-4020, bewaldetes Moor sowie Sandsteinklippen

Indian Burial Ground und Memorial Park, Old Fort Rd., indianische Begräbnisstätten

Lake View Schoolhouse, Juni-Anfang Okt., zeitgenössisch eingerichtete Schule aus dem 19. Jh.

 Madeline Island Historical Museum, in der Nähe des Fähranlegers, La Pointe, Memorial Day–Anfang Okt., tägl. 10–16, 5. 7.-Mitte Aug. 9–19 Uhr, Heimatmuseum mit Schwerpunkt auf der Ojibwa-Kultur

 Apostle Island Yacht Charter Association, Tel. 715-747-2983, 800-821-3480, Segelbootverleih

Mainsheet Charters, Tel. 715-747-212, Segeltouren zu den Apostle Islands

Blue Waters Sailing School, Tel. 612-

559-5649, Segelbootverleih und Unterricht
Madeline Island Golf Course, Tel. 715-747-3212, Golfplatz
Bog Lake Outfitters, Tel. 715-747-2685, nördl. des Big Bay State Park, verleiht Kanus, Paddel- und Ruderboote
Moped Dave´s Motion To Go, Tel. 715-747-6585, rechts vom Fähranleger, verleiht Mountainbikes

 Madeline Island Ferry, La Pointe, Tel. 715-747-2051, Fähren von Madeline Island nach Bayfield; die Fährgesellschaft veranstaltet Mitte Juni–Mitte Aug. auch Bustouren, die über die Insel führen und kürzere Wanderungen einschließen

Mallorytown Landing (ONT)

Lage: vordere Umschlagkarte J4 (bei Brockville)

 Camping
1000 Islands KOA Kampground, County Rd. 2, Tel. 613-923-5339, 1-800-KOA-9725, Fax 613-923-1114, sehr preiswert bis günstig
St. Lawrence Islands National Park, RR 3, 2 County Road 5, Tel. 613-923-5261, 1-800-230-0016, Fax 613-923-1021, sehr preiswert bis günstig

 St. Lawrence Islands National Park, RR 3, Tel. 613-923-5261, Fax 613-923-1021, Hauptquartier der Parkverwaltung und kurzer Wanderweg

 Thousand Islands International Bridge, zwischen Mallorys Landing und Gananoque, verbindet Kanada und die USA

Manistee (MI)

Lage: vordere Umschlagkarte D4

 Manistee Chamber of Commerce, Filer/Division Sts, Tel. 800-288-2286, www.manistee.com
Manistee National Forest Ranger Sta-

tion, 412 Red Apple Rd., rechts ab vom Hwy 31 Richtung Süden, Tel. 231-723-2211, Mo–Fr 8–17 Uhr, der Eingangsbereich mit Informationen zu Wanderungen ist immer offen, Ranger erteilen Auskunft über den Manistee National Forest und die Nordhouse Dunes

 E.E. Douville House Bed & Breakfast, 111 Pine St., Tel. 231-723-8654, sehr teuer, komfortabel, gemütlich, in einem Haus aus dem 19. Jh.
Lake Shore Motel, 101 S. Lakeshore Dr., Tel. 231-723-2667, lakeshore@jackpine.com, teuer, alle Zimmer mit Seeblick

 Four Forty W., 440 River St., Tel. 231-723-7902, teuer, Restaurant über dem Fluss, sehr schön zum Draußensitzen
Lighthouse Brewing Company, 312 River St., günstig bis teuer, gemütliche *microbrewery*, gutes Essen
River St. Station, 350 River St., Tel. 231-723-8411, günstig bis teuer, ungezwungene Atmosphäre, Steaks, großes Angebot internationaler Biersorten
Village Café & Bagels, 345 River St., Tel. 231-398-8455, günstig, guter Kaffee, Spezialität *bagels*
Salt City Café, Filer/Division Sts, Tel. 231-398-9343, günstig, gemütliches Café in einem historischen Gebäude, guter Kuchen

 Manistee County Historical Museum, 425 River St., Lokalgeschichte
Babok House Museum, 420 Third St., Tel. 231-723-9803, Mi, Sa 13–16 Uhr Führungen, sonst wechselnde Öffnungszeiten oder nach Vereinbarung, Geschichtsmuseum

 Water Bug Tours on the River in Historic Manistee, Manistee's River Walk, South River Bank, Tel. 231-723-0919, Bootstouren auf dem Manistee River
Trolley Tours of Historic Manistee, Tel. 231-723-6525, Fahrten durch das alte Manistee, im Sommer stündl. ab 180 Memorial Dr.
Riverside Sportfishing Charters,

520 Water St., Tel. 231-723-3554, www. north-bound.com/riverside, Bootscharter
Manistee Golf Resort, 120 E. County Line Rd., Tel. 231-723-8874, Golfplatz

Manistique (MI)

Lage: vordere Umschlagkarte D5

 Manistique Area Chamber of Commerce, 100 W. Lakeshore Dr., Tel. 906-341-5010
Manistique Ranger District Hiawatha National Forest, Hwy 2, Tel. 906-341-5666, Informationen zum Hiawatha National Forest

 Hojo Inn, 726 E. Lakeshore Dr., Tel. 906-341-6981, 800-654-2000, teuer bis sehr teuer, luxuriösestes Hotel weit und breit
Star Motel, 1952 Lakeshore Dr., Tel. 906-341-5363, moderat, am See, mit 50er Jahre-Touch
Beachcomber Motel, 795 E. Lakeshore Dr., Tel. 906-341-2567, moderat, kleine Zimmer

 Sunny Shores Restaurant, Hwy 2, E. Lakeshore Dr., Tel. 906-341-5582, günstig, populärer Diner, deftige Hausmannskost
Harbor Inn, 238 Cedar St., Tel. 906-341-8393, günstig, gemütliches Restaurant mit Bar

 Imogen Herbert Historical Museum, River St., Tel. 906-341-5010, Memorial–Labor Day tägl. 12–16 Uhr, lokale Geschichte
Manistique Papers, 453 S. Mackinac St., Tel. 906-341-2175, im August Führungen, Papierfabrik

Manitoulin Island (ONT)

Lage: vordere Umschlagkarte F5

 Manitoulin Tourism Association, P.O. Box 119, Little Current, Tel. 705-368-3021, Fax 705-368-3802, www. manitoulin-island.com

 The Shaftesbury Inn, 19 Robinson St., Little Current, Tel. 705-368-1945, Fax 705-368-0201, teuer, gemütliches Landhotel in einem historischen Gebäude
Manitowaning Lodge Golf and Tennis 1 Resort, Manitowaning, Tel. 705-859-3136, Fax 705-859-3270, teuer, idyllische Resort-Anlage mit umfassendem Freizeitangebot
The Queen´s Inn, 19 Water St., Tel. 705-282-0665, teuer, stilvolles Hotel in einem alten Haus
Wedgewood Inn Bed and Breakfast, 31 Worthington St., Tel. 705-368-3876, Fax 705-368-1647, teuer, gemütliches B&B in einem alten Haus
Buck Horn Motel, Hwy 6, South Baymouth, Tel. 705-859-3635, Fax 705-859-297, moderat bis teuer, Familienmotel
Bridgeway Motel, Hwy 6, Little Current, Tel. 705-368-2230, Fax 705-368-2244, moderat, Familienmotel
English Garden Bed and Breakfast, 39 Walcott St., Manitowaning, Tel. 705-859-3277, moderat, gemütlich, mit Garten
Happy Acres Bed and Breakfast, Hwy 6, Tehkumnah, 9 km südl. von South Baymouth, Tel./Fax 705-859-3453, moderat, einfach
Bridal Veil Bed & Breakfast, 159 Main St., Kagawong, Tel. 705-282-3300, 877-216-1132, moderat, kleines gemütliches B&B in einem historischen Gebäude
Meldrum Bay Inn, Meldrum Bay, Tel. 705-283-3190, 1-877-557-1645, Fax 705-283-3190, moderat, kleines Hotel mit komfortablen Zimmern

Camping
Providence Bay Tent and Trailer Park, Providence Bay, Tel. 705-377-4650, sehr preiswert bis günstig
Green Acres Tent and Trailer Park, Hwy 6, Sheguiandah Bay, Tel. 705-368-2428, sehr preiswert bis günstig
Janet Head Tent and Trailer Park, Gore Bay, Tel. 705-282-3044, sehr preiswert bis günstig

The School House Restaurant, 46 McNevin St., Providence Bay, Tel. 705-377-4055, Reservierung empfohlen, teuer, nettes Restaurant in einer ehemaligen Schule, sehr gute Küche

The Old English Pantry, 13 Water St., Little Current, Tel. 705-368-3341, günstig bis teuer, Sandwiches, Fisch, Pasta

The Coffee Shop, Hwy 542, Spring Bay, Tel. 705-377-4308, günstig, Suppen, Sandwiches, Salate

The Garden´s Gate Family Restaurant, Hwy 542, Tehkumnah, Tel. 705-859-2088, günstig bis teuer, abwechslungsreiche Speisen und Desserts

Three Cows and a Cone, 64 Meredith St. E., Little Current, Tel. 705-368-3524, günstig, Sandwiches, Suppen und Eis

Mississagi Lighthouse Restaurant, Mississagi Lighthouse Rd., Tel. 705-282-7258, günstig, kleines Restaurant am Leuchtturm

 »S.S. Norisle«, Manitowaning, ehemaliges Fracht- und Passagierschiff, im Juli und Aug. zugänglich

St. John Anglican Church, Kagawong, kleine Dorfkirche

St. Paul´s Anglican Church, Manitowaning, aus dem Jahre 1845

Ten Mile Point, Hwy 6, zwischen Sheguiandah und Manitowaning, Aussichtspunkt

 Assiginack Museum, Manitowaning, Tel. 705-859-3905, Öffnungszeiten telefonisch erfragen, rekonstruierte Gebäude der frühen weißen Siedler

Little Schoolhouse Museum, South Baymouth, Tel. 705-859-3043, Öffnungszeiten telefonisch erfragen, Heimatmuseum in der ehemaligen Schule

Mississagi Lighthouse, Mississagi Lighthouse Rd., Tel. 705-282-7258, Ende Mai–Mitte Sept. tägl. 8–20 Uhr, Leuchtturm mit Museum und Restaurant

Western Manitoulin Historical Society Museum, Gore Bay, Tel. 705-282-2040, Öffnungszeiten telefonisch erfragen, Heimatmuseum

 Manitou Fishing Charters, South Baymouth, Tel. 705-983-2038, 705-859-2787, Bootscharter für Freunde des Angelsports

Honora Bay Riding Stables, RR 1, Little Current, Tel. 705-368-2669, geführte Ausritte

Canadian Yacht Charters, 30 Water St., Tel. 705-282-0185, Segelcharter, Mountainbike-Verleih

Cup and Saucer Trail, Bidwell Rd., zwischen West Bay und Little Current, Wanderweg am Niagara Escarpment

Bridal Veil Waterfall, Hwy 540, kurz vor Kagawong

 Farmers Market, Little Current, Mai–Okt. Sa 8.30–12 Uhr

Turners, 17 Water St., General Store

 Erstes Wochenende im Aug.: *pow wow,* Wikwemikong

 Manitoulin-Tobermory Ferry, South Baymouth, Tel. 1-800-265-3163, Fähre nach Tobermory auf der Bruce Peninsula

Manitowoc (WI)

Lage: vordere Umschlagkarte C4

 Manitowoc Area Visitor & Convention Bureau, I-43/US-151, Tel. 1-800-627-4896, www.manitowoc.org, manitowocvcb@lakefield.net

 Inn on Maritime Bay, 101 Maritime Dr., Tel. 920-682-70000, 800-654-5353, teuer, Hotel am See, mit Schwimmbad

West Port Bed & Breakfast, 635 N. 8th St., Tel. 920-686-0465, www. innsite.com/inns/A002857.html, teuer, gemütlich, in einem alten Haus mit Veranda und Garten

Coach Lite Inn, 4709 Menasha Ave., Tel. 920-682-4262, günstig, umfassende Speisekarte mit Fleisch- und einigen Fischgerichten, auch Pizza

Colonial Inn, 1001 S. 8th St., Tel. 920-684-6495, günstig, gutes Frühstücksangebot, auch Abendessen

Warren´s Restaurant, Washington St., zwischen 9th und 10th St., Tel. 920-682-2533, günstig, ›typisch amerikanischer‹ Diner

 Wisconsin Maritime Museum, 75 Maritime Dr., Tel. 920-684-0218, im Sommer tägl. 9–18, im Winter Mo–Sa 9 bis 17, So 11–17 Uhr, Museum rund um die Seefahrt und den Schiffsbau, U-Boot aus dem Zweiten Weltkrieg

 Fährverbindung Mitte Mai–Anfang Okt. tägl. (4 Std.) nach Ludington/Michigan; Lake Michigan Carferry Service, 900 S. Lakeview Dr., Tel. 888-947-3377

Marathon (ONT)

Lage: vordere Umschlagkarte D7

 Marathon Chamber of Commerce, Box 190, Marathon, Ontario, POT 2EO, Tel. 807-229-2151, Fax 807-229-1999

 Zero 100 Motor Inn, Peninsula Rd., Tel. 807-229-0100, Fax 807-229-2517, moderat, zweckmäßig

Camping
Neys Provincial Park, Trans-Canada Highway, Tel. 807-825-3205, sehr preiswert bis günstig
Pukaskwa National Park (Hatties Cove), RR 627, Tel. 807-229-0801, sehr preiswert bis günstig
White Lake Provincial Park, Trans-Canada Highway, zwischen Marathon und White River, Tel. 807-822-2447, außerhalb der Saison Tel. 705-856-2396, sehr preiswert bis günstig

 Neys Provincial Park, Trans-Canada Highway, zwischen Terrace Bay und Marathon, Tel. 807-825-3205, Dünen und Strand
Pukaskwa National Park, RR 627, Informationen unter Pukaskwa National Park, Heron Bay, Ontario, POT 1 RO, Tel. 807-229-0801, ont_pukaskwa@pch.gc.ca, unbe-

rührte Wildnis, ideal für Kanu- und Kajakfahrer
White Lake Provincial Park, Trans-Canada Highway, zwischen Marathon und White River, Tel. 807-822-2447, außerhalb der Saison Tel. 705-856-2396, Kanufahren, Baden, Angeln, Wandern

 Pukaskwa Country Outfitters, 9 Lloyd Irwin, Tel. 807-229-0265, Kanuverleih und geführte Touren durch den Pukaskwa National Park
Experience North Adventures, s. Sault Ste. Marie, ONT, S. 376 geführte Kanutouren und Wanderungen durch den Pukaskwa National Park

Marinette (WI)

Lage: vordere Umschlagkarte C5

 Marinette Chamber of Commerce and Visitor Center, 601 Marinette Ave., Tel. 715-735-6681, 800-236-6681, www.marinette.wi.us, marinette@mari.net

 M&M Victorian Inn, 1393 Main St., Tel. 715-732-9531, www.cybrzn.com/VictorianInn, sehr teuer, B&B in einer viktorianischen Villa
Lautermann Guesthouse Inn, 1975 Riverside Ave., Tel. 715-732-7800, teuer, gemütlich, mit Whirlpool
Chalet Motel, 1301 Marinette Ave., Tel. 715-735-6687, günstig bis moderat, einfache Unterkunft

 The Flying Dutchman, 751 University Ave., Tel. 715-732-3930, günstig bis teuer, Steaks, Suppen, Salate, Pasta, Fisch
The Brothers Three-For Hungry People, 1302 Marinette Ave., Tel. 715-735-9054, günstig, Pizza, Tex-Mex-Speisen
Memories Restaurant, 1378 Main St., Tel. 715-735-3348, günstig, Diner im Stil der 50er Jahre

 Marinette County Logging Museum, Stephenson Island Park,

Tel. 715-732-0831, Memorial Day–Labor Day Mo–Sa 10-17, So 12–16 Uhr, Geschichte der Holzwirtschaft

Marquette (MI)

Lage: vordere Umschlagkarte C6

 Marquette Country Convention and Visitor Bureau, 2552 W. US-41, Marquette, MI 49855, Tel. 906-228-7749, 800-544-4321, www.marquettecountry.org
Michigan Welcome Center, 2201 S. US-41, Tel. 906-249-9066, Fax 906-249-9474

 The Bayou Place Bed & Breakfast, 2361 S. US-41, Tel. 906-249-3863, moderat bis sehr teuer, gemütlich, in einem alten Gebäude
Village Inn, 1301 N. Third, Tel. 906-226-9400, 800-226-9400, moderat bis teuer, zentral, kleines, familienfreundliches Hotel
Ramada Inn, 412 W. Washington St., Tel. 906-228-6000, 800-228-2828, moderat bis teuer, zentral, modern, mit Sauna und Whirlpool
Birchmont Motel, 2090 S. US-41, Tel. 906-228-7538, moderat, einige Zimmer mit Seeblick

Camping
Marquette Tourist Park, CR-550 Richtung Big Bay, Tel. 906-228-0460, sehr preiswert bis günstig
Van Riper State Park, US-41, Reservierung Tel. 800-44-PARKS, sehr preiswert bis günstig

 Vierling Saloon, 119 S. Front St., Tel. 906-228-3533, teuer, zu den Fleisch- und Fischgerichten wird selbst gebrautes Bier kredenzt
The Office Supper Club, 154 W. Washington St., Tel. 906-228-9335, teuer, hervorragende Steak- und Fleischgerichte in gepflegter Atmosphäre
Northwood Supper Club, Northwood Dr., 3 Meilen westl. von Marquette über die US-41, Tel. 906-228-4343, teuer, rustikal, saftige Steaks und frische Forellen
Babycakes, 223 W. Washington St.,

Tel. 906-226-7744, günstig, hier trifft man sich zum Frühstück, Mittag- und frühem Abendessen bei Muffins, Suppen, Sandwiches und anderen Kleinigkeiten

 Lake Superior Ishpeming Ore Dock, Lakeshore Blvd., unter Tel. 906-226-6122 erfährt man, wann ein Schiff mit Erz verladen wird
Van Riper State Park, US-41, Tel. 906-339-4461, hervorragende Bade-, Angel- und Wandermöglichkeiten

 The Marquette County Historical Society, 213 Front St., Tel. 906-226-3571, Mo–Fr 10–17, dritter Do im Monat bis 21 Uhr, Museum zur lokalen Geschichte und Wirtschaft

Massena (NY)

Lage: vordere Umschlagkarte K5

 Massena Chamber of Commerce, 50 Main St., Tel. 315-769-3525, www.massenany.com

 Danforth House Bed and Breakfast, 27 W. Orvis St., Tel. 315-769-3177, teuer, gemütlich, zentral

Camping
Robert Moses State Park and Campground, Barnhart Island, Tel. 315-769-8663, Reservierung Tel. 800-456-CAMP, sehr preiswert bis günstig

 Rivergreen´s Restaurant, 72 E. Orvis St., Tel. 315-764-5064, teuer, gepflegt, mit Blick auf den St. Lawrence River

 Dwight D. Eisenhower Lock Visitor Center, Rte 131/Barnhart Rd., Tel. 315-769-2049, Ende Mai–Anfang Okt., Schleuse
St. Lawrence-FDR Power Project Visitor Center, Barnhart Island, Tel. 315-764-0226, Ende Mai–Anfang Sept. tägl. 9.30 bis 18, Anfang Sept.–Columbus Day tägl. 9 bis 16.30, Columbus Day–Ende Mai Mo–Fr 9

bis 16 Uhr, Informationen zur Energiegewinnung durch den St. Lawrence River

 Aug.: Festival of North Country
Folklife, Robert Moses State Park,
Aufführungen, Kunsthandwerk, Kulinari-
sches der Region

Menominee (MI)

Lage: vordere Umschlagkarte C5

 **Menominee Chamber of Com-
merce,** 1005 10th Ave., Tel. 906-
863-2679
Michigan Welcome Center, Hwy 41, an
der Interstate Bridge, Tel. 906-863-6496,
Fax 906-863-2155

 Gehrke´s Guesthouse, 320 First
St., Tel. 906-863-6345, teuer, gemütlich, mit Garten

Camping
Kleinke Park, M-35, 15 Meilen nördl. von
Menominee, sehr preiswert
River Park Campground, 6th Ave., dann
Bahngleise überqueren, Tel. 906-863-2656,
sehr preiswert bis günstig

 **Schloegel´s,** Hwy 41, nördl. von
Downtown Menominee, Tel. 906-
863-8438, günstig bis teuer, Blick auf die
Green Bay, skandinavische Spezialitäten
Harbor House Gallery & Café,
1821 First St., Tel. 906-863-7770, günstig
The Landing, 450 First St., Tel. 906-863-
8034, günstig, Fleisch- und Fischgerichte,
auch vegetarische Speisen

 **Menominee County Historical
Museum,** 904 11th Ave., Tel. 906-
863-9000, Memorial Day–Ende Sept. Mo
bis Sa 10–16, So 13–16 Uhr, Museum zur
Regionalgeschichte

Michigan City (IN)

*Lage: vordere Umschlagkarte C2 (bei
Gary)*

 **Convention & Visitor Bureau,**
1503 S. Meer Rd., Tel. 219-872-5055,
www.michigancity.org, an der I-94 informiert ein Michigan Welcome Center über
den Bundesstaat Michigan

 **Creekwood Inn,** I-94, an RR 20/35,
Tel. 219-872-8357, sehr teuer, stil-
volle Bed and Breakfast-Uunterkunft in
einem eleganten Landhaus
Hutchinson Mansion Inn, 220 W. 10th
St., Tel. 219-879-1700, sehr teuer, gemütli-
ches B&B in einem viktorianischem Haus
Al & Sally's Motel, 3221 W. Dunes Hwy,
Tel. 219-872-9131, moderat, ordentliches
Familienhotel

Camping
Indiana Dunes National Lake Shore,
s. u., sehr preiswert bis günstig

 **Galveston Steak House,** 10 Com-
merce Sq., Tel. 219-879-5555, güns-
tig bis teuer, saftige Steaks

 **Indiana Dunes National Lake-
shore,** Dorothy Buell Memorial Vi-
sitor Center, Kemil Road, Hwy 12 und West
Beach Visitor Center, Country Line Rd.,
Hwy 12

 **Old Lighthouse Museum,** Wash-
ington Park, Tel. 219-872-6133, Di
bis So, feiertags 10–16 Uhr, Lokalgeschichte, Schiffsmodelle, Geschichte des
Leuchtturms

 **Prime Outlets,** 6th & Wabash,
Tel. 219-879-6506, über 120 Läden
mit günstigen Markenartikeln

Middle Bass Island (OH)

Lage: vordere Umschlagkarte F2

 **Saint Hazards on the Beach,**
1233 Fox Rd., Tel. 1-800-837-5211,
günstig bis teuer, Feriendorf mit unterschiedlichen Übernachtungsmöglichkeiten, auch Camping

Lonz Winery, Tel. 419-285-5411, Weingut, Weinprobe

 s. South Bass Island S. 379

Midland (ONT)

Lage: vordere Umschlagkarte G4

 Midland Chamber of Commerce, 208 King St., Tel. 705-526-7884, Fax 705-526-1744, www.town.mid land.on.ca

 Beacon Shore Bed and Breakfast, 128 Midland Point Rd., Tel. 705-526-5005, moderat bis teuer, an der Georgian Bay
Best Western Highland Inn, 924 King St., Tel. 705-526-9307, Fax 705-526-0099, teuer, ordentliches Motel

 Scully´s Waterfront Grill, Town Dock, Tel. 705-526-2125, günstig bis teuer, Hamburger, Steaks und Sandwiches
The Daily Perk, 292 King St., Tel. 705-526-0597, günstig, kleines Café, verschiedene Kaffeesorten, *bagels*, Sandwiches, Suppen und Kuchen

 Martyrs' Shrine, Hwy 12, gegenüber von Sainte-Marie among the Hurons, erinnert an die getöteten Jesuitenmissionare
Sainte-Marie among the Hurons, Hwy 12, Tel. 705-526-7838, Ende Mai bis zum kanadischen Thanksgiving tägl. 10 bis 17 Uhr, rekonstruierte Jesuitenmission
Wye Marsh, Hwy 12, Tel. 705-526-7809, Sumpfgebiet mit seltenen Vogelarten

 Huron Indian Village and Huronia Museum, 549 Little Lake Park Rd., Tel. 705-526-2844, Juli bis Aug. tägl. 9–18 Uhr, sonst tägl. 9–17Uhr, rekonstuiertes Huronen-Dorf mit Museum, Exponate zur indianischen Urbevölkerung

 PMCL 30000 Islands Boat Cruises, Midland Town Dock, Tel. 705-526-0161, Bootsfahrten durch das Inselreich der 30000 Islands

Milwaukee (WI)

Lage: vordere Umschlagkarte C3

 Greater Milwaukee Convention & Visitor Bureau, 510 W. Kilbourn Ave., Tel. 414-273-7222, 273-3950, 800-231-0903, Mo–Fr 8–17 Uhr, www.officialmil waukee.com

 Pfister Hotel, 424 E. Wisconsin Ave., Tel. 414-273-8222, 800-558-8222, sehr teuer, plüschiges Traditionshotel mit vielen Annehmlichkeiten
Milwaukee Hilton, 509 W. Wisconsin Ave., Tel. 414-271-7250, 800-445-8667, sehr teuer, renoviertes Art-déco-Hotel
Astor Hotel, 924 E. Juneau St., Tel. 414-271-4220, 800-558-0200, teuer, in der Nähe des Sees
The Grand Milwaukee Hotel, 4747 S. Howell Ave., Tel. 414-481-8000, 800-558-3862, moderat bis sehr teuer, vielfältiges Sportangebot
Hotel Wisconsin, 720 N. Third St., Tel. 414-271-4900, moderat bis teuer, zentral, gutes Preis-Leistungs-Verhältnis
Golden Key Motel, 3600 S. 108th St., Tel. 414-543-5300, günstig bis moderat, einfach, mit Schwimmbad
Bed & Breakfast of Milwaukee, 832 N. 2nd St., Suite 619, Tel. 414-277-8066, reserviert Zimmer in den B&B-Unterkünften der Stadt
The Crane House, 346 E. Wilson St., Tel. 414-483-1512, moderat bis teuer, vier liebevoll eingerichtete Zimmer, persönliche Atmosphäre
Red Barn Hostel, 6750 W. Loomis Rd., Greendale, Tel. 414-529-3299, Mai–Okt, sehr preiswert, rustikale Jugendherberge

Camping
Country View Campground, S. 110 W. 26400 Craig Ave., Mukwonaga, Tel. 262-662-3654, Mitte April–Mitte Okt., sehr preiswert bis günstig, privater Campingplatz, recht laut

Karl Ratzsch's Old World Restaurant, 320 E. Mason St., Tel. 414-276-2720, sehr teuer, deutsche Spezialitäten und bayrische Musik

Elsa´s on the Park, 833 N. Jefferson St., Tel. 414-765-0615, teuer bis sehr teuer, elegantes Restaurant

Grenadier´s, 747 N. Broadway Ave., Tel. 414-276-0747, teuer, vornehmstes Restaurant der Stadt mit exquisiten Gerichten

Milwaukee Historic Turner's, 1034 N. 4th St., Tel. 414-273-5590, teuer, gemütliches Restaurant, u.a. deutsche Speisen

Border´s on the River, 11919 N. River Rd., Tel. 414-242-0335, moderat, traditionsreiches Restaurant

African Hut, 1107 N. Old World Third St., Tel. 414-765-1110, günstig, kulinarische Reise nach Afrika

Buck Bradley´s Bar&Eatery, 1019 N. Old World Third St., Tel. 414-224-8500, günstig, wirbt damit, die längste Bar östlich des Mississippi zu besitzen, abwechslungsreiche Speisekarte

Coerper´s Five O´ Clock Club, 2416 W. State St., Tel. 414-342-3553, günstig, beliebtes Steak-Restaurant, unbedingt reservieren

Kopp´s, 5373 N. Port Washington Rd., Tel. 414-961-2006, günstig, die Spezialität der Stadt – *frozen custard,* gefrorener Vanillepudding

Pieces of Eight, 550 N. Harbor Dr., Tel. 414-271-0597, günstig, populär, am See

Turner Hall, 1034 N. 4th St., Tel. 414-273-5590, günstig, gemütlich, in einem alten Haus des ehemaligen Turnvereins

 Calvary Presbytarian Church, 935 W. Wisconsin Ave., neogotische Kirche aus dem Jahre 1869

E. Wells/E. Mason Sts, Gebäude aus dem Jahren 1858 bis 1925

Federal Building, 515–519 E. Wisconsin Ave., neoromanischer Prachtbau

Firstar Center, 777 E. Wisconsin Ave., von Loius Skidmore, Nathaniel A. Owings und John Merrill errichtetes Hochhaus aus dem Jahre 1973

Germania Building, 135 W. Wells St., ehemaliges Verlagshaus der deutschen zeitung »Die Germania«

Gesu Church, 1145 W. Wiscosin Ave., neogotische Kirche auf dem Campus

The Grand Avenue, 275 W. Wisconsin Ave., Einkaufspassage

Harley Davidson Engine Plant, 11700 W. Capitol Dr., Tel. 414-535-3666, Zeiten für Führungen telefonisch erfragen, hier kann man beobachten, wie die Motoren für die Harley-Davidson-Motorräder hergestellt werden

Iron Block Building, 205 E. Wisconsin Ave., gusseiserne Fassade

The Journal Company Building, 333 W. State St., Gebäude eines Zeitungsverlags

Mariner Tower, 606 W. Wisconsin Ave., Art-déco-Hochhaus

Marshall Fields Building, 101 W. Wisconsin Ave., architektonisches Vorbild: Selfridges in London

Miller Brewing Company, 4251 W. State St., Tel. 414-931-BEER, Di–Sa 10–15.30 Uhr, kostenlose Führungen durch die größte Brauerei der Stadt

Milwaukee Auditorium, 512 W. Kilbourn Ave., Ausstellungs- und Konzerthalle

Milwaukee Central Library, 814 W. Wisconsin Ave., Stadtbücherei

Milwaukee City Hall, 200 E. Wells St., Prachtbau aus den 90er Jahren des 19. Jh.

Milwaukee County Courthouse, 901 N. 9th St., neoklassizistisches Gerichtsgebäude

Milwaukee County War Memorial Center, 750 N. Lincoln Memorial Dr., Tel. 414-273-5533, tägl. 10–17 Uhr, Denkmal zur Erinnerung an die Kriegstoten

Milwaukee Grain Exchange Room, 225 E. Michigan Ave., ehemalige Getreidebörse

Northwestern National Insurance Building, 526 E. Wisconsin Ave., detailreiche Fassade

Northwestern Mutual Life Insurance Co., 720 E. Wisconsin Ave., neoklassizistischer Bau

Old World Third St., Straße mit historischen Gebäuden

Riverside Theater, 116 W. Wisconsin Ave., Tel. 414-224-3000, Theater aus dem Jahre 1927

St. James Episcopal Church, 833 W. Wisconsin Ave., katholische Kirche
St. Joan of Arc Chapel, 1324 W. Wisconsin Ave., Kapelle auf dem Campus der Universität
St. John´s Cathedral, 802 N. Jackson St., älteste Kathedrale der Stadt
Schroeder Hotel, 509 W. Wisconsin Ave., Art-déco-Juwel
Wells St./N. Plankinton Ave., von deutschen Einwanderen errichtetes Gebäude
Wisconsin Club, 900 W. Wisconsin Ave., aufwändig gestaltetes Klubhaus aus dem Jahr 1848
Wisconsin Gas Co., 626 E. Wisconsin Ave., Art-déco-Haus
West Highland Boulevard, Prachtstraße mit Villen der Jahrhundertwende
Tripoli Tempel, 3000 W. Wisconsin Ave., »Tempel« der Freimaurerloge
Turner Hall, 1034 N. 4th St., Haus des von Deutschen gegründeten Turnvereins

 Milwaukee Arts Museum, 750 N. Lincoln Memorial Dr., Tel. 414-224-3200, Di, Mi, Fr, Sa 10–17, Do 12–21, So 13 bis 17 Uhr, Kunst verschiedener Epochen und Kulturkreise
Milwaukee County Historical Center, 910 N. Old World Third St., Tel. 414-273-8288, Mo–Fr 9.30–17, Sa 10–17, So 13–17 Uhr, Lokalgeschichte
Milwaukee Public Museum und Discovery World Museum, 800 W. Wells St., Eingang N. James Lovell St., Tel. 414-278-2700, tägl. 9–17 Uhr, Exponate zur Naturwissenschaft, Technik und Menschheitsgeschichte
Pabst Mansion, 2000 W. Wisconsin Ave., Tel. 414-931-0808, Mo–Sa 10–15.30, So 12 bis 15.30 Uhr, Villa des Brauereibesitzers Frederick Pabst

 Juni: Lakefront Festival of the Arts, Kunstfestival; Asian Moon Festival, rund um die asiatische Kultur; Polish Fest, Polka-Bands, polnische Küche, Kunsthandwerker
Juli: Bastille Day, französisches Erbe und Kultur in Nordamerika; Festa Italiana, größtes Italienfestival der USA; German Fest, Festival um die deutsche Kultur

Aug.: Mexican Fiesta, hier dreht sich alles um Mexiko
Juni–Sept.: Indian Summer Festival, indianische Kultur von Kanada bis zu den Maya (jährlich verschiedene Zeiten)

 The Safe House, 779 N. Front St., Tel. 414-271-2007, originelle Kneipe/Restaurantant rund um das Thema Spionage, der Eingang ist nur durch Schild »International Exports« gekennzeichnet
Luke´s Sport Spectacular, 1225 N. Water St., Tel. 414-223-3210, Sports Bar
John Hawk´s, 100 E. Wisconsin Ave., Tel. 414-272-3199, Pub im englischen Stil
My office, 763 N. Milwaukee St., Tel. 414-276-9646, gemütlicher Pub, Treffpunkt nach Feierabend
Velvet Room, 730 N. Old World Third St., Tel. 414-319-1190, leckere Cocktails und Live Jazz, Fr und Sa ab 19 Uhr
Up&Under Pub, 1216 E. Brady St., Tel. 414-276-1677, häufig Live-Musik, vor allem Blues
Jazz Oasis, 2379 N. Holton Ave., Tel. 414-562-2040, Treffpunkt für Jazzfans
Water Street Brewery, 1103 N. Water St., Tel. 414-272-1195, populäre *microbrewery*

 Milwaukee Repertory Theater, 108 E. Wells St., Tel. 414-224-9490, klassische und zeitgenössische Stücke
Pabst Theater, 144 N. Wells St., Tel. 414-286-3663, prachtvolles, traditionsreiches Theater
Performing Arts Center, 929 N. Water St., Tel. 414-273-7206, Theater, Konzerte, Ballett- und Opernaufführungen
Theater X, 158 N. Broadway, Tel. 414-278-0555, viel gepriesene, moderne Aufführungen

 Grand Avenue Shopping Mall, 275 W. Wisconsin Ave., Tel. 414-224-0655, Mall in der Innenstadt; nette Läden in der N. Old World Third St., z. B.
Usinger's Famous Sausages, 1030 N. 4th St., Tel. 414-276-9100, traditionsreiches Geschäft mit über 70 verschiedenen Wurstsorten, seit 1880 eine Institution,
Wisconsin Cheese Mart, 1048 N. 4th St.,

Käsespezialitäten aus Wisconsin; in der Gegend um die Jefferson St. schicke Läden und Galerien

 Historic Milwaukee Incorporated, P.O. Box 511220, Tel. 414-277-7795, Spaziergänge durch verschiedene Stadtteile

Celebration of Milwaukee, 502 N. Harbor Dr., Tel. 414-278-1113, Segelausflüge auf dem Lake Michigan

Edelweiss, 1110 N. Old World Third St., Tel. 414-272-3625, Lunch- und Dinner-Fahrten auf dem Milwaukee River und im Hafen

Iroqouis Boat Line, Tel. 414-332-4194, Bootsfahrten auf dem See und Fluss, Abfahrt vom Westufer des Milwaukee River zwischen den Brücken der Michigan und Clybourn Sts

 Greyhound, 606 N. 7th St. Michigan Ave., Tel. 414-272-2156, mehrmals tägl. nach Chicago (14 $, 2 Std.) und nach Minneapolis (50 $, 6 Std. Express Service)

Amtrack, 433 W. St. Paul Ave., Tel. 414-271-0840, tägl. mehrere Verbindungen nach Chicago (28 $, 1,5 Std.), zudem Verbindungen an die Westküste nach Seatle über Minneapolis/St. Paul

Der innerstädtische öffentliche Verkehr wird vom **Milwaukee County Transit System,** Tel. 414-344-6711, unterhalten

Taxis: Veterans Taxicab Cooperative, Tel. 414-291-8095

Minneapolis (MN)

Lage: vordere Umschlagkarte westl. von A5

 Greater Minneapolis Convention & Visitors Association, 4000 Multifoods Tower, 33 S. 6th St., Minneapolis, MN 55402, Tel. 612-661-4700, 800-445-7412, Fax 612-335-5841, www.minneapolis.org

 Marquette Hotel, 710 Marquette Ave., Tel. 612-332-2351, 800-445-

8667, sehr teuer, zentral, komfortables Luxushotel

Holiday Inn Metrodome, 1500 S. Washington Ave., Tel. 612-331-4646, 800-448-3663, teuer bis sehr teuer, für Nachtschwärmer ideal, kostenloser Shuttle Service in die Innenstadt

Nicollet Island Inn, 95 Merriam St., Tel. 612-331-1800, teuer bis sehr teuer, kleines Hotel auf einer Insel im Mississippi – dennoch zentral – in einem historischen Gebäude

Normandy Inn, 405 S. 8th St., Tel. 612-370-1400, teuer, ruhiges Hotel

1900 DUPONT, 1900 S. Dupont Ave., Tel. 612-374-1973, teuer, gemütliches B&B in einem Haus aus der Zeit der Jahrhundertwende, in der Nähe des Walker Arts Center

Hotel Luxeford Suites, 1101 LaSalle Ave., Tel. 612-332-6800, 800-662-3232, moderat bis teuer, Apartmenthotel, gutes Preis-Leistungs-Verhältnis

Elmwood House, 1 E. Elmwood Pl., Tel. 612-822-4558, 888-822-4558, moderat bis teuer, B&B in einem historischen Gebäude, in einem gepflegten Stadtteil

City of Lakes International House, 2400 S. Stevens Ave., Tel. 612-871-3210, sehr preiswert, charmant-chaotische Herberge für Rucksackreisende, zentrale Lage

Jugendherberge

Hostel International, Caecilian Hall, College of St. Catherine, 2004 Randolph Ave., Tel. 612-690-6604, sehr preiswert, Jugendherberge des internationalen Jugendherbergswerk, nur im Sommer geöffnet

Camping

Northwest KOA, I-94, Exit 213, 15 Meilen nordwestl. der Stadt, Tel. 612-420-2255, sehr preiswert bis günstig

Baker Park, 3800 County Rd. 24, Lake Independence, 15 Meilen westl. der Stadt, Tel. 612-559-6700, günstig

 Café Brenda, 300 N. 1st Ave., Tel. 612-342-9230, teuer, helles, modernes Restaurant in einem alten Lagerhaus, innovative Küche, viele vegetarische Speisen

Café Un Deux Trois, 114 S. 9th St., Tel. 612-673-0686, teuer, vor allem bei Geschäftsleuten populär, französische Bistro-Speisen
Goodfellow´s, 40 S. 7th St., Tel. 612-332-4800, teuer, ausgezeichnete amerikanische *regional cuisine,* große Weinauswahl
Manny´s Steakhouse, 1300 Nicollet Mall, Tel. 612-339-9000, teuer, Steaks und Lobster
Chez Bananas, 119 N. 4th St., Tel. 612-340-0032, günstig, quirliges Restaurant mit karibischer Küche
Peter´s Grill, 114 S. 8th St., Tel. 612-333-1981, günstig, tradtionsreiches Restaurant mit deftigen Speisen
Best of Phillie Deli, 112 N. 3rd St., Tel. 612-673-9595, günstig, Sandwiches für den großen und kleinen Hunger

 Farmers and Mechanics Savings Bank, 88 S. 6th St., Tel. 612-973-1111, Bankgebäude mit sehenswerter Lobby
Foshay Tower, 821 Marquette Ave, Tel. 621-341-2522, ältestes Hochhaus der Stadt, erbaut 1929, Aussichtsplattform im 31. Stockwerk, Art-déco-Lobby
Grain Exchange Building, 400 S. 4th St., Tel. 612-321-7101, Getreidebörse aus dem Jahre 1902, Führungen
IDS Center, 80 S. 8th St., Tel. 612-376-8000, postmodernes Hochhaus
Minneapolis City Hall, 350 S. 5th St., Tel. 612-673-3000, neoromanisches Rathaus aus der Zeit der Jahrhundertwende
Minneapolis Post Office, 100 S. 1st St., Tel. 612-231-5957, Art-déco-Postgebäude
Orchestra Hall, 1111 Nicollet Mall, Tel. 612-371-5600, Spielstätte des Minnesota Orchestra, hervorragende Akustik
Peavy Plaza, 1111 Nicollet Mall, innerstädtische Oase mit Wasserspielen und Grünflächen

 Minneapolis Institute of Arts, 2400 S. 3rd Ave., Tel. 612-870-3131, Di, Mi, Fr, Sa 10–17, Do 10–21, So 12–17 Uhr, Kunstmuseum mit erlesenen Exponaten europäischer Künstler, Fotografie und Kunsthandwerk
Museum of Questionable Medical De-vices, 219 Main St., Tel. 612-379-4046, Di bis Do 17–21, Fr–Sa 12–21, So 12–17 Uhr, kuriose Sammlung medizinischer Quacksalbereien
Walker Arts Center and Minneapolis Sculpture Garden, 725 Vineland Pl., Tel. 612-375-7600, Arts Center Di, Mi, Fr, Sa 10–17, Do 10–20, So 11–17, Sculpture Garden tägl. von 6 Uhr bis Mitternacht geöffnet, Museum für moderne amerikanische Kunst mit angeschlossenem Skulpturenpark

 Architectural Antiques, 801 N. Washington Ave., Tel. 612-332-8344, Lampen, Türgrifffe, Kacheln etc. aus Abbruchhäusern
Barnes & Noble, 801 Nicollet Mall, Tel. 612-371-4443, größter Buchladen in Minnesota, riesige Auswahl an Büchern und CDs
Mall of America, I-494 und Hwy 77, Bloomington, Tel. 612-883-8800, größte Shopping Mall der USA
Minneapolis Famers´ Market, Nicollet Mall, Do verkaufen die Bauern der Umgebung ihre Produkte in der Fußgängerzone
Neimann Marcus, 505 Nicollet Mall, Tel. 612-339-2600, renommierte Kaufhauskette mit umfassendem Angebot
Parmee´s, 400 N. 1st Ave., Tel. 612-333-0101, Trend-Laden mit Designer-Kleidung, günstige Sonderangebote
Ragstock, 830 N. 7th St., Tel. 612-333-8520, Riesenauswahl an Second-Hand-Kleidung u.a. aus den 30ern, 40ern und 50er Jahren des 20. Jh.

Bunker´s Music Bar & Grill, 761 N. Washington Ave., Tel. 612-338-8188, populäre R&B-, Funk- und Blueskneipe
Café Luxeford, 1101 LaSalle Ave., Tel. 612-332-6800, hervorragender Live-Jazz
Fine Line Music Café, 318 1st Ave., Tel. 612-338-8100, So Gospel Brunch
First Avenue, 701 N. 1st Ave., Tel. 612-332-1775, größter Nachtklub der Stadt, Top-Adresse für Live Bands
Ground Zero, 15 N.E. 4th St., Tel. 612-378-5115, tägl. wechselnde Musik

Medina Entertainment Center,
500 Hwy 55, Medina, Tel. 612-478-661, die
Adresse für Country-Music-Fans
Quest, 110 N. 5th St., Tel. 612-338-3383,
einst Lieblingsklub von Minneapolis' be-
rühmtem Sohn, The Artist formerly known
as Prince

 Children's Theater Company,
2400 S. 3rd Ave., Tel. 612-874-0400,
viel gepriesenes Theater für junge Zu-
schauer
Guthrie Theater, 725 Vineland Pl.,
Tel. 612-377-2224, Aufführungen klassi-
scher und moderner Stücke
Illusion Theater, 528 Hennepin Ave.,
Tel. 612-339-4944, sozialkritisches und poli-
tisches Theater
Jungle Theater, 709 W. Lake St., Tel. 612-
822-7063, amerikanische Klassiker in ei-
nem winzigen Theater
Minnesota Orchestra, 1111 Nicollet
Mall, Tel. 612-371-5656, hervorragendes
Orchester
Minnesota Opera Company, 620 N. 1st
St., Tel. 612-333-2700, vorwiegend klassi-
sche Opern
Theatre de la Jeune Lune, 105 N. 1st
St., Tel. 612-333-6200, junges Avantgarde-
Theater in einem alten Lagerhaus

 Campus Bikes, 213 S.E. Oak St.,
Tel. 621-331-3442, verleiht Mountainbikes, ideal, um die Park- und Seen-
landschaft der Stadt auf über 70 km Fahrradwegen zu erkunden
Padelford Boats, Tel. 621-227-1100, zwischen Memorial Day und Labor Day Bootstouren auf dem Mississippi, Abfahrt:
Boom Island

 Juni: Minnesota Fringe Festival, al-
ternatives Theaterfestival
Juneteenth Celebration, Feierlichkeiten
zum Ende der Sklaverei
Stone Arch Festival of the Arts, Festival
rund um das Thema Kunst
Juli: Basilica Block Party, Riesenparty mit
bekannten Bands rund um die Basilica of
St. Mary
Bastille Day Celebration, Festival in Erinnerung an den Sturm auf die Bastille/Paris

Viennese Sommerfest, veranstaltet vom
Minnesota Orchestra, Aufführungen klassi-
cher Musik
Aug.: Cedarfest, Sommerfestival mit un-
terschiedlichen Musikvorführungen
Uptown Art Fair, traditionsreiches Festival
mit zahlreichen Kunstausstellungen
Sept.: American Indian Movement Pow
Wow, Indianderfest

 **Minneapolis/St. Paul Internatio-
nal Airport,** 8 Meilen südl. von
Downtown Minneapolis, Tel. 612-726-5555,
Fahrt in die Innenstadt kostet mit dem Taxi
17 bis 19 $, mit dem Airport Express
Shuttle, Tel. 612-827-7777, 10 $, mit dem
Bus der MCTO, Tel. 612-373-3333, 1,50 $
Greyhound, 29 N. 9th St., Tel. 612-371-
3323, häufige Verbindungen nach Milwaukee (40 $, 6 Std.) und Chicago (60 $,
8 Std.)
Eisenbahn: s. St. Paul S. 372
**Metropolitan Council Transit Operati-
ons (MTCO),** Tel. 612-373-3333, unterhält
das städtische Busnetz, passende Münzen
bzw. Scheine bereithalten, da die Busfah-
rer kein Wechselgeld haben, zum Umsteigen vom Busfahrer *transfer ticket* verlan-
gen. Informationen zu Routen, Preisen,
Umsteigemöglichkeiten: Transit Store,
719 Marquette Ave., Tel. 612-373-3333
Taxi: Airport Taxi, Tel. 612-721-0000
Blue & White Taxi, Tel. 612-333-3333
Suburban Taxi, Tel. 612-884-8888
Yellow Cab Minneapolis Tel. 612-824-4444
Yellow Cab Suburban, Tel. 612-824-4000

Monroe (MI)

*Lage: vordere Umschlagkarte E2 (bei To-
ledo)*

 **Monroe County Convention and
Tourism Bureau,** 101 W. Front St.,
Tel. 734-457-0245, 800-252-3011
Michigan Welcome Center, I-75 Rich-
tung Norden, Tel. 734-242-1768, Fax 734-
242-6181

 **Monroe County Historical Mu-
seum,** 126 S. Monroe St., Tel. 734-

240-7780, Sommer: 1. 5.–30. 10. tägl. 10
bis 17, 1.10.–30.4. Mi–So 10–17 Uhr, Lokalgeschichte
River Raisin Battlefield Visitor Center,
1403 E. Elm St., Tel. 734-243-7136, tägl. 10–
18, ab Sept. Sa, So 10–17 Uhr Schlachtfeld
des Krieges von 1812 mit Besucherzentrum

Montréal (QC)

Lage: vordere Umschlagkarte östl. von K5

 Infotouriste Centre, 1001 du
Square Dorchester, Tel. 514-873-
2015, www.tourism-montreal.org
**Bureau d'information touristique du
Vieux-Montréal,** 174 Rue Notre-Dame Est

 Hotel Place d´Armes, 701 Côte
de la Place d´Armes, Tel. 514-842-
1887, 1-800-450-1887, www.hotelplacedar
mes.com, sehr teuer, stilvolles, intimes Luxushotel mit geschmackvoll eingerichteten
Zimmern im Herzen der Altstadt
Hotel Le Germain, 2050 Rue Mansfield,
Tel. 514-849-2050, 1-877-333-2050, Fax 514-
849-1437, www.hotelgermain.com, reser
vations@hotelgermaine.com, sehr teuer,
elegant, gemütlich, mit persönlicher Note
Manoir Ambrose, 3422 Rue Stanley,
Tel. 514-288-6922, Fax 514-288-5757,
www.manoirambrose.com, webmaster@
manoirambrose.com, teuer, in dezenten
Pastellfarben gehaltenes Hotel in ruhiger
Lage mit zum Teil geräumigen Zimmern
Les Passants du Sans Soucy, 171 Rue
St-Paul Ouest, Tel. 514842-2634, Fax 514-
842-2912, teuer, gemütliches, sehr persön-
lich geführtes B&B
B & B on the Park, 1308 Rue Sherbrooke
Est, Tel. 514-528-1308, 1-888-244-1308,
Fax 514-529-8404, www.bbonthepark.com,
info@bbonthepark.com, moderat bis sehr
teuer, ruhig, aber zentral gelegene Bed
and Breakfast-Unterkunft im Latin Quarter
Marmelade Bed and Breakfast, 1074
Rue St-Dominique, Tel. 514-876-3960,
Fax 514-876-3926, marmelade@total.net,
moderat bis teuer, gemütlich, in einem
alten Gebäude
Hotel Abri du Voyageur, 9 Rue Saint-

Catherine Ouest, Tel. 514-849-2922,
Fax 514-499-0151, info@abri-voyageur.ca,
günstig, einfache Zimmer
Jugendherberge: Montréal International
Youth Hostel, 1030 Rue Mackay, Tel. 514-
843-3317, Fax 514-934-3251, www.hostel
lingmontreal.com, info@hostellingmon
treal.com, sehr preiswert

 Claude Postel, 443 Rue St-Vin-
cent, Tel. 514-875-5067, sehr teuer,
hervorragendes französisches Restaurant,
auch kanadische Spezialitäten wie Karibu,
sehr gute Fischgerichte
Restaurant Globe, 3451 Blvd. St-Laurent,
Tel. 514-284-3823, sehr teuer, ausgezeichnete Küche mit lokalen Spezialitäten wie
kanadischem Lachs
Chez la Mère Michel, 1209 Rue Hy,
Tel. 514-934-0473, sehr teuer, traditionsreiches, stilvolles Restaurant mit französischer Küche
Au Petit Extra, 1690 Rue Ontario Est,
Tel. 514-527-5552, teuer, Restaurant im Stil
eines Pariser Bistro
L´Express, 3927 Rue St-Denis, Tel. 514-
845-5333, moderat bis teuer, sehr populä-
res Restaurant mit innovativer Küche,
auch Sandwiches und Bagels
The Bagel Factory, 74 Rue Fairmont
Ouest, Tel. 514-272-0667, preiswert, eine
Montréaler Spezialität: Teigkringel mit ver-
schiedensten Zutaten belegt
La Binerie Mont-Royal, 367 Ave. Mont-
Royal Est, Tel. 514-285-9078, günstig, def-
tige Montréaler Hausmannskost
Café Kilo, 1495 Rue Ste-Catherine Est,
Tel. 514-596-3933, günstig, verführerische
Kuchen und andere Speisen

 Banque de Montréal, Place
d´Armes, Hauptsitz der ältesten
Bank Kanadas
Banque Nationale de Paris, 1981 Ave.
McGill College, postmodernes Bankge-
bäude, davor: die moderne Plastik »The
Illuminated Crowd«
Basilique de Notre Dame, Place
d´Armes, eine der eindrucksvollsten Kir-
chen Nordamerikas, aus dem Jahr 1665
Casino de Montréal, 1 du Casino Ave.,
Tel. 514-392-2746, Spielkasino

Chapelle Notre-Dame-de-Bonsecour, 400 Rue Saint-Paul, Kapelle der Seeleute
Christ Church Cathedral, 635 Rue Sainte-Catherine Ouest, anglikanische Kathedrale aus dem Jahre 1859
Cathédrale Marie-Reine-du-Monde, Place du Canada, dem St. Petersdom in Rom nachempfundene Kathedrale
China Town, Chinesenviertel Blvd. Saint-Laurent/Rue de la Gauchetière
Cimetière de Notre Dame de Neiges, katholischer Friedhof auf dem Mont Royal
Cimetière Mont Royal, protestantischer Friedhof auf dem Mont Royal
Colonne Nelson, Denkmal für den Admiral Nelson auf der Place Jacques Cartier
Edifice Aldred, Place d´Armes, Art-déco-Hochhaus
Edifice New York Life Insurance, Place d´Armes, ältestes Hochhaus der Stadt
Edifice Sun Life, Square Dorchester, Versicherungsgebäude im Beaux-Arts-Stil
Gare Windsor, Rue de la Gauchetière/Rue Peel, neo-romanischer Bahnhof aus dem 19. Jh.
Habitat ´67, Quai Marc Drouin, Ave. Pierre-Dupuy, Wohnlandschaft des Stararchitekten Moshe Safdie
Hôtel de Ville, Place d`Armes, Rathaus im Second-Empire-Stil
Marché Bonsecours, 330 Rue Saint-Paul Est, Tel. 541-872-7730, Markthalle aus dem 19. Jh.
Mile End, Blvd. Saint-Laurent, zwischen Ave. Laurier und Rue Bernard, Viertel vor allem der wohlhabenden Franko-Kanadier
McGill University, Rue Sherbrooke Ouest, englischsprachige Universität mit schönem Campus
Mont Royal, 320 m hoher Hügel mit herrlichem Park und wunderbarer Aussicht
New York Life Insurance Building, Place d'Armes, erstes Hochhaus der Stadt aus dem Jahre 1889
Oratorie de Sainte-Joseph, Mont Royal, bedeutende Wallfahrtsstätte, von der sich die Pilger Heilung versprechen
Parc des Iles, Naherholungsgebiet im St.-Lorenz-Strom, bestehend aus den Inseln Ile Sainte-Hélène und Ile Notre-Dame, Vergnügungspark, Museen, Casino, Formel-1-Rennstrecke

Place Montréal Trust, 1800 Ave. College McGill, postmodernes Bankhaus mit Atrium
Place Ville Marie, Place Ville-Marie, multifunktionaler Bürokomplex von I.M. Pei aus dem Jahre 1959
Quartier Latin, Studentenviertel an der Rue St-Denis zwischen Rue Sainte-Catherine und Rue Duluth
St. George's Church, Place du Canada, anglikanische Kathedrale aus dem 19. Jh.
Square Westmount, Westmount, Platz mit Bürogebäude von Ludwig Mies van der Rohe aus den 60er Jahren des 20. Jh.
1000 de la Gauchetière, Rue de la Gauchetière, eines der jüngsten postmodernen Hochhäuser Montréals
Vieux Séminaire de Saint-Sulpice, Place d´Armes, Sitz des Sulpizianerordens, ältestes Gebäude der Stadt von 1685
Vieux Port, alter Hafen mit ausgezeichneten Möglichkeiten zum Fahrradfahren, Inline-Skaten und Spazierengehen

Biosphere, 160 Tour-de-l´île, Tel. 514-283-5000, tägl. außer Di 10 bis 17 Uhr, erläutert das Ökosystem des St.-Lorenz-Stroms und der Großen Seen
Centre d´Histoire de Montréal, 335 Place d´Youville, Tel. 514-872-3207, Di–So 10–17 Uhr, Stadtmuseum in einer alten Feuerwache
Chateau Ramezay, 280 Rue Notre-Dame Est, Tel. 514-861-3708, 1. 6.-30. 9. tägl. 10 bis 18, sonst Di–So 10–16.30 Uhr, Gouverneursresidenz aus dem 18. Jh und Museum zur Geschichte der Stadt sowie der Provinz Québec
Musée McCord, 690 Rue Sherbrooke Ouest, Tel. 514-398-7100, Di–Fr 10–18, Sa, So 10–17 Uhr, ethnologische Sammlung über die Ureinwohner Kanadas, umfassende fotografische Sammlung, die Kanada zwischen 1850 und 1930 zeigt
Musée Pointe à Callière d´Archéologie et d´ Histoire de Montréal, 350 Place Royale, Tel. 514-872-9150, Sept. bis Juni Di–Fr 10–17, Sa, So 11–17, Juli, Aug. Di–Fr 10–18, Sa, So 11–18 Uhr, Archäologie und Geschichte Montréals
Musée des Beaux-Arts, 1379–1380 Rue Sherbrooke Ouest, Tel. 514-285-2000,

Di–So, in den Ferien auch Mo 11–18 Uhr, Sammlungen zur Antike, mittelalterliche europäische Kunst, europäische und kanadische Malerei verschiedener Epochen, große ethnographische Sammlung

Musée David M. Stewart, 20 Rue Tour-de-l´Ile Royale, Ile Sainte-Hélène, Tel. 514-861-6701, 19. 5.–14. 9. tägl. 10–18, außerhalb der Saison Mi–Mo 10–17 Uhr, Museum über die Entdeckungsgeschichte der Neuen Welt in einem alten Fort

Biosphere, 160 Rue Tour-de-l´Ile Royale, Ile Sainte-Hélène, Tel. 514-283-5000, Di–So 10–18 Uhr, Ausstellung über das Ökosystem der Großen Seen und des St.-Lorenz-Stroms

Musée d´Art Contemporain, 185 Rue Sainte-Catherine Ouest, Place des Arts, Tel. 514-847-6226, Di–So 11–18, Mi 11 bis 21 Uhr, moderne Kunst internationaler und kanadischer Künstler

 Chapters, 1171 Rue Sainte-Catherine Ouest, Tel. 514-849-8825, riesiger Buchladen mit großem Angebot an englisch- und französischsprachigen Büchern

Guilde Canadienne des Métiers d´Art Quebéc, 2025 Rue Peel, Tel. 514-849-6091, kanadisches Kunsthandwerk, darunter Skulpturen der Inuit und Schmuck, nicht ganz billig

Jean Talon Market, 7075 Rue Casgrain, Tel. 514-277-1588, größter Markt der Stadt im Herzen von Little Italy

La Maison Simons, 977 Rue Sainte-Catherine Ouest, Tel. 514-282-1840, vielfältiges Modeangebot

Les Antiquités Grand Central, 2448 Rue Notre Dame Ouest, Tel. 514-935-1467, wertvolle Antiquitäten

Ulysée, 4176 Rue St-Denis, Tel. 514-843-9447, großes Angebot an Reiseführern, Landkarten und Reiseaccessoirs

Ville Souterrain, Innenstadt, riesige unterirdische Einkaufsmeile mit über 2000 Läden

 L´Air du Temps, 191 Rue St-Paul Ouest, Tel. 514-842-2003, stimmungsvolle, traditionsreiche Jazz-Kneipe

Le Ballatou, 4372 Blvd St-Laurent, Tel. 514-845-5447, Tanzen zu afro-karibischen Klängen

Le Grand Café, 1720 Rue St. Denis, Tel. 514-289-9945, populäre Live-Jazz-Kneipe, manchmal auch andere musikalische Stilrichtungen

Metropolis, 59 Rue Sainte-Catherine Est, Tel. 514-288-5559, riesige Diskothek auf mehreren Ebenen in einem ehemaligen Kino, auch Live-Musik

Salsathèque, 1220 Rue Peel, Tel. 514-875-0016, Abtanzen zu südamerikanischen Rhythmen

Sofa, 451 Rue Rachel Est, Tel. 514-285-1011, populäre Bar mit Live-Musik und entspannter Atmosphäre

Quai Des Brumes, 4481 Rue St-Denis, Tel. 514-499-0467, bekannt für seine guten Live-Konzerte: Jazz, Blues und Rock

 Casino de Montréal, Ile Notre-Dame, Tel. 451-392-2746, Spielkasino

Cirque du Soleil, Quai Jacques Cartier, Tel. 800-361-4595, berühmter Zirkus mit meisterhaften Aufführungen aus Artistik und Theater

Centaur Theatre, 453 Rue St-François-Xavier, Tel. 514-288-3161, englischsprachige Aufführungen von Klassikern und zeitgenössischen kanadischen Dramatikern

La Tour de Ronde, Ile Sainte-Hélène, Tel. 514-872-4537, 1-800-797-4537, Vergnügungspark u.a. mit Achterbahnen

Les Grands Ballets Canadiens de Montréal, 200 Blvd. de Maisonneuve Ouest, Tel. 514-849-8681, berühmtes Ensemble mit klassischem und modernem Repertoire

L´Opéra de Montréal, 260 Blvd. de Maisonneuve Ouest, Tel. 514-985-2222 (Information), 514-985-2258 (Tickets), Oper mit nationalen und internationalen Sängern

Orchestre Symphonique de Montréal, 260 Blvd. de Maisonneuve Ouest, Tel. 514-842-9951, weit über die Grenzen Kanadas hinaus bekanntes Orchester

Festival International de Jazz de Montréal, zehn Tage im Sommer, Tel. 514-871-1881, 888-515-0515 eines der bedeutendsten Jazz-Ereignisse der Welt

International Festival of Cinema and New Media, Juni, Tel. 514-843-4711, alles rund um neue und experimentelle Filme

Just for Laughs Festival, letzte beiden Wochen im Juli, Tel. 514-845-3155, Comedy-Festival

International Festival of New Dance, Mitte Okt., Tel. 514-287-1423, internationales Tanzforum

 Velo Aventure, Quai King Edward, Tel. 514-847-0666, Verleih von Fahrrädern und Inline-Skates

Vélo-Tour, 99 Rue de la Commune Est, Tel. 514-236-8356, Verleih von Fahrrädern und Inline-Skates, geführte Fahrradtouren

Gray-Line, Touristeninformation Dorchester Sq., Tel. 514-934-1222, Stadtrundfahrten

AML Cruises, Quai de l´Horloge/Clock Tower Pier, Tel. 514-842-3871, Bootsfahrten durch den Hafen und auf dem St.-Lorenz-Strom

 Vom Flughafen in die Stadt Québécois Bus Company, Tel. 541-931-9002, Shuttlebus in die Innenstadt, 13 C$

Bus und Métro: organisiert von STCUM, Tel. 541-280-5653, mit einem Ticket können sowohl die Métro als auch die Busse benutzt werden, man benötigt ein *transfer ticket,* das man vom Busfahrer oder an Automaten in der Métro bekommt. In den Bussen muss man abgezähltes Geld bereithalten, da kein Wechselgeld gegeben werden kann. Tages- bzw. Drei-Tages-Karten kosten 7 bzw. 14 C$. Ein Wochenticket für 12.50 C$, Mo–So gültig

Morrisburg (ONT)

Lage: vordere Umschlagkarte K5

Upper Canada Village, RR 2, Morrisburg (ONT), Tel. 613-543-3704, Mai bis zum Erntedankfest tägl. 9.30–17 Uhr, Museumsdorf mit rekonstruierten Gebäuden aus dem frühen 19. Jh. und Vorführungen traditioneller Tätigkeiten

Munising (MI)

Lage: vordere Umschlagkarte C6 (bei Marquette)

 Munising Visitor Bureau, 422 E. Munising Ave., Munising MI 49862, Tel. 906-387-2138, www.munising.com

 Days Inn, M-28, Tel. 906-387-2493, teuer, modernes Motel mit Schwimmbad, Whirlpool und Sauna

Sunset Motel, 1315 E. Bay St., Tel. 906-387-4574, moderat bis teuer, an der Munising Bay

Greenland Motel, 1410 High St., Tel. 906-387-3396, günstig, einfaches, älteres Motel in ruhiger Lage

Camping

Wandering Wheels Campground, M-28, 3,5 Meilen östl. von Munising, Tel. 906-387-3315, sehr preiswert bis günstig

Little Beaver Lake Campground, Pictured Rocks National Lakeshore, Tel. 906-387-3700, günstig

 The Navigator, 101 E. Munising Ave., Tel. 906-387-4423, günstig bis teuer, nettes Familienrestaurant, Steaks und Fischgerichte

The Country Connection, 208 N. Superior St, Tel. 906-387-4839, günstig, Hamburger, Suppen, Fisch und Steaks

 Grand Island National Recreation Area, Informationen über die Insel erteilt Hiawatha National Forest Munising Ranger District, 400 E. Munising Ave., Tel. 906-387-3700, die unbewohnte Insel eignet sich hervorragend zum Wandern und Mountainbiking

Pictured Rocks National Lakeshore, Informationen erteilt Hiawatha National Forest Munising Ranger District, 400 E. Munising Ave., Tel. 906-387-3700, Uferlandschaft mit farbigem Felsgestein, Wasserfälle im Hinterland, Wandermöglichkeiten, erfahrene Kanuten erkunden die Küste vom Wasser aus

 Pictured Rock Boat Cruises, Munising City Pier, Tel. 906-387-2379, Bootstouren entlang der Pictured Rocks National Lakeshore – die beste Möglichkeit, das Flussufer kennen zu lernen
Northern Waters, 712 W. Munising Ave., Tel. 906-387-2323, Kajaktrips für Anfänger und Fortgeschrittene, auch Kajakverleih
Grand Island Shipwreck Tours, 1204 Commercial St., Tel. 906-387-4477, Fahrten mit dem Glasbodenboot sowie Tauchgänge zu den Schiffswracks vor der Küste
Altran Bus Service, Tel. 906-387-4845, Touren mit dem Kleinbus auf der Grand Island

Muskegon (MI)

Lage: vordere Umschlagkarte D3

 Chamber of Commerce, 690 W. Webster Ave., Tel. 231-722-3751, 800-250-WAVE, www.muskegon.org

 Hackley-Holt House Bed & Breakfast, 523 W. Clay Ave., Tel. 231-725-7303, teuer, gemütliches B&B in einem historischen Haus aus dem Jahre 1857
Port City Victorian Inn, 1259 Lakeshore Dr., Tel. 231-759-0205, teuer bis sehr teuer, komfortbales B&B, Zimmer z. T. mit Seeblick
Holiday Inn Muskegon Harbor, 939 3rd St., Tel. 800-8-GO LAKE, teuer, zentrale Lage
Seaway Motel, 631 Norton Ave., Tel. 231-733-1220, moderat bis teuer, Schwimmbad, Whirlpool

Camping
Muskegon State Park, 3560 Muskegon Dr., Tel. 231-744-3480
Lake Shne-nepp-a-ho, 390 E. Tyler Rd., Tel. 231-766-2209,
P. J. Hoffmaster State Park, 6585 Lake Harbor Rd., Tel. 231-798-3711, alle sehr preiswert bis günstig

 Rafferty´s, 601 Terrace Point Blvd., Tel. 231-722-4461, teuer, populäres Restaurant, hervorragendes Essen
Doo Drop Inn, 2410 Henry St., Tel. 231-755-379, günstig bis teuer, traditionsreiches Haus, berühmt für seine Steaks
Tony´s Inn, 785 W. Broadway, Tel. 231-739-7196, günstig bis teuer, gilt als bestes griechisches Restaurant weit und breit
Seeback´s Deli and Coffeehouse, 477 W. Western Ave., Tel. 231-722-4362, günstig, guter Kaffee und leckere Sandwiches

 Hackley and Hume Historic Site, 484 W. Webster/6th Aves, Tel. 231-722-7578, Ende Mai–Sept. Mi–So 12–16 Uhr, Herrenhäuser der Holzbarone Charles Hackley und Thomas Hume
Hackley Public Library, Webster Ave./Third St., Tel. 231-722-7276, Sommer Mo 10–16, Di, Mi 10–20, Do, Fr 10–18, Winter Di, Mi 8.30–20, Do, Fr 8.30–18 Uhr, eindrucksvolle Bibliothek

 Gilette Nature Center, 6585 Lake Harbor Rd., Tel. 616-798-3711, Informationen über Dünen des P. J. Hoffmaster State Park
Muskegon County Museum, 430 W. Clay Ave., Tel. 231-722-0278, Mo–Fr 9.30 bis 16.30, Sa, So 12.30–16.30 Uhr, lokale Geschichte
Muskegon Museum of Art, 296 W. Webster, Tel. 231-722-2600, Di–Fr 10–17, Sa, So 12–17 Uhr, europäische und amerikanische Malerei
»U.S.S. Silversides« Maritime Museum, 1346 Bluff St., Père Marquette Park, Tel. 231-755-1230, Juni–Aug. tägl. 10 bis 17.30, April, Okt. Sa, So 10–17.30, Mai bis Sept. Mo–Fr 13–17.30 Uhr, U-Boot aus dem Zweiten Weltkrieg

Negaunee (MI)

Lage: vordere Umschlagkarte C6 (bei Marquette)

 Midtown Bake Shoppe & Antiques, 317 Iron St., Tel. 906-475-

0064, hübscher Krimskramsladen mit angeschlossener Bäckerei, die hausgemachte Muffins und Kekse verkauft

 Iron Industry Museum, 73 Forge Rd., Tel. 906-475-7857, Mai–Okt. tägl. 9.30–16.30 Uhr, Museum, das der Geschichte des Eisenerzabbaus in der Region gewidmet ist

Niagara Falls (ONT)

Lage: vordere Umschlagkarte H3

 Canada Visitor and Convention Bureau, 5515 Stanley Ave., Tel. 905-356-6061, 1-800-563-2557, Fax 905-536-5567, www.city.niagarafalls.on.ca
Ontario Travel Information Centre, 5355 Stanley Ave. Tel.905-358-3221, Fax 905-358-6441

 Skyline Brock, 5685 Falls Ave., Tel. 905-374-4444, 800-263-7135, Fax 905-357-4804, sehr teuer, bei Flitterwöchnern beliebtes Traditionshotel
The Americana, 8444 Lundy´s Lane, Tel. 905-356-8444, Fax 905-356-8576, sehr teuer, große Zimmer
Village Inn, 5705 Falls Ave., Tel. 905-374-4444, 800-263-7135, teuer bis sehr teuer, nette Familienunterkunft mit großen Zimmern
Eastwood Tourist Lodge, 5359 River Rd., Tel. 905-354-8686, teuer, gemütlich, in einem alten Haus, Blick auf den Fluss
Nelson Motel, 10655 Niagara River Pkwy, Tel. 905-295-4754, moderat bis teuer, gepflegt, mit persönlicher Note
Glen Mhor Guesthouse, 5381 River Rd., Tel. 905-354-2600, moderat, nettes B&B mit gutem Frühstück, Fahrradverleih
Niagara Falls International Hostel, 4529 Cataract St., Tel. 905-357-0770, Jugendherberge, sehr preiswert
Niagara Falls Backpacker Hostel, 4219 Huron St., Tel. 905-357-4266, 1-800-891-7022, sehr preiswert

Camping
Niagara Glen View Campground, Victoria Ave./River Rd., Tel. 905-358-8689, sehr preiswert bis günstig

 Casa d´Oro, 5875 Victoria Ave., Tel. 905-356-5646, teuer, geplegtes Restaurant mit italienischer Küche
Mama Mia´s, 5719 Victoria Ave., Tel. 905-354-7471, günstig bis teuer, beliebtes italienisches Restaurant
Tony´s Place, 5467 Victoria Ave., Tel. 905-354-7225, günstig bis teuer, Spezialität: *ribs* und Hühnchen
Betty´s Restaurant and Tavern, 8921 Sodom Rd., Tel. 905-354-4436, günstig, populäres Familienrestaurant

 Minolta Tower Centre, 6732 Oakes Dr., Tel. 905-356-1501, im Sommer tägl. 9–23.30, im Winter tägl. 9–21 Uhr, Aussichtsplattform in 97 m Höhe
Niagara Glen Nature Area, Niagara Pkwy, Tel. 905-356-2241, Naturschutzgebiet mit Wanderwegen
School of Horticulture, Niagara Pkwy, Tel. 905-356-8119, tägl. 9–17 Uhr, im Sommer länger, Garten mit Blumenuhren und Schmetterlingskonservatorium
Skylon Tower, 5200 Robinson St., Tel. 905-356-2651, Juni–Labour Day 8–24 Uhr, Aussichtsplattform in 156 m Höhe

 Niagara Falls Museum, 5651 River Rd., Tel. 905-356-2151, tägl. 9–23, im Winter 10–17 Uhr, naturkundliche und ethnologische Sammlung, Geschichte der Niagara-Fälle und ihrer Bezwinger

 »Maid of the Mist«, 5920 River Rd., Tel. 905-358-5781, Bootstour zu den Wasserfällen
Journey behind the Falls, Table Rock House, Niagara Pkwy, Tel. 905-354-1551, Okt.–Mai 9–17.30, Juni–Sept. 9–20.30 Uhr, ermöglicht einen Blick hinter die Fälle
Niagara Helicopters, 3731 Victoria Ave., Tel. 905-357-5672, Hubschrauberflüge über die Niagara-Fälle
Niagara Spanish Aero Car, Niagara Pkwy, Tel. 905-354-5711, 1. 5. bis bis zum dritten So im Okt., 9–18 im Mai, bis 20 Uhr im Juni, bis 21 Uhr im Juli und Aug.,

10–19.30 Uhr im Sept. und 9–17 Uhr im Okt., Seilbahn über die Strudel im Niagara River

Niagara Falls (NY)

Lage: vordere Umschlagkarte H3

 Niagara Falls Tourism Information Center, 4th/Niagara Sts, Tel. 716-284-2000
Niagara Falls Convention and Visitor Bureau, 310 4th St., Tel. 716-278-2400, 800-421-5223, www.nfcvb.com

 Radisson Inn Niagara Falls, 3rd/Old Falls Sts., Tel. 716-285-3361, 800-333-3333, sehr teuer, großes Hotel mit vielen Annehmlichkeiten
Days Inn Falls View, 201 Rainbow Blvd., Tel. 716-285-9321, 800-876-3297, sehr teuer, Zimmer mit Blick auf die Fälle
Coachman Motel, 523 3rd St., Tel. 716-285-2295, teuer bis sehr teuer, in der Nähe der Fälle
Rainbow House Bed and Breakfast, 423 Rainbow Blvd., Tel. 716-282-1135, 800-724-3536, teuer, viktorianisches B&B, zentral
Econo Lodge Niagara Falls, 7708 Niagara Falls Blvd., Tel. 716-283-0621, günstig bis teuer, verschiedene Annehmlichkeiten
Royal Motel & Campground, 3333 Niagara Falls Blvd., Tel. 716-693-5695, günstig bis moderat, kleines, einfaches Motel mit Campingplatz

Jugendherberge
Niagara Falls International Hostel, 1101 Ferry Ave., Tel. 716-282-3700, Jugendherberge, sehr preiswert

Camping
Niagara Falls KOA, 2570 Grand Island Blvd., Grand Island, Tel. 716-773-7583, sehr preiswert bis günstig
Royal Motel & Campground, s.o.

 Wintergarden Restaurant, 240 Rainbow Blvd., sehr teuer, innovative Küche

Red Coach Inn, 2 Buffalo Ave., Tel. 716-282-1459, teuer, gemütlich, mit Blick auf die Fälle
La Casa Gardenas, 921 Main St., Tel. 716-282-0231, teuer, mexikanische Küche
Sandi's Family Restaurant, 2065 River Rd. 6, Tel. 716-283-5257, günstig, typisches Familienrestaurant, Hamburger, Pizza, Sandwiches

 Devil´s Hole State Park, Robert Moses Pkwy, State Park am Niagara River, Wanderwege
Niagara Power Project Visitors´ Center, 5777 Lewiston Rd., Tel. 716-285-3211, tägl. 10–17 Uhr, Informationen zur Energiegewinnung durch den Niagara River
Niagara Reservation State Park, Robert Moses Pkwy, State Park an den Niagara Wasserfällen
Prospect Point Visitor Center, Prospect Point, Tel. 716-278-1750, Informationen zu den Wasserfällen
Prospect Point Observation Tower, Prospect Point, Tel. 716-278-1703, Aussichtsplattform in 60 m Höhe
Whirlpool State Park, Robert Moses Pkwy, hier ergießt sich der Niagara River in einigen eindrucksvollen Strudeln

 Castellani Art Museum, Senior Dr., Tel. 716-286-8200, Mi–Sa 11–17, So 13–17 Uhr, amerikanische Kunst, Landschaftsmalerei
Schoellkopf Geological Museum, Niagara Reservation State Park, Robert Moses Pkwy, Tel. 716-278-1780, April–Okt. tägl. 10 bis 17, im Sommer bis 19, Nov.–Okt. Sa, So 10–17 Uhr, Geologie der Region

 »Maid of Mist«, Prospect Park Observation Tower, Tel. 716-284-8897, Fahrt zu den Wasserfällen
Cave of the Winds Trip, Goat Island, Tel. 716-278-1730, Führungen zum unteren Ende der Bridal Falls

Niagara-on-the-Lake (ONT)

Lage: vordere Umschlagkarte H3 (bei Niagara Falls, ONT)

Niagara-on-the-Lake Chamber of Commerce and Visitor and Convention Bureau, 153 King St., Tel. 905-468-4263

 Oban Inn, 160 Front St., Tel. 905-468-2165, sehr teuer, stilvolles Hotel in herrlicher Lage

Prince of Wales Hotel, 6 Picton St., Tel. 905-468-3246, 800-263-2452, Fax 905-468-5521, sehr teuer, viktorianische Eleganz in zentraler Lage

Old Bank House, 10 Front St., Tel. 905-468-7136, teuer bis sehr teuer, kleines Hotel in einem alten Bankgebäude

Moffat Inn, 60 Picton St., Tel. 905-468-4116, Fax 905-468-4747, moderat bis teuer, einfaches Hotel

Endicott´s Bed and Breakfast, 331 Prince William St., Tel. 905-468-3671, moderat

Camping

Shalamar Lake, Niagara Pwy (Line 8, kleinere Seitenstraße) zwischen Niagara-on-the-Lake und Niagara Falls, Tel. 905-262-4895, sehr preiswert bis günstig

 Stagecoach, 45 Queen St., Tel. 905-468-3133, günstig, populäres Restaurant

Buttery Theatre Restaurant, 19 Queen St., Tel. 905-468-2564, teuer, schön zum Draußensitzen

Fans Court, 135 Queen St., Tel. 905-468-4511, günstig bis teuer, gute chinesische Gerichte

 Brock´s Monument National Historic Site, Queenston Heights Park, Tel. 905-262-4759, Ende Mai–Labour Day 10–16 Uhr, Denkmal mit Aussichtsplattform

Fort George National Historic Site, Niagara Pkwy, Tel. 905-468-4257, Anfang April–Ende Okt. tägl. 10–17, Juli–Aug. Sa bis 20 Uhr, historisches Fort

Mackenzie Heritage Printery, 1 Queenston St., Queenston, Tel. 905-262-5676, im Sommer Di–So 13–16 Uhr, weitere Öffnungszeiten telefonisch erfragen, Geschichte des Druckhandwerks

Court House, Queen/Regent Sts, einstiges Gerichtsgebäude

 Niagara Apothecary Shop, 5 Queen St., Mitte Mai–Labour Day 12–18 Uhr, Apothekenmuseum

Niagara Historical Society Museum, 43 Castlereagh St., Tel. 905-468-3912, Anfang Mai–Ende Okt. tägl. 10–17, Anfang Nov.–Ende Dez., März–April tägl. 13 bis 17 Uhr, Lokalgeschichte

 The Shaw Festival, P.O. Box 774, Niagara-on-the-Lake, ONT, L0S 1J0, Tel. 905-468-2172, 800-511-7429, international anerkanntes Theaterfestival zwischen April und Okt., Karten weit im Voraus bestellen

 Niagara Bicycle Tours, Tel. 905-468-1300, veranstaltet Fahrradtouren in die Umgebung

Weinkellereien, die Führungen und Weinproben veranstalten u.a.:

Inniskillin, Niagara Pkwy, Tel. 905-468-3554

Reif Estate Winery, Niagara Pkwy, Tel. 905-468-7738

Hillebrand, Hwy 55, Tel. 905-468-7123

Cave Spring Cellars, 3836 Main St., Jordan, Tel. 905-562-3581

Konzelmann Estate Winery, 1096 Lakeshore Rd., Tel. 905-468-1229

Nipigon (ONT)

Lage: vordere Umschlagkarte C8

 Nipigon Tourist Information Centre, Trans-Canada Highway, Tel. 807-887-3585

 Red Rock Inn, 145 White Blvd., Red Rock, kurz vor Nipigon über die RR 628, Tel. 807-886-2622, Fax 807-886-2636, teuer, freundlich, mit Blick auf Nipigon Bay

 Opwaaganasining Traditional Gathering, Lake Helen Reserve, Ende Juli, *pow wow*, Tel. 807-887-1033

Northport (WI)

Lage: vordere Umschlagkarte C5 (bei Sturgeon Bay)

 Washington Island Ferry, Tel. 920-847-2546, 800-223-2094, tägl. mehrere Überfahrten zur Washington Island, Jan.–März nur eine Überfahrt tägl., bei Mitnahme von Autos Buchung nötig

Oconto (WI)

Lage: vordere Umschlagkarte C4 (bei Green Bay)

 Oconto Area Chamber of Commerce, 110 Brazeau Ave., Tel. 920-834-2255, ocontocmbr@aol.com

 Beyer Home Museum, 917 Park Ave., Tel. 920-834-6202, Führungen Juni–Labor Day Mo–Sa 10–16, So 12 bis 16 Uhr, viktorianische Villa mit indianischen Artefakten der Kupfer-Kultur
Copper Culture State Park, westl. der Kreuzung US 41 und Hwy 22, Tel. 920-834-2255, ganzjährig geöffnet, Museum 31.5. bis 1.9. 9–16 Uhr, kleiner Park mit Funden aus der Zeit der indianischen Kupfer-Kultur

Ogdensburg (NY)

Lage: vordere Umschlagkarte K4

 Ogdensburg Chamber of Commerce, 1020 Park St., Tel. 315-393-3620

 Camping Jacques Cartier State Park, Rte 12, westl. von Morristown, Tel. 315-375-6371, 800-456-CAMP, sehr preiswert bis günstig

 Frederic Remington Art Museum, 303 Washington St., Tel. 315-393-2425, Mai–Okt. Mo–Sa 10–17, So 13 bis 17, Nov.–April Di–Sa 10–17 Uhr, Gemälde und Skulpturen des Künstlers

Olcott (NY)

Lage: vordere Umschlagkarte H3 (bei Niagara Falls, NY)

 Camping Golden Hill State Park, Lower Lake Road, 12 Meilen östl. von Olcott, Tel. 800-456-CAMP, günstig

 Thirty Mile Point Lighthouse, Golden Hill State Park, s.o., Leuchtturm mit kleinem Museum

Old Mission Peninsula (MI)

Lage: vordere Umschlagkarte D4/5 (bei Traverse City)

 Weinproben Château Chantal, 15900 Rue du Vin, Tel. 616-223-4110, 800-969-4009, www.chateauchantal.com, auch B&B-Unterkunft
Château Grand Traverse, RR 37, Tel. 616-223-7355
Bowers Harbor Vineyards, 2896 Bowers Harbor Rd., Tel. 616-223-7615
Peninsula Cellars, 18250 Mission Rd., Tel. 616-223-4310

Ontonagon (MI)

Lage: vordere Umschlagkarte B6

 Porcupine Mountain Wilderness State Park, 412 S. Boundary Rd., Ontonagon, Tel. 906-885-5275, Informationszentrum mit Museum zu verschiedenen Aspekten des Parks

 Porcupine Mountain Wilderness State Park, s.o., bewaldete Bergregion mit Seen, Flüssen und Wasserfällen, hervorragend zum Wandern

Oscoda (MI)

Lage: vordere Umschlagkarte E4

Oscoda-Au Sable Chamber of Commerce, 4440 N. Hwy 23, Tel. 989-739-7322, 800-235-4625, www.os coda.com

 Huron House Bed and Breakfast, 3124 N. Hwy 23, Tel. 989-739-9255, Fax 517-739-0195, sehr teuer, herrlich gelegen, mit vielen Annehmlichkeiten
Northern Traveler Lodging Motel, 5493 N. Hwy 23, Tel. 989-739-5741, teuer, Familienmotel mit hellen Zimmern
Aspen Motor Inn, 115 N. Lake St., Tel. 989-739-9152, günstig bis moderat, zentral, einfache Zimmer

Camping
Oscoda KOA Family Resort Campground, 3591 Forest Rd., Tel. 800-562-9667, sehr preiswert bis günstig

 Wiltse´s Brew Pub and Family Restaurant, 5606 N. F-41, Tel. 989-739-2231, günstig bis teuer, Familienrestaurant mit riesiger Speisekarte, gutes Bier
Garden View Coffee Mill, 120 E. River Rd., günstig, nettes Café mit hervorragendem Kaffee und selbst gebackenem Kuchen

 River Road Scenic Byway, U.S. Forest Service, Tel. 989-739-0728, reizvolle Route am Au Sable River entlang und durch die Wälder von Michigan

 »River Queen«, Foote Dam Dock, Tel. 989-739-7351, Bootsfahrten auf dem Au Sable River zwischen Juni und Okt.
Oscoda Canoe Rental, 678 River Rd., Tel. 989-739-9040, Verleih von Kanus und Kajaks

Oshawa (ONT)

Lage: vordere Umschlagkarte H4

 Parkwood Estate, 270 Simcoe St., Tel. 905-433-4311, Juni–Sept., Di–So 10.30–16, Sept.–Mai Di–So 13.30–16 Uhr,

ehemalige Residenz des Autofabrikanten R. S. McLaughlin

 Canadian Automotive Museum, 99 Simcoe St., Tel. 416-576-1222, Mo–Fr 9–17, feiertags 10–18 Uhr, Oldtimer und die Geschichte des Autos

Oswego (NY)

Lage: vordere Umschlagkarte J3/4

 Oswego Chamber of Commerce, 156 W. 2nd St., Tel. 315-343-7681
Oswego County Department of Promotion & Tourism, 46 E. Bridge St., Tel. 315-349-8322, 800-248-FUN, www.co. oswego.ny.us

 Oswego Inn Ltd., 180 10th St., Tel. 315-342-6200, 800-721-7341, http://pos.net/oswewgo/inn, teuer, nette Unterkunft mit privater Atmosphäre
Days Inn, Route 104 E., Tel. 315-343-3136, 1-800-329-7466, moderat bis teuer, kleines Motel mit komfortablen Zimmern
The Thomas Inn, Route 104 W., Tel. 315-343-4900, moderat bis teuer, am Seaway Trail, mit Pool

Camping
Twin Pines Cabins & Campsites, 1881 Route 1, Tel. 315-343-2475, sehr preiswert bis günstig
Selkirk Shores State Park, Route 3, 15 Meilen nordöstl. von Oswego, Tel. 315-298-5737, sehr preiswert bis günstig

 Admiral Woolsey´s, 1 E. 1st St., Tel. 315-342-4433, teuer, Fisch- und Fleischgerichte
Rudy´s, Washington Blvd., Tel. 315-343-2671, günstig bis teuer, Spezialiät: *fish and chips*

 Fort Ontario, 1 E. 4th St., Tel. 315-343-4711, Mitte Mai– Okt., Mi–Sa 10 bis 17, So 13–17 Uhr, historisches Fort

 H. Lee White Marine Museum, W. 1st Street Pier, Tel. 315-342-0480,

Ende Mai–Anfang Sept. tägl. 13–17, Juli, Aug. tägl. 10–17 Uhr, Okt.–Dez. Öffnungszeiten telefonisch erfragen, Marine-Museum

Richardson-Bates House Museum, 135 E. 3rd St., Tel. 315-343-1342, Di–Fr 10–17, April bis Dez. Sa, So 13–17 Uhr, stilvolle Villa mit Originalmobiliar aus der zweiten Hälfte des 19. Jh.

 Hat Trick Charter, Oswego Harbor, Tel. 1-800-724-8325, Angeltouren auf dem See

 Harborfest, Ende Juli, Festival mit Schiffsparade, Feuerwerk, Straßenständen

Owen Sound (ONT)

Lage: vordere Umschlagkarte G4

 City of Owen Sound Information Centre, 1155 1st Ave. W., Tel. 519-371-9833, 1-888-675-5555, Fax 519-371-8628, www.city.owen-sound.on.ca

 Highland Manor, 867 4th Ave. W., Tel. 519-372-2699, teuer, stilvolle Bed and Breakfast-Unterkunft in einem viktorianischen Prachthaus

Diamond Motor Inn, 713 9th Ave. E., Tel. 519-371-2011, 1-800-461-7849, Fax 519-371-9460, teuer, mit komfortablen Zimmern

Braer Briar Bed & Breakfast, 980 3rd Ave. W., Tel. 519-371-0025, Fax 519-371-0025, teuer, ruhig gelegene, hübsche Bed and Breakfast-Unterkunft

Camping
Harrison Park Family Campground, 2nd Ave. E., Tel. 519-371-9734, sehr preiswert bis günstig

 Louis Steak House, 1610 16th St. E., Tel. 519-376-4430, teuer, saftige Steaks in gediegener Atmosphäre

Marketside Café, 813 2nd Ave., günstig, Sandwiches, Salate und köstliche Desserts

 Dow & Pollock House, 1000 1st Ave. W., viktorianische Villa, nicht zugänglich

Buchan Manor, 682 2nd Ave. E., Privathaus im Stil des Neoklassizismus, die Touristeninformation hält eine englischsprachige Broschüre zu weiteren sehenswerten historischen Gebäuden in Owen Sound bereit

 Owen Sound Marine Rail Museum, 1165 1st Ave. W., Tel. 519-371-3333, Juni–Sept. Di–Sa 10 bis 16.30, So 13–16.30, Okt.–Mai Di 9.30 bis 16 Uhr, Geschichte der Schifffahrt und des Eisenbahnverkehrs im und um den Owen Sound

Tom Thomson Memorial Art Gallery, 840 1st Ave. W., Tel. 519-376-1932, Sept. bis Juni Di–Fr 11–17, Mi auch von 19–21, Sa, So 12–17, Juli–Aug. Mo–Sa 10–17, So 12–17 Uhr, Gemälde des kanadischen Pioniers der Landschaftsmalerei Tom Thomson

Paradise (MI)

Lage: vordere Umschlagkarte D6 (bei Whitefish Point)

 Paradise Area Tourism Council, P.O. Box 64, Paradise, MI 49768, Tel. 906-492-3310, www.paradisemichigan.org

 Howard Johnson, M-123, im Zentrum, Tel. 906-492-3940, teuer, modernes, komfortables Motel

Cedar Lodge, M-123, hinter dem Little Falls Restaurant, Tel. 906-492-3940, moderat bis teuer, Motelzimmer oder rustikale Holzhütten, z. T. mit Küchenzeile

Camping
Andrus Lake Campground, Vermilion Rd., 6 Meilen nördl. von Paradise Richtung Whitefish Point, Tel. 906-293-5131, sehr preiswert bis günstig

Riverbend Campground und **Overlook Campground,** an den Lower Falls im Tahquamenon Falls State Park, M-123,

Tel. 906-492-3415, Fax 906-492-3590, Reservierungen Tel. 800-44-PARKS, sehr preiswert bis günstig

 Little Falls Inn, M-123, Tel. 906-492-3529, teuer, nettes Restaurant, das für Whitefish bekannt ist

Paradise Restaurant, M-123, Tel. 906-492-3424, günstig bis teuer, Fischgerichte und Steaks, lecker: Zimtschnecken

Yukon Inn, M-123, Tel. 906-492-3261, günstig, hervorragende Hamburger

 Tahquamenon Falls State Park, M-123, Tel. 906-492-3415, Marsch mit alten Bäumen und zwei Wasserfällen, ideal zum Wandern, Angeln und Paddeln

Whitefish Point, Whitefish Rd., 11 Meilen nördl. von Paradise, vom Strand vor dem Leuchtturm kann man seltene Zug- und Raubvögel beobachten

Whitefish Point Bird Observatory, Whitefish Point, gegenüber dem Great Lakes Shipwreck Museum, Tel. 906-492-3596, Mitte April–Mitte Okt. tägl. 9 bis 16.30 Uhr, Informationen über die Zugvögel der Region

 Great Lakes Shipwreck Museum, Whitefish Rd., 11 Meilen nördl. von Paradise, Tel. 906-635-1742, Mitte Mai–Mitte Okt. tägl. 10–18 Uhr, Museum zum Thema Schiffswracks; zum Museum gehört der Whitefish Point Leuchtturm, die Wohnung des Leuchtturmwärters kann besichtigt werden

 Toonerville Trolley and Riverboat, Tel. 906-876-2311, kombinierte Schmalspurbahn-/Bootstour von Soo Junction an der M-28 zu den Tahquamenon Falls

Superior Scuba, 120 Ann St. W., Sault Ste. Marie, Tel. 906-632-1332, Tauchgänge für sehr erfahrene Taucher zu den Wracks vor Whitefish Point

Parry Sound (ONT)

Lage: vordere Umschlagkarte G5

 Parry Sound Area Chamber of Commerce, 70 Church St., Tel. 705-746-4213, 1-800-461-4261, Fax 705-746-6537, www.zeuter.com/parrysd

 Victoria Manor Bed and Breakfast, 43 Church St., Tel. 705-746-5399, teuer, in einer viktorianischen Villa

Town and Country Motel, 7 Joseph St., Tel. 705-746-8671, moderat bis teuer, nettes Familienmotel

Camping
Parry Sound KOA Campground, 276 Rankin Lake Rd., Tel. 705-378-2721, 800-KOA-2681, sehr preiswert bis günstig

Killbear Provincial Park, Information Tel. 705-342-5492, Reservierung Tel. 705-342-5227, sehr preiswert bis günstig

 The Bay Street Café, 22 Bay St., Tel. 705-746-2882, günstig bis teuer, beliebtes Restaurant, Fisch-, Fleisch- und vegetarische Gerichte

 Grundy Lake Provincial Park, Hwy 69, 80 km nördl. von Parry Sound, Tel. 705-746-4201, Kanufahren, Wandern

Killbear Provincial Park, Information Tel. 705-342-5492, Reservierung Tel. 705-342-5227, Camping, Sandstrand, Baden

Parry Sound Island, Insel mit vielen Buchten und der Geisterstadt Depot Harbor

 West Parry Sound District Museum, Tower Hill Park, Tel. 705-746-5365, tägl. 10–16, 1.7.–4.9. tägl. 10–18 Uhr, Heimatmuseum mit Exponaten zu den Indianern, europäischen ›Entdeckern‹ und Siedlern

 Juli–Aug.: Festival of the Sound, Musikfestival

 30000 Islands Cruise, 9 Bay St., Tel. 705-746-2311, Bootsfahrten durch das Inselreich der 30000 Islands

Georgian Bay Cruise Company, 19 Bay St., Tel. 705-746-6064, Bootsfahrten durch das Inselreich der 30000 Islands

White Squall, 19 James St., Tel. 705-746-4936, ein- und mehrtägige Kanu- und Kajaktouren

Pelee Island (ONT)

Lage: vordere Umschlagkarte F2 (bei Leamington)

 Tourist Information, W. Shore Rd., Tel. 519-724-1124, www.pelee.com

 The Gathering Place Bed and Breakfast, W. Shore Rd., Tel. 519-724-2656, teuer, in einem alten Kalksteinhaus mit Seeblick
It´s Home Bed and Breakfast, 1431 E. Shore Rd., Tel. 519-724-2328, 519-737-6038, moderat, rustikal-gemütlich

Camping
East Park Campground, 1045 W. Shore Rd., Tel. 519-724-2931, sehr preiswert bis günstig

 Pelee Passage, 1117 W. Shore Dr., Tel. 519-724-2266, günstig bis teuer, Fisch und Steaks, auch zum Draußensitzen
Gooseberry Island Cuisine, 1060 E. West Rd., Tel. 519-724-2223, teuer, gemütlich, Fischspezialitäten, Reservierung erforderlich
Scudder Beach Bar and Grille, 325 N. Shore Rd., Tel. 519-724-2902, günstig bis teuer, üppige Portionen, Frühstück, Mittag- und Abendessen

 Pelee Island Winery, 20 E. West Rd., Tel. 519-724-2469, Tel. 519-724-2469, Weingut mit Führungen und Weinprobe

 Comfortech Bicycle Rentals, West Dock, Tel. 519-724-2828, Fahrradverleih
The Pelee Paddler, 271 A North Shore Rd., Tel. 519-724-2002, Bootsverleih

s. Leamington, ONT, S. 332 und Sandusky, OH, S. 371

Penetanguishene (ONT)

Lage: vordere Umschlagkarte G4

 Penetanguishene Chamber of Commerce, 2 Main St., Tel. 705-549-2232, 1-800-2637745, Fax 705-549-6640, www.town.penetanguishene.on.ca

 Payette House Bed and Breakfast, 27 Church St., Tel./Fax 705-549-6794, teuer, stilvoll, in einem viktorianischen Haus

Camping
Awanda Provincial Park, Tel. 705-549-2231, sehr preiswert bis günstig

 Blue Sky Family Restaurant, 48 Main St., Tel. 705-549-8611, günstig, gemütlich

 **Discovery Harbor,** Jury Dr., Tel. 705-549-8064, Anfang Juli bis Labor Day tägl. geöffnet, rekonstruierter Flottenstützpunkt der Briten aus dem 19. Jh.

 30 000 Island Cruises, Penetanguishene Town Dock, Tel. 705-549-7795, 1-800-363-7447, Bootsfahrten durch das Inselreich der 30 000 Islands
Awenda Provincial Park, Tel. 705-549-2231, Strand, Wandern, Kanufahren

Peshtigo (WI)

Lage: vordere Umschlagkarte C5 (bei Marinette)

 Peshtigo Fire Museum, Oconto/N. Ellis Aves, Tel. 715-582-3244, Mai–Okt. tägl. 9–16.30 Uhr, kleines Museum, das die Erinnerung an den Feuersturm von 1871 wachhält

Petoskey (MI)

Lage: vordere Umschlagkarte D5

Petoskey Visitor Bureau, 401 E. Mitchell St., Tel. 231-348-2755, 800-845-2828, www.petoskey.com

 Stafford´s Bay View Inn, 2011 Woodland Ave., Tel. 1-800-258-1886, teuer bis sehr teuer, traditionsreiches viktorianisches Hotel
Stafford´s Perry Hotel, Bay St., Tel. 800-456-1917, teuer bis sehr teuer, charmantes, traditionsreiches Hotel im Gaslight District
The Ginger Bread House Bed & Breakfast, 1130 Bluff St., Tel. 231-347-3538, teuer bis sehr teuer, in einem viktorianischen Haus
Serenity Bed & Breakfast, 504 Rush St., Tel. 231-347-6167, www.serenitybb.com, teuer, gemütlich, in einem alten Gebäude
The Terrace Inn, 216 Fairview, Tel. 800-530-9898, teuer, viktorianisches Hotel im Herzen von Bayview

Camping
Petoskey State Park, 2475 M-119, Tel. 231-347-2311, sehr preiswert bis günstig
Petoskey KOA Campground, 1800 N. US-3, zwischen Harbor Springs und Petoskey, Tel. 231-347-0005, sehr preiswert bis günstig

 Bayview Dining Room, im Stafford´s Perry Hotel, teuer, traumhafter Blick, sehr gutes Essen
Roast&Toast, 309 Lake St. Tel. 231-347-7767, günstig, Coffeeshop, Salate, Sandwiches, Suppen

 Little Traverse History Museum, im Bayfront Park, Tel. 231-347-2620, Mai–Nov. Di–Sa 10–15, Memorial Day bis Labor Day bis 16, Do bis 20 Uhr, auch Mo geöffnet, Lokalgeschichte und Erinnerung an Ernest Hemingway

 American Spoon Foods, 411 E. Lake St., Tel. 231-347-1739, berühmt für Marmeladen, Saucen und getrocknetes Obst, Filialen in Harbor Springs und Charlevoix
Symons General Store, 401 E. Lake St., Tel. 231-347-2438, alles fürs Picknick

Little Traverse Jewellers, 313 E. Lake St., Petoskey Stones in verschiedenen Formen und Größen

Picton (ONT)

Lage: vordere Umschlagkarte J4 (bei Kingston)

 Prince Edward County Chamber of Commerce, 116 Main St., Tel. 613-476-2421, www.pec.on.ca

 Isaiah Tubbs Resort, RR 1, Westlake Rd., Tel. 613-393-2090, 800-724-2393, Fax 613-393-1291, sehr teuer, gemütliche Ferienanlage mit großem Sport- und Freizeitangebot
The Waring House Inn, Hwy 33, Tel. 613-476-7492, 1-800-621-4956, Fax 613-476-6648, teuer, freundliches, kleines Hotel in einem alten Kalksteinhaus
Merrill Inn, 343 Main St., Tel. 613-476-7451, teuer, alle Zimmer des kleinen Hotels sind unterschiedlich eingerichtet
Sportsman Motel, RR 4, Tel. 613-476-2424, moderat, sauberes Motel, alle Zimmer mit Blick auf die Picton Bay
Village Inn Motel, 349 Main St., Wellington, Tel. 613-399-2034, 1-800-524-6980, moderat, kleines Familienmotel mit Blick auf den Lake Ontario

Camping
Hideaway Trailer Park and Camping Ground, 12 Fernvalley Cr., Tel. 613-393-2267, sehr preiswert bis günstig
Lake Avenue Park, County Rd. 18, Tel. 613-476-4990, 1-800-371-5885, sehr preiswert bis günstig

 The Waring House Inn Restaurant, Hwy 33, westl. von Picton, Tel. 613-476-7492, teuer, gemütliches Landgasthaus, regionale Zutaten

Macaulay Heritage Park, Church/Union Sts, Tel. 613-476-3833, Di–So 10–16 Uhr, Ensemble von Häusern aus dem 19. Jh.

Plymouth (WI)

Lage: vordere Umschlagkarte C4 (bei Sheboygan)

 Chamber of Commerce, 520 E. Mill St., Tel. 920-893-0079, 1-888-693-8263, www.excel.net/plymouth-chamber, plymouthchamber@excel.net

 Hillwind Farm Bed&Breakfast, N. 4922 Hillwind Rd., Tel. 920-892-2199, www.execpc.com/hillwind, Hillwind @execpc.com, sehr teuer, romantisch, mit herrlichem Ausblick
Yankee Hill, 405 Collins St., Tel. 920-892-2222, www.yankeehillinn.com, yankee@excel.net, teuer, gemütliches, preisgekröntes B&B

 52 Stafford Irish Guest House, 52 Stafford St., Tel. 920-893-0552, teuer, abwechslungsreiche Gerichte
Exchange Bank Coffeehouse, 301 E. Mill St., Tel. 920-893-2326, günstig, hübsches Café in einem alten Bankgebäude

Point Breeze (NY)

Lage: vordere Umschlagkarte H3 (bei Rochester)

 Camping Lakeside Beach State Park, Lake Ontario State Pkwy, Tel. 716-682-4888, Reservierung Tel. 800-456-CAMP, sehr preiswert bis günstig

Port Austin (MI)

Lage: vordere Umschlagkarte E4

 Port Austin Chamber of Commerce, Hwy 25/Lake St., Tel. 989-738-7600, www.portaustinarea.com

 Garfield Inn, 8544 Lake St., Tel. 989-738-5254, teuer, traditionsreiches Haus mit stilvoll eingerichteten Zimmern

Lake Street Manor Bed and Breakfast, 8569 Lake St., Tel. 989-738-7720, moderat bis teuer, in einem viktorianischen Haus
The Beachcomber Motel, 158 W. Spring St., Tel. 989-738-8354, moderat bis teuer, mit Pool und Privatstrand

Camping
Port Crescent State Park, Hwy 25, Tel. 517-738-8663, 1-800-44PARKS, sehr preiswert bis günstig

 Garfield Inn, 8544 Lake St., Tel. 989-738-5254, teuer, innovative Küche
The Bank 1884, 8646 Lake St., Tel. 989-738-5353, teuer, in einem alten Bankhaus, hervorragende Küche
Lighthouse Café, 42 Spring St., Tel. 989-738-5239, günstig, z.B. hausgemachte Suppen

 Port Crescent State Park, Hwy 25, Tel. 989-738-8663, bewaldete Dünen mit Wanderwegen

 Huron City, Hwy 25, 6 Meilen östl. von Port Austin, Tel. 989-428-4123, Juli–Anfang Sept. Do–Mo 10–17 Uhr, ehemalige Holzfällergemeinde und Museumsdorf
Point aux Barques Lighthouse, Hwy 25, Lighthouse Rd., Leuchtturm mit Museum (Museum Sa, So 12–16 Uhr)

Port Burwell (ONT)

Lage: vordere Umschlagkarte G3 (bei Long Point)

 Camping Port Burwell Provincial Park, County Rd. 39, Tel. 519-874-4691, sehr preiswert bis günstig
Big Otter Marina and Campground, 5 Bridge St., Tel. 519-874-4034, sehr preiswert bis günstig

 Port Burwell Provincial Park, County Rd. 39, Tel. 519-874-4691, Sandstrand, Vogelbeobachtung

Port Clinton (OH)

Lage: vordere Umschlagkarte E/F2 (bei Toledo)

 **Ottawa County Visitors Bureau,** 109 Madison St., Tel. 419-734-4386, 800-441-1271, Fax 419-734-9798, www.lake-erie.com, www.portclinton chamber.com

Island House Inn, 102 Madison St., Tel. 419-734-2166, 800-233-7307, sehr teuer, historisches Gebäude in der Nähe des Fähranlegers
Mc Kenna′s Inn Bed and Breakfast, 5714 Pittsburgh St., Tel. 419-797-6148, sehr teuer, gemütliches B&B auf der Catawba-Halbinsel
Sunny Side Tower Bed and Breakfast, 3612 N.W. Catawba Rd., Tel. 419-797-9315, 888-831-1263, sehr teuer, ruhige gelegenes, freundliches B&B auf Catawba Island
Lakeland Motel, 121 E. Perry St., Tel. 419-734-2101, Fax 419-732-2376, sehr teuer, gepflegt, am Wasser, auch Bootscharter
Beach Cliff Lounge, 4189 N. W. Catawba Rd., Tel. 419-797-4553, beachcliff@cros. net, moderat, sauberes Motel an der Spitze der Catawba-Halbinsel

Camping
Cedarlane Campground, 2926 N.E. Catawba Rd., Tel. 419-797-9907, sehr preiswert bis günstig
East Harbor State Park, SR-269, Tel. 419-734-4424, sehr preiswert bis günstig

 The Garden, Perry/Adams Sts, Tel. 419-732-2151, teuer, Spezialität: Fisch
Mon Ami Restaurant and Historic Winery, 3845 E. Wine Cellar Rd., Tel. 419-797-4445, teuer, umfangreiches Speiseangebot in einem historischen Weingut
Granny's Home Cooking, 1819 E. State St., Tel. 419-734-6554, günstig, typisches Familienrestaurant mit amerikanischen Klassikern, Frühstück, Lunch und Dinner

 Marblehead Lighthouse, Marblehead, Leuchtturm aus dem Jahre 1822
Catawba Island State Park, 4090 E. Moore′s Dock Rd., Tel. 419-797-4025, Angeln, Baden

 Cheesehaven, State Rte 53/State Rte 163, Tel. 419-734-2611, der Ausrüster für ein Luxus-Picknick, Paradies für Käsefans

 Shor-Nuf Charters, Drawbridge Marina, 247 Lakeshore Dr., Tel. 419-734-9999, Angeln
Bayshore Boat Rentals, Lindy′s Beach Resort, 8620 E. Bayshore Rd., Marblehead, Tel. 419-798-9898, Boots- und Jetskiverleih

Jet Express, 5 N. Jefferson St., Tel. 1-800-245-1538, Fährverbindung nach Put-in-Bay, South Bass Island
Miller Boat Line, Catawba Island, State Route 53, Tel. 419-285-2421, 1-800-500-2421, Fährverbindung nach Put-in-Bay, South Bass Island und Middle Bass Island
Kelleys Island Ferry Boat Lines, 510 W. Main St., Tel. 419-798-9763, 1-888-225-4325, Fährverbindung nach Kelleys Island
Neuman′s Kelleys Island Ferry, Frances St., Marblehead, Tel. 419-798-5800, 1-800-876-1907, Fähre nach Kelleys Island

Port Colborne (ONT)

Lage: vordere Umschlagkarte G3 (bei Niagara Falls, ONT)

 Port Colborne Chamber of Commerce, 76 Main St. W., Tel. 905-834-9765, Fax 905-834-1542, www.portcolborne.com

The Kent House Bed and Breakfast, 115 Kent St., Tel. 905-834-1206, günstig, gemütlich, in ruhiger Lage

Port Colborne Historical and Marine Museum, 280 King St., Tel. 905-834-7604, Mai–Dez. tägl. 12–17 Uhr, Heimatmuseum

Port Dover (ONT)

Lage: vordere Umschlagkarte G3 (bei Long Point)

 Port Dover Board of Trade Information Centre, 19 Market St. W., Tel. 519-583-1314, www.ontariotowns.on.ca/portdover

 Brant Hill Inn, 30 John St., Tel. 519-583-1501, Fax 519-583-9975, teuer, komfortabel, mit Sauna und Whirlpool
Port of Call Bed and Breakfast, 602 Main St., Tel. 519-583-1001, teuer, in einem viktorianischen Haus

 Fisherman´s Catch Bar and Restaurant, 18 Walker St., Tel. 519-583-1801, teuer, Spezialität: frischer Lake-Erie-Fisch
Callahan´s Beach House, 2 Walker St., Tel. 519-583-0880, teuer, Fischgerichte
The Sandy Café, 237 Main St., günstig, Suppen, Sandwiches, warme Gerichte, Kuchen

Port Elgin (ONT)

Lage: vordere Umschlagkarte F4 (bei Southampton)

 Port Elgin Chamber of Commerce Information Centre, 515 Goderich St., Tel. 519-832-2332, 1-800-387-3456, Fax 519-389-3725, www.sunsets.com/portelgin

 Windspire Inn, 276 Mill St., Tel. 519-389-3848, Fax 519-389-5486, teuer, kleines Hotel mit Garten
Coach and Four Motel, 263 Goderich St., Tel. 519-389-2188, Fax 519-389-2189, coach@primeline.net, moderat bis teuer, komfortables Motel in zentraler Lage

Camping
MacGregor Point Provincial Park, Hwy 21, Tel. 519-389-9056, sehr preiswert bis günstig

 MacGregor Point Provincial Park, Hwy 21, Tel. 519-389-9056, Strand, Wanderwege, Fahrradfahren, Vogelbeobachtung

Port Hope (ONT)

Lage: vordere Umschlagkarte H4 (bei Cobourg)

 Port Hope Chamber of Commerce, 58 Queen St., Tel. 905-885-5519, 888-PORTHOPPE, Fax 905-885-1142, www.town.porthope.on.ca.

 The Hillcrest Historic Mansion, 175 Dorset St. W., Tel. 905-885-7367, Fax 905-885-8167, sehr teuer, elegantes Hotel mit hellen, freundlichen Zimmern
Butternut Inn Bed and Breakfast, 36 North St., Tel. 905-885-4318, Fax 905-885-5464, www.butternutinn.com, teuer, in einem Haus aus dem Jahre 1840
The Tower Motel, 162 Peter St., Tel. 905-885-1777, moderat, einfaches, sauberes Familienmotel

 The Owl and the Pussycat, 127 Walton St., Tel. 905-885-8702, günstig, kleines Restaurant mit Antiquitätenladen

 Rhombeus Fishing Charter & Guide Services, Mill St., Ganaraska River, Tel. 905-373-4089, 1-800-489-7885, geführte Angeltouren

Port Huron (MI)

Lage: vordere Umschlagkarte F3

 Blue Water Area Convention and Visitor Bureau, 520 Thomas Edison Pkwy, Tel. 800-852-4242, www.bluewater.org
Michigan Welcome Center, I-69, Tel. 810-984-2361, Informationen über Michigan

Davidson House, 1701 Military St., Tel. 810-987-3922, teuer bis sehr teuer, stilvolles B&B in einer denkmalge-schützten Villa

Thomas Edison Inn, 500 Thomas Edison Pkwy, Tel. 810-984-8000, teuer, komfortables, ruhiges Hotel mit vielen Annehmlichkeiten

Benjamins Motel, 5570 Lapeer Rd., Tel. 810-984-3667, moderat, einfach, ruhig

Camping
Lakeport State Park, Hwy 25, Tel. 810-327-6265, 1-800-44PARKS, sehr preiswert bis günstig

 Fogcutter, 511 Fort St., Tel. 810-987-3300, teuer, schmackhafte Speisen und herrliche Aussicht auf den St. Clair River

Diana Sweet Shoppe, 307 Huron Ave., günstig, Imbiss aus dem Jahre 1926, Kleinigkeiten

 Fort Gratiot Lighthouse, Gratiot Ave., die seltenen Öffnungszeiten unter Tel. 810-982-0891 erfragen, Leuchtturm aus dem Jahre 1829

Lakeport State Park, Hwy 25, Tel. 810-327-6265, Sandstrand

Lightship Huron, Pine Grove Park, Tel. 810-982-0891, Mai, Juni, Sept., Sa, So 13–16.30, Juli–Aug. Mi–So 13–16.30 Uhr, Schiff, das als schwimmender Leuchtturm diente

 Port Huron Museum, 6th/Court Sts, Tel. 810-982-0891, Mai, Juni, Sept., Sa, So 13–16.30, Juli–Aug. Mi–So 13 bis 6.30 Uhr, Schifffahrtsgeschichte und Erinnerungsstücke an Thomas Alva Edison

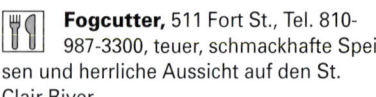 **Die Blue Water International Bridge** und die **Blue Water Bridge,** verbinden Port Huron mit Sarnia, Kanada

Port Rowan (ONT)

Lage: vordere Umschlagkarte G3 (bei Long Point)

 Long Point Provincial Park, Hwy 59, Tel. 519-586-2133, Camping, Wassersport, Vogelbeobachtung, Sandstrand

Port Sanilac (MI)

Lage: vordere Umschlagkarte F3 (bei Port Huron)

 Sanilac Shores Underwater Preserve, Unterwasserschutzgebiet mit Schiffswracks

 Sanilac County Historical Museum and Village, 228 S. Ridge St., Tel. 810-622-9946, Mitte Juni–Aug. Di bis Fr 11–16.30, Sa, So 12–16.30 Uhr, Museumsdorf mit rekonstruierten Gebäuden aus dem 19. Jh.

 Four Fathom Diving, Inc., 7320 Main St., Tel. 810-622-DIVE, Tauchgänge ins Sanilac Shores Underwater Preserve

Port Stanley (ONT)

Lage: vordere Umschlagkarte F3 (bei St. Thomas)

 Port Stanley Business Association, Carlow Rd., Tel. 519-782-5151, www.port-stanley.com

 Kettle Creek Inn, 216 Joseph St., Tel. 519-782-3388, Fax 519-782-4747, sehr teuer, romantisches, stilvolles Hotel in viktorianischem Haus

The Home Place Bed and Breakfast, 297 Bridge St., Tel. 519-782-3846, teuer, mit Balkon

Twin Peaks Motel, 177 William St., Tel. 519-782-3226, moderat bis teuer, ordentliches Familienmotel

 Kettle Creek Inn, 216 Joseph St., Tel. 519-782-3388, teuer, stilvoll, abwechslungsreiche Speisekarte

Lakeview Restaurant, 301 Bridge St., günstig bis teuer, Diner mit Blick auf Hafen und See
G.T.´s Beach Bar and Grill, 350 Edith Carell Blvd., Tel. 519-782-4555, günstig bis teuer, am Strand, mit Veranda

 Fish Market, am Ende der Beach St.

 Port Stanley Terminal Rail Inc., 309 Bridge St., Tel. 519-782-3730, Bummelbahn zwischen Port Stanley und St. Thomas

Port Washington (WI)

Lage: vordere Umschlagkarte C3

 Port Washington Tourism Chamber of Commerce, 126 E. Grand Ave., Tel. 262-284-0900, Fax 262-284-0591, www.portwashingtonchamber.com

 Inn at Old Twelve Hundred, 806 W. Grand St., Tel. 262-268-1200, teuer, traditionsreiches B&B

Camping
Lake Lenwood Beach & Campground, 7053 Lenwood Dr., Tel. 262-334-1335, sehr preiswert bis günstig

 Newport Shores, 407 E. Jackson St., Tel. 262-284-6838, teuer, Fischrestaurant
Port Hotel, 101 E. Main St., Tel. 262-284-6195, teuer, saftige Steaks
Dockside Deli, 218 E. Main St., Tel. 262-284-9440, günstig, gutes Frühstück, Suppen, Salate, Sandwiches

 Eghart House, 316 Grand Ave., Tel. 262-284-1897, Sommer So 13 bis 16 Uhr, viktorianische Villa mit Originalmobiliar
Pebble House, 126 E. Grand Ave., Tel. 262-284-0900, im Sommer tägl. 9 bis 17 Uhr, altes Haus aus Kieselsteinen

 Port Washington Historical Museum and Lighthouse, 311 Johnson St., Tel. 262-284-5305, im Sommer So 13–16 Uhr, lokale Geschichte im renovierten Leuchtturm

Prescott (ONT)

Lage: vordere Umschlagkarte J5 (bei Brockville)

 The Rosamond House Bed and Breakfast, 495 King St. W., Tel. 613-925-1755, Fax 613-925-1755, moderat, gemütlich, in einem Steinhaus aus dem 19. Jh.
Dewar´s Inn on the River, 1649 Hwy 2, Tel. 613-925-3228, Fax 613-925-1152, moderat, kleines, freundliches Motel

Camping
Grenville Park, Hwy 2, Tel. 613-925-2000, Fax 613-925-0411, günstig

 Fort Wellington National Historic Site, 370 Van Koughnet St., Tel. 613-925-2896, Mai–Sept., tägl. 10 bis 17 Uhr, historisches Fort

Presque Isle (MI)

Lage: vordere Umschlagkarte E5 (bei Alpena)

 Besser-Bell Natural Area, Grand Lake Road, Naturschutzgebiet mit Wanderwegen und den Überresten der Geisterstadt Bell
Old Presque Isle Lighthouse und **Presque Isle Lighthouse,** Grand Lake Road, zwei Leuchttürme aus dem 19. Jh. mit Museen

Quimet (ONT)

Lage: vordere Umschlagkarte B7 (bei Thunder Bay)

Quimet Canyon Provincial Park, Quimet Canyon Rd., Informationen über Ontario Parks, Tel. 807-977-2526, 150 m breiter Canyon

Quinte Isle (ONT)

Lage: vordere Umschlagkarte H4 (bei Trenton)

 Barnum House, Hwy 2, Tel. 905-349-2656, Ende Mai–Anfang Sept. Do–Mo 10–17 Uhr, Museum in einem Wohnhaus aus dem frühen 19 Jh.
Mariner's Park Museum, Kreuzung Country Rd. 10/13, Milford, Tel. 613-476-8392, 20. 5.–1.7., 4.9.–9.10 Sa–So 10–17 Uhr, 1.7.–4.9. tägl. 10–17 Uhr, Seefahrtsgeschichte

Racine (WI)

Lage: vordere Umschlagkarte C3

 Racine County Convention & Visitor Bureau, 345 Main St., Tel. 262-634-3293, 800-C-RACINE, www.racine.org

 Lochnaiar Inn, 1121 Lake Ave., Tel. 262-633-3300, teuer bis sehr teuer, viel gepriesene, historische Unterkunft mit Seeblick
Radison Harbourwalk Inn, 223 Gaslight Circle, Tel. 262-632-7777, 800-333-3333, sehr teuer, alle Zimmer mit Seeblick
Mansard on the Lake, 827 Lake Ave., Tel. 262-632-1135, moderat, traditionsreiches Haus aus dem 19. Jh.

 Yardam, 920 Erie St., Tel. 262-633-8270, günstig bis teuer, jeden Abend *fish fry*
Kewpee, 520 Wisconsin Ave., Tel. 262-634-960, günstig, berühmt für seine Burger
Larsens Bakery, 3311 Washington Ave., Tel. 262-633-4298, günstig, die besten *kringles* der Stadt

 Golden Rondelle Theater, 1525 Howe St., Tel. 262-260-2154, futuristisch anmutendes Bauwerk, errichtet zur Weltausstellung in New York 1964-65
Johnson Wax Administration Building, 1525 Howe St., Tel. 262-620-2154, Führungen im Sommer Di–Sa, im Winter Di–Fr, telefonische Anmeldung erforderlich, von Frank Lloyd Wright entworfenes Bürogebäude

Rochester (NY)

Lage: vordere Umschlagkarte H3

 The Greater Rochester Visitor Association, 45 East Ave., Tel. 585-546-3070, 800-677-7282, Fax 585-232-4822, www.visitrochester.com

 Radisson Rochester Plaza, 70 State St., Tel. 585-546-3450, sehr teuer, großes Luxushotel im Zentrum von Rochester
Dartmouth House, 215 Dartmouth St., Tel. 585-271-7872, 800-724-6298, www.dartmouthhouse.com, teuer, gemütliches B&B
Days Inn Downtown, 384 East Ave. Tel. 585-325-5010, moderat, gepflegtes Motel, zentral

 Triphammer Grill, 60 Brown´s Race, Tel. 585-262-2700, teuer, amerikanische Gerichte
Water Street Grill, 175 N. Water St., Tel. 585-546-4980, teuer, lebhaftes Lokal mit sehr guten Fisch- und Fleischgerichten
Edwards, 13 S. Fitzhugh St., Tel. 585-423-0140, teuer bis sehr teuer, ausgezeichnete Küche, gepflegte Atmosphäre
Hogan´s Hideaway, 197 Park Ave., Tel. 585-429-6696, teuer, von Jung und Alt gleichermaßen geschätztes Restaurant
Alladin´s Natural Eatery, 649 Monroe Ave., Tel. 585-442-5000, günstig bis teuer, sehr gute vegetarische Speisen

 Brown´s Race, 60 Brown´s Race, Tel. 585-325-2030, Läden und Restaurants in den Gebäuden einer ehemaligen Mühle, Blick auf die Wasserfälle

Charlotte-Genessee-Lighthouse,
70 Lighthouse St., Tel. 585-621-6179, Mai
bis Okt. Sa, So 13–17 Uhr, Leuchtturm aus
dem Jahre 1822
George Eastman House and International Museum of Photography, 900
East Ave., Tel. 585-271-3361, Di–Sa 10–17,
So 13–17 Uhr, Villa des Kodak-Gründers
George Eastman und Museum mit umfassender fotografischer Sammlung von
Weltrang
Lake Ontario Beach Park, Lake Ave.,
Strand, historisches Karussel
Mount Hope Cemetery, 719 Mount
Hope Cemetery, Friedhof mit sehenswerten Gräbern prominenter Bürger von Rochester

 **Rochester Museum and Science
Center,** 657 East Ave., Tel. 585-271-
4320, Mo–Sa 9–17, So 12–17 Uhr, naturwissenschaftliches und anthropologisches
Museum sowie modernes Planetarium
Strong Museum, Manhattan Sq., Chestnut/Woodbury Blvds, Tel. 585-263-2700,
Mo–Sa 10–17, So 13–17 Uhr, Sammelsurium von Alltagsgegenständen, umfassende Puppensammlung

 Water Street Music Hall,
204 N. Water St., Tel. 585-325-5600,
lebhafter Klub, unterschiedliche Musikrichtungen
California Brew House, 402 W. Ridge
Rd., Tel. 585-621-1480, amerikanische
Rockmusik
Shep´s Paradise, 293 Clarissa St.,
Tel. 585-232-2506, Jazz
PJ´s Lounge, 499 West Ave., Tel. 585-436-
9066, Treffpunkt der Country-Music-Fans

 Pyramids Arts Center, Village
Gate Sq., 302 N. Goodman St.,
Tel. 585-461-2222, Avantgarde-Theater und
Performances
Little Theaters, 240 East Ave., Tel. 585-
232-3906, anspruchsvolle nationale und
internationale Filme
George Eastman School of Music,
26 Gibbs St., Tel. 585-274-1100, Konzerte
von Dozenten, Schülern und Gastkünstlern

GeVA Theater, 75 Woodbury Blvd.,
Tel. 716-232-GEVA, zeitgenössisches amerikanisches Theater und Musicals

 Mai: Lilac Festival im Highland
Park, South Ave., Festival rund um
die Blüte der über 1000 lila blühenden Büsche

 Sam Patch, 12 Cornhill Terr.,
Tel. 585-262-2254, bietet Bootsfahrten auf dem historischen Erie-Kanal an

Rock Island (WI)

Lage: vordere Umschlagkarte C5 (bei Sturgeon Bay)

 Rock Island State Park, Mai–Okt.
Tel. 920-847-2235, sonst Informationen unter Tel. 920-854-2500

 **Camping
Rock Island State Park,** Tel. 920-
847-2235, sehr preiswert bis günstig

 Karfi Ferry, Tel. 920-847-2252, Mai
bis Sept. mehrmals tägl. von Jackson Harbor/Washington Island, Dauer der
Überfahrt 15 Min.

Rogers City (MI)

Lage: vordere Umschlagkarte E5

 Rogers City Chamber of Commerce, 292 S. Bradley Hwy,
Tel. 517-734-2535, 800-622-4148, www.rogerscity.com

 Driftwood Motel, 540 W. 3rd St.,
Tel. 517-734-4777, moderat bis
teuer, Schwimmbad, mit Blick auf den
Lake Huron

**Camping
P.H. Hoeft State Park,** Hwy 23 North,
Tel. 517-734-2543, 1-800-44PARKS, sehr
preiswert bis günstig

Buoy Restaurant, 530 W. 3rd St., Tel. 517-734-4747, teuer, frischer Fisch aus dem Lake Huron
Black Bear Café, 136 E. Erie St., Tel. 517-734-2007, günstig, guter Kaffee und Kleinigkeiten auch zum Mitnehmen

 P.H. Hoeft State Park, Hwy 23 North, Tel. 517-734-2543, Wald, Dünen, Strand
Forty Mile Point Lighthouse, Lighthouse Park, Hwy 23, Leuchtturm aus dem Jahre 1896
Ocqueoc Falls, Hwy 68, 11 Meilen westl. von Rogers City, Wasserfall
Seagull Point Park, 193 E. Michigan Ave., feinsandiger Strand

 Presque Isle County Historical Museum, 176 W. Michigan Ave., Tel. 517-734-4121, Juni–Okt. Mo–Sa 12 bis 16 Uhr, Schifffahrts- und Heimatgeschichte

Rossport (ONT)

Lage: vordere Umschlagkarte C8

 The Willows Bed & Breakfast, 1 Main St., Tel. 807-824-3389, 807-824-3492, pgordon@schreiber.lake headu.ca, teuer bis sehr teuer, gemütlich, mit Seeblick
Rossport Inn, 6 Bowman St., Tel. 807-824-3213, Fax 807-824-3217, moderat bis teuer, klein, gemütlich

Camping
Rainbow Falls Provincial Park,
Hwy 17, 26 km westlich von Terrace Bay, Tel. 807-825-3205, sehr preiswert bis günstig
Rossport Provincial Campground, s. Rainbow Falls Provincial Park, Tel. 807-824-2298, sehr preiswert bis günstig

 Serendipity Gardens, Main St., Tel. 807-824-2890, günstig bis teuer, Sandwiches, Hamburger, Salate, vegetarische Gerichte

 Rainbow Falls Provincial Park, Tel. 807-825-3205, Wandern, Bootfahren, Schwimmen, Angeln

 Pays Plat Traditional Pow Wow, Trans-Canada Highway, Mitte Aug., Tel. 807-824-2541

 Superior Outfitters Canoe & Cayaking Rentals, Tel. 807-824-3314, Verleih von Kanus und Kajaks, Unterricht und geführte Kajaktouren, Fahrten zu den Slate Islands
Rossport Island Tours, Tel. 807-824-2887, und North Shore Boat Cruises, Tel. 807-824-3136, Bootstouren zu den Inseln
Experience North Adventures, s. Sault Ste. Marie, ONT, S. 373 geführte Kajaktouren zur Battle Island und zur Slate Island

Sackets Harbor (NY)

Lage: vordere Umschlagkarte J4

 Sackets Harbor Chamber of Commerce, 301 Main St., Tel. 315-646-1700. NYS Seaway Trail, INC., 109 Barracks Dr., Tel. 315-646-1000, 1-800-SEA-WAY-T, www.sacketsharbor.com

 Old Stone Inn, 123 Bartlett Rd., Tel. 315-646-1234, moderat bis sehr teuer, kleines Hotel mit modern eingerichteten Zimmern
Ontario Place Hotel, 103 General Smith Dr., Tel. 315-648-8000, teuer bis sehr teuer, großzügige Zimmer und Suiten
Candlelight Bed and Breakfast, 501 W. Washington St., Tel. 315-646-1518, 1-800-306-5595, teuer, romantisch, mit Seeblick

Camping
Westcott Beach State Park, Rte 3, Tel. 315-938-5083, 800-456-CAMP, sehr preiswert bis günstig

 Old Stone Row, 336 Brady Rd., Tel. 315-646-2923, teuer bis sehr teuer, Gourmetrestaurant
Yachon's 1812 Steak and Seafood Company, 212 Main St., Tel. 315-646-

2041, teuer, Fisch- und Fleischgerichte
Sackets Harbor Brewing Co., 212 W.
Main St., Tel. 315-646-2739, teuer, hausge-
brautes Bier und leckeres Essen
Main Street Café, 202 W. Main St.,
Tel. 315-646-8897, günstig, beliebter Treff-
punkt zum Frühstück und Mittagessen

 Augustus Sacket Mansion, 301
Main St., Tel. 315-646-2321, Villa
des Ortsgründers aus dem Jahre 1802
Madison Barracks, 85 Worth Rd.,
Tel. 315-646-3374, restaurierte Kaserne
Navy Yard, Hill St., Tel. 315-646-3634,
Mitte Mai–Mitte Okt. tägl., Haus des Kom-
mandanten und Museum, das Gegen-
stände aus dem Krieg von 1812 zeigt
Westcott Beach State Park, Rte 3,
Tel. 315-938-5083, Wanderwege, Picknick-
plätze

 Sackets Harbor Battlefield,
Main/Washington Sts, Tel. 315-646-
3634, Mai–Okt., Mi bis Sa 10.30–16.30, So
13–17 Uhr, Schlachtfeld aus dem Krieg von
1812, im Juli wird die Schlacht nachgestellt

St. Ignace (MI)

Lage: vordere Umschlagkarte D5

 **St. Ignace Chamber of Com-
merce,** 560 N. State St., Tel. 906-
643-6950, 800-338-6660, www.stignace.com

 Harbour Pointe, 797 N. State St.,
Tel. 906-643-9882, 800-642-3318,
teuer, großes Hotel
Holiday Park Motel, 350 Ferry Lane,
Tel. 906-643-9611, günstig, ruhig

Camping
Lakeshore Park Campground,
416 Point LaBarbe, Tel. 906-643-9522, sehr
preiswert bis günstig
Straits State Park, Church St., Tel. 517-
335-3338, sehr preiswert bis günstig
Foley Creek Campground, 2 Meilen
nördl. der Ausfahrt 348 des Hwy 75, sehr
preiswert bis günstig

Carp River Campground, 13 Meilen
nördl. von St. Ignace, 3 Meilen von der
Ausfahrt 359 am Hwy 134, Tel. 906-643-
7900, sehr preiswert bis günstig

 Huron Landing, 441 N. State St.,
Tel. 906-643-9613, günstig bis teuer,
vegetarische Gerichten, Seeblick
Bentley´s Café and Dairy Bar,
62 N. State St., Tel. 906-643-9031, günstig,
Suppen, Salat, Sandwiches, Quiches
The Galley, 241 N. State St., Tel. 906-643-
9031, günstig, Fisch, Sandwiches, Suppen,
Salate

 **Father Marquette National Me-
morial and Museum,** südl. des
Hwy 2 im Straits State Park, Tel. 906-643-
8620 (Winter), 906-643-9394 (Sommer),
Memorial Day–Labor Day tägl. 9.30–17,
Mitte Juni–Mitte Aug. tägl. bis 20 Uhr, Museum über den Missionar und ›Entdecker‹
Jacques Marquette
Museum of Ojibwa Culture,
500 N. State St., Tel. 906-643-9161, Memorial Day–Anfang Okt., tägl. 13–17 Uhr, Museum zur Kultur der Ojibwa-Indianer

 Die Fähren nach Mackinac Island
verkehren von der N. State St., Arnold Line, Tel. 800-542-8528, Shepler´s
Mackinac Island Ferry, Tel. 800-828-6157,
Star Line Tel. 800-836-9892

St. Joseph (MI)

*Lage: vordere Umschlagkarte C2 (bei Ben-
ton Harbor)*

 Curious Kids Museum, 415 Lake
Blvd., Tel. 231-983-0271, Mi, Do 10
bis 17, Fri, Sa 10–18, So 12–7 Uhr, Museum für Kinder mit interaktiven Exponaten
rund um Themen aus Alltag, Geschichte,
Naturwissenschaft

St. Joseph Island (ONT)

*Lage: vordere Umschlagkarte E6 (bei Sault
Sainte Marie, ONT)*

Fort St. Joseph, Richard's Landing, Tel. 705-246-2664, 24.5.–11.10. tägl. 10–17 Uhr, Reste eines britischen Forts aus dem Jahre 1796

St. Paul (MN)

Lage: vordere Umschlagkarte (westlich von A5)

 St. Paul Convention and Visitors Bureau, 175 W. Kellogg Blvd. No 502, St. Paul, MN 55102, Tel. 651-265-4900, 800-627-6101, Fax 651-265-4999, www.stpaulcvb.org

 Saint Paul Hotel, 350 Market St., Tel. 651-292-9292, 800-292-9292, sehr teuer, Luxushotel mit dem Charme der alten Welt
Radisson Hotel St. Paul, 11 E. Kellogg Blvd., Tel. 651-291-1900, 800-333-3333, zentral, sehr teuer, Luxushotel mit Blick auf den Mississippi
Cathedral Hill Inn, 341 Dayton Ave., Tel. 651-224-7033, 800-590-6779, teuer bis sehr teuer, zentral, B&B in einem Haus im Tudor-Stil
Como Villa Bed & Breakfast, 1371 W. Nebraska Ave., Tel. 651-647-0471, teuer, in einem viktorianischen Haus
Kelly Inn State Capitol, 161 St. Anthony St., Tel. 651-227-8711, 800-528-1234, moderat bis teuer, in der Nähe des State Capitol

Camping
Afton State Park, County Rd. 20, Hastings, ca. 20 Min. von Downtown St. Paul, Tel. 651-922-9000, 800-246-2267, sehr preiswert bis günstig

 St. Paul Grill, 350 Market St. Tel. 651-224-7455, teuer, sehr gute Grillgerichte
Sawatdee, 289 E. 5th St., Tel. 651-222-5859, teuer, scharfe thailändische Gerichte
Table of Contents, 1648 Grand Ave., Tel. 651-699-6595, teuer, berühmt für seine innovative Küche

Café Latte, 850 Grand Ave., Tel. 651-224-5687, günstig, nettes Café, Suppen, Sandwiches, Salate und Kuchen
No Wake Café, 100 Yacht Club Rd., Tel. 651-292-1411, günstig, Café-Restaurant auf einem Boot im Mississippi, nett zum Frühstücken

 Cathedral of St. Paul, 239 Selby Ave., Tel. 651-228-1767, tägl. 8–16, Führungen Mo, Mi, Fr 13 Uhr, bedeutendste Kirche der Stadt
Governor´s Residence, 1006 Summit Ave., Tel. 651-297-8177, Führungen Mai bis Okt. nach telefonischer Voranmeldung, offizielle Residenz des Gouverneurs von Minnesota
James J. Hill House, 240 Summit Ave., Tel. 651-297-2555, Führungen Mi–Sa 10 bis 15.30 Uhr, viktorianische Prachtvilla
Jemne Building, 305 St. Peter St., Artdéco-Gebäude
Kellogg Mall, Kellogg Blvd., Esplanade, schöner Blick auf den Mississippi
Landmark Center, 75 W. 5th St., Tel. 651-292-3225, ehemaliges Gerichtsgebäude im neoromanischen Stil
Minnesota State Capitol, Park/Aurora Sts, Tel. 651-296-2881, kostenlose Führungen Mo–Fr stündl. 9–16, Sa, 10–15, So 13 bis 15 Uhr, Regierungsgebäude des US-Bundesstaates Minnesota
Minnesota World Trade Center, 30 E. 7th St., Tel. 651-291-8900, mit 40 Stockwerken höchstes Hochhaus der Stadt aus den 80er Jahren des 20. Jh.
Ordway Music Theater, 345 Washington St., Tel. 651-282-300, Spielstätte des Kammerorchesters von St. Paul
Pioneer Building, 336 Robert St., ältestes Hochhaus der Stadt aus dem Jahre 1889
St. Paul City Hall, 15 Kellogg Blvd., Tel. 651-266-8023, Mo–Fr 8–16.30 Uhr, Führungen nach Vereinbarungen, Tel. 651-266-8023, Rathaus mit sehenswerter Lobby
St. Paul Public Library, 90 W. 4th St., Tel. 651-292-6311, stattliches Bibliotheksgebäude

 Science Museum of Minnesota, 30 E. 10th St., Tel. 651-221-9488,

Mo–Sa 9.30–21, So 10–21 Uhr, Museum zu Naturwissenschaften, Technologie, Geografie und Paläontologie
Fort Snelling, Hwy 5 und 55, Tel. 651-726-1711, Mai–Okt., Mo–Sa 10-17, So 12 bis 17 Uhr, historisches Fort
Minnesota History Center, 345 W. Kellogg Blvd., Tel. 651-296-6126, Di, Mi, Fr, Sa 10–17, Do 10–21, So 12–17 Uhr, Geschichte von Minnesota
Minnesota Museum of American Art, 75 W. Fifth St., Tel. 651-292-4355, Di-Sa 11–16, Do 11–19.30, So 13–17 Uhr, Kunst der USA aus den letzten 130 Jahren

 World Trade Center, E. 7th St./Wabash Ave., Tel. 651-291-1715, Shopping Mall
Maud Borup Candies, im World Trade Center, Tel. 651-293-0530, traditionsreiches Schokoladengeschäft, eigene Herstellung
Nakashian-O´Neil, 23 W. 6th St., Tel. 651-224-5465, Antiquitäten
St. Paul Famer´s Market, 290 E. 5th St., Tel. 651-228-8101, Sa 6–13, So 8–13 Uhr, Obst und Gemüse

 O´Gara´s Garage, 164 N. Snelling Ave., Tel. 651-644-3333, Musikklub für vorwiegend junges Publikum
The Dakota Bar & Grill, 1021 E. Bandana Blvd., Tel. 651-642-1442, führender Jazz-Klub
Blues Saloon, 601 Western Ave., Tel. 651-228-9959, Blues-Kneipe, wechselndes Programm

 Fitzgerald Theater, 10 E. Exchange St., Tel. 651-290-1221, verschiedene Theateraufführungen, nach F. Scott Fitzgerald benannt, eine der schönsten Spielstätten der Stadt
Great American History Theater, 30 E. 10th St., Tel. 651-292-4323, Aufführungen traditioneller und moderner Theaterstücke
Park Square Theater, 408 St. Peter St., Tel. 651-291-7005, traditionelle und moderne Klassiker
St. Paul Chamber Orchestra, 75 W. 5th St., Tel. 651-292-3248, viel gelobtes Kammerorchester

 Jan.: Winter Carnival
März: St. Patricks Day Parade, Umzug zu Ehren des irischen Schutzheiligen St. Patrick
April: Festival of Nations, multikulturelles Festival
Juni: Grand Old Day, Paraden, Umzüge, Musik, Essen, etc.
Juli: Taste of Minnesota, Kulinarisches aus Minnesota
Aug.: Minnesota State Fairground, Karussell, Sportveranstaltung, Autorennen, Pferdeshows, etc.
Dez.: Bright Lights, City Nights, die Innenstadt erstrahlt in Festbeleuchtung

 Capital City Trolley, Tel. 651-223-5600, Di, Do, So Sightseeing-Rundfahrten durch die Innenstadt
Padelford Boats, Tel. 621-227-1100, Bootstouren auf dem Mississippi zwischen Memorial Day und Labor Day, Abfahrt: Harriet Island

 Flugzeug: Minneapolis/St. Paul International Airport, 9 Meilen östl. von Downtown St. Paul, Tel. 651-726-5555, Fahrt in die Innenstadt mit dem Taxi 15 bis 17 $, mit dem Airport Express Shuttle, Tel. 651-827-7777, 8 $, mit dem Bus der MCTO, Tel. 651-373-3333, 1,50 $
Greyhound, 25 W. 7th St., Tel. 651-222-0509, 730 Transfer Rd., Tel. 651-644-1127, tägl. Verbindung nach Milwaukee, Chicago und in die Mittleren Westen
Metropolitan Council Transit Operations (MCTO), Tel. 651-373-3333 unterhält das städtische Busnetz, passende Münzen bzw. Noten bereithalten, beim Umsteigen vom Busfahrer ein *transfer ticket* verlangen. Informationen zu Routen, Preisen, Umsteigemöglichkeiten: Transit Store, American Bank Building, 101 E. 5th St.
Airport Taxi, Tel. 651-721-0000
Blue & White Taxi, Tel. 651-333-3333
Suburban Taxi, Tel. 651-884-8888
Yellow Cab St.Paul, Tel. 651-824-4433
Yellow Cab Suburban, Tel. 651-824-4000

Sandusky (OH)

Lage: vordere Umschlagkarte E/F2 (bei Toledo)

 Sandusky/Erie County Visitor and Convention Bureau, 4424 Milan Rd., Tel. 419-625-5009, 1-800-255-ERIE, www.buckeyenorth.com

 Red Gables Inn, 421 Wayne St., Tel. 419-625-1189, teuer bis sehr teuer, komfortbales B&B
Comfort Inn Sandusky, 5909 Milan Rd., Tel. 419-621-0200, Fax 419-621-0060, teuer, angenehmes Motel mit Schwimmbad und Whirlpool
Rodeway Inn, 1021 Cleveland Rd., Tel. 419-626-6852, moderat, einfaches Motel

Camping
Travelland Family Campground, 3518 Tiffin Ave., Tel. 800-875-1044, sehr preiswert bis günstig

 Angry Trout, 505 E. Bay View Dr., Tel. 419-684-5900, teuer bis sehr teuer, Fischspezialitäten und saftige Steaks, mittags auch Sandwiches und Salate
Coffee Temptations, 137 E. Water St., Tel. 419-626-0860, günstig, Sandwiches, Gebäck und Kaffee
DeMore´s Fish Den, 302 W. Perkins Ave., Tel. 419-626-8861, preiswert, frischer Fisch und Sandwiches, auch zum Mitnehmen

 Cedar Point Amusement Park, One Cedar Point Dr., Cedar Point, Tel. 419-627-2350, Mitte Mai–Labor Day tägl. ab 10 Uhr, für Achterbahnfans

 Follet House Museum, E. Adams/ Wayne Sts, Tel. 419-627-9608, Juni bis Labor Day, Di–Sa 12–16, Mai, Labor Day–Dez. Sa, So 12–16 Uhr, Möbel, Haushaltsgegenstände, Spielzeug und Mode aus dem 19. Jh.
Merry-Go-Round Museum, U.S.Rte 6/ Jackson St., Tel. 419-626-6111, Ende Mai bis Anfang Sept., Mo–Sa 11–17, So 12 bis 17 Uhr, sonst Mo, Di geschl., alles rund um historische Karusselle

 Goodtime Island Cruises, Jackson Pier, Tel. 419-625-9262, Fahrten zur Kelleys Island und Lower Bass Island
Island Express, Columbus Avenue Pier, Tel. 419-627-1500, Fahrten mit dem Schnellboot »Island Rocket« zur Kelleys Island, Lower Bass Island und Pelee Island/ ONT
Pelee Island Transportation, Tel. 800-661-2220, Überfahrten zur Pelee Island, ONT

Sarnia (ONT)

Lage: vordere Umschlagkarte F3

 Ontario Travel Information Centre, 1415 Venetian Blvd., Tel. 519-344-7403, Fax 519-332-4576, Informationen über die Provinz Ontario

 Die **Blue Water International Bridge** und die **Blue Water Bridge** verbinden Sarnia mit Port Huron, USA

Sauble Beach (ONT)

Lage: vordere Umschlagkarte F4 (bei Southampton)

 Camping
Sauble Falls Provincial Park, Hwy 21, Tel. 519-422-1952, sehr preiswert bis günstig

 Sauble Falls Provincial Park, Hwy 21, Tel. 519-422-1952, Kanufahren, Wanderweg

Saugatuck (MI)

Lage: vordere Umschlagkarte D3

 Chamber of Commerce, 303 Culver St., Tel. 616-857-1701, www.saugatuck.com

The Rosemont Inn, 83 Lakeshore Dr., Tel. 800-721-2637, teuer bis sehr teuer, gilt als eines der romantischten Hotels im Mittleren Westen

Wickwood Country Inn, 510 Butler St., Tel. 800-385-1174, sehr teuer, liebevoll eingerichtetes B&B

Red Dog Bed & Breakfast, 132 Mason St., Tel. 800-357-3250, teuer bis sehr teuer, gemütlich, zentral

The Twin Oaks Inn, 227 Griffith St., Tel. 616-857-1600, teuer bis sehr teuer, familienfreundliches B&B

Camping

Saugatuck Campground, Goshorn Lake, westl. der I-196, Tel. 800-336-9724, sehr preiswert bis günstig

 **Restaurant Toulouse,** 248 Culver St., Tel. 616-857-1561, teuer bis sehr teuer, sehr gute französische Küche

Chequers, 220 Culver St., Tel. 616-857-1868, teuer, populäres Restaurant, im Stil eines englischen Pub

Global Bar and Grill, 215 Butler St., Tel. 616-857-1555, günstig bis teuer, familienfreundliches Restaurant, innovative Speisen

The Loaf and Mug, 236 Culver St., Tel. 616-857-2974, günstig bis teuer, Frühstück und Mittagessen, auch zum Draußensitzen

Pumpernickel´s Eatery, 202 Butler St., Tel. 616-857-1196, günstig, sehr gute Sandwiches, auch zum Mitnehmen, darüber hinaus Frühstück, Lunch und Dinner

Ida´s Red Cottage, 645 Water St., Tel. 616-857-1196, günstig, beliebte Frühstücksadresse

 »SS Kewatin«, in der Nähe der Brücke, die von Saugatuck nach Douglas führt, Tel. 616-857-2107, Memorial Day–Labor Day tägl. 10.30–16.30 Uhr, Dampfschiff, das einst auf den Großen Seen verkehrte

Sauguatck Dunes State Park, nördl. des Ortes, Informationen erhältlich im Holland State Park, Tel. 616-399-9390

 »Star of Saugatuck«, 716 Water St., Tel. 616-857-4261, Bootsfahrt auf dem Kalamazoo River und dem Lake Michigan

Sault Sainte Marie (MI)

Lage: vordere Umschlagkarte E6

 Sault Convention & Visitor Bureau, 2581 I-75 Business, Sault Ste. Marie, MI 49738, Tel. 906-632-3301, 800-MI-SAULT, www.saultstemarie.com

Michigan Welcome Center, 943 Portage Ave., Tel. 906-632-8242, Fax 906-632-1171

 Ojibway Hotel, 240 W. Portage Ave., Tel. 906-632-4100, 800-654-2929, sehr teuer, historisches Hotel mit Blick auf die Soo Locks

Water Street Inn Bed & Breakfast, 140 Water St., Tel. 906-632-1900, 800-236-1904, teuer bis sehr teuer, wunderschön gelegen, elegant, in einem viktorianischen Haus

Askwith Lockview Motel, 27 W. Portage Ave., Tel. 906-632-2491, 800-854-0745, moderat, in der Nähe der Soo Locks

Long Ships Motel, 427 W. Portage Ave., Tel. 906-632-2422, 888-690-2422, günstig bis moderat, einfach, in der Nähe der Soo Locks

Grand Motel, 1100 E. Portage Ave., Tel. 906-632-2141, günstig bis moderat, einfach, zentral gelegene Unterkunft

Camping

Soo Locks Campground, 1001 E. Portage Ave., Tel. 906-632-3191, sehr preiswert bis günstig, vom Zeltplatz aus kann man die Frachter beobachten, die durch den Kanal fahren

Chippewa Campground, E. 3 Mile Rd., Tel. 906-632-8581, sehr preiswert bis günstig

 **Freighters,** 240 W. Portage Ave., Tel. 906-632-4100, teuer bis sehr teuer, sehr gutes Restaurant im Ojibway Hotel mit Blick auf die Soo Locks

The Antlers, 804 E. Portage Ave., Tel. 906-632-3571, günstig, rustikal, herzhafte Speisen

Clyde´s Drive In, Riverside Dr., an der Fähranlagestelle zur Sugar Island, Tel. 906-632-2581, günstig, Hamburger

Penny´s Kitchen, 112 W. Spruce St., Tel. 906-632-1232, günstig, gemütlicher Coffeeshop, Frühstück, Kuchen, Suppen, Sandwiches und Salate

 Museum Ship Valley Camp, E. Portage Ave., Tel. 906-632-3658, Mitte Mai–Mitte Okt. tägl. 10–17, Juli, Aug. tägl. 9–21 Uhr, Schifffahrtsmuseum in einem alten Dampfschiff

River of History Museum, 209 E. Portage Ave., Tel. 906-632-1999, Mitte Mai bis Mitte Okt., Mo–Sa 10–17, So 12–17, Juli, Aug. tägl. 10–20 Uhr, Museum zur Geschichte der Indianer, Pelzhändler, Siedler und andere Lokalthemen

Soo Locks Visitor Center, Ashmun St., Tel. 906-932-1472, Mitte Mai–Mitte Nov. tägl. 8–22, Mitte Juni–Anfang Sept. 7 bis 23 Uhr, Schleusen, die Frachtschiffen die Passage zwischen Lake Superior und Lake Huron gestatten

Tower of History, 326 E. Portage Ave., Tel. 906-632-3658, Mitte Mai bis Mitte Okt. tägl. 10–18 Uhr, 21 Stockwerke hoher Betonturm, der spektakuläre Aussicht auf das Umland bietet

 Bootstouren durch die Soo Locks, Tel. 800-432-6301, Mitte Mai–Mitte Okt. tägl. Abfahrten ab 9 Uhr an der Portage Ave.

Sault Sainte Marie (ONT)

Lage: vordere Umschlagkarte E6

 Chamber of Commerce, 334 Bay St., Tel. 705-949-7152, Ontario Travel Information, 261 Queen St. W., Tel. 705-945-6941, 1-800-ONTARIO, www.city.sault-ste-marie.on.ca

 Top O´ The Hill Bed & Breakfast, 40 Broos Rd., Tel. 705-253-9041, Fax 705-946-5571, http://www.bbcanada.com/69.html, brauer b@sympatico.ca, teuer, gemütliches B&B mit Blick auf City, die Besitzer sprechen Deutsch

Eastbourne Manor, 1048 Queen St. E., Tel. 705-942-3648, eastbournemanor@yahoo.com, teuer, zentral, B&B in einem alten Gebäude

Quality Inn Bay Front, 180 Bay St., Tel. 705-945-9264, 1-800-424-6423, teuer, zentral, mit den üblichen Annehmlichkeiten

Holiday Motel, 435 Trunk Rd., Tel. 705-759-8608, günstig, zweckmäßig

Lil & Oscar Herzog, 99 Retta St., Tel. 705-253-8641, sehr preiswert, einfaches B&B

Algonquin Hotel, 864 Queen St. E., Tel. 705-253-2311, sehr preiswert, einige Zimmer dienen als Jugendherberge, etwas düster, aber zentral

Camping

KOA, Trans-Canada Highway, 8 km nördl. von Sault Ste. Marie, Tel. 705-759-2344, sehr preiswert bis günstig

Ojibway Park, Great Northern Rd. (Trans-Canada Highway), östl. von Sault Ste. Marie, sehr preiswert bis günstig

Gran Festa, 180 Bay St, Tel. 705-945-9264, teuer, gut besuchtes italienisches Restaurant im Quality Inn Motel, s.o.

Barsanti Small Frye, 23 Trunk Rd., günstig, herzhafte Speisen

Muio´s, 685 Queen St. E, Tel. 705-254-7105, günstig, gute Fischgerichte, gute Steaks

Mike´s, 518 Queen St. E., Tel. 705-256-5484, günstig, traditionreicher Diner

Fireball, 746 Queen St. E., Tel. 705-949-8756, günstig, netter Coffeeshop mit angeschlossener Galerie, vegetarische Speisen, nur Mi–Fr geöffnet

Coral Coffee Shop, 470 Queen St. E., Tel. 705-253-0807, günstig, Kuchen, Suppen, Sandwiches

Canadian Bushplane Heritage Center, Bay/Pim Sts., Tel. 705-945-6242, Juni–Sept. 9–21, Okt.–Mai 10 bis 16 Uhr, Geschichte der kanadischen Buschpiloten

Blood Cathedral, Queen St. E., Kathedrale aus dem Jahre 1875

Saint Mary´s Paper Mill, Huron St., Tel. 705-942-6070, Führung durch die Papierfabrik, Ende Mai–Ende Aug.

Ermatinger/Clergue Heritage Site, 831 Queen St. E., Tel. 705-759-5443, Mitte April–Ende Mai Mo–Fr 10–17, Anfang Juni bis Ende Sept. tägl. 10–17, Anfang Okt. bis Ende Nov. Mo–Fr 13–17 Uhr, historisches Steinhaus

Sault Ste. Marie National Historic Site, Canal Dr., North St. Mary´s Island, Tel. 705-941-6205, Visitor Center tägl. 8.30 bis 18 Uhr, Schleusenstufen am St. Mary´s River

»M.S. Norgoma« Museum Ship, Norgama Marine Park Dock, Foster Dr., Tel. 705-256-7447, in ein Museum umgewandeltes Passagierschiff, das auf den Großen Seen verkehrte

 Sault Ste. Marie Museum, 690 Queen St. E., Tel. 705-759-7278, Mo-Sa 9–17 Uhr, So 13–17 Uhr, Heimatmuseum, Exponate zur lokalgeschichte, Militär- und Sozialgeschichte

 Station Mall, 293 Bay St., Tel. 705-946-7239, Shopping Mall mit großem Warenangebot

Algoma Farmers´ Market, Roberta Bondar Park, Mai–Okt. Mi und Sa, frisches Obst, Gemüse, Ahornsirup

 Sault Ste. Marie Tribe of Chippewa Indians Pow Wow, Juli, Tel. 906-635-6050

Batchewana First Nation Annual Traditional Pow Wow, Sept., Tel. 705-759-09914

 Experience North Adventures, 488 Queen St. E., Tel. 705-254-3899, 1-888-463-5957, Fax 705-254-7565, exnorth @ssm.ca, mehrtägige Kanu- und Kajaktouren auf dem Lake Superior, Inlandsseen und Flüssen, Wandertouren im Pukaskwa National Park, kombinierte Wander- und Kanutouren im Agawa Canyon

Caribou Expeditions, Island Rd., Goulais, Tel. 1-800-970-6662, www. caribou-expeditions.com, geführte ein- und mehrtägige Kajaktouren auf dem Lake Superior, Flüssen und Seen

Algoma Central Railway Inc., 129 Bay St., Tel. 705-946-7300, 1-800-242-9287, Eisenbahnfahrten zum Agawa Canyon oder nach Hearst, unbedingt einige Tage im Voraus reservieren

Lock Tours Canada, Roberta Bondar Park Dock, Foster Dr., Tel. 705-253-9850, Juni–Mitte Okt. tägl. Bootsfahrten durch die Soo Locks

Flugzeug: Regelmäßige Verbindungen mit Air Canada und Canadian Airlines

Greyhound, 73 Brock St., Tel. 705-949-4711 nach Sudbury, von dort weiter nach Toronto oder Ottawa, Winnipeg

City Bus Terminal, Queen/Dennis Sts, Tel. 705-759-5438, Busverbindungen nach Chicago, Detroit und nach Michigan/USA Die **International Bridge** verbindet Sault Ste. Marie/Ontario mit Sault Ste. Marie/ Michigan, USA

Sheboygan (WI)

Lage: vordere Umschlagkarte C4

Sheboygan Convention and Visitors Bureau, 712 Riverfront Dr., Suite 101, Tel. 920-457-9495, 800-457-9497, www.sheboygan.org, sccc@tcbi.com

Brownstone Inn, 1227 N. 7th St., Tel. 920-451-0644, www.brown stoneinn.com, brwnstninn@aol.com, sehr teuer, gemütliches B&B für gehobene Ansprüche

English Manor Bed & Breakfast, 632 Michigan Ave., Tel. 920-208-1952, engl man@excel.net, teuer, in einem stilvollen Haus aus dem Jahre 1908

Harbor Inn, 905 S. 8th St., Tel. 920-452-2424, moderat, zentral, am Hafen

City Streets Riverside, 712 Riverfront Dr., Tel. 920-457-9050, teuer, Fisch- und Fleischgerichte

Trattoria Stefano, 522 S. 8th St., Tel. 920-452-8455, günstig bis teuer, italienische Küche, sehr gute Pasta
Hofbrau, 1132 N. 8th St. Tel. 920-458-4153, günstig, u.a. Bratwurst, große Bierauswahl

 Indian Mound State Park, 5000 S. 9th St., Tel. 920-459-3444, ganzjährig geöffnet, indianische Grabhügel

 John Michael Kohler Arts Center, 608 New York Ave., Tel. 920-458-6144, Mo, Di, Mi, Fr 10–17, Do 10–21, Sa, So 12–17 Uhr, Museum mit moderner Kunst
Sheboygan County Historical Museum, 3110 Erie Ave., Tel. 920-458-1103, April–Okt. Di–Sa 10–17, So 13–17 Uhr, Regionalgeschichte

 Charter Booking Agency, 733 Riverfront Dr., Tel. 920-458-4406, 800-551-4406, Bootscharter zum Sportfischen

Silver Bay (MN)

Lage: vordere Umschlagkarte A6 (bei Two Harbors, MN)

 Camping
Tetegouche State Park, Hwy 61, Tel. 218-226-3539, preiswert

 Tetegouche State Park, Hwy 61, Tel. 218-226-3539, Wasserfälle, Wandermöglichkeiten

Sister Bay (WI)

Lage: vordere Umschlagkarte C5 (bei Sturgeon Bay)

 Tourist Information Center, 416 Hateway Dr., Tel. 920-854-2812, www.sisterbay.com

 Sweetbriar Bed & Breakfast, 102 Orchard Dr., Tel. 920-854-7504, www.sweetbriar-bb.com, info@sweetbriar

-bb.com, sehr teuer, in einem geräumigen Haus
The Inn on Maple, 414 Maple Dr., Tel. 920-854-5107, www.doorcounty-wi.com/php/maple, teuer, B&B in einem alten Gebäude
The Wooden Heart Inn, 11086 Hwy 42, Tel. 920-854-9007, www.woodenheart.com, mikeh@mail.doorcounty-wi.com, teuer, B&B in einem Blockhaus im Wald
Liberty Park Lodge, Hwy 42, Tel. 920-854-2025, moderat, traditionsreich, rustikal
Century Farm Motel, 10068 Hwy 57, Tel. 920-854-4069, moderat, in ländlicher Umgebung
Camping
Aqualand Camp Resort, 2 Meilen südl. von Sister Bay, Hwy 57 und Landstraße Q, Tel. 920-854-4573, sehr preiswert

 Sister Bay Café, 611 N. Bay Shore Dr., Tel. 920-854-2429, günstig, sehr populäres Restaurant, skandinavisch inspirierte Küche
Inn at Kristofer's, 734 N. Bay Shore Dr., Tel. 920-854-9419, günstig bis teuer, Gourmet-Restaurant mit interessanten Gerichten
Al Johnson's Swedish Restaurant, 700 N. Bay Shore Dr., Tel. 920-854-2626, günstig, gemütlich, schwedische Gerichte

Hub's Motel & Pier, 10931 N. Bay Shore Dr., Tel. 920-854-2113, Bootscharter
On the Rocks, 10570 Old Stage Rd., Tel. 920-854-5545, Tauchgänge u.a. zu Schiffswracks

Sodus Point (NY)

Lage: vordere Umschlagkarte J3 (bei Rochester)

Carriage House Inn, 8375 Wickham Blvd., Tel. 315-483-2100, Reservierung Tel. 800-292-2900, sehr teuer, stilvoll, ruhig

Papa Joe's Restaurant, 8506 Grieg St., Tel. 315-482-6372,

günstig bis teuer, Burger, Fisch- und
Fleischgerichte

 Sodus Bay Lighthouse Museum,
7606 Ontario St., Tel. 315-483-4936,
Anfang Mai–Ende Okt. Di–So 10–17 Uhr,
feiertags auch Mo, dann Di geschl.,
Leuchtturm mit kleinem Museum

South Bass Island (OH)

*Lage: vordere Umschlagkarte E/F2 (bei To-
ledo)*

 **Put-in-Bay Chamber of Com-
merce,** Put-in-Bay, Tel. 419-285-
2832, www.put-in-bay.com

 **The Ferrell House Bed and Bre-
akfast,** 1940 La Plante Lane,
Tel. 419-285-4901, teuer bis sehr teuer,
gemütlich, ruhig
Ashley´s Island House, 557 Catawba
Ave., Tel. 419-285-2844, teuer bis sehr
teuer, romantisch, in einem alten Haus
Bird´s Nest Motel, Langram Rd.,
Tel. 419-285-6119, moderat bis teuer, Fami-
lienmotel

Camping
South Bass Island State Park, Tel. 419-
797-4530, sehr preiswert bis günstig

 **Erie Isle Tavern,** 430 Catawba
Ave., Tel. 419-285-5557, teuer bis
sehr teuer, Fischgerichte und Steaks
The Boardwalk, Bay View Ave., Tel. 419-
285-3695, günstig bis teuer, Familienrestaurant am Wasser
Beer Barrel Saloon, 1618 Delaware Ave.,
Tel. 419-285-7281, günstig, Bier, Burger
und Pizza an der ›längsten Theke der Welt‹

 Heineman Winery, Thompson/Ca-
tawba Sts, Tel. 419-285-2811, Weingut und die Höhle Crystal Cave
**Perry´s Victory and International
Peace Memorial,** Put-in-Bay, Sieges-
denkmal; Aussichtsplattform tägl. 10 bis
19 Uhr

Stonehenge Estate, 808 Langram Rd.,
Tel. 419-285-2585, altes Bauernhaus mit
Mobiliar aus dem 19. Jh.

 Island Bike Rental Inc., an der
Anlegestelle des Jet Express und
der Miller Boat Line, Tel. 419-285-2016,
Fahrradverleih
Captain Pat Chrysler Fishing Charter,
Tel. 419-285-4631, Sportfischen

 Miller Boat Line, Tel. 419-285-
2421, 1-800-500-2421, Fährverbindung nach Middle Bass Island, s. auch Port
Clinton S. 364 und Sandusky S. 371

Southampton (ONT)

Lage: vordere Umschlagkarte F4

 **Southampton Chamber of Com-
merce,** 201 High St., Tel. 519-797-
2215, Fax 519-797-5381, www.sunsets.
com/southampton

 **Chantry Breezes Bed and Break-
fast,** 107 High St., Tel. 519-797-
1818, Fax 519-797-1862, teuer, plüschig,
mit individuell gestalteten Zimmern
**Solomon Knechtel House Bed and
Breakfast,** 106 Victoria St. S., Tel. 519-
797-2585, moderat bis teuer, viktorianische
Villa, stilvolles Interieur

Camping
West Lake Family Campground, RR 1,
Tel. 519-797-9956, günstig

 Grosvenor´s, 124 Grosvernor St.
S., Tel. 519-797-1226, teuer, Spezia-
lität: heimisches Wild
Highview Restaurant, 166 High St.,
Tel. 519-797-2198, günstig, traditionsrei-
ches Familienrestaurant mit umfassender
Speisekarte

Sturgeon Bay (WI)

Lage: vordere Umschlagkarte C4

Sturgeon Bay Visitor Center, Tel. 920-743-3924 und Door County Chamber of Commerce, Tel. 920-743-4456, www. doorcountyvacations.com, door@ mail.wiscnet.net, rechts des Hwy 42 Richtung Zentrum

Zahlreiche Bed and Breakfast-Unterkünfte in historischen Gebäuden, alle erwähnten B & B-Unterkünfte sind in viktorianischen Villen untergebracht und zeichnen sich durch eine stilvoll-gemütliche, romantische Atmosphäre aus

The Barbican, 132 N. 2nd Ave., Tel. 920-743-4854, www.barbicanbandb.com, sehr teuer

Colonial Gardens Bed & Breakfast, 344 N. Third Ave., Tel. 920-746-9192, http://colgardensbb.com, sehr teuer

Inn The Pines Bed and Breakfast, 3750 Shore Dr., Tel. 920-743-9319, innthepines bb.com, sehr teuer

Quiet Cottage Bed & Breakfast, 4608 Glidden Dr., Tel. 920-743-4526, www. bblonline.com/wi/quietcottage/, dsween@ wiscnet.net, sehr teuer

White Lace Inn Bed & Breakfast, 16 N. 5th Ave., Tel. 920-743-1105, www. white laceinn.com, romance@whitelaceinn.com, sehr teuer

The Scofield House Bed & Breakfast, 908 Michigan St., Tel. 920-743-7727, 1-888-463-0204, www.scofieldhouse.com, scofhse @mail.wiscnet.net, sehr teuer

Cherryland Motel, 1627 Memorial Dr., Tel. 920-743-3289, moderat, Schwimmbad, Whirlpool

Camping
Quietwoods North, 3668 Grondin Rd., Tel. 920-743-7115, 800-472-3677, sehr preiswert bis günstig

Inn at Cedar Crossing, 3rd/Louisiana Sts, Tel. 920-743-4200, teuer bis sehr teuer, phantasievolle Küche, gilt als eines der besten Restaurants in Wisconsin

Shore Line, 9254 Lime Kiln Rd., Tel. 920-824-5760, teuer, Spezialität: Hummer und Steak

Dal Santo´s, 341 1/2 N. Third Ave., Tel. 920-743-6100, günstig bis teuer, abwechslungsreiche italienische Küche

Leatham Smith Lodge, 1640 Memorial Dr., Tel. 920-743-1783, günstig bis teuer, Mi und So *fish boil*

D.J´s on the Bay, 129 N. Madison Ave., Tel. 920-743-993, günstig, Restaurant am Jachthafen, schön zum Draußensitzen, gute Pizza und Pasta, Salat, Sandwiches, Steak

My Sister´s Café, N. Third St., preiswert, ›typisch amerikanisches‹ Restaurant, Frühstück

Door County Maritime Museum, 120 N. Madison Ave., Tel. 920-743-5958, Memorial–Labor Day tägl., 9 bis 18, sonst 10–17 Uhr, maritime Geschichte, Schiffsbau

Door County Museum, 4th Ave./Michigan St., Mai–Okt. tägl. 9–18, sonst 10 bis 17 Uhr, Lokalgeschichte

Sea Shore Charters, Tel. 920-743-5020, Bootsfahren in der Sturgeon Bay und Green Bay

Door Circle Tours, Tel. 920-743-8613, vierstündige Bustour über die Halbinsel

Kurtz Corral, 10 Meilen nördl. von Sturgeon Bay an der CR I, Tel. 920-743-6742, 1-800-444-0469, Ausritte

Tawas City (MI)

Lage: vordere Umschlagkarte E4

Tawas Area Chamber of Commerce, 402 E. Lake St., Tel. 989-362-8643, 1-800-558-2927, Fax 989-362-7880, www.tawas.com

East Tawas Junction Bed and Breakfast, 514 W. Bay St., Tel. 989-362-8006, Fax 517-362-9060, teuer, in einem alten Haus mit Garten

Martins Motel, 708 E. Bay St., Tel. 989-362-2061, 800-362-3640, teuer, am See

Camping
Tawas Point State Park, 686 Tawas

Beach Rd., Tel. 989-362-5041, 1-800-44PARKS, sehr preiswert bis günstig

 Edgar´s, 300 E. Bay St., Tel. 989-362-8601, teuer, Fisch und Steaks
Champs Food & Spirits, 444 W. Lake St., Tel. 989-362-8080, günstig bis teuer, Steak, Fisch und Salat

 Tawas Point State Park, 686 Tawas Beach Rd, Tel. 989-362-5041, Sandstrand, Vogelbeobachtung

Terrace Bay (ONT)

Lage: vordere Umschlagkarte C7/8 (bei Rossport)

 Terrace Bay Tourist Information Centre, Trans-Canada Highway, P.O.Box, 1207 Terrace Bay, Ontario POT 2WO, Tel. 807-825-9721, www.terrace-bay.com, tourism@gatewayisp.com

 Red Dog Inn, Trans-Canada Highway, Tel. 807-825-3286, moderat bis teuer, einfaches Motel
Imperial Motel, Trans-Canada Highway, Tel. 807-825-3226, moderat bis teuer, ordentliche Unterkunft mit Restaurant

Camping
Aguasabon Falls Campground, Trans-Canada Highway, Tel. 807-825-9773, günstig, in einem Wohncontainer auch zwei einfache Zimmer mit Bad und Küche

 s. Rossport S. 370

Thunder Bay (ONT)

Lage: vordere Umschlagkarte B7

 Tourism Thunder Bay Information Centre, Red River Rd./Water St., Tel. 807-684-3670 oder May St./Miles St., Tel. 807-625-3669; beide nur im Sommer geöffnet, www.tourism.thunder-bay.on.ca

Visitors & Convention Bureau, 520 Leith St., Tel. 1-800-265-3951
North of Superior Tourism, 1119 Victoria Ave. E., Tel. 807-626-9420, 1-800-265-3951, Fax 807-626-9421
Terry Fox Centre, Terry Fox Lookout and Memorial, Trans-Canada Highway, 6 km östl. von Thunder Bay, Tel. 807-983-2041

The White Fox Inn, 1345 Mountain Rd. RR 4, Tel. 807-577-FOXX, 800-603-FOXX, www.whitefox.com, sehr teuer, gemütliches, liebevoll eingerichtetes B&B
Prince Arthur Hotel, 17 N. Cumberland St., Tel. 807-345-5411, 1-800-267-2675, Fax 807-345-8565, www.princearthur.on.ca, pahotel@tbay-tel.net, teuer, zentral, mit Blick auf den Hafen
Circle Inn, 686 Memorial Ave., Tel. 807-344-5744, 1-800-717-7815, moderat, Motel im Herzen von Thunder Bay
Ridgecrest Willows Bed & Breakfast, 190 Ridgecrest Rd., Tel. 807-344-0373, Fax 807-344-9383, www.bbcanada.com/3042html., covell@tbaytel.net, moderat, komfortabel, mit Sauna und Whirlpool
The Cabbage Rose, 25 High St., Tel. 807-623-7175, B&B, günstig, zentral

Jugendherberge
Longhouse Village Hostel, 1594 Lake Shore Dr., Tel. 807-983-2042, 22 km östl. von Thunder Bay, sehr preiswert, persönlich geführte Jugendherberge in einem Privathaus

Camping
Trowbridge Falls, Hwy 11/17, 500 m Richtung Norden auf der Copenhagen Rd., Tel. 807-683-6661, günstig
KOA Campground, Hwy 11/17, Spruce River Rd., Tel. 807-683-6221, sehr preiswert bis günstig
Kakabeka Falls Provincial Park, Hwy 11/17, Tel. 807-473-9231, sehr preiswert bis günstig
Pigeon River Provincial Park, Hwy 61, Informationen über den Park erteilt das Ministry of Natural Resources, Thunder Bay, Tel. 807-475-1535, sehr preiswert bis günstig

Sleeping Giant Provincial Park, RR 587, Tel. 807-475-1531, sehr preiswert bis günstig

Harrington Court, Prospector, 27 S. Cumberland St., Tel. 807-345-5833, teuer, bestes Steakhouse in Thunder Bay, auch Fisch, Salatbar
Hoito, 314 Bay St., Tel. 807-344-2922, teuer, innovative kanadisch-finnische Küche
White Fox Inn, 1345 Mountain Rd., Tel. 897-577-FOXX, sehr teuer, exzellente Küche, umfassende Weinkarte
Port Arthurs Brasserie, 901 Red River Rd., Tel. 807-767-4415, günstig, Restaurant und *microbrewery*
Deli Greens Café, 11 S. Cumberland St., günstig, Salate, Suppen, Sandwiches
Cronos Bookstore Café, 433 S. Syndicate Ave., Tel. 807-622-9700, günstig, mit angeschlossenem Buchladen, leckere Speisen und Kaffee

Kakabeka Falls Provincial Park, Hwy 11/17, Tel. 807-473-9231, Wasserfälle, Camping
Pigeon River Provincial Park, Hwy 61, Informationen: Ministry of Natural Resources, Thunder Bay, Tel. 807-475-1535, Wasserfälle, Camping
Sleeping Giant Provincial Park, RR 587, Tel. 807-475-1531, Wandern, Baden, Angeln, Camping
Old Fort William, King Rd., Tel. 807-473-2344, 807-577-8461, Mitte Mai–Mitte Okt., tägl. 10–17 Uhr, rekonstruierter Pelzhandelsposten aus dem 19. Jh., Aufführungen im Sommer

Thunder Bay Museum, 425 E. Donald St., Tel. 897-623-0801, im Sommer tägl. 11–17 Uhr, Heimatmuseum, Exponate zur indianischen Kultur

Thunder Bay Country Market, Mi 16–19 und Sa 8–13 Uhr, Dorothy Dove Building, frisches Obst und Gemüse
Amethyst Gift Centre, 400 E. Victoria Ave., Tel. 807-622-6908
Amethyst Mine Panorama, Trans-Canada Highway/E. Loon St., Amethysten zum Selbersuchen

Silver Islet Store, Silver Islet, im äußersten Süden der Sibley-Halbinsel, Tante-Emma-Laden und kleines Restaurant

Erstes Wochenende im Mai, Folklore-Festival, Feierlichkeiten der verschiedenen Bevölkerungsgruppen
Juni: Thunder Bay Children´s Festival, Thunder Bay Fishing Festival
Mitte Juli: Old Fort William Rendezvous, nachgestelltes Treffen der Pelzhändler, Trapper und Indianer
Mitte–Ende Aug.: Ojibwa Keeshigun, Festival der Ojibwa-Indianer

Custom Boat Tours, Tel. 807-626-6926, unter anderem Hafenrundfahrten
»MV Welcome«, Tel. 807-344-2512, Bootstour
Superior Ecoventures, Tel. 807-683-7499, Kanu- und Kajakunterricht, geführte Touren
Wild Waters Nature Tours, Tel. 807-767-2022, geführte Kanutouren
Superior Wilderness Adventure, Tel. 807-768-4343, geführte Kanutouren

Flugzeug: Thunder Bay Airport, Trans-Canada Highway/Hwy 61, Flüge nach Winnipeg und Toronto mit Canadian Airlines, Tel. 807-577-6461, und Air Canada, Tel. 807-623-3313
Greyhound, 815 Fort William Rd., Tel. 807-345-2194, regelmäßig Verbindungen nach Winnipeg, Sudbury und Sault Ste. Marie

Tobermory (ONT)

Lage: vordere Umschlagkarte F5

Tobermory Chamber of Commerce, Tobermory Community Centre, Hwy 6, Tel./Fax 519-596-2452, www.tobermory. org, chamber@tobermory.org

Dogwood Point Bed and Breakfast, 97 Eagle Rd., Tel./Fax 519-596-2671, moderat bis teuer, B&B im Wald mit Seeblick

Vista Hermosa Bed and Breakfast,
1 Eagle Rd. E., Tel. 519-596-8065, moderat
bis teuer, freundliche Zimmer, große Veranda mit Blick auf den See
Grandview, Earl St., Tel. 519-596-2220,
Fax 519-596-8045, moderat bis teuer,
freundliches Familienmotel

Camping
Lands End Park, Hay Bay Rd., Tel. 519-
596-2523, sehr preiswert bis günstig
Bruce Peninsula National Park, Hwy 6,
Tel. 519-596-2263, günstig

 Crowsnest, Little Tub Harbor,
Tel. 519-596-2575, günstig, rustikales Restaurant, Salate, Hamburger, Pizza,
fish and chips, Frühstück im angeschlossenen Coffeeshop
Grandview, Earl St., Tel. 519-596-2220,
günstig bis teuer, umfassendes Angebot,
besonders schön zum Draußensitzen

 Bruce Peninsula National Park,
Hwy 6, Tel. 519-596-2233, Wandern
auf dem Bruce Trail
Dorcas Bay, Dorcas Rd., Naturschutzge-
biet
Fathom Five National Marine Park,
Tel. 519-596-2233, Flowerpot Island und
Unterwasserschutzgebiet mit zahlreichen
Schiffswracks

 **Peninsula and St. Edmunds Mu-
seum,** Hwy 6, 5 km südl. von Tobermory, Tel. 519-596-2479, Ende Mai bis
Mitte Okt. Mo–Fr 11–17 Uhr, Juli, Aug.
auch an Wochenenden, Relikte versunke-
ner Schiffe und Exponate aus Pioniertagen

 Tobermory Adventure Tours,
Little Tub Harbour, Tel. 519-596-
2289, Bootstouren und Bootsverleih
The Blue Heron Company, Little Tub
Harbour, Tel. 519-596-2999, Ausflüge mit
einem Glasbodenboot, u.a. zur Flowerpot
Island
»M.V. Seaview III«, Ferry Dock Restaurant Wharf, Tel. 1-800-640-2092, Fahrten
mit dem Glasbodenboot, u.a. zur Flowerpot Island

The Paddling Gourmet, 129 Bay St.,
Tel. 519-596-8343, Kajakverleih und -unter-
richt
Big Tub Harbour Resort, Big Tub Rd.,
Tel./Fax 519-596-2219, Tauchgänge zu den
Wracks des Fathom Five National Marine
Park

 Tobermory-Manitoulin Ferry, Tobermory Terminal, Information
Tel. 519-596-2510, Reservierung Tel. 1-800-
265-3163

Tofte (MN)

*Lage: vordere Umschlagkarte A7 (bei
Grand Marais, MN)*

 **Lutsen-Tofte Tourism Associa-
tion,** Hwy 61, Tofte, MN 55615,
Tel. 218-663-7804, Fax 218-663-8012,
www.61north.com
**Superior National Forest Ranger Sta-
tion,** Hwy 61, Tel. 218-663-7280, Informationen zur Boundary Waters Canoe Area
Wilderness

 Bluefin Bay, Hwy 61, Tel. 800-258-
3346, teuer bis sehr teuer, Resort,
komfortable Hotelzimmer und luxuriöse
zweistöckige Suiten
Holiday Inn Express, Hwy 61, Tel. 218-
663-7899, teuer, kinderfreundliches Hotel
Lutsen Resort, Hwy 61, zwischen Tofte
und Grand Marais, Tel. 218-663-7212, 800-
258-8736, teuer bis sehr teuer, traditionsreiche Hotelanlage mit umfassendem Freizeitangebot

Camping
Temperance River State Park, Hwy 61,
Tel. 218-663-7476, günstig

 CoHo Café Bakery and Deli,
Hwy 61, Tel. 218-663-8032, günstig,
Kuchen, Sandwiches, Pizza, Suppen, Sa-
late
Bluefin Bay Restaurant, Hwy 61 (Bluefin
Bay Resort), Tel. 218-663-7297, teuer, stil-
voll, raffinierte, italienisch inspirierte
Küche

Breakers Bar & Grille, Hwy 61 (Bluefin Bay Resort), Tel. 218-663-7296, günstig, Pizza und Sandwiches

 Boundary Canoe Area Wilderness, Seen und Wasserstraßen an der Grenze zu Kanada
North Shore Commercial Fishing Museum, Hwy 61, Tel. 218-663-7804, tägl. 9 bis 19 Uhr (Sommer), 9–17 Uhr (Winter), Heimatmuseum über die Geschichte der skandinavischen Einwanderer und den kommerziellen Fischfang
Temperance River State Park, Hwy 61, Tel. 218-663-7476, Temperance River, Schlucht, guter Angelplatz

 Sawtooth Outfitters, Hwy 61, Tel. 218-663-7643, Verleih von Kanus, Kanutrips zu den Boundary Waters
Sawbill Canoe Outfitters, Hwy 61, Tel. 218-387-1360, Ausstatter für Kanutrips zu den Boundary Waters

Toledo (OH)

Lage: vordere Umschlagkarte E2

 The Greater Toledo Visitor and Convention Bureau, 401 Jefferson Ave., Tel. 419-321-6404, 800-243-4667, www.toledocvb.com

 Wyndham Toledo Hotel, 2 Summit St., Tel. 419-241-1411, Fax 419-241-8161, sehr teuer, Zimmer mit Aussicht auf den Fluss
Mansion View Inn, 2035 Collingwood Ave., Tel. 419-244-5676, teuer bis sehr teuer, stilvolles B&B in einem viktorianischen Haus

Camping
Maumee Bay State Park, 1400 Park Rd., Tel. 419-836-7758, 7 Meilen von Toledo, sehr preiswert bis günstig

 Maumee Bay Brewing Co., 27 Broadway St., Tel. 419-241-1253, teuer, großes Bierangebot und herzhafte Speisen

Nick and Jimmy's Bar and Grill, 4956 Monroe St., Tel. 419-472-0756, günstig, zu jeder Tages- und Nachtzeit populäres Restaurant

 Crane Creek State Park, 13531 W. State Rte 2, Tel. 419-898-2495, Schwimmen, Vogelbeobachtung
Magee Marsh State Wildlife Area, 13229 W. State Rte 2, Tel. 419-898-0960, zwischen Toledo und Port Clinton, Vogelbeobachtung
Maumee Bay State Park, 1400 Park Rd., Tel. 419-836-7758, 7 Meilen von Toledo, Strand, Nature Center und Wanderweg durch Sumpfgebiet
Old West End, historisches Viertel mit viktorianischen Villen um die Collingwood Ave.

 Center of Science and Industry, Summit/Adams Sts, Tel. 419-244-2674, Mo–Sa 10–17, So 12–18 Uhr, naturwissenschaftliches Museum mit vielen interaktiven Exponaten
»SS Willis B. Boyer«, International Park, 26 Main St., Tel. 419-936-3070, Mo–So 10 bis 17 Uhr, einst Frachter auf den Großen Seen, heute Museum
Toledo Museum of Art, 2445 Monroe St., Tel. 419-255-8000, Di–Sa 10–16, Fr bis 22, So 11–7 Uhr, u.a. Meisterwerke europäischer Malerei

Toronto (ONT)

Lage: vordere Umschlagkarte G4

 Tourism Toronto, 207 Queen's Quay W., Suite 509, Queen's Quay Terminal, Harbourfront, Tel. 800-363-1990, 416-203-2600, mtcvaadem@pathcom.com, www.city.toronto.on.ca
Ontario Travel Information Centre, Eaton Sq., Ebene 1, 220 Yonge St., Tel. 1-800-ONTARIO, Tel. 416-314-5901

 King Edward Hotel, 37 King St. E., Tel. 416-863-9700, Fax 416-367-5515, sehr teuer, Top-Hotel mit langer Tradition

The Royal York, 100 Front St., Tel. 800-441-1414, 416-863-6333, sehr teuer, zentral, geschichtsträchtiges Luxushotel
Bond Place Hotel, 65 Dundas St., Tel. 416-362-6061, Fax 416-360-6406, teuer, sehr gutes Hotel im Herzen der Stadt
Venture Inn, 89 Avenue Rd., Tel. 800-387-3933, 416-964-1220, Fax 416-964-8692, teuer bis sehr teuer, im schicken Yorkville, mit gutem Preis-Leistungs-Verhältnis
Hotel Victoria, 56 Yonge St., sechster Stock, Tel. 416-363-1666, Fax 416-363-7327, moderat bis teuer, mit persönlicher Atmosphäre
The Strathcona, 60 York St., Tel. 416-363-3321, Fax 416-363-4679, moderat bis teuer, Stadthotel mit kleinen, netten Zimmern

Jugendherberge
Toronto International Hostel, 76 Church St., Tel. 416-214-5775, sehr preiswert

Verschiedene Agenturen vermitteln Zimmer in Privathäusern, das Frühstück ist meist im Preis inbegriffen
Toronto Bed and Breakfast, 253 College St., Tel. 416-588-8800
Metropolitan Bed and Breakfast, 615 Mount Pleasant Rd., Suite 269, Tel. 416-964-2566, Fax 416-960-9529
The Downtown Toronto Association of Bed and Breakfast Guesthouses, P.O. Box 190, Station B, Toronto, ON, M5T 2W1, Tel. 416-368-1420, Fax 416-368-1653

N 44, 2537 Yonge St., Tel. 416-487-4897, sehr teuer, für seine innovativen Gerichte und umfangreiche Weinkarte berühmt
Acqua, 10 Front St. W., Tel. 416-368-7171, teuer, stilvoll eingerichtet, mit phantasievoller Küche
Mildred Pierce, 99 Sudbury St., Tel. 416-588-5695, teuer, abwechslungsreiche Gerichte
Le Select, 328 Queen St. W., Tel. 416-596-6405, teuer, populäres Bistro mit französischer Küche
Rivoli, 332 Queen St. W., Tel. 416-597-0794, günstig bis teuer, trendy Publikum, im Sommer zum Draußensitzen

Trattoria Giancarlo, 41–43 Clinton St., Tel. 416-533-9619, günstig, gemütlicher Italiener in Little Italy, einfache Gerichte
Kensington Kitchen, 124 Harbor Rd., Tel. 416-961-3404, günstig, beliebter Treff für junge Leute, mediterran beeinflusste Küche
Haandi, 1401 Gerrad St. E., Tel. 416-469-9696, günstig, indische Küche, preiswertes Büffet
Peter´s Chung King Restaurant, 281 College St., preiswert, einfaches, gutes China-Restaurant

BCE Place, 181 Bay St., postmodernes Gebäude mit einem von dem spanischen Stararchitekten Santiago Calatrava entworfenen Atrium
CN Tower, 301 Front St. W., Tel. 416-360-8500, Mitte Mai–Labour Day tägl. 9–23, sonst tägl. 10–22 Uhr, höchstes freistehendes Gebäude der Welt
Campbell House, 160 Queen St. W., Tel. 416-597-0227, Mo–Fr 9.30–16.30 Uhr, Führungen während der Öffnungszeiten, Ende Mai–Anfang Okt. auch Sa, So 12 bis 16.30 Uhr, Villa aus dem 19. Jh.
Fort York, Fleet St., Tel. 416-392-6907, im Sommer Mo–Fr 10–17, Sa, So 12–17, im Winter Di–So 12–16 Uhr, historisches Fort
Gooderham Building, 49 Wellington St., Backsteingebäude aus dem 19. Jh. mit interessantem Wandgemälde
New City Hall, 100 Queen St. W., Tel. 416-392-7341, Besichtigung Mo–Fr 8.30–16 Uhr, neues Rathaus
Osgoode Hall, 130 Queen St. W., Tel. 416-947-3300, Juli–Aug. Mo–Fr Führungen um 13.15 Uhr, sonst nach Vereinbarung, Gebäude aus dem 19. Jh., Sitz des Berufungsgerichts und der Law Society of Upper Canada
Old City Hall, 60 Queen St. W., Rathaus aus dem Jahre 1889
Provincial Parliament, Queen´s Park, Tel. 416-325-7500, Mo–Fr Führungen, letzte Führung um 15.30 Uhr, Parlamentsgebäude der Provinz Ontario
SkyDome, 1 Blue Jays Way, Tel. 416-341-2770, einstündige Führungen, Beginn telefonisch erfragen, riesiges Football- und Baseball-Stadion

The Grange, 317 Dundas St. W., Tel. 416-977-0414, Di–So 12–16, Mi 12–21 Uhr, Villa aus dem Jahre 1817 mit zeitgenössischen Möbeln

Union Station, 65–75 Front St. W., prächtiger Bahnhof, zwischen 1915 und 1927 errichtet

York Club, St. George/River Sts, neoromansiches Anwesen

 Art Gallery of Ontario, 317 Dundas St., Tel. 416-977-0414, Di–Fr 12 bis 21, Sa, So 10–17.30 Uhr, europäische Malerei, kanadische Kunst, umfassende Henry-Moore-Sammlung

George R. Gardiner Museum of Ceramic Art, 111 Queen′s Park, Tel. 416-586-8080, Mo, Mi 10–17, Di 10–20, So 11 bis 17 Uhr, Keramik- und Porzellansammlung

Hockey Hall of Fame, im BCE Place, Tel. 416-360-7765, Juni–Labor Day Mo–Sa 10–18, So 10–18, sonst Mo–Fr 10–17, Sa 9.30–18, So 10.30–17 Uhr, Ruhmeshalle rund ums Eishockey

Market Gallery, 95 Front St. E., zweiter Stock im South St. Lawrence Market, Di Gruppenführungengen (im Voraus zu buchen), Mi–Fr 10–16, Sa 9–16, So 12–16 Uhr, Wechselausstellungen zur Stadtgeschichte von Toronto

Royal Ontario Museum, 100 Queen′s Park, Tel. 416-586-5549, Mo, Mi–Sa 10–18, Di 10–20, So 11–18 Uhr, größtes Museum des Landes mit Exponaten der Antike, aus Afrika und dem Fernen Osten, auch naturwissenschaftliche Themen

The Bata Shoe Museum, 327 Bloor St. W., Tel. 416-979-7799, Di, Mi, Fr, Sa 10–17, Do 10–20, So 12–17 Uhr, Kulturgeschichte des Schuhs

Toronto Waterfront Museum, 245 Queens W., Tel. 1-888-675-7473, 1.5. bis 31.10. tägl. 10–18 Uhr, erläutert die Beziehung zwischen Toronto und dem Lake Ontario

 St. Lawrence Market, 91 Front St. E., Markthalle mit frischem Obst, Fisch, Fleisch und Gemüse

Europe Bound, 49 Front St. E., Ausrüstungsladen

The Isaac/Inuit Gallery of Eskimo Art, 9 Prince Arthur Ave., Top-Adresse für Kunst und Kunsthandwerk von Kanadas arktischen Ureinwohnern, teuer

Albert Britnell Book Shop, 765 Yonge St., traditionsreicher Buchladen mit hervorragender Auswahl

Eaton Centre, Yonge St. zwischen Queen/Dundas Sts, Einkaufszentrum über vier Etagen

Ten Ren Tea, 454 Dundas St. W., chinesischer Teeladen

 El Mocambo, 464 Spadina Ave., Tel. 416-968-2001, legendärer Klub, in dem schon die Rolling Stones spielten, Live Blues und Rockmusik

Loose Moose, 220 Adelaide St. W., große Diskothek, vor allem für jüngere Leute

The Bamboo, 312 Queen St. W., Tel. 416-593-5771, afrikanische Klänge sowie Reggae, sehr populär, dazu gehört ein Restaurant

C′est What, 67 Front St. E., Tel. 416-867-9499, Bar in einer alten Lagerhalle mit entspannter Atmosphäre, Live-Musik

Island Club, 955 Lakeshore Blvd., Ontario Pl., Tel. 416-314-9900, samstags abends südamerikanische Musik

Montréal Bistro/Jazz Club, 65 Sherbourne St., Tel. 416-363-0179, bedeutendster Jazzklub von Toronto, Auftritte von einheimischen und internationalen Jazzern

 Bloor Cinema, 506 Bloor St. W., Tel. 416-516-2330, anspruchsvolle Filme

Royal Alexandra Theatre, 260 King St. W., Tel. 416-872-1212, allein der Theaterbau aus dem Jahre 1907 ist eindrucksvoll, vor allem Broadway-Stücke

National Ballet of Canada, 157 King St. E., Tel. 416-366-4846, hoch gelobtes Ensemble, das im Sommer auch Open-Air-Auftritte am Ontario Place hat

Premiere Dance Theatre, 207 Queen′s Quay W., Tel. 416-973-4000, modernes Ballett

Toronto Symphony Orchestra, 60 Simcoe St., Tel. 416-593-4828, Sept.–Juni in der Roy Thomson Hall, im Juni und Juli auch unter freien Himmel

Mai: Toronto International Pow Wow, Festival rund um die Kultur der Indianer
Juni: Caravan, Fest der verschiedenen Volksgruppen, die in der Stadt leben
Juni und Juli: DuMaurier Downtown Jazz Festival, das Jazz-Festival mit einheimischen und internationalen Jazzstars Fringe Theatre Festival, Theaterfestival mit jungen Performern
Aug.: Caribana, Musik, Tanz und Umzüge der karibischen Gemeinde

 The Toronto Islands, Fahrplanauskunft Tel. 416-392-8193, Fähren legen am Ende der Bay St. ab
Wheel Excitement, 5 Rees St., Tel. 416-260-9000, Fahrradverleih
Harbourside Boating Centre, 283 Queen´s Quay W., Tel. 416-203-3000, Verleih von Segelbooten und Segelunterricht
Toronto Harbour Tours, 134 Davis St., Tel. 416-869-1372, zwischen April und Okt. Hafenrundfahrten
Olde Town Toronto Tours, Tel. 416-368-6777, Stadtrundfahrt, an den Stopps kann man beliebig ein- und aussteigen

 Pearson International Airport, 30 Min. nordöstl. der Innenstadt, Verbindung in die Innenstadt mit dem Taxi etwa 50 C$
Limousinenservice bieten Aeroport, Tel. 416-745-1555, und AirLine, Tel. 905-676-3210, um die 40 C$
Airport Express verbindet den Flughafen mit allen großen Hotels der Innenstadt, 15 C$ einfache Fahrt, 25 C$ Hin-und Rückfahrt
Mit dem Flughafenbus, Nr. 58 A, der Toronto Transit Commission vom Terminal 2 zur Lawrence West Subway Station, 5 C$, Tel. 416-393-4636, 416-393-8663
Toronto Transit Commission, Tel. 416-393-4636, mit einem *transfer ticket* kann man vom Bus auf die Subway und umgekehrt umsteigen
Taxi: Metro, Tel. 416-504-8294, Yellow, Tel. 416-504-4141, Diamond Tel. 416-366-6868

Traverse City (MI)

Lage: vordere Umschlagkarte D4

 Traverse City Visitor Center, 101 W. Grandview Pkwy, Tel. 616-947-1120, 800-872-8377, www.tcvisitor.com

 Park Place Hotel, 300 E. State St., Tel. 800-748-0133, sehr teuer, historisches Hotel mit herrlichem Blick auf die Bucht
Pointes North Inn, 2211 US-3 1N., Tel. 800- 968-3422, sehr teuer, mit Privatstrand
The Grainery Bed & Breakfast, 2951 Hartman Rd., Tel. 231-946-8325, www.bbhost.com/THEGRAINERY, teuer bis sehr teuer, B&B in einem viktorianischen Haus
Whispering Waters Bed & Breakfast, 2020 Sarns Rd., Tel. 231-941-5557, 888-880-5557, whisper@gtii.com, teuer bis sehr teuer, rustikales B&B mit herrlichem Garten
Adventurers´ Lodge, 18701 Barber Rd., Lake Ann, Tel. 231-275-2000, www.adventurers.net, info@adventurers.net, sehr preiswert, einfach, im Stil eines Hostels, traumhafte Lage, 15 Min. westl. von Traverse City

Camping
Traverse City State Park, 1132 US-31, Tel. 616-947-7193
Grand Traverse Camping and RV Resort, 9700 M-37 S. Buckley St., Tel. 800-249-3203, beide sehr preiswert bis günstig

 Apache Trout Grill, 13671 W. Bay Shore, Tel. 616-947-7079, sehr teuer Fischspezialitäten
Windows, 7677 West Bay Shore Dr., Suttons Bay, Tel. 616-941-0100, teuer, Fisch- und Fleischgerichte, gute hausgemachte Nachtische, traumhafte Aussicht auf die Bucht
La cuisine amical, 229 E. Front St., Tel. 231-941-8888, günstig bis teuer, gemütliches Restaurant, Salate, Steaks, Hamburger

Sleder´s Family Tavern, 717 Randolph St., Tel. 616-947-9213, günstig, traditionsreiches Familienrestaurant, Burger
The Dish Café, 180 S. Union St., Tel. 231-932-CAFE, 231-932-2233, günstig, populäre Deli, Sandwiches und Salate, auch vegetarische Speisen
Poppycock´s, 128 Front St., Tel. 231-947-7632, günstig, netter Coffeeshop

 Dennos Museum Center, 171 E. Front St., Tel. 616-922-1055, Mo–Sa 10–17, So 13–17 Uhr, Wissenschafts- und Technikmuseum mit bedeutender Inuit-Sammlung

Turkey Point (ONT)

Lage: vordere Umschlagkarte G3 (bei Long Point)

 Turkey Point Provincial Park, Hwy 10, Tel. 519-426-3239, Camping, Sandstrand, Wassersport

Two Harbors (MN)

Lage: vordere Umschlagkarte A6

 **Two Harbors Chamber of Commerce,** 603 7th Ave., Two Harbors, MN 55616, Tel. 218-834-2600, 800-777-7384, Fax 218-834-4012, www.twoharbors.com/chamber
Lake County Visitor Information Center, Hwy 61, Two Harbors, MN 55616, Tel. 218-834-4005, 800-554-2116, www.lakecnty.com

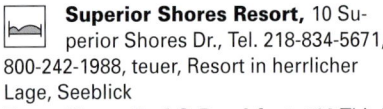 **Superior Shores Resort,** 10 Superior Shores Dr., Tel. 218-834-5671, 800-242-1988, teuer, Resort in herrlicher Lage, Seeblick
Bryan House Bed & Breakfast, 123 Third Ave., Tel. 218-834-2950, 800-950-4797, moderat, zentral, mit persönlicher Atmosphäre

Camping
Burlington Bay Campground, Hwy 61, Tel. 218-834-2021, günstig

Gooseberry Falls State Park, Hwy 61, Tel. 218-834-3855, günstig
Split Rock Lighthouse State Park, Hwy 61, Tel. 218-226-3065, sechs Monate im Voraus buchen, günstig

 Kamloops Restaurant, Hwy 61 (Superior Shores Lodge), Tel. 218-834-5671, 800-242-1988, teuer bis sehr teuer, innovative Küche
Blackwood´s Grill and Bar, 612 7th Ave., Tel. 218-834-3846, günstig, populäres Familienrestaurant, besonder gut: *prime ribs*
Shari´s Kitchen, 812 7th Ave., Tel. 218-834-3714, günstig, gemütliches Restaurant, u.a. skandinavische Spezialitäten, rund um die Uhr geöffnet

 Gooseberry Falls State Park, Hwy 61, Tel. 218-834-3855, Wasserfälle, Wandermöglichkeiten
Edna G. Tugboat., Waterfront Dr., Agate Bay (Industriehafen), Schleppkahn aus dem Jahre 1896
Split Rock Lighthouse State Park, Hwy 61, Tel. 218-226-3065, populärer Campingplatz, Hauptattraktion: das Split Rock Lighthouse
Two Harbors Lighthouse Station, Agate Bay, Mai–Aug. tägl. 10-16 Uhr, Informationen bei der Lake County Historical Society, Tel. 218-834-4898

 The Depot Museum, S. Ave. and Waterfront Dr., Mai–Okt. Mo–Sa 9 bis 17, So 10–15 Uhr, Museum in einem Bahnhof, das sich mit Regionalgeschichte beschäftigt
Split Rock Lighthouse, Split Rock Lighthouse State Park, Hwy 61, Tel. 218-226-6372, Mitte Mai–Mitte Okt. tägl. 9–17, Mitte Okt.–Mitte Mai 12–16 Uhr (nur das History Center), Leuchtturm-Freilichtmuseum in herrlicher Lage

Two Harbor Folk Festival, Anfang Juli, Blues-, Folk- und Bluegrass-Festival

Two Rivers (WI)

Lage: vordere Umschlagkarte C4

 Information Center, Historical Society, 1622 Jefferson St., Tel. 920-793-2490

 Red Forest Bed & Breakfast, 1421 25th St., Tel. 920-793-1794, 888-250-2272, www.bbonline.com/wi/forest/, teuer, idyllisches B&B mit Kamin
Lighthouse Inn on the Lake, 1515 Memorial Dr., Tel. 920-793-4524, teuer, einige Zimmer mit Seeblick

Camping
Point Beach State Forest, nördl. von Two Rivers, Tel. 920-794-7480, an der RR-O, sehr preiswert bis günstig

 The Waters Edge, im Lighthouse Inn on the Lake, teuer, Seeblick
Kurtz´s, 1410 Washington St., Tel. 920-739-1222, günstig, traditionsreicher Pub, Sandwiches, Salate, Nachspeisen
Berner´s Ice Cream Parlor, 1622 Jefferson St., Tel. 920-793-2490, günstig, gute Eiskrem und Sundaes

 Great Lakes Coast Guard Museum, 2022 Jackson St., Tel. 920-793-5905, im Sommer tägl. 10–18 Uhr, befasst sich mit den Aufgaben der US-Küstenwache

 Rogers Street Fishing Village, 2102 Jackson St., Tel. 920-793-5905, im Sommer tägl. 10–18 Uhr, Fischerdorf im Stil des 19. Jh., Leuchtturm

 Two Rivers-Manitowoc Sport Fishing Charters, Tel. 920-793-3474, 800-533-3382, Bootscharter für Sportfischer

Vermilion (OH)

Lage: vordere Umschlagkarte F2 (bei Cleveland)

 Inland Seas Museum, 480 Main St., Tel. 440-967-3467, tägl. 10 bis 17 Uhr, Schifffahrtsgeschichte auf den Großen Seen

Wasaga Beach (ONT)

Lage: vordere Umschlagkarte G4 (Penetanguishene)

 Wasaga Beach Chamber of Commerce, 550 River Rd. W., Tel. 705-429-2247, 1-800-701-9320, Fax 705-429-1407, www.wasaga.com/chamber

 Wasaga Beach Provincial Park, Hwy 26, Tel. 705-429-2516, Sandstrände, Dünen

Washington Island (WI)

Lage: vordere Umschlagkarte C5 (bei Sturgeon Bay)

 Washington Island Chamber of Commerce, RR-1, Tel. 920-847-2179, www.washingtonislandwi.org

 Inn at Froghollow Farm Bed & Breakfast, N. 17 W. 1029 Jackson Harbor Rd., Tel. 920-847-2835, moderat bis teuer, stilvolle Unterkunft in einem alten Bauernhaus
Washington Hotel Resort, Detroit Harbor Rd., Tel. 920-847-2346, teuer, zentral, an der Ostseite des Hafens
Jackson Harbor Inn, Jackson Harbor Rd., Tel. 920-847-2454, moderat, gemütlich, in der Nähe des Fähranlegers nach Rock Island

Camping
Island Camping and Recreation, East Side Rd., Tel. 920-847-2622, sehr preiswert

 KK Fiske Restaurant, Main Rd., Tel. 920-847-212, günstig bis teuer, köstliche Fischspezialitäten, *fish boils*
Findlay´s Holiday Inn, Detroit Harbor, in der Nähe des Fähranlegers, Tel. 920-847-

2526, günstig bis teuer, gemütliches Restaurant, Fisch- und Fleischgerichte
Sunset Resort, Old West Harbor Rd., Tel. 920-847-2531, günstig, nur Frühstück, leckere Pfannkuchen
Island Country Café, im Ortszentrum, Tel. 920-847-2785, günstig, Hamburger, Pizza, Suppen und andere Kleinigkeiten
Bitter´s Pub & Restaurant, Main Rd., Tel. 920-847-2496, günstig, Fleisch- und Fischgerichte

 Washington Island Farm Museum, Jackson Harbor Rd., 25. 5. bis Okt. tägl. 10–17 Uhr, Heimatmuseum: Schwerpunkt landwirtschaftliche Geräte
Jackson Harbor Maritime Museum, Jackson Harbor Rd., Tel. 920-847-2522, Memorial Day–1.7. Sa, So 10.30–16.30 Uhr, 1.7.–Labor Day tägl., bis zum Columbus Day nur Sa, So, Fischerei- und Schifffahrtsmuseum
Jacobson Museum, Little Lake Rd., Tel. 920-847-2213, Memorial Day–Mitte Okt. tägl. 10–16 Uhr, Exponate zur indianischen Bevölkerung, lokale Geschichte

 Cherry Train, am Fähranleger, Tel. 920-847-2039, 90-minütige Rundfahrt über die Insel mit Kommentar, Mitte Mai–Mitte Okt. mehrmals tägl.
Vi´s Taxi, RR-1, Tel. 920-847-2283, Inseltouren
Washington Island Harbor Bike Rental, am Fähranleger, verleiht Fahrräder stunden- und tageweise

Wawa (ONT)

Lage: vordere Umschlagkarte D7

 Tourist Information Centre, Mission Rd./Hwy 101, Wawa, ONT, POS 1 KO, Tel. 1-800-367-9292, www.wawa.cc

 Pine Portage Lodge and Kaby Lodge, P.O. Box 1129-A, Wawa, ONT, POS 1KO, Tel. 705-856-2223, Fax 705-856-1049, www. fly-in-fishing.com, watsons@onlink.net, sehr teuer, 100 km

nördl. von Wawa, mitten in der kanadischen Wildnis umgeben von mehr als 140 Seen
Goose Down Bed & Breakfast, 37 Klondike St., Tel. 705-856-7003, moderat, nett
Mystic Isle Motel, Trans-Canada Highway, Tel. 705-856-1737, Fax 705-856-1738, Reservierung Tel. 1-800-667-5895, mystilse@onlink.net, günstig bis moderat, ruhig gelegenes Familienmotel
Algoma Motel, 50 Mission Rd., Tel. 705-856-7010, Fax 705-856-8213, ALGOMA@ONLINK.NET, moderat, ordentliches Motel
Pine Ridge Motel, Trans Canada Highway, nördl. von Wawa, Tel. 705-856-2143, 1-800-856-3280, Fax 705-856-1981, günstig bis moderat, einfach

Camping
Wawa RV Resort and Campground, Trans-Canada Highway, Tel. 705-856-4368, sehr preiswert bis günstig
Obatanga Provincial Park, Trans-Canada Highway, 60 km nördl. von Wawa, Tel. 807-822-2592, günstig
Lake Superior Provincial Park, Trans-Canada Highway, Tel. 705-856-2284, zwei Campingplätze: an der Agawa-Bucht und im Inland, sehr preiswert bis günstig

 Cedarhof Restaurant, Trans-Canada Highway, südl. von Wawa, Tel. 705-856-1136, moderat bis teuer, nettes Restaurant mit guter Küche
Columbia Restaurant, 71 Broadway Ave., Tel. 705-856-1300, günstig bis teuer, Pizza, Hamburger, Steaks
Pine Ridge Motel & Restaurant, Trans-Canada Highway, Tel. 705-856-2134, günstig, herzhafte Gerichte

 Lake Superior Provincial Park, Tel. 705-856-2284, Fax 705-856-1333, Wandern, Kanu- Kajakfahren, Wasserfälle, indianische Felszeichnungen
Obatanga Provincial Park, Trans-Canada Highway, 60 km nördl. von Wawa, Tel. 807-822-2595, Wandern, Kanufahren

 Naturally Superior Adventures, Michipicoten River Village, Tel. 705-

856-2939, 1-800-203-9092, Kajak- und Kanuverleih, geführte Kanu-und Kajaktouren **Experience North Adventures,** s. Sault Ste. Marie, ONT, S. 376, geführte Kajaktouren auf dem Lake Superior, Wander- und Kanutouren durch den Agawa-Canyon

Wellesley Island (NY)

Lage: vordere Umschlagkarte J5 (bei Kingston)

 s. Alexandria Bay S. 291

 Hart House, 21979 Club Rd., Tel. 315-482-LOVE, 1-888-481-LOVE, sehr teuer, romantisches B&B mit stilvollgemütlichen Zimmern
Torchlite Motel, Rt. 100, Tel. 315-482-3550, teuer, Familienmotel am Wasser, alle Zimmer mit Blick auf den St.-Lorenz-Strom

Camping
Wellesley Island State Park, Wellesley Island, Tel. 315-482-2722, 800-456-CAMP, sehr preiswert bis günstig

 Wellesley Hotel, Rainbow Ave., Tel. 315-482-9400, teuer bis sehr teuer, stimmungsvolles Restaurant mit amerikanisch-europäischer Küche, im angeschlossenen Pub einfachere Gerichte

 **Thousand Islands Park,** zahlreiche viktorianische Gebäude, die unter Denkmalschutz stehen
Wellesley Island State Park, Wanderwege, Schwimmgelegenheit, Golfplatz und das Naturkundemuseum **Minna Anthony Common Nature Center**, Tel. 315-482-2479, tägl. 8–16.30 Uhr

Wellington (ONT)

Lage: vordere Umschlagkarte J4

Tara Hall, 146 Main St., Tel. 613-399-2801, Fax 613-399-1104, moderat, B&B in einem denkmalgeschützten Haus

 North Beach Park, RR3, Consecon, Tel. 613-393-3319, Bademöglichkeiten

Wiarton (ONT)

Lage: vordere Umschlagkarte F4 (bei Owen Sound)

 Bruce´s Caves Conservation Area, County Rd. 26, Kalksteinhöhlen im Niagara Escarpment

Wilmette (Ill)

Lage: vordere Umschlagkarte C2 (bei Chicago)

 Baha'i House of Worship, 100 Linden Ave. Tel. 847-853-2300, Mai bis Okt. tägl. 10–22, Nov.–April 10–17 Uhr, Gotteshaus der Baha'i-Gemeinde

Windsor (ONT)

Lage: vordere Umschlagkarte E2

 The Convention and Visitor Bureau of Windsor, Essex County & Pelee Island, City Centre Mall, Suite 103, 333 Riverside Dr. W., Tel. 519-255-6530, 800-265-3633, www.city.windsor.on.ca
Ontario Travel Information Center, 1235 Huron Church Rd., Tel. 519-973-1310, Fax 519-973-1313

 Windsor Downtown Travellodge, 33 Riverside Dr., Tel. 519-258-7774, Fax 519-258-0020, teuer, zentral, komfortabel
Ye Olde Walkerville Bed and Breakfast, 1104 Monmouth Rd., Tel. 519-254-1507, Fax 519-252-5542, moderat bis teuer, in einem historischen Haus
The Nisbet Inn Bed and Breakfast, 131 Elliot St. W., Tel./Fax 519-256-0465, moderat, gemütlich, mit britischem Touch
Diane Motel, 5816 Tecumseh Rd. E., Tel. 519-945-8814, moderat, Familienmotel

Camping
Windsor KOA, 4855 Conscession Rd. 9, Maidstone, Tel. 800-562-3642, sehr preiswert bis günstig

 Old Fish Market, 156 Chatham St., Tel. 519-253-7417, teuer, populäres Fisch- und Seafood-Restaurant
Casa Bianca Ristorante, 345 Victoria Ave., Tel. 519-253-5218, teuer, italienische Küche in stilvollem Ambiente
Marathon Ethiopian Restaurant, 60 University Ave. W., Tel. 519-253-2215, günstig bis teuer, äthiopische Küche, auch vegetarische Speisen

 Art Gallery of Windsor, Devonshire Mall, 3100 Howard Ave., Tel. 519-969-4494, kanadische Kunst, Kunst der Inuit
Willistead Manor, 1899 Niagara St., Tel. 519-253-2365, Mai–Juni erster und dritter So im Monat 13–16, Juli/Aug., So bis Mi 13–16, Sept.–Nov. erster und dritter So im Monat 13–16 Uhr, Anwesen im Tudor-Stil mit Mobiliar aus dem 19. Jh.
Windsor´s Community Museum, 254 Pitt St., Tel. 519-253-1812, Di–Sa 10–17, Anfang Mai–Ende Sept. auch So 14–17 Uhr, Natur- und Menschheitsgeschichte

 Dean Martini´s, 63 Pitt St., Tel. 519-255-1169, populärer Nachtklub mit verschiedenen Themenabenden

Pride of Windsor Cruises, Dieppe Gardens, Riverside Dr., Tel. 519-971-7797, 800-706-2607, Bootsausflüge auf dem Detroit River

Youngstown (NY)

Lage: vordere Umschlagkarte H3 (bei Niagara Falls/ONT)

Camping
Four Mile Creek State Park Camping, Rte 18, 4 Meilen östl. von Youngstown, Tel. 800-456-CAMP, sehr preiswert bis günstig

Old Fort Niagara, Fort Niagara State Park, Robert Moses Pkwy, Tel. 585-745-7611, tägl. 9–16.30 Uhr, Mai bis Okt. bis zum Sonnenuntergang, historisches Fort
Fort Niagara Lighthouse, Fort Niagara State Park, Nov.–März, tägl. 9–16.30, April bis Okt. tägl. 9–17.30, Mai–Sept. 9–17.30, Sa–So 9–18.30, Juni tägl. 9–16.30 , Sa–So bis 19.30, Juli–Aug. tägl. 9–-9.30 Uhr, kleines Museum
Thirty Mile Point Lighthouse, Golden Hill State Park, Tel. 716-795-3885, Ende Mai bis Anfang Sept. Sa, So 14–16 Uhr, Leuchtturm mit kleinem Museum

Reiseinformationen von A bis Z

Ein Nachschlagewerk – von A wie Anreise über N wie Notfälle bis Z wie Zeitungen – mit vielen nützlichen Hinweisen, Tipps und Antworten auf Fragen, die sich vor oder während der Reise stellen. Ein Ratgeber für die verschiedensten Reisesituationen.

Anreise

■ Reisedokumente

Deutsche, Österreicher und Schweizer brauchen für die Einreise in die USA und nach Kanada kein Visum, sofern der Aufenthalt nicht mehr als 90 Tage beträgt. Verlangt werden ein noch mindestens sechs Monate gültiger Reisepass, ein Rück- bzw. Weiterflugticket und genügend Geldreserven, die man durch den Besitz einer Kreditkarte belegen kann. Im Falle eines Verlustes ersparen Fotokopien, die man während der Reise getrennt von den Originalen aufbewahrt, viel Ärger.

■ Einreise- und Zollbestimmungen

Mit dem Flugzeug in die USA: Bereits im Flugzeug füllt man die Einreise- und Zollformulare aus. Die in den Pass gehefteten Abschnitte müssen bei der Ausreise gezeigt werden. Lebensmittel und Pflanzen dürfen nicht in die USA eingeführt werden.

Reisende, die über 21 Jahre alt sind, dürfen 1 l Alkohol, 100 Zigarren, 200 Zigaretten und Geschenke im Wert von 100 US$ zollfrei ins Land bringen. Die Ein- und Ausfuhr von 10 000 US$ ist ohne Deklarierung gestattet. Haustiere darf man nur gegen Vorlage eines amtstierärztlichen Zeugnisses mitbringen.

Mit dem Flugzeug nach Kanada: Die Einreiseformalitäten nach Kanada sind die gleichen wie in den USA. Reisende, die über 19 Jahre alt sind, dürfen 1,1 l Alkohol, 200 Zigaretten, 50 Zigarren und 400 g Tabak sowie Geschenke im Wert von 50 C$ einführen. Bei der Mitnahme von Haustie-

ren muss ein amtstierärztliches Zeugnis vorgelegt werden.

Über Land in die USA/Kanada: Reist man über Land von Kanada in die USA oder umgekehrt, erledigt man die Einreise- und Zollformalitäten an den entsprechenden Grenzübergängen. Die Wiedereinreise in beide Länder ist innerhalb der gewährten Aufenthaltsdauer problemlos möglich.

■ ... mit dem Flugzeug

Von Frankfurt, Düsseldorf und München werden Direktflüge mit Lufthansa/United Airlines nach Chicago angeboten. American Airlines fliegt täglich von Frankfurt nach Chicago. Der Flug dauert etwa zehn Stunden. In der Hauptsaison kostet ein Flug um die 665 € plus 51 € Steuern. Außerhalb der Saison kann man ein Ticket bereits für 358 € plus 51 € Steuern erhalten.

Detroit wird von Frankfurt/Main von der Lufthansa und KLM/Northwest Airlines, mit Zwischenstopp in Amsterdam, angeflogen. Letztere fliegen auch von Frankfurt nach Minneapolis, mit Zwischenstopp in Amsterdam. Von Frankfurt/Main mit Zwischenaufenthalt in Reykjavik nach Minneapolis fliegt Icelandair. Toronto erreicht man ab Frankfurt/Main mit Air Canada, Lufthansa und der Chartergesellschaft Canada 2000. Von Düsseldorf fliegt die LTU nach Toronto.

■ ...mit dem Schiff

Hapag Lloyd bietet im September eine Kreuzfahrt von Bremerhaven durch den St.-Lorenz-Strom bis in den Lake Superior und zurück an.

Ärztliche Versorgung

Die Arztkosten sind in den USA und Kanada sehr hoch und müssen sofort beglichen werden. Es ist daher ratsam, vor Reiseantritt eine Auslandskrankenversicherung abzuschließen bzw. mit der Krankenkasse zu klären, welche Arztkosten nach der Reise erstattet werden. Telefonnummern von Ärzten findet man in den Gelben Seiten *(yellow pages)*.

Apotheken

Apotheken (Pharmacies) sind meist in den großen Supermärkten oder Drogerien (Drugstores) zu finden. Wer rezeptpflichtige oder spezielle Medikamente einnehmen muss, sollte einen Vorrat von zu Hause mitnehmen.

Auskunft

Great Lakes of North America
Wallstraße 56
D-40878 Ratingen
Tel. 02102-71 11 91
Fax 02102-2 11 77
www.cglg.org/greatlakestourism

CANADA-INFO
Postfach 20047
D-63469 Maintal
Tel. 06181-45 17 8
Fax 06181-49 75 58
Canada-Info@t-online.de
www.canadatourism.com

Fremdenverkehrsamt Illinois
c/o Wiechmann Tourism Services
Scheidswaldstr. 73
D-60385 Frankfurt
Tel. 069-44 33 53
Fax 069-43 96 31
www.wiechmann.de

Canadian Tourism Commission
c/o Canadian Consulate
Prinz-Georg-Str. 126
D-40479 Düsseldorf

Tel. 0211-17 21 70,
Fax 0211-35 91 65

Ontario Tourism
c/o Magnum Management GmbH
Herzogspitalstr. 5
80331 München
Tel. 089-23 66 21 38
Fax 089-260 40 09

Ausrüstung

Aufgrund der großen Ausdehnung des Reisegebiets können die Temperaturunterschiede immens sein. Es empfiehlt sich, hinsichtlich der Kleidung auf alle Wetterlagen eingestellt zu sein.

Aktivurlauber finden in den größeren Städten und oft auch in kleineren Gemeinden hervorragende Ausrüsterläden mit einem meist umfassenderen Angebot als in Europa. Qualität hat allerdings auch in Nordamerika seinen Preis.

Kajaks, Kanus, Segelboote und Angelausrüstung können vor Ort ausgeliehen werden. Allein die gut eingelaufenen Wanderschuhe sollten von zu Hause mitgebracht werden. Wer Tiere beobachten möchte, sollte ein Fernglas nicht vergessen. Zwischen Juni und August gehört Insektenschutz zu den wichtigsten Begleitern. Gegen die unzähligen Stechmücken und Bremsen helfen nur die stärksten Schutzmittel und Moskitonetze, die man auch vor Ort erstehen kann.

Autofahren

■ In den USA
Die Entfernungen werden in Meilen gemessen. Je nach Bundesstaat beträgt die Höchstgeschwindigkeit auf Highways 55 oder 65 Meilen in der Stunde, in geschlossenen Ortschaften 25 und während der Schulzeit in der Nähe von Schulen 15 Meilen in der Stunde. Auf den Interstates dürfen 65, 70 oder 75 Meilen in der Stunde gefahren werden.

Ampeln stehen jenseits der Kreuzung. Auch bei roter Ampel darf man, nachdem man angehalten hat, rechts abbiegen – es sei denn, es wird durch ein »No turn on red«, »Right turn only at green arrow« oder »No right turn« untersagt. An Kreuzungen gilt: Wer zuerst angehalten hat, fährt zuerst weiter.

Schulbusse mit blinkenden Warnlichtern dürfen auf keinen Fall überholt werden, auch der entgegenkommende Verkehr muss anhalten. In Tow-Away-Zones wird abgeschleppt. Bei einer Panne zeigt man durch die geöffnete Motorhaube an, dass man Hilfe braucht.

■ In Kanada

In Kanada gilt offiziell das metrische System, die Entfernungen werden in Kilometern, die Geschwindigkeitsbegrenzungen in Stundenkilometern angegeben. Höchstgeschwindigkeiten: 100 km/h auf Highways, 80 km/h auf Landstraßen und 50 km/h in Städten und Ortschaften. An Fußgängerüberwegen in Städten muss gehalten werden. Ansonsten gelten die gleichen Regeln wie in den USA.

In beiden Ländern gilt Gurtpflicht. Zwischen den europäischen und nordamerikanischen Automobilvereinen bestehen Kooperationsverträge, gegen Vorlage des Mitgliedsausweises erhält man in den Büros der Klubs Reiseinformationen und Kartenmaterial.

Tankstellen sind im gesamten Reisegebiet ausreichend vorhanden. In abgelegeneren Region sollte man jedoch auf einen ausreichend gefüllten Tank achten. In Kanada ist das Benzin bedeutend teurer als in den USA. Bei vielen Tankstellen zahlt man vor dem Tanken.

Behinderte

In den Städten und in eingeschränktem Maße auch auf dem Land gibt es behindertengerechte öffentliche Einrichtungen, Restaurants und Unterkünfte. Die Firmen Budget, Hertz und Enterprise vermieten entsprechende Wagen, die allerdings lange im Voraus reserviert werden müssen. Die zu Avis gehörende Firma Wheeler, Tel. 800-456-1371, ist auf Fahrzeuge für Behinderte spezialisiert. Hilfreich für behinderte Autofahrer ist die American Automobil Association, Traffic Safety Department, 1000 AAA Dr., Heathrow, FL 32746-5063, Tel. 407-444-7000. Informationen über Veranstalter von Behindertenreisen erhält man über Society for the Advancement of Travel for the Handicapped (SATH), 347 5th Ave., No. 610, New York, NY 10016, Tel. 212-447-7284.

Diplomatische Vertretungen

■ ...in Deutschland
Botschaft der USA
Neustädtische Kirchstraße 4–5
10117 Berlin
Tel. 030-8305-0
www.usembassy.de

Botschaft von Kanada
Friedrichstraße 95
10117 Berlin
Tel. 030-20312-0
Fax 030-20312-121
www.kanada-info.de

■ ...in Österreich
Botschaft der USA
Boltzmanngasse 16
A-1091 Wien
Tel. 01-313390
www.usembassy-vienna.at/

Botschaft von Kanada
Laurenzer Berg 2
A-1010 Wien
Tel. 01-531383000
www.kanada.at/

■ ... in der Schweiz
Botschaft der USA
Jubiläumsstr. 93
CH-3005 Bern
Tel. 031-357 70 11
www.us-embassy.ch/

Botschaft von Kanada
Kirchenfeldstr. 88
CH-3005 Bern
Tel. 031-357 32 00

Diplomatische Vertretungen in den USA und Kanada

■ ... von Deutschland
Generalkonsulat
676 N. Michigan Ave.
Chicago, IL 60611
Tel. 312-580-1199

Generalkonsulat
77 Admiral Rd.
Toronto, ONT M5R 2L4
Tel. 416-925-2813
Fax 416-925-2818

■ ... von Österreich
Generalkonsulat
Wrigley Building
400 N. Michigan Ave., Suite 707
Chicago, IL 60611
Tel. 312-222-1515

Konsulat
390 Bay St.
Suite 301
Toronto, ONT M5H 2V6
Tel. 416-863-0649
Fax 416-869-7851

■ ... der Schweiz
Generalkonsulat
737 N. Michigan Ave.
Chicago, IL 60611
Tel. 312-915-0061

Konsulat
154 University Ave., Suite 601
Toronto, ONT M5H 3Y9
Tel. 416-593-5371
Fax 416-593-5083

Elektriziät

In den USA und Kanada beträgt die Netzspannung 110/120V, 60 Hz Wechselstrom. Aus Europa mitgebrachte Geräte müssen umschaltbar sein. Für die nordamerikanischen Flachstecker wird ein Adapter benötigt, den man am besten von zu Hause mitbringt.

Essen und Trinken

Kulinarische Raffinesse und leichte Gerichte sind außerhalb der Großstädte eher die Ausnahme als die Regel. Hart arbeitende Menschen haben diesen Landstrich und seine Küche geprägt – Kalorienzufuhr statt Gaumenkitzel lautet das Motto.

Der Tag beginnt mit einem deftigen Frühstück aus Eiern, Schinkenspeck, gebratenen Kartoffeln *(hash browns)*, Toast und Marmelade. Wer es eher süß mag, isst Pfannkuchen mit gesalzener Butter und Sirup. Oft werden auch Cornflakes, manchmal Müsli angeboten.

Zum Mittag verzehrt man gern Sandwiches, die mit Wurst, Käse und anderen Zutaten belegt sind, oder Suppen und Salate. Zu fast allen Tageszeiten werden Hamburger – oft in hervorragender Qualität – mit Pommes Frites *(french fries)* verspeist. Saftige Steaks und Fischgerichte findet man auf den Speisekarten der meisten Restaurants.

Eine gute Adresse für vegetarische Speisen sind Delis. In Städten gibt es zahlreiche Coffeeshop-Ketten wie Starbucks, die neben Gourmet-Kaffee auch Sandwiches, Muffins und andere Kleinigkeiten anbieten, allerdings nicht ganz billig. Neben den bekannten Biersorten wie Heinecken, Miller und Moose brauen inzwischen kleine, unabhängige Brauereien *(microbreweries)* ihr eigenes, sehr gutes Bier.

Feiertage

■ ... in den USA
Neujahr: 1.1.
Martin Luther King jr. Day: dritter Mo im Jan.
President´s Day: dritter Mo im Feb.
Memorial Day: letzter Mo im Mai
Independence Day: 4. Juli
Labor Day: erster Mo im Sept.
Columbus Day: zweiter Mo im Okt.
Veteran´s Day: 11. 11.
Thanksgiving: vierter Do im Nov.
Christmas Day: 25. 12.

■ ... in Kanada

Neujahr: 1.1.
Karfreitag, Ostermontag
Victoria Day: Mo vor dem 25.5.
Canada Day: 1.7.
Labour Day: erster Mo im Sept.
Thanksgiving: zweiter Mo im Okt.
Rememberance Day (Heldengedenktag):
    11.11.
Christmas Day: 25.12.
Boxing Day: 26.12.

Geld

US-amerikanische Banknoten sind in der Stückelung 1, 2, 5, 10, 20, 50, 100 US-Dollar im Umlauf. Achtung: Alle Scheine sind grün und haben dieselbe Größe. Münzen gibt es als 1 Cent *(penny)*, 5 Cents *(nickel)*, 10 Cents *(dime)*, 25 Cents *(quarter)* und 1 Dollar, der aber selten vorkommt.

Kanadische Banknoten sind im Wert von 5, 10, 20, 50, 100, 500, 1000 Canadian Dollar (C$) im Umlauf. Alle kanadische Banknoten sind gleich groß, haben aber unterschiedliche Farben. Kanadische Münzen sind in der Unterteilung 1 Cent *(penny)*, 5 Cents *(nickel)*, 10 Cents (*dime*), 25 Cent (*quarter*), 1 C$ *(loonie)*, 2 C$ *(twoonie)* im Verkehr. Größere Scheine als 50 US- oder C$ werden nicht gern angenommen. Reiseschecks in US-Dollarwerden in den USA wie Bargeld verwendet. Das gleiche gilt auch für Kanada, vorausgesetzt, die Schecks sind auf kanadische Dollar ausgestellt.

Die am meisten verbreiteten und fast häufiger als Bargeld eingesetzten Kreditkarten sind Mastercard und Visa. Die Mitnahme einer Kreditkarte ist beinah unumgänglich: Bei fast allen Reservierungen wird die Kreditkartennummer verlangt, beim Mieten eines Wagens muss man ohne Kreditkarte hohe Summen an Bargeld als Sicherheit hinterlegen.

An Bankautomaten (USA: *automatic teller machines,* Kanada: *banking machines)* erhält man mit der Kreditkarte und der persönlichen Geheimnummer rund um die Uhr Bargeld.

Gesundheit

Impfungen sind für das Reisziel nicht vorgeschrieben, dennoch ist es sinnvoll, sich rechtzeitig vor der Abreise gegen Tetanus impfen zu lassen. Mögen die Flüsse und Seen noch so sauber erscheinen, auf keinen Fall sollte man daraus trinken. Viele Gewässer sind mit *Giardia lamblia* verunreinigt, einem Mikroorganismus, der durch Tierfäkalien ins Wasser gelangt und schwere Krämpfe, Durchfall und Erbrechen auslöst. Nur spezielle Wasserentkeimer, die man in Ausrüsterläden erhält, machen das Wasser genießbar. Man kann das Wasser auch mindestens fünf Minuten sprudelnd kochen lassen.

Zecken gibt es im gesamten Reisegebiet: *deer ticks,* die vom Wild auf Menschen übergehen, können vor allem in den USA das gefährliche *lyme disease* übertragen. Die Symptome sind Hautausschlag, Übelkeit, Gelenkschmerzen und Müdigkeit. Früh erkannt, kann die Behandlung mit Antibiotika helfen. Nach jeder Wanderung sollte man den Körper sorgfältig nach Zecken absuchen. Kleidung, die den Körper bedeckt und Insektensprays helfen gegen Zeckenbefall. Über Sinn einer Zeckenimpfung sind die Meinungen geteilt.

Karten

Für das Reisegebiet empfiehlt sich der Rand McNally-Autoaltas, der auch in Europa über den Buchhandel zu beziehen ist. Kostenlos ist das Kartenmaterial, das man in den Touristeninformationsbüros der einzelnen Bundesstaaten erhält.

Kinder

Die großen Städten haben hervorragende, auf Kinder eingerichtete Museum mit interaktiven Exponaten. Auch das Stöbern in den vielen Heimatmuseen macht Spaß. Kinder bis zu 18 Jahren können im Zimmer der Eltern kostenlos schlafen. Auf Campingplätzen findet man schnell Kontakt zu anderen Kindern.

Maße, Gewichte und Temperaturen

1 inch	–	2,54 cm
1 foot	–	30,48 cm
1 yard	–	91,44 cm
1 mile	–	1,609 km

1 pint	–	0,473 l
1 quart	–	0,946 l
1 gallon	–	3,785 l
1 pound	–	453,60 g
1 stone	–	6,35 kg
1 quarter	–	12,70 kg

In Kanada wird offiziell das metrische System verwendet.

Die Umrechnungsformel von Fahrenheit in Celsius lautet: Fahrenheit minus 32 geteilt durch 1,8 gleich Celsius.

Mietwagen

Mietwagen reserviert man am besten schon von zu Hause aus. Mit Pauschalarrangements, welche die meisten Vermieter anbieten und die neben einer unbegrenzten Meilenzahl die Versicherung einschließen, kommt man meist preiswerter davon, als wenn man einen Wagen in den USA oder Kanada mietet.

Viele Autoverleiher verlangen ein Mindestalter von 25 Jahren. Ist man jünger, muss man einen Aufpreis bezahlen. Möchte man den Wagen von den USA nach Kanada nehmen oder umgekehrt, muss man sich vorher erkundigen, ob der Vermieter dies gestattet bzw. dies beim Anmieten in Europa bekannt geben.

Mietet man den Wagen vor Ort an, sollte man sich die Einverständniserklärung für die Mitnahme ins jeweilige Nachbarland und den Versicherungsschutz bestätigen lassen, da beide beim Grenzübertritt mitunter verlangt werden. Ein internationaler Führerschein wird nicht verlangt, da er aber in mehreren Sprachen abgefasst ist, erleichtert er die Formalitäten bei der Miete. Auf den Tachos amerikanischer Wagen sind Meilen und Stundenkilometer

angegeben, in kanadischen Wagen Stundenkilometer und Meilen.

Notfall

Die Notfallnummer in den USA, Ontario und Québec lautet Tel. 911.

Öffentliche Verkehrsmittel

■ Nahverkehr
Alle Großstädte an den Großen Seen verfügen über ein gutes bis sehr gutes öffentliches Verkehrsnetz aus Bus und/oder U-Bahn. Einzig in Detroit ist man auf den Wagen angewiesen.

■ Überlandverkehr
Das umfassendste Busnetz der Region bietet die Firma Greyhound, deren Busse große Städte in der Region bedienen und unterwegs auch in kleineren Gemeinden halten. Als Transportmittel zur Erkundung der Großen Seen ist der Bus allerdings denkbar ungeeignet.

Öffnungszeiten

■ ... in den USA
Es gibt keine festgelegten Öffnungszeiten. Generell liegt die Geschäftszeit zwischen 9 bzw. 10 und 17 bzw. 18 Uhr. In Großstädten gibt es Restaurants und Supermärkte, die rund um die Uhr geöffnet sind. Sonntags liegen die Öffnungszeiten meist zwischen 12 und 17 Uhr. Postämter haben Mo bis Fr von 8 bis 16 oder 17.30 Uhr Schalterstunden, einige auch Sa von 8 bis 15 Uhr. Banken sind in der Regel Mo bis Fr zwischen 9 oder 10 und 17 oder 18 Uhr geöffnet, einige Banken haben auch Sa von 9 bis 14 oder 16 Uhr.

■ ... in Kanada
In den Städten sind die meisten Geschäfte zwischen 9 und 18 Uhr geöffnet, Fr und manchmal auch Do bis 21 Uhr. In den Shopping Malls bleiben viele Läden die ganze Woche über bis 21 Uhr offen. In

größeren Einkaufszentren findet man einige Supermärkte, die rund um die Uhr geöffnet bleiben. In einigen Geschäften kann man auch sonntags einkaufen. Die meisten Banken haben Mo bis Do von 10 bis 16.30, Fr bis 17 oder 18 Uhr geöffnet.

Polizei

In den USA, Ontario und Quebec erreicht man die Polizei über Tel. 911.

Rauchen

Rauchen ist in den USA und Kanada außerhalb bestimmter Raucherzonen verboten. Auch gehen immer mehr Hotels, Motels und Bed and Breakfast-Unterkünfte dazu über, Rauchen entweder ganz zu verbieten oder auf einige Räume zu beschränken. In Restaurants sind meist einige Tische für Raucher reserviert. Zigaretten sind in beiden Ländern wesentlich teurer als in Deutschland, Österreich und der Schweiz.

Reisezeit

Die Hauptreisezeit für die Region der Großen Seen liegt zwischen Ende Mai und Anfang Sept. Voll wird es besonders an Wochenenden im Juli und August, dann müssen die meisten Unterkünfte, Zeltplätze und Fähren bereits Monate im Voraus gebucht werden. Ideale Reisezeit sind die Monate Mai und September/Oktober.

Besonders reizvoll ist der Herbst, wenn sich die zahlreichen Laubbäume bunt färben. Allerdings sind dann manche Hotels und kleinere Museen noch nicht oder nicht mehr geöffnet und auch einige Zeltplätze in kanadischen Provincial Parks stehen noch nicht oder nicht mehr zur Verfügung.

Sicherheit

In den Großstädten rund um die Großen Seen sollte man nach Einbruch der Dun-

kelheit unbelebte, unbeleuchtete Straßen und Plätze meiden. Streifzüge durch ärmere Stadtviertel sind zu keinem Zeitpunkt zu empfehlen. Große Geldbeträge, Wertsachen und Dokumente bewahrt man am sichersten im Safe der Unterkunft auf. Nachtschwärmer sollten mit einem Taxi fahren.

Ansonsten gilt es, der Natur, besonders den Großen Seen, mit entsprechendem Respekt zu begegnen. Über potentielle Gefahrenquellen informieren die Touristeninformationen und die Park Rangers. Anders als in den USA ist Trampen in Kanada verbreitet. Das Sicherheitsrisiko ist in beiden Ländern nicht zu unterschätzen. Barbesuche von Frauen ohne männliche Begleitung werden auf dem Land oft als Aufforderung verstanden.

Telefonieren

■ In den USA

Die Telefonnummern sind siebenstellig. Bei einem Ortsgespräch wählt man nur diese sieben Nummern. Bei einem Gespräch in einen nahe gelegenen Ort mit dem selben *area code* (Vorwahl) reicht ebenfalls diese Nummer oder man wählt zusätzlich eine 1 davor. Der dreistellige *area code* muss mitgewählt werden, wenn man zwischen zwei Gebieten mit unterschiedlichen Vorwahlen telefonieren möchte.

Für Gespräche in die USA wählt man die 1 vor, gefolgt von dem *area code* und der Nummer des Teilnehmers. Für Telefongespräche von den USA nach Europa wählt man zunächst 011 und dann die Vorwahl des jeweiligen Landes: 49 für Deutschland, 43 für Österreich und 41 für die Schweiz. Telefonnummern, die mit 800, 888 oder 877 beginnen, sind innerhalb des Landes kostenlos.

Außer mit Münzen kann man an vielen öffentlichen Telefonzellen mit Kreditkarten telefonieren. Telefonkarten kann man in Lebensmittelläden und einigen Hotels kaufen. Die Telekom gibt Auskunft über eine Telekarte, mit der man aus den USA über die deutsche Vermittlung in Frankfurt telefonieren kann.

■ In Kanada

Die Telefonnummern sind wie in den USA siebenstellig. Bei Gesprächen innerhalb von Städten wählt man nur diese siebenstellige Nummer. Wählt man eine Nummer innerhalb der Provinz, setzt man ein 1 davor. Bei Gesprächen in eine andere Provinz wird die dreistellige Vorwahl der Provinz vorneweg gestellt. Die Vorwahl für Kanada ist 001, gefolgt von dem *area code* der jeweiligen Provinz und der Nummer des Teilnehmers.

Für Telefongespräche von Kanada nach Europa wählt man zunächst 011 und danach die Vorwahl des jeweiligen Landes: 49 für Deutschland, 43 für Österreich und 41 für die Schweiz. Telefonnummern, die mit 800 oder 888 beginnen, sind gebührenfrei. Am bequemsten telefoniert man mit einer Telefonkarte, die man in Lebensmittelläden und manchmal auch in Hotels erhält. Beim Kauf sollte man sicherstellen, dass die Karte auch für internationale Gespräche geeignet ist.

Touristeninformationen

Fast jeder Ort verfügt über eine Touristeninformation, die in den USA entweder Visitor Center, Chamber of Commerce oder Convention and Visitors Bureau heißen kann. In Kanada werden sie Tourist Information Centres genannt und sind durch ein "?" ausgeschildert. Dort gibt es Broschüren und Stadtpläne, die Mitarbeiter helfen Reisenden bei der Zimmersuche, informieren über Sehenswürdigkeiten, Restaurants und Sportmöglichkeiten.

An den Grenzen von Michigan, New York und der Provinz Ontario, oft an den Interstates oder am Ortsrand, befinden sich Michigan Welcome Center bzw. Ontario Travel Information Center, die über den Bundesstaat bzw. die Provinz informieren.

Trinkgeld

In den USA und in Kanada: Etwa 15 % des Rechnungsbetrags im Restaurant oder für Taxifahrer sind selbstverständlich. Koffer-

träger erhalten 1 US$ pro Gepäckstück, Zimmermädchen je nach Länge des Aufenthalts bis zu 5 US$.

Unterkunft

Da die Reisesaison kurz ist und der Umsatz innerhalb relativ kurzer Zeit gemacht werden muss, sind die Übernachtungspreise im Vergleich etwa zu Florida relativ hoch. Die angegebenen Preise dienen als Richtlinien des Preisniveaus während der Hauptreisezeit. Außerhalb der Saison kann man mit erheblichen Preisnachlässen rechnen. Frühstück wird meist nur bei Bed and Breakfast-Unterkünften serviert. Während der Monate Juli und August ist es ratsam, das Quartier schon Monate im Voraus zu buchen.

Hotels vor allem der international bekannten Ketten findet man in den Städten. Die Zimmer sind meist zweckmäßig und komfortabel, aber wenig individuell gestaltet.

Neben den Ablegern der bekannten Ketten wie Super 8, Motel 6, Howard Johnson, Best Western, AmericInn und Econo Lodge gibt es in der Region unabhängige Motels in Familienbesitz. Letztere haben oft mehr Atmosphäre als die Häuser der großen Ketten. Motels liegen meist an den Ausfallstraßen.

Rund um die Großen Seen gibt es zahlreiche Bed and Breakfast-Unterkünfte. Geboten werden individuell eingerichtete Zimmer, eine oft sehr persönliche Atmosphäre und ein Frühstück. Besonders reizvoll sind Bed and Breakfast-Unterkünfte in Häusern aus der Zeit um 1900. Kinder sind in manchen dieser Unterkünfte nicht oder erst ab einem bestimmten Alter erwünscht.

Neben zahlreichen privat geleiteten Campingplätzen bieten die State-, Provincial und National Parks Campingmöglichkeiten. Generell sind die privaten *campgrounds* die komfortableren, während in den Parks das Naturerlebnis im Vordergrund steht.

Jugendherbergen/Hostels sind entlang der Großen Seen ausgesprochen dünn gesät. Die Adressen sind unter den einzelnen Ortschaften erwähnt.

Urlaubsaktivitäten

Fast alle State, Provincial und National Parks in der Region haben Wanderwege von unterschiedlicher Länge und Schwierigkeitsgrad. Das Gebiet wird von Fernwanderwegen wie dem Bruce Trail durchzogen, von denen man auch einzelne Etappen erwandern kann. In den Informationszentren und Rangerstationen erhält man entsprechendes Kartenmaterial und Auskünfte.

In den Ferienorten an den Großen Seen werden unterschiedliche Bootstypen verliehen bzw. Bootsausflüge angeboten. Die Uferzonen der Großen Seen sowie unzählige Seen und Flüsse im Hinterland bieten ein ideales Revier für Kajakfahrer und Kanuten. Vielerorts werden Boote samt Ausrüstung verliehen und oft auch Unterricht sowie geführte Touren angeboten.

An verschiedenen Stellen der Großen Seen werden Tauchgänge zu Schiffswracks angeboten, die im eiskalten Wasser der Seen meist hervorragend erhalten blieben. Allerdings ist das nur etwas für Taucher, die über entsprechende Erfahrung verfügen. Tauchschulen bieten geführte Tauchgänge an und verleihen die Ausrüstung.

Je abgelegener der Ort, umso größer die Wahrscheinlichkeit, den Tieren der Region zu begegnen. Naturschutzgebiete am Lake Erie, an der Ostküste von Michigan und auf der Upper Peninsula/Michigan eignen sich hervorragend zum Beobachten von Zugvögeln. Beste Jahreszeiten dafür sind Frühjahr und Herbst.

Beinahe in jedem Ort werden Bootscharter angeboten, die zu Angeltouren auf die Seen fahren. Weniger aufgeregt geht es beim Angeln an den kleineren Gewässern und Flüssen des Hinterlands zu. Informationen über Lizenzen erteilen die Touristeninformationen.

Verhalten

In den meisten Restaurants gilt die Devise »wait to be seated«, das heißt, man wartet darauf, vom Kellner zum Tisch geleitet zu werden. Diese Regel gilt nicht, wenn ein Schild mit der Aufschrift »please seat yourself« aufgestellt ist. Es ist unüblich, einen Tisch mit anderen Gästen zu teilen. Hat man die Mahlzeit beendet, wird meist sofort die Rechnung auf den Tisch gelegt. Langes Verweilen ist nicht üblich.

Beim Besuch indianischer Stätten und traditioneller Feierlichkeiten wie den *pow wows* zeigt man seinen Respekt durch zurückhaltende Kleidung und verzichtet auf Alkohol- und Tabakkonsum.

Zeit

Der überwiegende Teil des Reisegebiets gehört zur Eastern Time Zone, die sechs Stunden hinter der mitteleuropäischen liegt. Illinois, Wisconsin, der äußerste Westen von Michigan und Minnesota liegen in der Central Time Zone, die sieben Stunden hinter der mitteleuropäischen liegt.

Zeitungen

In den Metropolen an den Großen Seen werden zahlreiche Tageszeitungen publiziert, die zu den qualitätsvollsten in Kanada und den USA gehören. Dazu zählen unter anderem der »Toronto Star«, die englischsprachige »Montreal Gazette« und die »Chicago Tribune«. Wer aktuelle deutschprachige Zeitungen lesen will, sollte deren Internetseiten konsultieren. Zwar findet man an internationalen Flughäfen und in sehr gut sortierten Zeitschriftenläden der Metropolen deutschsprachige Zeitungen und Zeitschriften, doch sind sie meist mehrere Tage alt.

Sprachführer

Auskünfte

Darf ich mich zu Ihnen setzen?	May I join you?
Haben Sie ...?	Do you have ...?
Ist dieser Platz frei?	Is this seat taken?
Sprechen Sie Deutsch?	Do you speak German?
Wann treffen wir uns?	When shall we meet?
Was kostet das?	How much does this cost?
Wer, was welcher, wann?	Who, what, which, when?
Wie geht's?	How are you (doing)?
Wie gefällt es ihnen hier?	How do you like it here?
Wieviel?	How many, how much?
Wo ist ...?	Where is ...?
Wo sind die Toiletten?	Excuse me, where are the restrooms?

Unterwegs

Abfahrt/Abflug	departure
Ausgang	exit
Ausgebucht	fully booked
Bahnhof	train/bus station
Benzin	gas
Fernstraße	highway
Flughafen	airport
Geländewagen	four-wheel drive
Handgepäck	carry-on luggage
Kleinbus	minivan
Koffer	suitcase
Kreuzung	intersection
Rechnung	bill, receipt
Rückbestätigen	to reconfirm
Schließfächer	lockers
Verzollen	to declare
Zoll	customs
Zoll bezahlen	to pay duty
Wohnmobil	camper, RV

Im Hotel

Babybett	crib
Bestätigungs-nummer	confirmation number
Bettwäsche	linen
Doppel-/Einzelzimmer	double/single room
Parterre	first floor
Halbpension	half board
Kleiderbügel	hanger
Meerblick	ocean view
Mülleimer	trash bin
Nachricht	message
Reservierung	reservation
Wohnung	apartment
Zimmer	room
Zimmer frei	vacancy

Gesundheit

Allergisch	allergic
Apotheke	pharmacy
Frauenärztin/-arzt	gynaecologist
Krank	sick
Praktischer Arzt	general practitioner
Röntgen	x-ray
Schmerzmittel	painkiller
Schwanger	pregnant
Sprechstunde	office hours
Unfall	accident
Verbandszeug	first-aid kit
Zahnarzt	dentist

Post, Bank, Behörden

Bankkonto	bank account
Bar	cash
Briefkasten	mailbox
Geldautomat	ATM
Geldbörse	wallet/purse
Geldschein	bill
Päckchen	package
Pass	passport, ID
Postamt	post office
Postlagernd	general delivery
Postleitzahl	zip code
Reisescheck	traveler's check
Telefonbuch	telephone directory
Telefonvorwahl	area code
Währung	currency

Im Restaurant

Ananas	pineapple
Auf Ihr Wohl!	Cheers!
Beef Steak	New York Strip
Bratkartoffeln	hash browns
Brötchen, weich	bun
Eis, aus Wasser	ice
Eiscreme/ Speiseeis	icecream
Essig	vinegar
Frühstücksspeck	bacon
Gegrillt	broiled
Gekocht	boiled
Gurke	cucumber
Hauptgericht	entrée
Kabeljau	cod
Kalbfleisch	veal
Kartoffelmus	mashed potatoes
Kartoffelschalen	potatoe skins
Kellner	waiter
Knoblauch	garlic
Krabbe	shrimp
Krautsalat	cole slaw
Krebse	crabs
Kürbis	pumpkin
Lachs	salmon
Pommes Frites	french fries
Rührei	scrambled eggs
Saft	juice
Schinken	ham
Speisekarte	menue
Spiegeleier	eggs, sunny side up
Spirituosen	liquor
Suppe	soup
Toastbrötchen	muffin
Toilette	restroom

Zeitangaben

Abends	in the evening
Halb sieben	half past six
Nachmittags	in the afternoon
Um 8 Uhr	at eight o'clock
Viertel vor 10	a quarter to ten
Vor 18 Uhr	before 6 p.m.
Wie spät ist es?	What time is it?
Wochenende	weekend
Wöchentlich	every week
(Zu) früh	(too) early
(Zu) spät	(too) late
Zur Zeit	at the moment

Abbildungsnachweis

Register

DUMONT

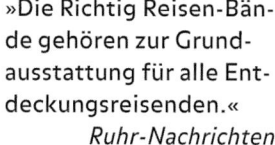

Titelbild: Split Rock Lighthouse
Umschlaginnenklappe: An der S. Michigan Avenue in Chicago
Umschlagrückseite: In der Boundary Waters Canoe Area Wilderness

Über die Autorin: Katrin Schmidt, geboren 1964, arbeitet als Reiseleiterin und Reise-
buchautorin. Die Region der Großen Seen bereist sie seit vielen Jahren.

Impressum

416

Bitte schreiben Sie uns, wenn sich etwas geändert hat!
Alle in diesem Buch enthaltenen Angaben wurden von der Autorin nach bestem
Wissen erstellt und von ihr und dem Verlag mit größtmöglicher Sorgfalt überprüft.
Gleichwohl sind – wie wir im Sinne des Produkthaftungsrechts betonen müssen –
inhaltliche Fehler nicht vollständig auszuschließen. Daher erfolgen die Angaben
ohne jegliche Verpflichtung oder Garantie des Verlages oder der Autorin. Beide
übernehmen keinerlei Verantwortung und Haftung für etwaige inhaltliche Unstim-
migkeiten. Wir bitten dafür um Verständnis und werden Korrekturhinweise gerne
aufgreifen:

DuMont Reiseverlag, Postfach 10 10 45, 50450 Köln
E-Mail: info@dumontreise.de

Die Deutsche Bibliohek – CIP Einheitsaufnahme

Schmidt, Katrin:
Die Großen Seen – USA, Kanada/Katrin Schmidt – Köln: DuMont Reiseverlag, 2002
(Richtig Reisen)
ISBN 3-7701-5231-X

© DuMont Reiseverlag
1. Auflage 2002
Alle Rechte vorbehalten
Druck: Rasch, Bramsche
Buchbinderische Verarbeitung: Bramscher Buchbinder Betriebe

Printed in Germany ISBN 3-7701-5231-X